OS ARQUIVOS DO PALÁCIO

TINA BROWN

Os arquivos do palácio
Por dentro da Casa Windsor: A verdade e a voragem

Tradução
Denise Bottmann
Berilo Vargas

Copyright © 2022 by Tina Brown

Grafia atualizada segundo o Acordo Ortográfico da Língua Portuguesa de 1990, que entrou em vigor no Brasil em 2009.

Título original
The Palace Papers: Inside the House of Windsor — The Truth and the Turmoil

Fotos de capa
Camilla Parker Bowles e Kate Middleton: Zuma Press/ Easypix Brasil; rainha Elizabeth II: Avalon Photoshot/ Easypix Brasil; Meghan Markle: Imago Images/ Easypix Brasil

Fotos de quarta capa
Príncipe Charles e príncipe Harry: Photoshot/ Easypix Brasil; príncipe William e príncipe Andrew: Age Fotostock/ Easypix Brasil

Preparação
Maria Emilia Bender

Índice remissivo
Probo Poletti

Revisão
Clara Diament
Paula Queiroz
Ingrid Romão

Dados Internacionais de Catalogação na Publicação (CIP)
(Câmara Brasileira do Livro, SP, Brasil)

Brown, Tina
  Os arquivos do palácio : Por dentro da Casa Windsor : A verdade e a voragem / Tina Brown ; tradução Denise Bottmann, Berilo Vargas. — 1ª ed. — São Paulo : Companhia das Letras, 2022.

  Título original : The Palace Papers : Inside the House of Windsor — The Truth and the Turmoil.

  ISBN 978-65-5921-355-9

  1. Elizabeth II, Rainha do Reino Unido, 1926-2022 2. Elizabeth II, Rainha do Reino Unido, 1926-2022 – Família 3. Grã-Bretanha – Reis e governantes – Biografia 4. Windsor, Casa de I. Título.

22-128157   CDD-941.085092

Índice para catálogo sistemático:
1. Rainha : Grã-Bretanha : Biografia 941.085092

Cibele Maria Dias – Bibliotecária – CRB-8/9427

[2022]
Todos os direitos desta edição reservados à
EDITORA SCHWARCZ S.A.
Rua Bandeira Paulista, 702, cj. 32
04532-002 — São Paulo — SP
Telefone: (11) 3707-3500
www.companhiadasletras.com.br
www.blogdacompanhia.com.br
facebook.com/companhiadasletras
instagram.com/companhiadasletras
twitter.com/cialetras

*Ao meu amado Harry,
sempre*

Sumário

Prólogo — Criptonita pura 9

PARTE I

1. Nunca mais.. 17
2. Sexo e sensibilidade...................................... 39
3. Os anos no deserto....................................... 68
4. Mãe da nação 86
5. Uma questão de independência............................. 109
6. Os cantos do cisne 123
7. Garota jubileu 148
8. Problemas de criadagem 152
9. O limite traçado por Camilla............................. 169

PARTE II

10. Os príncipes na casa dos vizinhos....................... 197
11. Os meninos perdidos..................................... 214
12. Entra Kate 227

13. A rainha em compasso de espera. 250
14. A grande fuga. 266
15. Os xeretas 280
16. Gloriana 303
17. O Duque de Alto Risco 325
18. Um amigo inconveniente 348
19. Número seis na ordem do dia 362
20. O fracasso de Flashman 390
21. Enamorados 403
22. Magic Kingdom 418
23. Desvencilhando-se 432
24. Privacidade e preconceito 450
25. Terra arrasada. 470

Epílogo. 487
Agradecimentos. 503
Notas. 513
Créditos das imagens 543
Índice remissivo. 547

Prólogo
Criptonita pura

A entrevista de Oprah Winfrey com o príncipe Harry e Meghan, duque e duquesa de Sussex, em março de 2021, causou furor. Foi gravada um ano depois que o casal, tendo escapado do palácio, voou para os jardins de palmeiras de uma mansão de endereço não divulgado, em Montecito, verdadeira Elba californiana no alto de uma montanha na costa do Pacífico. Os óculos enormes de Oprah potencializavam seu espanto com as revelações bombásticas do casal sobre a Casa Windsor.

"Vocês ficaram em silêncio ou *foram silenciados*?",[1] perguntou o oráculo da TV em seu tom mais imperioso, encobrindo a lúgubre trilha sonora na chamada para o especial de duas horas. A câmera se moveu devagar até os olhos franzidos de Meghan e então cortou antes que pudéssemos ouvir sua resposta. Mundo afora, 49 milhões de pessoas assistiram para saber o que ela havia respondido. A duquesa usava uma maquiagem escura e dramática nos olhos, como a utilizada por Diana, princesa de Gales, em sua famosa entrevista com Martin Bashir, e seu cabelo estava preso num coque baixo, conforme a seriedade que a confissão exigia. Deu o que falar, entre seus fãs, o detalhe do lótus branco (ressurreição!) no vestido longo e preto Giorgio Armani, preso, com um cinto, acima da barriga de grávida.

Os criptógrafos da realeza repararam que Meghan trazia no pulso esquerdo a pulseira fina de diamantes Cartier de sua falecida sogra, indício de que o papel de mulher errada no âmbito da família real agora cabia a ela. Harry, por sua vez, recebeu críticas virulentas no Twitter pela deselegância das meias lamentavelmente frouxas e pelo insípido terno J. Crew. Sua principal queixa foi que o pai tinha entendido mal sua declaração a respeito de sua vontade de independência financeira e cortara-lhe a mesada.

A Casa Sussex desfiou uma lista de acusações pesadas: negligência institucional com relação à saúde mental de Meghan; inércia do palácio ante a difamação que a imprensa movera contra ela; inveja da família; e, a mais grave de todas, a declaração racista de um membro não identificado da família real, manifestando "preocupação" sobre a cor e o grau de pigmentação da pele do bebê Archie, ainda não nascido.

Era criptonita pura.

Vários dias depois da explosiva declaração, o príncipe William acabou dando uma resposta sucinta à imprensa, que o perseguia sôfrega por um pronunciamento: "Não somos, definitivamente, uma família racista". Mas como ele poderia saber? Meghan Markle era a primeira pessoa não branca a se casar com um Mountbatten-Windsor, e o percentual de diversidade entre o corpo de servidores do Palácio de Buckingham é de 8,5%.[2]

Num instante, o turbilhão das mídias sociais registrou uma acalorada cizânia transatlântica entre os usuários. Os americanos, que nunca perdoaram os Windsor pela rejeição a Diana, aplaudiram praticamente em massa o casal Sussex por denunciar o lamentável projeto de fazer um espetáculo degradante de tudo isso. Tendo como pano de fundo o movimento Black Lives Matter, a denúncia de racismo apenas confirmou que os dinossauros da realeza não estavam mais aptos a comandar o mundo. Mesmo Jen Psaki, a assessora de imprensa do presidente Biden, se manifestou, elogiando a coragem de Meghan em expor sua angústia e depressão.

A reação britânica seguiu majoritariamente na direção contrária — indignação diante de tamanha falta de respeito com a monarquia e muita raiva do casal pelas diversas acusações incomprovadas e contestáveis. Ninguém comprou a declaração de Meghan dizendo que não tinha a quem recorrer para tratar de seus pensamentos suicidas, com exceção do RH do Palácio de Buckingham — departamento que soava surreal, e do qual quase ninguém tinha ouvido falar (e parecia perfeito para um seriado humorístico de Ricky Gervais na BBC). Pois não fora o próprio Harry, que fizera anos de terapia, um dos fundadores do Heads Together, uma iniciativa da casa real, com o príncipe William e Kate, para acabar com o estigma das doenças mentais? Pelo visto, independentemente de quais fossem, os problemas de adaptação de Meghan pareciam penosos demais para Harry. Nos dois lados do oceano, a geração mais jovem torcia com fervor pelo time de Meghan, que só desejava salvar o marido meigo e sexy de seus parentes chatos e sem noção.

Menos debatidos foram os comentários desconcertantes — e, para mim, fascinantes — de Meghan sobre seu despreparo para a vida da realeza. "Eu não entendia bem qual era a minha função", ela disse a Oprah.

> O que significa ser um membro ativo da realeza? O que a gente faz? [...] Principalmente para os americanos, o que a gente sabe sobre a realeza é o que se lê nos contos de fadas [...] Cresci em LA, a gente vê celebridades o tempo todo. Não é a mesma coisa, mas é muito fácil, em especial como americana, dizer: "São pessoas famosas". [Mas] é um lance totalmente diferente.[3]

Pois é. A ideia de que os principais membros da família real britânica, com raízes no campo, obsessão pelo dever e fortes vínculos com a tradição, possam ter alguma semelhança com as celebridades de Hollywood é bizarra. Celebridades surgem de repente e então somem. A monarquia atua no longo prazo. O interesse pela realeza não tem data de validade, desde que esteja claro que o interesse dela é o interesse do público. Como disse certa vez a rainha Mary, avó da rainha Elizabeth, a um parente: "Você é membro da família real britânica. Nunca ficamos cansados e todos nós amamos hospitais".[4]

O fascínio da realeza que arrebatou Meghan é uma ilusão de ótica. Para ela, era difícil entender que a sobremesa de flor-de-sabugueiro e limão orgânico servida em seu casamento de contos de fadas no Castelo de Windsor era o bolo "Coma-me" de *Alice no País das Maravilhas*. Ao mesmo tempo que sua figura se agigantava aos olhos do mundo, ela precisava encolher para se adequar aos tácitos requisitos de serviço à Coroa.

A curiosa negligência de Meghan em se preparar para uma vocação que era o equivalente régio de se tornar freira foi uma surpresa para muitos de seus ex-colegas no seriado *Suits* da emissora USA Network, no qual ela atuou como coadjuvante durante sete anos. Segundo um colega, como atriz Meghan era conhecida por "fazer a lição de casa", consultando exaustivamente qualquer um que pudesse ajudá-la em seus "apontamentos".

É incompreensível que ela não tenha feito o mesmo para o papel mais importante de sua vida. O cirurgião cardiovascular Hasnat Khan — ou Mr. Wonderful, como a ele se referia Diana, que o namorou depois de se separar do príncipe de Gales — não quis se casar com a mãe de Harry porque sabia que não aguentaria aparecer diariamente na primeira página dos tabloides.

Um ex-integrante da residência real me falou:

Percebi desde o início que Meghan era uma pessoa sem parâmetro para compreender a instituição. E o palácio era uma instituição sem parâmetro para compreender Meghan. Então havia esse problema enorme do choque entre dois mundos que não tinham nenhuma experiência um do outro.

A monarquia britânica é uma instituição com mais de mil anos de existência, que tinha uma CEO de 96 anos e um septuagenário que aguardava nos bastidores. Dela não se pode esperar agilidade. Ela constrói seu capital social cumprindo obrigações enfadonhas de maneira gradual e constante. De vez em quando as geleiras se movem, em geral após um clamoroso choque no sistema: a abdicação de Edward VIII para se casar com a americana divorciada Wallis Simpson, quando o sistema endureceu para repelir novos intrusos; a morte de Diana e a histeria pública subsequente, quando ele se repensou e discretamente se tornou mais acessível; a crise do "Megxit", quando o duque e a duquesa de Sussex fizeram a escolha entre a Commonwealth e a Netflix, optando pela grana. Temos ainda muitos anos pela frente antes de saber o grau de seriedade com que a monarquia avaliou suas falhas ao refletir a diversidade do país que ela representa — e para o qual trabalha.

Mas mudanças haverá. Os episódios que levaram a monarquia britânica desde a era em que a princesa Margaret não pôde se casar com o homem que amava, em 1955, porque ele era divorciado, até 26 anos depois, quando o príncipe Charles teve de se casar com uma virgem de vinte anos de linhagem adequada, e até o grande marco de 2018, quando uma americana birracial divorciada recebeu as bênçãos da rainha para se casar com o neto dela: todos são sinais expressivos de que o objetivo primordial da monarquia é a sobrevivência.

"Não fiz nenhuma pesquisa", admitiu Meghan na entrevista a Oprah.[5]

Eu fiz. Por mais de dois anos, conversei pessoalmente e pelo Zoom, quando veio a pandemia de covid-19, com mais de 120 pessoas, muitas delas intimamente envolvidas com a alta realeza e suas casas reais ao longo dos anos turbulentos após a morte de Diana.

Este livro se concentra nos 25 anos decorridos desde então. Mas, como se verá, o fascínio da monarquia é que seus temas — e problemas — se repetem pelas ações de seus protagonistas, simples mortais com falhas previsíveis. Para entender a Casa Windsor como ela é hoje, é preciso entender as forças humanas e históricas que a moldaram. Estruturei *Os arquivos do palácio* em capítulos focados nas principais figuras que marcaram a história recente da monarquia: Diana, Camilla, Charles, Philip, Margaret, Andrew e, mais recentemente, William, Harry, Kate, Meghan e respectivas famílias. Proponho uma viagem pelo tempo, da Segunda Guerra Mundial aos escabrosos anos 1990, da Grã-Bretanha modernizadora do milênio à "Peak London" dos Jogos Olímpicos, das raivosas cisões do Brexit à dor coletiva de uma pandemia mundial. No meio do caminho, estarão primeiros-ministros, cortesãos importantes, marqueteiros políticos hábeis, agregados humildes, amantes, rivais e até inimigos declarados. Examino as camadas da aristocracia, bem como a relação complexa entre realeza, mídia e público.

Acima de tudo, espero que se entenda melhor a pessoa que mais importa acima de todas as outras: a rainha.

Gostaria que Meghan pudesse ter lido este livro antes de fechar sua casa em Toronto e pegar um voo até a Inglaterra, para planejar o casamento com o filho mais novo do herdeiro do trono britânico. Ela ficaria sabendo que não existe marca mais forte do que a Firma.

PARTE I

1. Nunca mais

A REALEZA ENFRENTA UM MUNDO PÓS-DIANA

Nos primeiros anos do século XXI, parecia pairar sobre a realeza britânica uma melancolia apática que se entranhava nos amigos, servidores e dependentes. Minhas pesquisas para a biografia da princesa Diana em 2006, passados quase dez anos de sua morte, me levaram a bairros distantes de Londres, a prediozinhos desbotados, sem elevador, de antigos servidores e frequentadores da corte. As passadeiras nas escadas sempre emanavam um cheiro que me entristecia, um fedor de mobilidade descendente, de inútil esforço de afetação. A luz costumava se apagar sempre no terceiro piso por causa do temporizador. A porta se abria e dava para um apartamento de um único quarto, cheio de livros nas paredes e bibelôs elegantes, um mundo de objetos remanescentes de uma vida a serviço do palácio. O que esses cortesãos tinham realmente obtido com sua lealdade à monarquia, sua discrição? A "consideração" da rainha, uma aquarela de Edward Seago, umas poucas cartas de agradecimento assinadas com a caligrafia régia.

Esse ranço de insignificância e decadência ficou mais evidente em março de 2006, num ofício religioso em memória de lorde Lichfield, primo da rainha e fotógrafo da alta sociedade, na Capela dos Guardas, no Quartel de Wellington em Westminster. Eu estava lá porque no começo dos anos 1980, quando editava a *Tatler*, em várias ocasiões havia trabalhado com Lichfield, homem educado e gentil, e uma vez passei um agitado fim de semana cobrindo o Grand Prix de Mônaco com ele e outros dois fotógrafos lendários, Helmut Newton e David Bailey.

Naquele dia chuvoso, os esteios do Diário da Corte enchiam a Capela dos Guardas, inclusive a princesa Anne, filha da rainha, com 55 anos, também conhecida como princesa real, e Camilla Parker Bowles, elevada a Sua Alteza Real Duquesa da Cornualha desde o ano anterior, depois de seu casamento com o príncipe Charles. O ex-rei e a ex-rainha da Grécia seguiam em passo arrastado até o banco destinado a eles, atrás do ex-marido outrora elegante de Camilla, o brigadeiro Andrew Parker Bowles, em seu terno matinal de porteiro. Camilla e Andrew continuavam a transitar inextricavelmente pelos mesmos círculos. Num daqueles episódios inerentes à realeza, que surpreendem apenas quem não pertence a ela, ele se juntara à rainha para assistir ao Grand National numa sala lateral no Castelo de Windsor, após a bênção nupcial de Charles e Camilla na Capela de São Jorge.

"Ninguém mais se levanta para os gregos. Não é um verdadeiro espanto?", sussurrou o ex-administrador da rainha-mãe, William "Backstairs Billy" Tallon. Ele também se mostrou muito surpreso com a ausência da rainha: "Afinal, era prima dele".

"É, só que era prima mais do ponto de vista dele do que do dela", disse um homem à direita de Billy, o biógrafo real Hugo Vickers, cujo comentário parecia sintetizar o relacionamento da realeza com todos os demais. A princesa Anne, sentada com o grupo grego, tinha um ar desleixado e impaciente, e Andrew Parker Bowles parecia um copo de gim rosa ambulante. Com um ar mal-humorado, o decrépito lorde Snowdon, ex-marido da princesa Margaret, irmã da rainha, avançava amparado pelo filho, que o conduziu até o assento. O chapéu em formato de caixa da duquesa da Cornualha encimava um severo terninho de comissária de bordo. Ainda que aquela turma pudesse pagar o melhor dentista de Harley Street, daria para colher uns cogumelos naquela floresta de dentes podres.

Que grupo deprimente formavam ao sair da capela! Mesmo a geração mais jovem parecia pálida e descontente. A cada vez que um deles se levantava para falar, Tallon sussurrava aos meus ouvidos alguma notícia relacionada a drogas. Sentia-se falta da glória da princesa Diana, alta e loira, surgindo em meio ao espoucar dos cliques dos paparazzi. Um convidado disse ter visto o brigadeiro Parker naquela manhã, de pé, no metrô, em seu terno matinal. A princesa Michael de Kent, a intrusa silesiana e ex-designer de interiores, era a única no grupo da realeza que despertava um frisson de glamour. No final dos anos 1970 ela havia casado com o primo da rainha, Sua Alteza Real Príncipe Michael de Kent, e passara a ser tratada pela princesa Diana como "a Führer", depois que o *Mirror* revelou que seu pai havia sido membro da ss nazista. Andando a passos largos pela nave da capela, com o cabelo comprido solto sob um elegante chapéu preto com véu rendado e um grande sorriso, ela conservava sua garbosa aparência de valquíria. Talvez porque as únicas proezas do marido tivessem sido deixar a barba crescer, aumentando sua semelhança com o tsar Nicolau II, e ter caído do 7º para o 52º lugar na ordem de sucessão, ela se esforçara em cumprir sua parte.

Naquele dia ficou patente que uma profunda mesmice voltara a reinar entre a família real, pela qual a realeza, embora não os tabloides, era extremamente grata. Aquela calmaria ao redor fora conquistada a duras penas.

Desde a morte de Diana em 1997, a rainha havia deixado claro a todos os seus conselheiros que *aquilo* não podia acontecer nunca mais — *aquilo* sendo a explosiva celebridade de Diana, enquanto o problema da monarquia britânica ficava em segundo plano, obscurecido, afogado por outro membro enfatuado e perigosamente popular da família que não a rainha ou o herdeiro do trono. A frase mais repetida no alto escalão do palácio era "Não queremos outra Diana". A imprensa, o público e a geração mais jovem da família Windsor precisavam aprender que a Coroa não é um "palco" e que a família real estendida não é a monarquia. O soberano é a monarquia, e os herdeiros diretos são os únicos de real importância. Eles e todos os outros que, da sacada do palácio, assistiam à exibição da Real Força Aérea por ocasião do aniversário da rainha estão ali para servir, escorar e promover não a si mesmos, mas à Coroa. São andaimes de sustentação de primeira classe.

A fama mundial da princesa Diana, tão imprevista quando ela foi escolhida pela rainha-mãe como a perfeita rosa inglesa a ser colhida, atingiu o Palácio de Buckingham como um meteoro. Seu calor chamuscou o diadema da rainha. E fez com que todos os membros da realeza questionassem pela primeira vez a própria adequação e desempenho.

No começo, ela parecia uma salvadora. No final dos anos 1970, depois de uma era dominada pelo Partido Trabalhista, a Inglaterra andava taciturna, envolvida em conflitos industriais. A monarquia era vista cada vez mais como um anacronismo, satirizada pelos Sex Pistols num hino punk de batida insistente, "God Save the Queen". No chamado Inverno do Descontentamento, de 1978 para 1979, motoristas de ambulância, coletores de lixo e coveiros entraram em greve. Para a família real, a jovem lady Diana Spencer era um tônico revigorante e uma alegre distração nacional. Era um raio dentro de uma garrafa, mas eles não tinham ideia do que fariam quando o raio escapasse.

Até a chegada de Diana, a atenção e a adoração pública seguiam uma hierarquia predeterminada. A rainha atraía as maiores multidões ao lado da rainha-mãe (descrita como "radiante" mais de 9 milhões de vezes, segundo minha última pesquisa no Google). A princesa Margaret, ainda com a aura de sua juventude renegada, era tida como glamorosa mesmo sexagenária. Então vinham o príncipe Charles e suas orelhas de abano, compensadas pelo excelente corte de seus trajes e sua graciosa virtuosidade no polo; sua irmã mais nova, a obstinada princesa Anne, que podia fazer boa figura numa cerimônia de gala e, quando estava em trajes de montaria, exibia ótimas pernas; e o príncipe Andrew, o filho favorito da rainha, que graças aos quinze minutos de fama na Guerra das Falklands [ou Malvinas] como oficial naval (e ainda sem ter a reputação manchada por seu envolvimento com o anfitrião de uma rede americana de pedofilia) ficava garboso de uniforme. O caçula da rainha, o príncipe Edward, talvez fosse um pouco *fracote*, como dizia seu marido, o príncipe Philip — não esqueçamos a presença perpetuamente viril *dele* —, mas ninguém exigia muito de Eddie. (Ele se mostrara útil no Departamento de Relações Exteriores ao ir ao aeroporto receber os dignitários em visita ao país.) E assim por diante, descendo na hierarquia até as variadas carruagens dos Kent e Gloucester que compunham aquele grupo marginal, também conhecido como "realeza menor", que morava de graça em propriedades da Coroa.

Então, tcharam! Depois que Diana ocupou a cena, ninguém mais queria ver *esses outros*. E daí que a princesa Anne tivesse feito mais de 450 contribuições beneficentes num ano? Ninguém estava interessado. O príncipe de Gales descobriu, pela primeira vez na vida, como era olharem por cima de seu ombro para uma visão cintilante no outro lado da sala. Se inaugurassem um hospital em Grimsby num dia de chuva, os outros membros da realeza dificilmente teriam uma foto publicada no jornal, e muito menos na primeira página. Todos eles se sentiam não só incomodados, mas também apreensivos.

A monarquia já sofrera os abalos dos holofotes e da autocomplacência. Edward VIII era um príncipe de Gales muito pop nos anos 1920 — jeitão progressista, comunicativo, aberto —, até que sua obsessão pela americana divorciada Wallis Simpson o levou a abdicar do trono. Com esse ato supremo de egoísmo, ou gesto romântico de sacrifício pessoal, a depender da interpretação, seu irmão mais novo, "Bertie", o relutante e timidíssimo pai da princesa Elizabeth, foi catapultado ao trono como George VI.

Nos anos que se seguiram à abdicação, os Windsor julgavam que o que desviara Edward VIII de seus deveres régios fora a adulação da massa, bem como sua fraqueza pessoal. Era extremamente inadequado aos deveres de um soberano. Tíbio e desleal, nutria simpatias nazistas. Ao refletir sobre as falhas pessoais de Edward, o primeiro-ministro Winston Churchill certa vez o comparou à glória-da-manhã, flor que perde seu viço efêmero antes do meio-dia.[1] Exilados na França, passeando pelos Estados Unidos e pelos *schlosses* e *châteaux* da Europa, levando uma vida extravagante de falsa realeza, dando declarações constrangedoras, o duque e a duquesa de Windsor acabaram se tornando um problema quase tão grande quanto se tivessem ficado no Reino Unido. O duque insistia em ter um "trabalho de verdade", mas era impossível para a família real e o governo britânico decidir o que era mais indesejável — que o ex-rei se desse bem em alguma coisa e se tornasse um centro de poder régio rival, ou que falhasse e envergonhasse a monarquia. Assim Edward e Wallis permaneceram no limbo.

No reinado de George V, a monarquia, destituída de seu poder executivo, fora reinventada como o protetorado dos princípios morais nacionais e a guardiã do modo de vida britânico. O pessoal passara a ser o institucional. Ao longo dos anos sombrios da Segunda Guerra Mundial, as imagens da luminosa família nuclear de seu filho, George VI, representaram o grande objetivo da luta do bem contra o mal. A prioridade (muitas vezes feroz) da vida da rainha-mãe era proteger os interesses da família imediata e de seus descendentes diretos.

O rei e a rainha sempre acreditaram que a atenção pública exagerada havia alimentado em Edward uma ilusão de desmesurada grandeza e o indulgente cultivo de necessidades emocionais arriscadas. Ficaram duplamente apavorados quando ele, em seu discurso de abdicação pelo rádio, expôs seus sentimentos por Wallis. A rainha Elizabeth II, reservada por natureza, fora ensinada a erguer barreiras permanentes e intransponíveis em torno de seus sentimentos e pensamentos pessoais. Em setenta anos de reinado, ela nunca concedeu uma entrevista, o que só ajudou a fortalecer a mística em torno dela. "Um monarca diferente, com um temperamento mais aberto ou extrovertido, perderia o mistério especial da reticência", observou lady Elizabeth Longford.[2] Sua ex-governanta Marion Crawford, conhecida entre a família como "Crawfie", escreveu que a jovem princesa Elizabeth, aos vinte anos, detestava quando a multidão gritava "Onde está Philip?", após os primeiros boatos sobre o romance entre os dois.[3] A intensidade da multidão a assustava, fazendo-a se sentir uma mercadoria.

Crawfie pagou caro por revelar essa sua percepção ao público, publicando-a em 1950 em *The Little Princesses*, o primeiro best-seller "contando tudo" sobre a realeza. Seu relato açucarado, mas detalhado, da vida com as crianças no palácio enfureceu a rainha-mãe ao fazer algumas insinuações sobre os famosos acessos de mau humor do rei, a atitude gélida da esposa em relação aos Windsor e a ideia (pertinente) de que nem o rei, nem a rainha se importavam muito em prover mais instrução às filhas.

Crawfie foi demonizada por muito tempo como uma víbora traiçoeira, mas um documentário de Hamish Mykura no Channel 4, de 2000, sugere que os artigos no *Ladies' Home Journal*, que deram origem ao livro, partiam de uma tentativa canhestra do palácio e do governo britânico de promover a imagem da família real nos Estados Unidos. Longe de agir de forma desleal, a pobre Crawfie pensou que estivesse fazendo o que sua senhora queria. (Uma interpretação mais realista é que ela foi manipulada pelos inescrupulosos editores-chefes do *Ladies' Home Journal*, que alteraram o original sem sua anuência, tornando-o sensacionalista, e a fizeram pensar que o entendimento entre ela e a família real era maior do que na realidade era.)

Como muitos biografados anteriores e posteriores, a rainha-mãe, depois de ler o material, teve outra opinião. Destilou fel contra a réstia de luz lançada sobre a magia da realeza. "Nossa última governanta de total confiança perdeu a cabeça",[4] ela escreveu a lady Astor. Crawfie foi sumariamente despejada do Nottingham Cottage, a residência gratuita na área do Palácio de Kensington que lhe fora concedida em caráter vitalício, e nunca mais nenhum membro da família voltou a falar com ela.

O príncipe Philip, depois de permitir que as câmeras da BBC entrassem nos santuários internos do palácio para o documentário *Royal Family*, apresentado em junho de 1969, também veio a lamentar profundamente essa sua decisão. Embora fosse tão cerimonioso e anódino quanto a iniciativa de Crawfie, o documentário passava a mensagem de que agora a mídia estava convidada a entrar. A Coroa, perspicaz, reteve os direitos autorais e, desde então, o filme de noventa minutos mostrando um churrasco feito por Philip no Castelo de Balmoral, em que a família faz gracejos com uma pronúncia aristocrática impenetrável, raramente voltou a ser visto, até renascer no YouTube em 2021.

Atrás de uma aparência comunicativa, Philip era tão reservado quanto sua esposa. Teve uma infância tão instável que precisou desenvolver várias camadas de defesa emocional como simples questão de sobrevivência. Um golpe de Estado obrigou seu tio, o rei Constantino I, a renunciar e a transferir o trono da Grécia para seu primogênito em 1922. Seu pai, o príncipe Andrew, preso e submetido à corte marcial durante a Revolução de 1922, foi banido para o exílio em Paris. Philip não teve endereço fixo desde bebê, saltando entre Inglaterra, França e Alemanha. A rainha-mãe, ao avaliar se ele seria um marido adequado à sua filha, não ficou muito satisfeita com a predominância do infeliz ramo germânico na linhagem de sangue da família dinamarquesa governante da Grécia. As quatro irmãs mais velhas do pretendente eram casadas com altos aristocratas alemães simpatizantes nazistas, o que contribuía para alguns momentos sociais desconfortáveis. Quando Philip tinha oito anos, sua mãe, a princesa Alice de Battenberg, bisneta da rainha Vitória, foi diagnosticada com esquizofrenia paranoide e internada após uma série de tratamentos psiquiátricos que beiravam a tortura, rivalizando com o bárbaro uso de sanguessugas no caso do rei George III. Philip não viu a mãe dos dez aos dezesseis anos, e sua irmã favorita, Cécile, o marido e os dois filhos pequenos morreram num acidente aéreo — mãe e filho voltaram a se ver no funeral em Darmstadt. Mais tarde, a princesa Alice inventou uma ordem religiosa própria e andava pelo mundo vestida de freira.

O pai de Philip, o príncipe exilado Andrew, passou o resto da vida com a amante em Monte Carlo, encontrando o filho apenas de vez em quando. Depois dos dezoito anos, com a eclosão da guerra, Philip nunca mais o viu. Quando estava em Gordonstoun, o internato espartano na Escócia para onde foi enviado, Philip nunca tinha a menor ideia de onde nem com que parente iria passar as férias escolares.

O escritor e radialista Gyles Brandreth me disse que estava sempre tentando, sem sucesso, extrair alguma observação do ríspido Philip sobre os problemas de sua infância sem raízes e com tantos elementos trágicos:

BRANDRETH: Sua Alteza Real considerava, humm, excêntrico que sua mãe sempre se vestisse como freira?
PHILIP: Como assim? Ela não era excêntrica, de forma alguma! Era só uma roupa, não? Em vez de gastar com vestidos e coisas e penteados, ela se vestia como freira.[5]

A ausência de raízes do passado régio de Philip reforçou sua convicção de que a sobrevivência da monarquia se funda no compromisso com o dever e a ele se confina. Assim, ele não se mostrou muito simpático ao inconveniente caso amoroso da princesa Margaret com Peter Townsend, tenente-brigadeiro lotado no palácio, divorciado e bem mais velho que ela. Sedutora, fazendo o tipo "ai, que tédio", Margaret era uma atração à parte, sempre oferecendo à imprensa um prato cheio. Fumava cigarros Balkan Sobranie numa longa piteira e se divertia em boates londrinas da moda com uma turma refinada da alta sociedade, o oposto da jovem monarca virtuosa. (Uma nova geração voltou a se apaixonar por Margaret por causa da série *The Crown*, de Peter Morgan, na Netflix.) Assim como em anos posteriores, a rainha às vezes se sentia imprensada entre o irritante esplendor da mãe e o histrionismo romântico da irmã mais exuberante.

O caso amoroso de Margaret criou um conflito para a rainha: ela desejava que a irmã fosse feliz, mas seus conselheiros de confiança queriam que fosse observado o rigor constitucional. Por um bom tempo a monarca não soube o que fazer, mas por fim lidou com o perigo do caso Townsend com uma precoce e inflexível jogada de mestre. Segundo o que estipulava a Lei dos Casamentos Reais de 1772, até os 25 anos de idade Margaret precisaria do consentimento de Elizabeth para o enlace, coisa que, na condição de chefe da Igreja, forte opositora daquela união, dificilmente faria. Montou-se uma hábil artimanha institucional, que Margaret sempre atribuiu aos conselheiros da rainha, mas com a qual a monarca estava de pleno acordo. A caçula foi avisada de que teria de esperar dois anos para se casar com Townsend sem precisar do consentimento da rainha. A procrastinação deu certo. Os dois se afastaram. A atitude da princesa, rejeitando Townsend após o afastamento, foi no fundo uma decisão pragmática tomada por ambos. Diante da perspectiva de perder o título de Sua Alteza Real, Margaret se deu conta do que de fato significaria abrir mão da realeza — ela seria a sra. Townsend, viveria num chalé com o salário de tenente-brigadeiro, com um homem quinze anos mais velho e dois robustos enteados.[6] Não teria mais motocicletas de escolta, banhos preparados pela criada pessoal, cruzeiros no HMY *Britannia* (no qual não se admitiam pessoas divorciadas) – seria o fim de toda a mordomia e todos os direitos e prerrogativas da realeza.

O fato de tomar a decisão correta, por qualquer motivo que fosse, por algum tempo deu a Margaret a aura de heroína romântica. Mas o problema da celebridade é que ela se deteriora. Com o fracasso do casamento com o elegante fotógrafo lorde Snowdon, o papel que a imprensa lhe conferiu na novela da realeza foi o de diva mimada do palácio, que bebia demais e sempre tinha um comentário ofensivo na ponta da língua. Ela passou a protagonizar extensas e pouco favoráveis matérias nos jornais, com seus namoricos muito explícitos na ilha Mustique no Caribe com Roddy Llewellyn, praticamente um sósia de Snowdon, embora mais jovem. (A imprensa sempre apresentou Roddy como um passatempo, e não tanto como ele de fato era — um atraente baronete paisagista que tratava Margaret com a atenção de que ela tanto precisava.)

A despeito de Margaret sempre ter agido como uma prima-dona, ela nunca desrespeitou a soberania da irmã mais velha. Sua atitude rebelde não subvertia a autoridade inexpugnável da Coroa. Ao renunciar a seu primeiro amor, ela mostrou aos súditos britânicos entender que os deveres reais prevaleciam sobre os sentimentos pessoais. Sentia-se genuinamente indignada com qualquer gesto que depreciasse a rainha, da parte de qualquer pessoa. Os constrangimentos que sua vida amorosa criava para a monarquia se deviam a erros sentimentais, numa época em que os costumes sociais em desacordo com a rigidez da vida palaciana estavam em rápida aceleração. Por mais que recebesse uma cobertura jornalística sensacionalista, ela nunca iria expor sua infelicidade, como mais tarde fez Diana. O mistério da realeza era preservado pela máxima "Nunca se queixe, nunca se explique".

II

O grande problema para a realeza, quando Diana apareceu, foi que ela entendia a leviandade da mídia muito melhor do que Margaret, e fazia um uso letal dela. Se na cobertura das imprudências de Margaret havia certa reticência, ela já havia evaporado na época de Diana, extinguindo-se ao calor das forças de mercado.

Os lances midiáticos de Diana sempre levavam em consideração o zeitgeist. A entrevista nitroglicerina pura concedida a Martin Bashir, da BBC, em novembro de 1995, foi uma confissão à la Oprah sem Oprah. Depois veio a público que Bashir manipulou habilmente a paranoia de Diana mostrando a seu irmão, o conde Spencer, documentos falsificados que "provavam" que seus conselheiros mais próximos a haviam traído no palácio, e assim instigando sua vontade de se manifestar pessoalmente. Bashir mentiu para conseguir o maior furo televisivo do século XX.

Mas a própria Diana não era infensa a ardis. Com requintada astúcia, ela organizou um esquema para que a equipe de Bashir a filmasse no Palácio de Kensington num domingo, quando seu staff estava de folga. Disfarçou a presença dos equipamentos como se fosse um novo sistema de áudio que estava sendo entregue, maquiou ela mesma os olhos de panda carregando ao máximo na palidez e no ar assustado, e assombrou a monarca quando, na entrevista, fez um desafio direto à sua autoridade: "Gostaria de ser a rainha do coração do povo" (*Atrevimento!*) [...] "Eu era a esposa separada do príncipe de Gales." (*Escárnio!*) [...] "Eu era um problema e ponto. Nunca aconteceu antes — o que fazemos com ela? [...] Não vai sair na boa." (*Ameaça!*). E a citação que ficará para sempre: "Éramos três nesse casamento". (*Ele me enganou. A mim*).[7]

Com frequência se diz que Diana passou a considerar um erro grave a entrevista a Bashir. Certamente era o que ela pensaria, se ficasse a par das desonestidades de que ele fez uso em sua abordagem. No entanto, depois ela também deixou claro que tinha dito na frente das câmeras exatamente o que queria dizer. Gulu Lalvani, o empresário britânico nascido no Paquistão que teve um rápido namoro com Diana em seu último ano de vida, me contou que, em julho de 1997, a princesa disse, a respeito da entrevista, que "estava satisfeita. Não tinha qualquer crítica a fazer a Martin Bashir. A seu ver, [a entrevista] cumpriu seu objetivo".[8] E tinha razão. Seu "objetivo" era se mostrar ao público britânico como uma mulher traída, antes do divórcio cada vez mais inevitável. As pesquisas de opinião depois da entrevista mostraram 92% de apoio à princesa. Diana tinha o público na palma da mão.

Após o divórcio, Charles se empenhou em remediar os estragos em sua imagem extremamente impopular, fazendo dessa campanha sua prioridade. Para acelerar o processo, em 1996 ele contratou Mark Bolland, um expert em comunicação de trinta anos cuja relação com os tabloides tinha sido cuidadosamente cultivada ao longo de sua ocupação anterior na Press Complaints Commission, órgão autorregulador da imprensa. Hábil e esperto, se valendo de um cuidadoso verniz enaltecendo suas origens meritocráticas, Bolland era firme aliado de Camilla — o advogado do divórcio dela o indicara a Charles. William e Harry se referiam a ele como [o personagem do seriado homônimo] "Blackadder", aludindo a suas habilidades mortíferas em plantar e liquidar histórias com um único beneficiário em vista, o príncipe de Gales. Logo ficou evidente que aquele que trabalhasse para o príncipe e não gostasse de Camilla seria rapidamente eliminado.

Dois problemas centrais da vida de Charles, indissociavelmente entrelaçados, o obcecavam: reconquistar a aprovação dos britânicos, que o culpavam pela infelicidade de Diana, e fazer com que esse mesmo público aceitasse o amor de sua vida, Camilla. Só pensava em tirar a amante das sombras, mas o público continuava a vê-la pelos olhos de Diana, ou seja, "a Rottweiler" cujo poder sobre Charles ofuscara a percepção da noivinha de vinte anos, até o momento em que ela entendeu a dolorosa verdade sobre quem era a verdadeira dona do coração do príncipe.

É de imaginar que Charles mereceria pontos por querer o exato contrário de uma esposa decorativa para se estabelecer na meia-idade. Camilla resistia a qualquer Botox e lipoaspirações para melhorar a forma. O tom e a textura campestre de sua pele, as rugas e pés de galinha em volta dos olhos sorridentes mostravam honestidade. O penteado nunca trazia nada de novo. Continuava a ser o mesmo velho cabelo loiro dos anos 1970, volumoso e com as pontas viradas para cima na base do secador. O ofensivo nela, talvez, era subverter os clichês machistas das revistas sobre a aparência que as amantes deveriam ter. Os tabloides despejavam uma infinidade de insultos criativos: caldeira velha, bucho velho, mala velha, ameixa seca, cara pontuda, cara de cavalo, gorda, sem graça, gasta, bruxa, vampira, careta (na memorável qualificação de Allison Pearson na *New Yorker*, em 1997). O máximo que ela conseguiu foi que uma entrada do cardápio do Green's Restaurant and Oyster Bar em St. James recebesse seu nome: Hadoque Defumado Parker Bowles.

Camilla levou numa boa, mas Charles não. Ele queria que a amante fosse um bom e honesto *kedgeree*, o prato indiano nacional que levava hadoque defumado, arroz e outros ingredientes.

Parte importante das funções de Bolland seria cortejar e amansar o *Daily Mail*, que, sob o comando do temerário editor David English, havia se tornado o tabloide mais poderoso da Grã-Bretanha. English disse a Bolland: "Uma de suas tarefas é explicar ao príncipe de Gales que nunca fomos contra ele, éramos apenas a favor de Diana [...] Foi uma decisão comercial. Diana vende. Charles não. Se ele fizer alguma coisa que venda jornais, então vamos apoiá-lo".[9] Charles, que nos melhores momentos vivia lúgubre, considerou essa informação especialmente deprimente. Sentia que estava sempre criando um novo marketing de si mesmo para a imprensa, indo atrás dos editores de jornal para tentar agradar. Disse a Bolland: "Fiz tudo isso quando era jovem, mas de que adianta? Eles ainda acreditam em todas as coisas terríveis que Diana fala de mim".

Mesmo assim, Bolland mandou bem. Trabalhando com Stephen Lamport, o secretário particular de Charles, aos poucos ele reconstruiu a imagem pública de Camilla em eventos beneficentes, criando situações em que ela podia ser vista em respeitosa proximidade da rainha. Um mito trabalhado e vendido com todo o cuidado foi a afeição dos enteados. Na verdade, eles a toleravam, se tanto. Aos trinta e poucos anos, Harry ainda reclamava amargamente com os amigos que Camilla havia transformado o antigo dormitório dele em Highgrove, a propriedade de Charles em Gloucestershire, num belo closet para si mesma.

No entanto, no verão de 1997, para Charles a tarefa de convencer o público sobre a retidão de sua vida com Camilla não estava caminhando com a rapidez desejada. Em 5 de agosto, o arcebispo da Cantuária havia declarado numa coletiva em Sydney, marcando o 150º aniversário da fundação da Igreja Anglicana na Austrália, que um possível casamento do herdeiro divorciado do trono britânico mergulharia a Igreja da Inglaterra numa grande crise. Ele também ressaltou que o príncipe de Gales não dera nenhuma indicação de que pretendia se casar de novo após o divórcio de Diana e, portanto, isso estava fora de questão. Não foi uma boa notícia para Camilla. Dois anos depois de ter se divorciado de Andrew Parker Bowles e um ano depois do divórcio de Charles e Diana, ela ainda precisava ver Charles quase às escondidas, saindo de sua casa em Wiltshire para visitá-lo uma vez por semana, proibida pela rainha de ficar com ele no Castelo de Balmoral, o retiro escocês da família nas Highlands, ou em Sandringham, a propriedade de 8 mil hectares na costa de Norfolk, a menos que Sua Majestade não estivesse presente. Os dois queriam ir ao teatro ou passar longos finais de semana em Birkhall, a casa de verão da rainha-mãe na propriedade de Balmoral. A rainha, porém, era intransigente. Quando lhe perguntavam se receberia a sra. Parker Bowles, ela retrucava: "Por quê?".[10] Para ela, o príncipe de Gales tinha duas opções: ou aceder ao trono e repudiar Camilla, ou se casar com ela e seguir o caminho do duque de Windsor.

Peter Mandelson, porta-voz do primeiro-ministro Tony Blair, conta em suas memórias que, três semanas antes da morte de Diana em agosto de 1997, Bolland o chamou para um almoço reservado em Highgrove, com o príncipe de Gales e Camilla. Charles lhe mostrou seu amado jardim, que eles percorreram sob uma leve garoa, e desabafou sobre a pressão que vinha sofrendo da mídia. Negou que tivesse pressa em se casar e disse que "queriam apenas levar uma vida mais normal".[11] Perguntou qual era a percepção do público a seu respeito, e Mandelson lhe disse que ele era mais admirado do que podia imaginar devido à sua defesa de tantas causas meritórias, mas que "as pessoas tinham ficado com a impressão de que o senhor tem pena de si mesmo, que anda sorumbático e desanimado. Isso faz com que o vejam como um sujeito mais fraco".[12] O público não queria um burrico Ió da turma do Ursinho Pooh.

Franqueza não é artigo corriqueiro entre os membros da família real. Charles pareceu "aturdido por um instante", e nos olhos amorosos de Camilla logo surgiu um brilho de entendimento e de apreensão. Mas depois o príncipe agradeceu ao porta-voz pela sinceridade, e lhe enviou um bilhete com o registro. Isso levou Mandelson a refletir sobre a bizarra singularidade da difícil posição da realeza. "Pelo menos para mim e para outros políticos, havia uma linha divisória a defender", ele escreveu

> Para Charles e a rainha, a vida correspondia, sem tirar nem pôr, ao desempenho de tarefas. Cada gesto, cada sorriso ou arquear de sobrancelha, cada relacionamento que se criava ou se rompia era visto como parte da função que os definia: simplesmente ser a família real.[13]

III

Para a rainha, o choque da morte de Diana aos 36 anos, em 31 de agosto de 1997, foi uma mistura traumática entre o público e o privado. Diana não era apenas a ex-nora, cuja vida fora prematuramente interrompida por um catastrófico acidente de carro. Ela era também a mãe do futuro rei e o ícone adorado da nação.

Pessoas que nunca tinham visto a princesa de Gales afluíram a Londres, cerca de 6 mil por hora, para prantear sua morte. A multidão, numerosa, era de uma diversidade reveladora: velhos e jovens, negros e brancos, sul-asiáticos e asiáticos orientais; de shorts e sáris, ternos risca de giz e hijabs; em cadeiras de rodas e de muletas; levando as crianças nos ombros ou empurrando carrinhos. Enquanto os ramalhetes de flores se amontoavam na frente do Palácio de Kensington e a morte de Madre Teresa em 5 de setembro passava quase ignorada, a problemática e turbulenta princesa de Gales estava em vias de se tornar uma santa-celebridade — não só na Inglaterra, mas em todos os cantos do mundo. Nenhum membro da realeza britânica em toda a história havia exercido tal magnetismo sobre o imaginário do planeta, o que não passou despercebido ao primeiro-ministro Blair, que, acertadamente, se referiu a ela, após sua morte, como "a Princesa do Povo".

No tsunami do luto nacional, a simbologia da realeza, que se sustentara por tanto tempo, de repente já não dava conta do recado. A rainha, em geral dona de uma percepção impecável quanto ao procedimento correto a adotar — "simplesmente ser", como disse Peter Mandelson —, se viu acuada pela necessidade de um novo tipo de reação que se adequasse à envergadura da crise. Pessoalmente, o que ela mais queria era ficar em Balmoral para consolar os netos, e se irritou com a histeria pública que lhe recomendava outra coisa. "Ela captou a dimensão do evento, mas à sua maneira", escreveu Tony Blair em suas memórias, *Uma jornada*. "Ela não se deixaria manobrar. Podia ser muito majestática nesse sentido [...] Na estranha simbiose entre governante e governado, o povo insistia que a rainha reconhecesse que governava por consentimento seu e se curvasse à sua insistência."[14]

A vontade do povo prevaleceu. Depois de cinco dias de tumulto, Sua Majestade, desgostosa e relutante, voltou a Londres para uma aparição pública entre a multidão em lágrimas e os tributos de flores na frente do Palácio de

Buckingham. Fez um raro pronunciamento ao vivo pela TV, manifestando uma solidariedade na dor que decerto não sentia (foi Downing Street, a sede do governo, que insistiu que ela se referisse a si mesma como "avó"), e por fim capitulou à exigência dos súditos e dos tabloides para baixar a bandeira da União a meio mastro sobre o palácio. Fiquei sabendo que o príncipe Philip tomou tal gesto como grande humilhação.

IV

A tarefa mais terrível da vida de Charles foi acordar os filhos de doze e quinze anos às sete e quinze da manhã para avisá-los da morte da mãe. Num documentário de Nick Kent por ocasião do vigésimo aniversário da morte de Diana, Harry manifestou um sentimento que parece esquecido em suas entrevistas mais recentes: "Uma das coisas mais duras para um dos pais é contar aos filhos que [o] outro morreu [...] Mas, sabe, ele estava ali a nosso lado. Era quem tinha ficado, e procurou dar o melhor de si e garantir que tivéssemos atenção e proteção".[15]

O príncipe William relembrou: "O pior é o choque, e ainda [o] sinto [...] As pessoas dizem: 'O choque não pode durar tanto', mas dura";[16] "Convivi com o trauma daquele dia por vinte anos, como um peso".[17]

A correria para organizar o funeral em apenas uma semana foi intensa. Quando o arcebispo da Cantuária, George Carey, enviou ao deão de Westminster as preces para o ofício, disseram-lhe que a família Spencer não queria que se mencionasse a família real. Em retaliação, o Palácio de Buckingham insistiu em ter uma prece separada e que se removesse a expressão "Princesa do Povo".

As divergências entre a família, discutindo quais homens da realeza seguiriam atrás da carruagem com o caixão de Diana, se prolongaram por quatro dias, mediadas pelo secretário particular da rainha, Robert Fellowes, em Londres, e seu representante Robin Janvrin, que estava justamente no Castelo de Balmoral. De vez em quando, ele ouvia pelo viva-voz os gritos do príncipe Philip.

Uma pessoa no comitê de planejamento do funeral me contou: "O lado Spencer queria decidir o papel dos meninos no enterro. Philip de repente explodiu: 'Parem de nos dizer o que fazer com os meninos. Eles perderam a mãe!'".

Tinha a voz emocionada, uma verdadeira voz de avô falando". Era também a voz de alguém que perdera a própria mãe aos dez anos.

Alastair Campbell, assessor de imprensa de Tony Blair, registrou em seu diário em 4 de setembro de 1997 que o príncipe William, "devorado por um absoluto ódio pela mídia"[18] devido à perseguição fatídica a sua mãe, se negava a caminhar atrás da carruagem fúnebre, e ele e Harry não arredavam pé da decisão. Nesse meio-tempo, o príncipe Charles deveria estar indo com Charles Spencer para a Abadia de Westminster, mas o conde sentia tanto ódio do ex--cunhado que se negava a dividir o mesmo carro. Por fim Philip, que sempre acabava resolvendo as questões na família, conseguiu persuadir gentilmente os meninos, dizendo: "Se eu for, vocês vão comigo?". Lembrou aos garotos que aquelas imagens seriam vistas no mundo inteiro. Harry ainda fala sobre o tormento pessoal que aquilo lhe causou, mas, do ponto de vista da Coroa, Philip tinha razão. A visão inesquecível de três gerações de homens da realeza, andando solenemente atrás do caixão de Diana, era a enfática declaração dinástica exigida pela monarquia.

Dentro da abadia, reinava um silêncio pesado, interrompido de vez em quando pelo arfar de um pranto contido. O editor Geordie Greig, cuja irmã tinha sido colega de apartamento e dama de companhia de Diana, me disse que "o clima sombrio da ocasião era tão intenso que a pessoa se sentia dentro e no centro do mundo enlutado".[19]

Nada poderia chocar e ofender mais Sua Majestade e o príncipe Philip, na vida dedicada ao serviço público, do que a oração acusadora do irmão de Diana, o conde Spencer. Seu discurso no púlpito foi uma granada de mão, tendo como alvo todos os membros atuais da Casa Windsor. Em seu discurso fúnebre para Diana, a Perseguida, o conde de 33 anos, que desde então tem demonstrado seu talento literário em diversas histórias de leitura muito agradável, mostrou o mesmo instinto temerário de sua finada irmã. Depois de prometer a Diana que "não permitiremos que [os jovens príncipes] sofram a angústia que a levava constantemente ao desespero e às lágrimas",[20] ele assumiu o compromisso de que "nós, sua família de sangue, faremos todo o possível para dar prosseguimento ao rumo criativo e amoroso pelo qual você estava guiando esses dois rapazes excepcionais, para que suas almas não submerjam ao dever e à tradição, mas possam cantar livremente como você pretendia".

Família de sangue! Spencer tinha dado um soco público na cara impassível da família real. Em outros tempos, o impetuoso conde teria sido sumariamente executado na Torre de Londres. Insultante sobretudo foi a ressalva sugerindo que Diana era maior do que seu título de Sua Alteza Real: "[Ela] provou [...] que não precisava de nenhum título de realeza para continuar a gerar sua magia própria".[21] Uma explosão de aplausos do lado de fora da abadia — o ofício religioso estava sendo transmitido — irrompeu pela Grande Porta Ocidental adentro e percorreu a nave, até que, pela primeira vez na história da grande igreja, toda a congregação — exceto a família real — se pôs a bater palmas. Debbie Frank, a astróloga de Diana, sentada ao lado do soluçante apresentador de TV Michael Barrymore, pensou que fosse um trovão.[22] O arcebispo Carey ficou estarrecido com o discurso fúnebre do conde Spencer, que considerou "vingativo e rancoroso".[23] O príncipe Philip ficou tão furioso que lorde Brabourne, genro do conde Mountbatten, teve de gritar com ele para acalmá-lo. "Muito ousado", limitou-se a dizer a rainha-mãe, ao que consta, por entre os dentes cerrados.[24] (Mesmo a rainha achou difícil de engolir. Quase sete anos depois, na inauguração da Fonte em Memória de Diana, Princesa de Gales, no Hyde Park, ela lançou uma farpa ao conde Spencer: "Espero que esteja satisfeito".)[25]
Nunca mais.

V

Na segunda-feira depois do funeral, Tiggy Legge-Bourke, a carinhosa babá que cuidava dos meninos como uma irmã mais velha, indicada por Charles depois da separação, pegou os meninos e, para distraí-los, foram passear a pé pela área de caça de Beaufort. Foram recebidos com sensibilidade por um velho amigo da família, o capitão Ian Farquhar, mestre de caça. "Que bom vê-los, sirs", disse aos jovens príncipes destroçados. "Só quero dizer que todos sentimos muito por sua mãe. Recebam nossa mais profunda solidariedade e todos nós ficamos incrivelmente orgulhosos com sua presença no sábado. É isso o que tenho a dizer, e agora sigamos em frente."[26]

"Obrigado. Sim, tem razão", respondeu William com ar solene, como se os genes estoicos da rainha tivessem se afirmado plenamente no neto. "Todos nós precisamos seguir em frente."

Harry, sempre mais frágil, enfrentava muitas dificuldades para lidar com a situação. Nas semanas subsequentes à morte de Diana, Charles, tentando animar o caçula, durante as férias de meio do ano, fez com ele uma turnê de cinco dias pela África do Sul, Suazilândia e Lesoto, então mandou-o a um safári em Botsuana com um grupo encabeçado por Mark Dyer, loquaz ex-oficial da Guarda de Gales e outrora camarista do príncipe, que mais tarde foi recrutado como tutor dos garotos. Dyer fez a alegria do menino em Johannesburgo, arranjando para ele uma visita aos bastidores das Spice Girls. O escritor Anthony Holden, que acompanhou a assessoria de imprensa do palácio à África do Sul, conta em suas memórias que estava curioso para ver se Harry apareceria no show de camiseta e jeans, como teria feito se estivesse com a mãe, ou de terno e gravata, indício de que os Windsor haviam prevalecido. Harry "se materializou devidamente de terno e gravata", escreve Holden, que interpretou que "a memória de Diana já [estava] sendo apagada".[27]

O príncipe Charles, com seu jeito antiquado e retraído, se empenhou ao máximo em ser um pai atento e solícito. Lia as histórias de Rudyard Kipling para os meninos na hora de dormir. Levava-os a Stratford-upon-Avon para assistir às montagens da Royal Shakespeare Company e iam à coxia para conhecer o elenco. O ator e escritor Stephen Fry, que os acompanhou para ver a peça *A tempestade*, me disse que ficou encantado ao ver como os meninos provocavam o pai, o que lhe pareceu "um sinal muito saudável".[28] No café da manhã em Highgrove, Fry estava examinando o bufê e pegou uma terrina com sementes de linhaça, as preferidas de Charles. O príncipe William disse: "Ah, não, não chegue perto dessa comida de passarinho, Stephen, é só para o meu pai".

Apesar da promessa do conde Spencer de que os meninos seriam conduzidos "por sua família de sangue", William e Harry foram criados não como Spencer, mas como Windsor. Nada de férias em balneários europeus e ilhas particulares no Caribe, seguidos por uma legião de paparazzi. Passavam as férias e feriados quase exclusivamente em Balmoral e Sandringham, onde o príncipe Philip os regalava com episódios da história militar e os ensinou a atirar. Seus amigos eram os filhos dos amigos do pai. Foi Jane, a irmã mais contida e menos impulsiva de Diana, que se tornou uma presença constante na vida dos garotos, hospedando-os no campo, em Norfolk, nos finais de semana, com os primos. Graças a seu casamento com Robert Fellowes, que continuou um monarquista leal à rainha depois de renunciar ao cargo de seu secretário particular, ela era quase uma Windsor por osmose.

Era basicamente Tiggy Legge-Bourke, que acompanhou Harry em sua viagem à África, quem oferecia uma estrutura emocional e afetiva de tipo materno. Uma alegre loira da pequena nobreza, com seus bastões de jóquei, Tiggy era profundamente leal e fiel a Charles, acreditando que os garotos deviam se distrair com "ar puro, uma espingarda e um cavalo".[29] Foi bombardeada pela imprensa — e por Charles — quando os deixou descer cinquenta metros em rapel vertical em Gales sem capacete nem corda de segurança. Ao que consta, Charles não gostou nada de ver uma foto nos jornais mostrando Tiggy ao volante do carro, com um cigarro na boca, enquanto Harry, na janela, atirava em coelhos. Em 2006, Harry convidou Tiggy para assistir a seu desfile ao término do treinamento como oficial em Sandhurst, e em 2019 escolheu-a como madrinha de Archie. (Uma das maiores calúnias de Bashir foi dizer a Diana que Tiggy estava tendo um caso com Charles e fizera um aborto. Em 2021, consta que a BBC ofereceu uma soma vultosa a Tiggy, agora sra. Charles Pettifer, como indenização por danos morais.)

Graças a um acordo draconiano com a Press Complaints Commission depois da morte de Diana, estabelecendo limites morais, era raro que fotógrafos e repórteres da realeza se metessem na vida dos garotos William e Harry. Escaldados pela fúria do público quando a princesa morreu perseguida por paparazzi, alguns editores se sentiram quase agradecidos pela clareza do Código de Conduta dos Editores, instituído pela Press Complaints Commission, que os poupava de tomar decisões que poderiam resultar numa reação negativa do público. Segundo lorde Black, então diretor do órgão, colegas de escola de William e Harry sempre ofereciam histórias a respeito dos príncipes, e os editores davam graças a Deus por ter a proteção do código de conduta para recusá-las. As férias dos príncipes eram igualmente protegidas, a não ser que o palácio coreografasse o acesso a eles.

Agora é fácil esquecer que as memoráveis e divertidas viagens com Diana ao Disney World, idas ao cinema e ao McDonald's só se tornaram icônicas porque a imprensa estava sempre lá, fotografando, seguindo, exasperando Diana. O contraste contribuiu para o mito de que os Windsor ofereciam uma vida entediante, sem graça e restrita. Mas, na verdade, os jovens príncipes tinham mais liberdade dentro do que fora do casulo régio: faziam trilha de moto em

Balmoral, na privacidade de 20 mil hectares de terra arável e pântanos com aves de caça; soltavam tiros espantando os faisões pelo céu de Norfolk no Natal e no Ano-Novo em Sandringham; caçavam raposas em corridas emocionantes nos finais de semana em Highgrove. Nos serões em Balmoral, toda a família Windsor e os convidados brincavam animadamente de mímica e adivinhação.

Em junho de 1997, quando esteve em Manhattan para o leilão beneficente de seus vestidos na Christie's, a princesa Diana me disse que era difícil competir com o que Charles oferecia aos meninos nas várias casas da realeza. No mês de julho anterior à sua morte, ela os levou para passar um feriado na grande propriedade de Mohamed Al Fayed, o dono da Harrods, em Saint-Tropez, com passeios no *Jonikal*, seu iate de 15 milhões de libras. Ela imaginou que seria divertido, mas os jovens príncipes não gostaram muito. William, sobretudo, se sentiu constrangido com a ostentação e os excessos de Al Fayed — os bufês exagerados e os banheiros palacianos. Ele passou grande parte do tempo dentro do iate, para se esconder das objetivas dos paparazzi. A imprensa também estragou um passeio com Diana até um parque de diversões local. Harry, enquanto isso, se meteu numa briga com Omar, o caçula de Al Fayed, que não quis ceder o quarto onde Harry queria dormir. Nos anos pós-Diana, os garotos escapariam ao alvoroço da imprensa nos bosques e campos das propriedades da realeza. Certa ocasião, William preferiu ficar em Sandringham, atirando em faisões com o avô, em vez de esquiar com Charles em Klosters, onde a imprensa poderia persegui-los nas encostas.

Pouco a pouco, o mundo Windsor absorveu os meninos. O conde Spencer logo esqueceu de sua estrondosa promessa sobre a primazia da "família de sangue" de Diana. Sua vida privada estava consumida por dois divórcios conflituosos, e ele não apitava nada na vida dos sobrinhos. Quando William o procurou para que convencesse Harry a postergar seu casamento com Meghan, o conde julgou que seria uma interferência inaceitável.[30] A memória de Diana se tornou uma atração turística em Althorp, onde havia um conjunto um tanto feérico de objetos, como o vestido de casamento de conto de fadas, cheio de babados, fotos da infância e cartas comovedoramente simples do colégio interno, uma memorabilia exposta à meia-luz ao público pagante, com a renda dos ingressos a ser doada para o Fundo Memorial de Diana, Princesa de Gales.

O antigo círculo de Diana foi excluído da vida dos garotos. Embora com frequência Harry procurasse Julia Samuel, a amiga de escola superdiscreta de sua mãe e sua conselheira nas horas de dor, as outras amigas da princesa foram removidas da órbita dos meninos, como a honorável Rosa Monckton, com quem Diana passou suas últimas férias só com amigas na Grécia, e Lúcia Flecha de Lima, a esposa do embaixador brasileiro, uma de suas confidentes mais próximas. Via-se em Rosa o risco de vazamentos, pois ela havia repassado para a imprensa suas lembranças de Diana. Muito embora Rosa fosse a presidente do comitê para a Fonte Memorial de Diana no Hyde Park, e sua filha com síndrome de Down, Domenica, fosse afilhada de Diana, suas cartas aos príncipes em datas comemorativas, como os dias de aniversário, não recebiam resposta. Lúcia não foi convidada para o casamento de William e Kate em 2011, e assistiu à cerimônia pela televisão. Da mesma forma, Richard Kay do *Daily Mail*, o correspondente palaciano favorito de Diana, que sempre tinha acesso preferencial e falou com ela pelo telefone em seu último dia de vida, deixou de ter qualquer contato com seus filhos.[31]

Na virada do século, as águas finalmente pareciam cobrir a paisagem carbonizada que os anos de Diana haviam deixado.

Os membros da realeza acreditavam que conseguiriam lidar sem maiores danos com a penosa crise que abalava a instituição, e isso de fato ocorreu. Mas o universo da mídia que criou e amplificou o fenômeno Diana mal iniciava sua transformação do século XXI. Se a morte prematura da princesa foi o primeiro grande evento global eletrônico transmitido ao vivo, é arrepiante imaginar a intensidade que teria hoje. A entrevista de Martin Bashir com Diana, como a de Meghan e Harry a Oprah, seria vista um número interminável e devastador de vezes no YouTube. As fotos e as filmagens proibidas da princesa morrendo no carro destroçado no túnel Alma, em Paris, estariam por todas as partes daquelas que são chamadas — com uma ironia basicamente inconsciente — de redes sociais. As inúmeras teorias da conspiração que ganharam impulso nos meses subsequentes teriam se desencadeado num átimo e ganhariam uma aceitação terrível entre uma horda mundial de crédulos. Se se tivesse dito pelo Twitter à multidão furiosa na avenida Mall que o acidente fatídico da princesa fora causado pelo MI6 por ordem do príncipe Philip, será que o coro para arriar a bandeira não se tornaria um clamor pela queda da monarquia? "Nunca se queixe, nunca se explique" — a máxima que funcionara por tanto tempo para a realeza agora parece um sinal distante de um navio naufragado.

Mas tudo isso ainda estava no futuro. Por ora, a fúria da culpabilização da mídia e da censura do público havia se acalmado. A rainha, entre quatro paredes, continuava abalada com "a revolução", como a chamavam seus assessores. Sua Majestade não esqueceria o momento em que sua atitude, tida como insensível à dor de seus súditos pela morte de Diana, fez com que o público se voltasse contra ela. Nem o que se sentira obrigada a fazer quando o caixão de Diana passou pelo palácio: pela primeira e única vez — exceto por um chefe de Estado —, a rainha esperou por ela. E então curvou a cabeça.

Nunca mais.

2. Sexo e sensibilidade

POR QUE CHARLES AMA CAMILLA

Quanto a Camilla, é importante lembrar que ela disse que nunca quis se casar com o príncipe Charles. E agora é sua esposa. Disse que não seria uma figura pública. E agora atende a mais de duzentos compromissos régios por ano. E disse (ou a Casa Clarence disse) que, após a coroação de Charles como rei, ela seria princesa consorte. Mas esse plano cauteloso também foi deixado de lado, e a Grã-Bretanha agora tem uma rainha Camilla.

Enquanto isso, mesmo tendo o pleno direito de ser conhecida como princesa de Gales, Camilla preferiu o tratamento de Sua Alteza Real Duquesa da Cornualha. Era perspicaz o suficiente para saber que adotar um título indelevelmente associado a uma princesa tão amada não traria um carma bom. E agora, lembremos, ela está casada com o príncipe Charles por mais tempo do que durou seu casamento com Diana.

Camilla sempre foi uma *comfort food* sexual e emocional para o príncipe de Gales. Desde o momento em que ela o conheceu, aos 24 anos, em 1972, sua encantadora leveza afrouxou as amarras da formação dele. Ela trazia no sangue o gene de amante real: ao longo de doze anos sua bisavó Alice Keppel fora a favorita do rei Edward VII, até a morte dele. Alice, com seu charme espirituoso e socialmente refinado, foi a última grande paixão do rei que passou a vida saltando de cama em cama, de amantes aristocratas a prostitutas continentais. Quando Alice entrou em sua vida, ela com 29 anos e ele com 57, Bertie, como o chamavam, tinha chiadeira no peito e cheirava mal, inseparável de seus charutos e tão obeso que precisava apertar uma faixa na barriga para conseguir a penetração.[1] Alice era de uma beleza estonteante. Sua filha Violet Trefusis, que veio a ser mais conhecida por seu tempestuoso romance sáfico com a escritora e paisagista Vita Sackville-West, lembrava-se do "ar refulgente, como que divino", da mãe e ficava maravilhada com suas "curvas maduras", "pele de alabastro, olhos azuis, cabelo castanho, seios fartos, suavidade e encanto".[2]

A permanência de Alice na vida de Bertie pode ser atribuída não apenas à sua beleza, mas em igual medida à sua inteligência e sagacidade. Consuelo Vanderbilt, duquesa de Marlborough, conta: "Ela sempre sabia o escândalo mais picante, o valor das ações, o mais recente lance político; ninguém conseguia entreter melhor o [então] príncipe no tédio dos longos jantares prescritos pela etiqueta do que Alice".[3] Ela também sabia desempenhar o papel de amante com a máxima propriedade, sobretudo em relação à rainha Alexandra. Ajudava Bertie a encomendar belos presentes de figuras de animais incrustadas de pedras preciosas para a coleção Fabergé da titular. Exibia uma imponente fotografia assinada da rainha na cornija de sua sala de estar. Sempre esperta com dinheiro, orientava o conselheiro financeiro do rei a aplicar suas mesadas régias em investimentos lucrativos. Violet se lembrava dela nos serões, "resplandecente, com um eterno diadema".[4] Duas criadas substituíam as quatro mudas de roupa que trocava todo dia por um de seus vários vestidos compridos de seda da Maison Worth, decorado com longos fios de pérolas e refulgentes colares de diamantes.

O adultério eduardiano nos ambientes aristocráticos era uma engenhosa ciranda, executada apenas depois do casamento com uma pessoa de posição social parecida, em geral envolvendo uma habilidosa troca de quartos em sussurrantes finais de semana nas casas de campo. A maioria das amantes de Bertie tinha um marido complacente que se comprazia, como o honorável George Keppel, com o prestígio decorrente da ligação amorosa da esposa com o monarca. Uma das amantes prediletas de Bertie, Daisy Brooke, condessa de Warwick — também conhecida como "Brooke Matraca" —, acabou se revelando um perigo quando, depois da morte dele, tentou vender ao *Daily*

Express as cartas que o rei lhe mandara — a Coroa acabou dando um jeito de abafar.

Os mexericos entre a criadagem da residência Keppel diziam que George, delicado e com pouca testosterona, já no início do casamento abandonou o leito de Alice. Na época em que enfeitiçou o príncipe de Gales, em 1898, ela já havia criado um fluxo permanente de visitas vespertinas, enquanto o marido indiferente retorcia o bigode encerado em seu clube de jogo em Piccadilly. Alice Keppel podia ser admirada na alta sociedade, mas, como disse uma ex--criada da casa, ela era "uma verdadeira safadinha".[5] Isso vinha bem a calhar para o lúbrico Bertie, que espalhara uma vasta prole de filhos ilegítimos, além dos seis filhos com a sofredora rainha Alexandra. Corria o boato persistente de que Sonia, a filha mais nova de Alice Keppel e avó de Camilla, era na verdade filha do rei, o que faria da duquesa da Cornualha uma possível parente de sangue do príncipe Charles.

Transcorrido um século, há muitas similaridades entre as circunstâncias e a dinâmica de Alice com Bertie e Camilla com Charles. Como Bertie, Charles esperou décadas pelo trono. A rainha Vitória finalmente deixou a cena depois de reinar por 63 anos, ao longo dos quais considerava o filho tão incompetente que o excluiu por completo dos assuntos de Estado. Embora nunca tenha se mostrado tão abertamente rancoroso como Bertie em relação à rainha Vitória, no passado Charles exerceu certa pressão para ter mais peso na monarquia, o que provocou tensas rivalidades com o Palácio de Buckingham. É sabido que a rainha comentava com seus conselheiros que o considerava "exasperador", e foi somente nessa última década, quando passou a depender dele para ajudá-la em seus encargos, que ela deixou de vê-lo apenas como um garoto obstinado.

Ao se tornar rei aos 59 anos, Bertie lamentou que fosse tarde demais. "Não me incomoda rezar ao Pai Eterno", resmungou durante um ofício religioso celebrando o Jubileu de Diamante da rainha Vitória, "mas realmente me incomoda ser o único homem do país a ter uma mãe eterna".[6] Charles também se sentia frustrado e às vezes desesperado com sua vida restrita aos bastidores. Ele foi quem por mais tempo ficou como herdeiro direto, por mais tempo como duque da Cornualha e por mais tempo como duque de Rothesay (como é conhecido ao norte da fronteira). Charles deixou clara sua decepção em 1992, após o funeral do conde Spencer, pai de Diana, numa conversa com o filho e herdeiro de 28 anos do finado conde. "Ele parecia não perceber como eu me sentia com a perda", disse o jovem conde Spencer à sua família. "Acabávamos de sepultar meu pai e ele continuava me dizendo como eu tinha sorte em herdar tão jovem!"[7]

Como Bertie, Charles se sentia ferido pela infância e pelos tempos infelizes de escola, incompreendido pelo pai dominador e destituído de uma ligação afetiva com a mãe. Sua ligação mais forte era com Mabel Anderson, sua ex-babá ultratradicionalista — com a qual, dizem, Camilla guarda grande semelhança. Como Bertie, ele é um esteta natural, sujeito a arroubos de raiva e sentimentalismo, e precisa ser acalmado e entretido por uma mulher que seja maternal e, ao mesmo tempo, sutilmente firme. Como Alice, o trunfo de Camilla sempre foi sua capacidade de entreter. Um lugar ao lado dela à mesa de jantar é altamente valorizado entre os convidados em Highgrove, que a consideram sofisticada e franca, experiente e direta, dona de um humor maravilhosamente saboroso. Um conviva frequente me falou que um dos maiores encantos de Camilla é fazer com que a pessoa se sinta a mais importante da sala. "Insisti que você se sentasse a meu lado", ela diz com sua voz grave, em tom confidencial. "Ela tem uma habilidade extraordinária em fazer a pessoa sentir que pertence àquele ambiente", o conviva me disse. "Por muito tempo, ela e eu éramos provavelmente os únicos fumantes nesses eventos, e ela conseguia transformar isso numa espécie de segredo divertido." Como Alice, Camilla nunca contestou o status quo. Ela é uma peça profundamente enraizada na vida aristocrática, que não precisou de qualquer treino de etiqueta no convívio com a realeza. Como Alice, Camilla encontrava no major Andrew Parker Bowles um *mari complaisant*, que parecia não se abalar com a piada que corria a seu respeito: "O homem que entregou a esposa a seu país". Como Edward VII e Alice, o príncipe Charles não consegue viver sem ela.

II

Foi a filha do embaixador chileno, Lucia Santa Cruz, antiga paixão de Charles em Cambridge, quem apresentou um ao outro no verão de 1971; ele tinha 22 anos e Camilla acabava de fazer 24. Roy Strong, diretor da Galeria Nacional de Retratos, conheceu Charles mais ou menos na mesma época, e o descreve como "um rapaz agradável, sério, com sorriso de menino e um senso de humor simples, brincalhão, atencioso, gentil e tímido. Usa roupa de gente de meia-idade, com lapela estreita, colarinho pequeno e gravata estreita".[8] Como estudante em Cambridge, Charles apareceu no primeiro dia de aula com terno de corte impecável e gravata. Era outubro de 1967, o ano do Verão do Amor. Não admira que, como um príncipe com pouca exposição social, ele tivesse dificuldade em estabelecer alguma ligação romântica de verdade.

Lucia e Camilla moravam no mesmo conjunto de apartamentos em Cundy Street, Belgravia, em Grosvenor Estate, um centro de filhas de ricaços e rapazes elegantes. Camilla era a colega desleixada que dividia o apartamento no térreo com Virginia, filha do ministro conservador lorde Carrington, e Lucia disse que o príncipe "estava vindo para um drinque ou para me pegar, e perguntei: 'A Camilla pode ir?'".[9] Ela sabia que Charles estava sem ninguém, e lhe falou que Camilla era "a garota certa" para ele, de "enorme simpatia, cordialidade e caráter natural".[10] Charles se sentiu imediatamente atraído. Ao apresentar um ao outro, Lucia brincou: "Agora vocês dois tenham muito cuidado. Vocês têm antepassados genéticos. Cuidado, CUIDADO!".[11] Essa apresentação jocosa parece muito mais provável do que o comentário apócrifo atrevido, citado à exaustão, que teria sido a suposta indireta de Camilla: "Minha bisavó era a amante do seu trisavô — que tal?".[12]

Camilla não tinha necessidade de alardear seus antepassados. Os Shand eram uma família carismática cujas profundas raízes na vida aristocrática se sobressaíam ainda mais com o grande charme pessoal deles.

O pai de Camilla era o major Bruce Shand, intrépido herói de guerra, e a mãe era a honorável Rosalind Cubitt, filha do terceiro barão Ashcombe. O major Shand, que era mestre de caça de Southdown em East Sussex, era admirado não só pelo porte do ator Jason Robards, mas também pelo impressionante histórico de combate na Segunda Guerra Mundial. Foi prisioneiro de guerra dos alemães durante três anos, e recebeu duas cruzes militares pela engenhosidade tática e o sangue-frio sob fogo. "Uma de suas maiores reclamações por ser prisioneiro de guerra não eram os maus-tratos dos nazistas, mas que o castelo de Spangenberg, uma prisão para oficiais, o fazia sentir-se de volta a um colégio interno",[13] disse o escritor James Fox, cuja família transitava nos mesmos círculos de Sussex.

Fox lembra do impetuoso major Shand como "o oposto da imagem popular de um Coronel Mostarda". Falava um francês excelente, graças à experiência no setor vinícola em Bordeaux, e depois da guerra ficou sócio da refinada vinícola Block, Grey, and Block, em Mayfair. Ao desaprovar alguma coisa, lançava um "olhar" em silêncio em vez de vociferar. Mais tarde, adotou em relação à vida complicada de Camilla uma atitude de viva-e-deixe-viver.

Rosalind Shand, mãe de Camilla, era uma celebrada beldade da *high society*, escolhida como Debutante do Ano em 1939. Era tataraneta de Thomas Cubitt, construtor oitocentista que deixou como legado os imóveis mais cobiçados de Londres: as grandes mansões vitorianas em Belgravia, os conjuntos de casas com sacadas brancas em Pimlico, perto da Câmara dos Comuns, e a extensa sacada e fachada leste do Palácio de Buckingham. George VI e a consorte Elizabeth compareceram ao baile de debutante de Rosalind na majestosa Holland House, em Kensington, o último evento antes de o edifício ser destruído durante a guerra. Costumava fumar charutos pequenos, tinha seios fartos e era vivaz e espirituosa. Camilla lembra que ela era "despótica" no que se referia às maneiras.[14]

Rosalind tinha um espírito altruísta invulgar. Dois ou três dias por semana fazia serviço voluntário em Chailey Heritage, uma escola para incapacitados perto da casa da família Shand em Plumpton, East Sussex, cuidando de crianças com má-formação devido à talidomida. Costumava levar as crianças para nadar no lago e convidou um grupo de suas pupilas para o casamento de ambas as filhas.

Camilla, junto com a irmã, Annabel, que teve uma carreira muito bem-sucedida como decoradora entre a alta sociedade, e o irmão caçula, Mark, eram conhecidos na sociedade londrina como os "sexy Shands". Mark era o mais bonito do trio. Nos anos 1970, foi um dos solteiros mais cobiçados de Londres, um deus loiro musculoso conhecido por namorar top models e *it girls*. Como seu amigo Peter Beard, mas menos excêntrico, Mark era um aventureiro na linhagem oitocentista de sir Richard Burton, que andou pelo mundo graças a ligações extravagantes e fundos fiduciários adequados. Sua épica viagem de 1200 quilômetros de Konarak, na baía de Bengala, a Sonepur, no Ganges, foi narrada num livro de memórias, *Travels on My Elephant* [Viagens em meu elefante]. Entre seus excêntricos amigos da alta sociedade estavam Harry Fane, filho do conde de Westmorland, com quem, além de dividir uma casa em Bali, abriu uma loja de antiguidades; o fotojornalista Don McCullin, e o charmoso herói do críquete Imran Khan, que mais tarde seria primeiro-

-ministro do Paquistão. Algumas de suas aventuras mais pitorescas apareciam nas inúmeras tatuagens que trazia pelo corpo: "uma serpente no antebraço, que fiz na época em que trabalhava na sala de empacotamento da Sotheby's; o caranguejo no ombro no Texas e um tigre que encontrei ao acordar com um bando de soldados argelinos. No pé tenho algumas marcas que foram feitas por daiaques em Bornéu, quando eu vivia chapado por qualquer coisa remotamente disponível",[15] ele contou à escritora Camilla Long. Uma admiradora o chamou de "Indiana Jones em pessoa".[16] Sua morte repentina em 2014, aos 62 anos, em Nova York, depois de cair no Rose Bar, no Gramercy Park Hotel, após um evento da Sotheby's a fim de angariar fundos para sua organização em prol dos elefantes, foi devastadora para Camilla, que comentou com amigos: "Quando eu ouvia a voz [de Mark] dizendo 'Camillsy' […] percebia na hora que ele queria alguma coisa. Mas, Deus do céu, como sinto falta dele".[17]

As crianças Shand cresceram com aquele tipo de afeição sólida que desperta autoconfiança. Moravam em The Laines, uma antiga reitoria confortável, onde as relíquias dos Ashcombe se misturavam a uma profusão de objetos ecléticos, tapetes marroquinos tecidos à mão e sofás fundos que acumulavam pelos de cachorro. A casa tinha uma vista maravilhosa para os South Downs. Um de seus encantos era uma sucessão descontrolada de jardins secretos cultivados por Rosalind, que tinha ótima mão para plantas, como atestavam os vegetais na horta e os arranjos de flores recém-colhidas. Atitude incomum para sua classe e sua época, ela não contratava babás para as crianças. Ia todas as tardes buscar pessoalmente as meninas na escola, Dumbrells, em Ditchling, e no verão as levava para a praia em Hove. Deixava que Camilla e Annabel fossem andar a cavalo e acampar nos Downs e passar a noite ao ar livre com seus sacos de dormir. Ao jantar, Bruce servia às crianças um copo de vinho com água, como fazem os franceses, e elas podiam ficar acordadas até tarde ao lado de Rosalind, que bebericava seu *crème de mente*. Os amigos invejavam os pais afáveis e simpáticos dos Shand.

Pela linhagem de Rosalind, os jovens Shand tinham primos e parentes em toda a lista do *Burke's Peerage*, o elenco de toda a aristocracia britânica e irlandesa, uma rede intrincada de conexões que lhes dava acesso a festas, bailes, caçadas e jantares nas casas mais importantes da Inglaterra. Era, claro, uma linhagem menos venerável que a da princesa Diana, cuja estirpe dourada ostentava o condado de Spencer pelo lado paterno e o baronato de Fermoy pelo lado materno. Não havia uma casa majestosa como Althorp na paisagem Shand. Mas a família de Diana era tão dividida e conflituosa que ela nunca fincou muitas raízes na vida aristocrática do campo. Catorze anos mais velha do que Diana, Camilla era muito mais adaptada aos scripts da realeza. Tanto em termos sociais quanto geracionais, ela era próxima de inúmeros amigos e casas que compunham a estrutura do mundo do príncipe Charles.

A autoconfiança social de Camilla aumentava seu poder de atração sobre o sexo oposto. Seu charme estava na voz rouca de barítono, nos olhos azuis sinceros, na figura curvilínea e na sorridente acessibilidade. No ano em que começaram um affaire, o príncipe Charles estava no início da carreira nas Forças Armadas de Sua Majestade, fazendo o treinamento como piloto de jatos, antes de concluir o curso no Real Colégio Naval Britannia, em Dartmouth. Nem a rainha nem o príncipe Philip foram ao desfile de conclusão de seu treinamento, em 1971. Quem prestigiou esse marco da cerimônia de cadete foi lorde Louis Mountbatten — seu tio-avô, ex-vice-rei da Índia, Primeiro Lorde do Almirantado e, mais importante, o confidente mais próximo de Charles, além de, como ele dizia afetuosamente, seu "avô honorário" —, que saiu de sua casa em Hampshire e desceu de helicóptero para garantir que houvesse algum membro da família presente à cerimônia.

A seguir, o destróier HMS *Norfolk* guiado por míssil aguardava Charles em Gibraltar, em sua primeira designação numa carreira da Marinha Real, tal como o pai, o avô e os dois bisavós antes dele. "Pobre Charles", comentou a rainha dessa vez a um convidado do jantar. "Um zero à esquerda em matemática e o tornam oficial de navegação!"[18] Pelos cinco anos seguintes, a despeito de sua posição régia, Charles teve de escalar penosamente a hierarquia, partindo de subtenente em exercício para subtenente e então para tenente. (Uma das prerrogativas de um membro da realeza é que ele continua sendo promovido, mesmo não estando na ativa. Independentemente de sua habilidade em matemática, Charles agora é almirante da frota.)

Longe do escrutínio da imprensa e da censura dos pais, Charles se empenhou ao máximo na Marinha para ser "um dos rapazes". Não gostava de dividir a cabine já minúscula com outros dois oficiais, mas veio a partilhar o espírito coletivo da vida em serviço a ponto de por um breve tempo deixar crescer uma barba à la George V. "Eu devia ser tratado como qualquer outro subtenente", escreveu ele em seu diário de bordo, "mas havia diferenças, obviamente, e desconfio que ninguém sabia bem como eu iria me comportar ou até que ponto seria arrogante".[19] Uma dessas "diferenças" de que ele se ressentia era ser excluído de aeroplanos e helicópteros antissubmarinos, tidos como perigosos demais para que o herdeiro do trono tentasse pilotá-los. Em 1976, ele obteve o comando de seu próprio navio, o caça-minas HMS *Bronington*. Infelizmente, num incidente próprio de um Inspetor Clouseau, relatado por seu biógrafo, Anthony Holden, Charles deu ordem de baixar a âncora sem perceber que havia sob a água um cabo de telecomunicações ligando a Inglaterra e a Irlanda. A âncora se enroscou e os dois mergulhadores enviados para desprendê-la quase se afogaram. Ao que consta, ele se lamentou: "Vou ter de amargar o Serviço Geral de Correios e Telecomunicações pelo resto da vida. O que vai acontecer se eu quebrar esse troço?". Passadas 24 horas, ele foi obrigado a enfrentar o grave constrangimento de soltar a âncora com boia, recebendo uma "severa repreensão" do alto escalão do Ministério da Defesa.[20] Foi com evidente alívio que ele deixou a Marinha Real em dezembro de 1976, e com os últimos vencimentos, de 7400 libras, criou sua primeira entidade beneficente, o Prince's Trust.

A carreira de Charles na Marinha pode não ter sido tão ilustre quanto a de seu pai e a de Mountbatten, mas pegou bem na imprensa. Não é exagero dizer que o príncipe de Gales era uma figura glamorosa no começo e meados dos anos 1970. Era o solteiro mais cobiçado da Grã-Bretanha, viril, elegante e herdeiro de cerca de 53 mil hectares do ducado da Cornualha, que lhe rendiam 80 mil libras por ano. Uma administração financeira extremamente hábil aumentou seu portfólio de terras, edificações e investimentos para cerca de 22 milhões de libras por ano. A assessoria de imprensa do palácio o fotografava em constante movimento, saltando de paraquedas, fazendo windsurfe e galopando pelo campo de polo com um magnífico bronzeado. Pouco antes de conhecer Camilla, ele se saíra bravamente de um incidente, quando saltou de um aeroplano da RAF, prendeu os pés nas cordas do paraquedas, desceu de ponta-cabeça por uns quatrocentos metros na direção do mar e pousou de pé na costa de Dorset.

Era tão grande o interesse por ele que 500 milhões de telespectadores do mundo todo assistiram à transmissão ao vivo de sua investidura como príncipe de Gales em 1969, no Castelo de Caernarfon. (Entre os telespectadores estava a menina Diana Spencer, de oito anos, fascinada pela atmosfera romântica da cerimônia e pelo homem no centro dela.) Antes dele, já haviam sido coroados vinte príncipes ingleses de Gales, desde 1301, quando o rei Edward I conferiu o título ao príncipe Edward, seu herdeiro legítimo, após completar a brutal subjugação de Gales. Charles estava "se cagando de medo",[21] segundo lorde Snowdon, responsável pela cenografia do evento, mas mostrava um ar de incrível nobreza em seu manto de veludo púrpura tecido à mão e a capa de arminho com fivelas de ouro maciço, levando na cabeça a pequena coroa de ouro, feita especialmente para a ocasião, incrustada de diamantes e encimada por um globo dourado que parecia uma bola de golfe brunida. (Era, na verdade, uma bola de pingue-pongue revestida de ouro.) Vistas hoje, as fotos parecem ser não de cinquenta, mas de quinhentos anos atrás. Enquanto a rainha depõe a coroa em sua cabeça, o príncipe de vinte anos, visto de perfil, tem o nariz fino dos plantagenetas e mostra uma expressão devota e compenetrada. Sempre cioso dos deveres, ele havia passado as nove semanas anteriores à cerimônia treinando alucinadamente com um professor da Universidade de Aberystwyth para poder fazer seu discurso de aceitação em galês. O poeta laureado sir John Betjeman celebrou a ocasião com estas palavras: "Como menino ajoelhaste, como homem levantaste/ e tua vida mais solitária iniciaste".[22]

III

Assim que conheceu Camilla, Charles grudou nela. Iniciaram um romance que durou até o momento em que ele foi para o mar, em dezembro de 1972, a bordo da fragata HMS *Minerva*. Trocavam longos telefonemas a altas horas, dançavam coladinhos na boate Annabel's em Mayfair, faziam ceias *à deux* depois das óperas em Covent Garden. Charles adorava entretê-la imitando os personagens da comédia *The Goon Show*, de Peter Sellers e Spike Milligan, da antiga Rádio BBC, e ela era educada o bastante para achá-las estrondosamente divertidas. Iam de carro, o Aston Martin azul que Charles ganhara dos pais em seu aniversário de 21 anos, passar longos finais de semana em Broadlands, a casa do conde Mountbatten em Romsey. Um colunista avistou os dois na casa de Annabel, com a princesa Anne e seu acompanhante Gerald Ward.

Às vezes conseguiam ter encontros furtivos na casa de Sonia Cubitt, a avó de Camilla, em Hampshire, que não ficava longe do navio dele ancorado em Portsmouth. Sonia, que alimentava suas lembranças de infância da mãe,

Alice Keppel, entretendo o homem corpulento barbado que ela conhecia apenas como "Kingy", devia achar excitante receber o príncipe e Camilla. Um mordomo da casa contava que certa vez Camilla passara o dia com um jeans preso na frente com um alfinete de segurança. A sra. Cubitt perguntou se ela ia se trocar e pôr algo mais apropriado para a visita iminente do príncipe de Gales. E parece que chegou a gritar: "Consigo até ver sua calcinha, Camilla!",[23] ao que a jovem respondeu: "Ora, Charles não vai se incomodar com isso". Quando o príncipe chegou às seis da tarde, os dois "sumiram de vista". Ele apreciava claramente a *joie de vivre* sexual dela. "Faça de conta que sou um cavalinho de balanço", ela teria lhe dito, para vencer sua insegurança inicial na cama.[24] Charles mostrou seu apreço pela discrição acolhedora da avó Sonia dando-lhe de presente uma caixinha de joias de prata, gravada com as plumas heráldicas do príncipe de Gales.

As fotos mais antigas de Charles e Camilla juntos mostram o casal em partidas de polo na Smith's Lawn no Windsor Great Park, numa área lateral enquanto descansavam no estacionamento, ou sob uma árvore trocando um olhar de claro entendimento mútuo — ela de jeans e camiseta vermelha, ele bronzeado e ainda suando na camiseta listrada e nos calções da equipe. Camilla era louca por pôneis desde os cinco anos de idade e se tornara excelente cavaleira sob a orientação paterna. Adorava a atividade enérgica e corajosa de caçar raposas com os cães de Southdown, a correria doida pela planície aberta de East Sussex, seguida de lanches fartos na casa dos companheiros. O príncipe admirava sua despreocupação e sua atitude sem um pingo de adulação. E ficava encantado com a família dela, que com sua cordialidade espontânea era o antípoda da dele. A supermodelo Marie Helvin, que namorou Mark Shand durante vários anos, me contou que, nos finais de semana no campo, "Camilla costumava entrar com umas botonas enlameadas, o cabelo todo despenteado, a pele viçosa, e simplesmente parecia magnífica. Tinha as unhas sujas de terra e pouco se importava. Era uma coisa atraente para alguém tenso como Charles".[25] Quando ela cavalgava com a matilha, as exigências da etiqueta paterna de mestre de caça prevaleciam. Era uma impecável cavaleira estalando o chicote, com calça justa de montaria, lenço branco no pescoço e rede preta segurando o cabelo.

A desenvoltura com que os Shand ignoravam os protocolos às vezes despertava perplexidade nos arrivistas que chegavam àquele mundo autoconfiante.

Mark era famoso por aparecer nos almoços com convidados em casa usando shorts esfarrapados. Marie Helvin lembra como ficou mortificada ao descer para o café da manhã de Natal usando um jogo de camisola e penhoar Dior de cetim branco e encontrou a família Shand de jaqueta surrada por cima dos pijamas amarrotados, comendo ovos com bacon. Pelo visto, os jovens filhos de Camilla e Annabel nunca esqueceram a visão da entrada de Marie.

A casa descolada podia adquirir um súbito verniz para os grandes jantares. O jeito despreocupado da família não descartava certo rigor social. Camilla pertencia à derradeira geração de mulheres britânicas formadas no dever — e no talento — de oferecer recreação. Em 2017, ela contou a Geordie Greig que sua mãe arrastava os filhos escada abaixo para participar de um jantar com vizinhos maçantes:

> A gente reclamava e dizia: "Não podemos ficar aqui, vendo televisão e comendo palito de peixe?", e ela nos fazia sentar à mesa de jantar, e no instante em que se fazia silêncio, ela dizia: "Falem! Não me interessa de quê, falem do periquito ou do pônei de vocês, mas mantenham a conversa…". E assim nunca consegui não falar. Está na psique, não deixar que se instale um silêncio.[26]

Para as garotas de classe alta da geração de Camilla, os estudos acadêmicos não entravam na pauta. A partir dos dez anos e durante a adolescência, ela frequentou a escola de elite Queen's Gate, em Londres, perto da casa da família em South Kensington. Era uma boa plataforma de lançamento para sua temporada de debutante. Segundo a romancista Penelope Fitzgerald, que dava aulas de francês lá, Queen's Gate era em grande medida um lugar "onde as meninas aprendiam a preencher cheques, jogar bridge e reconhecer uma mesa bem-posta".[27] Camilla deixou a escola com um diploma do secundário, uma boa agenda de endereços e habilidade na esgrima. Uma escola suíça de etiqueta às margens do lago Genebra, onde as alunas aprendiam a conversar em francês, provar vinhos, fazer arranjos florais e adquirir os pré-requisitos para dirigir uma mansão, completou sua falta de educação formal. Ela adquiriu mais lustro ao passar seis meses na França para estudar língua e literatura francesas na University of London Institute in Paris.

O ano do début de Camilla, 1965, se deu no auge do encontro de dois mundos. O antigo ritual social de "fazer a temporada", quando as novas "potrancas", como dizia seu pai, eram apresentadas à corte antes de ser lançadas a um turbilhão de coquetéis, corridas hípicas e deslumbrantes bailes nas casas de campo, estava em baixa desde o final dos anos 1950. As últimas apresentações na corte, sempre realizadas no Palácio de Buckingham, ocorreram em 1958. Ao que parece, o príncipe Philip havia feito uma longa campanha para dar um basta naquilo, dizendo que era "ridículo", sentimento que estava em sintonia com a deterioração do respeito do público pela classe dirigente e a maré ascendente das sátiras e dos dramas de consciência social. A princesa Margaret também não era entusiasta. "Foi preciso acabar com aquele ritual", Margaret disse. "Todas as putas de Londres estavam sendo apresentadas."[28] O baile da rainha Charlotte, que costumava abrir a temporada, resistiu até 1976, e as debutantes, em vez da vênia à soberana, faziam vênia ao bolo. (Umas poucas aprendiam a fazê-la com Lucie Clayton, diretora da escola de modelos de mesmo nome, conhecida como "a megera de Bond Street".)

Em 1965, a contracultura já havia irrompido no salão. As jovens se dividiam entre as que enrolavam seus baseados e passavam rebolando de minissaia Mary Quant, botas altas e cabelo cortado à Twiggy, e as mais conservadoras, como Camilla, que se atinham a seus coquetéis de champanhe, colares de pérolas e festas no Guards Polo Club.

Naquele ano pulularam jovens aristocratas estilosas, desde a ofuscante lady Caroline Percy, filha do duque de Northumberland, a lady Mary-Gaye Curzon, filha de Edward Curzon, sexto conde de Howe, e futura mãe de Cressida Bonas, a namorada pré-Meghan do príncipe Harry. Lady Mary-Gaye aparecia com tanta frequência nas colunas sociais que o Claridge's deu seu nome a um coquetel azul (por causa de seu sangue azul). Loira deslumbrante com pernas maravilhosas, era o próprio símbolo do espírito atrevido da época, posando com o delicado rosto manchado de óleo de motor (em homenagem ao avô piloto de corridas) e muita pele nua à mostra no *Birds of Britain* [Aves da Grã-Bretanha], um *coffee-table book*.

À tarde, depois de um passeio de compras, uma turminha de debutantes, entre elas Camilla, costumava se encontrar nas poltronas verdes de couro do banco da Harrods e então iam comer frango grelhado frio com ervilhas no Brief Encounter, restaurante do outro lado da rua.

Camilla, ao que parece, não se arrepende desses anos borboleteantes. Seguir uma carreira nunca esteve em seu horizonte. Teve por brevíssimo tempo um pretenso emprego na empresa de decoração Colefax and Fowler, mas foi demitida por chegar atrasada depois de uma noitada dançando.[29] E daí? Havia uma herança de 500 mil libras à sua espera, assim que a avó Sonia Cubitt morresse.

Hoje, algumas de suas contemporâneas lamentam que as garotas da geração delas não tenham recebido um bom ensino e ficassem confinadas como alunas internas em escolas que não ofereciam muito do ponto de vista intelectual, como a de Heathfield em Berkshire, descrita por uma ex-aluna da época como "uma instituição Jane Eyre que deu errado". Camilla, agora leitora voraz e ávida consumidora de cultura e atualidades, é mais propensa a valorizar o que aprendeu num sistema agora extinto. "Ainda bem que fui criada com as bases de meus pais e aprendi boas maneiras", disse ela a Geordie Greig.

> Parece um tanto esnobe, principalmente nesses dias, mas saíamos da escola aos dezesseis anos, ninguém ia para a universidade, a não ser que fosse realmente um crânio. Em vez disso, íamos para Paris e Florença, aprendíamos sobre a vida e a cultura, e como nos comportar com as pessoas, como falar com as pessoas. Era algo muito entranhado em minha criação e, se não tivesse tido isso, eu teria achado a vida na realeza muito mais difícil.[30]

De fato, Camilla estava tão afinada para a vida com o herdeiro do trono, em contraste com o extremo despreparo de Diana, que hoje parece surpreendente que ela tenha sido considerada inadequada. Mas sem títulos pomposos nem histórico de castidade, competindo com, entre outras possíveis noivas reais, a princesa Marie-Astrid de Luxemburgo, eram poucas as chances de que o príncipe de Gales a pedisse em casamento. A regra tácita da temporada era, como disse Christopher Wilson, "se as boas moças não fazem, Camilla fazia".[31] Ela teve uma aventura de um ano com Kevin Burke, de dezenove anos, filho de um magnata da aviação que circulava pela cidade com um reluzente Jaguar E-Type amarelo, que ela chamava de "Ovo", e outro rápido caso com Rupert Hambro, o ensebado herdeiro e banqueiro.

Mas o tema recorrente na vida de Camilla era Andrew Parker Bowles, rebento de uma família rica, proprietária de cavalos de corrida, e o mais disputado companheiro de jantar no circuito social. Nenhum de seus namorados tinha como competir com a verve sexual de Andrew, que era sete anos mais velho e fazia uma bela figura como oficial na Real Guarda Montada, prestigioso regimento da Cavalaria do Palácio. Foi um *coup de foudre* para Camilla desde o instante em que o irmão mais jovem dele, Simon, os apresentou um ao outro em 1966. Engataram um romance no verão daquele ano num baile na Escócia, e logo ela estava passando a noite no apartamento dele em Portobello Road, que muitas vezes guardava sinais da última visitante feminina.

Camilla entendia que a exigência dolorosamente arcaica de virgindade numa noiva real era um empecilho em seu relacionamento com Charles. Essa exigência também se revelaria letal para a futura felicidade dele. Do ponto de vista da rainha-mãe, podia parecer fácil encontrar entre as contemporâneas de Charles uma mulher de vinte e tantos anos ainda intocada, mas, nos costumes sexuais da sociedade londrina nos anos 1970, era algo tão provável quanto ver o monstro do lago Ness. Não admira que ele acabasse se casando com a *ingénue* lady Diana Spencer, de vinte anos.

E, de todo modo, é de se duvidar que Camilla aceitasse um pedido de casamento de Charles. Fazia sete anos que ela perseguia impetuosamente a figura bem mais sexy e mais perigosa de Parker Bowles. Andrew tinha a mania exasperante de ir e vir quando bem entendia. (No começo dos anos 1970, ele teve um tórrido namoro com a jovem princesa Anne. Os dois continuam muito amigos e ele ainda a acompanha nas corridas. Em março de 2020, o octogenário Andrew, com um borsalino surrado, pôde ser visto passeando com Anne pelo Cheltenham Festival, onde alguns dos presentes, inclusive ele mesmo, contraíram covid-19.) Muitas vezes Camilla regalava Rupert Hambro com relatos tremendamente engraçados com os dois (ou três) casos simultâneos de Andrew. Ninguém se deixava enganar. Camilla Shand era obcecada por Parker Bowles.

Pode-se supor que seu flerte com Charles fosse um artifício para despertar ciúmes em Andrew. O período de seu romance com o príncipe coincide com os seis meses em que o major esteve alocado na Irlanda do Norte e Chipre, onde decerto os boatos sobre o novo admirador de Camilla atiçariam sua disposição de pedi-la em casamento.

Para garantir que Andrew realmente desse o próximo passo na relação, o major Shand conspirou com o pai do rapaz, Derek Parker Bowles, para publicar a notícia de um noivado no *Times*, em 15 de março de 1973, antes que o pedido acontecesse, mencionando a data do casamento para dali a quatro meses. Foi um lance arriscado, mas que valeu a pena. O príncipe Charles ficou arrasado ao saber do noivado, enquanto ainda estava no mar a bordo do HMS *Fox*, rumo às Índias Ocidentais. "Depois de um relacionamento tão venturoso, pacífico e mutuamente feliz, o destino havia decretado que duraria apenas seis meses", ele lamentou numa carta, segundo o biógrafo Jonathan Dimbleby.[32] A cerimônia católica em 4 de julho de 1973 (Andrew era católico; Camilla não se converteu) foi altamente concorrida, com oitocentos convidados — a capela ficou tão lotada que cem deles ficaram de pé — na Guards' Chapel, Wellington Barracks. A rainha-mãe e a princesa Anne compareceram, e a princesa Margaret esteve depois na recepção no Palácio de St. James. Anne, ainda apaixonada por Andrew, ficou aparentemente "arrasada" e logo depois ficou noiva do capitão Mark Phillips — uma versão menos viril e intelectualmente mais apagada de Parker Bowles —, a quem Charles apelidara ferinamente de "Nevoeiro".[33] O príncipe por acaso não pôde comparecer, pois estava a caminho de Nassau para representar a rainha numa cerimônia de rebaixamento do império. (Certamente algo que não contribuiu para seu humor foi que, durante a entrega dos documentos constitucionais reconhecendo a recente independência das Bahamas, um dossel despencou em cima de todos eles.)

Pelo menos Charles foi poupado de ver Camilla, esplendorosa em seu longo véu de tule, diamantes cintilando nos cabelos, escoltada pelo pai até o garboso rapaz de farda que a aguardava no altar. Ao deixar a capela, os recém-casados passaram orgulhosamente sob as espadas cruzadas dos oficiais dos Blues e Royals. A rainha-mãe assinou o registro de casamento como testemunha principal.

IV

Num recuo temporal, Andrew Parker Bowles faz lembrar o personagem George Wickham de Jane Austen, em *Orgulho e preconceito*, que depois se revela um libertino indigno de confiança — com a ressalva de que Camilla Shand, ao contrário da Elizabeth Bennet de Austen, sempre soube da queda de Andrew por outras mulheres. "O poder dele [sobre elas] era extraordinário", disse uma ex-amante de Andrew.[34]

As mulheres acreditavam de olhos fechados no que ele dizia. Andrew parecia obrigá-las a amá-lo, embora às vezes as abandonasse tão depressa que elas até ficavam tontas. Nesse sentido, ele podia ser absolutamente impiedoso.

Uma mulher que nunca caiu nas graças dele foi Rosalind Shand. Irritava-a sua excessiva preocupação com suas conexões sociais, e ela acreditava que ele nunca deixaria de ser um mulherengo inveterado.

Estava certa. Andrew Parker Bowles foi tão infiel com Camilla nos quase 22 anos em que estiveram casados quanto havia sido nos sete anteriores. "Quando eu estava com Andrew", disse lady Caroline Percy, "ela vinha até mim nas festas e me perguntava o que eu estava fazendo com o namorado dela. Ela vivia fazendo isso com as garotas nas festas. Mas fiquei farta daquilo e disse: 'Você pode pegá-lo de volta depois que eu terminar com ele'".[35] Uma prova do otimismo inato de Camilla ou da paixão que tinha — e continuou a ter — por ele é que isso não a impediu de se tornar sua esposa.

Os dois formavam o clássico casal campestre. Quando Camilla engravidou do primeiro filho, Tom, em 1974, eles moravam em Bolehyde Manor, uma enorme casa seiscentista em Allington, perto de Chippenham, em Wiltshire. Os amigos eram um grupo íntimo de condes muito sociáveis, donos de grandes palacetes: Pembroke, Shelburne e Suffolk. Marie Helvin comentou que o casal era muito "unido",[36] ambos expansivos e gentis, muitas vezes conversando animados um com o outro entre os demais convivas às mesas de jantar.

Os cavalos constituíam um vínculo profundo. Andrew era um grande jogador de polo e muito dedicado ao mundo das corridas. Como jóquei amador, tinha participado com seu cavalo, The Fossa, da corrida de obstáculos do Grand National de 1969, mesmo tendo uma placa de aço na coluna devido a uma queda em Ascot, dois anos antes. Tanto para Andrew quanto para Camilla, um grande atrativo de Bolehyde Manor era sua localização dentro da Área de Caça de Beaufort, com uma das matilhas de caça à raposa mais antigas, mais numerosas e mais prestigiosas da Inglaterra. Um companheiro de cavalgadas dizia que Camilla era fantástica a cavalo: "Muitas vezes, quando a gente se aproximava de uma cerca, Camilla gritava: 'Droga! Sai da frente, porra!'".[37]

Sob toda essa vivacidade havia uma verdade incômoda que ela preferia não comentar. Mesmo após o nascimento de Tom e Laura, Camilla nunca sabia onde ou com quem o marido passava a semana. Quando não estava trabalhando no exterior, estava com alguma amante em Londres, num apartamento que dividia com o cunhado Nicolas Paravicini. O playboy e escritor Taki Theodoracopulos lembra de uma discussão que tiveram no começo dos anos 1980, quando Andrew deu em cima da garota que estava com ele numa boate:

> Falei: "Desejo-lhe mais sorte da próxima vez, Andrew", e ele disse: "Você é um sujeito de quinta". A isso, minha única resposta foi: "Você, sendo um sujeito de sexta, deveria saber".[38]

Andrew e Paravicini inventaram um código com garrafas de leite, que punham do lado de fora da porta para indicar que havia uma garota no quarto.[39] Lorde Lichfield, que certa época dividiu um apartamento de solteiro com Andrew nos anos 1990 antes do #MeToo, resumiu a coisa para mim como "elas trepavam com ele e o perdoavam".[40]

As mulheres — e os cavalos — formavam a base da improvável amizade entre Andrew e Lucian Freud. No começo dos anos 1980, o artista pouco convencional recorreu a Andrew, em seu cargo de oficial comandante do Regimento da Cavalaria Montada do Palácio Real com patente de tenente-coronel, para que lhe encontrasse cavalos para montar e pintar. Freud era obcecado com o frenesi da pista de corridas e a companhia de jóqueis, apontadores e apostadores em azarões, e pintou muitos deles. (Pelos cálculos de Geordie Greig em *Breakfast with Lucian*, o artista perdeu de 3 a 4 milhões de libras em apostas ruins.)

Parker Bowles e Freud costumavam galopar juntos pelo Hyde Park, foram a Paris para uma das mostras de Freud, e à Irlanda para ver o apontador de apostas dele. Ambos apreciavam belas mulheres e bons pratos. Entre 2003 e 2004, Freud pintou Andrew em sua maravilhosa homenagem irônica ao famoso retrato que em 1870 James Tissot fizera do garboso Frederick Burnaby, oficial da Real Guarda Montada, reclinado num sofá com reluzentes botas pretas. Freud pintou um quadro com mais de dois metros de altura, retratando um homem antes bonitão e agora decadente, a jaqueta aberta exibindo a pança, o rosto com manchas, um ar de dissoluta indiferença. Em 2015, *The Brigadier* foi vendido na Christie's de Nova York por 34,9 milhões de dólares. Andrew disse à *Tatler* que à época não tinha 3 ou 4 milhões de dólares sobrando e, "em segundo lugar, um retrato de dois metros de altura de mim mesmo gordo e de cara vermelha não me parecia lá muito divertido".[41]

Enquanto isso, após o casamento de Camilla, o príncipe Charles ia tocando o barco. Em meados dos anos 1970, lançou-se a uma busca frenética da Escolhida que na verdade nem queria, percorrendo a nata das loiras da alta sociedade. Filhas de condes, duques, almirantes e embaixadores disputavam seus favores. Houve alguns flertes passageiros com aspirantes a estrelas de cinema e *it girls*, além de constantes retornos às esposas de amigos complacentes. A maioria dos romances não vingou por causa do assédio da imprensa ou da irritação que as garotas acabavam sentindo com a atitude dele de se achar no direito do que quisesse. Não sendo mais um inseguro diletante, Charles entendia a força de atração de seu posto e dava por certo que todas cairiam em seus braços.

"Não há dúvida de que ser namorada do príncipe Charles faz com que você se sinta muito particular", me disse em 2005 Sabrina Guinness, que foi uma delas. "De repente, todo mundo está interessado em você, e em seu próprio meio você é vista como uma pessoa muito especial e glamorosa." A irmã mais velha de lady Diana Spencer, Sarah, convidada de Charles para um baile no campo, não gostou de voltar para Londres espremida no banco de trás do cupê Aston Martin, enquanto uma beldade colombiana que o príncipe acabara de conhecer se entronara ao lado dele, no banco da frente. Outras reclamaram que não recebiam nenhuma proteção contra a imprensa. Esse desdém da realeza pela invasão da privacidade das garotas era sinal de egoísmo. Elas não tinham nenhuma defesa contra os observadores e os paparazzi, mas, se aparecessem demais nas colunas de fofocas sociais, eram descartadas de uma hora para a outra.

Camilla enredou habilmente o príncipe de Gales à sua vida conjugal. Há quem entenda o movimento como um cuidadoso jogo duplo, mantendo viva a chama sexual com Charles num lance de poder contra o marido. Era uma apólice de seguro para seu *amour propre*. Como Alice Keppel com Bertie, ela continuou a ser a melhor ouvinte do príncipe, um ombro sempre solidário para suas aventuras românticas e a frustração com as restrições impostas por seu excelso métier. De certa forma, ela assumia o papel que a rainha-mãe deveria desempenhar na vida do filho, a mulher que sempre o tratara como o centro de seu mundo, a sobremesa gostosa em contraposição aos brócolis cozidos da mãe. Podemos ouvir o tom solícito nas famosas fitas vazadas do "Camillagate", de 1989, gravação ilícita que um radioamador fez de um telefonema de Charles a Camilla, em sua residência conjugal em Wiltshire:

CAMILLA: Sinto tanto orgulho de você...
CHARLES: Sua grande proeza é me amar.
CAMILLA: Ora, querido, isso é muito fácil.[42]

Puro Noël Coward. Um visitante contou que viu o príncipe "sentado, paciente, como um menino pequeno e friorento na cozinha, esperando Camilla se despedir dos convidados depois de um jantar" em Bolehyde. Sem dúvida, para ela, tinham um sabor picante os desabafos de Charles, era aprazível ouvir confidências a respeito da rainha e do príncipe Philip, mas com o passar dos anos não era apenas uma agradável lisonja que ela sentia com a atenção que o príncipe lhe dedicava. Sua invariável devoção a Camilla era um grande reconforto, o laço entre eles era um esteio afetivo que devia ser protegido. Às voltas com Andrew o tempo todo, pode ser que ela amasse Charles mais do que se dava conta.

Alguns meses antes do casamento de Charles e Diana em 1981, fui com o fotógrafo Derry Moore visitar os Parker Bowles em Bolehyde, para uma matéria ilustrada da *Tatler* sobre as grandes mansões de Wiltshire. Fiquei fascinada com a dinâmica do casal, uma espécie de indiferença eletrizante. Andrew, então com 41 anos, mantinha um permanente porte autocrático e uma postura militar rígida.

"Você caça?", ele me perguntou.

"Não."

"Pesca?"

"Não."

"Verdadeira intelectual, então?", ele disse, com um leve desdém aristocrático.

Camilla, mais afável e experiente em se autoproteger, nos brindava com um humor leve, desarmante, contando histórias do fantasma de um "monge muito encrenqueiro".[43] Era encantadora, com sua voz grave e sorriso fácil. Comentou que sua vizinha, a sra. Rupert Loewenstein, era do tipo "esta noite não, querido", disposição que, notava-se, raramente se aplicava a ela.

Naquela época, o príncipe de Gales e Camilla haviam voltado a ser amantes, ou amantes publicamente. É provável que nunca tenham deixado de ser. A informação que o finado sir Martin Charteris deu à rainha em 1973 — ano em que Camilla se casou com Andrew —, quando era seu secretário particular, corrobora essa tese. Ele contou que "o príncipe Charles estava dormindo com Camilla Parker Bowles, a esposa de um oficial da Brigada das Guardas, e a Brigada das Guardas não gostou da coisa". A rainha não teria dito nada. "Ela não moveu um único músculo do rosto",[44] disse Charteris, mas os membros da corte foram instruídos a nunca incluir a sra. Parker Bowles na lista de convidados de futuros eventos formais.

Como George Keppel, Andrew achava graça e se sentia lisonjeado que o príncipe ainda estivesse claramente apaixonado por sua esposa. Quando Charles aceitou ser o padrinho de Tom Parker Bowles, Andrew se sentiu imensamente prestigiado. O príncipe geralmente estava presente quando o casal se hospedava em Birkhall com a rainha-mãe, amiga de longa data da família de Andrew. Parece que o romance tinha graus variáveis de ardor, se intensificando quando Camilla percebia uma rival à vista.

V

Uma mulher a quem ela sempre estava atenta era a australiana Dale Harper, conhecida como "Kanga", uma loira platinada com lábios sensuais, filha de um rico editor de Melbourne e esposa de lorde Tryon, companheiro de Charles nos esportes. Camilla denunciou seus ciúmes ao mencionar uma matéria sobre Dale que a *Tatler* havia publicado cerca de dois meses antes de minha visita. "Toda essa história de que lady Tryon era muito amiga de lady Diana", ela me disse com certa maldade. "Ela nunca *encontrou* Diana Spencer." E acrescentou: "Tremendamente divertida toda essa história de que Dale era uma garota tão afeita ao campo!".

Charles tinha conhecido Dale, garota vivaz e animada, num baile no campus de Timbertop da Escola Secundária Geelong em Victoria, onde aos dezessete anos ele passou seis meses. Depois de se mudar para Londres e se casar com lorde Tryon, ela se tornou sua fiel confidente. Ora, franqueza, cordialidade e talento para entreter os convidados no campo eram justamente os atributos que Charles admirava em Camilla. Ao que consta, Dale punha as manguinhas de fora quando Camilla, grávida, ficava *hors de combat*. Camilla não gostou nada quando Dale tornou público que Charles teria dito que ela era "a única mulher que [o] entendeu", cumprimento que o príncipe costumava reservar para a rainha-mãe e sua sucedânea, a sra. Parker Bowles.

Em meados dos anos 1970, as duas casadas estavam à disposição do príncipe enquanto os respectivos maridos faziam vista grossa. Uma conhecida minha, a socialite australiana Lyndall Hobbs, comentou que lorde Tryon era "extremamente arrogante, frio e um tanto maçante",[45] mas todos adoravam sua mulher coruscante. Dale lançou uma linha de vestidos rodados estampados, populares, de poliéster, a que deu o nome de "coleção Kanga". Diana usou um deles no concerto Live Aid em Wembley, em 1985, só para enfurecer Camilla.

Os Tryon foram convidados a Balmoral, onde Dale foi passear a cavalo com a rainha, que parecia achar divertida sua impetuosidade. Charles também era padrinho do filho do meio do casal, que se chamava, ora, pois, Charles. O príncipe muitas vezes se hospedava na casa de pesca de verão dos Tryon, na Islândia, desfrutando de uma privacidade ideal com Dale. Eles estavam juntos no dia 27 de agosto de 1979, quando ele soube da morte de seu adorado tio-avô, lorde Mountbatten, assassinado pelo IRA em sua propriedade na Irlanda, e Dale o consolou como normalmente o faria Camilla.

Diana nunca demonstrou nenhuma preocupação por Dale como demonstrava por Camilla, no que estava certa, visto que a australiana não era páreo para a sra. Parker Bowles. É preciso muito lastro aristocrático para saber vencer no jogo de amante real: basta esperar que a iniciante cometa erros. Dale expôs em demasia seu fascínio pela atenção que Charles lhe dedicava, falando demais dele, deixando claro que era sua favorita. Ele largou dela, ou melhor, "criou distância", coisa que os membros da realeza sabem fazer melhor do que ninguém.

Dale continuou a acreditar que, quando o casamento do príncipe e Diana desandasse publicamente, ele voltaria para seus braços. Em vez disso, Charles se aproximou mais de Camilla. Dale começou a degringolar. Depois de repetidos problemas de saúde, inclusive câncer, ela desenvolveu um vício em analgésicos e, num incidente que foi um choque para seus conhecidos, sofreu uma inexplicável queda de oito metros de altura, caindo da janela de Farm Place, clínica de reabilitação de dependentes de álcool e drogas em Surrey. Paralisada da cintura para baixo, viu-se presa a uma cadeira de rodas. As coisas ficaram ainda mais sinistras quando ela insistiu que havia sido empurrada. O marido pediu o divórcio e então a internou. A sociedade se afastou. Em julho de 1997, ela apareceu numa partida de polo em Tidworth e perseguiu Charles freneticamente em sua cadeira de rodas. Depois desse episódio bizarro, o príncipe fez uma declaração fria, anunciando que não eram mais amigos como antes.

Dale morreu de septicemia três meses depois de Diana, em 1997, aos 49 anos, deixando um rastro de mistério e silêncio. Numa dura entrevista de 2011 ao *Daily Mail*, sua filha expôs como era ter pais que viviam num "arranjo" sexual supostamente civilizado: "A dor daquela época não desapareceu para nós, como família, só porque mamãe havia morrido e Charles se casara com Camilla Parker Bowles", disse lady Victoria Tryon. "Pode parecer um escândalo esquecido há tempos, mas nós, a família Tryon, ainda continuamos a sentir seus efeitos."[46]

VI

Quando ficou impossível ignorar a pressão dos pais para o príncipe encontrar uma esposa adequada, seu relacionamento com Camilla inflamou, de certo modo adquiriu um aspecto levemente desesperado. Os dois pareciam querer serem flagrados. Muitos amigos de Charles atribuem sua desestabilização e o recrudescimento do calor sexual com Camilla ao chocante assassinato de Mountbatten, mas a sra. Parker Bowles tinha seus motivos para dobrar as apostas. Depois de seis anos de casamento e dois filhos, Andrew voltava a se meter entre outros lençóis. Em 1979, ele foi enviado à Rodésia como oficial veterano de ligação de alta patente para ajudar lorde Soames, então governador da Rodésia do Sul, durante a transição para se tornar o Estado democrático do Zimbábue. Sua tarefa era trabalhar com os exércitos de Mugabe e Nkomo, que estavam retornando, e ajudar no processo de manutenção da paz antes das eleições. Parece ter tido excelente desempenho. Obteve menção honrosa pela "excepcional coragem" com que submeteu uma força renegada de quatrocentos guerrilheiros do Exército Africano de Libertação Nacional do Zimbábue e conseguiu levá-los para a zona de segurança sem baixas de nenhum dos lados.

Mas, no que se referia a Camilla, o mais importante foi que ele também teve tempo de manter um flerte muito explícito com a bela filha do governador, Charlotte Soames.

A destemida sra. Parker Bowles não temia intrigas. Viajou à Rodésia, agora Zimbábue, como acompanhante oficial de Charles para as cerimônias de transferência de poder. Segundo o jornalista Christopher Wilson, o Departamento de Relações Exteriores se indignou com essa ousadia. "O arriamento da bandeira britânica já era humilhação suficiente, não era preciso que todos ficassem sabendo que o enviado da realeza chegara com sua *gatinha*", reclamou uma fonte rubra de raiva.[47] Todos presenciaram, constrangidos, os afagos entre os pombinhos. Conduta que se repetiu durante o jantar no Palácio do Governo em 16 de abril de 1980, que também contava com a presença do brigadeiro Parker Bowles e da família Soames, inclusive Charlotte. "Christopher Soames, imprudente, sentou Charles ao lado de Camilla, provavelmente a pedido do príncipe", me disse Michael Shea, ex-assessor de imprensa da rainha. "Os dois agiam de modo tão explícito, era chocante."[48] Percebendo que ia ser um jantar infernal, lady Soames, filha de Winston Churchill, ergueu os olhos ao céu e comentou secamente: "Queira Deus que o clarete seja bom".[49]

Certamente o que alimentava a imprudência de Charles era o pânico. A necessidade de encontrar uma esposa vinha se tornando opressivamente imperiosa. Ele estava com 31 anos, um a mais do que a idade que, certa vez, desavisado, dissera ser a ideal para se casar. Era inteligente o bastante para entender o vazio de sua posição, enviado mundo afora para assistir ao arriamento de bandeiras nos postos avançados do Império Britânico, sendo que o único verdadeiro sentido de sua existência era gerar um herdeiro para que a irrelevância dinástica pudesse se manter. Em agosto de 1980, com os fundos do ducado da Cornualha, ele comprou Highgrove House. A propriedade de 140 hectares perto do centro comercial de Tetbury, em Gloucestershire, era e continua a ser o sonho romântico de um solar setecentista. Charles tinha especial apreço pelos braços estendidos do magnífico cedro de duzentos anos, no lado oeste da casa. Ele arrebatou o imóvel por cerca de 1 milhão de dólares.

A imprensa em peso supôs ser um sinal de alguém disposto a se assentar. Sua irmã mais querida, a princesa Anne, morava a menos de doze quilômetros, em Gatcombe Park. Charles estava se acomodando à vida confortável de solteiro rico, cujos cavalos eram selados pela manhã, cujo equipamento de pesca estava sempre pronto, cujo paletó de tweed e calça de sarja eram preparados e estendidos para ele na noite anterior — e cuja amante morava a 23 quilômetros dali. O pessoal mais íntimo sabia que era esse o grande atrativo de Highgrove: a proximidade de Camilla. (Em 1985, depois que os filhos foram para o colégio interno, ela e Andrew se mudaram para Middlewick House, uma residência menor, em Corsham, também próxima de Highgrove.)

Charles rumava claramente para um turbilhão emocional. Enquanto o palácio seguia cada vez mais disposto a escolher Diana Spencer, de dezenove anos, e o príncipe Philip insistia que o primogênito, pelo amor de Deus, deixasse as hesitações de lado, o príncipe de Gales se viu subitamente ligado a uma nova pessoa: uma loira altiva e atraente, Anna "Whiplash" ["Chicotada"] Wallace, de 25 anos, filha de um rico latifundiário escocês. Eles se conheceram caçando raposas com a matilha de Belvoir, quando ele estava hospedado na propriedade do duque de Rutland. Caçando? Camilla ficou com a pulga atrás da orelha. Mulheres que gostam da velocidade e do perigo da caça costumam ser sexualmente aventurosas. Bem agora que todos os seus amigos sabiam que Andrew estava apaixonado por Charlotte Soames, Camilla, aos 33 anos, começava a se sentir ameaçada pela suscetibilidade do príncipe de Gales a rivais mais jovens.

Anna Wallace foi derrotada numa noite quente de junho de 1980, por ocasião de uma temporada de bailes. Àquela altura, circulavam boatos de que Charles já havia pedido Wallace em casamento. A jovem o acompanhou a um importante evento da família real, o baile comemorando o aniversário de oitenta anos da rainha-mãe, oferecido pela rainha no Castelo de Windsor. A sra. Parker Bowles atraiu o príncipe de Gales para a pista e o manteve ali a noite toda. Anna não disfarçou a irritação: "Nunca, nunca mais me ignore dessa maneira", ela sibilou. "Ninguém me trata assim, nem mesmo você!"[50] Mas ele era o príncipe de Gales e voltou a ignorá-la uma semana depois, quando ela o acompanhou mais uma vez a um baile, em Stowell Park, oferecido pelo herdeiro de uma fortuna no setor de carnes, lorde Vestey. As centelhas sexuais não sossegavam. Os Parker Bowles estavam sentados à mesa do príncipe. A conduta de Camilla e Charles na pista era clara, sem margens para equívocos. "E lá continuaram, se beijando, beijo de língua, dança após dança... era algo totalmente inaceitável", relembrou Jane Ward, antiga paixão do príncipe.[51] Mesmo Rosalind e o major Shand ficaram constrangidos com aquela exibição de intimidade na frente do genro. Não precisavam se preocupar. Numa frase que George Keppel poderia ter dito em 1898, Andrew Parker Bowles comentou com um convidado: "Sua Alteza Real gosta muito de minha esposa. E ela parece gostar muito dele".[52] Dessa vez, Anna não ficou ali para manifestar sua indignação. Mandou trazerem o BMW de lady Vestey e, cantando pneu, foi embora de Stowell Park e da vida de Charles.

Camilla, que temera Anna Wallace, adotou nova estratégia: passou a insistir, tanto quanto a rainha e o príncipe Philip, para que Charles encontrasse uma esposa — uma moça jovem, dócil e, com um pouco de sorte, constantemente grávida. Afinal, a supremacia de Alice Keppel como a irremovível amante de Edward VII se ancorava na serena elegância da rainha Alexandra ao lado dele. Sua presença bloqueava as arriscadas ambições de jovens pretendentes.

Enquanto o príncipe vacilava, relutante e indeciso, Camilla passava em revista a tímida lady Diana Spencer. Charles observou com certo incômodo que a jovem, aos dezenove anos, ainda era uma criança, "de refinada beleza, uma bonequinha perfeita..., mas é uma criança".[53] Melhor ainda: ela não caçava, Camilla notou, abrindo amplas oportunidades para ela e Charles se encontrarem.

Do ponto de vista do palácio, Diana atendia a todos os requisitos. Linhagem? Ok. Mais jovem? Ok. Virgem? (Ela sempre soube que devia se "manter muito pura" para um futuro marido.)[54] A família tinha antigas ligações com a realeza. A avó da jovem, lady Fermoy, era uma das damas de companhia mais queridas da rainha-mãe. O pai, conde Spencer, tinha sido camarista tanto do rei George VI quanto da rainha Elizabeth II. Diana sempre estivera próxima do estilo de vida dos Windsor. Ela sabia como eram as coisas e não reclamaria.

A rainha, na verdade, tinha algumas reservas. "Ela nunca se *ateve* a nada",[55] observou a respeito do magro histórico de Diana. Mas, quando veio a notícia do noivado, a princesa Margaret, ao comentar com um amigo, falava em nome de todo o círculo familiar: "Estamos extremamente aliviados — embora [Camilla] não tenha a menor intenção de desistir dele".[56] Como que para reforçar o status quo, o príncipe de Gales designou Andrew Parker Bowles chefe de segurança no casamento.

Que pena que a rainha, tão hábil em reconhecer as linhagens de sangue dos cavalos, tenha errado tanto a respeito da adequação dos Spencer para ingressar na linhagem da realeza. Sim, em termos de pedigree, eles eram perfeitos. Os Spencer tinham sido, durante várias gerações, cortesãos e servidores da Coroa. Mas cultivavam tal poder e independência que julgavam servir apenas ao monarca que escolhessem. Eram influentes e conspiradores. Os homens eram coléricos e geniosos, e as mulheres, na linguagem misógina da elite, eram "fora de controle". Certa vez, um dos Spencer disse:

Os Spencer são difíceis... Como família, gostam de viver entre dramas. Não existe um único momento em que todos estejam conversando entre si. Os Spencer não são como os outros. Não são sinceros.[57]

Num discurso memorável na Semana Europeia de Prevenção de Drogas, em 1993, Diana mencionou os "hábeis sobreviventes" de famílias disfuncionais. Supôs-se que ela estivesse transmitindo mensagens codificadas sobre a criação fria e formal, carente de afeição física, do marido, mas bem que ela podia estar falando de si. O divórcio dos pais foi não só acrimonioso, como repleto de traições.

Sua mãe, a rica e aristocrática Frances Roche, aos dezoito anos era uma das mais jovens noivas a percorrer a nave da Abadia de Westminster. O noivo era John Spencer, de 33 anos, herdeiro de Althorp, que por trás do verniz afável e das maneiras impecáveis se revelou uma figura patriarcal e intimidadora — e violenta, depois de alguns copos. A fim de ter um herdeiro, ele fez Frances passar por seis gestações em nove anos, das quais apenas quatro foram até o fim. E ele ficava furioso se ela desse mostras de independência.

Diana, aos cinco anos, ouvia por trás da porta da sala de estar brigas tão coléricas que sua irmã tinha de aumentar o volume da vitrola para abafar a gritaria. Um dos momentos mais tristes da vida de Frances foi quando o marido não a deixou ver o bebê que morrera logo após o nascimento. Ela se ergueu da cama com dificuldade e ficou batendo freneticamente à porta do berçário, para onde ele fora levado. "Tiraram meu bebê de mim e nunca vi seu rostinho. Nem vivo. Nem morto. Nunca ninguém mencionou o que havia acontecido", ela relembrou mais tarde.[58] Anos depois ela viu o atestado de óbito do bebê, com o registro de "extensa má-formação".[59]

Frances já não suportava seu casamento quando conheceu o herdeiro de uma fortuna no setor de papéis de parede, Peter Shand Kydd. Apaixonou-se. Ao se separar de Johnnie em 1968, não lhe passou pela cabeça que perderia a guarda dos filhos. Um fator determinante para essa decisão foi o testemunho fornecido por uma respeitável víbora, sua mãe, lady (Ruth) Fermoy, que valorizava acima de tudo sua posição na corte junto à rainha-mãe. Ruth preferiu rotular a filha de "desertora", a desafiar uma figura tão "venerável" como Johnnie Spencer. Frances tentou recuperar a guarda em 1971, mas perdeu novamente. "O testemunho da mãe foi uma grande mágoa, uma ferida profunda", me disse

Barbara Gilmour, mulher de um dos padrinhos de Diana. "Gerou uma ruptura permanente entre eles, irrecuperável. Nunca vou entender a atitude de Ruth."[60]

A dor que lady Fermoy infligiu a Frances foi a última aguilhoada na ferida primordial que moldou a vida de Diana. Não contaram às crianças por que Frances foi embora. Diana interiorizou para sempre sua partida como um cruel abandono materno. Quando Frances voltou a Park House, meses depois, tentando mais uma vez ficar com Diana e seu irmão mais novo, bateram-lhe a porta na cara. "A casa era tão enorme que as crianças não conseguiam me ouvir chamando por elas", disse Frances.[61]

Sua mudança com Peter Shand Kydd para a distante ilha de Seil a fim de escapar aos mexericos maldosos da pequena nobreza de Norfolk constituiu uma dupla privação para as crianças. O melancólico vazio deixado pela mãe cheia de vida instilou em Diana uma insegurança permanente e o medo de novas perdas. Já antes de conhecer o príncipe Charles, uma fúria raivosa por trás de seus modos bem-comportados irrompia em cenas explosivas, sempre que se sentia menosprezada.

Aos quinze anos, Diana ficou desolada quando o pai voltou a se casar — a escolhida foi Raine Legge, ex-esposa do nono conde de Dartmouth, uma exuberante dama da sociedade. Os filhos Spencer souberam da notícia pelo jornal. Houve um esplendoroso baile em Althorp, para o qual eles não foram convidados. Significativamente, os irmãos encarregaram a tímida adolescente Diana de protagonizar uma represália. Como favorita do pai, ela se sentia a mais atingida. A jovem enfrentou Johnnie em Althorp, quando voltava da escola. Ao vê-la avançar até ele, o pai achou que receberia um abraço, mas a filha lhe acertou uma bofetada. "Isso é em nome de todos nós, por nos ferir", ela gritou.[62]

E não foi só. Na véspera do casamento de seu irmão Charles com a modelo Victoria Aitken, em 1989, Diana ficou tão furiosa com o tratamento que Raine dispensou a Frances que a empurrou escada abaixo e ficou olhando ela aterrissar como uma trouxa. "[Aquilo] me deu enorme satisfação", disse Diana, dois anos mais tarde, a seu coach de dicção Peter Settelen. "Eu estava furiosa. Queria esganar aquela mulher... Ela ficava me dizendo: 'Mas, Diana, você é tão infeliz em seu próprio casamento... É só ciúme seu pelo relacionamento meu com seu pai.'" Diana respondeu: "Nós sempre te odiamos".[63]

Uau! Provavelmente nunca houve candidata mais perigosa do que Diana para entrar desavisada num casamento sem amor. A incapacidade de Charles de renunciar a Camilla iria mexer com seus piores medos de rejeição infantil. O grau de violência desse sentimento se expressou mais tarde nas lesões a si mesma. O duque de Marlborough contou a Petronella, filha do influente político Woodrow Wyatt, que certa vez Diana fez picadinho de todas as gravatas do príncipe Charles e cortou a si própria com uma tesoura.

Mas nada disso aflorava nos grandes olhos azuis da jovem Spencer de dezenove anos. Os britânicos se apaixonaram por seu frescor desde o instante em que viram seu retrato no *Sun*, carregando timidamente nos braços duas menininhas na frente do Young England Kindergarten, com uma saia transparente, iluminada por trás para mostrar, sem que ela percebesse, as longas pernas esguias. A fotografia se tornou icônica, como a de Marilyn Monroe vinte anos antes, mas aqui o charme era o ar recatado.

Dois anos depois, a sra. Parker Bowles, geralmente perspicaz, se perguntou como pôde ter se enganado a tal ponto sobre a "bonequinha perfeita".

3. Os anos no deserto

COMO CAMILLA RESISTIU

A infelicidade do casamento dos Gales e o papel de Camilla nessa história continuaram contestáveis até a explosão de duas bombas. Uma foi detonada por Diana, a outra, pelas fitas do Camillagate — o vazamento, quatro anos depois, do telefonema de seis minutos entre Charles e a amante numa malfadada noite de dezembro em 1989.

O livro de Andrew Morton, *Diana: Sua verdadeira história*, revelando detalhes indiscretos e sendo, em essência, as memórias vingativas da princesa, foi publicado em junho de 1992. Patrick Jephson, seu ex-secretário particular, comentou a tensão no palácio conforme se aproximava a data de lançamento: "Era como ver uma poça de sangue saindo por baixo de uma porta fechada e se espalhando lentamente".[1]

Morton escancarou a cortina de discreta conivência que permitira que o adultério de Camilla e Charles prosseguisse durante anos, expondo-a como amante dele. O livro a denunciava como a verdadeira destruidora da mítica felicidade do casamento de Charles com uma adorada princesa de conto de fadas. Camilla, por sua vez, não dispunha de nenhuma máquina do palácio para protegê-la e funcionar em seu favor. Ela foi inundada por uma enxurrada de cartas de ódio. Os Parker Bowles se viram obrigados a mudar o número do telefone. A imprensa acampou na frente da casa deles. "Era corriqueiro sermos perseguidos por essas pessoas, de moto ou de carro, a toda velocidade", disse seu filho Tom. "Boa parte dessa gente era intimidadora e nos deixava muito irritados."[2]

Quando um primeiro trecho do livro foi divulgado, os Parker Bowles e Tom foram vistos no camarote da rainha, acompanhando o campeonato de polo Alfred Dunhill Queen's Cup em Windsor Great Park. "Claro que não vou me trancar em casa por causa do que dizem os jornais", Camilla declarou, enfrentando os repórteres.[3] "De jeito nenhum. Por que faria isso?" O casal precisava se mostrar unido, tanto por eles quanto pelos filhos. Andrew, recentemente promovido de tenente-coronel comandante da cavalaria do palácio e bastão de prata a postos da rainha Elizabeth II para a patente de general de brigada, não gostava muito das pilhérias disfarçadas sobre seu "bastão de prata", que não raro tinha de ficar a postos à espera da esposa. Vários dias depois, o atrevido Charles Spencer-Churchill escarneceu dele no Royal Ascot, chamando-o de "Ernest Simpson", o marido corno de Wallis, a duquesa de Windsor.[4]

As revelações de Morton foram duplamente chocantes para Tom, de dezessete anos, que estava em Eton, e para Laura, de catorze, que estudava num colégio interno no campo. Camilla teve de lidar com a mágoa e o aturdimento de dois adolescentes sensíveis, que, à diferença de William e Harry, não estavam acostumados a ser expostos por conta de desavenças domésticas. A amistosa familiaridade que tinham com o envolvimento do príncipe de Gales na vida doméstica deixou de ser motivo de orgulho e se transformou num penoso constrangimento. Laura, em especial, passou a proteger o pai. Quando Charles telefonava, ela se negava a transmitir o recado à mãe. Consta que costumava pegar a extensão quando os dois estavam conversando e gritava: "Por que você não para de ligar para minha mãe e deixa nossa família em paz?".[5] A única saída era não falar nada ou negar. A reação estoica de Andrew: "É invenção, invenção. Não tenho nada a dizer".[6]

Uma das declarações mais danosas de Morton foi que Camilla e Charles não interromperam seu relacionamento depois do casamento do príncipe. Charles às vezes se afastava às escondidas com (impossível deixar de imaginar) um daqueles enormes celulares de primeira geração, indo para o banheiro de Highgrove para falar com Camilla.

Era fácil para a lisonjeada amante manter a chama viva se valendo das habilidades que empregara nos primeiros anos de sua união com Andrew, partilhando os interesses do outro e se mantendo à disposição sempre que ele ligasse. Michael Shea me contou que a princesa Anne lhe disse que, algum tempo depois do nascimento de Harry, os três irmãos régios pensaram em escrever a Charles, protestando contra sua conduta. "A rainha e o príncipe Philip sentiam a mesma coisa", disse Shea. Se escreveram, o efeito foi nulo: "Charles era hipnotizado por Camilla, sexualmente falando".[7]

Fossem quais fossem as desconfianças de Diana, é provável que Charles só tenha voltado ao leito de Camilla logo depois do nascimento do príncipe Harry em setembro de 1984, dois anos antes do que ele admitiu, mas depois do que supunha Diana. Há inúmeras indicações de que ele seguiu as tradições do adultério das elites, suspendendo-o durante a reprodução. Tendo cumprido seu dever real com um herdeiro e uma abstinência, ele puxou o carro. "Aconteceu alguma coisa com ele", Diana confidenciou a lady Colin Campbell sobre o comportamento dele naquela época.[8] (Charles tinha exclamado ao ver o bebê: "Oh, Deus, é um menino... e tem até cabelo ruivo!". Ele queria uma menina.)[9]

Para a princesa Margaret de Hesse, o que houve foi o seguinte: "Certo dia, ele se cansou. Simples assim. Certo dia — um dia que nem ela [Diana], nem ninguém sabe dizer qual —, ela o obrigou a transpor aquela linha invisível. Ele não percebeu na hora, mas ela havia forçado a barra além do limite. Depois disso, ele se recolheu".[10] Ao longo de toda a vida de Charles, suas necessidades haviam sido atendidas. As necessidades de Diana eram tão inesgotáveis que ele não tinha capacidade nem disposição de tentar atender a todas elas. Na opinião de seus velhos amigos, a princesa de Gales o enlouqueceu, reduzindo-o a uma pilha de nervos. Ele se recolheu a seu jardim em Highgrove, enquanto Diana ia atrás dele, repreendendo-o pela conduta insensível. Será que os sentimentos do príncipe por Camilla, se perguntavam os amigos, fizeram de sua mulher uma "megera intratável"? Ou Diana, na verdade, sempre tinha sido instável?

Ex-empregados da casa dizem que Diana nem sempre foi a vítima sofredora da narrativa de Morton, mas era uma princesa-celebridade mimada que teve o desplante de fazer um leasing de 130 mil dólares de uma Mercedes vermelha numa época de desemprego generalizado — o único membro da realeza de que se tem memória a dirigir um carro estrangeiro. Quando os meninos chegavam do colégio interno, ela, viperina, os mantinha longe do marido, mandando que os criados lhes levassem o jantar no andar de cima, enquanto Charles os aguardava desesperançado à mesa. A princesa dava ordens tão disparatadas e caprichosas que os servidores nunca sabiam como agradá-la.

Ronnie Driver, amigo de polo de Charles, relembrou uma cena num final de semana, quando o príncipe saiu para cavalgar em Beaufort — e, por extensão, com Camilla, em suas calças brancas justas e botas pretas lustrosas de dominatrix. "Diana viu Charles saindo sorrateiro, depois de ter prometido que passaria o dia com ela e William... e ela começou a gritar... acusando-o de ser egoísta, filho da mãe e por aí."[11] O círculo do príncipe sustentava que seria mais sensato que a princesa começasse a caçar. Ou jardinar. Ou que recebesse os antigos amigos dele, em vez de bani-los, mas essas táticas são mais fáceis quando a pessoa reconhece que está num casamento arranjado, em vez de pensar ingenuamente que foi um casamento por amor. A astúcia some quando a dor é crua demais.

Camilla era da firme convicção de que Diana sofria de transtornos psicológicos. Quando lorde Fermoy, tio da princesa, se suicidou em 1984 após lutar contra uma crise de depressão, no grupo de Gloucestershire se intensificaram os comentários sobre um "sangue ruim".[12] Lady Kennard, prima da rainha, admitiu num documentário autorizado da BBC: "Nunca a rainha, nem ninguém, entendeu de todo a princesa Diana. Ela era muito problemática — suas origens e sua infância — e é muito difícil saber".[13]

A piada maldosa que corria era que a princesa, como boa parte do gado nas Ilhas Britânicas naquele período, sofria do mal da vaca louca. A preocupação com os estragos que a manipulação da imprensa por parte de Diana causaria à reputação do príncipe levou Camilla a se sentir a única defensora dele. Andrew não precisava dela, mas Charles sim. Sua missão era salvar o príncipe sofredor. Ela acabou por superar Andrew e se dedicou totalmente a Charles. Não há outra explicação para tolerar as sucessivas humilhações que choveram sobre ela em meados dos anos 1990, quando a nação inteira parecia desdenhá-la. Sua firmeza lhe valeu pontos entre todos os amigos. "Camilla manteve absoluta constância e solidez. Nunca tentou se defender nem sucumbiu à tentação de esclarecer as coisas", disse William Shawcross, seu antigo vizinho de Sussex. "Creio que esse foi um de seus pontos fortes, e com essa dignidade ela conquistou muitos elogios em silêncio. As pessoas diziam: 'Meu Deus, quanta coisa ela aguenta', e aguentou mesmo."[14]

Com o desgaste de seu próprio casamento, Camilla e Charles ficavam cada vez mais próximos.

II

Em janeiro de 1993, sete meses após o lançamento do livro de Andrew Morton, a fita gravada do Camillagate tirou dos dois amantes qualquer possibilidade de resguardo. Pela primeira vez o herdeiro do trono não tinha onde se esconder. O caráter incontestável da prova destruiu qualquer possibilidade de camuflagem, de um desmentido digno. "Vitória!", exclamou Diana triunfante ao oficial Ken Wharfe, seu segurança pessoal, segurando um exemplar do *Mirror*.[15] Para Camilla, tendo a notícia sido alardeada sete meses depois do livro de Morton, a mortificação se multiplicou por dez. A exposição brutal acabou com qualquer mística sobre o posto de "amante real" e a reduziu a algo sórdido e furtivo, que virou a chacota do planeta:

CAMILLA: Você é ótimo em sentir como anda o clima das coisas.
CHARLES: Ah, para com isso! Quero é sentir toda você, em cima de você, subindo e descendo, entrando e saindo.
CAMILLA: Oh!
CHARLES: Principalmente entrando e saindo.
CAMILLA: Ah, é bem disso que estou precisando agora...
CHARLES: Só quero viver dentro da sua calça ou algo assim. Seria muito mais fácil!
CAMILLA: Você vai virar o quê, uma calcinha?
CHARLES: Ou, Deus me livre, um Tampax. Tenho um azar...

Surgiram piadas com Tampax em todos os programas humorísticos. Saíram charges com Charles conversando obscenidades com suas plantas. Na Itália, chamaram-no de *Principe Tampacchino*, numa alusão à marca do absorvente. Camilla Parker Bowles passou a ser um nome popular perseguido pela imprensa. Ela se retirou para Middlewick House e suspendeu a ponte levadiça. Nunca se sentiu tão isolada. Com tanta vigilância, agora era praticamente impossível se encontrar com Charles, e ela não queria ligar para ele, com medo de que os telefones estivessem grampeados.

Vinte e quatro anos depois, em 2017, sem revelar o motivo de seus doze meses de *purdah*, a prática de retiro muçulmana, Camilla disse a Geordie Greig:

> Na verdade, eu não podia ir a lugar nenhum. Mas as crianças vinham e iam como sempre — simplesmente aceitaram a coisa — e também os amigos mais próximos. Eu passava o tempo lendo muito — pensei: bom, já que estou presa aqui, mais vale fazer algo positivo, como ler todos os livros que tenho vontade de ler e aprender a pintar — mas nisso não tive muito sucesso! — e, depois de um tempo, a vida meio que continuou.[16]

A vida meio que continuou, de fato, mas Camilla precisou de anos até recuperar a serenidade. Os amigos estavam preocupados com o impacto de toda aquela pressão sobre a sua saúde. "Estou realmente preocupado com ela", disse um deles a Christopher Wilson. "Ela perdeu aquela sua centelha de vida e parece assustada e perseguida."[17] Ao contrário de Charles, com porteiros no castelo e oficiais de segurança para protegê-lo, Camilla dispunha apenas da porta de entrada em Wiltshire. "Ela não tem nenhuma vontade de ser famosa ou popular", disse Mark Bolland em 2004.[18]

"O período em que foi demonizada e difamada pelos jornais foi muito incômodo para ela, e também incomodou imensamente [Charles], pois ele se sentia responsável por aquilo."

Camilla encontrou apoio no pai, o major Shand. No ano em que completou setenta anos, ela contou ao *Mail*:

> Lembro uma vez que ele estava passando um tempo comigo em Middlewick, e a imprensa estava lá fora. A cada dois minutos chacoalhavam a porta, desciam pela chaminé, batiam na janela... Passado um tempo, meu pai foi calmamente até a entrada e chamou todos eles. Vieram e se aglomeraram em volta, achando que logo viria alguma declaração a meu respeito, e ele disse: "Cavalheiros, em nossa família ficamos de boca fechada; muito obrigado", e entrou. Fechou a porta com um sorriso, e foi só. Acho que a imprensa não acreditou muito no que acabava de ouvir, mas foi assim que fomos criados: nunca se queixe, nunca se explique. Não se lamente — só siga em frente.[19]

Pode-se notar o grau de abatimento de Camilla numa expressiva foto do *Mirror*, publicada em março de 1993, em que ela aparece dirigindo, indo para Middlewick House, com um lenço na cabeça, daqueles antigos e sem graça, com um ar desanimado: sem guardas, sem proteção, uma mulher abandonada a si mesma. Foi parco o consolo da turma aristocrática que era tida como conivente com os amantes. A gravação desnudou um código de moral conjugal cínico que era socialmente embaraçoso para os pares da nobreza, que muitas vezes tinham seus arranjos pessoais próprios. Camilla e Charles haviam humilhado não só a si mesmos, mas a uma classe inteira.

No passado, as amantes reais eram toleradas e até esperadas, mas isso foi na era da deferência à monarquia, quando sempre se podia manter a privacidade. Num jantar em Londres, a princesa Alexandra de Kent, prima da rainha, tocou no assunto com Woodrow Wyatt. Wyatt anotou em seu diário, na data de 16 de fevereiro de 1993, que Alexandra "me perguntou bastante nervosa... se eu achava que a monarquia ia sobreviver. Todos estão visivelmente muito abalados".[20]

O próprio Charles temia a resposta — e até que se levantasse tal questão. Se vergonha matasse, ele teria morrido. Tinha plena consciência de que trouxera descrédito à monarquia e de que a constante ridicularização afetaria o trabalho que vinha fazendo com suas inúmeras obras filantrópicas. Seu índice de popularidade se mantinha em 4%. Quando fez uma discreta aparição num albergue para doentes mentais no leste de Londres, lhe perguntaram: "Não tem vergonha?".[21] A rainha, sempre contida em suas críticas a Camilla, gelou de desgosto. O príncipe Philip comentou que o filho não tinha "estofo de rei".[22] O público concordava com ele: 42% dos súditos da rainha julgavam que Charles nunca deveria ocupar o trono, e 81%, quando questionados se ele devia assumir o trono "nos próximos dois anos", responderam "Não". Isso foi de fato preocupante para os pais de Charles. Não lhes teria passado despercebido que cinco reis e rainhas europeias, presentes ao funeral de lorde Mountbatten quinze anos antes, estavam agora no exílio. E Diana, embora também tivesse sido exposta de maneira humilhante em outro telefonema impudicamente vazado com seu admirador James Gilbey, que a chamava de "querida", continuava sendo o membro de maior popularidade da família real. As más-línguas da imprensa comentaram que, num ofício religioso em memória do conde de Westmorland, em novembro de 1993, Diana refulgia de beleza, enquanto Camilla parecia ter idade para ser sua mãe.

Nove meses depois do Camillagate, o historiador de arquitetura e celebrado escritor de diários James Lees-Milne anotou em seu registro de 4 de setembro de 1993 que passou algum tempo com os Parker Bowles e filhos, hóspedes de dois dos amigos mais próximos de Charles, o duque e a duquesa de Devonshire, em Chatsworth. Camilla, ele escreveu, "não está bonita e perdeu o brilho e a alegria. Certamente consumida pelas atribulações sofridas. As mulheres cospem nela nos supermercados; cinegrafistas a espreitam na feira. Anda com a cabeça baixa e usa uma franja volumosa para esconder o rosto".[23] O círculo de amigos aristocráticos de Charles agora recebia telefonemas seus a altas horas ainda mais atormentados do que o usual. Ele parecia manifestar uma alarmante obsessão com o suicídio do príncipe Rudolf, herdeiro do trono do Império Austro-Húngaro, que nos anos 1880 foi encontrado morto com a amante no chalé de caça em Mayerling, um pequeno vilarejo a sudoeste de Viena. "Não seria um prato e tanto para a imprensa se eu optasse pela mesma saída?", ele perguntava sombriamente.[24]

Corriam boatos de que ele estava procurando uma propriedade na Toscana, um mau presságio em vista da fama do local como "o paraíso dos exilados".[25] A rainha-mãe ficou tão desalentada com esse rumo à deriva que o convidou para almoçar na Clarence House, onde (sem mencionar a Toscana) conduziu a conversa de modo a fazê-lo se lembrar da visita que fez ao duque de Windsor, já no final da vida, tristemente exilado em sua casa no Bois de Boulogne, em Paris. Era sua maneira sutil de chamar a atenção para o que acontece quando se abandona o dever, e o vazio da vida de Edward VIII após a abdicação.

III

A seguir veio outro baque: uma aparição desastrosa do príncipe de Gales, em 29 de junho de 1994, num documentário de TV feito por seu amigo Jonathan Dimbleby, em que ele confirmava o adultério. Com o título de *Charles: The Private Man, The Public Role* [Charles: Homem privado, papel público], era anterior à ilustre biografia oficial de Dimbleby. O momento foi muito infeliz, um erro tanto para o biografado quanto para o biógrafo, cujo volume de 620 páginas exaustivamente pesquisado e muito elogiado ficou reduzido para sempre a bombásticas frases de efeito num documentário.

Charles havia cooperado a um grau temerário com o charmoso rebento da família da BBC, fornecendo dez mil cartas e diários pessoais e longas entrevistas introspectivas. A rainha e o príncipe Philip ficaram estarrecidos com sua ingenuidade em colaborar assim e ofendidos com o resultado. "Consta que a rainha suspirou, cerrou os lábios e murmurou: 'A que ponto ele chegou'."[26] Seus pais não tinham paciência com as histórias de abuso que Charles sofrera em Gordonstoun. (Uma especialmente memorável era que os meninos no dormitório viviam lhe jogando travesseiros na cabeça durante a noite porque ele roncava.) Seus irmãos mais novos, afinal, tinham frequentado a escola e não pareciam ter ficado com cicatrizes emocionais. A rainha não gostou de ser apresentada como mãe fria e distante. E Philip, que tampouco apreciou passar por tirano insensível, se lembrava da infância de Charles de maneira muito diferente: fazendo alegres piqueniques em Balmoral, lendo-lhe à noite, antes de dormir, o poema *The Song of Hiawatha* de Longfellow (o que Dimbleby registrou, mas a imprensa ignorou) e passeando nas férias de verão no iate *The Bloodhound*, de doze metros de comprimento, com a irmã Anne.

Para Camilla, o pior foi a frase de Charles no final da entrevista em Highgrove, no sofá de forro estampado. Dimbleby lhe perguntou se, depois de se casar com lady Diana Spencer em 1981, ele tentara "ser fiel e honrado com a esposa".[27] "Sim, claro", respondeu o príncipe, acrescentando a ressalva "até que o casamento se rompeu irremediavelmente, nós dois tentamos". Bingo, adultério. Os tabloides fizeram o maior estardalhaço. O *News of the World*, de Piers Morgan, lançou às pressas uma edição vespertina com a manchete: "Charles: Nunca amei Diana".

James Lees-Milne foi um dos muitos proprietários rurais que assistiram incrédulos à entrevista. O repúdio geral à declaração de Charles foi um precursor do vexame que recairia sobre o príncipe Andrew, depois de sua desastrosa conversa com Emily Maitlis, da BBC, em 2019, tentando esclarecer sua relação com o milionário americano Jeffrey Epstein, pedófilo, e a jovem Virginia Roberts, de dezessete anos. Lees-Milne, em 28 de junho, anotou em seu diário:

> Vi só alguns minutos da entrevista do príncipe Charles, mas foi o bastante para deplorar todo o conjunto. Aquele homem idealista de meia-idade tinha dificuldade em encontrar as palavras e se debatia com a deficiência intelectual, franzindo a testa e retorcendo o rosto. Um grande erro admitir a infidelidade

conjugal. Devia ter se recusado a falar desses assuntos, por maior que fosse a pressão.[28]

Dickie Arbiter, o ex-assessor de imprensa da rainha, concordava. "O programa foi uma choramingueira total, um tremendo gol contra, que afetou as relações não só entre o príncipe e a princesa, mas entre o Palácio de St. James [onde ficavam os escritórios de Charles] e o Palácio de Buckingham", ele disse.[29] Não bastasse, naquela noite da entrevista Diana foi à festa da *Vanity Fair*, na Serpentine Gallery, com um provocante vestido social preto de Christina Stambolian, logo apelidado de "vestido da vingança".

Enquanto combatia o assédio ainda pior da imprensa após a confirmação do adultério, Camilla estava profundamente angustiada com a saúde da mãe, Rosalind. A sra. Shand, como antes ocorrera com Sonia Cubitt, definhava com uma grave osteoporose. Encolheu vinte centímetros e ficou tão encurvada que não conseguia digerir bem a comida. "Foi terrível, porque não sabíamos nada a respeito", Camilla disse num documentário da BBC em 2021. "Às vezes, quando ela se mexia ou se a gente tocava nela, ela literalmente gritava. Lembro quando uma amiga veio lhe dar um abraço, e a costela dela se partiu."[30] A sra. Shand morreu em julho de 1994, aos 72 anos. Camilla, como presidente da Sociedade de Osteoporose — seu primeiro cargo de liderança filantrópica, assumido sete anos depois da morte de Rosalind —, falou da "dor e ignomínia da doença… Creio que sua qualidade de vida ficou tão ruim e o sofrimento tão insuportável que ela simplesmente desistiu de lutar e perdeu a vontade de viver".[31]

À dor pela morte da mãe somava-se agora a vontade do marido Andrew de se divorciar.

Muitos amigos dos Parker Bowles acreditam que, se não fosse Dimbleby, talvez Andrew e Camilla nunca chegassem a se separar, fosse por hábito, por aparência ou dinheiro — muito embora Andrew estivesse, desde 1986, profundamente envolvido num romance com a ex-esposa de um antigo amigo das Forças Armadas. A fala de Charles na TV admitindo o adultério foi a gota d'água para Andrew, pelo menos é o que dizem. É de se perguntar por que o sr. Bastão de Prata a Postos demorou tanto para pôr um ponto-final naquilo. O livro de Morton não tinha sido suficiente? Ou a conversa do Tampax? Parece que, no código de adultério da elite, a única coisa realmente desonrosa é falar a verdade. Dali a três meses, Andrew chamou um advogado de direito de família e deu entrada no processo em dezembro. Com a velocidade de um raio, a audiência ocorreu em janeiro de 1995 e o divórcio saiu em março do mesmo ano. Ainda bem. Em retaliação contra Dimbleby, Diana deu sua letal entrevista de 20 de novembro de 1995 a Martin Bashir em *Panorama*, disparando um raio laser ainda mais letal sobre as razões do fracasso de seu casamento com Charles.

Um último *scandale* ligado ao casal Andrew e Camilla. Eles foram traídos por uma das empregadas da residência em Middlewick, Margaret Giles, que morava num chalé da propriedade. Andrew fora informá-la pessoalmente do divórcio iminente e avisá-la sobre o provável assédio da imprensa. A reação de Giles foi roubar fotos pessoais dos álbuns dos patrões e vendê-las rápido e barato para o *Sun*. Os Parker Bowles entraram com ação e o jornal fez um acordo extrajudicial, concordando em pagar 25 mil libras, soma que foi destinada à caridade.

Os filhos do casal, Laura e Tom, não estavam lidando bem com os sucessivos embaraços a que seus pais os expunham. Laura culpava Charles pelo fim do casamento deles e teve uma briga com o príncipe William por causa disso. O *Sunday Express* citou o comentário de um amigo da família: "William culpava Camilla por todo o sofrimento que causara à mãe dele, o que enfureceu Laura... Laura não ia aceitar aquilo. Tomou posição firme e disparou contra William: 'Seu pai arruinou minha vida'".[32] Em abril de 1995, Tom, ainda em Oxford, foi detido por porte de maconha e ecstasy ao sair de uma boate no sul de Londres. "Não me ajudou muito ficar entrando numa série de encrencas, nada sério, andando por aí à toa, me metendo em coisas só por passatempo, não tomando cuidado com o que levava", ele disse num canal da televisão australiana em 2015, época em que já era um crítico de gastronomia de sucesso.[33] Tom conseguiu não ser expulso de Oxford, mas recebeu advertência formal da polícia.

Em fevereiro de 1996, Andrew se casou com sua amante, a riquíssima e esfuziante Rosemary Pitman, no Cartório de Registros de Chelsea, com a presença dos filhos de ambos. Talvez ele só quisesse um pouco de paz, pondo fim à indigna confusão conjugal que aparecera por tantos anos na imprensa. A ex-senhora Parker Bowles foi posta de escanteio, frágil, exposta, andando em gelo fino e enfrentando a perspectiva de ficar zanzando por um ninho vazio em Wiltshire com seus dois cães Jack Russell.

IV

Pela primeira vez Camilla sentiu que estava perdendo vantagem. Se agora o príncipe a descartasse, sua posição social e sua segurança no longo prazo sofreriam um sério impacto. Já andava muito preocupada com dinheiro. No acordo de divórcio, a Middlewick House foi rapidamente liquidada. (Foi comprada por Nick Mason, o baterista do Pink Floyd.) O casal dividiu o valor da venda, e a parte de Camilla foi para a Ray Mill House, uma construção de pedra dos meados do século XIX num terreno com cerca de sete hectares, isolada no final de uma estrada, que comprou por 850 mil libras em maio de 1995. Ela mobiliou e decorou a casa num estilo acolhedor, com a memorabilia da família e um grande retrato de Alice Keppel na sala de estar. A privacidade era perfeita, bem como sua localização em Chippenham, em Wiltshire, razoavelmente perto de Highgrove, mas as despesas esvaziaram seu caixa. Dizem que ela logo teve de fazer um saque a descoberto de quase 130 mil libras no banco Coutts. Ray Mill estava em condições um tanto depauperadas, e ela jamais teria meios para reformá-la. Um de seus planos era trazer o pai viúvo para morar num celeiro da propriedade, que seria convertido em residência, e um faria companhia ao outro, mas ela não conseguiu autorização para a obra e ele teve de ir morar com Annabel. Seu único outro ativo visível era uma parte da terra de família em Lincolnshire, dividida entre as irmãs. Seu quinhão lhe rendia 15 mil libras ao ano.

Além das dificuldades financeiras, havia os prejuízos que sofrera em meados dos anos 1990 como "nome" no Lloyd's de Londres, o principal mercado de títulos de seguro do mundo. Os "nomes", como são chamados os investidores, fornecem o financiamento dos sindicatos subscritores e participam dos lucros. Ser "nome" dava prestígio, bem como ser correntista no Coutts. Mas, quando as coisas desandaram, os subscritores deviam cobrir as perdas, como disse o *Guardian*, "até a última abotoadura". Muitos dos "nomes" eram aristocratas desatentos, acostumados a sacar seus cheques sem ler as letras miúdas das cláusulas. Agora estavam sujeitos à cobrança de valores altíssimos, com o acúmulo de 8 bilhões de libras em perdas do Lloyd entre 1988 e 1992, decorrentes sobretudo das políticas de amianto e poluição dos Estados Unidos, e das ferozes tempestades no norte da Europa. Entre os atingidos estavam o príncipe Michael de Kent, que perdeu 1 milhão de libras; Frances Shand Kydd, mãe da princesa Diana, 1,3 milhão de libras; Ronald Ferguson, pai da duquesa de York, 1 milhão de libras, e o ex-primeiro-ministro Edward Heath, 1,4 milhão de libras. Camilla perdeu 400 mil libras, que lhe haviam sido legadas pela avó, em dois sindicatos que faliram. Para se proteger do Lloyd's, ela transferiu a propriedade da Ray Mill House para um fundo fiduciário.

Provavelmente a falta de dinheiro de Camilla era, em parte, estratégica. O raciocínio seria de que a infeliz entrevista do príncipe provocara seu divórcio. Agora ela precisava de uma mansão para manter o padrão condizente a uma amante do príncipe de Gales. Ele tinha obrigação de sustentá-la. Afinal, ela ficou sem dinheiro e o príncipe teria de atender a isso. "Camilla é boa jogadora de pôquer", comentou um amigo dela.

Camilla começou a desfrutar de regalias para melhorar sua vida pós-divórcio. Quando dava um jantar em Ray Mill, vinha o chefe de cozinha de Highgrove. O mordomo de Highgrove, Bernie Flannery, fazia as compras para ela no Sainsbury's e punha na conta do príncipe. Camilla deixava sua égua Molly nos estábulos de Highgrove e com isso reduzia as despesas de caça. Num trailer para cavalos foi-lhe entregue uma remessa de flores, arbustos e árvores da propriedade do príncipe, para embelezar a paisagem de Ray Mill. O staff doméstico foi incrementado com dois jardineiros e duas empregadas. O príncipe trocou o carro velhusco de Camilla por um reluzente Ford Mondeo Estate novo em folha. Quando a estrada de Ray Mill ficou alagada, ele lhe deu um Range Rover. Como a imprensa criticava a aparência de Camilla, do cofre de reserva saiu um guarda-roupa completo. Podem parecer miudezas, em vista da riqueza pessoal de Charles, mas a realeza costuma se manter numa feliz ignorância das necessidades financeiras alheias.

Camilla exercia um controle cada vez maior sobre o cotidiano do príncipe. Em 1996, Virginia Carrington, uma de suas amigas mais antigas, passou a integrar a equipe do príncipe para cuidar de sua agenda pessoal. Muitas vezes Camilla participava das importantes reuniões diárias no Palácio de St. James. A linha predominante nos briefings oficiosos de Bolland para a imprensa era: "O príncipe deseja muito melhorar sua imagem pública, mas a questão da sra. Parker Bowles é inegociável".[34] O pessoal da equipe se divertia com outro mote muito repetido, descrevendo Camilla como "a mulher que esperava". Um ex-colega disse que "isso foi obra de Bolland. Era uma campanha bem agressiva".

Num anoitecer de junho de 1997, Camilla estava de carro indo jantar com o príncipe em Highgrove quando sofreu um acidente muito aflitivo, que lhe valeu mais um aborrecimento. Numa estradinha rural perto de Malmesbury em Wiltshire, ela bateu de frente no Volvo Station Wagon de Carolyn Melville-Smith, de 53 anos, arrancando a roda dianteira de seu próprio carro e atirando o Volvo numa vala. A sra. Parker Bowles tinha "surgido feito um foguete" em seu Ford Mondeo, disse a srta. Melville-Smith, que sofreu ferimentos no peito.[35] Mesmo atordoada e com o pulso luxado, Camilla conseguiu ligar para a polícia, para o serviço de ambulância e para o príncipe em Highgrove, saindo do local para obter um sinal melhor num terreno mais alto. Não foi uma boa coisa, visto que, naquele momento, a outra motorista estava presa, de ponta-cabeça, dentro do carro na vala, porque sua saia se enroscara na porta.

Charles despachou imediatamente sua segurança pessoal até o local, com dois de seus criados e outros dois membros de sua equipe. Quando a polícia chegou, a transtornada Melville-Smith disse que a motorista havia abandonado a cena do acidente. A primeira e implausível explicação foi que Camilla era treinada em técnicas antiterroristas, que incluíam deixar imediatamente a cena. "Creio que as pessoas, quando estão em choque, fazem coisas estranhas. Realmente lamento por ela. Não foi muito bonito de sua parte não vir me ajudar", comentou Melville-Smith para a Associated Press.[36] Um mês depois, o Serviço de Promotoria da Coroa concluiu que não havia provas suficientes para indiciá-la. Melville-Smith desistiu de entrar com uma queixa oficial, talvez supondo que a "Coroa" do "Serviço de Promotoria" fosse a mãe do príncipe de Gales. "Não quero que Camilla seja processada porque isso não vai me levar a lugar nenhum", ela disse ao *Independent*, com um acréscimo final vagamente ameaçador:

> Desde que eu não fique no prejuízo, dou-me por satisfeita em deixar o assunto de lado... Eu teria sido muito sacana se tivesse levado isso adiante, pois Camilla já está mesmo passando por uma fase difícil e só ia ser ainda mais criticada na imprensa.[37]

E se o acidente tivesse sido fatal? O efeito sobre a simpatia da população certamente acabaria com qualquer possibilidade de Camilla ser formalmente introduzida na vida de Charles. Era preciso lhe dar proteção. O príncipe designou uma equipe de 24 horas com dois casais de motoristas, que morariam perto da propriedade dela.

Mas isso não bastava: era necessária uma demonstração mais explícita do compromisso do príncipe. A festa para comemorar os cinquenta anos de Camilla, em 18 de julho de 1997, era a ocasião certa, precedida por um lisonjeiro documentário no Channel 5. Enfrentando a tentativa de Robert Fellowses em obter o veto da rainha, o príncipe de Gales deu carta branca a Michael Fawcett, seu assistente mais próximo e encarregado da mise-en-scène, para organizar um banquete de cinco pratos para a sra. Parker-Bowles em Highgrove. Depois da festa, estava programado para setembro um evento em que Camilla apareceria como ilustre filantropa, comandando com sua irmã Annabel uma cerimônia de gala a fim de angariar fundos para a Sociedade Nacional de Osteoporose. Divulgado como uma "noite de encantos", o evento beneficente mostraria o humanitarismo de Camilla, que iria falar de maneira comovente sobre o longo declínio de sua mãe. Já haviam mandado 1500 convites a vips e ao pessoal mais importante da mídia, com ingressos a cem libras cada. Para Charles era um bom momento. A aura da ex-esposa vinha desbotando. Diana, esbaldando-se no barco de Mohamed Al Fayed pelo sul da França, estava atraindo as mais indesejáveis coberturas da imprensa.

Bolland, por outro lado, divulgava atividades menos exuberantes, declarando que o príncipe e Camilla pensavam em passar juntos uns dias de férias em setembro em Birkhall. (Com direito a gaitas de foles.) Conforme se aproximava a festa dos cinquenta anos, Robert Fellowes e seus aliados no palácio não eram os únicos a se sentir apreensivos. O major Shand também deixou claro que aquilo lhe parecia "totalmente descabido", segundo disse um amigo de Camilla.[38]

Mas não iriam lhe negar aquele momento de triunfo, tão bravamente apoiado pelo príncipe de Gales. Naquela noite do aniversário, ninguém se infiltraria em Highgrove por uma entrada lateral. Contida por Bolland, a imprensa quase não teve acesso. Quando o carro com motorista trazendo a "mulher da hora" entrou pela aleia de Highgrove, as câmeras a fotografaram sorrindo feliz no banco de trás, com um elegante vestido de seda azul-escuro e um enorme colar de pérolas e diamantes que os editores de moda costumam chamar de "peça de destaque". O colar era presente do príncipe. Diziam que pertencera outrora a Alice Keppel e fora recuperado por Charles de uma coleção particular.

O jardim de Highgrove estava resplandecente, harpistas tocavam para os oitenta convidados que tomavam champanhe numa tenda ao estilo das Mil e

Uma Noites. Garçons com túnicas brancas e turbantes escarlates distribuíam lampejos de apropriação cultural na era pré-Instagram. Nenhum outro membro da realeza compareceu, e nem os filhos de Charles, mas lá estavam todos os amigos ilustres do casal e os parentes de Camilla. O príncipe e a sra. Parker Bowles passaram a noite dançando com a descontraída intimidade de marido e mulher.

Cai o pano.

V

Seis semanas depois, o mundo enlouqueceu de dor.

Em 31 de agosto de 1997, Bolland procurou Camilla logo cedo para avisá-la da morte de Diana em Paris. Até aquele momento, ela pensava que a princesa ficara apenas ferida no acidente. Sua primeira reação foi como mãe. "Coitados, coitados dos meninos", disse entristecida. Sua preocupação seguinte foi Charles. Ficaria devastado? Não deveria, por causa dos meninos. Mas ela o conhecia bem o bastante para saber que ele se sentiria profundamente culpado pela tragédia.

Agora não havia a menor possibilidade de se juntar a ele em Birkhall em setembro. Naufragara o tal evento de arrecadação na coruscante "noite de encantos" que a relançaria como filantropa. Com a canonização de Diana, a Outra que lhe causara tanto sofrimento se tornara radioativa. Camilla se recolheu, enfurnou-se na casa de Wiltshire. O escritório de Charles enviou dois policiais para montar guarda à porta da casa dela, num carro, caso algum maluco descontrolado de dor por Diana tentasse entrar. Mesmo para a amante que melhor sabia jogar no longo prazo, as chances haviam se reduzido drasticamente.

Enquanto o mundo chorava por Diana, Camilla dispunha de tempo para avaliar o impacto que a morte da princesa teria sobre seu futuro. Charles lhe telefonava constantemente, em pânico e desesperado. Como sempre, a amante era um bálsamo suavizador. Disseram-me que ele estava atormentado por uma perigosa mistura de dor, esperança frustrada e autocomiseração. Os enlutados passeios solitários pela charneca de Balmoral não aliviavam seu sentimento de culpa. Quando ainda havia esperança de que os médicos conseguissem salvar a vida de Diana, Charles se angustiava com a possibilidade de que a mãe de seus filhos fosse trazida de volta a Londres com paralisia ou danos cerebrais. À sua dor somava-se uma esquecida ternura dos primeiros tempos do casamento. Ela era tão nova quando se casaram! "Sempre pensei que Diana voltaria para mim, precisando de cuidados", ele devaneava em pensamentos mágicos e se esquecendo de todos os anos de fúrias e acusações.

Que esperança havia agora para o êxito da Operação PB (ou Operação Parker Bowles), como a chamava Mark Bolland? Diana passeava imprudentemente com Dodi Fayed em Paris apenas porque fora desdenhada por *ele*, Charles. As pessoas achavam que as coisas teriam sido diferentes, não fosse sua obsessão por Camilla, a amante "com cara de cavalo". Agora tinha medo de que jamais o perdoassem. Como isso afetaria sua posição como futuro rei? Estava com 48 anos e ainda se esforçava para ganhar a aprovação pública à sombra da retidão da mãe soberana. E agora essa catástrofe. Iria ser lançado às trevas exteriores, à condenação eterna. Será que seu obstinado amor por uma mulher casada que arruinara a felicidade da agora canonizada Diana não acabaria por levá-lo ao exílio, como seu tio-avô, o duque de Windsor? A única alternativa era a solidão monástica, enquanto tentava criar os filhos órfãos de mãe.

Enclausurada em Wiltshire, Camilla assistiu ao funeral da princesa pela televisão, com mais 2,5 bilhões de espectadores. Impossível saber por quanto tempo teria de ficar sumida, enquanto a imprensa, tomada de verdadeiro frenesi, procurava alguém em quem pudesse pôr a culpa — e que não fosse a própria imprensa. Naquele momento, Camilla era o Inimigo Público Número Um, a mais rematada abominação. Isso podia mudar. Se procedesse com cuidado, a morte de Diana poderia se revelar algo apenas murmurado *sotto voce* pela rainha-mãe: "Providencial" — providencial para o futuro da monarquia, e para ela.

Oito meses depois, a campanha Camilla, ou Operação PB, voltava à ação. Em 1998, Charles designou um estipêndio anual de 120 mil libras para a sra. Parker Bowles, pago trimestralmente com seus recursos privados, e mais todas as regalias. Ele e seus conselheiros estavam cientes de que, caso o banco executasse a hipoteca sobre a Ray Mill House — que todos sabiam ser a casa de sua inegociável companheira Camilla Parker Bowles — a fim de liquidar sua dívida, isso geraria mais matérias prejudiciais a ele. Essa ponderação talvez o tenha incentivado a abastecer a minguada conta bancária de Camilla no

Coutts. Graças ao empenho de Mark Bolland, a imagem do príncipe de Gales logo se remodelou, e agora era um pai simpático adorado pelos filhos. No final de 1998, Charles já desbancara Tony Blair na pesquisa da Rádio 4 da BBC como Homem do Ano.

4. Mãe da nação

AS DORES DE CABEÇA DA RAINHA NO SÉCULO XXI

O amanhecer do terceiro milênio não foi um bom momento para a rainha Elizabeth II. Ela normalmente estaria em Norfolk, na Sandringham House, rodeada de parentes e amigos para celebrar a passagem do Ano-Novo. Em vez disso, na noite de 31 de dezembro de 1999, ela estava no Castelo de Windsor e foi se deitar visivelmente mal-humorada. A rainha e o príncipe Philip haviam sido coagidos a se juntar ao primeiro-ministro Tony Blair e à esposa Cherie para comemorar o Ano-Novo com a desastrosa inauguração do Domo do Milênio. A enorme estrutura de fibra de vidro branca, erguida numa área devoluta de quase vinte hectares em Greenwich, fora concebida para reanimar uma parte abandonada de Londres e abrigar o Festival da Grã-Bretanha, que avivaria o otimismo nacional na véspera do século XXI.

A construção do Domo, projetado pelo célebre arquiteto sir Richard Rogers, fora iniciada pelo conservador John Major, mas se tornou o projeto símbolo do primeiro-ministro Blair, que o sucedeu, e do espírito Cool Britannia do Partido Trabalhista renovado, o chamado New Labour. Blair temerariamente o alardeou como "uma vitória da confiança sobre o ceticismo, do arrojo sobre a insipidez, da excelência sobre a mediocridade", e assim o Domo se tornou

— talvez inevitavelmente — motivo preferencial de chacota na imprensa britânica. Sua construção conflituosa e atropelada virou uma briga entre influenciadores culturais, patrocinadores vaidosos e ativistas ecumênicos. Para os opositores de Blair, que agora eram muitos, a obra logo passou a ser vista como uma metáfora não da Cool Britannia, mas das promessas vazias e da pseudomodernidade do New Labour. Quando Robert Fellowes se encontrou com altos funcionários do governo, conselheiros de Downing Street e outros figurões do sistema numa reunião tumultuada sobre os perigos do Y2K, o bug do milênio — o receio, que visto retrospectivamente parece muito exagerado, de que os computadores de todo o mundo pifariam no instante da passagem de 1999 para 2000 —, perguntaram-lhe quais eram os planos da rainha para a véspera de Ano-Novo. "Bem, penso que ela provavelmente vai querer ir à igreja", Hale disse, ainda firme e forte no cargo. A mesa inteira se reduziu ao silêncio quando todos os presentes perceberam que o novo milênio também significava 2 mil anos desde a encarnação de Cristo.

Como seria de esperar, a grandiosa inauguração do Domo na véspera de Ano-Novo de 1999 foi um dos fracassos mais monumentais na história das relações públicas britânicas. Houve um alerta de bomba na passagem sul do Blackwall Tunnel (por baixo do Domo) e o evento quase foi cancelado. A ideia era que os VIPs e os figurões da mídia fossem de metrô até o Domo, mas a estação de Stratford estava com a bilheteria entupida de gente e os principais executivos da imprensa e da televisão da Inglaterra ficaram horas encalhados debaixo de um tremendo frio. Em suas memórias, Tony Blair confessa que berrou com lorde Falconer, seu ministro da Justiça (a quem a imprensa deu o apelido de "ministro do Domo" quando ficou encarregado de supervisionar o malfadado projeto), no gabinete: "E não venha me dizer que não faz mal se eles não estiverem aqui à meia-noite, Charlie, ou te mato de porrada na mesma hora".[1] O espetáculo tão alardeado do Rio de Fogo no Tâmisa foi um fiasco, "um busca-pé molhado que mal se enxergava", registrou Alastair Campbell, o guru midiático de Blair.[2] A comemoração londrina foi claramente humilhada e superada por Paris, que decidiu apresentar a despojada beleza da Torre Eiffel iluminada por 20 mil luzes pisca-pisca e um espetáculo de fogos de artifício que podiam ter ensinado uma ou duas coisinhas à equipe de Blair.

A rainha e o príncipe Philip chegaram a Greenwich, após um serão já exaustivo: antes de tomar o barco de turismo *Millennium of Peace* no Bankside Pier, já haviam visitado um abrigo de proteção para vítimas de violência em Southwark e participado de um ofício religioso na catedral de Southwark. Naquela noite, todos os membros da família real estavam incumbidos de se espalhar pelas Ilhas Britânicas para cobrir vários postos avançados. O príncipe Charles fora enviado à Escócia para visitar a Real Enfermaria de Edimburgo e um abrigo do Exército da Salvação, além de ir a um ofício religioso na Catedral de St. Giles em Edimburgo. O príncipe Andrew recebera o encargo de comparecer ao Museu Marítimo Nacional em Greenwich e de jantar com os curadores. A princesa Anne deveria participar de um evento pelos desabrigados em Westminster. Ao príncipe Edward — conde de Wessex desde seu casamento com a executiva de RP Sophie Rhys-Jones — coube a tarefa de visitar os quartéis da polícia em Surrey e o Departamento dos Bombeiros de Guildford, antes de ir acender o farol do milênio no alto da torre da Catedral de Guildford.

Quando a rainha e o príncipe Philip, acompanhados da princesa Anne e de seu segundo marido, o comodoro Timothy Laurence, desembarcaram no píer Queen Elizabeth II, já passava do horário em que eles costumavam ir para a cama. Ao entrar no Domo, foram recebidos por filas e mais filas de assentos vazios. Alastair Campbell anotou em seu diário *Power and Responsibility* [Poder e responsabilidade] que o grupo real se mostrava visivelmente "contrariado por estar ali":

> TB [Blair] se desdobrou [...] mas Anne parecia de pedra. Cherie [esposa de Blair] até fez uma reverência à rainha, creio que pela primeira vez, mas não pareceu adiantar muito [...] Tentaram animar um pouco os membros da realeza ao som de "Auld Lang Syne", mas era evidente que eles prefeririam estar sentados em Balmoral, abrigados sob suas mantas. A rainha, na verdade, deu um beijo em Philip e pegou a mão dele e a de TB [com evidente e gélida relutância, observou a imprensa] durante "Auld Lang Syne", mas não pareciam à vontade com tudo aquilo. TB alegou que Philip lhe disse que a ocasião estava "brilhante", mas sua linguagem corporal não parecia corroborar sua declaração.[3]

O próprio Blair diz que se sentiu o tempo inteiro perseguido pela certeza de que aquele espetáculo de acrobacia não teria um final feliz, com os artistas voando pelos ares sem rede — um deles decerto acabaria aterrissando na cabeça da rainha.

O casal real não era fã de Blair nem nos melhores tempos (embora, segundo Cherie, a rainha tenha passado a demonstrar certa cordialidade depois de nove finais de semana em alguns agostos que o primeiro-ministro passou em Balmoral). No período que se seguiu à morte de Diana, quando seu primeiro-ministro de 44 anos ainda era novo no cargo, a rainha considerou francamente exagerado seu empenho em servir de mediador entre ela e a população. Robert Lacey conta que, em 2001, a sala de imprensa de Downing Street ouviu quando o primeiro-ministro, em audiência com a rainha, mencionou "*o* Jubileu de Ouro" e foi gentilmente corrigido por ela: "*meu* Jubileu de Ouro".[4]

O início das relações de Blair com a realeza não foi lá muito amigável, pois seu governo decidiu, logo no primeiro ano, em 1997, não substituir o iate real *Britannia*, que já estava com 43 anos, com sua tripulação de vinte oficiais e 220 marinheiros. Era uma batata quente que ele herdara do governo de John Major, e Blair considerou que não tinha outra escolha a não ser ir até o fim, para acalmar as alas de esquerda dentro do partido. Philip reclamou abertamente da decisão. Em dezembro de 1997, na cerimônia de descomissionamento do iate, a rainha verteu uma rara lágrima. O *Britannia* representava não só as memórias de grandiosas e glamorosas visitas de Estado, mas também alguns de seus momentos mais felizes com a família. O casal real havia se envolvido intimamente com a concepção do *Britannia* — o único lar que haviam de fato projetado. Era o único meio de passar férias em privado. Todo verão, o primeiro trecho da viagem anual deles a Balmoral começava com um cruzeiro pela costa das ilhas ocidentais até Aberdeen, ancorando em Caithness, para visitar a rainha-mãe no Castelo de Mey e fazer um piquenique. Um hóspede relembra o rascunho de uma sinalização da rainha-mãe para o *Britannia*: "Querida Lilibet [como a família chamava Elizabeth], traga limões, acabaram".[5]

Outro motivo de irritação com o New Labour se deu em 1999, com o fim do pariato hereditário na Câmara dos Lordes, poupando apenas 92 pares do reino. Foram eliminados 658 pares da velha guarda aristocrática, encerrando assim oitocentos anos de história parlamentar. E pela frente ainda viria mais: a enfurecedora proibição do Partido Trabalhista da caça à raposa, e um apelo pouco diplomático de um dos ministros favoritos de Blair, dr. Marjorie "Mo" Mowlam, para que a família real se mudasse do Palácio de Buckingham para um edifício moderno que refletisse melhor os tempos. Quando perguntaram a Philip, no começo dos anos 2000, se ele era um modernizador, o príncipe respondeu (não muito mais diplomático do que Mowlam): "Não, não, não pela modernização em si, não para ficar fodendo com as coisas de um jeito meio blairiano".[6]

O Domo do Milênio representava tudo aquilo que mais desagradava à rainha: publicidade exagerada, gastos (ele foi financiado com centenas de milhões de libras da Loteria Nacional), emoção patriótica barata. Outro aspecto que a incomodava era escolher o tom do iminente Jubileu de Ouro em 2002. Pela primeira vez, desde o começo de seu reinado, ela se sentia insegura. As consequências da morte da princesa Diana — quando ela avaliara tão erroneamente o ânimo popular — afetaram sua confiança, em geral inabalável. E ela também continuava marcada pelo "*annus horribilis*", como ela dizia, de 1992, quando não só ruíram os casamentos de três de seus quatro filhos, como seu amado lar de infância, o Castelo de Windsor, fora consumido pelo fogo, e a população, descontente com tantos escândalos familiares, manifestou ruidosamente sua indignação em custear os reparos provocados pelo incêndio. "Nenhuma instituição — prefeitura, monarquia, o que seja — pode se julgar isenta do escrutínio dos que lhe dão sua lealdade e apoio", declarou ela humildemente em 24 de novembro de 1992, no discurso do 40º aniversário de sua ascensão ao trono. O tom conciliador ajudou a reavivar o apreço da nação, bem como a iniciativa voluntária da monarquia em pagar imposto de renda e abrir o Palácio de Buckingham à visitação pública para custear os reparos de Windsor.

Somando-se a suas incertezas, todos os escândalos dos anos 1990 lançaram mais lenha na fogueira de um movimento republicano na Austrália, cujo clímax foi um referendo em novembro de 1999 — encabeçado pelo advogado e banqueiro mercantil Malcolm Turnbull — sobre a abolição da monarquia Down Under, isto é, australiana. (O longuíssimo título australiano da rainha é "Elizabeth a Segunda, pela graça de Deus rainha da Austrália e de seus outros reinos e territórios, chefe da Comunidade das Nações".) Em 1999, um número crescente de australianos via isso como um anacronismo descabido, sobretudo se pensavam que, a qualquer hora, estariam se curvando à Sua Majestade, o rei Charles III (que muitos australianos consideravam um bobalhão excêntrico). Todas as pesquisas de opinião indicavam que a monarquia seria derrotada no referendo, e a rainha estava se preparando para aceitar resignadamente a exoneração. Na verdade, ela preferia que isso se desse em seu reinado e não no do filho. Uma nova república australiana geraria um efeito dominó no Canadá e no restante da Commonwealth, o que seria um começo humilhante para o reinado de Charles.

Para a surpresa geral, a maioria dos australianos votou contra a instauração de uma república: 55% versus 45%. A política interna havia complicado o processo do referendo e deu a vitória à Coroa. Em março de 2000, a rainha esteve na Austrália para mostrar que não guardava ressentimento. Seu discurso na Sydney Opera House soou humilde, uma modulação que ela precisava pôr em prática naqueles dias. Lembrou ao povo que seu compromisso formal com a Austrália "terá abrangido quase a exata metade da vida desse país como nação federada", mas que "o futuro da monarquia na Austrália é uma questão que vocês, o povo australiano, e somente vocês decidirão por meios democráticos e constitucionais".[7] Quinze anos depois, o líder republicano Turnbull se tornou primeiro-ministro. Graças aos talentos diplomáticos da rainha ele abjurou do republicanismo enquanto ela reinasse. Desarmado pela elegância com que a monarca tratou o referendo australiano, Turnbull chegou a se declarar um "elisabetano".[8]

Preocupação mais crescente no palácio era o desgaste da imagem da monarquia. A rainha receava que seu Jubileu de Ouro fosse, como o Domo, um grande fiasco. Montou-se um comitê de planejamento e, em setembro, um hábil ex-executivo do setor de comunicações da British Airways, Simon Walker, chegou com uma equipe para ajudar a organizar o evento sob a direção de Robin Janvrin, que sucedera Robert Fellowes como secretário particular da rainha. Tendo servido por 22 anos, Fellowes deixava a função depois que o *Mail on Sunday* o acusara de ser "um dos principais instrumentos na destruição do apreço público pela monarquia", o que dificilmente fazia jus à verdade.[9] Fellowes pôs a culpa do artigo em Bolland, que endossava a convicção de Charles de que o secretário particular era o maior obstáculo para a aceitação de Camilla em Buckingham. A rainha mostrou sua gratidão ao fiel servidor providenciando, em sua Lista de Aniversário de Honrarias de 1999, que lhe fosse concedido pariato vitalício como barão Fellowes de Shotesham, no condado de Norfolk.

Na verdade, ela andava mesmo precisando de uma repaginada. Robin Janvrin era uma presença muito mais simpática que o predecessor emproado, era alguém confiável o bastante para melhorar as relações do príncipe de Gales com a corte. O palácio pode ter muitos defeitos, mas é bom de planejamento. Revigorados por Janvrin, todos os conselheiros da rainha concordaram que o jubileu fosse comemorado como uma enorme festa nacional, e não se reduzisse a uma celebração solene. Como disse um ex-assessor do palácio: "O Jubileu de Ouro foi a culminação de vários anos de reflexão: como encerrar os anos 1990?".[10]

O fim de semana mais festivo foi agendado para junho. Houve um lobby para que Sua Majestade passeasse na London Eye, a roda-gigante na margem sul do Tâmisa que Tony Blair inaugurara para as comemorações do milênio. "Não sou turista", foi a resposta da rainha.

A sugestão de um grande show de rock no jardim do Palácio de Buckingham, que se chamaria "Festa no Palácio", encontrou melhor receptividade. A única preocupação da rainha eram os possíveis estragos nos gramados. Quando lhe perguntaram, um tanto apreensivos, se ela autorizaria a inclusão de Ozzy Osbourne, o roqueiro bizarro outrora crooner da banda de heavy metal Black Sabbath, ela respondeu: "Ah, tudo bem, desde que ele não arranque com os dentes a cabeça de um morcego". O staff ficou surpreso que Sua Majestade conhecesse essa pérola da história da cultura pop. (Osbourne tinha feito essa proeza num concerto em Des Moines em 1982. Quando perceberam que o morcego atirado ao palco por um fã não era de borracha, Osborne foi levado às pressas ao hospital para tomar uma vacina antirrábica. Em 2019, ele publicou um tuíte marcando os 37 anos do episódio: "Hoje comemoro o 37º aniversário de quando arranquei a cabeça de um morcego desgraçado! Celebrem com esse de pelúcia, com cabeça destacável".)[11]

A rainha delegou ao príncipe Philip a tarefa de se reunir com a equipe do jubileu para acompanhar os planos. Era seu jeito de se livrar daquilo que não a interessava, como os pormenores de eventos públicos — relegava-os ao marido, mais atento aos detalhes. Como sempre, ele foi ríspido, sem paciência para divagações. Disse que ia consultar a rainha no fim de semana e voltou com o assentimento dela a todas as suas sugestões.

Uma decisão que parece ter sido da própria rainha foi aceitar posar para um retrato de Lucian Freud, a ser desvelado logo antes do jubileu. O intermediário foi Fellowes, que já havia posado para o pintor. Em vista da importância do artista no mundo artístico britânico, a escolha não era propriamente ousada, mas alguns consideraram arriscado se comprometer com alguém mais conhecido por seus nus de carnes fartas e flácidas. Rompendo sua regra permanente de insistir que os modelos fossem a seu ateliê, Freud foi ao Estúdio de Conservação de

Quadros em Friary Court, no Palácio de St. James, onde a rainha posou durante quinze sessões, de maio de 2000 a dezembro de 2001. Consta que "se divertiram imensamente" e conversaram sem parar sobre cavalos e corridas.[12]

O retrato resultou, como se esperaria de Freud, implacável: soturno, grosseiro e impositivo. Concentra-se muito no queixo da soberana e na coroa pesada em posição um tanto descuidada. Um crítico comentou que a rainha deveria ter encarcerado Freud por causa daquela imagem. O editor do *British Art Journal* teria dito: "Parece um dos corgis dela depois de sofrer um derrame".[13] Mas, ao contrário de Winston Churchill, que em 1954 ficou furioso ao ver seu pouco lisonjeiro retrato de oitenta anos pintado por Graham Sutherland, a rainha, quando o quadro de Freud foi desvelado, mostrou sua costumeira ausência de vaidade pessoal. "Muito interessante", disse críptica e sucintamente.[14] As dimensões reduzidas podem ter ajudado (15 cm × 23 cm). Em 2017, reconhecendo a importância do retrato no conjunto da obra do artista, ela aprovou que ele ficasse exposto na Queen's Gallery no Palácio de Buckingham. (Gyles Brandreth nota que a rainha, numa exposição de arte poucos anos depois de ter posado para Freud, se desviou habilmente de um fotógrafo, que quase a capturou com os olhos para o alto, fitando os impositivos testículos de um nu deitado e esparramado de Freud. Seu anfitrião perguntou: "A senhora não foi pintada por Lucian Freud, madame?".[15] Ela sorriu e respondeu baixinho: "Fui, mas não assim".)

Enquanto o planejamento do jubileu avançava, Sua Majestade se ocupava de assuntos mais preocupantes. A relação com o herdeiro do trono estava em baixa. Os dois raramente se falavam, a não ser por intermediários. O convite para celebrar o aniversário de cinquenta anos de Charles em Highgrove, dois anos depois da festa de Camilla, foi enviado não por ele, mas por seu amigo e vizinho, o conde de Shelburne.[16] Quando a rainha soube que Camilla estaria presente, ela declinou (e a irmã e os dois irmãos dele também). Ainda em anos recentes, Anne e a rainha-mãe continuavam se recusando a estar na mesma sala com a sra. Parker Bowles. Camilla não constava da lista de convidados para a festa formal do aniversário de cinquenta anos de Charles, no Palácio de Buckingham. A rainha teve muitas conversas com Robert Fellowes e concluiu que, se recebessem Camilla, passariam a impressão de que ela fazia parte da família, e o frenesi da mídia seria incontrolável.

Mesmo assim, via-se claramente que Mark Bolland estava se saindo bem em fazer com que Camilla reaparecesse gradual, mas constantemente: facilitava sua participação nas festas de final de semana em Sandringham, fazia-a passar uma semana com Charles num cruzeiro pelo Egeu. Houve um "encontro fortuito" entre Camilla e William (que, para a fúria de William, foi vazado) em junho de 1998, logo antes de seu aniversário de dezesseis anos. Camilla estava pernoitando no Palácio de St. James; William foi até lá, chegando da escola, e, como de costume, subiu diretamente para seus aposentos no alto da York House. O príncipe de Gales, depois de hesitar um pouco, foi até lá com Camilla para passar meia hora com o filho tomando um drinque, o primeiro de alguns cautelosos chás e lanches. Ao que consta, a resistência de William diminuíra um pouco. Romper o gelo com o príncipe Harry levaria mais tempo. Um membro da casa me contou que o caçula, quando finalmente foi convencido a ficar na presença da sra. Parker Bowles, criou-lhe uma situação enervante com seus longos silêncios e olhares ressentidos.

Como a rainha continuava intransigente quanto a Camilla, Charles e Bolland concordaram que a melhor maneira seria avivar o interesse da mídia. Resolveram aproveitar a ocasião da festa dos cinquenta anos de Annabel, irmã de Camilla, no Ritz Hotel, como momento decisivo de sua campanha de vir a público. O Palácio de St. James daria a dica à imprensa para fotografar o príncipe e a sra. Parker Bowles saindo juntos da festa, logo depois da meia-noite. Dois dias antes, começaram a surgir escadinhas no lado de fora do Ritz, para que os fotógrafos tivessem uma visão melhor. Quando o casal saiu da festa e Charles conduziu Camilla até o carro, os dois foram cegados por mais de duzentos flashes. "Agora não há mais segredo sobre a relação deles, nenhum segredo possível", disse um apresentador da BBC.[17] "A foto que as pessoas tanto aguardaram, a imagem que as pessoas tanto esperaram para ver." Seguiu-se uma enxurrada de outras imagens "do casal" — idas ao teatro, um compromisso na Escócia para agradecer os colaboradores das iniciativas beneficentes, um jantar para angariar fundos em que Camilla apareceu ostentando um poderoso indicador da intimidade entre eles — um broche com as plumas do príncipe de Gales.

II

A rainha sabia que estava sendo pressionada e não gostou nem um pouco. Seus problemas com Charles não se resumiam a Camilla. O livro de Dimbleby, revelando que o filho a achava uma mãe distante, a feriu fundo, provavelmente porque ela sabia que havia alguma verdade nisso.

Com efeito, quando ela subiu ao trono em 1952, aos 25 anos, os assuntos de Estado interferiram em sua condição de jovem mãe, mas muitas vezes, mesmo se houvesse a possibilidade de ficar com o bebê, ela decidira não fazê-lo. Nos felizes meses que passou em Malta com o príncipe Philip, antes de se tornar rainha, ela preferiu fazer duas viagens de seis semanas cada — uma na época do Natal —, deixando Charles, com doze meses, aos cuidados da ama e da rainha-mãe. No final da primeira estada em Malta (durante a qual foi concebida a princesa Anne), em vez de ir correndo ver Charles em Sandringham, como se poderia esperar, ela passou alguns dias em Londres, atualizando-se sobre a administração na Clarence House e indo a um evento nas Hurst Park Races, do qual um cavalo seu estava participando. Esteve ausente do segundo e do terceiro Natal do filho, bem como de seu terceiro aniversário. Charles contou ao biógrafo Anthony Holden que sua mais antiga lembrança de infância era ele, em seu primeiro carrinho de bebê, "deitado em sua vastidão, sombreado pelas laterais altas", uma boa metáfora para a melancólica grandeza régia.[18] Ao crescer, muitas vezes passava semanas inteiras em Holkham Hall, residência familiar do conde de Leicester, cuja filha veio a se tornar lady Anne Glenconner. Hospedava-se lá sempre que pegava uma doença infantil, como sarampo, porque a rainha, nunca tendo ido à escola, não estivera exposta a essas doenças e, portanto, era vulnerável.

Nos anos 1950, para uma jovem mãe que também era monarca, o equilíbrio entre trabalho e vida privada era uma questão que não comportava muita discussão. Além disso, a rainha muitas vezes usava os assuntos de Estado para se afastar de questões que preferia ignorar. "Fazer-se de avestruz", era como a família chamava seu hábito de evitar confrontos, em geral se retirando para examinar as exaustivas "caixas vermelhas", as pastas de couro vermelho com despachos e documentos sensíveis do governo a ela encaminhadas diariamente, exceto no Natal e na Páscoa. Um dos ex-secretários particulares do príncipe Charles comentou com Graham Turner, do *Telegraph*:

> Se ela tivesse passado menos tempo lendo aquelas caixas vermelhas idiotas — e para quê, afinal? — e levado mais a sério o papel de esposa e mãe, teria sido muito melhor. Sim, ela sabe lidar muito bem com os primeiros-ministros, mas consegue lidar com seu primogênito? E o que é mais importante?[19]

Emana desses juízos um sopro de entranhada misoginia que dificilmente seria formulada em relação a um homem. Embora se requeira neutralidade política de Sua Majestade, a monarca detinha o direito de ser consultada e de "aconselhar e alertar" seus primeiros-ministros, eventualidade para a qual ela gostava de estar rigorosamente preparada. A discrição proíbe de divulgar quando isso acontecia. Não se pode criticá-la por levar suas tarefas a sério.

Gyles Brandreth, em *Philip and Elizabeth*, conta um episódio muito tocante, em que qualquer mãe trabalhadora pode se reconhecer. Quando pequeno, Charles foi ao escritório da rainha e perguntou se ela queria brincar; ela fechou a porta com delicadeza, dizendo: "Ah, se eu pudesse".

A rainha gostava do trabalho e era boa no que fazia. Sua inteligência arguta apreciava os pormenores. Um primeiro-ministro estrangeiro que teve uma audiência com Sua Majestade em julho de 2017 me contou que ela parecia um perito criminal ao avaliar todos os detalhes por trás da tragédia da Grenfell Tower, ocorrida no mês anterior. O incêndio catastrófico num conjunto residencial de 24 andares em North Kensington matou 72 pessoas, desencadeando um candente debate nacional sobre as iniquidades do programa habitacional público. "Se ela fizesse parte de um gabinete ministerial", disse o primeiro-ministro em visita, "seria considerada excepcionalmente bem informada."

Com seu temperamento reservado, e absorvida pelos deveres, seu escasso envolvimento afetivo prosseguiu durante toda a vida de Charles. Em 1976, um ex-integrante de alto escalão da residência real lembrou uma ocasião em que o príncipe telefonou para os pais em Balmoral, durante o jantar. O príncipe Philip atendeu, e a rainha perguntou o que o filho tinha a dizer. "Está saindo da Marinha na semana que vem", respondeu Philip.[20] "Oh", ela disse, "pensei que só fosse sair na primavera que vem."

Essa desatenção era, em parte, típica de sua classe, e certamente da geração da Segunda Guerra. A guerra contribuiu para uma criação dos filhos pouco afeita aos sentimentos, mas, de uma perspectiva contemporânea, é surpreendente como algumas aristocratas contemporâneas da rainha foram criadas com uma imagem de displicência materna. Lady Pamela Hicks, a ilustre filha de lorde Mountbatten, quase da mesma idade da rainha, contava alegremente que, em julho de 1935, quando Mussolini se preparava para invadir a Abissínia, foi decidido que todas as famílias com membros na Marinha deviam deixar o Mediterrâneo. Depois de um rápido beijo, sua mãe, lady Edwina Mountbatten, depositou Pamela, de seis anos, sua irmã Patricia, de onze, a babá e a governanta num hotelzinho das montanhas, a duas horas de Budapeste, cercado de pinheirais, e então saiu em seu Hispano-Suiza para passear de carro com seu amante, o tenente-coronel Harold "Bunny" Phillips. Infelizmente lady Edwina perdeu o papel em que anotara o nome do hotel e só voltou dali a quatro meses. Quando perguntei o que lady Pamela achou daquilo na época, ela respondeu: "Bem, quando esfriou, faltou um pouco de roupa, pois tínhamos ficado sem dinheiro. Muito divertido, de fato".[21]

Lady Anne Glenconner conta outra divertida história de horror em seu livro de memórias publicado em 2020, *Lady in Waiting* [Dama de companhia]. Com a eclosão da guerra em 1939, quando ela, menina, tinha sete anos, sua mãe, lady Elizabeth Coke, foi encontrar o marido, membro das Guardas Escocesas no Egito. Só voltou depois de três anos. Anne e a irmã Carey, de cinco anos, na Escócia, ficaram com seus primos Ogilvy e uma governante brutal, a srta. Bonner, que deixava a menina amarrada na cama durante a noite inteira. A tia de Anne acabou despedindo a srta. Bonner, não pela crueldade, mas por ser católica apostólica e levar a sobrinha à missa. Não admira que essas damas fossem duras ou, de todo modo, acostumadas a que ninguém quisesse saber se elas estavam "bem" — ao contrário de Meghan Markle, que queria ouvir essa pergunta depois de se casar com o príncipe Harry.

Em contraste, a rainha-mãe era afetuosa e atenciosa com as jovens Elizabeth e Margaret, mas implacável executora da infalibilidade régia. O fotógrafo da sociedade Cecil Beaton deu uma memorável definição dela: "Um marshmellow feito numa máquina de solda".[22]

Ela foi inflexível em sua oposição ao casamento de Margaret com o tenente-brigadeiro Peter Townsend. Na angustiante noite em que Margaret repudiou o amor de sua vida, a rainha-mãe compareceu a um compromisso vespertino, diz Hugo Vickers, "sem saber ou sem se preocupar se a filha estaria sozinha jantando numa bandeja".[23] Mesmo seu relacionamento especial com Charles e a longa amizade com o casal Parker Bowles não alteraram sua fidelidade ao protocolo. Depois que se tornou público que Camilla era amante do príncipe, a rainha-mãe deixou de recebê-la, com ou sem ele.

Mesmo assim, Charles adorava a avó, e sua devoção era tão evidente que às vezes irritava a rainha. Uma dama de companhia relembrou que ele, quando chegava a um piquenique em Balmoral, dizia à rainha-mãe:

"Oh, Sua Majestade, estou agradavelmente honrado em vê-la!", e ela respondia [e quase conseguimos ouvir o tom untuoso e galante]: "Sua Alteza Real gostaria de um drinque?". Então ele lhe beijava os braços até em cima![24]

Quando Charles e a avó estavam em suas residências em Londres, era raro o dia em que ele não aparecia na casa dela de manhã ou para um drinque. A rainha sentia que a velha criadora de encrencas exacerbava as tensões entre Philip e Charles, e que seu exemplo de alto padrão de vida o incentivava a excessos financeiros.

A extravagância sempre foi uma *bête noire* para a rainha. Ela e Philip haviam sido treinados na parcimônia da guerra. Uma ex-namorada de Charles me contou que, quando o namorava, em 1979, e foi ao Castelo de Windsor para o chá, a "rainha estava numa afobação porque tinha examinado as contas da calefação de Windsor e dizia que estavam cobrando a mais". Era conhecida por percorrer os salões do palácio à noite, apagando as luzes, e pedia que as fatias de limão não utilizadas fossem devolvidas à cozinha, para evitar desperdícios. Cherie Blair, quando se hospedou em Balmoral, notou que a suíte do primeiro-ministro tinha um aquecedor elétrico igual ao de sua avó operária em Liverpool.

O escritório do príncipe Philip em seus aposentos particulares em Wood Farm, a casa no Sandringham Estate onde passava grande parte de seus anos de aposentadoria, era pequeno e despojado como a cabine de um navio. Ele era sempre a peça mais econômica da máquina do palácio, tendo apenas dois secretários particulares, um camarista e um bibliotecário para cumprir várias centenas de compromissos reais por ano. Apesar das maneiras peremptórias, Philip era de longe o membro da família com quem era mai fácil de trabalhar — "muito despretensioso e sabe que nem sempre fazer é tão fácil quanto mandar", como disse um servidor da casa. Em 2008, ele entregou a seu alfaiate da Savile Row (John Kent da Norton & Sons) uma calça de 51 anos para reformar.

O príncipe de Gales infelizmente preferiu seguir o exemplo da avó esbanjadora, que insistia em viver com luxo eduardiano, mantendo cinco residências com equipes completas de serviçais. Os cortesãos mais graduados tinham a impressão de que Charles queria "superar a avó" na antiquada elegância do Velho Mundo. Quando ele ia se hospedar na casa de campo dos amigos, na véspera chegava um caminhão com sua cama, móveis e até quadros que seu indulgente assistente Michael Fawcett providenciava que fossem pendurados no quarto designado a ele, no lugar dos objetos de propriedade do anfitrião. À diferença da rainha, que sempre comia o que lhe serviam, o príncipe estipulava de antemão suas preferências e às vezes chegava ao jantar com seu oficial de segurança trazendo um martini pré-preparado, pronto para ser entregue ao mordomo e servido em seu copo pessoal. Empregava uma equipe completa no Palácio de St. James e em Highgrove, com noventa servidores (inclusive dez jardineiros na propriedade campestre). "Ele precisa ter oito quartos!", teria exclamado a rainha, desalentada, quando o príncipe esteve em Sandringham com Diana.[25] Sua Majestade também lamentava como ele exigia que sua equipe mais graduada fizesse a viagem de três horas de Londres a Highgrove para as reuniões, e então as pessoas ficavam ali metade do dia zanzando à toa.

A triste verdade era que Charles, quanto ao aspecto material, simplesmente não era o tipo de pessoa que a rainha admirava. "Charles é absolutamente desesperado pela aprovação da mãe e sabe que nunca vai tê-la", disse um membro de Highgrove. "Para ela, ele é o tipo errado de pessoa — carente demais, vulnerável demais, emotivo demais, complicado demais, centrado demais em si mesmo, o tipo de pessoa que ela não suporta. Artes, causas beneficentes que não vêm envoltas num rígido senso de dever — tudo isso é um disparate para ela."[26]

A maior vergonha de todas era a incansável obsessão do filho por Camilla. A rainha lidava com a questão da mesma forma como lidava com a maioria dos problemas emocionais: ignorando-a. Três secretários particulares queriam que ela insistisse, antes e durante o casamento de Charles com Diana, que o príncipe deixasse de ver Camilla. A rainha instilava no filho um medo dinástico suficiente para que, se ela assim exigisse, ele tivesse de aceder. Apesar disso, ela se continha, talvez por alguma percepção primeva de que não era prudente se intrometer nas paixões de um homem. Ou pela preocupação mais grave de que, perante uma escolha — como no caso do tio-avô Edward VIII —, ele ficaria com a mulher amada.

Philip detestava qualquer tipo de confusão; depois da morte de Diana, ele só queria que Charles ajeitasse as coisas. Não tinha objeções contra a amante, e sim contra os excessos emocionais. A oposição entre o romantismo "meloso" de Charles e a atitude escrupulosamente pragmática de Philip em relação à vida privada era uma fonte constante de conflitos, mas já em 2000 o novo secretário particular da rainha, sir Robin Janvrin, percebeu que Camilla jamais se afastaria, e que a rainha precisava reconstituir seu relacionamento com o herdeiro do trono. Até mesmo o arcebispo da Cantuária se mostrava mais condescendente em relação ao longo romance — fator importante para a rainha. Ele se encontrara secretamente com Camilla, na casa de seu filho em East Peckam, para evitar a imprensa e ter algumas reuniões respeitosas para "conhecê-la melhor", para o ímpio divertimento dela.

Janvrin ajudou a azeitar as engrenagens para que a rainha comparecesse a um almoço informal em Highgrove, em homenagem ao aniversário de sessenta anos do ex-rei Constantino II da Grécia. Tino (como o chamava o anfitrião Charles), um afável conciliador que, exilado em 1967 após o golpe de uma vingativa junta militar, fora finalmente deposto em 1973, é primo do príncipe Philip e padrinho do príncipe William. Com inúmeros parentes na realeza europeia, ele sempre foi um hábil instrumento para reaproximações dentro da família. Jovem muito atraente quando conquistou a primeira medalha olímpica de ouro da Grécia desde 1912 — como velejador —, ele passou os 46 anos seguintes do exílio numa mansão em estilo Stockbroker Tudor no Hampstead Garden Suburb de Londres, com sua esposa, a princesa Anne-Marie da Dinamarca, até 2013, quando o governo grego finalmente permitiu que ele retornasse como cidadão comum. Nos anos 1990, a princesa Diana muitas vezes deixava seus meninos brincando com os cinco filhos do casal. Toda a família real britânica amava Tino — então, que melhor ocasião para inserir Camilla do que a festa de seus sessenta anos?

Charles soube, não pela mãe, mas por Tino, que a rainha aceitara o convite para a festa, o que já constituía um eloquente indicador da gélida frieza do relacionamento entre ambos. Ele ficou perplexo e perguntou: "Tem certeza?".

Como reaproximação, porém, o sucesso foi apenas parcial. A rainha, plenamente ciente da semiótica da aceitação do convite, declinou sua apresentação formal à sra. Parker Bowles — reconhecendo-a, mas não indo até o fim — e deixou claro que teriam de se sentar bem distantes uma da outra (uma espécie de exercício kabuki, visto que fazia décadas que ela conhecia Camilla na condição de esposa de Andrew Parker Bowles). Bolland aproveitou bem a suposta perestroika régia na imprensa, mas, algumas semanas depois, a rainha contrariou todas as suposições excessivas da mídia. Em 21 de junho de 2000, ela ofereceu a chamada "Dança das Décadas" no Castelo de Windsor, a maior comemoração da família real desde o baile das bodas de ouro com o príncipe

Philip. Foram convidadas oitocentas pessoas para um jantar a rigor e danças para celebrar os aniversários de cem anos da rainha-mãe, de quarenta anos do príncipe Andrew, de setenta anos da princesa Margaret e de quinze anos da princesa Anne.

O castelo estava forrado com dez metros das flores favoritas da rainha-mãe. O príncipe de Gales chegou com seu Aston Martin de capota abaixada, usando um traje completo de polo. (O príncipe William, que fazia dezoito anos naquele dia, foi brindado in absentia, pois se preparava para o exame final em Eton.) A rainha estava animadíssima para dançar. Graham Dalby, que tocou na festa com sua banda de swing, os Grahamophones, disse:

> Nunca vi a rainha tão animada, tinha um sorriso realmente encantador; usava um belo vestido azul-claro e estava absolutamente deslumbrante. Pegava as pessoas e puxava para a pista de dança. Quase me abordou e pensei "Ah, não me pegue, não sei dançar", e ela se dirigiu ao cara ao lado e ele também não sabia dançar.[27]

Entre os convidados do príncipe Andrew estava sua velha amiga Ghislaine Maxwell, filha de um dono de jornal, acompanhada pelo financista americano Jeffrey Epstein, dois relacionamentos que depois viriam assombrá-lo.

Outra convidada inesperada era a duquesa de York, caída em desgraça, que fora reaceita após três anos de exílio. Desde 1992, quando os tabloides publicaram fotos suas tomando banho de sol de topless no sul da França com seu "conselheiro financeiro", o empresário texano John Bryan, chupando seus dedos do pé, a ex-Sarah Ferguson, por insistência do príncipe Philip, fora banida dos eventos da família real. Para Camilla, foi uma grande humilhação ser excluída da festa, mas, pelo visto, receber ao mesmo tempo *duas* parceiras dos príncipes caídas no desfavor real seria demais para a rainha e, sem dúvida, para a rainha-mãe.

Assim, Camilla ficou relegada a uma lista B de convidados para um evento na véspera, com o príncipe de Gales: um jantar sem graça para o lançamento da fundação do príncipe em Shoreditch, quando ela usou um colar de diamantes com o desenho de uma cobra, talvez refletindo seu humor. Durante o evento no Castelo de Windsor, ela teve de ficar rangendo os dentes e esperando Charles em sua suíte no Palácio de St. James, enquanto inúmeras cabeças coroadas e todos os seus amigos aristocráticos se regalavam com uma ceia à meia-noite regada a champanhe, com ovos, linguiças, morcelas, bacon e *kedgeree* no glamour dos aposentos mais luxuosos do castelo, ao som de três bandas ao vivo e músicas de discoteca. A rainha-mãe estipulou que se sentaria "apenas com os jovens", o que era plenamente cabível, visto que a grande maioria de seus amigos já morrera. Com seus hábitos de coruja, ela ficou mais tempo do que a enfermiça princesa Margaret, mesmo tendo passado o dia inteiro nas corridas de Ascot, distribuindo sorrisos sob um chapéu rosa-choque de copa larga. A banda celebrou seu aniversário tocando seu sucesso favorito da época de guerra, "A Nightingale Sang in Berkeley Square".

Charles ficou para o brinde à avó, mas logo saiu e voltou à excluída Camilla. Depois disso, levou-a a um cruzeiro pelo sul da França no iate de um patrocinador iraquiano, para consternação de seus pais. Philip, o eterno nacionalista da realeza, detestava as inconvenientes relações financeiras que o filho cultivava com "bajuladores estrangeiros", tivessem ou não fins beneficentes. A rainha considerou especialmente irritante que grande parte das viagens de Charles fosse para países árabes, atrás de novos patrocinadores, mostrando pouco interesse pelos países de sua amada Commonwealth. O ex-vice-primeiro-ministro da Nova Zelândia, Don McKinnon, que cumpriu um mandato como secretário-geral da Commonwealth, disse ao biógrafo Tom Bower que tentou persuadir o futuro rei a dedicar mais atenção à Commonwealth e foi repelido com uma "pavorosa indiferença britânica".[28] "Por que ele prefere se encontrar com ditadores e não com líderes democraticamente eleitos da Commonwealth?", queixou-se Bower sobre o fascínio de Charles com a confraria régia do Golfo.

III

Enquanto a situação com Charles mais uma vez rolava ladeira abaixo, a rainha foi atingida por novas repercussões de sua atitude de avestruz, dessa vez por causa do príncipe Edward. Andrew pode ser o filho favorito da rainha, mas Edward, o caçula, ocupa um lugar especial no panteão materno. Um amigo dele, Peter Brown, afável consultor de relações públicas estabelecido em Nova York, me contou: "Uma vez, quando nós dois estávamos em casa, perguntei a ele: 'Então, Edward, quem é o favorito de sua mãe?'. Depois de uma pausa, ele disse: 'Bom, sou o caçula'".[29] Edward era o único filho que tinha em seu escritório uma foto do príncipe Philip. O pai queria que ele herdasse seu título de duque de Edimburgo, quando a rainha morresse, mas em julho de 2021 Charles deixou claro, de modo um tanto mesquinho, que seus planos eram outros. Edward já tem a seu encargo o Duke of Edinburgh's Award. Quando fez 55 anos em 2019, a rainha, que muitas vezes distribuía presentes inesperados a parentes por quem sentia especial apreço, concedeu ao caçula o título escocês adicional de conde de Forfar.

A última coisa que se esperaria no ano do Jubileu de Ouro era que o afável Eddie criasse problemas. Ele causara um pequeno aborrecimento em 1987, quando deixou os Royal Marines depois de quatro meses e foi brutalmente ridicularizado nos tabloides. (Na verdade, ele era corajoso. Segundo o diretor de seu colégio, Edward "tinha sido molestado e importunado por 'gayzice', até que resolveu dar um basta. Fisicamente, não teve problemas, pois era muito forte apesar da aparência angelical".)[30] A rainha sentiu profundo desgosto pela decisão do filho, que via como descumprimento do dever, mas Philip ofereceu um apoio inesperado. Como ele próprio servira, nunca achou que Edward devesse ter ingressado nos Royal Marines. Queria que ele fizesse algo talvez ainda pior, do ponto de vista de alguém inclinado às artes como Edward: que se tornasse contabilista.

O casamento de Edward com Sophie Rhys-Jones, uma jovem levemente parecida com a princesa Diana, em junho de 1999, foi recebido com certo alívio. "Você não a escolheria numa multidão", foi o primeiro comentário seco da rainha ao conhecer Sophie, filha de um vendedor de pneus de Kent, mas logo passou a gostar dela e a respeitar sua despretensão.[31] Todos concordavam que sua experiência em relações públicas, seu porte bem-apessoado e seu ardente desejo de seguir o protocolo da realeza ("Ela ficava literalmente se curvando o tempo inteiro", disse-me um convidado de Balmoral sobre as constantes vênias de Sophie aos vários membros da família que tinham precedência sobre ela) seriam úteis como uma peça de reserva dos Windsor.

Infelizmente, Edward, então com 35 anos, tinha aspirações midiáticas. As tentativas de se lançar na televisão foram um pouco embaraçosas durante algum tempo. Após uma breve ilusão de que poderia ser ator e um emprego como assistente de produção no Really Useful Group de Andrew Lloyd Webber, em 1993 ele criou a Ardent Productions, uma produtora de TV financiada por ele mesmo e alguns patrocinadores régios, como o sultão de Brunei.

A empresa fez documentários como *Edward on Edward*, sobre seu tio-avô, o duque de Windsor, em que Eddie se mostrou tão travado diante das câmeras, conforme comentou Andy Beckett do *Guardian*, que foi incapaz de perguntar à única testemunha viva de um notório encontro entre o duque e Hitler sobre o que os dois haviam conversado. A Ardent Productions se tornou uma piada no meio, despejando incessantemente programas impossíveis de assistir sobre temas como o esporte medieval jogo de palma, o tênis real, reflexões obsoletas sobre os navios de guerra ingleses, as residências da realeza e o incêndio no Castelo de Windsor. Beckett resumiu a experiência de assistir a trinta horas da produção da Ardent: era como entrar num "reino estranho onde todos os homens na Grã-Bretanha ainda usam gravata, onde os apresentadores usam calção de críquete, onde as pessoas se postam com as mãos nas costas como guardas... As mulheres são chamadas de 'meninas'. As narrações em off são reverentes e majestáticas ou com pronúncia da antiga Commonwealth... Os intervalos comerciais são repletos de anúncios de recrutamento militar".

Em setembro de 2001, os câmeras da Ardent apareceram na Universidade de St. Andrews na Escócia, aonde o príncipe William, com dezenove anos, acabara de chegar. Sabendo que havia uma proibição intermediada por lorde Black e pela Press Complaints Commission de que o fotografassem ou filmassem na faculdade sem autorização, William entrou em contato com o pai para reclamar. Pai e filho ficaram perplexos ao saber que a equipe pertencia nada mais, nada menos, que à produtora de TV tão mal concebida do tio Eddie.

Mark Bolland fez chegar à imprensa que o príncipe Charles ficou "uma fera" com essa traição fraterna, e aproveitou ao máximo a ocasião para mostrá-lo como pai protetor,[32] chamando o irmão de "maldito idiota".[33] Edward já fora acusado de se aproveitar de visitas oficiais ao exterior para conseguir negócios para a Ardent. Suas produções — como o contrato de mau gosto com a E! Entertainment Television para produzir o programa *The A to Z of Royalty*, para o qual ele estava filmando na St. Andrews — claramente se valiam da chancela real. Tudo isso reforçou a convicção do príncipe de Gales de que os integrantes da família real que trabalhavam não deviam seguir carreira própria, postura arrogante que irritou os irmãos que não dispunham de sua confortável renda, proveniente do ducado da Cornualha.

Além da afronta de Edward ao decoro, alguns meses antes Sophie, até então inofensiva, cometera um erro ainda mais crasso. A nova condessa de

Wessex fora autorizada a continuar sua carreira como diretora de sua empresa de relações públicas, a RJH. O surpreendente foi que ela caiu num golpe grosseiro, aplicado por um famoso vigarista conhecido como o Falso Sheik, a saber, Mazher Mahmood, repórter investigativo do *News of the World*, de Rupert Murdoch. Fazendo-se passar por emissário de um novo cliente lucrativo supostamente dono de um complexo de lazer em Dubai, o impostor de barba e túnica longa, com seu fotógrafo vestido como ele, gravou uma série de mortificantes indiscrições de Sophie no Dorchester Hotel. Sobre Tony Blair, ela disse: "Por aqui nós o chamamos de presidente Blair, porque é o que ele pensa que é"; quanto a Charles e Camilla, comentou que eram "o número um na lista de impopulares"; desqualificou o último orçamento do Chanceler do Tesouro, Gordon Brown, como "um monte de bobagens".[34]

Pior ainda, seu sócio na empresa pediu ao "sheik", numa conversa à parte, que arranjasse para o patrão dele uns rapazes "legais" para entretê-lo, e quando o "sheik" lhe perguntou se o príncipe Edward era gay, ele respondeu: "Sou da firme convicção de que onde há fumaça há fogo". Ficou claro, pelas duas conversas, que, para conseguir um contrato de relações públicas de 500 mil libras, a empresa de Sophie estava vendendo suas ligações com a realeza sem nenhum tipo de pudor. Ao saber que sofrera um golpe, ela entrou em pânico e só piorou a situação. Negociou um acordo para trocar a transcrição do Falso Sheik por uma entrevista "honesta" ao *News of the World*. Muito apropriadamente, a entrevista foi publicada no 1º de abril com a manchete: "SOPHIE: Meu Edward NÃO é gay", e reavivou boatos que apenas duplicaram a onda de fofocas. Depois de uma semana de vazamentos sensacionalistas das gravações no *Daily Mail*, o *News of the World* renegou o acordo e publicou as transcrições do Falso Sheik.

Para a rainha, esse furacão de escândalos lembrava demais o temido *annus horribilis* que ela pensava ter ficado no passado. Algum dia seria possível "virar a página dos anos 1990", como tanto se esforçava o palácio?[35] Naquela década turbulenta, o alvo de perseguições da mídia não era apenas a princesa Diana. Praticamente toda a família real — e qualquer pessoa associada a ela — foi massacrada. A invasão e o escárnio eram cruéis e incessantes.

Os diários do intrépido editor Piers Morgan, que em tempos mais recentes atuou como o trator desembestado dos telejornais matinais britânicos, o flagelo de Meghan Markle, revelam um quadro em tempo real da barbárie da imprensa naquela época. Morgan conseguiu o cargo de editor no *News of the*

World em janeiro de 1994, aos 28 anos, e logo passou para o *Daily Mirror*, onde publicou furos temerários sobre os maiores episódios monárquicos da década Diana. Foi demitido em 2004 por não ter mostrado o menor sinal de arrependimento ao ter publicado imagens forjadas de torturas no Iraque.

Morgan adorava transgressões. Às vezes comprava furos de uma fonte chamada "Benji, o Lixeiro", que vasculhava o lixo das celebridades procurando notícias sensacionalistas que pudesse vender. Quando o *Sunday Times* — jornal associado de Murdoch — adquiriu um excerto da biografia do príncipe Charles escrita por Jonathan Dimbleby, Morgan enviou uma repórter, Rebekah Wade, vestida com um uniforme de faxineira, para roubar um exemplar da gráfica do *Sunday Times*, enquanto imprimiam a primeira edição. Então ele pirateou sem o menor pudor as melhores chamadas para a segunda edição do *News of the World*. Quando soube, Rupert Murdoch simplesmente riu.

Lendo hoje os diários de Morgan, é espantoso ver até que ponto os membros da realeza e seus assessores de imprensa tentavam diariamente se acertar com Morgan e o restante da imprensa ou ludibriá-los. Tinham grande intimidade com esses torturadores. No ano seguinte à morte de Diana, Morgan conta que a mãe dela, Frances Shand Kydd, lhe telefonou em lágrimas, "deprimida", quando ele publicou uma matéria sensacionalista de Mohamed Al Fayed acusando a realeza de assassinar a filha dela. "Quem se importa com os meninos nessa situação toda, Piers?", ela soluçava. "*Quem?*... Falei com você na véspera e você não me contou o que mais estava fazendo!"[36]

Durante a chamada Guerra dos Gales, o lado de Charles providenciava tantos vazamentos e declarações oficiosas quanto o lado de Diana, por meio dos próprios tabloides que ambos diziam detestar. Charles criava histórias a torto e a direito, só que não era tão bom nisso. E outros escândalos autoinfligidos da realeza caíam no colo da mídia. As infelicidades conjugais e os fracassos comerciais de Fergie e do príncipe Andrew nos anos 1990 eram expostos de maneira tão indiscreta que constituíam uma chocante subtrama interminável da ópera-bufa da realeza.

Por mais que se desdenhasse o caráter vulgar da publicidade, todas as casas régias disputavam — e ainda disputam — freneticamente uma cobertura positiva ou, no caso da realeza menor, uma cobertura qualquer. Existe uma regra tácita de que não se atropelarão uns aos outros na mídia, em respeito à hierarquia régia dentro da família, embora no caso de Charles as bombas de dramas familiares mais distantes costumem explodir sempre que ele está prestes a melhorar sua posição no pódio. A grande verdade é que, sem a imprensa popular — embora bem menos desde a criação das mídias sociais —, a monarquia só se faz visível nas aparições públicas, as quais, por sua vez, passam despercebidas se não tiverem cobertura. Como comentou a rainha certa vez, quando seus conselheiros tentaram reduzir seus compromissos: "As pessoas têm de me ver para acreditar".

Os sucessivos assessores de imprensa da rainha nos anos 1990 ficavam surpresos com seu sangue-frio diante do massacre incessante da mídia. Um ex-assessor me disse:

> As pessoas [me] diziam: "Deve ser um trabalho medonho", e eu dizia: "Bom, tem seus momentos difíceis, mas na verdade eu trabalho para uma pessoa absolutamente imperturbável". Não interessa se as coisas estão indo bem ou mal. Ela se levanta de manhã, olha o briefing, atende a um telefonema ou tem uma reunião sobre alguma coisa realmente escabrosa, e então, dez minutos depois, vai dar uma caminhada... falando com as pessoas nas ruas, como se não tivesse outra preocupação.

Imperturbável a rainha até podia ser, mas as cicatrizes dos anos 1990 não poderiam se reabrir. O imbróglio de Wessex com o Falso Sheik exigia uma ação rápida. Como sempre, Sua Majestade recorreu a Philip para resolver uma questão que continuaria perseguindo os Windsor pelos vinte anos seguintes: como os demais filhos régios deveriam combinar privilégio e profissão, sem comprometer a integridade (e a dignidade) da Coroa? Numa conversa com Edward e Sophie em Windsor, Philip foi muito claro: *não* é possível. Ou se está ou não se está na coisa. Não existe realeza em meio período.

Quando as decisões eram finalmente tomadas, o estilo administrativo de avestruz da rainha se tornava letal, mesmo quando era Philip que caía matando. Vimos a mesma firmeza na crise da princesa Margaret com o tenente-brigadeiro Peter Townsend e na questão do divórcio de Charles e Diana. A intensa fúria da rainha com a imprensa se mostrou claramente na declaração enviada pelo Palácio de Buckingham, poucos dias depois de estourar o escândalo do Falso Sheik. Foi uma das mais fortes salvas de artilharia disparadas dos bastiões daquela cautelosa instituição. Declarou-se que a rainha "deplora a armadilha, o subterfúgio, as insinuações e inverdades" a que o conde e a condessa de Wessex haviam sido submetidos em data recente. Empregando um engenhoso jogo duplo, Sua Majestade expressou seu firme apoio a que Edward e Sophie continuassem suas carreiras independentes — "Não é uma escolha fácil e eles estão abrindo um novo território, mas nesses dias e nessa época é correto que lhes seja permitido proceder assim" —, enquanto ao mesmo tempo e na mesma declaração vinha a mensagem dos Wessex de que estavam fazendo justamente o contrário.[37]

Sophie se desculpou profusamente por qualquer constrangimento que tivesse causado à sogra, ao sucumbir ao subterfúgio do sheik. Acrescentou que agradecia Sua Majestade pelo apoio e pela possibilidade de continuar trabalhando, mas, depois de "discutir a situação com a rainha", ela decidira "deixar" a diretoria de sua empresa de relações públicas para "reavaliar [seu] próprio papel". A declaração acrescentava que tanto o conde quanto a condessa "negam enfaticamente" que tivessem explorado seu status de realeza em favor de interesses empresariais. Ninguém teve dúvida de que os planos de carreira do casal terminavam ali. E, fato igualmente notável, a declaração servia de alerta a qualquer ambição presente ou futura de outros membros da realeza menor. Em julho de 2001, o Palácio adotou novas diretrizes a fim de impedir conflitos de interesse entre as atividades empresariais e os deveres régios dos membros da família.

A Ardent, que por muito tempo drenara dinheiro, fechou. O príncipe Edward explicou, pesaroso: "É bastante óbvio que, neste ano do Jubileu de Ouro, precisamos mais do que nunca apoiar a rainha e ajudar minha família a arcar com algumas das crescentes responsabilidades e carga de trabalho no futuro".[38] Para compensar a perda de renda, a rainha aumentou o apoio financeiro aos Wessex para cerca de 250 mil libras ao ano.

Agora sua esperança era de que esse cansativo problema estivesse encerrado de uma vez por todas. E até poderia estar, se os tempos fossem outros. Mas, com as expectativas modernas de liberdade, depender por tempo indeterminado da mãe monarca, sem poder recorrer a qualquer renda externa, se torna algo infantilizante e perigosamente irrealista. Era um problema que, volta e meia, viria a explodir e abalar a monarquia.

5. Uma questão de independência

COMO ELIZABETH E PHILIP FIZERAM A COISA FUNCIONAR

A combinação entre casamento e dever foi um tema que a rainha absorveu ao longo das muitas décadas de seu complicado minueto conjugal. Começou em 1953, no silêncio de arminho e farfalhar de seda de sua coroação na Abadia de Westminster. Philip Mountbatten, duque de Edimburgo, de 31 anos, retirou sua coroa de nobreza, ajoelhou-se aos pés da jovem com quem casara seis anos antes e fez o juramento de lealdade: "Eu, Philip, duque de Edimburgo, torno-me seu vassalo com minha vida e todas as minhas faculdades físicas e com devoção terrena… E que Deus me ajude".[1]

Que Philip tenha mantido o juramento pelos 68 anos seguintes — e que a rainha tivesse encontrado uma maneira de fazer com que ele assim quisesse — é um milagre não só da monarquia moderna, mas também do matrimônio moderno.

Sabe Deus que, para Philip, não foi fácil assumir um papel que o obrigava a andar sempre dois passos atrás da esposa. O duque era a própria encarnação de um rematado macho alfa: tremendamente elegante, com vigorosa autoconfiança, sem paciência com tolos — e não só com tolos. Quando se inclinava de sua considerável altura e examinava algo ou alguém que persistia no erro, a pessoa podia se sentir paralisada.

Seu biógrafo Gyles Brandreth me relatou uma discussão acalorada a respeito de uma passagem sobre o serviço de Philip durante a guerra a bordo do HMS *Ramillies* (Philip dera independência editorial ao autor em tudo, mas não tolerava erros):

PHILIP, IRADO: Como assim, eu servi *on* HMS *Ramillies*?
BRANDRETH: O senhor serviu. Sei que serviu. Dei-lhe os diários de bordo para ver.
PHILIP: Não servi.
BRANDRETH: Serviu, sir. O senhor serviu *on* HMS *Ramillies*.
PHILIP: Não servi *on* HMS *Ramillies*. Você não mora *on* sua casa, mora? Eu servi *in* HMS *Ramillies*! *In* HMS *Ramillies*! Atenha-se aos fatos! *[2]

"A rainha deve ter entendido desde o começo que ele tinha um temperamento forte, muito forte, rígido e duro, e não ia perder tempo à toa com ninguém", me disse um amigo do príncipe Charles, sir Nicholas Soames, em 2021.

Ao contrário do desastroso casamento de Charles e Diana, o de Elizabeth e Philip não foi arranjado. Foi por amor, desde o começo. A rainha era louca por ele desde 1939, quando aos treze anos o príncipe Philip da Grécia e da Dinamarca, um cadete da Marinha de dezoito anos, a escolteu para conhecer o Real Colégio Naval em Dartmouth.

Ele logo se apaixonou "total e irrestritamente", conforme escreveu numa carta de 1946 citada na biografia de Philip Eade. Quando pediu a mão de Elizabeth, então com vinte anos, nem o pai dela, o rei, nem a mãe acharam que ele seria um bom partido. Philip podia ser parente de metade da realeza coroada da Europa, mas sua família fora exilada e ele era o príncipe falido de lugar nenhum.

A tímida e observadora princesa Elizabeth se revelou intrépida. Via em Philip o caráter inabalável que iria ser, como ela disse em suas bodas de ouro,

---

* Toda a questão aqui se refere ao uso do adjunto adverbial correto para o caso. Quando se trata de servir ou passar determinado tempo num local ou numa instituição (ou de morar em algum lugar, como na analogia usada por Philip), usa-se *in*: "to serve *in* the army", "to serve a year *in* prison" etc. (ou, na analogia, "to live *in* a house"). Usa-se *on* quando se trata de desempenhar uma determinada função em algum organismo ou instituição, por exemplo, "to serve *on* a jury", "to serve *on* a committee" etc. (N. T.)

"minha força e esteio durante todos esses anos". Os dois eram unidos por um senso de dever e um desejo de servir que haviam sido moldados pela Segunda Guerra Mundial. Philip recebeu menção nos relatórios oficiais pelo excepcional serviço a bordo do navio de combate HMS *Valiant* e foi agraciado com a Cruz Naval de Guerra da Grécia.

Sufocada por deferência, Elizabeth confiava na impaciência subversiva de Philip. Cercada de uma formalidade torturante, sempre podia contar com ele para dar algumas risadas. "A rainha sempre foi ardorosamente apaixonada por ele", disse um membro do círculo real. "Uma parte desse amor se devia a que ele sempre lhe daria uma resposta sincera."[3] O presente de Philip era partilhar com ela o segredo de que as formalidades eram totalmente absurdas e absolutamente necessárias. Ela retribuía proporcionando-lhe uma segurança afetiva que ele não tivera na infância.

O casamento deu certo tanto pelo amor quanto pela estratégia. A questão que se apresentava à rainha era como canalizar as prodigiosas energias do marido a serviço da Coroa sem que ele se sentisse castrado.

A batalha mais dolorosa — ou mais pública — para Philip era a questão do sobrenome dos filhos. Para ele, era de suprema importância que Charles, Anne e depois Andrew e Edward fossem batizados como Mountbatten, em vez do nome dinástico inventado de Windsor. Os conselheiros da rainha-mãe e da rainha, entre os quais se destacava Winston Churchill, eram inflexivelmente contrários e insistiam que ela devia manter o sobrenome popularizado de Windsor. O rei George V o escolhera — em perpetuidade — em lugar do sobrenome Saxe-Coburg-Gotha, que se tornou tóxico devido aos sentimentos antigermânicos da Primeira Guerra Mundial. Para desgosto de Philip, a esposa se rendeu — embora não de imediato — aos conselheiros. Ele teve uma explosão que se tornou famosa: "Sou o único homem do país não autorizado a dar seu sobrenome aos filhos. Não passo de uma maldita ameba".[4] Naquela época, havia poucos casos, tirando a rainha Vitória e o príncipe Albert, que servissem de modelo para construir um casamento em que a balança do poder pendesse tão integralmente para o lado da esposa.

O conflito conjugal sobre a questão prosseguiu, levando a rainha "à beira das lágrimas", disse o político conservador R.A. "Rab" Butler.[5] Depois de uma audiência com Sua Majestade, então grávida do príncipe Andrew, o primeiro-ministro Harold Macmillan anotou em seu diário que "a rainha só deseja (e muito apropriadamente) fazer algo que agrade o marido — que ela ama de paixão. O que me desconcerta [...] é a atitude quase brutal do príncipe em relação à rainha em toda essa questão".⁶ Por fim, chegou-se a uma solução de compromisso, em que todos os descendentes que não tivessem direito à designação de "alteza real" seriam chamados de Mountbatten-Windsor.

Com sua tranquila perspicácia habitual, a rainha encontrou formas eficientes de lidar com o marido enquanto ela prosseguia com importantes assuntos de Estado. Encarregou-o de todas as propriedades e casas reais, que ele supervisionava — como comentou acidamente a rainha-mãe — como um "*junker* alemão".⁷ Algumas semanas depois de se mudar com a rainha para o Palácio de Buckingham, em 1953, Philip (com seu secretário particular Mike Parker) vistoriou um por um todos os aposentos do palácio, mais de seiscentos, e ordenou a imediata melhoria do sistema de comunicações internas e uma comissão para redecorar os apartamentos privados.

Aceitando sua exclusão das "caixas vermelhas" da rainha, Philip se lançou a uma miríade de cargos de direção em entidades beneficentes. Um de seus maiores êxitos como patrono foi sua enérgica presidência à frente do World Wildlife Fund. Mostrou-se notavelmente avançado ao angariar verbas para projetos como a preservação de hábitats dos tigres na Índia, hoje vistos como as causas simpáticas e pouco trabalhosas de William e Harry. Criou o projeto do Duke of Edinburgh's Award, que premia adolescentes e jovens adultos por realizações em trabalhos voluntários, atividades físicas ou planejamento de expedições aventurosas — agora adotado em mais de 140 países.

Apesar do desequilíbrio de poder na vida privada, o casal seguia os papéis tradicionais de gênero. Uma pessoa próxima à rainha me resumiu: o "modelo de feminilidade era a mãe, e o modelo de monarca era o pai. Ele liderava a caça. Ela trazia o almoço". Nos jantares formais, a rainha sempre esperava para ver se Philip falava primeiro com a mulher à sua esquerda ou à sua direita, e então se virava na mesma direção para conversar.

Ela o deixou tomar a frente na maioria das grandes decisões sobre os filhos. A rainha-mãe defendia energicamente, e com presciência, que o príncipe Charles, com treze anos, fosse enviado para Eton, onde conhecia muitos dos meninos e poderia cultivar seu interesse pelas artes e pela cultura. Mas Philip queria que o filho fosse para sua austera *alma mater*, Gordonstoun, na Escócia. "Ele pode ir para uma escola longe de casa, mas vai ficar totalmente isolado e solitário no extremo norte", objetava a rainha-mãe.[8] A rainha cedeu e Charles foi enviado a Gordonstoun, para cinco anos de intimidações desgraçadamente inventivas.

Philip tinha o hábito de tratar o herdeiro do trono como um projeto que tinha de ser moldado na marra. No documentário póstumo da BBC, de 2021, *Prince Philip: The Royal Family Remembers* [Príncipe Philip: Lembranças da família real], é penoso ver como o príncipe de Gales, em tantas de suas lembranças paternas, aparece desapontando o pai:

> Eu gostava de jogar polo com ele. Ouvia gritos incessantes. "Acorde! Deixe de enrolação!". E lembro que, jogando futebol, ele me dava instruções. […] "Acorde! FAÇA ALGUMA COISA!" […] Ele tentou me ensinar a dirigir coche, mas aquilo não durou muito. [inaudível] E ele foi ficando cada vez mais irritado porque eu não me concentrava como deveria. Claro que queria agradar meu pai depois que ele dava as instruções.[9]

A rainha também queria agradar a Philip. Incentivava qualquer atividade que fizesse o marido se sentir realmente autônomo. Ele tirou licença de piloto particular em 1959. Como William, que decidiu se tornar piloto de busca e salvamento, Philip achava libertador voar pelos céus solitários. Nenhum maldito repórter ou súdito reclamão iria persegui-lo entre as nuvens.

Aqueles mesmos repórteres malditos o rotularam de máquina de produzir gafes, mas a maioria dos comentários pouco polidos de Philip refletia o que ele realmente pensava, desde a grosseria ("O país de vocês é um dos mais notórios centros do mundo no comércio de espécies em risco de extinção",[10] disse a seus anfitriões injuriados ao aceitar um prêmio conservacionista na Tailândia, em 1999), até a ofensa direta ("Como você mantém os nativos longe da bebida tempo suficiente para que eles passem no exame?",[11] perguntou a um instrutor de autoescola escocês em 1995). O rosto impassível da rainha não dava qualquer pista se e como ela iria repreender o marido em particular.

Outras rebeldias mais privadas eram igualmente indômitas.

As infidelidades — os boatos eram negados com veemência — de Philip com uma série de atrizes e socialites provavelmente eram a única maneira daquele marido tão másculo e dinâmico afirmar sua autonomia viril em meio às limitações da vassalagem. Ele tinha a sorte de ter nascido numa época de maior proteção dos espaços penumbrosos da monarquia. Tal é o respeito unilateral pela rainha, que a imprensa — mesmo nesses tempos menos reverentes — optou pela insinuação e não pela investigação. Quando meu marido, sir Harold Evans (morto em 2020), se tornou editor do *Sunday Times* em 1967, o executivo-chefe do *Times*, sir Denis Hamilton, com boas conexões no establishment britânico, recomendou-lhe que fosse cuidadoso ao tratar do príncipe Philip no jornal, porque a vida privada dele era de interesse do MI6.

Uma sedutora socialite loira, frequentadora regular da ilha Mustique, me contou que certa vez, em 1977, quando a rainha e o príncipe Philip foram pela primeira vez visitar a princesa Margaret na ilha, perto do final da turnê do Jubileu de Prata pelas Índias Ocidentais, ela estava na praia e viu o escaler do *Britannia* trazendo o casal para a beira-mar. A socialite estava tirando fotos da pele alva da rainha, devorada por mosquitos — "Falei que não queria vir para essa maldita ilha", ouviu-a dizer —, quando Philip, que estava especialmente bonitão com uma camisa azul-clara, viu-a e deu-lhe uma piscada. Mais tarde, na recepção de lorde Glenconner no Hotel Cotton House, o camarista de Philip se aproximou dela e lhe entregou um cartão com um número. "O duque gostaria de manter contato", ele disse. "Quase desmaiei", lembrava a socialite, "mas infelizmente perdi a droga do cartão. Ele era tão espetacular que não me perdoo por não ter dado corda."

Em 1971, quando se sentiu velho demais para o polo, Philip passou a se interessar por corridas de coche. Encarapitado na boleia de um antigo "cabriolé Balmoral" que os mecânicos de Sandringham haviam recuperado, conduzia com o chicote quatro baios Cleveland a galope. Tornou-se tão entusiasta da prática que teve papel importante em estabelecê-la como esporte, e competia na equipe britânica nos campeonatos europeus e mundiais. (A última vez que foi visto conduzindo um coche pelo Sandringham Estate, acompanhado por duas ajudantes, foi aos 98 anos.)

Sua companhia desportiva mais constante nos últimos 25 anos de vida era lady Penelope Romsey, uma loira alta e esbelta, 31 anos mais nova do que ele, que já fora namorada do príncipe de Gales. Charles foi seu padrinho de casamento quando ela se casou com um de seus amigos mais próximos, Norton Romsey, neto de lorde Mountbatten. (Lady Romsey foi uma das poucas amizades de Charles a lhe dizer que achava Diana, como futura esposa, pueril demais para ele.) Penny se tornou condessa Mountbatten em 2017, quando o marido herdou o título. Como velho amigo da família, Philip, ao que dizem, sugeriu a ela que aprendesse a dirigir coche, aos 35 anos, para se distrair da dor pela morte de sua filha de cinco anos, em 1991.

Como quer que a amizade entre eles tenha evoluído, Romsey possuía a beleza, o porte e o senso de humor capazes de prender a atenção de Philip por mais tempo do que qualquer outra pessoa, à exceção da esposa. Nas fotos em que estão juntos, ele está sempre rindo. "O flerte em sua idade é muito bom para ele", disse cautelosamente uma pessoa do círculo de amigos mais antigos da rainha, em 2015.[12] "Mantém sua disposição." Nas duas últimas décadas, podia-se vê-los passando os fins de semana de verão na casa de amigos praticantes de corridas de coche por toda a Inglaterra.

De vez em quando se avivavam os mexericos sobre Romsey. A reação da rainha era convidá-la a ir de carro com ela à igreja no domingo, e eram fotografadas conversando amigavelmente. Sua Majestade, pelo visto, aprovava a força de caráter da condessa, sobretudo a maneira como ela lidou com a crise de seu casamento em 2010, quando Norton Romsey, depois de trinta anos, partiu para as Bahamas com uma atraente estilista. Sem interromper o ritmo, Penny assumiu a gestão da propriedade de 2400 hectares de Broadlands e os deveres cerimoniais do marido como Alto Administrador de Romsey, até ele voltar para a mansão conjugal no ano seguinte, com o rabo entre as pernas. Ela o expulsou para um estábulo reformado como residência, só o aceitando dentro de casa depois que ele ficou com problemas de saúde.

A rainha pareceu ter concluído que Romsey era necessária ao bom humor do marido. Uma figura do círculo régio disse em 2015: "Ela dá de ombros e diz: 'Philip gosta de tê-la por perto'".[13] A monarca a absorveu bravamente em seu círculo pessoal, e Romsey era figura frequente na lista de convidados no Castelo de Windsor, e às vezes estava no grupo régio enfileirado na sacada do Palácio de Buckingham para a cerimônia de desfile dos regimentos militares em homenagem à rainha, no chamado Trooping the Colour. "[A rainha] aceitou que ele se divertisse", uma figura próxima disse a Richard Kay em 2015. "Sempre achei que ele sentia necessidade de se divertir fora do casamento por ser um consorte muito ativo e exigente que, porém, tinha de se manter atrás da esposa. Mas sua lealdade a ela é inquestionável."

Talvez, como disse a duquesa de Devonshire sobre seus 63 anos de casamento com o duque constantemente infiel, a rainha simplesmente tivesse chegado àquele "momento maravilhoso em que você percebe que está anestesiada".[14] Ela provinha de uma classe e de uma geração de mulheres criadas para acreditar que seriam mais duradouras do que as diversões do marido ou, caso isso não ocorresse, para aceitá-las. Qualquer outra atitude seria histérica e cansativa. A rainha sabia que, mesmo que ele olhasse para outras, sua devoção a ela era incontestável. O próprio Philip respondeu com um longo olhar silencioso quando uma repórter do *Independent* se atreveu a levantar a questão dos casos extraconjugais. E, enfim, explodiu: "Deus do céu, criatura. Não sei com que tipo de gente você anda".[15]

Um ex-integrante da equipe da rainha me contou que Philip, já nonagenário, disse: "Quer um conselho matrimonial? Passem bastante tempo separados e não tenham unicamente os mesmos interesses".

II

A rainha partilhava a maior paixão de sua vida com outra pessoa. Philip, embora entusiasta de esportes hípicos, não tinha a mesma obsessão da mulher pelos cavalos. O que mais a entusiasmava eram os puros-sangues, que eram o domínio inconteste de seu amigo mais próximo, Henry George Reginald Molyneux Herbert, sétimo conde de Carnarvon.

Porchey, como era conhecido a partir do título anterior de lorde Porchester, foi, de 1969 até o fim da vida, o administrador dos cavalos de corrida da rainha. Nenhuma outra pessoa fora da família gozava do mesmo grau de intimidade com ela. Era um dos poucos que tinham seu número de celular, que a acionava quase diariamente com as últimas notícias equestres, muitas vezes segurando o aparelho no alto por ocasião dos leilões de puros-sangues, para que a rainha pudesse acompanhar a hasta — ele dava os lances em nome dela. Era seu acompanhante em quase todas as corridas, seu conselheiro em visitas privadas a haras de reprodutores no Kentucky, seu parceiro na obsessão pela linhagem, pela boa forma e condição dos animais. O vínculo entre eles ia muito além da relação entre rainha e administrador de cavalos de corrida. Eram parceiros na atividade que dava um livre prazer à rainha, sempre tão presa a seus deveres.

A amizade entre Porchey e Sua Majestade se estendeu por seis décadas. George VI tinha pedido ao garoto adolescente que escoltasse a filha nas corridas, e o amor pelos cavalos logo os uniu. Depois da guerra, ele ingressou no coro de madrigal das jovens princesas no Palácio de Buckingham.

Pode ser que a rainha-mãe tenha ficado contente em considerar Porchey uma segunda opção para a mão de Elizabeth, depois dos pretendentes ducais de sua lista. A residência de sua família era o Castelo de Highclere em Hampshire, cenário de *Downton Abbey*, o seriado de sucesso de Julian Fellowes na TV. Porchey era um daqueles aristocratas discretos muito mais ricos do que se imaginaria. O avô dele, o quinto conde de Carnarvon, patrocinou o arqueólogo Howard Carter nas buscas pela tumba de Tutancâmon no Egito, e morreu de uma infecção decorrente da picada de um mosquito em 1923, passados quatro meses da descoberta da entrada da tumba.

Não muito tempo depois de ter assumido o condado em 1987, Porchey soube por um mordomo da família que havia cerca de trezentas antiguidades das viagens de seu avô pelo Egito, intocadas por mais de setenta anos em armários e aposentos sem uso em Highclere. Era uma boa forma de cobrir os custos do castelo, e em 1988 as portas de Highclere foram abertas ao público. (Hoje, seus pináculos de estilo italiano mais do que se custeiam com a filmagem e a publicidade de *Downton*.)

Pode-se vislumbrar a especial relação de confiança entre a rainha e Porchey num registro do diário de um dos amigos mais próximos dele, o par do reino trabalhista lorde Bernard Donoughue. Na entrada de terça-feira, 7 de abril de 1998, Donoughue escreveu que Carnarvon lhe contara "dois episódios tocantes sobre a rainha":

> O primeiro foi quando ela esteve numa corrida na Normandia, durante uma visita oficial à França para comemorar os desembarques de 1944. Henry a levou a um restaurante francês em Honfleur. Ela não sabia como pedir a refeição. Disse a ele que nunca tinha pedido antes um prato num menu. O segundo foi quando ela esteve recentemente num bar pela primeira vez na vida. Gostou, mas também não sabia que precisava pedir a bebida no balcão. Então ficou ali parada e esperou, pensando que lhe trariam a bebida numa bandeja. Disse que gostaria de um gim martíni, mas não veio nada. Seus assistentes deviam ter avisado que fosse até o balcão e pedisse — não foi culpa dela.[16]

A última frase é muito significativa. Carnarvon conta o caso com evidente afeição, mas é rápido em ressaltar que a rainha se comportou daquela maneira não porque fosse tola ou mimada, mas por descuido dos cortesãos. "Sua Majestade é minha melhor amiga de toda a vida", disse certa vez a Donoughue.[17]

Era tão grande a afinidade que corriam boatos de que podia haver algo mais. Antigamente, os mexericos londrinos adoravam falar de uma grande semelhança entre a rude beleza dos traços do príncipe Andrew e os de Carnarvon, mas eu não vejo nem semelhança nem probabilidade disso. Porchey parecia mais um Alfred Molina refinado com um chapéu borsalino, e ficou genuinamente furioso quando começaram a circular os boatos. Ele era o devotado *cavaliere servente* da rainha, pronto para defendê-la até a morte e, sem dúvida, uma fonte de força quando ela se sentia vulnerável com as incessantes decepções causadas por Philip.

III

O lugar em que a rainha se sentia mais feliz sempre foi Balmoral. Na véspera do funeral de Philip, ela decidiu divulgar uma foto dos dois relaxando nas colinas dos Coyles of Muick, tirada por Sophie Wessex em 2003. Philip está reclinado na manta de viagem com o chapéu airosamente apoiado no joelho direito, e a rainha sorridente está em sua versão informal com uma saia de tartã, blusa, cardigã e um colar de pérolas. O ar de satisfação descontraída diz tudo.

Balmoral está tão isolado do mundo que, nos tempos pré-covid, a família podia se recolher à sua atmosfera anos 1950. Enquanto a rainha jogava paciência sozinha e um conviva examinava o enorme quebra-cabeças sempre exposto numa mesa, era fácil imaginar que acabávamos de entrar naquela peça histórica de 1969, o documentário *Royal Family* da BBC. Há uma razão pela qual a soberana pôde se sentir tão distanciada do estado de espírito do povo britânico durante a histeria de massa pela morte de Diana. A propriedade nas Highlands, cercada por morros de mata virgem, é um mundo em si mesmo. Comprado pelo príncipe Albert para a rainha Vitória em 1848, o castelo, com suas torrezinhas e pináculos, é um pedacinho da Baviera caído numa floresta escocesa. A rainha era vista algumas vezes empunhando uma rede para caçar borboletas e tentando pegar os morcegos à espreita nas partes de cima do castelo. À noite, ela observava as estrelas. Pela janela do quarto, podia enxergar as curvas e patas da Ursa Maior. Uma vez, ela insistiu que sua camareira, Angela Kelly, ficasse na frente do castelo logo antes da meia-noite, onde teria a melhor visão.[18]

A rainha sempre passava três meses por ano em Balmoral, desde o primeiro verão de sua vida, em 1926. Quando o Range Rover verde-escuro de Sua Majestade entrava na alameda de acesso, a equipe inteira da propriedade — incluindo dezessete jardineiros, cinco cozinheiros e quatro empregadas de limpeza — se alinhava em filas para saudá-la. Era o momento em que ela podia respirar em paz, sabendo que estava finalmente livre de compromissos régios enfadonhos e podia ser ela mesma.

A rainha era uma mulher do campo, com suas galochas gastas. Até os 85 anos, era considerada excelente "recolhedora" — seguia o grupo de caça para torcer o pescoço das aves atingidas ou para lhes dar um golpe na cabeça com um "padre", uma espécie de cassetete em miniatura com um peso na ponta. Às vezes ela despachava seus cães rastreadores com um repertório de apitos para localizar e trazer a presa atingida. Ela contou a Lucian Freud que, certa vez, foi derrubada por um faisão-comum ferido, que saiu voando de um arbusto quando ela atuava como "recolhedora" na propriedade de um amigo. Seu aspirante a oficial de segurança viu o sangue, pensou que a rainha tivesse sido atingida e se atirou sobre ela para reanimá-la com respiração boca a boca. "Penso que viemos a nos conhecer bastante bem", disse a Freud.[19]

Sua prima e amiga por toda a vida, a finada e honorável Margaret Rhodes, contava que a jovem Elizabeth adorava rastejar de bruços entre a vegetação baixa — "com o nariz na altura da sola das botas do caçador à espreita"[20] — até se aproximar o suficiente para fazer a mira. O animal era então estripado, amarrado na garupa de um cavalo, levado para a despensa do castelo para ser esfolado e então servido ao jantar na semana seguinte, depois que a carne ficara pendurada tempo suficiente para amaciar. (Sua Majestade matou seu último cervo em 1983.)

Um dos principais cortesãos da rainha se divertiu muito com uma cena crucial no filme *A rainha*, de Stephen Frears, indicado ao Oscar de 2006, em que a soberana, interpretada por Helen Mirren, aparece à beira das lágrimas, andando sozinha na charneca de Balmoral nos terríveis dias que se seguiram à morte de Diana. De repente surge um majestoso gamo numa colina diante dela, e sua expressão mostra alegria e admiração, uma epifania que surge para lhe dar força. O cortesão riu e me falou: "A rainha teria atirado nele".

Os cães eram umas das poucas criaturas por quem ela mostrava sentimentos. À morte de um dos corgis favoritos de Vossa Majestade, lady Pamela Hicks lhe enviou uma nota de solidariedade e recebeu em resposta uma carta de seis páginas. O fato era especialmente notável, visto que, quando o conde de Mountbatten, pai de Pamela, foi assassinado pelo IRA, nem ela, nem sua irmã Patricia receberam uma carta pessoal de condolências da rainha. "Um cachorro não é importante, e assim ela pode expressar os sentimentos realmente profundos que não consegue manifestar de outra maneira", sugeriu lady Pamela, mas é mais provável que o inverso seja verdadeiro.[21] Os cães e os cavalos eram seus verdadeiros pares afetivos. Não se interessavam por sua posição, amavam-na pelo que ela era e nunca a enfastiavam perguntando como realmente era Winston Churchill.

IV

A rainha raramente assistia televisão à tarde, a menos que fosse uma corrida de cavalos. Mas, em 11 de setembro de 2001, ela estava em sua sala de estar em Balmoral, hipnotizada pelas imagens vindas de Nova York. A última vez que vira algo que se aproximava da destruição do World Trade Center havia sido durante o bombardeio da Blitz e nas fotos que se seguiram ao ataque japonês a Pearl Harbor em 1941, evento que finalmente fez com que o presidente Roosevelt fosse em auxílio a Winston Churchill na guerra. O fim de quase 3 mil vidas — 67 delas de britânicos — iria também levar o Reino Unido a uma guerra estrangeira?

As cenas de pesadelo dos ataques terroristas coincidiram com um telefonema com notícias pessoais devastadoras para a rainha. O conde de Carnarvon, Porchey, com 77 anos, sofrera um ataque cardíaco fatal no Castelo de Highclere. Sua esposa, a herdeira Jeannie Wallop do Wyoming, disse que Carnarvon também estava assistindo à cobertura dos ataques. Ficou agitado e teve um colapso, morrendo na ambulância.

Mais uma vez, como ocorrera com a morte de Diana, a distância mágica de Balmoral era atravessada pela inelutável dor humana. Não haveria mais telefonemas exuberantes de Porchey em seu celular para distrair as tardes ocupadas pelos deveres. Milhares de perdas humanas no outro lado do Atlântico colidiam com sua perda íntima, mas seu dever público como soberana lhe concedia pouco tempo para o luto pessoal.

Os ataques terroristas nos Estados Unidos ofereciam uma oportunidade de mostrar uma monarquia mais sensível e atenciosa aos aliados da Grã-Bretanha. A morte de Diana havia ensinado algumas lições. Não tinha como se esconder da história em Balmoral. Sir Malcolm Ross, supervisor do Gabinete do Camareiro-Mor, já estava ao telefone com uma bela sugestão. Educado em Eton e Sandhurst, aposentando-se mais tarde com a patente de tenente-coronel, Ross estava por trás da maioria dos detalhes memoráveis do cortejo fúnebre de Diana. Podia parecer um sujeito excêntrico, mas era dotado de um tino organizacional, de um senso cerimonial e de uma meticulosidade realmente geniais.

A rainha deu sua imediata bênção à ideia de Ross para uma inovação na Troca de Guarda no Palácio de Buckingham. Em 12 de setembro, os Coldstream Guards, tropa de elite da infantaria britânica, marcharam pelo Mall ao som de uma seleta musical do compositor militar americano John Philip Sousa. O tributo aos mortos no pátio do palácio abriu com "The Star-Spangled Banner", executada para milhares de expatriados americanos em luto que haviam se reunido na frente do palácio. Encerraram com "God Save the Queen", que tem uma melodia parecida com "My Country, 'Tis of Thee" dos Estados Unidos, gerando uma ressonância particularmente intensa. A rainha veio de Balmoral para prestar suas condolências ao embaixador americano William Farish e assistir ao Ofício em Memória na Catedral de St. Paul, em que o príncipe Philip leu em tom comovente o versículo de Paulo na Epístola aos Romanos: "Se Deus é por nós, quem será contra nós?". O reconhecimento formal da tragédia americana foi emocional e diplomaticamente perfeito.

Seis dias depois, assisti a um ofício em memória ao Onze de Setembro na Igreja de St. Thomas, uma construção gótica bastante alta na Quinta Avenida em Nova York. Chovia forte, e me encolhi sob um guarda-chuva muito britânico com o historiador Simon Schama, enquanto atravessávamos correndo a avenida. Na igreja episcopal, setecentos britânicos exilados, muitos dos quais haviam perdido entes queridos nos ataques. A dor deles era palpável. A rainha não estava lá, mas o primeiro-ministro Tony Blair, parecendo de repente muito jovem e atarantado, leu uma passagem comovente do *The Bridge of San Luis Rey*, de Thornton Wilder, sobre a sobrevivência do amor. Entre a congregação em lágrimas, Bill Clinton, o prefeito Rudy Giuliani e o secretário-geral da ONU, Kofi Annan, estavam visivelmente emocionados. Schama comentou comigo o irônico consolo de ouvir em sequência "The Star-Spangled Banner" e "God Save the Queen". O hino americano, afinal, fora composto para celebrar uma orgulhosa separação, mas naquele dia a distância entre a Grã-Bretanha e os Estados Unidos parecia não muito maior que a distância entre o Brooklyn e Manhattan.

Em geral, a eloquência de Blair prevalecia, mas dessa vez foi a rainha quem expressou a reflexão mais memorável na frase final da mensagem que enviara da Inglaterra, "tão sábia e verdadeira que, de alguma forma, fez com que as pessoas se sentissem melhor", disse Bill Clinton mais tarde.[22] Foi lida do púlpito pelo melancólico embaixador Christopher Meyer:

> Estes são tempos sombrios e lancinantes para as famílias e os amigos daqueles que se foram ou sofreram no ataque — muitos de vocês hoje aqui presentes. Meus pensamentos e minhas orações estão com todos vocês agora e nos difíceis dias pela frente. Mas nada que se diga pode sequer começar a diminuir a angústia e o sofrimento desses momentos. A dor é o preço que pagamos pelo amor.[23]

Com essas palavras excepcionalmente expressivas, a rainha estava oferecendo consolo aos parentes das vítimas do terror, mas me inclino a acreditar que a última frase foi inspirada não só por uma perda pública, mas também por uma perda privada, a de Porchey, seu camarada e ombro amigo por sessenta anos.

A dor é o preço que pagamos pelo amor.

6. Os cantos do cisne

MARGARET E A RAINHA-MÃE DEIXAM A FESTA

Quando a abdicação de Edward VIII em 1936 significou que o pai de Margaret, então com seis anos, iria inesperadamente se tornar o rei, ela perguntou à irmã de dez anos se isso era sinal de que um dia ela se tornaria rainha. Lilibet respondeu: "Sim, algum dia".[1]

"Coitada", disse Margaret.

Quer houvesse compaixão ou inveja reprimida no comentário da caçula, os caminhos da vida futura das irmãs foram traçados desde cedo. A dinâmica da relação entre elas nunca chegou realmente a mudar. Era o romance *Razão e sensibilidade* encarnado na realeza — a geniosa e glamorosa Margaret Rose e a mais séria e convencional Elizabeth, protegendo e repreendendo a irmã teimosa. Um amigo de Margaret, oficial da Guarda, observou:

> A rainha sempre conseguia lidar com a irmã, e com habilidade muito maior do que lidava com os filhos. Se Margaret não queria fazer alguma coisa, a rainha dizia sorrindo: "Ah, tudo bem", como se dissesse "Não vai fazer diferença". Com isso, geralmente ela cedia.[2]

O ex-camarista major Colin Burgess lembra um episódio de Natal em Sandringham, quando uma vela descuidada na mesa pôs fogo no cabelo de Margaret. Elizabeth ficou olhando admirada e só comentou: "Margo está em chamas!".[3]

Mesmo quando a rainha foi se envolvendo cada vez mais em seus deveres de monarca — o que foi penoso para Margaret —, as irmãs continuaram a se falar diariamente pelo telefone. Margaret era a única pessoa do planeta que sempre conheceu Elizabeth como uma igual, trocando mexericos, reclamando da mãe, enxergando o mundo pelo mesmo prisma peculiar da realeza. Quando ia para o exterior, a menor sempre levava um pequeno retrato da rainha, em moldura de prata, para pôr na parede ou em cima do toucador. Jane Stevens, uma de suas damas de companhia mais permanentes, lembra que, nas viagens, sempre saíam em busca de algum presente para a irmã mais velha.

Elizabeth às vezes invejava o talento de Margaret em divertir os outros, dizendo: "Oh, é tão mais fácil quando Margaret está aqui — todos riem do que ela diz".[4] A irmã mais nova podia se dar a liberdades inevitavelmente vetadas à monarca. Como disse Margaret Rhodes, prima da rainha: "Em todos esses anos em que é rainha, ela nunca teve férias propriamente ditas no estrangeiro nem pôde dizer: 'Ah, que dia lindo, vamos fazer um piquenique em algum lugar'".[5]

Mesmo com a diferença de hierarquia, as duas viviam num mundo onde tudo ao redor era controlado pelo termostato da realeza. A vida de Margaret, embora ostensivamente mais aberta ao mundo do que a da rainha, também era, em certo sentido, mais rarefeita. Ao contrário da irmã, ela não tinha grande envolvimento com a política e os assuntos públicos. Uma posição especial sem estar ancorada em nenhum objetivo tangível significava que a coisa mais exótica para ela era a esfera mundana. Um dos sonhos de sua vida era andar de ônibus. Quando pediu a lady Anne Glenconner para ir às compras com ela, Margaret escolheu entusiasticamente a loja mais sem graça de High Street. Sentiu um prazer infantil em limpar o carro de Anne quando foi se hospedar com Roddy Llewellyn na casa dela em Norfolk. Em Mustique, o que a deixava mais feliz era catar e lavar conchas. Depois de nadar, gostava de desembaraçar o cabelo de Anne, "como uma irmã mais velha".[6]

Há passagens em *Lady in Waiting* [Dama de companhia], as memórias de Glenconner, em que os sonhos de Margaret de deixar a gaiola real transparecem com uma pungência lancinante. Em 1999, Margaret sofreu um acidente traumático em Mustique: no banho, abriu a torneira de água quente, em vez da de água fria, e escaldou gravemente os pés. Convalescendo na ilha, ela só se sentiria segura se Anne dormisse no mesmo quarto. No fim, Anne pôs a cama de solteiro ao lado da dela e ficaram vendo vídeos. "Ela estava empolgada e falou: 'Puxa, Anne, é assim no colégio interno'?" Sua vontade de saber como era o mundo real continuava insaciada.[7]

Um de seus maiores pesares era não ter tido uma educação de verdade. As duas princesas foram educadas em casa, por governantas, mas Elizabeth teve algumas aulas estimulantes de história e sobre a Constituição britânica com o então vice-reitor de Eton, sir Henry Marten, enquanto a Margaret restavam aulas de francês e de piano. A rainha nutria certo sentimento de culpa por ter sido o mero acaso da primogenitura o elemento que definiu o curso de suas vidas. George VI, antes que seu irmão mais velho abdicasse, sentia-se amargamente discriminado. Decidiu que Margaret não iria sofrer a mesma desconsideração só por causa da data de nascimento, e tratava-a como favorita. Dizia que Lilibet era seu orgulho, mas que Margaret, de quatro anos, era sua alegria. Quando Elizabeth, aos 21 anos, saiu de casa para se casar com Philip, o pai lhe escreveu saudoso: "Sua saída deixou um grande vazio em nossas vidas", acrescentando: "Nossa família, nós quatro, a 'família real' deve continuar junta, com acréscimos, claro, nos momentos adequados!".[8] Elizabeth estava tão ciente da insatisfação da irmã como perdedora que fazia de tudo para remediar esse sentimento. Robert Lacey conta que uma pessoa que trabalhava na cozinha de 145 Piccadilly, a residência londrina da família de 1927 a 1937, antes do Palácio de Buckingham, comentou que a princesa Elizabeth se esforçava em poupar Margaret das tarefas mais puxadas do trabalho doméstico, que então moldava o caráter das meninas, e tomava-as para si. Mais tarde, a rainha sentiu dolorosamente o papel que tivera de desempenhar na relutante decisão da irmã em rejeitar seu primeiro amor, Peter Townsend, e ficou profundamente triste quando o casamento de Margaret e Tony Snowdon naufragou.

Mesmo assim, Margaret se sentia humilhada que Snowdon, após o divórcio, mantivesse boas relações com a rainha e que a mãe dela simplesmente o adorasse. A princesa achava que a irmã e a mãe não ficaram muito ofendidas com as infidelidades de Tony simplesmente porque ele fora discreto, ao contrário dela, com suas escapadas com Roddy. Snowdon, como fotógrafo renomado e mais experiente com a imprensa, era uma figura fascinante para a mídia e conseguiu que Margaret fosse exposta como a parte culpada, muito embora ele tivesse sido sexualmente pouco confiável desde o primeiro dia. Durante a lua de mel dos dois, nasceu seu filho com a ex-namorada. O divórcio de Margaret, dezoito anos depois, se fez premente por causa da gravidez de sua amante, Lucy Lindsay-Hogg, que então se tornou sua segunda esposa. Apenas em anos recentes se revelou toda a extensão do comportamento abjeto de Snowdon.

Em 10 de fevereiro de 2002, a mídia foi inundada por crônicas da difícil história de Margaret. Ela morrera na manhã anterior, aos 71 anos, no Hospital King Edward VII em Londres, após problemas cardíacos decorrentes de um derrame. A seu lado estavam o filho, David Armstrong-Jones, visconde de Linley, de quarenta anos, e a filha, lady Sarah Chatto, de 37 anos, ambos nascidos do casamento com Snowdon.

Depois do incidente em que escaldou os pés em Mustique, seus problemas de saúde se exacerbaram ainda mais com o primeiro derrame (teve dois a partir de 1998) e ela nunca recuperou a mobilidade de todo. Estava penosamente ciente de que perdera a boa aparência e se negava a ver a maioria de suas antigas amizades, sobretudo os homens. Um visitante de verão em Balmoral em 2001, que tinha de passar pelo quarto dela quando descia para o jantar, me falou que a princesa era uma figura patética e isolada que raramente aparecia, como aquelas tias loucas reclusas no sótão.

Em seus últimos dias de vida, sua visão se deteriorou muito e Margaret perdeu praticamente todos os movimentos do lado esquerdo. A "festeira" de outrora ficara condenada a uma calma compulsória. Aos que lembravam dela em seus dias de glória — a figura delicada e curvilínea, os fartos lábios sensuais, os olhos de gato azuis cintilantes que ao mesmo tempo sugeriam "venha cá" e "não ouse me tocar" —, a desintegração de Margaret chocava. David Griffin, seu motorista ao longo de 26 anos, que foi aguardá-la na chegada do Concorde após o acidente, ficou estarrecido com sua aparência. As pernas escaldadas estavam enfaixadas do pé ao joelho, e ele teve de erguê-las cuidadosamente para sentar a princesa numa cadeira de rodas. Os súditos também ficaram baqueados na última vez em que apareceu em público, de óculos escuros e rosto inchado, conduzida em cadeira de rodas à festa de aniversário de cem anos da duquesa-viúva de Gloucestershire.

Os obituários foram, em sua maioria, tributos irreverentes ou piegas a uma vida frustrada. A imprensa sabia coisas demais sobre a única pessoa daquela geração da realeza a viver sua vida privada sob as vistas públicas. Com Snowdon, ela frequentara círculos de escritores e artistas, sempre os mais desleais quando se trata de vazar coisas bizarras para a imprensa. Os amigos tediosos dos círculos aristocráticos são a única escolha prudente para preservar a discrição real — ou, como diria a rainha-mãe, ficar como "ostra total"[9] —, mas, em justiça a Margaret, cujas paixões eram a música, o teatro e o balé, cabe reconhecer que ela nunca quis ser entediante. Seu espírito vivaz procurava companhia inteligente, mas, em reuniões privadas, não resistia a cobrar seus privilégios.

Em Mustique, num piquenique oferecido pelos Glenconner, com os quais fiz amizade durante os anos em que editei a *Tatler*, presenciei certa vez uma cena que ilustra tanto o impacto absurdo da realeza sobre todos quanto a importância que a princesa atribuía a si mesma. "Mas não tem mostarda!", ela exclamou de repente. "Como eu posso comer linguiça sem mostarda?!"[10] O grupo inteiro se ergueu de um salto, consternado. Em ocasiões informais, ela lançava na conversa algum comentário inesperado sobre sua proximidade com a rainha. Penny Mortimer, viúva do advogado e escritor sir John Mortimer, me contou que o marido se sentara ao lado de Margaret num jantar no Wadham College, oferecido pelo diretor, sir Claus Moser, pouco antes do aniversário de sessenta anos dela, em 1990:

MARGARET: O que pensa sobre os selos postais hoje em dia?
MORTIMER: Bem, senhora, na verdade não penso muito sobre eles.
MARGARET: Eu penso que são horrorosos. Edifícios, aves, coisas. Quero ver imagens de minha irmã![11]

II

A rainha estava sozinha no Castelo de Windsor quando soube da morte de Margaret. Às voltas com assuntos de Estado, fazia um mês que ela não via a irmã doente — como ela com frequência invocava exigências do trabalho para evitar interações complicadas, talvez não se sentisse capaz de testemunhar a triste decadência da caçula, com quem compartilhara tanta coisa.

Por trás do estoicismo da rainha, a morte de Margaret, justo quando Sua Majestade deveria estar ingressando numa fase *allegro* de seu reinado, e passados apenas cinco meses desde que perdera seu melhor amigo, Porchey, foi um grande golpe para ela. Quaisquer que fossem as contrariedades com Margaret durante toda a vida, agora a rainha perdera a amada irmã e companheira mais íntima, que ajudava a preencher o vazio da solitária posição de monarca. Lilibet e a mãe de 101 anos eram agora as minguadas remanescentes de "nós quatro" e, evidentemente, não por muito tempo. A rainha-mãe sofrera havia pouco tempo uma série de quedas, e todos pensavam que ela partiria antes.

O príncipe Charles seguiu direto para Norfolk, para reconfortar a avó em Sandringham, onde ela havia ficado desde o Natal, padecendo de uma bronquite aguda. "É um dia extremamente triste para toda a minha família", ele disse num discurso televisionado.[12] "Ela amava a vida e a viveu de modo pleno... Todos nós sentiremos terrivelmente sua falta." Ele tinha profunda afeição pela tia "Margo", como a chamava, a despeito de ela ter tomado o partido de Diana por ocasião dos problemas conjugais do casal. Exuberante e imprevisível, Margaret tinha sido a Diana de sua época e sabia o que era ser alvo das alfinetadas da mídia. Disse a Charles que manteria a amizade com Diana após a separação dos dois, decisão logo abandonada depois da entrevista de Diana a Martin Bashir, que Margaret considerou uma repugnante deslealdade para com a rainha.

A rainha-mãe disse a Charles que a morte de Margo tinha "sido provavelmente uma misericordiosa libertação" e, depois de rezarem juntos na capela, ela continuou em Sandringham para chorar sozinha a perda da filha.[13] O relacionamento entre elas tinha sido complicado. Margaret e a mãe haviam duelado e discutido a vida toda — um "relacionamento levemente tenso", nas palavras de lady Anne Glenconner.[14] "Uma fazia coisas como abrir todas as janelas, e a outra ia atrás fechando. Ou uma sugeria uma ideia, e a outra a descartava imediatamente. Talvez fossem parecidas demais", ela comentou. As duas adoravam os holofotes e disputavam as atenções; gostavam de flertar, embora a rainha-mãe fosse mais coquete (como se fazia em sua época) e a princesa Margaret mais atirada. As duas se superavam nas imitações. Glenconner lembra que, num fim de semana de verão em Glen — a residência campestre escocesa dos Glenconner —, a princesa Margaret se vestiu de Mae West e cantou "Come Up and See Me Sometime".

Ambas, Margaret e a mãe, se sentiram abandonadas quando Elizabeth subiu ao trono aos 25 anos. Presas uma à outra, passaram seus anos mais difíceis juntas após a coroação da rainha, quando tiveram de se mudar do Palácio de

Buckingham para a Clarence House, muito menor. A rainha sabia como elas se sentiam: "Mamãe e Margaret carregam a dor maior, pois o futuro delas deve parecer muito vazio, ao passo que eu tenho um trabalho e uma família em que pensar".[15] Glenconner relembrou uma filmagem privada, encomendada pela rainha, que capturou o olhar perdido e distante de Margaret, com 22 anos, em meio a risos e manifestações de júbilo nos bastidores após a coroação (Anne foi uma das damas de honra). "Claro que eu parecia triste", Margaret diria a Anne mais tarde. "Eu tinha acabado de perder meu querido pai e, na verdade, acabava de perder minha irmã, pois ela ia ficar muito atarefada."[16]

Quanto mais Elizabeth imergia nas funções de rainha, mais excluída Margaret se sentia e menos coisas tinha para fazer. Passou a frequentar festas, dormir até tarde para preencher os dias lânguidos, ofendendo a ética de trabalho da mãe. A rainha-mãe nunca deixava que Margaret se recolhesse enquanto determinado compromisso não fosse concluído, mesmo que ela não estivesse passando bem. No auge do drama com Peter Townsend, a tensão entre elas ficou tão grande que Margaret arremessou um livro na cabeça da mãe.

A rainha, por seu lado, em geral considerava os surtos depressivos e os excessos alcoólicos dos primeiros anos de Margaret como gritos pedindo atenção. Uma vez, quando uma pessoa do círculo íntimo de Margaret ligou para a primogênita e disse que sua irmã estava ameaçando se jogar pela janela do quarto, ela respondeu: "Continuem com a festa. O quarto dela fica no térreo".[17]

A rainha, que raramente adoecia, considerava a estamina um atributo não só físico, mas também moral. Um hóspede de Balmoral me falou que tanto a rainha quanto o príncipe Philip ficaram visivelmente irritados com o que lhes parecia um descuido de Margaret no acidente em Mustique. Mais tarde, quando Margaret ficou seriamente deprimida devido aos derrames, sugeriram à rainha a ajuda de um terapeuta. "Talvez possamos pensar nisso quando ela estiver melhor", foi sua resposta.

A rainha via a cadeira de rodas da irmã quase como uma indulgência teatral consigo mesma. Nas visitas de mãe e filha ao palácio, quando as duas saíam do elevador, Margaret ia direto para a cadeira de rodas destinada à mãe, com um lacaio a postos. "Pelo amor de Deus, Margaret — saia daí! É para mamãe!", a rainha observava.[18] A dinâmica passivo-agressiva entre elas sugeria que ambas se negavam a aceitar a real condição de saúde de Margaret. Quando a rainha foi tomar chá com a irmã, Margaret não quis desligar a radionovela

The Archers. A rainha recorreu à intervenção de Anne Glenconner. "Toda vez que tento dizer alguma coisa, ela só fala 'Psiu'", disse.[19] Anne levou Margaret ao quarto e lhe disse com firmeza: "Senhora, a rainha está aqui, e não pode ficar muito tempo. Quer que eu ajude a servir o chá?", e então desligou o rádio.

O staff de Margaret ficou sinceramente pesaroso com sua morte. Era uma boa patroa e os servidores estavam com ela fazia décadas. Nas viagens oficiais, ela sempre providenciava que a cabeleireira e a criada de quarto se hospedassem em aposentos agradáveis e se distraíssem em excursões turísticas nas horas de folga. O motorista David Griffin disse que a patroa era leal desde que se observassem as regras tradicionais de devida deferência. (Certa vez a princesa Diana foi repreendida por tê-lo chamado de "David" em vez de "Griffin".)[20] Ele me contou:

> A princesa Margaret era bondosa com todos... Tratava-os bem e não era mesquinha... Sempre nos dava um presente de Natal, mas, estranhamente, nunca vinha embrulhado. Se, por exemplo, a pessoa queria um ferro, ela a chamava para seus aposentos e lhe dava o ferro numa caixa sem embrulho. Era apenas "Muito obrigada. Tenha um Feliz Natal".[21]

Às vezes, sua vontade de oferecer um objeto útil pegava mal. Ela chegou a dar uma escova de privada para uma dama de companhia, pois notou, quando esteve em sua casa, que ela "não tinha uma dessas".[22] Tomara que tenha sido embrulhada.

O surpreendente, talvez, para uma pessoa tão envolvida consigo mesma é que ela teve um êxito incontestável como mãe, afetuosa e divertida com os filhos. Sarah Chatto e David Linley (agora conde de Snowdon, que herdou os traços do pai, mas não sua inconstância) tinham devoção por ela. Num momento de penosa autorrecriminação, a princesa disse à rainha: "Posso não ter realizado muita coisa — mas pelo menos sinto que minha vida não foi em vão, pois criei dois filhos felizes e equilibrados".[23]

O comentário tinha a costumeira pitada de humor de Margaret, mas era verdadeiro. Apesar da turbulência do casamento da mãe, Sarah e David sofriam muito menos pelos dramas emocionais dos pais do que os filhos do príncipe Philip e da rainha: Sarah veio a ser uma pintora respeitada, com um bom casamento com Daniel Chatto, um ator que depois começou a pintar; David se tornou um designer de sucesso e criador de móveis sofisticados, em um matrimônio sólido com a filha de um rico par do reino. (Separaram-se discretamente em 2020, depois de 26 anos de casamento.) No programa *Desert Island Discs*, da Radio 4 da BBC, David escolheu o "Concerto para piano nº 24 em dó menor", de Mozart, em lembrança à mãe. Disse que ela lhe havia inspirado o amor à arte, levando-o com Sarah à National Gallery para apreciar apenas um quadro por vez, aguçando assim sua curiosidade em ver mais. David foi tão infeliz no colégio quanto Charles em Gordonstoun, mas, ao contrário da rainha e do príncipe Philip, Margaret não hesitou um instante em transferi-lo para outra instituição, onde ele foi mais feliz.

Na fase final da doença materna, David se mudou para Kensington, com a esposa e o filho, para ficar perto dela. Dois dias antes de morrer, Margaret apareceu na festa de três anos do segundo filho de Sarah, com um balão de hélio amarrado na cadeira de rodas.

Seu último retrato, que seria incluído num livro do Jubileu de Ouro, foi divulgado na véspera do funeral. A princesa fora fotografada por Julian Calder, à luz de vela para não ferir seus olhos. De início ela hesitou em posar, mas depois mudou de ideia, talvez sabendo que lhe restava pouquíssimo tempo de vida. Com uma expressão estoica e uma blusa preta de brocado, a princesa escolheu usar a insígnia da Ordem Imperial da Coroa da Índia, com pérolas, diamantes e turquesas, sobre uma fita azul. Fora um presente do pai, George VI, então imperador da Índia, alguns meses antes que o país se tornasse independente do Império Britânico e, em consequência disso, a ordem se extinguisse. Sua escolha desse símbolo de uma era passada ressaltava a extraordinária trajetória de sua vida. Ela começou como a segunda filha do Império, mas morreu estigmatizada como o primeiro membro imediato da família real, desde Henrique VIII, a se divorciar. À sua maneira régia tantas vezes desencantada, Margaret encarnava a trajetória da Grã-Bretanha, de um confiante passado imperial a um presente mais modesto e mais popular. O *Guardian* ponderou: "A vida [de Margaret] colocou, acima de tudo, aquela pergunta essencial que Diana, à sua maneira, tentava responder: para quê, exatamente, serve uma princesa?".[24] Foi isso que ela tentou descobrir em sua busca turbulenta e interrompida.

O funeral — na Capela de St. George no Castelo de Windsor, em 15 de fevereiro de 2002 — foi discreto e circunspecto. Cinquenta anos antes, a rainha-

-mãe, com Margaret devastada a seu lado, assistia a nova soberana de 25 anos pegar um punhado de terra vermelha de uma vasilha de prata e espalhar melancolicamente sobre o caixão de George VI, antes de ele descer à cripta. Meio século depois, o caixão da caçula, envolto em seu Real Estandarte pessoal e enfeitado de flores, era transportado por oito militares do regimento do qual ela era a comandante honorária — os Reais Fuzileiros da Escócia. A princesa escolhera a música, e os enlutados entraram na capela ao som de "O lago dos cisnes" de Tchaikóvski.

Os 450 membros da congregação consistiam apenas de parentes, amigos e integrantes da equipe doméstica, inclusive David Griffin, profundamente entristecido. Tanto lorde Snowdon quanto Roddy Llewellyn estavam presentes. Apesar do fim doloroso da relação com Roddy, a princesa conservou um sólido vínculo com ele e acolheu em seu círculo sua nova esposa, Tatiana Soskin. Muitos dos amigos presentes pertenciam ao mundo do teatro, do cinema e da música, como *dame* Judi Dench, Felicity Kendal, *dame* Cleo Laine, Johnny Dankworth, Bryan Forbes e Nanette Newman. Dentre as mais de oitenta instituições que Margaret patrocinava, suas preferidas eram as entidades de teatro e balé.

Depois, a rainha segurou gentilmente o braço de lady Sarah, sua sobrinha, e a ajudou a descer os degraus da capela. Durante o ofício, Elizabeth mostrara pouca emoção, mas, quando puseram o caixão da irmã no carro fúnebre, seus olhos brilharam de lágrimas. "Foi a ocasião em que vi a rainha mais triste", disse Reinaldo Herrera, um dos amigos mais próximos de Margaret.[25]

Rompendo com a tradição familiar, a princesa pedira para ser cremada e ter as cinzas sepultadas ao lado do pai, na Capela Memorial do Rei George VI, na Capela de St. George. O carro fúnebre percorreu os treze quilômetros até um crematório municipal de tijolinho à vista em Slough, sendo a sexta cremação do dia. Os portões do crematório haviam sido pintados de branco. Não fosse isso, não haveria qualquer outra indicação de que aquele local fosse o destino do último percurso da filha de um rei. O tributo final que amigos e parentes ouviram, antes que o carro fúnebre partisse, foi um lamento gaélico tocado por dois gaitistas de foles. Foi escolhido pela filha da princesa, e se chamava "The Desperate Struggle of the Bird".

III

Era típico do senso de *dever* da rainha-mãe que o funeral da filha fosse a última obrigação que ela decidira cumprir. Ela dizia com frequência que esperava estar viva para o Jubileu de Ouro de Lilibet, mas maior do que essa vontade era o medo de perturbar a celebração com sua morte.

Quase imediatamente depois do funeral, a rainha e o príncipe Philip foram viajar por duas semanas pela Commonwealth, indo à Jamaica, Nova Zelândia e Austrália. A rainha-mãe, por sua vez, voltou à Royal Lodge, sua casa na área do Windsor Great Park, e deu prosseguimento à sua lista de compromissos, recebendo nos jardins a expedição dos estudantes de Eton para a caça à lebre e uma recepção para o Encontro da Grande Corrida Hípica Militar em Sandown Park. Ela ficou em êxtase com a vitória de seu cavalo First Love. Então, com serena eficiência, começou a dar telefonemas e distribuir pequenos presentes a amigos e serviçais — estava se despedindo. Montou uma fileira de ovos de Páscoa para os netos, bisnetos e servidores da casa. Foi coerente até o fim. Seu biógrafo Hugo Vickers crê que seu senso de dever era tão sintonizado com o calendário régio que ela decidiu partir no único dia do ano em que a família não tinha compromissos. Todos estavam em casa, em Windsor, comemorando a Páscoa, exceto o príncipe de Gales e os príncipes William e Harry, que esquiavam em Klosters.

No sábado de Páscoa, a rainha estava cavalgando no Windsor Great Park quando o médico a chamou para se postar à cabeceira da mãe. O cônego John Ovenden, capelão da rainha-mãe, fez uma oração e leu uma elegia escocesa enquanto a matriarca de 101 anos de idade deslizava para a inconsciência. Filha de um conde escocês, ela perdera um irmão na Primeira Guerra Mundial e se tornou um símbolo de resistência nacional na Segunda Guerra; foi a última imperatriz na história britânica. Numa mágica numerologia, morreu cinquenta dias depois de Margaret, e aos cinquenta anos de reinado da rainha.

Ao contrário da morte de Margaret, pesarosa, o passamento da rainha-mãe foi seu último presente para Lilibet. Liberou a fiel primogênita para encerrar os 75 anos como a proeminente *Regina* em seu ano de ouro, sem as amarras das lendas do passado.

O "nós quatro" agora se resumia a Uma, e fora para isso que Elizabeth II subira ao trono. Depois de um longo período de luto, seus conselheiros notaram um perceptível sinal de libertação. A influência materna, mesmo nos anos finais, sempre fora mais pesada e controladora do que as pessoas sabiam. Todos os dias a voz da rainha-mãe ressoava em seus ouvidos, semeando dúvidas sobre suas decisões. Foi inflexivelmente contrária a que se abrisse o Palácio de Buckingham ao público. Ficou estarrecida com a ideia de que a monarquia pagasse imposto de renda. Achava que a filha devia ter lutado para conservar o iate real, e que certamente não devia ter deixado que ministros e outros dignitários usassem o trem régio. E sentiu não poucas fisgadas de dor quando uma série de países coloniais declarou independência. Um sentimento expresso com frequência na Clarence House, inaceitável, era que "A África degringolou totalmente depois que saímos de lá".

A pressão frequente da rainha-mãe pelo conservadorismo institucional corria na contramão do impulso do príncipe Philip rumo à modernidade, e essa tensão "interna" servia apenas para intensificar a cautela da natureza já cautelosa da rainha. "Na devida hora" era o que a rainha inevitavelmente dizia quando seus conselheiros sugeriam a possibilidade de alguma alteração nos procedimentos tradicionais. Essa resposta era reforçada depois que ela falava com a mãe. "A imagem da rainha quanto a seu papel derivava do pai e era muito reforçada pela mãe", disse um cortesão aposentado. A rainha-mãe "parecia favorecer a monarquia como era no pré-guerra, e não aceitava a ideia de mudar as coisas".

Sua posição a princípio contrária ao casamento da filha com o príncipe Philip não se baseava apenas na falta de fortuna e no passado itinerante do pretendente, mas também porque ela o considerava "perigosamente progressista". A confiante autoridade do "huno", como ela o chamava, sobre a jovem rainha apaixonada rivalizava seriamente com sua influência sobre a filha. Esperta demais para entrar em guerra aberta, ela lançava mão de vias indiretas para derrotar o genro, às vezes por pura maldade.

Na condição de presidente da Comissão da Coroação, Philip dava preferência para o cobiçado encargo de tirar as fotos da coroação a seu amigo Sterling Henry Nahum, fotógrafo da corte e da sociedade cujo nome profissional era "Baron", em vez de escolher Cecil Beaton, favorito de longa data da rainha-mãe. Em maio de 1953, Beaton soube, de uma hora para outra, que seria ele o encarregado da missão. "Tive uma breve oportunidade de agradecer a rainha-mãe pelo que, tenho certeza, foi uma ajuda dela para conseguir essa 'jogada' para mim", ele comentou. "Ela riu com ar de entendimento e o dedo erguido." Philip se acostumou a esse tipo de sabotagem ligeira e sempre cuidou de tratar a sogra com impecável cortesia. Gyles Brandreth, porém, ao entrevistá-lo por ocasião do centésimo aniversário da rainha-mãe, tentou incentivá-lo a dizer algo efusivo sobre a sogra. "Afora enfatizar que ele, pessoalmente, não tinha a menor vontade de viver tanto tempo", diz Brandreth, Philip, então com 79 anos, "não se pronunciou".

Nos primeiros tempos do reinado da filha, era notória no Palácio de Buckingham a dificuldade da rainha-mãe em aceitar o papel de figurante. Ao lado de Martin Charteris, seu secretário-assistente particular na Clarence House, a rainha — meras três semanas depois de subir ao trono —, ao ver o carro da mãe parar à frente da casa, murmurou: "Aí vem problema".

Quase de imediato, instalou-se um embate de vontades entre elas, devido à relutância da rainha-mãe em deixar o Palácio de Buckingham. Ela queria e exigia montar sua corte pessoal em Marlborough House, a imponente mansão real em St. James. Infelizmente, já estava ocupada por outra figura da realeza, a rainha Mary, de 85 anos, viúva do rei George v, com oitenta servidores, a quem sua neta, a rainha recém-entronada, não tinha nenhuma intenção de expulsar de lá. A sugestão de partilharem a Marlborough House daria a impressão, disse Graham Turner do *Telegraph*, de que a casa era "um depósito de rainhas aposentadas". Além disso, a mansão precisava tanto de reparos que uma ampla reforma, como propunha a rainha-mãe, seria vista pelos contribuintes britânicos como uma despesa inaceitavelmente dispendiosa.

Assim, resmungando, ela aceitou o que descreveu como "uma casinha horrenda": a esplêndida Clarence House oitocentista, de quatro andares, que fica ao lado do Palácio de St. James. A princesa Elizabeth e o príncipe Philip haviam morado lá com muito gosto antes da coroação, e na verdade sentiram pena em deixá-la depois de gastar tanto tempo e energia em reformas. O príncipe de Gales e a duquesa da Cornualha moraram lá em grande estilo até a morte da rainha Elizabeth. Após o falecimento da rainha Mary, Elizabeth foi hábil em afastar definitivamente Marlborough House do alcance da mãe, doando-a ao Secretariado da Commonwealth em 1959, que fez dela sua sede. A rainha-mãe retaliou gastando uma fortuna em outra reforma na Clarence House. Os clamorosos protestos do Parlamento a respeito dos custos geraram respostas cáusticas como: "Será que vocês queriam que eu me retirasse decorosamente para Kew e dirigisse um clube de mães?".

Elizabeth foi sensível à infelicidade da mãe e entendia como ela se sentia humilhada ao ver a antiga equipe do rei se afastar e passar para o novo regime, deixando-a com uma sensação de isolamento e insignificância — ela que, durante uma década e em todos os anos sombrios da guerra, fora o pivô do poder soberano. Seu casamento com Bertie era uma parceria simbiótica em que ela exercia uma influência incalculável, muitas vezes juntando-se ao rei e a Winston Churchill para almoços semanais no palácio, durante a guerra, quando o primeiro-ministro chegava com informes.

De natureza conciliatória, a rainha não objetou quando a mãe, depois de afastada, pediu para receber os telegramas do Departamento de Relações Exteriores, dando a entender que detinha mais poder do que qualquer outra rainha consorte anterior. E não disse nada quando ela continuou a assinar "Elizabeth R.", como se o rei ainda estivesse vivo. Elizabeth era tão avessa a confrontos que sempre achava que devia apaziguá-la. Um cortesão lembra que ela dizia, preocupada: "O que importa é mamãe. Não devemos fazer nada que a deixe chateada". Charteris contou a Gyles Brandreth que "havia certo constrangimento na precedência, pois a rainha não queria ir na frente da mãe", que estava "acostumada a ir primeiro". A rainha tinha clara consciência de que a mãe enviuvara com apenas 51 anos e que, a despeito dos problemas de saúde do rei, imaginava que seria o poder por trás do trono por pelo menos mais uma década.

Bertie cortejara a esbelta e sorridente lady Elizabeth Bowes-Lyon — então cercada de muitos pretendentes — durante dois anos e meio, e pedira sua mão três vezes, até que ela finalmente aceitou. Para ele, a vida familiar afetuosa, leve e frívola de lady Elizabeth na antiga sede do Castelo de Glamis na Escócia (de fama macbethiana) compunha um contraste encantador com as rígidas restrições de sua criação como filho da família real. "Tudo em Glamis era lindo, perfeito", relembrou um dos pretendentes rejeitados. "Estar lá era como viver numa pintura de Van Dyck. O tempo e o mundo das festas e fofocas se cristalizavam. Nada acontecia..., mas a magia se apoderava de todos nós."

Na época, lady Elizabeth estava apaixonada pelo belo camarista de Bertie, o honorável James Stuart, e havia tempo alimentava pretensões matrimoniais mais ambiciosas do que o "reserva" do trono, de uma timidez que dava pena. Estava de olho no irmão mais velho, o futuro rei Edward VIII, cujo gosto por mulheres, porém, se concentrava em jovens sofisticadas como a provocante Freda Dudley Ward e, mais tarde e mais fatidicamente, a sedutora mundana

Wallis Simpson. Edward parece ter sido a única pessoa nas Ilhas Britânicas impermeável ao charme de Elizabeth Bowes-Lyon. A rejeição certamente endureceu o inflexível gelo que ela iria reservar ao duque e à duquesa de Windsor no exílio.

Ao aceitar Bertie, lady Elizabeth tomou a melhor decisão de sua vida. Embora, da parte dela, nunca tenha sido um casamento por paixão, a devoção dele era incondicional. Ela pôde moldar um monarca acidental. "Ele precisava se casar com uma mulher forte e confiante", disse a atriz Evelyn Laye, amiga íntima de Bertie. "Foi uma bênção para ele e para o país que tenha encontrado a moça certa... Ela o transformou num grande rei, de uma maneira que mais ninguém conseguiria fazer. Isso foi possível graças à sua força e determinação."

Nos quinze anos do reinado de George VI, a consorte foi o gene de alegria da Casa Windsor, revigorando sua imagem frágil após a desalentadora renúncia de Edward VIII e trazendo ânimo e esperança ao povo britânico durante a Blitz. Hitler teria dito que ela era "a mulher mais perigosa na Europa", por ter levantado o moral da população se negando a sair de Londres por ocasião dos bombardeios nazistas, mesmo quando o Palácio de Buckingham foi atingido em 1940.

Após a morte do rei, essa mulher eternamente otimista escreveu à poeta Edith Sitwell que se sentia "engolfada por grandes nuvens negras de infelicidade e desgraça". Ela cedeu o palco a uma filha amada, sim, mas sabendo que seria uma jovem rainha reticente, que nunca teria um carisma natural que sequer se aproximasse do dela. A filha também sabia disso. A condessa Patricia Mountbatten, querida amiga sua desde menina, lembra o comentário da rainha antes de sair em viagem pela Commonwealth: "Se ao menos fosse mamãe nesse papel... Ela atua tão bem. Não sou espontânea como ela".

Foi Winston Churchill o responsável por tirar a viúva desolada do estado emocional que ameaçava converter seu luto numa cansativa reprise do que havia experimentado a rainha Vitória. Em sua primeira visita como ministro a Balmoral, ele resolveu aparecer sem avisar em Birkhall, um chalé rústico na propriedade, para o qual a rainha-mãe se transferira, agora que o castelo pertencia à filha (outro golpe em seu status). Churchill foi esperto em ter a rainha-mãe, mais antiquada, como aliada por trás do trono, agindo como amortecedor contra a influência excessiva de Philip, mais modernizador.

Seja lá o que Churchill tenha lhe dito, funcionou. Desvanecida, ela comentou com lorde Salisbury, seu amigo, a "grande delicadeza de sentimentos" do velho leão. Sua dama de companhia Jean Rankin falou que "ele deve ter dito palavras que a fizeram compreender como era importante prosseguir, como as pessoas queriam que ela fizesse coisas como fazia antes". E, não menos importante, ele claramente causou aquele agradável frêmito com as fofocas do poder de que ela sentia falta. "Percebi de repente o quanto estou afastada das informações 'internas'", ela confidenciou a lorde Salisbury.

Não demorou nada e ela se reinventou como a avó da nação — emplumada, cintilante, sempre sorridente —, entregando prêmios, batizando navios, inspecionando regimentos, inaugurando monumentos, espalhando patronatos culturais cobiçados e aprimorando a arte de ser universalmente adorada.

O problema era que a viuvez da rainha-mãe significava que uma atriz por natureza perdia não só a plataforma pública, mas também a autonomia sobre a própria vida. Agora a filha de 25 anos controlava onde ela morava, o que gastava, que papel — se é que teria algum — permitiriam que ela interpretasse no palco nacional. Seu estipêndio de 643 mil libras anuais, pela Lista Civil aprovada pelo governo, era apenas uma fração do que lhe parecia necessário. Ela promovia corridas de cavalo com reuniões fartamente regadas a álcool para os participantes na Royal Lodge, na propriedade de Windsor; eventos de pesca em Birkhall e jantares de gala ao longo de todo o ano, que exigiam joias suntuosas. A Clarence House era uma luxuosa cápsula do tempo, empregando uma equipe de sessenta servidores, três lacaios servindo chás completos dignos de um navio de cruzeiro, e mais três ou quatro garçons no almoço. Em seu quarto, as vestes angelicais dos dois querubins no alto da cama de dossel eram lavadas e engomadas mensalmente. Sua frota de cinco ou seis carros com placas especiais ficava estacionada no Palácio de Buckingham.

As despesas do estábulo dos cavalos de corrida eram, por si sós, de chorar. Certa vez, ela quase perdeu o início da esplêndida cerimônia anual da Ordem da Jarreteira, no Castelo de Windsor, por causa de uma corrida especialmente emocionante. O *Daily Mail* noticiou que a encontraram numa sala privada, adornada com a insígnia da ordem e encarapitada num guarda-fogo assistindo à corrida na televisão. "Ela gritava para a tela: 'Vai, vai, vai logo, anda!'", para seu cavalo que estava empacado na baia de largada.

Seu vestuário era outro tremendo rombo no orçamento anual. Desde que Norman Hartnell concebera seu guarda-roupa inteiramente branco para sua primeira visita de Estado em 1938 a Paris, ele e seus sucessores produziram um fluxo constante de criações Fragonard ondulantes e esvoaçantes. Vestidos rodados de chiffon para o chá, crinolinas cintilando com contas de cristal e bordados de strass, vestidos de baile, capas de veludo, vestidos para ocasiões ao ar livre — todos com sapatos (ela preferia os com saltos de 5 cm) e bolsas combinando — enchiam vestiários e mais vestiários na Clarence House. Nenhuma austera lapela de casaco ficava sem o adorno de "um pequeno 'Mmmm'", como dizia ela, alguma peça chamativa de sua imensa coleção de joias. Seus chapéus, submersos em plumas de avestruz rosa-pêssego, lilás e verde-claro, chegavam aos montes em elegantes caixas listradas de branco e preto. A então rainha tinha especial apreço por um chapéu de plumas com sininhos laterais, que tilintavam na brisa.

Elizabeth teve de engordar a renda da mãe usando seus fundos pessoais e garantir uma linha de crédito para saques a descoberto que chegavam a 4 milhões de libras por ano. De fato, uma vez ela "sugeriu afetuosamente que a mãe não comprasse tantos novos puros-sangues num determinado ano", comentou um amigo da rainha-mãe, suspirando, "mas, mesmo assim, no devido momento chegou uma conta gigantesca. A única coisa que a rainha achou possível fazer foi lhe enviar um bilhete, dizendo simplesmente 'Ó céus, mamãe!'". O príncipe Charles, quando as dimensões da conta estourada da avó finalmente chegaram à imprensa, comentou que, "se o rombo noticiado fosse apenas um décimo da cifra real, a mídia estaria pelo menos apontando na direção certa". ("Realmente", disse a rainha certa vez, "levando em conta minha mãe e suas corridas de cavalo, e minha sogra, com seus conventos de freira…".) Todos os anos ela gastava oito vezes mais do que seu estipêndio anual de 643 mil libras, o qual era menos da metade dos salários dos servidores na Clarence House.

No verão de 1952, quando estava hospedada com amigos no norte da Escócia, ela resolveu num rompante caprichoso comprar um antigo castelo condenado em Caithness. Dominando um promontório ventoso da costa escocesa, a edificação tem vista para Orkney. Ela lhe devolveu o nome original, Castelo de Mey, e gastou outra pequena fortuna para restaurá-lo. (Para surpresa de todos que achavam que a aquisição havia sido uma excentricidade maluca da viuvez, o castelo foi, para ela, um dos refúgios de verão mais felizes durante quase cinco décadas.) O impermeável azul e as galochas de borracha ainda estão à sua espera no saguão de entrada.

Perto do fim da vida, pediram-lhe que ela recebesse captadores de recursos na Clarence House. Os convidados esperavam na sala de visitas, enquanto ela estava no salão contíguo, emborcando rapidamente um martíni. Então as portas se abriram e ela despachou um bando de corgis malcheirosos que criaram um alvoroço anunciando a presença de sua humilde pessoinha. Cumprimentou-os então com uma intimidade risonha: "Oh, sr. Branson, como vão seus aviões?".

Embora o irritante *amour propre* da mãe pudesse ser um suplício, a rainha se sentia profundamente ligada a ela e grata por sua ética do trabalho. Ambas tinham o mesmo humor sardônico, o mesmo amor por cães e cavalos, a mesma tremenda energia física. (Uma das regras de vida de sua mãe era nunca admitir cansaço, frio ou calor.)

Elas se falavam todas as manhãs, depois do desjejum, trocando dicas de corridas e novidades dos puros-sangues. Quanto aos cavalos de corrida, a rainha-mãe teve 462 campeões, todos competindo com suas cores pessoais, o azul e o dourado. Como a rainha, ela adorava toda a gama de atividades campestres, inclusive a pesca com mosca. Até os oitenta anos, podia ser vista em Birkhall de galochas, vara na mão, pescando na água gelada do rio Dee. A biógrafa Anne Morrow conta que certa vez, quando "às oito da noite não havia qualquer sinal da rainha-mãe, saíram equipes de busca que a encontraram voltando para casa, arrastando no escuro um salmão de dez quilos". (Mais tarde, num jantar em 1982, depois de uma espinha de salmão ter se alojado em sua garganta, ela brincou: "É a vingança do salmão".)

Geralmente conseguia melhorar o ânimo da rainha fazendo-a rir. Uma vez, quando estudantes que protestavam lhe atiraram rolos de papel higiênico, a rainha-mãe os pegou e estendeu de volta, dizendo: "É de vocês?". Conseguia zoar a rainha como ninguém. Quando a filha voltava cansada de um compromisso, a mãe perguntava em seu modo arrastado e engraçado de falar: "Andou reinando hoje, Lilibet?". Às vezes a rainha surpreendia a mãe com um gesto de generosidade, instalando de surpresa, por exemplo, uma cadeira elevadora para ela em Birkhall. "Agora Sua Majestade tem uma forma de assistência mecanizada para subir '*les escaliers*' sem encostar os pés no chão", escreveu o príncipe Charles em seu estilo bizarro à avó, nunca deixando de utilizar o título de realeza dela, mesmo num bilhete pessoal.

Era na atmosfera social de seus respectivos lares que mãe e filha primogênita mais se diferenciavam. Era muito mais divertido trabalhar na Clarence

House do que no Palácio de Buckingham, repleto de ajudantes gerais maçantes. Quando a rainha-mãe saiu do palácio e foi para sua nova casa, alguns dos servidores mais animados quiseram ir com ela. A rainha-mãe podia ser um símbolo da firmeza de caráter própria do tempo de guerra, mas o que definia sua boa disposição era o espírito dos anos 1920.

Com a viuvez, longe das vistas públicas, ela podia voltar a viver em sua Era do Jazz particular. Liberada dos banquetes enfadonhos de um consorte real, ela se tornou uma anfitriã inspirada e muitas vezes hilária dos amantes das artes, dos aficionados por corridas e da opulenta aristocracia de outrora. (Um dos convidados frequentes era o curador dos quadros do rei e, depois, da rainha, Anthony Blunt, que, como veio a se descobrir numa incômoda revelação, era um espião soviético do infame grupo de espionagem de Cambridge, do qual também faziam parte Guy Burgess, Harold "Kim" Philby, Donald Maclean e John Cairncross.)

Ela era famosa por suas brincadeiras irreverentes no momento dos brindes, quando erguia bem alto a taça ou a descia para debaixo da mesa conforme seu apreço pela pessoa que estava sendo homenageada, gesto que despertava gargalhadas e vinha acompanhado por tonéis de bebida. Como a rainha, que sabia arremedar com trejeitos rápidos e maliciosos qualquer pessoa que tivesse acabado de conhecer, a rainha-mãe era uma excelente mímica.

Por décadas suas festas foram coreografadas por seu organizador impagavelmente afetado, William Tallon — meu colega de banco no ofício memorial de lorde Lichfield —, que reinava como mestre de cerimônias de fraque e gravata-borboleta branca. Billie ingressou na Casa Real aos quinze anos, servindo até a morte da rainha-mãe. Seu companheiro, Reginald Wilcock, acompanhava os visitantes. Ambos, que serviam como "pajens", moravam de cortesia numa casa junto ao portão, conhecida por ser o grande ponto de encontro da subcultura gay da criadagem do palácio. A tirania de Billie nos bastidores era incontestável, pois ele era o braço direito indispensável da rainha-mãe.

Como registra a envolvente biografia de Tom Quinn, o dia de Billie começava às seis da manhã, quando ele descia às cozinhas para inspecionar a bandeja do desjejum da rainha-mãe com "um olhar muito sério", e então "saía empertigado como uma garça elegante, embora um tanto sorumbático". Tallon punha os discos de Gershwin na vitrola, ia passear com os corgis, cuidava dos convidados, antes do almoço servia à rainha-mãe seu drinque favorito de gim e Dubonnet. Mesmo que um convidado pedisse uma bebida não alcoólica, ele lhe servia vinho para garantir a animação.

Em Birkhall, ele chamava as pessoas para o almoço tocando um sino e balançando um incensório como um padre católico. Era o parceiro de dança da rainha-mãe no Ghillies Ball [Baile das Sapatilhas] em Balmoral, baile anual para o corpo de servidores da casa, e às vezes, cinco minutos antes de os convidados para o almoço chegarem à Clarence House, os dois rodopiavam pela sala de estar privada dançando uma valsa. Ele contava que ela, mesmo octogenária, conseguia levantá-lo com seus rodopios. Ela dizia: "Somos mesmo uma dupla de velhotas animadas, hein, William?".

Um dos amigos ilustres da rainha-mãe me contou que certa vez, depois de assistir a um balé, ela foi jantar no Wilton, restaurante de peixes e frutos do mar. Tallon a ajudou a sair do carro — ela estava com 82 anos. Ela entrou no restaurante, sustentada por ele e por outro ajudante, um de cada lado, para que seus pezinhos mal precisassem encostar no chão. Com um assobio e um gesto discreto, ele disse ao garçom que não servisse a ela as patas de caranguejo que todos os outros do grupo haviam recebido, pois ela acabava de se recuperar do incidente da espinha de salmão presa em sua garganta. Mas ela olhou em torno e disse: "Ora, todos têm patas de caranguejo. E eu, por que não?", e comeu três.

Conforme voavam as décadas e a rainha se tornava uma monarca experiente e consumada, a rainha-mãe se intrometia menos na vida da filha e saboreava mais seu papel de agradar às multidões. Era uma das poucas pessoas da família que não foi maculada por escândalos e divórcios, preservando sua mística majestática mesmo durante os massacres mais impiedosos dos tabloides nos anos 1990. Sua longevidade sempre bem-disposta se tornou motivo de admiração nacional. Lady Elizabeth Longford conta que, depois do batizado do príncipe William, que por acaso coincidiu com seu aniversário de 82 anos, a rainha-mãe subiu penosamente num vaso de flores virado de ponta-cabeça, para que as multidões pudessem vê-la acenando:

> Mais tarde mostraram-na na televisão cumprimentando os açougueiros de avental branco em Smithfield — uma figurinha em perpétuo movimento, rindo, gesticulando, virando-se de um lado para outro, decidida a incluir todos eles em seu círculo mágico particular.

Agora esse perpétuo movimento havia cessado para sempre. E o Palácio de Buckingham se perguntava até que ponto o público britânico iria pranteá-la. Uma morte aos 101 anos não desperta o mesmo tipo de emoção que suscita uma morte aos 36 anos, a idade da princesa Diana quando destroçou os corações do mundo. Pairava no ar o temor de que a celebração nacional de um antigo ícone da realeza — tão pouco tempo depois da morte da princesa Margaret e apenas três meses antes do clímax do Jubileu de Ouro em junho — pudesse ser uma ocasião sem graça, atraindo um público inexpressivo.

Os conselheiros do palácio se perguntavam se as celebrações iminentes não deveriam ser adiadas. Sabendo como a mãe se sentiria a esse respeito, a rainha foi inflexível: tudo devia prosseguir conforme o planejado. Prevenida, a assessoria de imprensa palaciana teve o cuidado de redigir eventuais declarações, para eventualmente animar o público.

Como se temia, a imprensa não foi propriamente deferente. Houve um grande clamor dos monarquistas porque o âncora da BBC Peter Sissons anunciou a morte da rainha-mãe usando uma gravata vinho heterodoxa (e, disseram, desrespeitosa), em vez da gravata preta tradicional, de luto; e num programa especial da Rádio BBC, em vez de evocar os dias épicos da vida da antiga rainha, James Cox perguntou a lady Pamela Hicks se a rainha-mãe havia "perdido sua utilidade". Alguns republicanos, cuja estridência compensava sua parca representatividade, disseram que a convocação do Parlamento pelo governo em reconhecimento à morte da rainha-mãe era "um espetáculo constrangedor".

Uma manchete do *Guardian* alardeava: "Despedida incerta revela uma nação dividida". O colunista Jonathan Freedland escreveu que, ao contrário da enorme afluência às exéquias da princesa Diana, era escassa a multidão na frente do Palácio de Buckingham e quase não havia filas para assinar os livros de condolências. Ele atribuiu a redução do período de luto oficial de treze para nove dias à preocupação de que o sentimento de pesar da nação não duraria tanto tempo assim. Piers Morgan anotou em seu diário:

Meu aniversário de 37 anos, e eu ansiando por uma esplêndida diversão noturna nas boates de Londres quando no meio da tarde recebo um telefonema dizendo que a rainha-mãe havia morrido. Bem que eu gostaria de dizer que minha primeira reação foi curvar a cabeça e render um tributo em silêncio à Sua Majestade por tudo o que ela fez por este país ao longo de sua vida admirável, antes de sair correndo para a sala de redação e começar a trabalhar no jornal de segunda-feira. Mas a única coisa que fui capaz de pensar era que ela tinha morrido num sábado.

Enquanto a equipe de Tony Blair discutia se o incluiriam nos procedimentos, sir Malcolm Ross estava como um peixe na água. Fazia dezessete anos que toda noite ele levava para casa sua pasta contendo a Operação Tay Bridge, o nome em código dos planos para o funeral da rainha-mãe. Ross tinha todos os detalhes planejados, até o último menino do coro. Sir Roy Strong, que compareceu ao ensaio do funeral na Abadia de Westminster, escreveu em seu diário que ficou assombrado com a coreografia absolutamente impecável. Ross chegou a ordenar que passassem um aspirador de pó nas pedras do calçamento na frente da igreja.

Antes que o cortejo saísse de Windsor, o cônego Ovenden conduziu a oração da família real no domingo, ao pé do caixão. O ataúde ficou em câmara-ardente durante quatro dias no Salão de Westminster, sobre um cadafalso, envolto em seu estandarte pessoal. Depois de velar o corpo junto com os outros três netos da rainha-mãe — o duque de York, o conde de Wessex e o visconde de Linley —, o príncipe de Gales voltou sozinho ao local, orando em silêncio por vinte minutos. Emocionado, em seu tributo ele disse que a avó servira ao Reino Unido com "brio, estilo e inflexível dignidade" durante quase oitenta anos:

> De certa forma, nunca pensei que isso aconteceria. Ela parecia gloriosamente irrefreável e desde criança eu a adorava... Oh, quanta falta sentirei da sua risada e da sua sabedoria maravilhosa, nascida de tanta experiência e de uma sensibilidade inata. Ela era pura e simplesmente a avó mais mágica que se poderia ter, e eu tinha absoluta devoção por ela.

Abracadabra! A avó mágica brandiu a varinha de condão pela última vez. Alguma vez ela deixou de enfeitiçar as multidões? Alguém de fato achou que ela iria decepcionar na última grande performance de sua vida? Desmentindo todas as previsões, 200 mil pessoas — um número assombroso — passaram solenemente pelo ataúde da rainha-mãe em câmara-ardente, antes de ir para o repouso final em Windsor, ao lado do corpo do marido e das cinzas da princesa Margaret. Mais de 1 milhão de pessoas estavam alinhadas nas calçadas para sua jornada final da abadia até Windsor, número comparável ao dos enlutados que estiveram nas ruas por George VI e Winston Churchill. A BBC (e outros veículos) teve de engolir em seco. O *Daily Mail* alardeou a falha do barômetro do *Guardian* em medir a comoção nacional, usando a manchete: "Jornal que entendeu tudo errado".

"Era uma imensa mistura de jovens e velhos", comentou Strong sobre a multidão quando foi ao Westminster Hall prestar seus respeitos, "de todos os tipos e condições, silenciosos, respeitosos, murmurantes, muitas vezes sem saber como se comportar perante esse tipo de coisa". Como sinal de que o falecimento de sua mãe significava o início de uma era mais descontraída, a rainha disse a Charles que Camilla podia comparecer ao funeral como "amiga da rainha-mãe", embora não como companheira dele.

No dia friorento de primavera do funeral propriamente dito, a Igreja, as Forças Armadas e a Coroa se uniram numa singular demonstração britânica de imponência, pompa e beleza. O ofício religioso foi precedido por 101 toques do sino tenor da abadia, um por minuto, para cada ano de vida da rainha-mãe. Entre a congregação de 2100 pessoas na Abadia de Westminster, havia um contingente de doze loquazes cabeças coroadas (que tratavam tudo aquilo como se fosse um grande coquetel monarquista), oito ilustres primeiros-ministros, todos os homens e mulheres leais de seu amplo trabalho beneficente, mais um amontoado murmurante de duques e duquesas, condes e condessas, e filas e mais filas dos grandes e dos mais ou menos grandes.

Para o livreto fúnebre, a rainha tinha escolhido alguns versos de um poema popular escrito pelo poeta e pintor inglês David Harkins (que hoje fatura a maior parte de sua renda vendendo pela internet quadros com nus de sua mulher – fato possivelmente desconhecido pela rainha). Sua Majestade lera o poema pela primeira vez no livreto impresso para o funeral da viscondessa-viúva De L'Isle e decerto se emocionou com os sentimentos ali expressos e o "tom levemente otimista".

Um porta-voz do Palácio de Buckingham disse que os versos "refletiam como ela pensava que a nação deveria celebrar a vida da rainha-mãe. Seguindo em frente". Harkins ficou perplexo quando soube que seu humilde poema fora incluído na cerimônia. E os críticos literários também, pois, como texto, não é melhor do que seus quadros de nus: "Você pode verter lágrimas porque ela se foi/ ou pode sorrir porque ela viveu.// Você pode fechar os olhos e rezar para que ela volte/ ou pode abrir os olhos e ver tudo o que ela deixou". Graças à envergadura da ocasião em que foi utilizado, o poema se tornou um clássico dos funerais modernos.

A rainha manteve a compostura durante todo o ofício, mas o príncipe Charles não. Estava à beira das lágrimas e acompanhou o caixão da avó até o Castelo de Windsor. Assistiu ao sepultamento na Capela de St. George, e depois tomou um voo até a Escócia, para que Camilla o consolasse em Birkhall.

No testamento, a rainha-mãe deixou seu retiro favorito para o neto favorito, junto com o Castelo de Mey, que ficou num fundo fiduciário. Também seguindo os desejos dela, o príncipe Charles se mudou para a Clarence House. Em 1994, ela havia reservado dois terços de sua fortuna para os bisnetos, dos quais 14 milhões de libras foram divididos entre William e Harry. (Parte maior desse legado coube sabiamente a Harry, que, ela sabia, nunca seria tão rico quanto o irmão.) O Royal Lodge em Windsor foi entregue ao príncipe Andrew para seu uso pessoal. O príncipe Charles criou um memorial no Stumpery de Highgrove, uma clareira encantadora com tocos de árvores esculpidos em interessantes estruturas naturais, entre samambaias e folhagens. Ali ele ergueu um pequeno santuário, uma espécie de templo com um baixo-relevo em bronze da rainha-mãe, com suas pérolas e chapéu de jardinagem.

Antes que o ataúde saísse da abadia, leu-se a litania dos numerosos títulos da rainha-mãe, numa linguagem de lenda arturiana:

> Assim aprouve a Deus Todo-Poderoso levar dessa vida transitória para Sua Divina Misericórdia a finada Altíssima, Poderosíssima e Excelentíssima Princesa Elizabeth, Rainha-Viúva e Rainha-Mãe, Dama da Nobilíssima Ordem da Jarreteira, Dama da Antiquíssima e Nobilíssima Ordem do Cardo-Selvagem, Dama da Ordem Imperial da Coroa da Índia, Grã-Mestra e Senhora Grã-Cruz da Real Ordem Vitoriana a quem fora conferida a Real Corrente Vitoriana, Senhora Grã-Cruz da Excelentíssima Ordem do Império Britânico, Senhora Grã-Cruz da Venerandíssima Ordem do Hospital de St. John, Relicta de Sua Majestade Rei George o Sexto e Mãe de Sua Excelentíssima Majestade Elizabeth a Segunda pela Graça de Deus do Reino Unido da Grã-Bretanha e da Irlanda do Norte e de seus outros Reinos e Territórios Rainha, Chefe da Comunidade das Nações, Defensora da Fé, Soberana da Nobilíssima Ordem da Jarreteira, a quem possa Deus preservar e abençoar com longa vida, saúde e honra e toda a felicidade do mundo.

Na frente da Abadia de Westminster se amontoavam pilhas de ramalhetes deixados pelo público. Um tributo parecia especialmente adequado para a pequena e indômita rainha que desafiou Hitler na guerra. Era dedicado simplesmente à "Inglaterra".

7. Garota jubileu

O BIS DA RAINHA

Depois do clima deprimente da morte de Margaret, a comoção pela rainha-mãe havia preparado com êxito o terreno para o épico festejo patriótico do Jubileu de Ouro da rainha, que vinha sendo planejado havia dois anos. O Palácio de Buckingham se sentiu em êxtase com a inesperada emoção pública. Um ex-assessor de imprensa da rainha me contou que, após enfrentar o rancor e o baixo índice de aprovação nas pesquisas de opinião sobre a monarquia nos anos 1990, tão marcados por escândalos, a recuperação do ânimo monarquista era um verdadeiro milagre:

> Era como se, diante do vazio deixado pela morte da rainha-mãe, as pessoas pensassem: "Meu Deus, temos a rainha e ela está no trono faz cinquenta anos e vem fazendo esse trabalho quieta, seguindo em frente e nunca reclamando [...] Temos uma coisa maravilhosa que outros países não têm". E estavam de fato querendo receber boas-novas que celebrassem o fato de serem britânicos.

Quando a rainha deixou a abadia para voltar ao palácio após o funeral da rainha-mãe, os circunstantes alinhados nas ruas acenando suas bandeiras da

Inglaterra irromperam em aplausos extasiados. A rainha se sentiu flutuar. A acolhida calorosa aliviou visivelmente seu estado de espírito. Ela havia passado por tanta coisa nos últimos três meses, mas agora o peso diminuía e sua confiança aumentava. Seu povo ainda a amava. Enfim livre do fulgor eclipsante da mãe, da irmã e da eterna deusa Diana, ela podia se apresentar perante a nação para se rejubilar por cinquenta anos bem-sucedidos. Tendo ao lado seu fiel vassalo Philip na sacada do Palácio de Buckingham, a imagem para as multidões aglomeradas era de constância, estabilidade e virtude recompensada. E o vislumbre dos netos, William (com quase vinte anos e completando seu primeiro ano em St. Andrews) e Harry (com dezessete, prestes a começar o último ano em Eton), contribuía para criar uma expectativa emocionante pelo futuro da monarquia.

A rainha visitou setenta cidades de grande e pequeno porte na Inglaterra, Escócia, Gales e Irlanda do Norte em cinquenta condados, durante 38 dias de maio a agosto numa única viagem no ano de seu jubileu. O trem régio cobriu quase 6 mil quilômetros entre Inglaterra, Escócia e Gales — no sul, chegou a Falmouth na Cornualha; no norte, a Wick em Caithness. Recebeu mais de 30 mil e-mails de congratulações e respondeu a quase 17 500 cartas de felicitações pelo Jubileu de Ouro. O site do evento teve 28 milhões de visualizações num período de seis meses. A suposta falta de interesse por festas de rua noticiada pela imprensa era totalmente equivocada. Houve milhares delas em todo o Reino Unido, inclusive uma a vinte graus abaixo de zero, na Antártida, promovida por vinte cientistas do Levantamento Britânico da Antártida.

Instalaram-se mais de oitocentos quilômetros de cabos em Londres, para que os eventos do Fim de Semana do Jubileu de Ouro pudessem ser transmitidos para países do mundo inteiro. Uma reação morna da imprensa? Foram credenciados 3522 nomes, de mais de sessenta países, para fazer a cobertura. Um milhão de pessoas se reuniu no Mall para assistir às festividades no começo de junho de 2002. O espetacular desfile, na tarde de 4 de junho, congregou 20 mil pessoas, um coro gospel de 5 mil integrantes, 2500 participantes do Carnaval de Notting Hill e 4 mil pessoas representando países da Commonwealth. O palácio teve o cuidado de cobrir todas as bases multiculturais. A rainha visitou as quatro principais comunidades religiosas não cristãs, indo a uma mesquita em Scunthorpe, a um templo hinduísta no norte de Londres, a um templo sikh em Leicester e ao Museu Judaico em Manchester. Uma recepção multirreligiosa no Palácio de Buckingham recebeu mais de setecentos representantes de diferentes credos. O chefe da Igreja Católica Apostólica Romana na Inglaterra e Gales, o cardeal Cormac Murphy-O'Connor, pregou pela primeira vez em Sandringham, e o ofício dominical durante o Fim de Semana do Jubileu de Ouro foi ecumênico.

O *Guardian*, o mais ácido dos críticos pré-jubileu na imprensa, teve de aceitar que acontecera algo inegavelmente poderoso. "Precisamos encarar os fatos",[1] admitiu:

> As comemorações do Jubileu de Ouro da rainha em 2002 têm tido em todos os aspectos mais sucesso do que os organizadores temiam ou do que os críticos esperavam [...] Esse tem sido, sem dúvida, um grande fim de semana para a Casa Windsor e, em especial, para a rainha. Não seria verdade dizer que sua popularidade atingiu o auge, mas sem dúvida é verdade que essa é uma das melhores manhãs que a monarquia já teve.

Dentre toda essa gloriosa manifestação, um evento central sintetizou o sucesso do jubileu: a festa no palácio, com o concerto de rock nos jardins com a presença de 12 mil espectadores, a "melhor festa de jardim na história da nação", conforme informou um jornal. Quem deu o tom da noitada foi Brian May, da icônica banda Queen. Plantado em solitário esplendor no alto do telhado do palácio, com o cabelo comprido encaracolado esvoaçando à brisa noturna, o deus do rock tocou "God Save the Queen" num tremendo solo de guitarra. Seguiram-se três horas e meia com ídolos, de Paul McCartney a Elton John, Eric Clapton, Phil Collins, Aretha Franklin (pré-gravada), Brian Wilson, Ricky Martin, Annie Lennox, Joe Cocker e outros mais. Ozzy Osbourne, que, ao saber que fora convidado, achou que fosse uma piada, fez mais do que jus à ocasião. Quando o comediante Lenny Henry o apresentava, ele irrompeu no palco gritando para a multidão: "Rock 'n' roll, rock 'n' roll". Cantou o hino do Black Sabbath, "Paranoid", ao som de guitarras ensurdecedoras, mascando chiclete, enquanto corria pelo palco. Harry e William, no camarote real, aplaudiam jubilosos com os braços estendidos para o alto.

A Festa no Palácio foi um dos concertos pop mais assistidos na história, atraindo internacionalmente cerca de 200 milhões de espectadores. Na primeira semana de lançamento do CD, foram vendidas 100 mil cópias. A rainha se tornou o primeiro membro da família real a ganhar um disco de ouro da indústria de gravadoras. E também, talvez pela primeira vez em seu reinado, ela entrou na moda, lançando a reformulação de sua imagem como um fenômeno da cultura pop que ligava o passado a um presente mais relevante, e que culminou em sua breve aparição com James Bond nos Jogos Olímpicos de 2012. Sir Roy Strong anotou em seu diário:

> O Jubileu de Ouro pareceu concluir o que se iniciara com o funeral da rainha-mãe, uma redescoberta e renascimento da Ilha e de seu patriotismo [...] Com isso, quero dizer que a pompa se encontrou com o pop numa aliança entre passado e presente, o que dá à Coroa uma fórmula para prosseguir por todo esse século [...] conservação e inovação de mãos dadas.[2]

O herdeiro do trono nunca se mostrara tão feliz. Sorrindo benévola para ele, o que era incomum, a mãe lhe dera o melhor presságio de todos de que a monarquia ingressava numa nova era. Sentada na terceira fila, com os demais membros da família real, Camilla Parker Bowles puxou os aplausos quando Phil Collins e Roger Taylor, o baterista do Queen, apresentaram o clássico "You Can't Hurry Love" da Motown.

8. Problemas de criadagem

O QUE O MORDOMO VIU

Borbulhando nos bastidores da pompa, entre lantejoulas e champanhe, um incipiente escândalo ameaçava o valioso tesouro da boa vontade nacional, restaurada com tanto cuidado.

O perigo emanava da avareza da monarquia em relação à criadagem, problema inerente a seu distanciamento das necessidades do mundo concreto. A cultura palaciana sempre foi instintivamente mesquinha. Graciosa nas maneiras, encantadora com seus presentinhos e bilhetes de agradecimento, mas sovina em relação ao dinheiro. Uma explicação possível é que, desde a Revolução Francesa, a família real sentia que a plebe podia a qualquer momento avançar contra ela e a realeza precisaria de bens transportáveis. Correm histórias de que a rainha Mary teria dito à jovem Elizabeth Bowes-Lyon: "Guarde sempre suas joias. Nunca as venda. Você pode precisar delas". No século XX, o fim catastrófico dos Románov causou arrepios entre seus primos no Palácio de Buckingham.

Uma explicação mais convincente, acredito, talvez esteja na incapacidade da família real em imaginar o que é ter de se preocupar com dinheiro. A honra de servir em qualquer das residências régias por um salário irrisório foi por muito tempo considerada suficiente para assegurar lealdade permanente e submissa. Tudo bem que, depois de dez anos no palácio, um mordomo ou um criado pudesse contar com a garantia de que o brasão real numa carta de referência lhe valeria um contato lucrativo com um sheik ou com um astro do rock, mas na maioria das vezes o emprego numa casa real gerava certa síndrome de Estocolmo servil. Uma pessoa do show business próxima a Charles me disse que os criados da realeza são como os auxiliares de camarim no teatro: "Deferência perante seus senhores e um cabotinismo boca-suja nos bastidores. Em geral tudo termina com um gim morno num cômodo de aluguel, cercado de fotografias assinadas". Embora o palácio estivesse supostamente numa fase modernizadora, pode-se ter uma amostra da atmosfera feudal examinando os títulos do staff: "guardião das despensas", "criada-mor do café", "pajem do corredor traseiro", também conhecido como "pajem das escadas traseiras". (Num jantar oferecido há alguns anos pelo príncipe Charles no Palácio de Buckingham, um conviva lembrou que o camarista designado para lhe mostrar os aposentos fez um comentário memorável: "Para que um grande jantar, uma grande ocasião como essa corra bem, é absolutamente essencial ficar ao lado direito do guardião da despensa".) Muitos permaneciam por tempo demais, com um crescente ressentimento ardendo em fogo baixo.

William Tallon, o dedicado intendente da rainha-mãe, foi um caso típico. Na capela, durante o ofício em memória de lorde Lichfield em 2006, ele se queixou que, quando a matriarca morreu e não precisavam mais de seus serviços, ele foi despejado do alojamento onde morava, recebendo apenas três meses de aviso prévio. Sim, suas orgias regadas a álcool com seus animados colegas andavam se tornando incontroláveis, mas não havia como negar o heroico fato de que, durante cinco décadas, ele estivera a serviço na Clarence House, em Birkhall, na Royal Lodge ou no Castelo de Mey desde o instante em que a grande (e não pouco exigente) rainha-mãe acordava até o momento em que se recolhia. Tallon me disse que, na verdade, passara anos doido para pedir demissão, mas que a rainha-mãe não viveria sem ele, e como *ele* ia saber que ela viveria até os 101 anos? Depois de ser despejado — conforme suas palavras —, Tallon debandou para o apartamentinho de cortesia de seu finado companheiro, Reginald Wilcock, numa lúgubre casa adaptada no sul de Londres, no humilde bairro de Kennington. "Se falo rápido, as pessoas entendem Kensington",[1] disse ele entre gargalhadas de bêbado.

O tratamento não muito gentil que o palácio dispensou a Tallon não era raro. David Griffin, o motorista de confiança da princesa Margaret durante 26 anos, ficou mal ao ser deixado de lado quando a patroa morreu. Depois de anos "empurrando-a na cadeira de rodas",[2] Griffin se sentiu "prejudicado" com a indenização e ressentido por ter de deixar a casa que era seu lar. "Eles não davam a mínima para a criadagem", disse.[3]

A parcimônia régia e a supervisão displicente criaram entre os empregados uma vicejante cultura em torno dos presentes. Aceitava-se tacitamente que os montes de relógios extravagantes, terrinas exóticas, molduras de quadros, ovos Fabergé, gravatas Hermès e quinquilharias folheadas a ouro, prodigamente presenteados à família real por dignitários estrangeiros e patrocinadores de eventos promocionais e filantrópicos, muitas vezes passassem aos servidores, que os vendiam por alguns bons trocados. O mordomo da princesa Margaret, Harold Brown, estabeleceu um canal direto com a Spink and Son, casa de leilões e exposições de objetos artísticos perto de St. James. No apartamento de Tallon em Kennington, vi um fio de pérolas que, segundo ele, pertencera à rainha-mãe, enrolado em volta de uma estatueta, e mesas rangendo sob o peso de medalhas, objetos entalhados e bibelôs descartados. Se foram dados ou surripiados, é impossível saber.

A residência e o escritório do príncipe de Gales eram especialmente desleixados. Por muito tempo a rainha se envergonhara por Charles ser um executivo de uma incompetência irremediável. Já ela era o suprassumo de um estilo firme de comando, dedicando escrupulosa prioridade às pastas ministeriais. Uma série de secretários particulares altamente competentes a treinou, a partir de seus 25 anos, para se tornar uma eficiente diretora executiva dos assuntos soberanos.

A princesa Diana também era uma ótima executiva. Suas atribuições emocionais não a impediam de atender com agilidade à correspondência. Sua inabalável polidez lhe incutiu o hábito de escrever à mão as notas de agradecimento assim que voltava de um evento noturno, e deixava-as prontas para serem postadas na manhã seguinte. O príncipe Charles, porém, não se mostrava disposto a ser guiado por seus secretários particulares. Sempre demorava para responder o que lhe era encaminhado. Delegava a factótuns a tarefa de passar o chapéu, e suas várias iniciativas filantrópicas mais pareciam um polvo — entidades bem-intencionadas, porém desorganizadas, com missões que se sobrepunham, com metas de arrecadação que disputavam os mesmos patrocinadores. Com o escasseamento das doações, ele ficava sempre buscando novas fontes, às vezes de nomes de ficha duvidosa como Cem Uzan, empresário turco que foi apanhado em diversos crimes financeiros e acabou fugindo da Turquia.

Sir Malcolm Ross, quando deixou sua função no Palácio de Buckingham em 2006, assumindo a administração da residência do príncipe de Gales, teve uma amostra do que era Charles como empregador. Segundo Tom Bower, a rainha disse a Ross: "Você deve estar totalmente louco... Trabalhar para Charles? Bem...".[4] Ross veio a entender mais tarde o que ela queria dizer:

> Em dezoito anos, a rainha me ligou três vezes fora do horário de serviço. Em meu primeiro fim de semana, o príncipe de Gales me ligou de seis a oito vezes... Eu era chamado por nomes que não ouvia desde meus primeiros tempos no Exército.[5]

Não que Charles fosse preguiçoso. "Ele nunca, jamais para de trabalhar",[6] reclamou Camilla depois de se mudar para Highgrove. O príncipe Harry conta que o pai, após o jantar, costumava voltar ao escritório e muitas vezes caía de sono sobre a escrivaninha, acordando com papéis grudados na testa. É que ele sempre parecia sobrecarregado com assuntos administrativos e atormentado por problemas de gestão. "Eu nunca trabalharia para o príncipe Charles, nem pelo dobro do salário",[7] disse o major Colin Burgess, ex-camarista da rainha-mãe.

A corte do príncipe Charles chafurdava em intrigas. O que contribuía para a atmosfera bizantina era a obstinada lealdade de Charles ao *maître* extremamente impopular de sua vida privada, Michael Fawcett. Era seu assistente mais próximo e supervisionava todos os detalhes das diversas casas, desde rastelar o cascalho em Highgrove até inspecionar a escolha de flores frescas na Clarence House. Ele conquistou a devoção de Charles com seu talento inigualável para a mise-en-scène. Preparando um jantar em Highgrove, por exemplo, Fawcett revirou as caves abobadadas do Palácio de St. James e encontrou caixas cheias de pratos, candelabros e toalhas e guardanapos de mesa que haviam sido presenteados ao monarca ao longo dos séculos, desde Catarina, a Grande.

Quando Charles ia passar um fim de semana fora, era Fawcett o responsável por inspecionar a parafernália que precedia o patrão como uma fila de coches de carga de uma corte Tudor em viagem, incluindo a cama ortopédica, o assento de privada e papel higiênico Kleenex Velvet, além de dois quadros com paisagens das Highlands escocesas. (Charles sempre achou um espanto que a mãe não tivesse interesse em enfeitar suas residências. Mal conseguia esperar pôr as mãos nos jardins do Palácio de Buckingham, que lhe pareciam uma rotatória municipal; em todos os Natais, lamentava a decoração da mesa em Sandringham — a ideia da rainha de uma decoração festiva consistia numa mesa nua, sem toalha, e um vaso de bico-de-papagaio no centro.)

Fawcett começou a trabalhar para a família real em 1981, como lacaio da rainha, subindo depois para o cargo de lacaio subchefe. Então se tornou valete assistente de Charles no Palácio de Kensington, estendendo de manhã suas camisas e paletós sob medida e dispondo entre folhas de papel de seda os sapatos engraxados, os lenços e as gravatas para os compromissos noturnos. Para as festas de fim de semana a que o príncipe ia, ele escondia num saco plástico o ursinho de infância de Charles, que ainda era remendado, sempre que necessário, pela antiga babá do príncipe, Mabel Anderson, e o acompanhava por toda parte. Fawcett estava tão profundamente familiarizado com os gostos do príncipe — como planejador de eventos, linha de frente, facilitador social e "babá" de patrocinadores ricos para as fundações do príncipe — que Charles se sentia paralisado a qualquer sugestão de dispensá-lo. "Dou conta de ficar sem ninguém, exceto Michael",[8] ele teria dito.

"Nunca entendi bem como um simples valete podia alcançar esse grau de autoridade, visto que, no âmbito do staff da residência real, ele ocupava uma função bem baixa",[9] comentou o major Colin Burgess. "Mas de alguma maneira ele havia conseguido, com a confiança e o pleno conhecimento e cooperação do príncipe, construir uma enorme base de poder que ameaçava toda a estrutura do quadro de servidores do Palácio de St. James." Fawcett ganhou notoriedade na imprensa ao revelar que, quando o príncipe quebrou o braço jogando polo em 1990, o dedicado assistente espremia a pasta de dente em sua escova e segurava o frasco de urina quando era preciso tirar uma amostra.

Fawcett teve de se demitir temporariamente em 1998, acusado de bullying, mas dali a uma semana foi reintegrado — e promovido. Recebia tantos presentes descartados por Charles que os servidores lhe deram o apelido de "Fawcett, o Receptador".

Cercado por bajuladores, Charles permaneceu alheio aos riscos empregatícios. A caixa de Pandora se escancarou com a bombástica detenção do ex-

-mordomo da princesa Diana, Paul Burrell. Os policiais entraram em ação a partir de uma informação do mordomo da princesa Margaret, Harold Brown, que tinha sido detido depois de uma dica passada à Scotland Yard. A questão se referia à venda suspeita da miniatura de um navio árabe, de sessenta centímetros, feita de ouro e prata, especialmente encomendada a Garrard, o joalheiro da Coroa, como presente de casamento do emir do Bahrein para Charles e Diana. Brown, descrito pelo *Guardian* como um "arquetípico Jeeves",* que sempre usava uma casaca preta e calça risca de giz, enfiara o navio árabe num saco plástico e passara para a Spink and Son por 1200 libras. Depois de detido e mais tarde liberado, ele começou a abrir o bico e acusou o empregado da casa de Diana de ter lhe entregado a peça.

A detenção de Paul Burrell foi uma bomba. Até então, o público — e a família real — comprara a imagem de autopromoção do mordomo como a "rocha" de Diana, seu confidente mais próximo, defensor e intermediário nos perturbados anos finais de sua vida no Palácio de Kensington. Frequentemente fotografado dois passos atrás da princesa, ele era o obsequioso criado que supostamente mostrara o que mais se valorizava na residência real: absoluta discrição. Foi ele quem correu a Paris depois do acidente e ternamente cobriu o corpo de Diana com um vestido de noite fornecido pela mulher do embaixador britânico. Estava presente no pequeno círculo que compareceu ao enterro na ilha particular em Althorp. A rainha lhe conferiu a Real Medalha Vitoriana. Foi nomeado um dos curadores do Fundo Memorial de Diana e ficou incumbido de listar seus bens.

Em 18 de janeiro de 2001, os investigadores da Scotland Yard apareceram em sua casa em Cheshire ao amanhecer e fizeram uma pergunta simples: "Há algum objeto do Palácio de Kensington nesta casa?".[10] Burrell respondeu: "Não".

Ao revistarem a casa, ele foi prontamente desmascarado. Era um verdadeiro depósito régio da Amazon, cheio de quadros, fotos, desenhos e porcelanas pertencentes à princesa de Gales. A polícia encontrou 2 mil negativos, inclusive uma foto de Charles com os filhos no banho, e muitas outras mostrando

---

* Referência ao personagem Jeeves, um mordomo exemplar, tema de dezenas de contos e novelas de P. G. Wodehouse a partir de 1915. Em 1990-3, a ITV produziu a série "Jeeves and Wooster", com Stephen Fry e Hugh Laurie. (N. T.)

os jovens príncipes nus. Havia uma mina inteira de bilhetes pessoais de e para William na escola. Num dos bilhetes, a princesa o chamava por seu apelido favorito: "Meu querido Vombate... Foi um encanto ganhar um beijo e um abraço seu hoje de manhã, embora eu estivesse com vontade de fugir com você".[11] E até a escrivaninha de mogno de Burrell trazia a inscrição "Sua Alteza Real".[12]

A firmeza de Burrell durou pouco. Logo despencou numa cadeira, soluçando. Alegou que eram presentes de Diana, mas emudeceu ao lhe apresentarem um desenho a lápis do príncipe William quando bebê. Enquanto Burrell chorava cada vez mais alto, como conta Tom Bower, um investigador gritou lá do sótão: "Está cheio de caixas, de uma parede à outra!".[13] Abertas, elas revelaram um sem-fim de roupas de baixo, blusas, terninhos, vestidos e camisolas. A polícia carregou num caminhão 2 mil objetos que teriam sido ilegalmente removidos do Palácio de Kensington. Consta que, ao ser levado até a delegacia, Burrell gemia e se lamuriava: "Quero lírios brancos em meu caixão!".[14]

Ficaram faltando itens significativos no transporte da Scotland Yard: o conteúdo de uma caixa de mogno que a irmã de Diana, lady Sarah McCorquodale, recomendara que fosse procurada. O conteúdo era potencialmente explosivo[15] — cartas do príncipe Philip oferecendo conselhos conjugais a Diana, bem como gravações secretas que a princesa fizera, com revelações bombásticas de George Smith, um ex-valete com transtornos mentais que integrava a equipe doméstica de Charles, contra Michael Fawcett. (Smith era um veterano do Exército que sofria de pesadelos e flashbacks dos bombardeios a bordo do RFA *Sir Galahad*, em que servira na Guerra das Falklands.) Depois de ouvir as histórias de Smith, a princesa, com Burrell ao lado, teria chamado Charles e insistido que demitisse Fawcett, dizendo: "Esse homem é um monstro".[16] Charles se negou, arriscando-se a sofrer possíveis acusações incendiárias de acobertamento, caso o assunto viesse à tona.

Diante da possibilidade de que agora viesse à tona toda essa lavagem de roupa suja, o príncipe de Gales entrou em pânico. Quanto mais pensava em Burrell, mais nauseado se sentia. Burrell acompanhara os dramas dos subterfúgios de Charles e Camilla, bem como os *rendez-vous* da princesa antes e depois do divórcio.

O mordomo servia à realeza havia muito tempo. Filho de um caminhoneiro de Derbyshire, depois de concluir um curso de administração hoteleira, em 1976, Burrell respondera a um classificado anunciando a vaga de lacaio doméstico no Palácio de Buckingham. Passado um ano, sua conduta mesclando dedicação ao trabalho, encanto juvenil e o hábito de dedurar os outros lhe granjeou a função de lacaio pessoal da rainha. Ele acompanhou a soberana e Philip em muitas viagens do casal real. A rainha o chamava de "Little Paul" para diferenciá-lo de outro lacaio mais alto, Paul Whybrew, conhecido como "Tall Paul". Em 1987, Burrell e sua esposa, Maria, que trabalhava como criada para o príncipe Philip, concordaram em se transferir para a residência dos Gales em Highgrove, como mordomo e criada de quarto. Depois da separação conjugal em 1992, deixaram Highgrove a pedido de Diana, para grande tristeza de Maria, a fim de trabalharem exclusivamente para a princesa no Palácio de Kensington.

Uma das declarações mais suspeitas de Burrell foi que ele havia comunicado à rainha, em três horas de conversa reservada no Palácio de Buckingham, sua preocupação a respeito de Sarah, a irmã de Diana, que estaria descartando indiscriminadamente alguns bens da falecida. Ele explicou que estava pegando alguns "papéis" da princesa para guardá-los em segurança. A rainha, disse Burrell, assentiu.

Qualquer que fosse a desculpa, Charles queria que as acusações contra Burrell fossem retiradas imediatamente. Seu secretário particular comentou com um colega que "o príncipe de Gales está com o espírito perturbado. O príncipe vai dizer que deu as coisas a Burrell e que todas as suas ações foram corretas".[17] O problema era que, juridicamente, o herdeiro do trono não tinha voz na questão. Não era executor do espólio da ex-esposa. As executoras eram a mãe e a irmã dela.

Fazia muito tempo que as Spencer desconfiavam da lealdade melosa e espalhafatosa de Burrell a Diana. Andavam cada vez mais irritadas com o mordomo se lançando como celebridade, sendo convidado para programas de TV, exibindo-se no tapete vermelho das cerimônias do Oscar. Ele havia feito uma dinheirama com sua incansável devoção. Seu livro *Entertaining with Style* vendera 100 mil exemplares. Era freneticamente requisitado para falar em viagens de cruzeiro, e agora escrevia uma coluna de jornal semanal sobre etiqueta. "Burrell tem uma febre crônica pelo tapete vermelho e ela ainda vai matá-lo",[18] foi o parecer de Ken Wharfe, ex-segurança pessoal de Diana.

Outros membros das residências reais estavam igualmente desencantados com ele. David Griffin me contou que de fato ouvira Burrell afirmar à imprensa, por telefone, que Diana o tratara por "minha rocha",[19] garantindo, assim, a popularidade dessa sua designação. O leal motorista de Diana, Colin Tebbutt, que até hoje lamenta não ter sido ele a conduzi-la de carro naquela última noite em Paris, passou muito tempo indignado com o mordomo, que se dizia o único não parente a comparecer ao enterro de Diana.[20] Tebbutt, a quem Frances Shand Kydd devotava grande afeição, também esteve ao pé da sepultura, mas só decidiu mencionar sua presença depois de ler as alegações de Burrell. Mesmo o longo casamento do mordomo com Maria era só de fachada. Ele tinha tantos casos com soldados da guarda que o cozinheiro-chefe de Diana o chamava "Bertha da Caserna".[21] Em 2016, após 32 anos de casamento, Maria e Burrell finalmente se divorciaram, e ele pôde se casar com o advogado Graham Cooper numa cerimônia no Lake District. Vestia um kilt.

Lady Sarah McCorquodale sustentava que não havia a menor possibilidade de que Burrell tivesse sido autorizado a mexer nos bens de Diana, e lembrou explicitamente das palavras dele, quando lhe ofereceram alguns de seus objetos: "Não posso aceitar nada. Tenho o suficiente. Todas as lembranças dela estão guardadas em meu coração".[22] As Spencer pressionavam para processá-lo, determinadas ainda mais pelo boato (falso) de que ele fora fotografado usando um dos vestidos de Diana. Frances Shand Kydd, sempre despachada, rogou uma praga: "Tomara que o saco dele pegue fogo".

Sir Robin Janvrin, secretário particular da rainha, alarmou-se quando a Scotland Yard e o promotor do Serviço Judiciário da Coroa o informaram do assunto, e disse que iria reportar tudo imediatamente à Sua Majestade, que teve uma reação de avestruz, não falando nada. Tendo se desincumbido do dever de informá-la, o secretário lavou as mãos. Aquela trapalhada era de Charles, e Janvrin tinha assuntos de Estado a atender.

Nos doze meses seguintes, a Coroa basicamente travou uma guerra oculta contra sua própria promotoria. A equipe jurídica do príncipe de Gales tentou em vão todas as estratégias para conseguir que o SJC retirasse a queixa, mas a ação contra Burrell havia desenvolvido uma dinâmica incontrolável.

Com sua fértil mistura de mordomos, lacaios, crimes e constrangimentos da realeza, o processo tinha se tornado um refrigério cômico irresistível para os tabloides. A maioria deles, atacantes instintivos do palácio, torcia por Burrell. Os repórteres haviam passado anos tentando cair nas graças do mordomo, com a esperança de conseguir algum petisco sobre a realeza. Richard Kay, do

Daily Mail, convidou-o para ser padrinho de um de seus filhos. Piers Morgan, do *Daily Mirror*, considerava injusta a acusação contra ele. Em 17 de janeiro de 2001, Morgan anotou em seu diário: "o que [Burrell] tem na cabeça vale milhões se algum dia precisasse de dinheiro por que iria roubar alguma coisa?".[23] Ele também via o perigo que um processo representava para o palácio: "Um Burrell acuado poderia virar uma fera muito perigosa".[24]

O mordomo ferido já andava fazendo ameaças veladas. "Quero frisar que eu não queria quebrar a confidencialidade",[25] ele disse à polícia. Mark Bolland, exasperado, tentando conseguir uma abordagem positiva da imprensa, viu-se relutantemente forçado a intermediar uma *détente* secreta entre o mordomo e o herdeiro do trono. Charles caiu do cavalo enquanto jogava polo e foi para o hospital. O encontro gorou.

II

Em agosto de 2002, Charles estava tão frustrado por estar frustrado que substituiu Stephen Lamport por um secretário particular novo e mais temível. O impecavelmente vestido sir Michael Peat, de 52 anos, era ex-contador da KPMG e alternava um pulso férreo e maneiras untuosas. No Palácio de Buckingham, Peat já fora investido de um poder tão amplo que alguns se referiam a ele como "O Bidê": "A gente sabe o nome, mas não sabe pra que serve".[26] O *apparatchik* educado em Eton e Oxford, em seu papel de Guardião do Erário Privado e Tesoureiro da rainha, além de Caixa-Geral do Ducado de Lancaster, tinha feito maravilhas para a saúde fiscal do Palácio de Buckingham. Implantou inúmeras medidas de economia, contando cada grão, e em cinco anos reduziu as despesas pela metade. Isso não lhe rendeu muitos amigos. Cortou da folha de pagamento da monarquia membros menores da realeza, eliminou servidores que tinham passado da data de validade — foi em Peat que David Griffin pôs a culpa pela falta de cerimônia com que foi tratado — e fechou o bar subsidiado da equipe doméstica.[27] Ao saber que cada viagem custava 35 mil libras, cortou o trem real. Por outro lado, ele era hábil nas RPs régias, tendo convencido a rainha a pagar imposto de renda sobre sua fortuna pessoal. Uma estatística que ele brandiu com bons resultados foi a de que a rainha custava aos súditos meros 58 pences anuais.

Peat passou com louvor no "teste Camilla", quando o príncipe o pôs sentado ao lado dela durante o jantar. "Michael foi o encanto em pessoa", disse um amigo. "É o único alto servidor da residência da rainha a reconhecer devidamente a sra. Parker Bowles, e isso significa muito para ela e para o príncipe."[28]

Sua Majestade ficou inquestionavelmente feliz em ceder seu cortesão mais qualificado e rigoroso ao filho dispersivo e desorganizado. Ela sabia que Peat tinha plenas condições de dar uma boa ajeitada na residência do príncipe e negociar uma trégua entre as facções rivais dos palácios St. James e Buckingham, que se esfaqueavam pelas costas. Com sorte, encontraria um jeito de despachar Mark Bolland, de quem a rainha ainda desconfiava. (Peat conseguiu isso em quatro meses. Em dezembro de 2002, depois de um telefonema acrimonioso, Charles e Bolland concordaram que era hora de o habilidoso assessor de imprensa partir.)

Peat, porém, não conseguiu a façanha de encerrar o processo contra Paul Burrell. Na verdade, ele pode até ter piorado as coisas, despertando certa antipatia nos policiais ao tratá-los com ar de superioridade no primeiro encontro. Peat designou uma cadeira baixa para a investigadora encarregada do caso, Maxine de Brunner, de modo que ele podia olhá-la do alto e, a partir daí, com o clássico *mansplaining*, dirigiu todas as perguntas ao subordinado que a acompanhava. Os dois policiais ficaram consternados com a clara indicação de que Peat, tal como Charles e seus advogados, parecia esquecer que Burrell era acusado de roubar bens que pertenciam a Diana, não ao príncipe de Gales, e se irritaram com a ideia implícita de que deviam suspender o processo.

O processo prosseguiu inexorável. Quando o mordomo se levantou do banco dos réus em Old Bailey, em 14 de outubro de 2002, ele estava com os nervos em frangalhos e o rosto muito pálido. Foi acusado de roubar 310 objetos do espólio da princesa, num valor total de 4,5 milhões de libras. Outros objetos não foram incluídos na acusação porque pertenciam ou ao príncipe de Gales ou ao príncipe William, e nenhum dos dois aceitou depor.

Nos dias anteriores, várias socialites destemidas se dispuseram a abonar Burrell como "a rocha" de Diana. Duas das *grandes dames* que provavelmente deporiam a favor dele eram lady Annabel Goldsmith, viúva do bilionário sir James Goldsmith, e Lúcia Flecha de Lima, amiga íntima de Diana. Entre as convocadas pela promotoria estavam Frances Shand Kydd e lady Sarah McCorquodale; Colin Tebbutt seria chamado como testemunha de caráter.[29] Nunca teve chance. Ele ainda guarda em sua casa em Chichester as caixas com as fitas gravadas de seu depoimento, que não foi ouvido.

Às oito e meia da manhã, no décimo primeiro dia do julgamento, aconteceu uma coisa espantosa — que só pode ser descrita como um episódio de realismo mágico em plena Grã-Bretanha do século XXI. O julgamento de Paul Burrell foi suspenso por intervenção da própria rainha. O promotor da Coroa William Boyce lia sua papelada numa sala contígua ao tribunal quando de repente entrou o comandante da Scotland Yard John Yates. Ele acabara de conversar com sir Michael Peat, que lhe disse: "Sua Majestade se lembrou de uma coisa".[30]

Na sexta-feira anterior, a rainha estava por acaso passando de carro pelo Old Bailey, com o príncipe Charles e o príncipe Philip, a caminho de um ofício fúnebre na Catedral de St. Paul em memória das 28 vítimas britânicas mortas pelos bombardeios terroristas em Bali. Ao ver uma multidão do lado de fora dos tribunais, ela quis saber o que estava acontecendo. Charles lhe contou que Paul Burrell estava sendo julgado por roubo, e pelo visto a rainha não sabia. Quando explicaram tudo à monarca mais bem informada do mundo, ela se lembrou de um encontro cinco anos antes, logo após a morte de Diana, quando Burrell lhe pedira uma audiência para explicar que estava cuidando de alguns "papéis" de Diana.

A nação ficou de queixo caído quando essa revelação veio a público. Não importava que todos os dias a rainha lesse religiosamente os jornais, que havia meses vinham estampando manchetes estridentes sobre o caso. Não importava também que ela fora informada por sir Robin Janvrin no ano anterior, e que nesse fortuito percurso de carro os três membros da família real tenham conversado pela primeira vez sobre as perspectivas extremamente embaraçosas de um julgamento de Burrell. E não importava que a envergadura do arrastão promovido pelo mordomo dificilmente condissesse com algumas poucas caixas de "papéis" de Diana que ele tomara sob seus cuidados.

Nada disso tinha importância. O cerne da ação movida contra o ex--servidor era a intenção desonrosa. Agora a corte seria informada de que a rainha soubera de tudo de antemão. O *Guardian* resumiu: a rainha foi "a não testemunha central em Regina versus Burrell. Se ela sabia, então não era roubo. *Ergo*, o sr. Burrell não podia ter roubado coisa alguma".[31] Como sempre, quando se tratava de sua família, a rainha evitara o problema pelo máximo de tempo possível e então dera o *coup de grâce* fatal.

A família Spencer ficou indignada. Frances Shand Kydd julgou que, permanecendo calada até o último instante, a rainha deixou que as Spencer fossem humilhadas no tribunal. A única palavra da Casa Windsor fora dita entre as paredes do palácio, gerando uma tensão ainda maior nas relações inflamáveis das duas famílias.

O Promotor da Coroa William Boyce era conhecido como um dos membros menos emotivos da ordem dos advogados britânicos. Certa vez, compararam seus discursos no tribunal a "uma papa mortalmente insípida",[32] mas Boyce se sentiu tão perplexo com a notícia que ficou visivelmente pálido e removeu a peruca. Agora teria de apresentar a versão oficial de sua mortificação a um tribunal atônito:

> Em vista de não se tratar de propriedade pessoal da rainha e em vista da preocupação em evitar qualquer sugestão de que o Palácio de Buckingham estivesse tentando interferir na investigação deste caso, a rainha não foi informada de como se estava preparando o caso contra o sr. Burrell.
> Portanto, até o momento em que o julgamento teve início, Sua Majestade não tinha meios de saber a pertinência do fato, para a promotoria, de que o sr. Burrell lhe havia mencionado que retirara itens para guardá-los em segurança.
> Após maiores esclarecimentos com a rainha, foram tomadas providências para levar a informação à atenção da polícia.[33]

Um observador em Whitehall disse: "Só uma bala de ouro conseguiria sustar o julgamento. E eles a inventaram".[34] O processo se encerrou. Ao sair da sala do tribunal, Burrell disse exultante aos repórteres: "A rainha veio em meu auxílio".[35] É espantoso que, depois de sustar o processo, o palácio não tenha obtido o sigilo judicial do ex-servidor. O mordomo triunfante ainda tinha no bolso todas as informações que usaria no depoimento e delas dispunha livremente para negociações com os jornais. Ele contratou imediatamente o agente de celebridades Dave Warwick, que realizou um leilão frenético de toda a história. Num golpe de mestre de Piers Morgan, o *Mirror* levou a melhor: num acordo que chegava a 300 mil libras, ele a obteve debaixo do nariz do *Daily Mail*.

Nenhuma campanha de relações públicas conseguiria reparar os danos à reputação do príncipe de Gales. Foi uma avalanche de baixarias. O jornalista Max Clifford deu um jeito de conseguir uma declaração completa de Burrell sobre episódios lascivos, incluindo provas e detalhes explícitos das relações de Diana com seus vários amantes, entre eles Hasnat Khan, que fora introduzido no Palácio de Kensington sob um cobertor no bagageiro de um carro. Burrell contou que a princesa cancelava compromissos oficiais para que os dois pudessem ficar na cama. Também fez revelações maldosas sobre Charles, contando que ele debochava das roupas dela e a chamava de "comissária de bordo".[36] O *News of the World* espalhou todos os detalhes, a começar pela revelação de que Diana seduzira Khan usando apenas brincos de safira e diamante e um casaco de pele. Burrell então cravou a faca ainda mais fundo, comentando com o *Mirror* sobre a frieza dos Spencer. "Os Spencer achavam Diana inaceitável em vida... Não é irônico que de repente ela tenha se tornado aceitável na morte?", ele disse. "Eu, por exemplo, jamais exporia a vida dela num museu, cobrando 10,50 libras de entrada."[37]

Aproveitando o embalo, Burrell foi para os Estados Unidos contar seus segredos às principais redes de comunicação. Até George Smith, o valete reabilitado, divulgou sua história no *Mail on Sunday*, e Michael Fawcett obteve um mandado em 31 de outubro de 2003, proibindo a inclusão de seu nome. Onze dias depois, o *Guardian* conseguiu sustar a proibição. A realeza tinha perdido totalmente o controle.

Ao modo de folhetim, o livro *A Royal Duty* de Burrell foi publicado no *Mirror* ao longo de dez dias. Começava com uma carta melodramática de Diana, afirmando ter medo de ser morta num acidente de carro. Pululavam manchetes bombásticas mundo afora.

Mais uma vez o príncipe de Gales se tornava alvo daquele tipo de revelação sensacionalista que por tanto tempo tentara combater. Uma pesquisa de opinião da Rádio 4 da BBC perguntava aos ouvintes qual era o britânico que mais gostariam de deportar. Charles ficou em quarto lugar. Consta que furioso, num jantar, ele jogou um prato no chão. O tratamento que o palácio deu ao caso Burrell, disse Mark Bolland numa entrevista ao *Guardian*, foi "um estrago total que nunca devia ter acontecido".[38] Afiando a língua contra o príncipe Charles, em especial, Bolland comentou que ele "devia ter se empenhado mais. Mas não é uma pessoa especialmente forte... Falta-lhe muita confiança". (Para piorar, em 2003 Boland passou a escrever uma coluna periódica para *News of the World*, um espinho semanal no flanco de Charles. Era no mínimo inquietante ver seu ex-assistente de confiança agora jogando contra ele.)

Em novembro de 2002, o príncipe fez uma última tentativa de botar as coisas em pratos limpos, encarregando Peat de conduzir uma investigação sobre as irregularidades na administração de sua própria residência e determinar se o julgamento de Burrell fora indevidamente encerrado. O relatório foi esclarecedor, o que não era de surpreender, mas as 112 páginas do documento foram constrangedoras para Charles, descrevendo uma série de registros desleixados, administração relapsa e confusões burocráticas sob sua gestão, além da prática dos empregados em burlar as regras, aceitando presentes de fornecedores reais. Dos 180 presentes oficiais para o príncipe, dezenove haviam desaparecido.

Veio à tona que Fawcett transgredira os regulamentos aceitando dos fornecedores milhares de libras em brindes. Ele se demitiu, mas, ao autêntico estilo da Clarence House, foi prontamente recontratado para prestar serviços autônomos ao príncipe sob a égide de uma nova agência de planejamento de eventos, do próprio Fawcett. O relatório se esquivou de examinar se as alegações de George Smith contra Fawcett eram verdadeiras, mas frisava que o valete era um fantasista mentalmente perturbado. O infeliz morreu em 2005, aos 44 anos, depois de se afundar na depressão e no alcoolismo.

Tiggy Legge-Bourke, leal a Charles, disse que as táticas de intimidação de Fawcett haviam prejudicado a investigação de Peat. Na época, ela e mais seis pessoas tinham reclamado dele junto ao príncipe Charles, mas não quiseram cooperar plenamente com a investigação por medo de retaliações. "Ninguém se manifestou porque ninguém podia garantir que Michael sairia", ela disse ao *Mail on Sunday* em 2005. "Ele se demitiu, e então... voltou. Todo mundo estava preocupado que, se alguém falasse contra ele, ele se livraria daquela pessoa."[39]

Claro que Fawcett obteve, além de sua indenização de 500 mil libras e o direito de continuar morando de graça, a garantia de ter trabalho com o príncipe de Gales a um valor correspondente a 100 mil libras anuais. Segundo o *Mail on Sunday*, todo ano ele recebia pelo menos 120 mil libras para organizar a agenda social de Charles (pagas por meio de sua empresa Premier Mode Events); 50 mil libras como angariador de fundos para a Prince's Foundation; 40 mil libras como "consultor de decoração interior"; 25 mil libras para "administrar as aquarelas do príncipe"; 20 mil libras para comprar presentes em nome do príncipe; e o papel honorário de "direito de criação" nos negócios de Charles em Highgrove. Em junho de 2003, ele coreografou a festa de aniversário dos 21 anos do príncipe William no Castelo de Windsor, e em 2006 teve a honra ainda maior de organizar a festa de aniversário dos oitenta anos da rainha no Palácio de Kew.

Como foi noticiado no *New York Times*:

> Sir Michael Peat disse ter previsto que seu relatório seria acusado de acobertamento, mas ele afirmou que o documento revelava "graves falhas" nas práticas régias e levaria a reformas significativas: "Não vou dar qualquer justificativa… As coisas não têm sido tratadas corretamente nesse escritório. O príncipe de Gales disse que quer que tudo seja resolvido — quer que seu escritório siga os padrões mais elevados possíveis".[40]

Quando o relatório foi liberado, o príncipe de Gales estava na Bulgária, a uma cômoda distância da imprensa britânica — e de qualquer julgamento materno. E, com isso, grande parte da ignomínia do caso Burrell foi varrida para debaixo dos tapetes Aubusson do Palácio de St. James. Como disse um funcionário da Associação de Detentores de Autorização Real: "Michael Peat fez o máximo para acabar com o ninho de cobras, mas não conseguiu".[41]

Burrell construiu uma carreira lucrativa como comentador da realeza e participante de reality shows nos Estados Unidos, com um amplo sortimento régio de móveis, cerâmicas e pratarias. Só perdeu sua popularidade no Reino Unido depois que o *Sun* publicou a transcrição de uma fita secreta, gravada em 2008, na época do inquérito de Diana. Respondendo ao jornal, que o questionava por ter perdido a credibilidade, feita em picadinhos pela promotoria durante seu depoimento, o mordomo retrucou magistralmente: "Para ser franco, a Grã-Bretanha que se foda".[42]

Charles permaneceu inelutavelmente sob o feitiço de Fawcett, que em 2018 foi nomeado chefe executivo da Prince's Foundation, instituição que abriga as várias iniciativas de Charles. Com o retorno do problemático assistente, retornaram as condutas impróprias. Em 2021, questionou-se se Fawcett teria mexido seus pauzinhos para que um bilionário saudita recebesse uma medalha honorária como Comandante da Ordem do Império Britânico, em troca de doações totalizando 1,5 milhão de libras, um escândalo de compra de cargo que Charles disse desconhecer totalmente, mas que fez com que sua organização beneficente sofresse uma constrangedora investigação da Polícia Metropolitana. Depois de Fawcett — mais uma vez — ter renunciado temporariamente, em setembro de 2021, consta que Camilla teria decidido que, dessa vez, seria para sempre. "Ela será implacável em manter Michael longe",[43] disse uma fonte ao *Times*. Fawcett, como alter ego do príncipe de Gales, finalmente foi à lona em novembro de 2021. Por quanto tempo, ninguém sabe.

9. O limite traçado por Camilla

UMA NOVA DUQUESA NO RECINTO DOS VENCEDORES

A sra. Parker Bowles estava inquieta. Na primavera de 2004, já fazia nove anos que ela estava divorciada de Andrew, e seis anos que a sagrada sílfide Diana estava morta e enterrada. Camilla e Charles agora passavam grande parte do tempo abrigados na Clarence House, onde ela dispunha de aposentos privados. Charles reformara com meticulosa perfeição histórica a pérola oitocentista projetada por John Nash.

Quando o príncipe saía em viagem, Camilla dava umas escapadas da monotonia palaciana e ia à Ray Mill House, seu refúgio em Wiltshire, a menos de meia hora de Highgrove. Ela se recusara a abrir mão da propriedade, pois ali pelo menos podia passear à vontade, comer ervilhas direto da horta, fumar um cigarro sem ter de soprar a fumaça lareira acima, furtivamente, como quando Charles estava por perto, e jantar na cozinha com os filhos agora adultos.

A vida tinha melhorado muito desde os anos no ostracismo, mas ela também se sentia isolada. Apesar de todas as artimanhas e astúcias de Mark Bolland, que agora já se fora fazia um ano; apesar de todas as pacientes manobras para ser aceita na realeza e que pareciam estar ganhando força depois da morte da rainha-mãe e do Jubileu de Ouro; apesar de toda a fala mansa e gentil com uma série de secretários particulares da rainha e do príncipe de Gales, de todas as atenciosas tentativas de aproximação com o príncipe William ainda ressabiado e o príncipe Harry explicitamente emburrado, sempre aparecia algum desastre que não fora causado por ela e que a obrigava a voltar à clandestinidade.

Ser a consorte não oficial do príncipe de Gales era um fardo pesado. Como amante, seu papel sempre fora o de encorajar e levantar o ânimo do amado. Ao longo dos 33 anos em que se conheciam, ela nunca havia dito uma palavra em público a respeito do relacionamento deles. Acatava as nuances da etiqueta real, mesmo depois de tanto tempo juntos — sempre se referia ao amante como "o príncipe", e não "Charles", nos jantares que ofereciam em Highgrove, e como "sir" quando se dirigia a ele em público. Era a encantadora de cavalos* de suas carências afetivas e sabia mesclar charme e firmeza. O filho de um dos amigos da rainha me disse: "Camilla corta a pompa de Charles. Não deixa que ele diga ao lacaio para trazer seu gim-tônica. 'Ora, não seja ridículo. Deixa que eu ponho o gim e a tônica', ela diz".

Se Camilla tivesse um lema de família, seria "Não te queixarás". Nem sempre era fácil dar apoio ao companheiro régio. Um de seus desafios foi amparar Charles em seu estresse pós-traumático por causa de Diana. "Lembro nos primeiros dias em que trabalhava para Charles, a gente tinha esses jantares de três pratos com Camilla",[1] me disse Mark Bolland em 2005, quando conversei com ele para *Diana: Crônicas íntimas*:

> Charles ficava falando sem parar sobre Diana e sobre como ela manipulava a imprensa. Eu dizia: "Temos de seguir em frente, sir", e ele dizia: "Para me entender, Mark, você tem de ouvir". E Camilla me dizia depois: "Ele precisa fazer isso, Mark".

De vez em quando Bolland sugeria gentilmente que o príncipe reconhecesse o legado de Diana, mas Charles sempre passava a bola para Camilla. "Não sou eu o bloqueio",[2] ela dizia. "Desista. Ele ainda sente muita dor e raiva. É mais forte que ele."

---

* Referência ao livro *The Horse Whisperer*, de Nicholas Evans (1995), adaptado para o cinema em 1998. (N. T.)

Com o tempo, a autocomiseração paranoica de Charles, sempre achando que não gostavam dele o bastante, virou uma tremenda chateação para todos. Ele vivia se queixando que a mãe, a nação e a imprensa o desvalorizavam. Se a temperatura no escritório não estava a seu gosto, reclamava que sua vida era insuportável. Consta que, em 2004, declarou: "Ninguém sabe o inferno que é ser príncipe de Gales".[3] Não era uma frase muito amável de se dizer, vinda de um monarca em compasso de espera, multimilionário, com mansões majestosas à disposição. O resultado da visita de Peter Mandelson, o porta-voz de imprensa do Partido Trabalhista, a Highgrove em 1997, quando disse a Charles que os ministros britânicos às vezes o consideravam "sorumbático e desanimado", foi puro pânico. O príncipe estava tão pouco habituado a ouvir a verdade que depois ficou perguntando para Camilla, em tom angustiado: "É verdade? É verdade?".[4] Ela foi incisiva: "Acho que nenhum de nós vai aguentar que você passe o mês inteiro perguntando isso sem parar".

O príncipe não estava errado em considerar que suas realizações raramente eram reconhecidas. Apesar do aflitivo espetáculo público em que alguns episódios de sua vida haviam se transformado, ele conseguira transformar os 365 hectares de Highgrove num modelo pioneiro de cultivo sustentável, ignorando os que o ridicularizavam como um herdeiro da Coroa que desperdiçava seu tempo conversando com as plantas. Décadas antes que o cultivo orgânico virasse moda, ele teve a ideia de converter totalmente a Home Farm a essa ecofilosofia. O uso de pesticidas foi banido e os visitantes eram acolhidos com as palavras: "Aviso: Você está ingressando numa zona livre de OGMS" [organismos geneticamente modificados]. Um motivo de orgulho para ele era a preservação do fundo gênico de linhagens raras, como os porcos Tamworth e o gado Irish Moiled. Além de ser muito empreendedor em suas inovações agrícolas. Em 1990, a propriedade da Highgrove House começou uma linha de produtos orgânicos, a Duchy Originals [originais do ducado], que teve um sucesso surpreendente. (Em seu aniversário de setenta anos, em 2018, o filho foi saudado pela mãe por ser "um original do ducado em todos os aspectos".)[5] Desde 2009, graças a um acordo de licenciamento e distribuição com a cadeia de mercearias Waitrose, que a socorreu após a crise econômica de 2008, a Duchy Originals (agora renomeada como Waitrose Duchy Organic) levantou mais de 30 milhões de libras para o Fundo Beneficente do Príncipe de Gales. À sua maneira idiossincrática, Charles demonstrou grande tino no ramo da sustentabilidade.

O príncipe fez mais esforços para afinar sua paixão ambiental ao empreendedorismo. No final dos anos 1980, ele doou uma área do Ducado da Cornualha em Dorset para a construção da vila experimental de Poundbury. O projeto refletia sua concepção arquitetônica retrô de como a vida rural britânica deveria ser — paisagens urbanas de baixa altura, construídas em escala humana numa comunidade integrada de lojas, negócios e residências, um terço delas de preço acessível. Muita gente bocejou, choveram piadas ridicularizando Poundbury como uma Disneylândia feudal, uma "cidade de brinquedo", uma "bizarrice kitsch retrô".[6] Mas com os anos ela se transformou numa viçosa comunidade de 3 mil habitantes. Em 2005, o príncipe participou do programa *60 Minutes* fazendo um tour pelo local, mostrando a loja de conveniência e dizendo que se sentia "muito orgulhoso dela [pois] todo mundo dizia [que] não ia dar certo",[7] e o pub, que "tampouco queriam topar". Com seu habitual espírito lúgubre, ele acrescentou: "Só espero que, depois da minha morte, [o povo britânico] possa apreciá-la um pouco mais".[8] Em 2012, Poundbury anunciou seu primeiro digestor anaeróbio em grande escala, equipamento que converte restos de comida e milho das propriedades adjacentes em energia local renovável e sustentável. A cobertura da imprensa foi entusiasmada, como era de esperar.

Charles não se enganara ao sentir que a antevisão de sua tão zombada ideia fixa se confirmaria reiteradamente. Afinal, ele tinha apenas 21 anos quando fez seu primeiro discurso marcante na conferência "Countryside in 1970", sobre os "efeitos pavorosos da poluição em todas as suas formas cancerosas".[9]

Em 2018, em uma visita à Grécia, quando lhe serviram um café gelado num estabelecimento em Atenas, ele ocupou as manchetes por recusar um canudinho de plástico, declarando que o plástico é prejudicial ao ambiente. Os repórteres não fizeram qualquer menção ao fato de que Charles havia discorrido sobre a ameaça do plástico ao ambiente muito tempo antes, em 1970, e fora em larga medida ignorado.

Charles também era arrojado em outras questões. Em 1993, oito anos antes do Onze de Setembro, ele fez um discurso veemente no Centro de Estudos Islâmicos de Oxford sobre a necessidade de o Ocidente entender melhor o islã, mostrando-se indignado com a dizimação dos árabes dos pântanos no sul do Iraque. Lendo hoje esses discursos, percebe-se que, no geral, são claramente de sua lavra, cheios de apartes queixosos e comentários autodepreciativos. É difícil imaginar que um de seus filhos abrace tal miscelânea de causas pouco convencionais.

A área em que Charles se sentia menos valorizado era o trabalho de suas entidades beneficentes para a promoção da juventude. Com o tempo o Prince's Trust ganhou uma importância bastante significativa. Talvez porque ele mesmo tivesse se sentido sem perspectivas depois de deixar a Marinha, Charles fez com que o foco filantrópico da fundação se concentrasse em garotos que todo mundo havia descartado: desabrigados, fichados pela polícia ou dependentes químicos, ou que viviam de auxílio-desemprego sem nunca conseguir sair dessa situação. Na época em que a entidade foi criada, havia pouco interesse pelos jovens de dezessete anos de baixa escolaridade. Charles sentia uma afinidade genuína com eles e queria ajudar.

O ator Idris Elba, criado num conjunto habitacional popular em Hackney, agradeceu à fundação por lhe ter proporcionado o teste — e 1500 libras — de que precisava para iniciar a carreira. Numa estimativa recente, o Prince's Trust ajudou mais de 86 mil jovens a iniciar um pequeno negócio.

Por que o engajamento progressista e as obras claramente humanitárias de Charles não recebiam mais aplausos? Ironicamente, ele se ocupava de muitas das coisas defendidas pela bíblia liberal que era o *Guardian* e às quais a imprensa de Murdoch era instintivamente hostil. Mas, como herdeiro do trono, dificilmente se tornaria um garoto-propaganda de causas liberais, sobretudo por causa de sua irritadiça aversão a qualquer coisa que cheirasse a dogma cultural da esquerda. Como disse o primeiro-ministro Tony Blair: "Ele era uma curiosa mistura de conservador e radical (num plano, era totalmente New Labour; em outro, de forma alguma), de principesco e inseguro".[10]

Sua falta da devida cautela régia às vezes era admirável, assentada numa questão de princípios. Quando Blair tentava melhorar as relações com a China, Charles ofereceu uma recepção no Palácio St. James ao Dalai Lama, para manifestar seu apoio irrestrito ao Tibete. Alimentava profundas reservas a respeito da guerra no Iraque e seus efeitos nas relações anglo-islâmicas, mas, nesse caso, sua oposição provavelmente era fundada em motivos errados: suas relações de arrecadação de fundos entre os reinos do Golfo.

O que lhe causava o maior desespero eram livros, matérias de página dupla e documentários sobre Diana, que mantinham viva a imagem negativa dele. Sua frustração era compreensível, mas, por outro lado, ele se expunha desnecessariamente ao ridículo. Consumido pelo que julgava serem os fardos do cargo, ele muitas vezes não percebia até que ponto sua visão de mundo era distorcida. Depois de uma visita à Índia em outubro de 2003, ele apresentou como exemplo habitacional inspirador "a favela urbana miserável em Bombaim",[11] onde uma população de quase 1 milhão de pessoas vivia com um único banheiro para 1500 moradores, apinhada numa área da metade do tamanho de Highgrove. Seu estilo oratório retrô constituía um problema insuperável para criar empatia com as audiências modernas. Como me disse Ken Wharfe em 2006:

> O problema com o príncipe Charles é que ele não é como nós. Outro dia ele apareceu no noticiário de paletó, boné e galochas verdes reluzentes, na propriedade do Ducado da Cornualha, falando sobre as maravilhas do cultivo orgânico, naquela voz: "O que me deixa louco é como os supermercados embalam as cenouras. Quando eu era criança, lembro dos maços de cenouras balançando soltas".[12]

Foi possível ter um vislumbre de sua perspectiva distorcida durante um processo por demissão sem justa causa envolvendo Elaine Day, ex-assistente pessoal na Clarence House. Em março de 2002, por acaso ela viu o que Charles tinha escrito a seu respeito em uma anotação destemperada. "O que há de errado com as pessoas hoje em dia?",[13] ele anotou à margem, referindo-se a Day. (Ela tivera a temeridade de sugerir que os assistentes deviam ter oportunidade de estagiar em funções mais altas na administração da casa.) O memorando continuava:

> Por que todos eles parecem pensar que são qualificados para fazer coisas muito acima de suas capacidades? É tudo por causa da cultura de aprendizado nas escolas. É consequência de um sistema educacional centrado na criança, que diz às pessoas que elas podem virar pop stars, juízes do Supremo, apresentadores de TV brilhantes ou chefes de Estado infinitamente competentes, sem nunca dedicar o trabalho necessário ou ter a capacidade natural. É resultado do utopismo social, que acredita que a humanidade pode ser geneticamente programada para contradizer as lições da história.

Visto que o autor da declaração detém a patente de almirante da frota na Real Marinha, de marechal de campo no Exército e de brigadeiro da Real

Força Aérea sem nunca ter servido em combate, e que se sentia qualificado para opinar sobre arquitetura e sobre a produção intelectual de todos os ministérios sem ter sequer um diploma de graduação do Real Instituto de Arquitetos Britânicos ou algum estágio no funcionalismo público, não admira que seus comentários não tenham sido muito bem recebidos na mídia. O memorando concluía: "E o que vou dizer a Elaine? Ela é tão PC [politicamente correta] que fico travado de medo". Day perdeu a ação, mas venceu a guerra de relações públicas.

Para um futuro rei que supostamente deveria ser neutro em questões de política pública, Charles criava para si reveses desnecessários quando usava seu púlpito beligerante para detonar reputações. Em 1984, durante uma cerimônia de gala pelo 150º aniversário do Real Instituto de Arquitetos Britânicos, ele declarou que os projetos arquitetônicos para uma ampliação da National Gallery na Trafalgar Square eram "um furúnculo monstruoso no rosto de uma amiga elegante e muito amada".[14] O projeto de Ahrends, Burton e Koralek era, com toda a justiça, considerado realmente pavoroso por muitos outros, talvez não tão inclinados à franqueza. Patrick Jenkin, o *Tory,* então ministro de Estado do Meio Ambiente, que estava presente quando Charles fez essas notórias observações, murmurou que o discurso do príncipe o "salvou de tomar uma decisão difícil". O projeto "furúnculo" foi rejeitado e se consagrou como indicador do grau de rudeza a que o príncipe era capaz de chegar quando ofendiam suas sensibilidades.

Em busca desesperada de influência, envergadura e atenção enquanto esperava (e acompanhava) a mãe, Charles disparava uma saraivada de reclamações e sugestões fortemente opiniáticas em cima de Tony Blair e seus ministros. O *Guardian*, com uma ação baseada na liberdade de informação, obteve um lote bastante picante de cartas de Charles endereçadas a ministros entre 2004 e 2005. Essas cartas ficaram conhecidas como os memorandos da "aranha negra", por causa dos extensos comentários anotados em caneta-tinteiro com tinta preta. Os temas iam desde seu desagrado com a Lei dos Direitos Humanos de 1998 e o "grau a que nossas vidas estão passando a ser regidas por um nível realmente absurdo de interferência politicamente correta",[15] até seu desgosto perante a negligência do governo com a Inglaterra rural e a falta de recursos para as Forças Armadas no Iraque — em especial o "desempenho medíocre"[16] do helicóptero Lynx.

Blair e seus ministros recebiam cartas explosivas, defendendo a seleção dos texugos da Grã-Bretanha e protestando contra a pesca ilegal da merluza-negra. Numa carta de abril de 2002, que seus conselheiros, ao que parece, imploraram que ele não enviasse (e que certamente iria "cancelá-lo" hoje em dia), Charles abraçava as ideias de um agricultor da Cúmbria, que afirmou: "Se nós, como grupo, fôssemos negros ou gays, não seríamos vitimizados nem discriminados".[17]

Mas em geral o tom era mais de um ranheta exasperado que, sentado em sua poltrona num condado rural, dispara críticas "com palavras fortes" para a seção de cartas do *Telegraph*. Em fevereiro de 2005, numa nota a John Reid, ministro de Estado da Saúde, o príncipe, que manifestava preocupação pelo futuro das áreas reservadas a hospitais, teve pelo menos a percepção de reconhecer que corria "o risco de ser totalmente enfadonho".[18]

O interessante e paradoxal em Charles é que ele às vezes tinha uma sintonia com os sentimentos britânicos latentes maior do que a da mídia e dos políticos, momentos em que não estava errado na essência, mesmo que fosse irritante — e muito antiquado — ao se expressar. Muitos dos disparos contra os políticos captavam com precisão o ressentimento cada vez mais acirrado nas regiões rurais frente ao multiculturalismo urbano e à condescendência de Whitehall, um divisor que ia se alargando e contribuiu para a votação do Brexit em 2016.

A promessa do governo Blair de proibir a caça à raposa na Inglaterra e em Gales foi uma dessas questões, e das mais inflamadas. Para os moradores do campo, ela simbolizou a estreita incompreensão da elite liberal quanto aos valores rurais. Charles fez forte pressão para que Blair abandonasse o que, a seu ver, era um ataque à tradição, explicando que a caça é "ambientalmente amigável" e "se baseia inteiramente no relacionamento antigo e, na verdade, romântico do homem com cães e cavalos".[19] Ele se empenhou em explicar que a caça não era o que tantos citadinos imaginavam: uma atividade praticada por altos figurões que sentiam prazer em dilacerar os membros de um animal aterrorizado (embora, claro, muitos deles fossem apaixonados pela perseguição). Os defensores do esporte insistiam que ele criava laços entre a comunidade aldeã, o proprietário das terras e o agricultor. Homens e mulheres que, durante gerações, caçavam a cavalo sempre no mesmo local, entre vizinhos, os quais viam a seleção das raposas como uma necessidade ambiental. Eu mesma percebi isso quando o *Daily Mail* me enviou a Gloucestershire em 1983 para escrever uma matéria criticando os esnobes a cavalo. Não encontrei nenhum. "Quem estava caçando era basicamente gente do campo descontraída e afável, não aristocratas, de maneira nenhuma", escrevi ao observar o afluxo variado de agricultores, taberneiros, médicos locais e pequenos fidalgos rurais.

Os homens eram galantes, erguendo o chapéu à mais leve provocação; as mulheres, dignas e fortes. Suas conversas de caça chegavam a mim quando paravam para afagar os cavalos. "Acabo de voltar do Quorn. Lugar terrível." "Muito difícil. O tempo todo esfregando o nariz."[20]

Essa visão pró-caça, claro, divergia totalmente da sensibilidade urbana dos reformadores, convertendo a proibição da caça à raposa no tipo mais elementar de guerra cultural.

Para Blair, o tema era radioativo demais para o ativismo pelos direitos animais e a guerra de classes do Partido Trabalhista, o que o impedia de abrir mão do veto. A proibição era um osso que ele havia atirado para acalmar as incômodas alas esquerdistas do partido e, enquanto a controvérsia se inflamava, ele passou a ter decisões mais importantes a defender, como a Guerra do Iraque. Por alguma razão, muitos que faziam campanha em favor da caça puseram a culpa da proibição em Cherie Blair, que sempre estivera visivelmente mais à esquerda do marido. Em setembro de 2004, em seu aniversário de cinquenta anos, várias centenas de manifestantes a favor da caça bloquearam as estradas, impedindo que os convidados chegassem à festa em Chequers, e um dos manifestantes estava inteiramente nu, exceto por uma máscara de Tony Blair e um cartaz colocado estrategicamente. "Para ser sincera, nunca me interessei pela proibição à caça, apesar do que pensavam", ela me disse em 2020. "Se quer saber, pouco me importa se matarem um bando inteiro de raposas. Nem gosto de animais."

Em suas memórias, Blair revelou que a Lei da Caça finalmente aprovada em 2004 foi "uma das medidas legislativas internas que mais lamento"[21] e confessou que, quando tomou a "decisão precipitada" de concordar com a proibição, era "ignorante sobre o esporte". Ele diz que, quando veio a conhecê-lo melhor, ficou mais aflito em evitar a proibição. "O príncipe Charles realmente conhecia a comunidade agrícola e achava que nós não a entendíamos, no que estava certo", ele escreveu.

II

Ironicamente, foi essa questão — em relação à qual Charles e Camilla (e toda a família real, inclusive William e Harry, que caçavam com o grupo Beaufort) eram unanimemente contrários na esfera privada — que causou uma rara desavença entre o casal geralmente harmonioso.

Camilla estava doida para encontrar o pai (que tinha sido mestre de caça), a irmã e os amigos na Countryside Alliance's Liberty and Livelihood March [Passeata pela Liberdade e Modo de Vida da Aliança do Campo], que percorreria o centro de Londres em setembro de 2002. Charles lhe disse que isso estava fora de questão, pois seria "visto como um ataque direto e inaceitável ao governo de Tony Blair".[22] Ela resistiu energicamente, mas "o príncipe teve de fincar pé", conforme um amigo disse ao *Times*.

Por fim ela cedeu, mas deu o troco colando no carro um adesivo em favor da Countryside Alliance. Ficou ainda mais chateada quando a passeata se demonstrou uma manifestação épica de indignação rural, com 400 mil pessoas chegando dos condados para protestar contra a proibição, coisa da qual ela teria adorado participar.

Camilla sentia que sua posição ambivalente estava se tornando insustentável. Durante algum tempo, ela considerara que havia um lado positivo em não ser esposa de Charles. Sempre detestou voar, falar em público, se arrumar e ter a atenção da imprensa. Nunca teria tido uma agenda repleta de compromissos a que não queria ir, que é em essência o que define o modo de vida da realeza.

Ela era naturalmente boa nas coisas em que precisava ser boa — conversar sobre amenidades, encantar dignitários e patrocinadores, entender o meio e os modos da realeza —, mas começava a se irritar com as restrições sem a contrapartida da dignidade de ser a consorte oficial. Acostumada a gerenciar durante décadas as lidas domésticas, enquanto o marido servia no ultramar ou em Londres, ela achava desalentador, ao que me disseram, ser uma hóspede permanente nas mansões de Charles, com serviçais de ar sorumbático sempre rondando, de orelha em pé.

Não havia sequer a diversão de ser uma castelã que pudesse decorar a casa do jeito que queria, pois Charles e Michael Fawcett eram os barões do gosto que inspecionavam cada pormenor estético. Ela achava Highgrove irritantemente perfeita. "É pequena demais e Charles demais",[23] dizia aos amigos. "Não posso encostar em nada." Quando o designer de interiores Dudley Poplak, que havia decorado o Palácio de Kensington e Highgrove para Charles e Diana com um esquema cromático leve e arejado, percorreu Highgrove depois da separação do casal, notou que o gosto de Charles voltara à infância. "Pode-se ver que agora essa é a sala de um velho", ele disse, examinando as novas cortinas vermelho-escuras e o sofá coberto de tapeçaria. "O príncipe está se recolhendo ao útero. É igual a uma daquelas salas em Sandringham." Outras duas casas de Charles, Birkhall e o Castelo de Mey, ainda pareciam santuários dedicados à rainha-mãe. O que Camilla mais abominava eram as pesadas cortinas de tartan roídas de traças em Birkhall, que Charles se negava a trocar porque eram as favoritas da avó.

A rotina do príncipe era incessante. Nunca almoçava, e todas as manhãs o desjejum consistia nas mesmas sementes de passarinho e frutas descascadas. A pontualidade nunca foi o forte de Camilla, mas Charles esperava que ela estivesse pronta para os compromissos em regimental sincronia. Quando ela perguntava aonde estavam indo, ele retrucava: "Você não leu a agenda?".[24] (Desde que ela ingressou na Firma, o ritmo militar e os voos, em geral de helicóptero, que ela detestava, não eram propriamente opcionais.)

Vazavam para a imprensa comentários sobre seu cotidiano, e Camilla começou a perceber que não podia confiar nas pessoas. Irritava-se que policiais e seguranças que não foram escolhidos por ela ficassem fofocando sobre sua aparência desleixada quando estava longe dos holofotes. "Camilla é irritadiça e meio indolente; nunca trabalhou na vida e fica apavorada de se mostrar em público",[25] escreveu Mark Bolland em abril de 2005, no *Times*.

Um de seus amigos daquela época me contou que ela até começara a sentir certa empatia com as inúmeras insatisfações de Diana.

Quando a rainha enviou sir Michael Peat para lá, em 2002, a fim de pôr ordem no caos da residência de Charles, a instrução que ele recebeu de cima, apesar dos bons augúrios de aceitação no jubileu, era frear a ascendência de Camilla. Penny Junor, figura bem conectada no meio, diz: "Suas instruções eram cortar a relação de Charles com a sra. Parker Bowles porque era uma confusão e o afastava do trabalho".[26]

É certamente assim que as pessoas no Palácio de St. James que trabalhavam com Peat naqueles primeiros meses viam a situação. [...] Para um homem que um dia comandaria a Igreja da Inglaterra, aquela situação era no mínimo incômoda. Ela precisava ir embora.

Conforme noticiou o *Independent*, Peat impediu que Camilla acompanhasse Charles a uma viagem oficial à Índia e reduziu as aparições públicas em que eles estavam juntos. Excluiu-a das fundamentais reuniões diárias de Charles. Uma matéria na revista *Hello!* dizia que Camilla e sua família tinham começado a se referir a Peat como "O Inimigo" — termo que Diana usara para o secretário particular que o antecedera. Em maio de 2004, a Clarence House teve de desmentir as notícias de que Camilla estava "sendo excluída da vida da realeza por cortesãos não identificados".[27] A intervenção se deu após a informes noticiando que "o príncipe de Gales, depois do caso Paul Burrell e das implausíveis alegações de que Diana, princesa de Gales, fora assassinada, só conseguiria recuperar a popularidade se Camilla fosse posta de lado".

Peat, porém, era acima de tudo um pragmático. Ao constatar a solidez da relação de Charles e Camilla, percebeu que seria inútil tentar obstruí-la. Começou a defender o contrário para o palácio e para sua chefe: Charles devia se casar e liquidar o assunto. Um "cortesão de confiança", muito parecido com Peat, diria ao *Times* nove meses depois:

> O príncipe, ao se tornar rei, se tornará o Governador Supremo da Igreja Estabelecida e Defensor da Fé. Gostaríamos de evitar que a sucessão fosse empanada por qualquer controvérsia discutindo se o novo rei deveria desposar seu amor de longa data.[28]

Nesse seu zelo matrimonial, Peat contou com o apoio do novo secretário de comunicações de Charles, Paddy Harverson, também encarregado de representar os jovens príncipes. Harverson foi uma ótima escolha, um sopro de ar fresco: mais de 1,80 metro de altura, emanava segurança e era moderno, afável e vigoroso defensor de clientes com problemas. Aposentou os comunicados à imprensa por fax e criou uma conta da Clarence House no Twitter, dando coletivas e comparecendo à TV como um porta-voz simpático, aberto a qualquer pergunta — era tudo o que a velha guarda do palácio nunca considerara adequado. O papel das comunicações, para esse setor, era simplesmente promover e proteger.

Harverson tinha uma sólida base na imprensa como ex-jornalista do *Financial Times* e três anos de experiência como diretor de comunicações no

Manchester United Football Club. Peat o convidou para uma conversa a respeito de uma vaga na Clarence House, pois havia a ideia de que era preciso aumentar o número de empregados vindos do setor privado. Harverson achou que o emprego não combinava com ele, mas gostou de Peat (que se definiu diplomaticamente como um fã de futebol). Refletindo sobre o desafio de se tornar o responsável por criar a imagem do príncipe Charles e dos filhos, ele percebeu que seu trabalho no Manchester United lhe dava uma boa base. O palácio e o principal time de futebol da Inglaterra de certo modo se pareciam: eram uma instituição global no centro da vida inglesa, com jovens celebridades. No caso da realeza, William, então com 21 anos, terminando a faculdade, e Harry, de dezenove, que acabara de sair de Eton. As proteções oferecidas pelo Código de Conduta da Press Complaints Commission logo cairiam. Harverson, perspicaz, se apressou em mostrar aos jovens príncipes que eles tinham alguém a seu lado.

Ao ver William num ofício na Abadia de Westminster pelo quinquagésimo aniversário de coroação da rainha, sir Roy Strong anotou em seu diário que "o príncipe William pode se tornar o novo David Beckham, uma figura de fato atraente, com frescor, meigo e tímido".[29] Ninguém melhor do que Harverson para representar o novo David Beckham, já tendo representado o original. Ele foi rapidamente aprovado no teste do chá de Camilla. "Ela é fantástica",[30] disse Harverson. Sem se intimidar com todo o peso e dramatismo do passado, ele viu que a dinâmica entre Camilla e Charles podia ser um bom elemento para a imagem do príncipe na mídia: "Era extremamente visível o ar solitário dele nas viagens ao exterior. Mas você via os dois na esfera privada e eram incríveis juntos — divertidos —, e percebia que ela era ótima para ele".[31]

Diante da insistência de Peat para oficializar a relação com Camilla, o príncipe, habitualmente atormentado e indeciso, refletia se isso seria bom à sua popularidade. Em maio de 2004, Mark Bolland deu uma entrevista maldosa ao *Times* dizendo que Charles tinha perdido a chance de se casar com Camilla: "Creio que houve espaço para isso no ano após a morte da rainha-mãe... quando todas as indicações das pesquisas de opinião eram favoráveis. Não creio que agora seja assim. Há mais controvérsia em torno dele".[32] Bolland afirmou que não era de hoje que Charles, apesar da vontade de ficar com Camilla, era muito cauteloso e infenso às pressões para se casar:

Volta e meia os jornais faziam uma pesquisa de opinião se eles deviam se casar, e uns dois editores disseram que devíamos iniciar uma campanha... Ele sempre dizia: "Por favor, apenas faça de tudo para impedi-los. Não quero ser acuado. Eu vou saber quando for o momento certo".

As colunas de fofocas começaram a insinuar que o interesse de Charles por Camilla estava diminuindo. Houve várias referências indiretas ao citadíssimo aforismo de Jimmy Goldsmith: "Ao se casar com sua amante, você abre uma nova vaga".

Felizmente para Camilla, George Carey, o ex-arcebispo da Cantuária e bajulador da realeza, contribuiu um mês depois com uma declaração mais tranquilizadora. "Ele é o herdeiro do trono e a ama",[33] disse ao *Times*.

O natural é que se casem... A fé cristã consiste no perdão. Todos cometemos erros. A falha faz parte da condição humana e não há dúvida de que esta é uma sólida relação de amor, provavelmente desde quando eram muito jovens, que tem resistido ao longo dos anos.

Outros clérigos começaram a engrossar o coro de aprovação. Michael Peat, nos bastidores, estava a mil, conciliando os pontos mais delicados da Igreja e da Constituição.

III

Ao fim e ao cabo, não foram as augustas opiniões canônicas e sim uma picuinha, em novembro de 2004, que levou Charles à linha de chegada matrimonial. O filho de 29 anos de um amigo íntimo, Hugh van Cutsem, um proprietário de terras e criador de cavalos de Norfolk, marido de uma holandesa socialmente ambiciosa, Emilie, ia se casar com a filha do duque de Westminster na Catedral de Chester. Edward van Cutsem, o noivo, era afilhado do príncipe e tinha sido pajem em seu casamento com Diana. Tudo estava montado para ser o grande casamento do ano. A lista de 650 convidados incluía a rainha e o príncipe Philip, Charles e Camilla, William e Harry. Os dois jovens eram amigos dos rapazes Van Cutsem e se incumbiriam de receber os convidados na igreja.

Charles e Camilla foram avisados da distribuição dos lugares no final de semana anterior ao casamento: a sra. Parker Bowles ficaria relegada às margens sociais do evento. Ela pensava que ia se sentar logo atrás de Charles, que, como exigia o protocolo, estaria na fileira da frente, com a rainha e o príncipe Philip; mas não, aquela "vaca holandesa" (apud Camilla) a tinha socado do outro lado da catedral, no fundo, em companhia dos amigos da noiva, com a recomendação de que ela não poderia entrar ou sair pela porta principal.

"O problema é que Charles não estava de fato prestando atenção a cada detalhe do casamento", disse um cortesão a um jornalista do *Daily Mail*. "Creio que foi William quem o avisou. E isso tirou Camilla do sério. O príncipe ficou murmurando que isso nunca teria acontecido se Michael [Fawcett] ainda estivesse aqui."[34]

O que tornou a desfeita especialmente explosiva foi que a relação entre Camilla e os Van Cutsem já era estremecida. Ela havia ficado ofendidíssima quando eles disseram a Charles que o filho dela, Tom, sabidamente usuário de drogas, era uma má influência para William e Harry. Foi uma briga feia, inclusive com a presença de advogados. Chegou-se, por fim, a uma trégua. (Não boa o bastante, porém, para que o nome de Hugh voltasse à lista de convidados dos grupos de caça do príncipe, nem para que qualquer Van Cutsem recebesse o cartão de Natal anual da Clarence House.)

Alegando estrita adesão ao protocolo, Emilie van Cutsem não acatou a solicitação de Charles para designar a Camilla um assento de hierarquia mais elevada. Hugh era um sujeito emproado e pomposo que a princesa Diana sempre considerara "maçante" quando o tinha a seu lado em jantares. A antipatia pela arrogante Emilie, filha de um banqueiro de Amsterdam, era das poucas coisas que Camilla e Diana tinham em comum. Um ponto em desfavor de Emilie consistia em ela ter sido uma das seis amigas confidentes a quem Charles, quando se casou com Diana, deu um broche significativo, sugerindo uma intimidade que não agradava nem à esposa, nem à amante.

Dessa vez Camilla se recusou a ser compreensiva. Não seria humilhada na frente do círculo esnobe de Charles e, mais importante, da família real. O príncipe precisava escolher: ou iria ao casamento sem ela, ou nem iria, desdenhando de seus amigos mais próximos e seu afilhado. *Basta!* Foi o limite traçado por Camilla.

Felizmente, sempre há uma saída quando se é o príncipe de Gales.

De repente, justo no dia do casamento, o dever falou mais alto. Ele teria de visitar o quartel de Warminster, no condado de Wiltshire, para encontrar com as famílias dos soldados do regimento Black Watch, que servia no Iraque. Três membros do regimento haviam sido mortos num ataque suicida em Faluja. Camilla, por sua vez, tinha "outros compromissos". A ausência do padrinho régio na cerimônia era um revés devastador para os pais do noivo, que tiveram de enfrentá-lo de cabeça erguida. Fim do jogo, vitória da sra. Parker Bowles. O príncipe de Gales dera uma demonstração de apoio sem precedentes à mulher amada.

Foi bom, mas não o suficiente para Camilla, que a essa altura já percebera que sempre haveria um obstáculo para oficializar sua relação com o príncipe de Gales. Essa sua percepção teve o apoio do mais indulgente dos homens, dotado dos mais sólidos princípios: seu pai, o major Shand. Então com 87 anos, estava cada vez mais preocupado que relegassem sua filha querida a uma posição inferior. "Embora ele amasse muito o príncipe, considerava-o fraco e o incomodava ver como ele tornara Camilla vulnerável ao deixá-la viver no limbo",[35] diz Penny Junor, biógrafa da realeza. O major decidiu fazer uma rara intervenção. "Chamou o príncipe de lado e disse: 'Quero encontrar meu Criador sabendo que minha filha está bem.'" Falava por toda a família. Charles, que nutria profundo respeito e afeição pelo velho herói de guerra, se sentiu suficientemente repreendido para lhe dar atenção. A desfeita do caso Van Cutsem não podia se repetir. "É absurdo, é insultante", reconheceu Charles.[36] "E não vou mais pôr Camilla nessa situação." O que aconteceria, por exemplo, se William se casasse primeiro? A sra. Parker Bowles seria banida para o fundão?

Charles finalmente se ajoelhou e pediu Camilla em casamento no Ano-Novo, em Birkhall. Cada um passara o Natal com a respectiva família, e Charles havia comunicado seus planos à mãe, aos filhos e aos demais parentes em Sandringham. Uma pesquisa de opinião da Populus em 2004 mostrava que o número de favoráveis à ideia de um casamento Charles-Camilla era maior do que o de contrários, e um número ainda maior disse que pouco se importava (o que para Charles era melhor do que podia parecer, pois desarmava quem brandisse o receio de uma oposição popular a seu segundo casamento).

A rainha, amansada com a aprovação do prelado e do público, preparada pela diplomacia de sir Michael Peat, e livre das objeções da rainha-mãe, concordou que acertar a questão de Camilla — "regularizar"[37] seu papel, na linguagem régia — era a única via sensata para a eficiência operacional da Firma. "Complicada a coisa, não?", um de seus amigos mais antigos comentou com Gyles Brandreth. "A rainha gostava das coisas em ordem, e, apesar do que dizem, ela não era nada vingativa. Já que Camilla não vai embora, mais vale acolhê-la. Parecia ser essa a ideia." O duque de Edimburgo, ao que tudo indicava, era da opinião de que, "se vão fazer, mais vale que façam logo". William e Harry nunca aceitariam Camilla, tampouco compreendiam seu poder de atração, mas ela, como todos os outros já tinham entendido, era "inegociável" na vida do pai dos rapazes. Se as relações entre eles eram tensas, nessa altura foram cordiais.

Elizabeth autorizou que o filho escolhesse o anel de noivado para Camilla entre a coleção de joias da rainha-mãe. Ele separou uma relíquia art déco com um diamante de cinco quilates no centro, com lapidação de esmeralda, e mais três diamantes com lapidação em baguete de cada lado, mais valioso do que o anel de noivado dado a Diana. Camilla sempre adorou joias vistosas, e Charles adorava presenteá-la. Logo antes da separação em 1992, Diana ficou especialmente ofendida ao descobrir que Charles reservara um dispendioso colar de diamantes para dar a Camilla no Natal, enquanto a ela coubera um jogo de bijuterias. "Não quero essas joias falsas desgraçadas dele!", ela gritou na frente dos serviçais de Highgrove. "Eu achava que os maridos infiéis tinham bastante cuidado em adular as esposas com peças autênticas, reservando as bugigangas de mau gosto para suas putas!" A avó de Charles, se soubesse quem estava destinada a usar o diamante com lapidação de esmeralda de seu legado, certamente se reviraria em sua tumba no Castelo de Windsor.

O anel no dedo era o círculo de fogo que Camilla levara mais de trinta tumultuados anos para conseguir atravessar. Estava inextricavelmente ligada a Charles, ambos unidos pelo amor, pela proteção e pelos duros momentos do passado. Por que ela aguentou firme? Alguns amigos acreditam que, por temperamento e gosto pela independência, ela preferiria o papel de Alice Keppel, mas apenas na era de discrição em que Alice Keppel viveu. A sra. Keppel nunca precisou aturar os tabloides, a humilhação do Camillagate, a demonização após a morte de Diana e a insegurança financeira do divórcio. E tampouco havia a mais remota possibilidade de que ela se tornasse rainha. Camilla havia sido paciente, mas nunca passiva em seu lento avanço. Estava prestes a se tornar a segunda mulher mais importante da Inglaterra. A "vaca holandesa" agora teria de lhe fazer vênia!

Houve outras vitórias. Camilla conseguiu que o príncipe criasse um fundo fiduciário "substancial"[38] para os filhos dela e que, contrariando os conselhos jurídicos, abrisse mão de um acordo pré-nupcial, embora ele achasse que, da última vez, tinha "ido à ruína".[39] Visto que Charles nunca deixou de se indignar com o acordo de 7 milhões de libras que foi obrigado a pagar para Diana, a inexistência de um acordo pré-nupcial no segundo casamento foi um golaço e tanto de Camilla. Ela conhecia muito bem a parcimônia régia, precisava se garantir e proteger seu futuro.

O casal escolheu o dia 14 de fevereiro de 2005, Valentine's Day, para dar a notícia sobre o noivado e o novo título de Camilla como Sua Alteza Real, Duquesa da Cornualha, conferido pela rainha. A Clarence House anunciou que, quando o príncipe ascendesse ao trono, a "intenção" (termo ambíguo ciosamente escolhido) era que sua esposa fosse conhecida pelo título altaneiro de Princesa Consorte. A rainha, após consultar o primeiro-ministro, deu o consentimento régio à união. Blair manifestou sua aprovação e satisfação com uma mensagem de congratulações de todo o gabinete ministerial. A Clarence House decidiu organizar um casamento que ficasse o mais distante possível das infelizes associações com a prévia união celebrada na Catedral de St. Paul. Uma cerimônia civil no Castelo de Windsor na sexta-feira, 8 de abril de 2005, evitaria controvérsias religiosas. Um ofício de oração, conduzido pelo arcebispo da Cantuária na Capela de St. George, conferiria uma estatura eclesiástica. O casal decidiu evitar fotos de noivado e os riscos de uma entrevista pré-nupcial, com uma horrenda retomada de "seja lá o que significa 'apaixonados'", comentário de Charles quando o entrevistador disse que ele e Diana pareciam "muito apaixonados". Não haveria lua de mel glamorosa no iate real (que, aliás, nem existia mais). Os recém-casados iriam passar alguns dias tranquilos perambulando no frio cortante de Birkhall. Tudo muito discreto, muito elegante, muito adequado para a idade.

Só que não foi. E como poderia ser, se o noivo real era a versão masculina de Jane Calamidade?

Primeiro, naquilo que os psicólogos americanos talvez vissem como um gesto exibicionista de revolta que revela o real turbilhão emocional, houve um furor nos tabloides em janeiro de 2005 com a publicação de fotos do príncipe Harry numa festa à fantasia, trajando um uniforme nazista do Afrika Korps do general Rommel na Segunda Guerra Mundial. Charles, que já estava com os nervos em petição de miséria antes do "Grande Anúncio", exigiu espumando de raiva que Harry apresentasse o devido pedido de desculpas a Jonathan Sacks, rabino-chefe das Congregações Hebraicas Unidas da Commonwealth. Ele também estourou com William — que, ao que consta, vestia uma malha preta justa, com patas e cauda de pele de leopardo —, por deixar o irmão fazer escolha tão insensata. O Comitê de Contas Públicas da Câmara dos Comuns abriu um inquérito sobre os critérios e as responsabilidades dos conselheiros da Clarence House. A duquesa de York, sempre fora de tom, ofereceu publicamente seu pleno apoio a Harry, assim fornecendo material para mais uma rodada de manchetes na imprensa.

A seguir, o repórter do *Evening Standard* que cobria a realeza, Robert Jobson, ficou sabendo do casamento e deu o furo em 10 de fevereiro, passando por cima da Clarence House e anunciando os planos antecipadamente. Quanto a isso, parecia não ter muito problema. Charles e Camilla deviam ir naquela noite a um evento beneficente no Castelo de Windsor, uma boa ocasião para os flashes na área externa. Camilla estava radiante com seu vestido rosa Jean Muir. Mostrou o anel e disse à imprensa que estava "acabando de voltar à Terra".[40] A rainha mandou iluminar a Torre Redonda do castelo num gesto festivo.

Mas a equipe em geral meticulosa de Michael Peat havia cometido um erro infeliz.

Uma cláusula na Lei de Casamentos de 1994 permitia que os casamentos fossem oficiados em determinados "locais aprovados".[41] Assim, se o Castelo de Windsor recebesse autorização para abrigar o casamento civil de Charles e Camilla, isso significava que qualquer um podia se inscrever para se casar no lar da rainha. O local onde Charles e Camilla trocariam votos teve de ser transferido, passando do castelo para o Salão Municipal. A rainha, como suma autoridade da Igreja da Inglaterra, considerou que sua posição não lhe permitia comparecer a uma cerimônia civil, em especial envolvendo o herdeiro do trono. Tampouco se dispôs a aparecer no cartório de registros na High Street, a caminho do qual havia uma filial do McDonald's. Compareceria apenas à bênção na Capela de St. George. Prontamente surgiu a questão da legalidade da cerimônia civil. Sir Michael Peat teve de pedir ajuda a Tony Blair, que recorreu ao lorde chanceler lorde Falconer. Este encerrou sabiamente a questão dizendo que a Lei de Direitos Humanos de 1998 (a mesma contra a qual Charles havia esbravejado no memorando "aranha negra") de fato prevalecia sobre a Lei dos Casamentos e que o casamento era legal.

Tudo isso ofereceu à imprensa uma trama irresistível de mancadas. Os *red tops*, como às vezes se chamam os tabloides britânicos por causa dos cabeçalhos vermelhos, já estavam de mau humor por terem sido passados para trás com o furo do *Evening Standard* sobre o noivado. As manchetes foram brutais. "Tremenda Farsa!" "Rainha Desdenha Casamento de Charles!" "Humilhação!" "A Noiva do Salão Municipal!" "Fiasco do Casamento Aumenta Hostilidade Contra Charles!"

Em final de março de 2005, nos feriados da Páscoa, Charles levou os filhos para esquiar no resort suíço em Klosters. Relutante, ele concedeu uma entrevista que daria a William e Harry uma chance de mostrar seu entusiasmo com o casamento. Os rapazes se comportaram jovialmente, conforme sua experiência com a mídia. Charles perguntou aos filhos: "Passo o braço pelo ombro de vocês? O que fazemos?".[42] William respondeu tranquilo: "Fique sorrindo". Quando lhe perguntaram se estava animado em ser testemunha, o novo Beckham respondeu: "Desde que eu não perca as alianças — essa é a única responsabilidade!".

Charles, porém, ficou uma fera quando o correspondente veterano da BBC Nicholas Witchell lançou uma pergunta que parecia ser benignamente previsível, indagando como o príncipe estava se "sentindo" a oito dias do casamento. "Sentir" é sempre uma palavra imprudente para se usar com altos membros da Família Real, pois abre campo para questões emocionais que eles são treinados a não comentar. Esquecendo-se do microfone ligado, Charles anunciou ao mundo sua verdadeira opinião sobre Witchell. "Gente desgraçada",[43] murmurou baixinho. "Não suporto esse sujeito. Ele é medonho. Realmente medonho." O comentário surpreendeu a todos, visto que a única pretensão à fama do insignificante jornalista até aquele momento era ter sentado em cima de uma manifestante lésbica durante uma invasão de protesto no estúdio do *Six O'Clock News* da BBC em 1988.[44] Foram precisos vários dias de comentários negativos a Charles — "mal-humorado", "petulante" etc. — para esquecerem a gafe.

No final de março, o bispo de Salisbury, que encabeçava o comitê litúrgico da Igreja da Inglaterra, entrou em cena. Fazia parte da ala anglo-católica da High Church e parecia falar em nome dos insatisfeitos com a disposição do arcebispo da Cantuária em sancionar o novo casamento do futuro sumo governante e defensor da fé.[45] O eclesiástico dispéptico, querendo agradar sua turma, fez uma declaração insistindo que Charles e Camilla, antes de ser autorizados a receber a bênção da igreja, deviam pedir desculpas ao ex-marido de Camilla pelo papel que tiveram no rompimento do casamento. A Clarence House não se dignou a fazer qualquer comentário, embora a sugestão tenha soado hilária entre os que conheciam a agitada história sexual do supostamente enganado brigadeiro Andrew Parker Bowles.

Charles estava preocupado com a acolhida que estava sendo dada ao casamento. Ligava freneticamente para os amigos. Alguns achavam que Charles e Camilla deviam ir para a Escócia, como fizera a princesa Anne ao se casar com o segundo marido, o firme comandante Timothy Laurence, ex-camarista da rainha, na Crathie Kirk, perto de Balmoral. Nicholas Soames, um dos amigos mais próximos de Charles, discordava. "Para a princesa Anne podia não ter problema nenhum... agir de maneira burocrática e então voltar para um sanduíche de queijo em Gatcombe ou seja lá o que tenham feito, mas Camilla é de *outro estofo*",[46] ele disse ao *Spectator*. "Ora, ela queria os amigos junto." Charles culpou Peat pelos problemas de protocolo, e Peat, por sua vez, culpou seu vice, Kevin Knott, pelas trapalhadas quanto ao local. Knott, veterano de vinte anos de palácio, pediu devidamente sua demissão. A rainha, sempre muito ciosa dos detalhes, ficou exasperada com as indignidades que continuavam pipocando em volta de Charles. Até Camilla se indagou diante de sua equipe: "A baixaria nunca vai acabar?".[47]

A vida da sra. Parker Bowles já começava a mudar. Agora tinha um segurança armado ao lado e nunca podia pôr o nariz fora de casa sem um deles. Para Camilla, sempre foi difícil ter um comportamento "régio". Um amigo lembra que a viu com Charles no Catar, quando estavam todos hospedados no Four Seasons. "Uma vez, eu estava entrando no elevador e Camilla entrou só com um roupão de banho, e falei: 'Você é uma mulher de coragem' — imagine se as pessoas tivessem tirado uma foto dela assim!" Uma característica que ela tinha em comum com os membros da realeza era nunca deixar que sua tensão transparecesse. Num ofício em memória de sir Angus Ogilvy, marido da princesa Alexandra de Kent, ela estava sentada com o grupo régio. Gyles Brandreth observou que ela parecia "realmente bem":[48]

> Ela perdeu peso e ganhou segurança. Tem um sorriso natural e constante. Seu único sinal de insegurança é o hábito de segurar o chapéu com a mão. Em vista dos anos que teve de passar à sombra, ela está entrando na luz da ribalta com considerável segurança.

Quando Charles estava viajando pela Austrália, Nova Zelândia, Fiji e Sri Lanka, para visitar as vítimas do tsunami, Camilla foi com a irmã provar os dois trajes de casamento — um para o Salão Municipal e outro para a bênção na igreja — no ateliê da dupla de estilistas Antonia Robinson e Anna Valentine. Foi ao cabeleireiro, embora sem qualquer perigo de mudar de estilo, e fez ioga para reduzir a ansiedade. A viagem de Charles pela Austrália foi recompensada com uma pesquisa de opinião em que 59% dos australianos disseram que ele devia se afastar e ceder o trono a William.

Seis dias antes do casamento, o papa morreu. E não era um papa qualquer. João Paulo II, que viria a ser canonizado em 2014, foi o pontífice mais importante da era moderna. Ajudou a acabar com o regime comunista na Polônia, sua terra natal, e depois em toda a Europa. Seu funeral reuniu o grupo mais augusto de chefes de Estado fora das Nações Unidas. Milhões de pessoas se juntaram para prantear sua morte em Roma. Dr. Rowan Williams foi o primeiro arcebispo da Cantuária a comparecer ao funeral de um papa desde que a Igreja da Inglaterra se separara do Vaticano, em 1534. Na lista de convidados estavam setenta presidentes e primeiros-ministros, quatro reis, cinco rainhas e mais de catorze chefes de outras religiões.

A rainha insistiu que Charles a representasse no dia marcado para o funeral, que calhou ser o mesmo em que ele pretendia se casar. "Tem mais alguma coisa que possa dar errado?", bradou o *Daily Mail* em resposta a essa erupção cósmica na vida de Charles e Camilla.

O casamento foi adiado por 24 horas. O decoro religioso e político assim exigia. Para coroar a tarefa hercúlea e a enorme despesa de reorganizar todos os detalhes da ocasião, a bênção televisionada ficou marcada para o mesmo horário da corrida hípica de obstáculos do Grand National, considerada a "joia da coroa"[49] da cobertura esportiva da BBC. A solução foi transferir o começo da corrida das 15h40 para as 16h10, permitindo que os espectadores assistissem a ambas.

Camilla, em geral firme, começou a desmoronar. Decerto sentia como se Diana e a rainha-mãe tivessem somado forças no além para despejar raios e trovões no dia tão especial para ela. Teve uma crise de sinusite e passou a semana em Ray Mill com um grupo de amigas cuidando de seus nervos esfrangalhados. Lucia Santa Cruz, a velha amiga que a apresentara a Charles, veio do Chile trazendo-lhe uma canja de galinha feita em casa. "Ela estava realmente mal, estressada", disse, e "morrendo de medo de não dar conta."[50] No dia do casamento, segundo Penny Junor, quatro pessoas tiveram de persuadir Camilla a sair da cama: "Ela não conseguia se levantar".[51] A estilista de Camilla, Jacqui Meakin, estava lá com Annabel e Laura, a irmã e a filha de Camilla, e uma criada. Por fim, foi Annabel quem resolveu a questão: "Tudo bem, não tem problema. Vou em seu lugar. Vou usar sua roupa". Só aí Camilla se levantou. A competição sempre foi a melhor maneira de instigar aquela que dali a pouco deixaria de ser a sra. Parker Bowles.

Depois de retomar seu ar decidido, ficou com excelente aparência. Mostrando uma tímida alegria, ela entrou no Rolls-Royce Phantom VI da rainha, juntando-se a Charles para o percurso até o Salão Municipal. Era uma comparação fatídica saber que o mundo estaria pensando naquela outra noiva, a encantadora "ovelhinha indo para o matadouro" de vinte anos, que antes subira os degraus da Catedral de St. Paul com um vestido de boneca principesca com uma profusão de tafetá, ao qual se seguia uma enorme cauda exagerada e amarfanhada. Mas, naquele dia, Camilla exibia seu próprio encanto discreto. Com 57 anos, sem corar, sem se emperiquitar, sem ser esbelta, Camilla era alguém que Diana nunca fora: a mulher que o príncipe de Gales sempre tinha desejado.

A imprensa da moda concordou que Robinson Valentine teve uma dupla vitória nos trajes: para a cerimônia civil, um delicado vestido de chiffon off white e casaco de seda panamá cor de ostra, com um chapéu Philip Treacy de aba larga e plumas brancas; para a bênção, um vestido de chiffon azul-porcelana e casaco combinando, bordado com cinco variedades de fio de ouro que cintilavam à luz da Capela St. George. O mestre chapeleiro Treacy primou com um chapéu de plumas folheadas a ouro, evocando trigais ondulantes em ponto de colheita, num elegante toque rural para uma noiva que amava o campo.

As multidões nas ruas estreitas e sinuosas de Windsor eram respeitáveis — 20 mil pessoas, contra as 600 mil de Diana em 1981 — e pelo menos não eram hostis. Vinte e oito convidados, incluindo a princesa Anne, o príncipe William e o príncipe Harry, testemunharam os votos de Charles e sua nova duquesa no modesto Salão Municipal, com seu único candelabro de bronze e flores frescas colhidas nos jardins de Highgrove e Ray Mill. Charles estava irrepreensível com um terno matinal e colete cinza. Noiva e noivo trocaram alianças feitas de ouro especial de Gales. Quando se solicitou a extração de um corte na reserva restante da família na mina de Clogau, a rainha comentou: "Sobrou muito pouco — não terá o suficiente para um terceiro casamento".[52] Seu presente para Charles foi uma égua reprodutora, com as despesas a cargo dela.

Na Capela de St. George, oitocentos convidados aguardavam ansiosos os recém-casados. O clima estava animado, beirando a euforia. Eram os servidores da casa Camilla-Charles, os inúmeros amigos e apoiadores que haviam oferecido refúgio seguro para os amantes. Tinham ouvido as queixas de Charles, guardado os segredos de Camilla, tinham-nos defendido na imprensa e agido como seus defensores junto à rainha. Era a Festa na Nave, sem Ozzy Osbourne, com antigos favoritos como a duquesa de Devonshire, amigos leais do campo como os Palmer-Tomkinson, o ex-rei e a ex-rainha da Grécia, Nicholas Soames, Stephen Fry e uma braçada de velhas paixões, como lady Amanda Ellingworth e a filha do duque de Wellington, lady Jane Wellesley. Andrew Parker Bowles tinha um ar misteriosamente satisfeito. "Estava se comportando como a mãe da noiva", me disse um dos presentes. A ausência de dois convidados, Hugh e Emilie van Cutsem, causou certa surpresa. Ainda de luto pelo papa, foi a justificativa.

Vindo pessoalmente num voo de Roma, o arcebispo da Cantuária, dr. Rowan Williams, oficiou a bênção. Conduziu imperiosamente o casal numa oração tida como o ato de contrição mais rigoroso na Igreja da Inglaterra. Fora escrita por Thomas Cranmer, arcebispo da Cantuária, para o rei Henrique VIII, que tinha muitos motivos de arrependimento:

> *Reconhecemos e lamentamos nossos inúmeros pecados e perversidades,*
> *que de tempos em tempos temos muito gravemente cometido,*
> *em pensamentos, palavras e ações, contra Sua Divina Majestade,*
> *despertando muito justamente Sua ira e indignação contra nós.*
> *Arrependemo-nos sinceramente*
> *E lamentamos de coração essas más ações.*[53]

A congregação, ao lhe perguntarem se dava apoio ao príncipe em seus votos matrimoniais e de fidelidade pelo resto da vida, bradou em uníssono: "SIM, DAMOS!".

Durante toda a cerimônia a rainha se manteve com seu ar habitual de casamento (ou seja, sem expressão alguma no rosto), mas um dos convidados me disse que sua conduta na recepção revelava genuína afeição por Camilla e pelo filho. Será que os longos anos de exclusão eram mais uma questão de forma do que de sentimento? A segunda esposa do príncipe, positiva e descomplicada, tem qualidades que a rainha sempre admirou — constância, discrição, estoicismo sob o fogo cerrado. Nada, porém, afastava Sua Majestade de seu primeiro amor. Quando Charles e Camilla saíram da capela para as aclamações à luz do dia, a rainha desapareceu numa sala lateral para assistir ao Grand National. Ressurgiu na alegre recepção oferecida nos Aposentos Oficiais no Castelo de Windsor e fez um brinde especialmente inspirado que ocupou as manchetes do dia seguinte:

> Tenho dois anúncios importantes a fazer. Sei que vocês querem saber quem foi o vencedor do Grand National. Foi Hedgehunter. [Pausa com ar sério-burlesco.] Segundo, tendo saltado o Becher's Brook, The Chair e outros tremendos obstáculos dos mais variados tipos, eles chegaram e fico muito orgulhosa e desejo tudo de bom a eles. Meu filho venceu com a mulher que ama. Agora estão na linha de chegada; agora o casal feliz está no recinto dos vencedores.[54]

Então desapareceu mais uma vez na sala lateral, para assistir ao replay da corrida.

Camilla e Charles recebiam os convivas com um ar de júbilo um tanto desconcertado. Paddy Harverson lembra a ocasião como um dos casamentos mais alegres em que esteve, liberando anos de tensão acumulada dentro da família real e de todo o círculo de amigos em comum. Stephen Fry relembra:

> Teve uma hora que tinha um monte de gente e eu estava falando com David Frost, aí me virei e de repente dei com a rainha a meu lado. E ela disse: "Ninguém vai me dar bolo?". E eu pensei: "Nooossa". Ali estávamos no Castelo de Windsor, e de fato tinha bolo, sim. Tinha gente distribuindo e montes de gente comendo, e ela não. E aí eu falei: "A senhora espere aqui. Vou buscar". Aí fui esterçando entre aquela gente toda, me sentindo o mensageiro mais importante numa peça de Shakespeare, sabe como?, dizendo: "Saiam da frente, a rainha quer bolo!".[55]

Sua Majestade e o príncipe Philip, dirigindo-se para a saída, passaram por Michael Fawcett. A rainha se virou para Philip e falou alto: "Ora, veja, é Fawcett.

Como engordou!".⁵⁶ Esse comentário, vindo pouco depois do belo brinde a Charles e Camilla, denunciou sua mordacidade longe do palco.

William e Harry correram para pregar os cartazes de "recém-casados" no Bentley do pai, antes que os noivos partissem para Birkhall. Um fotógrafo disse a Penny Junor: "Ficou evidente que William estava feliz por eles, e Harry também, mas William mais. Dava para ver que o importante para ele era a felicidade do pai e como Camilla era muito boa para ele".⁵⁷

O que o filho mais novo de Diana estava pensando, só ele poderá nos dizer, e sem dúvida o fará.

PARTE II

10. Os príncipes na casa dos vizinhos

AS REALIDADES RIVAIS DE WILLIAM E HARRY

Até começar a perder o cabelo, o príncipe William provavelmente era o herdeiro do trono mais galã desde Henrique VIII (antes que o rei ficasse obeso).

William tinha muito do brilho delicado de Diana. O mesmo sorriso fácil e descontraído, a mesma ponta de timidez misteriosa que sugeria uma necessidade (talvez até uma demanda) de proteção. Exibia as cores Spencer nas tonalidades certas: o leve rubor e os reflexos fulvos do cabelo, em contraste com os tufos cor de cenoura de Harry. E aos dezesseis anos William tinha a altura spenceriana — 1,83 metro —, que lhe dava um porte principesco mesmo de tênis.

"Não tinha como não sorrir quando ele entrava numa sala, pois estava sempre muito alegre", disse a ex-assessora de imprensa do príncipe Charles, Sandy Henney. "Não era como quando o príncipe [de Gales] entrava e a gente pensava: 'Ai, meu Deus, o que vai ser hoje', bom humor, mau humor ou o quê?"[1]

Desde cedo William apresentava uma segurança admirável. Já era fotogênico aos nove meses, quando foi pela primeira vez à Austrália, em 1983, com Charles e Diana. Disse suas primeiras palavras em público no ano seguinte, filmado com uma camiseta listrada e macacãozinho azul, chutando uma bola no jardim murado do Palácio de Kensington. "Ele realmente se interessa por câmeras", disse o príncipe Charles ao *Times* em junho de 1984.[2]

> Um cinegrafista da ITB deixou que o príncipe William olhasse pelo visor enquanto apontava a lente para o restante da equipe. "Oooh, tem gente ali dentro", disse o príncipe Charles enquanto o filho arregalava os olhos diante desse novo brinquedo. Passando a atenção para um microfone comprido, o príncipe William perguntou: "O que é isso?". "É uma supersalsicha que pega tudo o que você diz — e você está começando cedo", falou o pai.

Antes mesmo de completar cinco anos, William já encantava o público. Em junho de 1987, ele foi a seu primeiro Trooping the Colour, o desfile militar que marca o aniversário oficial do monarca. Andou numa carruagem aberta com a rainha-mãe e a princesa Diana, e assistiu ao resto da parada sem desgrudar os olhos, por uma janela que dava para o Desfile da Guarda Montada. Suas habilidades com a mídia se aguçavam à medida que observava os contatos de Diana com a imprensa, fossem eles amistosos ou hostis, fossem "*on the record*", "*off the record*" ou "*on background*". Sentia curiosidade (e certa cautela) por aqueles seres barulhentos que ele chamava de "tógrafos". Indo para a pré-escola, ele disse à mãe: "Papai diz que tenho de ter muito cuidado com eles".[3] Diana respondeu: "Não, eles só estão trabalhando. Seja educado, sorria, e eles vão deixar você em paz".

Longe das câmeras, William não era tão afável. Aos dois, três anos, ele tinha deixado a rainha preocupada por dar sinais de ser malcriado. Ela reclamou com o marido que o neto estava "fora de controle" e precisava de uma babá mais rigorosa.[4] Não achava graça nenhuma que ele adorasse dizer: "Quando *eu* for rei, vou fazer uma regra nova que…".

A própria Diana reconheceu — depois de voltar de uma viagem de dezoito dias pelo Canadá, com Charles mas sem William, em junho de 1983 — que seu Vombate estava virando "um verdadeiro terror — corre e bate em mesas e lâmpadas, quebra tudo pela frente".[5] Aos quatro anos, ele tinha o hábito pouco simpático de gritar para a babá, Barbara Barnes: "Ninguém manda em *mim*! Quando eu for rei, vou mandar castigar você". Os guardas de Highgrove não achavam graça em levar jatos de água o tempo todo, disparados pelo pequeno.

Diana o chamava afetuosamente de "meu minifuracão". No jardim de infância da sra. Mynors, era considerado um monstrinho arrogante e foi apelidado de "Will, o Brigão".[6]

Naqueles tempos, o filho sensível e mimado por Diana era o príncipe Harry. "Harry é mais tranquilo e só olha",[7] ela disse a um entrevistador. Muitas vezes voltava doente da escola e ficava em casa, talvez numa estratégia de ter a mãe só para si. "Você cuida do herdeiro; eu cuido do reserva",[8] dizia Diana a Darren McGrady, o cozinheiro-chefe no Palácio de Kensington, que às vezes era recrutado para olhar os meninos.

A área dos garotos Gales era uma espécie de reino dentro do reino. O ex-secretário particular de Diana, Patrick Jephson, que entrou na casa quando os meninos tinham menos de sete anos, dizia que era "quase uma corte em si":

> Havia quartos, aposentos para brincar, uma cozinha e uma sala de jantar nos sótãos do Palácio de Kensington. Havia babás de meio-período e período integral, policiais, um motorista que atendia também a eles... Todas as sextas de manhã, quase todo o sistema era transportado 160 quilômetros a oeste, para passar o fim de semana em Highgrove, em Gloucestershire. Lá os aguardava um conjunto de aposentos em duplicata, com todas as atrações e diversões da vida numa pequena mansão rural de cartão-postal.[9]

Diana, a bem da verdade, não queria que William e Harry fossem criados como uns lordezinhos Fauntleroys sem noção,* com sapatinhos de fivela Start-Rite. E não gostava do jeito que a equipe de Balmoral mimava os meninos. Em Highgrove, ela os deixava brincar com os filhos de Burrell, mas Charles não aprovava: os meninos eram príncipes e deviam ser criados como tais. "Podem ser príncipes, mas também são meus filhos", Diana dizia. "E precisam ter uma vida normal ou vão acabar irremediavelmente autocentrados como você."

Quando ia almoçar com amigos no San Lorenzo, seu restaurante favorito em Knightsbridge, ela deixava que os meninos corressem felizes entre as mesas.

Entre os quatro e os seis anos, os dois irmãos pareceram absorver o destino que lhes era designado. Era como se a criação tivesse prevalecido sobre

---

* Referência ao personagem do romance infantojuvenil *The Little Lord Fauntleroy* [*O pequeno lorde*], de Frances H. Burnett (1886). (N. T.)

a natureza, e eles trocaram seus traços de personalidade. O dever e a responsabilidade se incutíam no herdeiro do trono — subjugando sua turbulência —, enquanto Harry se tornava um diabrete magrelinho e exuberante em sua desobediência.

Cursaram o ensino fundamental sob regime de internato no acolhedor cenário campestre de Ludgrove, em Berkshire. Keith Critchlow, um dos vários tutores que Charles contratou para trabalhar com os filhos, disse que William tinha "um caráter extraordinariamente natural", com "um senso impecável de integridade e correção".[10] Sua aura cavaleiresca se ressaltava ainda mais com a cicatriz à la Harry Potter na testa, resultado de um acidente de golfe aos oito anos. "Às vezes reluz",[11] ele disse a um jovem paciente com câncer quando foi dar seu apoio a um novo centro oncológico para crianças e adolescentes, no hospital Royal Marsden, em 2009.

Mas ainda havia momentos de prepotência, nos quais ele se achava no direito de qualquer coisa. Uma pessoa que integrava a equipe de Diana me contou que William, então com oito anos, no voo de volta de sua primeira viagem formal a Gales, estendeu o garfo e o cravou num ovo cozido no prato dela. Foi como se o garoto dissesse: "Vou ser rei. Você não, e vou pegar o que eu quiser de seu prato… Você vai fazer o quê, quanto a isso?". Quando Diana o repreendeu, William abriu um "berreiro" — pouco faltando para ter um ataque histérico — que a pessoa atribuiu às tensões de uma caminhada em Cardiff no Dia de St. David.

Enquanto o pequeno mago aceitava cada vez mais seu destino manifesto, o príncipe mais novo começou a sentir que tinha liberdade para se divertir um pouco. Harry, com quatro anos, arreliava William: "Um dia você vai ser rei. Eu não. Então posso fazer o que quiser",[12] ecoando o "coitada" de Margaret para Lilibet, a irmã mais velha e mais séria. Ele corria em disparada pelas guaritas dos guardas e pelos aposentos dos criados, um borrão ondulante de cabelo alaranjado. Ken Wharfe, que também protegia os meninos, quase teve um ataque do coração quando deixou que Harry, então com seis anos, brincasse com seu rádio de polícia. Só quando ouviu os estalos do rádio sobre o paradeiro de Harry, dizendo "Tower Records, câmbio",[13] é que ele se deu conta de que o terceiro na linha do trono estava no meio da Kensington High Street, a quase um quilômetro do palácio. Em outra ocasião, Harry, depois de sair brincando pelo pasto e ficar todo coberto de esterco de ovelha, arremeteu contra o pai por trás bem no instante em que Charles estava subindo num helicóptero para uma viagem oficial. As costas do príncipe então ficaram manchadas de preto e verde. "Veja só!", gemeu o pai. "Estou absolutamente *coberto* de merda de ovelha!" Tiveram de secar Charles com um secador de cabelos.

Diana era indulgente com o caçula. "Sabe, um dos lemas dela para mim era 'Você pode fazer as molecagens que quiser, só não se deixe apanhar'",[14] disse Harry no documentário de Nick Kent, em 2017, sobre sua mãe.

Ele sabia que sempre podia contar com William para ter um álibi, toda vez que fossem flagrados em alguma travessura. Quando a galinha-d'água favorita de Charles levou um tiro em Highgrove, o príncipe teve uma forte suspeita de que aqueles "meninos danados" tinham sido os responsáveis e exigiu saber quem era o culpado. A assessora de imprensa Sandy Henney foi designada para ligar ao diretor de Eton, Andrew Gailey, atrás de uma confissão. Mais tarde, ela contou o episódio a Penny Junor, biógrafa de William:

> Algumas horas depois, estou indo para casa e Andrew [Gailey] liga, dando uma risadinha antes de falar. Ele diz: "Fiz os dois entrarem na sala e falei: 'William e Harry. Sandy telefonou e o pai de vocês está muito bravo porque alguém atirou na galinha-d'água'. Os dois se olham e dizem: 'Atirou na galinha-d'água? Atirou na galinha-d'água?'. Então William se vira para Andrew e diz: 'Que galinha-d'água é essa?, dr. Gailey?'. E Harry diz: 'A que você me falou pr'eu não atirar!'. [Então] falei: 'Diga a Harry que ele tem 24 horas', e graças a Deus ele ligou para o pai e disse: 'Desculpe muito, papai, fui eu, não devia ter feito aquilo'". Aqueles meninos são muito chegados — a lealdade entre eles, e as travessuras e a honestidade, não querem mentir.[15]

Os dois formavam uma sólida aliança fraterna na bolha sufocante da casa real. Juntos, disparavam em queda livre pelas pistas de esqui em Klosters, um atirava o outro na piscina em Highgrove, um vencia o outro no jogo de baralho Racing Demon. Tinham como diversão usual coisas com que outras crianças só podiam sonhar. Na época de Natal, iam com a mãe ver o Papai Noel na Harrods. A loja abria antes que o público chegasse, deixando o velhinho apenas para os meninos. William, já experiente em se aproveitar de seu status, dizia aos elfos: "Não vou dizer a vocês o que quero de Natal. Só falo com o Papai

Noel".[16] Na famosa seção Toy Kingdom da loja, no quarto andar, os dois faziam o maior rebuliço montados em minimotos.

William era ferozmente protetor de Harry. Em Ludgrove, ele pôde amortecer o impacto que o irmão teria ao chegar, com seus dois anos de dianteira e a mão sempre prestativa. Harry atrasou um ano para entrar em Eton por causa das notas baixas nos exames, o que não foi de todo ruim. Ingressar como calouro em setembro de 1997, um mês após a morte da mãe, teria sido um estresse que ele não aguentaria.

Enquanto isso, a sofisticação cultivada em Eton dera mais equilíbrio a William. A combinação entre extrema riqueza e extrema seletividade acadêmica gera uma linhagem autoconfiante, que se considera a "melhor da classe". A uma pequena distância do Castelo de Windsor, Eton desovou vinte primeiros-ministros, desde sir Robert Walpole, o primeiro a deter esse título, subindo (ou descendo) até Boris Johnson. O próprio Boris veio depois de outro ex-etoniano, David Cameron, tendo de entremeio Theresa May, de classe média — que os dois olhavam com ar de superioridade.

O envio dos garotos para Eton foi um dos poucos pontos de concordância entre Charles e Diana, embora fosse evidente que Harry não atendia aos padrões acadêmicos. "Se ele não for", disse Diana à escritora Ingrid Seward, "todos vão pensar que ele é burro."[17] Às vezes se esquece de que a Princesa do Povo era muito mais uma princesa do que "do povo". Várias gerações dos homens Spencer, inclusive o pai e o irmão dela, haviam frequentado Eton. Os gostos e expectativas sociais de Diana continuavam sendo essencialmente aristocráticos. Charles, por sua vez, não tinha a menor vontade de impingir aos garotos sua experiência pessoal no "Colditz escocês".[18]*

Os etonianos se organizam em casas estudantis, cada qual com identidade própria, supervisionada por um chefe onipotente responsável pela mentoria e pela disciplina, com o apoio de uma substituta materna, conhecida como a Dama. A Manor House, onde acomodaram William, estava sob a direção do acadêmico anglo-irlandês Gailey, homem cordial e bem-humorado que observava com sensibilidade o progresso do jovem príncipe. Cada garoto tem um quarto individual que pode mobiliar e decorar a seu gosto. O quarto de

---

* Referência ao seriado *Colditz* (1972-4), sobre o castelo de Colditz na Alemanha, que abrigava prisioneiros de guerra e adversários políticos do regime nazista. (N. T.)

William, então com dezessete anos, tinha um cartaz de um rastafári no espaço, voando entre as nuvens com um baseado na boca, e a frase: "Não dirija depois de beber; voe depois de fumar". Um espertinho ofereceu ao *Mirror* uma foto do poster. Piers Morgan se entusiasmou com a oportunidade de insinuar que William era maconheiro, mas acabou desistindo devido às cláusulas do Código de Conduta da Press Complaints Commission proibindo a invasão da privacidade juvenil.

Os colegas de escola de William, acostumados a uma turma de pais importantes, não se intimidaram com a presença do herdeiro do trono. Além dos filhos da alta aristocracia britânica, havia bolsistas, herdeiros de oligarcas estrangeiros e de reinos do Golfo, rebentos de homens de sucesso por meritocracia que buscavam o símbolo supremo de status educacional de Eton. O ex-editor do *Daily Mail*, Paul Dacre, o carrancudo Barão da Classe Média, não teve nenhum receio de enviar o filho para Eton. No mesmo ano de ingresso de William, estava também o ator Eddie Redmayne, futuro vencedor do Oscar.

Condizente com seu instinto de autoproteção, William formou seu círculo social entre aqueles que manteriam a discrição. Os garotos com quem ele convivia eram tratados de modo um tanto zombeteiro por grandes nomes aristocráticos do passado de Gales e Windsor: William van Cutsem, filho daqueles irremovíveis Emilie e Hugh, Thomas van Straubenzee, rebento da pequena nobreza fundiária de Spennithorne, e James Meade, filho de Richard Meade, o cavaleiro sempre bonitão, triplo medalhista de ouro nos Jogos Olímpicos e famoso ex-namorado da princesa Anne.

Mas, nobre ou plebeu, William sempre seria um astro dos esportes em qualquer escola. Em Eton, ele foi capitão da equipe de remo, jogava rúgbi e futebol, remava como representante de sua casa estudantil e, além disso, ingressou na Combined Cadet Force e ganhou a Espada de Honra. Mais tarde alcançou o ápice da popularidade de elite em Eton: ingressou no Pop, clube de monitores do último ano cujos membros são autorizados a usar sob o fraque do uniforme coletes escolhidos por eles mesmos. William, então com dezoito anos, escolheu uma bandeira inglesa bem chamativa, que transmitia a mensagem irônica *l'État c'est moi* ["o Estado sou eu"]. Em termos acadêmicos, ele se saía suficientemente bem para evitar dar munição aos críticos dos privilégios especiais. Passando nas provas de doze disciplinas e obtendo três certificados de nível avançado com notas razoáveis, ele era um prêmio Nobel em comparação à mãe — e talvez até ao pai. "Meu menino tem boa cabeça", comentou Diana orgulhosa, "considerando que seus pais eram casos perdidos."[19]

Para Harry, Eton foi dureza. Tinha dificuldade nos estudos e era um dos últimos da classe. Apesar das tentativas de William para entrosar o irmão, ele era malcomportado para disfarçar o desconforto acadêmico e, sem dúvida, as saudades da mãe. A historiadora Juliet Nicholson esteve num evento do Dia das Mães em Eton, em 1999, e lembrava o ar de comovente vulnerabilidade de Harry e como parecia pequeno. "Os adultos estavam no alto da capela e embaixo estavam os meninos", ela me contou. "O único ruivo em todo o grupo estava apenas duas ou três filas abaixo de mim, e era Harry. Era o segundo Dia das Mães desde a morte de Diana. E lembro que toda a capela dava a impressão de enviar votos de amor na direção daquela cabecinha."[20]

Onde Harry se destacava era no campo de esportes. Excelente no polo, no críquete e no rúgbi, foi escolhido como capitão do time da casa nas partidas. Sua vocação foi confirmada quando ingressou na Combined Cadet Force de Eton e o escolheram como comandante dos desfiles, imprimindo o passo militar aos outros cadetes.

Entre os dois irmãos, Harry, mais divertido, mais encantador, mais acessível, sempre foi o mais amado. Os louvores aos dotes de William às vezes passavam batido porque Harry, desde os sete anos, montava, esquiava e atirava melhor do que o irmão — que às vezes achava aquilo embaraçoso. Ken Wharfe notou como o herdeiro menosprezava Harry durante uma excursão ao campo de tiro de Lippitts Hill em 1991. "Ele realmente não entende as coisas", escarneceu William.[21] "Ah, cale a boca, William", disse Diana. "Daqui a um minuto vamos ver quem estava concentrado."

"Ela estava certa", observou Wharfe.

> Os dois garotos eram bons, mas o astro foi Harry. Acertava o centro do alvo uma vez depois da outra, e então recebeu seu alvo quase perfeito como um presente cobiçado. Tenho certeza de que seu sucesso naquele dia firmou ainda mais sua determinação em seguir a carreira militar.

A rainha, sensibilizada pelas dificuldades com sua irmã mais nova, sempre teve um apreço especial por Harry. Toda a família, desde que ele era pequeno, percebia a fragilidade por trás de tudo que ele aprontava. "O afeto que

Sua Majestade tem por Harry não é invenção da imprensa", me disse um ex-conselheiro. "É real. Ela realmente gosta muito dele, e o pai também, que sempre vivia ansioso em saber como ele estava. Preocupava-se com as coisas da maneira mais afetuosa. Ele anda se alimentando bem durante o dia? Tem atividades suficientes? Está contente?" Diana tentou fazer com que os filhos adquirissem plena consciência do que os esperava. "A princesa acreditava que seu principal dever era preparar William e, em menor medida, Harry para os papéis públicos",[22] observou Wharfe, mas a tarefa de prepará-los para suas posições de status desigual era uma questão mais nuançada e mais difícil de tratar.

Diana nunca questionou o legítimo destino de rei que cabia a William. Mesmo em sua pior fase com a família real, ela sempre foi uma monarquista. A rainha era a única pessoa por quem Diana manteve respeito. Apesar de seus instintos ferozes contra Charles, que respingavam sobre a monarquia, ela queria modernizar a instituição e aproximá-la do público. Mesmo assim, estava decidida: seus meninos teriam a liberdade de viver de um modo que ao pai deles não havia sido permitido.

Antes de se tornarem internos em Ludgrove, ela sempre ia levá-los e buscá-los pessoalmente na pré-escola no norte de Londres. Deixava que fossem brincar na casa dos coleguinhas. Tentava instilar uma lenta e gradual mudança nos privilégios reais dos filhos, mostrando-lhes como viviam os outros 99,9%. Frisava que "nem todo mundo é rico, tem quatro férias por ano, fala inglês padrão ou dirige um Range Rover".[23] Levava os meninos a inúmeras visitas beneficentes informais, para conhecerem as pessoas que ela tentava ajudar. William foi apresentado à população de desabrigados aos onze anos, num centro anexo à Catedral de Westminster, chamado Passage — um lugar superlotado, tosco, intimidador. A irmã Bridie Dowd, que cuidava do abrigo, diz que o garoto estava muito encabulado e ficou junto da mãe. Acostumado a viver num mundo onde todas as pessoas que encontrava lhe falavam do imenso prazer em vê-lo, ele ficou chocado quando um bêbado escocês genioso fez um comentário cáustico sobre a visita de gente da realeza. Foi um bom treino. Mais tarde, Harry foi com Wharfe visitar um albergue noturno, onde jogaram xadrez com os que lá pernoitavam.

Turismo entre os pobres? Pode ser, mas pelo menos Diana tentou. "Quero que eles entendam as emoções das pessoas, as inseguranças das pessoas, as aflições das pessoas, as esperanças e os sonhos das pessoas", ela disse.[24] O contato com abrigos de dependentes químicos e angustiantes enfermarias de pacientes com aids causou impressão profunda nos meninos, mesmo que depois voltassem para casa com um motorista particular. "Dormindo em condições duras, pernoitando com um monte de gente, não tendo comodidades básicas que tantos de nós consideramos automaticamente dadas. Aquilo me deixou realmente impressionado quando novo, tendo em mente o abismo em relação a mim, crescendo num palácio", disse William em 2015.[25] A experiência impressionou os garotos, tanto que William assumiu uma das causas favoritas de Diana, o Centrepoint, entidade beneficente que ajuda jovens desabrigados, e Harry, o trabalho com a aids, patrocinando Sentebale (que significa "não me esqueça")[26] em Lesoto, ajudando órfãos com HIV. Foi William quem, em 1997, teve a ideia de leiloar as roupas de Diana na Christie's, a fim de arrecadar fundos para entidades beneficentes dedicadas à aids.

Os dois príncipes do século XXI cresceram num simulacro torturante, às vezes insuportável, de normalidade. Quando adolescentes, habituaram-se a se passar por gente comum, andando de jeito relaxado, vestidos "à paisana" com roupa da moçada, falando com os sotaques pseudo-Essex então na moda. A camuflagem não disfarçava e muito menos alterava o fato de que a mãe deles era a mulher mais famosa do mundo, que os seguranças deles estavam aboletados na mesma sala e que, quando a avó deles estava em casa, o Estandarte Real era hasteado na Torre Redonda do Castelo de Windsor.

Aos catorze anos, os colegas etonianos de William foram crismados numa cerimônia conjunta na capela da universidade, mas a crisma de William foi realizada em separado, na Capela de St. George, com a presença da mãe, do príncipe Charles e da rainha. Essa perspectiva bifurcada de duas realidades opostas sempre incomodou os garotos — a posição extremamente "especial" de um lado e, do outro, um grande esforço para parecerem iguais a todos os outros. "Eu sempre quis ser normal. Em vez de ser o príncipe Harry, ser apenas Harry. Era uma vida complicada",[27] ele disse a Oprah em 2021, em *O meu lado invisível*, sua série sobre saúde mental. O escritor Anthony Holden, numa vez em que almoçou com Diana e filhos, ficou espantado com a bolha em que viviam — depois do almoço, um amigo de Diana deu uma nota de cinquenta libras para cada um deles e ela exclamou: "Oooh, vejam, meninos, vovó cor-de-rosa!".

Aos dezoito anos, em seu último ano em Eton e três anos após a morte da mãe, William se esforçava ao máximo em passar a imagem de um cara normal. Deixou que uma equipe da Independent Television News o filmasse jogando futebol e perdendo corajosamente a posse da bola, digitando num computador da escola, praticando polo aquático, estudando de última hora na biblioteca, testando sua mão ao fazer uma paella deliberadamente mediana. Era uma boa estratégia de comunicação. Aconselharam-no a mostrar menos interesse por polo e se entusiasmar mais pelo futebol — a mania nacional de seus conterrâneos. Desnecessário dizer que a janela do quarto de William tinha vidro à prova de bala ou que seu percurso era mapeado por um alto gabinete de figuras provectas do palácio, por profissionais de comunicação, pelo príncipe Charles, pela rainha e pelo príncipe Philip — com um ou dois bispos de prontidão, para conferir uma solene gravidade pastoral.

A mais trivial decisão sobre a vida de William passava pelo pente-fino do palácio e da imprensa. Em Eton, ele acabou se acostumando e se tornando indiferente aos jornalistas da mídia europeia — que não estavam sujeitos às restrições das regras da imprensa britânica —, sentados nas margens com suas câmeras enquanto ele remava.

Para o herdeiro do trono, espontaneidade era um comportamento que não existia. O único que realmente entendia e partilhava daquele privilégio que não fora escolha sua — as "algemas de ouro" — era o irmão mais novo, cada vez mais rebelde. Meio século depois que a princesa Margaret falou que seu sonho de liberdade era andar de ônibus em Londres, William e Harry se sentiam numa gaiola provavelmente não muito mais espaçosa. A "normalidade" não é um gênio que se convoca num estalar de dedos, tampouco é uma produção executiva de um factótum do palácio.

II

Desde os primeiros tempos de infância, os jovens príncipes foram um dano colateral numa "guerra fria" entre os pais, que de repente virava uma guerra "em curso" preocupante. A diferença de dois anos entre os irmãos foi fundamental para definir suas concepções de mundo distintas e, da mesma forma, para moldar a maneira como viam a mãe. O príncipe Harry a idolatrava mais e a entendia menos. Sempre seria o bebê de Diana, um espertinho que era "tapado" nas aulas e "desobediente como eu". As emoções dele, como as dela, estavam sempre à superfície.

William a entendia mais, mas a idealizava menos. Estava a par da vida amorosa volúvel da mãe. Sabia que os tabloides infernizavam a vida dela, mas também sabia que ela era conivente com eles. No começo da adolescência, ele era seu confidente de maior confiança. Ela o tratava como "meu velhinho sábio".[28] "William era tão sensato que nos fazia passar vergonha", lembra Simone Simmons, a amiga paranormal de Diana. "Ele nunca foi um adolescente comum e sempre parecia ter mais idade... Isso se devia em grande parte à franqueza [de Diana] com ele." Foi uma pena que ela não tenha dado mais ouvidos aos conselhos do filho. O alerta de William ("Mamãe, [Bashir] não é boa pessoa")[29] sugere que ele tinha antenas melhores que as dela.

Como muitas mulheres cujo relacionamento com o marido veio a desandar, Diana usava o primogênito como sucedâneo e amortecedor, levando-o a tiracolo aos encontros com jornalistas. Piers Morgan descreve em seu diário um almoço estranhamente revelador com Diana e William, então com treze anos, no Palácio de Kensington em 1996, em que a princesa o autorizou a perguntar "literalmente qualquer coisa".[30] William pediu um copo de vinho, a mãe negou e mesmo assim ele insistiu; além disso, parecia plenamente atualizado com todos os boatos dos tabloides sobre os amantes de Diana. "Ele está claramente a par de grande parte do mundo bizarro da mãe e, em particular, dos vários homens que, de tempos em tempos, ingressam nesse mundo", comentou Morgan, atônito.

Àquela altura, a aventura romântica mais recente de Diana era com Will Carling, um galã, capitão da equipe inglesa de rúgbi, que ela havia conhecido em 1995, quando malhava na academia do Chelsea Harbour Club. William idolatrava Carling e o encontrou várias vezes com a mãe. Carling, quando foi ao Palácio de Kensington para um encontro romântico, deu aos dois meninos uma camiseta de rúgbi. Não se sabe bem quando William veio a entender que as visitas de seu ídolo abrangiam vários tipos de esporte. A mulher de Carling, a celebridade de TV Julia Carling, forneceu um esclarecimento definitivo a William — e a todos os demais — ao se divorciar do marido, deixando claro que pelo menos uma das razões era a princesa. "Isso já aconteceu antes com [Diana]", disse Julia a um repórter. "A gente espera que ela não faça mais essas coisas de novo, mas claro que sempre faz."[31]

Diana ficou possessa com os comentários da sra. Carling. "Essa mulher está se aproveitando ao máximo disso",[32] ela comentou no almoço com Morgan.

"Na verdade, não vejo Will [Carling] desde junho de 1995." William interrompeu: "Mantenho uma foto de Julia Carling em meu alvo de dardos em Eton".

A conversa revela muito da dinâmica entre mãe e filho. Era um espanto que Diana incluísse o herdeiro do trono num encontro com um dos torturadores mais impiedosos da família real e se referisse abertamente a um romance casual. (Tente-se imaginar a duquesa de Cambridge, mulher de William, e um príncipe George adolescente fazendo a mesma coisa hoje.) O fato sugere que os limites e, com eles, a capacidade de discernimento de Diana estavam se dissolvendo. Aos treze anos, William conhecia as manhas para desafiar a mãe a lhe recusar vinho na frente de um jornalista. William já entendia que seu status lhe dava vantagem até mesmo sobre ela. Não só estava habituado a ouvir sobre os amantes da mãe, como notou Morgan, mas também deu um jeito de lidar com a situação na escola. Pregar a imagem de Julia Carling num alvo de dardos era um gesto de lealdade à mãe e anunciava que ele sabia muito bem o que os colegas andavam cochichando.

William aprendeu cedo a ocultar as emoções. Era mais sensível do que dava a entender com seu ar autoconfiante. Detestava voltar a Ludgrove no começo do semestre. Chorava copiosamente, seguindo o pai em volta dos canteiros de flores e dos viveiros em Highgrove, enquanto Charles tentava acalmá-lo contando que ele também ficava apavorado na volta às aulas. O príncipe de Gales comentou com um integrante da equipe que a vida de William ficava ainda mais difícil por ser ele quem era.

Podia ter acrescentado que também era muito difícil em casa. Terá sido mera coincidência que, pouco antes do lançamento do revelador livro de Adrew Morton, quando o clima entre seus pais estava tão pesado que dava para cortá-lo com uma faca, o garoto de dez anos se sentisse tão infeliz em Ludgrove que Diana precisou ir correndo até lá, com Harry, para consolá-lo? No começo do ano seguinte, as fitas do Camillagate foram divulgadas, e até dói no coração imaginar o tipo de chacota sobre o "pai-Tampax" que William teve de aguentar. Durante algum tempo, ele regrediu nos estudos. A escola viu ressurgir o "Will Brigão". Envolveu-se num episódio violento contra um colega porque o garoto falara da rixa entre os pais dele.

Pelo menos nessa situação, William e Harry eram iguais a muitos garotos da escola: os pais adoravam os filhos, mas se odiavam. Nos finais de semana, William tentava manter uma conversa forçada à mesa de jantar, entre o silêncio pétreo dos pais. Diana chorava amargamente na frente dos filhos. Depois de um bate-boca hostil, William seguiu a mãe pela escada e passou lenços de papel por baixo da porta do banheiro, dizendo: "Odeio te ver triste". Harry, por seu lado, uma vez ficou batendo os punhos nas pernas do pai, gritando: "Te odeio, te odeio, você faz a mamãe chorar!".[33]

Apesar disso, Charles era bondoso e paternal com os meninos, e eles sabiam disso. Quando chegava de helicóptero em Highgrove, às sextas à tarde, ele rodopiava os dois no ar enquanto Tigger e Roo, seus dois Jack Russell, latiam a seus pés. Os garotos adoravam ver o pai jogando polo e também suas expedições de caça, ficando à espreita da presa. O gosto deles pelo campo criava um vínculo autêntico com Charles. Nenhum dos dois se melindrava com os coelhos que Tigger pegava, nem com as armadilhas para corvídeos. Harry gostava especialmente de passear de mãos dadas com o pai enquanto ele lhe mostrava o jardim. "Harry adora animais e plantas", observou Charles. "Conto-lhe tudo sobre eles e que eles também têm sentimentos."[34] Essas cenas ternas não faziam parte da vivência de Diana com Charles. A mãe adorada por eles considerava o marido Inimigo Público Número Um — desapiedado, frio, traiçoeiro.

A guerra entre Charles e Diana dilacerava a família. Os meninos viam a raiva e a mágoa do pai quando Diana subia até os aposentos dele e pegava os filhos animada nos finais de semana de folga. Apesar do leve sentimento de culpa que experimentavam, era uma delícia se aninharem com ela no sofá assistindo aos vídeos de Mr. Bean. Os Natais em Sandringham eram especialmente desolados, com a embaraçosa ausência materna nos serões da rainha. Diana pedia que lhe levassem o jantar numa bandeja e ficava chorando no quarto.

O mais desconcertante para os meninos era que, durante anos, não faziam a mínima ideia do que afligia a mãe. Tudo o que sabiam provinha de insinuações e sussurros, portas batendo e choros abafados, e os sons de Diana vomitando no banheiro, até que ela saía de lá ansiosa e sedada. ("Dá uma sensação de reconforto. É como sentir um abraço", ela disse certa vez sobre sua bulimia.)[35] Eles ainda não sabiam da presença inabalável da sra. Parker Bowles nos bastidores, a assombrar a psique da mãe. Os meninos não sabiam que, depois de voltarem para a escola no domingo ao anoitecer, Diana ia para Londres, Charles jantava cedo, dispensava o pessoal, marcava com um círculo os programas de TV de domingo à noite na revista *Radio Times* — programas que não tinha nenhuma intenção de ver — e pegava emprestado o carro do cozinheiro-chefe para ir às escondidas à casa da amante.

Era quase impossível reconhecer a companheira alegre que iluminava os dias deles na mãe hostil e chorosa quando o pai estava por perto. "Lembro que fui ver Diana no Palácio de Kensington quando as coisas não estavam propriamente fáceis em sua vida de casada", disse seu amigo Harry Herbert.[36]

> De repente aqueles dois meninos vieram num tropel com seus camisolões de dormir, era antes de se deitar, e só de vê-los o rosto dela se iluminou, passando da cara triste para, de repente, bum! Sabe, nunca vou esquecer aquele momento, e eles subindo em cima dela e coisas voando por todo lado. E entre todas as dificuldades de outras coisas na época, via-se que a coisa mais importante na vida dela eram seus meninos.

Ela levava os garotos a parques temáticos, a estandes de tiro, ao cinema. Nas escapadas para o Mediterrâneo e o Caribe, durante as férias, eles a enterravam até o pescoço na areia e estouravam bexigas d'água nos jornalistas intrusos. Quando William começou a se interessar por garotas, ela providenciou que um trio de supermodelos — nada menos que Naomi Campbell, Cindy Crawford e Christy Turlington — ficasse à sua espera no alto das escadas quando ele voltasse da escola. "Acho que me senti despencando da escada", depois comentou William no documentário de 2017. Harry guarda com carinho as lembranças de estar com a mãe em "seu BMW antigo" correndo pelas estradas rurais com a capota abaixada, "ouvindo Enya, acho que era, meu Deus, um sopro do passado. Tudo aquilo fazia parte de ser mãe".

No dia de esportes na pré-escola de Harry, ela tirava os sapatos e corria descalça na corrida das mães. "Vinha nos ver jogar e punha doces escondidos em nossas meias. E era literalmente isso, voltar de um jogo de futebol e encontrar uns cinco pacotinhos de bala", disse Harry.

Não existia lugar no mundo com um trio mais descontraído do que a ilha de Seil, perto de Oban, na Escócia. Foi para lá que Diana os levou várias vezes, para ficar com a mãe dela, que morava sozinha, com muita simplicidade, desde o fim de seu segundo casamento. Apesar da sensação de abandono de Diana quando Frances deixou o conde Spencer, mãe e filha mantinham laços complicados. Discutiam e brigavam, mas também riam e trocavam confidências.

Anthony Holden lembra que Diana apareceu para almoçar com Frances, numa época em que todos os tabloides diziam que as duas não se falavam mais. As duas mulheres imponentes eram muito parecidas: loiras altas e vivazes, com espírito rebelde. (Em janeiro de 2021, celebrando o que teria sido o aniversário de 85 anos de Frances, o atual conde Spencer postou no Instagram uma foto do quadro da jovem Frances, bela e de ossos delicados, que agora está na parede da biblioteca de Althorp. A semelhança com Diana espantou os fãs da realeza. Com os cachos loiros e os enormes olhos azuis, as duas parecem quase idênticas.)

No chalé distante de Seil, Frances — ou a Supervó, como diziam os meninos — gostava de enfiar todos eles em seu carro antigo para ir até o Santuário da Vida Marinha. Sem servidores régios espionando, Diana se sentia tão à vontade que lavava os pratos e passava a ferro as roupas dos meninos.

Mas havia também um lado destrutivo no papel materno de Diana. Por causa de sua extrema insegurança, ela sempre precisava ser a primeira no coração dos filhos. Eles se acostumaram que as pessoas que amavam de repente sumissem ou caíssem em desgraça. No primeiro dia da pré-escola de William, sua ama Barnes — Baba, como ele a chamava — simplesmente desapareceu. Ele tinha o hábito de se aconchegar na cama dela de manhã cedo antes de ir acordar a mãe. Depois de dizer a Barnes que era "melhor"[37] que ela fosse embora, Diana a proibiu de dar um último abraço nos garotos e até de lhes enviar um cartão-postal. Diana era uma "mãe muito ciumenta", disse Olga Powell, que substituiu Barnes. Vinte e quatro anos depois, William, cavalheiro, mostrou como seus sentimentos eram profundos não só convidando Barnes para seu casamento com Kate Middleton, mas também lhe reservando um assento especial na Abadia de Westminster.

Durante toda a infância dos filhos Diana manteve o padrão de eliminar as pessoas caras a eles. As primas prediletas, Beatrice e Eugenie, filhas de Fergie, foram banidas quando Diana decretou o fim da cunhada, por revelar que havia criado verrugas depois de usar os sapatos emprestados de Diana. Ressentida com a afeição dos meninos pela babá Tiggy Legge-Bourke, a amada "irmãzona" deles, Diana a excluiu da cerimônia de crisma de William em março de 1997.

Avivando ainda mais o ciúme de Diana, naquele mesmo ano William convidou para o Quatro de Junho, dia do piquenique familiar anual de Eton, não o pai e nem a mãe, mas Tiggy. Diana ficou tão possessa que mandou seu secretário Michael Gibbins telefonar para Piers Morgan e lhe dizer para cair matando na convidada, por ela estar "fumando e bebendo sem parar"[38] na frente das câmeras. Morgan podia ouvir Diana ditando a fala a Gibbins. A cobertura subsequente da imprensa ofereceu mais um espetáculo mortificante para um adolescente que queria, mais do que tudo, ser visto como um garoto normal. Richard Kay soube que William ficou tão furioso que "brigou com [ela]".[39]

A Supervó também foi excluída da crisma de William devido a alguma desfeita trivial. Só lhe restou publicar uma notinha da cerimônia no boletim da catedral de Oban. Quando lhe perguntaram por que não tinha ido à crisma, a mãe de Diana respondeu secamente: "Não pergunte a mim. Pergunte aos escritórios dos pais de William".[40]

"Uma das grandes emoções de ser da realeza é que você pode acabar com a vida das pessoas", disse-me Patrick Jephson. "É fácil, muito fácil. E sempre tem alguém que faz isso por você."[41]

11. Os meninos perdidos

COMO OS PRÍNCIPES SOBREVIVERAM À INFÂNCIA

O sofrimento com a discórdia entre os pais era intensificado por uma imprensa desonesta, parcial e implacável. O pai era retratado rotineiramente como um sujeito canhestro ou um monstro. Qual era a verdade? Por que ele era tão cruel com a mãe deles? A quem os garotos deviam amar mais? Os partidários do príncipe consideravam impossível vencer a encenação materna performática de Diana. Era inútil tentar superar as imagens dela com os filhos, que na mesma hora se transformavam em verdadeiros emblemas do amor materno — e de inadequação paterna. O esforço de Charles em proteger a privacidade dos filhos e sua afeição paterna genuína longe das câmeras nunca criaram um estardalhaço da imprensa com agências noticiosas pelo mundo afora. "Não sou muito bom como mico de circo",[1] ele dizia irritado, reconhecendo uma desvantagem gigantesca na era midiática.

A Guerra dos Gales, como então foi apelidada, grassava com ferocidade crescente. Como acontece tantas vezes, os figurantes eram piores do que os protagonistas: os campos de conselheiros de ambos os lados eram tão responsáveis pela animosidade quanto o casal, distorcendo o tempo todo as histórias para prejudicar o outro lado.

Em 9 de dezembro de 1992, o primeiro-ministro John Major anunciou no Parlamento a separação de Charles e Diana. Os dois príncipes receberam com tristeza a notícia que os pais lhes haviam dado de antemão, na sala do diretor em Ludgrove. Depois que os meninos choraram, William disse com comovente maturidade: "Espero que vocês dois agora sejam mais felizes".[2]

A mídia, para a qual tinham aprendido a sorrir, se convertera em inimigo rapace. Depois da separação, foi como se todos os limites tivessem desaparecido, todo o respeito se evaporado. A perseguição à "Greta Garbo Di", como dizia a imprensa, passou a ser o esporte sangrento altamente lucrativo dos paparazzi. O prêmio máximo era fazê-la chorar. *Dicing with Di* [Jogando dados com Di], escrito pelos paparazzi Mark Saunders e Glenn Harvey e publicado no ano anterior à morte da princesa, escarnecia cruamente da angústia de sua presa. Quando Diana invocou a privacidade dos filhos: "As lentes de vocês são muito atemorizantes, muito atemorizantes... Os meninos as acham tão atemorizantes", o comentário de Saunders foi: "Diana tinha aprendido uma palavra nova naquele dia".[3]

As saídas com a mãe se tornaram insuportavelmente tensas. Numa tarde de verão, em 1993, Diana levou os meninos a uma matinê do *Jurassic Park* no Odeon da Leicester Square. Um aglomerado de paparazzi os esperava na saída. Harvey escreve que um "raio escuro atravessou [sua] visão":

> Era Diana, mas uma Diana que eu nunca tinha visto. Era o rosto dela, mas agora estava vermelho e retorcido. Vinha correndo em nossa direção entre a multidão. Tinha os olhos fixos em nós e então soltou um grito como um animal selvagem.[4]

Ela confrontou os fotógrafos, berrando várias vezes: "Vocês tornam minha vida um inferno". Imagens assim perseguiram William e Harry nos anos seguintes. "Sempre surgia uma sensação de impotência", disse Harry. "Ser novo demais, ser um cara, mas novo demais para conseguir ajudar uma mulher. Nesse caso, a mãe da gente. E isso acontecia todo santo dia."[5] Também eram perseguidos pelas revelações que abalavam seriamente a confiança nas palavras dos pais. O laço fraterno se fortaleceu por uma profunda desconfiança de todos, exceto um do outro. Todo o treinamento que haviam suportado para apresentar um mundo perfeito de decoro régio foi se corroendo com a sórdida verdade dos segredos dos pais.

Os irmãos ficaram arrasados quando o pai admitiu a Jonathan Dimbleby que tinha sido infiel e que fora o príncipe Philip que o forçara a se casar com Diana. Na manhã de 17 de outubro de 1994, foram convocados para uma reunião com Diana, que havia corrido mais uma vez para controle de danos. Eles queriam respostas. Segundo Andrew Morton, William, com doze anos, perguntou a ela "É verdade, mamãe? É verdade que o papai nunca te amou?".[6] Quase ao mesmo tempo, se mortificaram com o livro *Princess in Love*, cheio de revelações sensacionalistas, escrito por Anna Pasternak, jornalista do *Daily Express*. Baseada em 64 cartas de amor de Diana ao ex-amante James Hewitt, a publicação apresentava aos meninos a narrativa palpitante do romance furtivo da mãe, de 1986 a 1991.

Hewitt havia sido o instrutor de equitação deles, que o adoravam. O ruivo capitão do Exército parecia uma versão do príncipe Charles em tom mais claro e mais tosco, falando como se tivesse uma bolinha de naftalina na boca. O "tio James" era frequentador regular dos finais de semana em Highgrove — com seu cão Jester — na ausência de Charles. Conquistara imediatamente os garotos, fascinando Harry com casos da vida nas Forças Armadas. Ken Wharfe não se encantou tanto. Achava Hewitt "um verdadeiro idiota". (Quando comeu uma salsicha fria que a dama de companhia de Diana lhe ofereceu, ele disse: "Permita-me dizer, minha senhora, que esta foi provavelmente a melhor salsicha que já provei na vida.".)[7] Hewitt levou os meninos a uma visita guiada pelo Quartel de Combermere e, num presente muito inspirado, encomendou dois coletes táticos, dois pares de calças verde-oliva e duas boinas, tudo em tamanho pequeno. Ensinou-os a marchar, a bater continência e a portar um rifle. E, o melhor de tudo, deixou que subissem e entrassem num tanque. Às vezes levava-os a Devon, com Diana, para alegres pernoites na casa da mãe dele.

Agora vinha à tona que ele era amante dela. Ludgrove fez de tudo para poupar os meninos. Embora os garotos fossem incentivados a ler os jornais para a prova semanal de conhecimentos gerais, muitas vezes certos exemplares da sala comum sumiam discretamente. William não se deixava enganar, e se esgueirava na saleta de seu segurança para assistir à cobertura dos noticiários da TV.

A publicação de *Princess in Love* aborreceu muito Harry. O livro amplificou os boatos de que seu verdadeiro pai era o capitão ruivo Hewitt, muito embora a data da gestação dele não bata de forma nenhuma com a do romance

Diana-Hewitt. (Minhas dúvidas pessoais sobre a paternidade de Harry foram dirimidas com uma ida a Althorp. Os retratos dos ancestrais provam que a ruivice de Harry dispensava os genes invasivos de Hewitt. Um antepassado Spencer oitocentista, especialmente expressivo, era conhecido como Conde Vermelho por sua enorme barba fulva.) Antes do primeiro ano em Eton, no outono de 1998, Charles foi categórico ao dizer a Harry que seu pai era ele, e não Hewitt. Harry ouviu com atenção e nada disse. Isso não deteve os boatos nem as alfinetadas em Eton. Ainda em 2002, consta que o *News of the World* estava tentando adquirir uma amostra do cabelo de Harry para um teste de DNA, comparando com um fio do cabelo de Hewitt. Harry teve de aguentar perguntas capciosas da imprensa, que indagava se ia "seguir o pai no Exército". "Na Marinha, na verdade", ele respondia, firme.

A entrevista de Diana a Martin Bashir infligiu mais outros golpes. William, que estava havia apenas dois meses em Eton, em seu primeiro semestre, preferiu assistir ao programa sozinho no gabinete do dr. Gailey. Depois de um ano de turbilhões no fronte doméstico, ele estava fragilizado. A rainha comentou no palácio sua preocupação de que ele tivesse uma crise nervosa. O professor encarregado da turma também estava apreensivo. Segundo Ingrid Seward, o dr. Gailey, quando soube que a entrevista logo iria ao ar, ligou para Diana e insistiu que ela fosse preparar William pessoalmente para o que vinha pela frente. "É mesmo necessário?",[8] ela perguntou, talvez com receio da reação de seu "velhinho sábio". Muita coisa já havia mudado desde que ela fora correndo a Ludgrove consolar o primogênito emocionalmente abalado depois da entrevista de Dimbleby. Andava consumida por seus casos amorosos secretos, e preferia não pensar nas consequências. Ela cedeu só depois que Gailey telefonou outra vez, pressionando-a.

Na véspera da polêmica entrevista, Diana esperou William do lado de fora da capela gótica quatrocentista de Eton, enquanto os alunos, de fraque preto e gravata-borboleta branca, saíam em fila do ofício dominical. William foi o último a deixar a capela, com a cabeça abaixada, posição usual de Diana que ultimamente ele vinha adotando cada vez mais. Quando ela o chamou, ele lhe lançou um olhar taciturno.

Diana havia sido seguida nessa missão, claro. Mark Saunders, que tinha subido no capô de um Ford Escort para tirar uma foto melhor, viu tudo. Após uma conversa em que Diana parecia suplicante, ela levou William para trás de uma sebe, a fim de conversar em privado. "Depois de mais alguns instantes, ele se afastou de Diana, sem qualquer menção de lhe dar um beijo ou se despedir", relembrou Saunders. "Observei espantado enquanto ela entrava no carro e ia embora, deixando William entristecido a olhá-la."[9]

William contou para um colega que ficou apavorado quando viu o rosto da mãe surgir na tela para a entrevista. Dá dó pensar nele sentado sozinho, vendo a mãe expor aos espectadores uma intimidade dele extremamente íntima, contando como ele tentou consolá-la por causa do livro de Hewitt. (Ela disse que ele lhe estendeu uma caixa de chocolates e falou: "Mamãe, creio que você está magoada. Isso aqui é para você voltar a sorrir".)[10] Harry, ainda em Ludgrove, não quis assistir à entrevista, mas depois ficou bravo com as perguntas invasivas de Bashir, e não com a decisão da mãe em respondê-las.

Ao voltar a seu gabinete, o dr. Gailey encontrou William "afundado no sofá, os olhos vermelhos de lágrimas",[11] segundo Robert Lacey. Ele se recompôs e logo foi para o quarto. Uma hora depois Diana telefonou, mas ele se negou a atender à ligação.

Quando ele voltou para casa, a mãe se deu conta do grau de mágoa do primogênito. Ele estava furioso que ela tivesse difamado o pai, furioso que tivesse mencionado Hewitt. Sentia-se humilhado que tudo aquilo tivesse ido ao ar, seus amigos iriam atormentá-lo. No dia seguinte, ele lhe comprou flores, mas Diana estava convencida de que William nunca a perdoaria. Ficava perguntando a Simone Simmons: "O que fiz a meus filhos?".[12]

II

Se sua linda mãe de 36 anos morre num acidente de carro e é pranteada — até canonizada — pelo mundo inteiro, você cria uma imagem imaculada que anula todo o resto. William, com quinze anos, e Harry, com quase treze, acreditavam — e ainda acreditam — que a mãe foi martirizada pelos paparazzi.

Que Diana foi perseguida não dá para negar. Mas, em seu último passeio por Paris, houve muitos componentes fatais. Empolgado com a fama da namorada, o inconsequente Dodi Fayed, que nunca estivera no olho do furacão das celebridades, ficou animado demais com a emoção da caçada. Foi Diana, e não o palácio, que optou por dispensar a proteção 24 horas por dia da Scotland

Yard. No inquérito de 2008 sobre a morte da princesa, o ex-comissário da polícia lorde Condon contou que em dezembro de 1993 Diana declinou de proteção policial. Nos dois anos que se seguiram foram feitas várias reuniões com a princesa e seu escritório particular, com a tentativa de convencê-la a reconsiderar sua decisão. Diana foi inflexível: não queria proteção. Os seguranças a espionavam e atrapalhavam sua vida amorosa, ela argumentava.

Trevor Rees-Jones, o guarda-costas que trabalhava para o pai de Dodi e estava com o casal no carro, não podia assegurar que a mulher mais famosa do mundo estivesse usando cinto de segurança. Na hierarquia totêmica, ele estava muito abaixo de Henri Paul, o motorista que durante quase onze anos ocupava a linha de frente nas questões dos Fayed. Nenhum segurança da realeza permitiria que a princesa entrasse num carro com um motorista como Paul, que, além de não estar habilitado a dirigir limusines particulares, estava, como se viu depois, bêbado. Rees-Jones não tinha autoridade para se contrapor a Dodi, que insistiu que Paul dirigisse, ou para impedir que Paul lançasse provocações aos paparazzi — "Nem tentem nos seguir! Não vão nos alcançar!" —, enquanto metia o pé no acelerador, disparando para o apartamento de Dodi na Rue Arsène Houssaye e entrando no túnel Alma.

Os motoristas e seguranças de Diana muitas vezes atuavam como intermediários com os fotógrafos, negociando uma cobertura mais segura da carga preciosa que transportavam. Mark Saunders me disse, a título especulativo: "É trágico dizer, mas se quem estivesse com Diana, na noite em que ela morreu, fosse Ken Wharfe ou Colin Tebbutt, isso não teria acontecido. Eles teriam falado com a imprensa, dariam um rápido resumo do que ia acontecer, o que teria evitado a perseguição".[13]

A perseguição dos paparazzi à mãe dos jovens príncipes assumiu dimensões míticas, sobretudo para Harry. William ficou tão furioso com a enxurrada de revelações sórdidas na mídia ao longo do ano subsequente que por pouco não foi ao ofício religioso pelo primeiro ano da morte de Diana, na Crathie Kirk, porque a imprensa estaria lá.[14]

Quase tão difícil de absorver foi a idolatria póstuma a Diana, a Santa. Harry ponderou, para o documentário de Nick Kent: "Foi estranho, muito estranho depois da morte dela, a demonstração de amor e emoção de tanta gente que nunca a conheceu".[15]

E William e eu estávamos andando aqui pelos jardins do Palácio de Kensington, e o mar de flores que vinha desde os portões do palácio e ia até a Kensington High Street. E eu ficava pensando comigo mesmo: como é que tanta gente que nunca conheceu essa mulher, minha mãe, pode estar chorando e mostrando mais emoção... do que eu estou realmente sentindo?

Um ano depois da morte da mãe, os garotos deram uma declaração conjunta inesperada, dizendo que tinham se sentido "imensamente reconfortados pela solidariedade e apoio público que haviam recebido".[16] Mas insistiram que chegara o momento de encerrar o luto. "Eles creem que a mãe gostaria que as pessoas seguissem em frente", disse Sandy Henney, assessora de imprensa de Charles. "Pois ela saberia que a constante lembrança de sua morte só pode criar dor para os que ficaram. Eles esperam de coração que sua mãe e sua memória agora possam finalmente repousar em paz."
O pedido foi em vão. Nunca se permitiu de todo que os filhos seguissem em frente: o rufar constante de escândalos, teorias conspiratórias, livros, filmes e ações judiciais garantiram um foco permanente. A traição de Burrell foi especialmente cruel. William, com 21 anos, e Harry, com dezenove, ficaram tão assombrados que o mordomo supostamente devotado vendera a mãe deles que deram outra declaração conjunta:

Mal podemos acreditar que Paul, em quem se depositava tanta confiança, foi capaz de abusar de sua posição com uma traição tão fria e explícita. Foi profundamente doloroso não só para nós dois, mas para todos os outros afetados, e mortificaria nossa mãe se hoje ela estivesse viva.[17]

Os aniversários de morte de Diana eram dolorosíssimos. No décimo, em 2007, William pediu a seu secretário particular Jamie Lowther-Pinkerton que fizesse de tudo para impedir um documentário do Channel 4, exibindo fotos muito vívidas do local do acidente em Paris. Não tiveram sucesso. Lowther--Pinkerton escreveu ao Channel 4:

Ainda que não revelem as feições da princesa, essas fotografias emanam a atmosfera e a tragédia dos momentos finais de sua vida. Se forem mostradas, provocarão uma angústia profunda nos príncipes, não só por eles mesmos, mas também por sua mãe, no sentido de invadirem a privacidade e dignidade de seus derradeiros minutos.

[Como eles disseram na declaração do ano passado, a uma revista italiana, após a primeira publicação das fotos], "Sentimos que, como filhos, estaríamos falhando em nosso dever para com ela se não a protegêssemos — como ela outrora nos protegeu".[18]

Diana os protegeu? É uma questão que William e Harry preferem não discutir.

A história é mais complicada. Diana volta e meia invadia sua própria privacidade, muitas vezes pelo capricho de provocar ciúme nos homens de sua vida. O instantâneo mais inesquecível "roubado" em suas últimas e fatídicas férias é a famosa foto do "beijo", ela agarrada a Dodi, de peito nu, na costa da Córsega. Foi a princesa quem deu o toque ao fotógrafo italiano Mario Brenna — a fim de mandar um recadinho a seu amor do momento, Hasnat Khan.

Nicholas Coleridge conta em suas memórias que em 1996 convidou Diana para um almoço de diretoria na sede da Condé Nast International, da qual era presidente. Na véspera, o *Mirror* havia publicado uma foto dela tomando sol de topless — e a invasão de privacidade causara furor. Coleridge imaginou que a princesa cancelaria o almoço, mas ela confirmou e pediu que a imprensa não ficasse a par. No almoço, ela perguntou:

"Nicholas, posso lhe perguntar uma coisa? Por favor, seja sincero. Você viu minha foto no *Daily Mirror*? Aquela de topless."

"Hãã, Alteza Real, sim, temos todos os jornais em meu escritório. Creio que vi de relance... não era muito nítida."

"William me ligou de Eton. Pobrezinho, tem só catorze anos. Estava transtornado. Ele falou que alguns garotos estavam tirando sarro dele, dizendo que meus peitos são pequenos demais." Ela segurou meu cotovelo. "Nicholas, por favor, seja franco, quero saber sua opinião de verdade. Você acha meus seios muito pequenos?"

Perdi o fôlego, me faltou o ar. Fiquei vermelho feito uma túnica de guarda. Balbuciei: "Hum, Alteza Real, pelo que posso ver sob seus trajes, hum, eles parecem, hãã... perfeitos para mim. Eu não me preocuparia".

"Obrigada, Nicholas. Sabia que você falaria a verdade. Obrigada, agora me sinto melhor."[19]

Terminado o almoço, Coleridge a acompanhou até o carro na frente da Vogue House, onde a esperavam inúmeros paparazzi. Em seguida ele ligou para um amigo na imprensa, pedindo que ele descobrisse quem havia vazado a visita dela. O amigo ligou de volta em cinco minutos. Coleridge reproduz o que a fonte lhe disse: "'Acabo de falar com nosso departamento fotográfico. Foi a própria Diana que ligou pessoalmente de seu carro, a caminho do almoço. Muitas vezes ela dá um toque para eles, avisando onde vai estar'".

Essa é a clássica, a autêntica Diana — astuciosa, sedutora, hábil no jogo duplo. O magnata do telefone sem fio Gulu Lalvani me contou que, em junho de 1997, durante o relacionamento que mantiveram por quatro meses, eles sempre jantavam discretamente na casa dele ou no Palácio de Kensington. Uma noite, ela sugeriu que fossem jantar no Harry's Bar e depois dançar um pouco na Annabel's. Embora ninguém soubesse de antemão desse programa, quando os dois saíram da boate os paparazzi estavam de plantão na porta. Lalvani me disse: "Se foi o Harry's Bar que ligou ou se foi ela que deu a dica, não sei".[20] (Creio que nós sabemos...) Hoje ele sente ter sido um joguete nas mãos dela para provocar o verdadeiro objeto de seu desejo, Hasnat Khan. Só lhe interessavam as fotos com Gulu, que foram publicadas no dia seguinte.

Ainda mais inquietante é a verdade por trás da aparente traição de Hewitt, ao cooperar com o livro de indiscrições de Pasternak. Como tudo que envolve Diana, a coisa se revelou mais complicada. Diana dizia ter se indignado com a divulgação do romance entre eles. "Ele me vendeu!",[21] ela gritou para Simone Simmons. "Homens não fazem isso a mulheres. Tomara que o pau dele murche!" Hewitt pagou caro, e a autora também. Os tabloides o tacharam de "amante dedo-duro" e esfolaram Pasternak por dar voz a uma invencionice nojenta. (Mark Stephens, advogado de Hewitt, se sentiu no dever de alertá-lo de que a Lei de Traição de 1351 estipula que manter relações sexuais com a esposa do herdeiro legítimo era um crime capital. "Vi o pomo de adão dele estremecer",[22] Stephens me contou. "Ele ficou vermelho do alto da testa até embaixo do pescoço.") Piers Morgan vestiu um repórter do *Mirror* com uma armadura completa, alugou um cavalo branco e fez o cavaleiro investir contra a Casa Hewitt para enfrentá-lo por alegada traição.

Em 2019, porém, Pasternak fez uma revelação surpreendente. Escreveu para o *Daily Mail* que Diana havia incentivado Hewitt, na verdade, pressionando-o a cooperar com a redação do livro *Princess in Love*. "Ele me falou que Diana estava preocupada que o segundo livro de Andrew Morton, programado para sair naquele outono, com o qual ela não havia cooperado, expusesse o romance deles em termos pouco lisonjeiros", escreveu Pasternak.[23] "Ela estava apreensiva e queria ter o controle. Foi categórica: se o caso amoroso entre eles fosse apresentado num livro como uma autêntica história de amor, o mundo não iria condenar o casal, mas entenderia por que ficaram juntos." Em 2021, Pasternak me contou que ela e Hewitt "se encontraram num campo entre Devon e Londres, e ele disse: 'Diana quer que a história saia, mas com duas condições: tem de sair antes do segundo livro de Morton; tem de ser uma história de amor'". Para atendê-la, Pasternak diz que terminou o livro em cinco semanas.

Depois da publicação de *Princess in Love*, Diana defenestrou Hewitt e Pasternak. Inebriado até o fim, seu soldadinho de brinquedo, agora descartado, nunca revelou se estava cumprindo ou não ordens dela. Nada disse sobre as revelações de Pasternak.

É difícil entender como uma mãe devotada como Diana resolveu, em 1995, um ano depois do livro de Hewitt, trazer mais uma vez à tona seu romance com ele, na bombástica entrevista com Martin Bashir. Ela sabia como os filhos haviam ficado devastados com a declaração do pai confessando a infidelidade com Camilla no documentário de Dimbleby, e como tinham se sentido mortificados com a publicação de *Princess in Love*. Disseram-me que Diana resolveu falar sobre Hewitt porque, entre seus vários ex-amantes, era o único solteiro. Ela dificilmente falaria do romance com o elegante negociante de arte Oliver Hoare, cuja esposa ficou tão farta de Diana, sentada no carro na frente da casa deles à noite, telefonando e então desligando, que notificou a polícia, dizendo ser vítima de trotes. Em suma, enquanto a imprensa se esbaldava com esses episódios, Diana — com uma considerável ajuda de Charles — tinha submetido seus queridos meninos a um inferno emocional com situações de revirar as tripas.

Quando lorde Dyson, um dos mais altos juízes aposentados da Inglaterra, emitiu seu relatório de 2021, desmascarando toda a extensão do acobertamento da BBC quanto às insídias de Bashir para obter a entrevista com Diana, o relatório ao menos forneceu aos dois príncipes alguma explicação para uma conduta tão nociva à felicidade deles. William decidiu fazer um discurso sóbrio diante das câmeras, que, no entanto, não ocultava de todo a fúria de um filho ainda torturado pela lembrança. "A meu ver, o modo enganoso como foi obtida a entrevista influenciou substancialmente o que minha mãe disse", ele declarou.[24] "A entrevista deu uma importante contribuição para piorar o relacionamento entre meus pais e desde então tem ferido inúmeras outras pessoas. Causa uma tristeza indescritível saber que as falhas da BBC contribuíram significativamente para o medo, a paranoia e o isolamento de minha mãe, sentimentos de que me lembro naqueles últimos anos com ela."

A expressão "tristeza indescritível" consegue dar apenas uma leve ideia do suplício dos filhos, mas também oculta o contexto completo. Não endosso a versão que se popularizou de que Diana foi uma vítima vulnerável da manipulação da mídia, simples marionete movida por forças malignas que escapavam a seu controle. Sinto profunda solidariedade pela dor de seus filhos, mas considero ofensivo apresentar a arguta e engenhosa Diana como uma mulher sem iniciativa, uma criança tola e ludibriada, ou a desafortunada vítima de sensacionalistas malévolos.

Quando Anna Wintour da *Vogue* e eu, como editora da *New Yorker*, almoçamos com Diana em Manhattan, em julho de 1997 — seis semanas antes de sua morte —, fiquei pasma com a habilidade e a segurança com que ela nos tratou. Diana sempre foi mais bonita pessoalmente do que nas fotos — os enormes olhos azuis límpidos, a tez como uma pérola de água doce, a altura de supermodelo, ainda mais imponente em seus sapatos Manolo Blahnik com saltos de 7,5 cm. Ela nos contou sua história de solidão e sofrimento ao lado de Charles com uma intimidade comovente e irresistível que nos absorveu. Então se pôs a relatar seus sofisticados planos para utilizar sua celebridade em prol das causas a que se dedicava. Naquele dia fiquei impressionada com sua clareza sobre o que hoje seria considerado um "amplo contrato de conteúdo na mídia" — um filme de dois em dois anos, cada um focado em uma determinada campanha humanitária. Primeiro, disse Diana, ela ia conscientizar as pessoas sobre determinada questão, depois produziria um documentário em parceria com um dos canais de televisão, e por fim deixaria uma estrutura montada para se manter envolvida naquela causa. Começaria pelo problema do analfabetismo. Ela pode ter dito de brincadeira que era "tapada feito uma porta", mas sempre esteve à frente. Seu projeto é muito parecido com o que Meghan e Harry estão tentando fazer com seus contratos de entretenimento, mas há uma diferença fundamental: o dela era mais bem elaborado.

Não há dúvida de que o deplorável Martin Bashir conseguiu explorar a desconfiança de Diana em relação a todos que a cercavam. Mas a princesa foi inteiramente cúmplice de tudo o que disse na entrevista, com a qual ficou satisfeita, conforme me disse Gulu Lalvani: "Estou contente com o que fiz, sei que a família não gostou, mas estou contente", ela disse a ele. Chegou a incorporar frases como "Éramos três nesse casamento", de seu amigo e escritor Clive James.[25]

"Ela estava andando numa corda bamba em suas relações com a imprensa", disse-me Saunders. "Não era a imprensa que tinha um romance com James Hewitt. Não era a imprensa que tinha um romance com Oliver Hoare e ficava sentada na frente da casa dele no meio da noite... Ela era uma pessoa normal, com emoções e sentimentos. Mas era também a mulher mais famosa do mundo e estava fazendo coisas que faziam o outro lado querer fotografá-la."[26]

Todas as decisões mais disparatadas de Diana faziam sentido para ela no momento. Em sua cólera ferida, ela perdia a noção das consequências de seus atos. O obstinado Mark Saunders relata um episódio misteriosamente premonitório, ocorrido semanas após a entrevista, quando todas as pessoas que ela amava e odiava se consumiam. Ele estava atrás dela, numa autoestrada que saía de Londres, e de repente a princesa acelerou e o ultrapassou. Sua presa conhecia bem o carro de seu perseguidor, e ele a viu espiando pelo espelho retrovisor:

> Ela pôs seta para a esquerda e puxou para a pista do meio, reduzindo consideravelmente a velocidade e me obrigando a ultrapassar, e aí, num momento de insanidade... ela acelerou de repente e esterçou voltando para a pista rápida, vindo para cima de mim. Estávamos a 150 quilômetros por hora quando senti o para-lama de Diana encostar no para-choque do meu carro. Se eu tivesse reduzido ou freado naquele momento, o mundo não teria mais uma princesa de Gales.[27]

Ao escrever essas palavras, em 1995, Saunders não tinha ideia do que viria pela frente. Naquela última perseguição trágica no túnel Alma, terá Diana insistido com Henri Paul para oferecer aos paparazzi a grande corrida da vida deles?

Não seria razoável pedir a William e Harry que perdoassem os paparazzi que apontavam as câmeras em direção à mãe amada em seus momentos derradeiros no túnel de Paris, os cliques sôfregos dos disparadores sendo os últimos sons que ela ouviria. Ou esquecer com que frequência um ou outro cafajeste daquele bando a fazia chorar na presença deles. Ou admitir que, embora seus filhos estivessem entre as "inúmeras outras pessoas" feridas pela transmissão de Bashir, Diana tinha razões pragmáticas e astuciosas para dar a entrevista. A câmera era uma atração fatal e sua arma mais potente — fonte de muito poder ao preço de muita dor. Ela estava sempre contando com esse jogo.

Hoje, os filhos expressam seu permanente desprezo pela imprensa de maneiras distintas: William, com uma tremenda e férrea obsessão pelo controle; Harry, com acusações atormentadas, retumbantes, muitas vezes infundadas, e, por fim, com uma atitude de enterrar tudo definitivamente, atitude essa que sua mãe — a qual, apesar de todo o seu desejo de liberdade, aferrara a seu diadema — teria entendido. Mas até hoje ninguém ouviu nenhum dos dois refletir sobre o prazer de Diana em brincar com o perigo.

12. Entra Kate

WILLIAM ENCONTRA UMA GAROTA COMUM FORA DO COMUM

Em 2011, a pergunta a respeito de Kate Middleton era se uma garota de origens tão pouco nobres conseguiria evoluir como futura rainha. Agora, a única pergunta é como a Casa Windsor conseguiria sobreviver sem ela.

Se há uma qualificação fundamental para se casar dentro da monarquia, ela não é beleza, nem linhagem, tampouco uma inteligência brilhante. É resiliência. Grande parte da vida régia é tremendamente enfadonha. É como ser uma galinha de granja engaiolada no Waldorf Astoria. O príncipe Charles sempre se desesperava por saber exatamente o que estaria fazendo dali a um ano. Ao longo de setenta anos, foram apenas quatro os janeiros em que a rainha não fez sua visita anual à seção de Sandringham do Instituto das Mulheres no West Newton Village Hall em Norfolk. (Em 2019, ela despertou grande entusiasmo como capitã de uma das duas equipes do instituto, jogando uma versão ao vivo de *Pointless*, um de seus programas de TV favoritos.)

Sem resiliência, é impossível preservar a identidade diante da máquina implacável do palácio. O príncipe Philip teve de enfrentar os "homens de terno cinzento" que tentavam diminuir sua influência sobre a rainha. Ele manteve a sanidade se engajando a todo momento em causas e preservando seus interesses pessoais. Seu sucesso como príncipe consorte foi ainda mais admirável em vista de sua masculinidade vigorosa e da fragilidade de sua família dispersa, que pouco apoio oferecia.

A longevidade do relacionamento de Camilla Parker Bowles com o príncipe de Gales se funda em sua segurança e destemor. Ela nunca perdeu a firmeza, nunca vazou intimidades. Estava protegida das intrigas da corte pela lealdade e discrição do clã Shand. O núcleo de sua personalidade é robusto, formado pelo sólido amor dos pais no começo da vida, ao qual ela sabia que sempre podia recorrer.

Diana nunca teve esse apoio por parte de sua família disfuncional, e deu nisso: extrema vulnerabilidade. Ela estava sempre em busca de novos messias. Nunca confiou em pessoas que podiam de fato ajudá-la.

O príncipe William estava ciente de tudo isso. E até aflitivamente ciente, diriam alguns. Os dramas e dores do passado haviam imprimido uma indestrutível marca em sua alma — não só a morte chocante da mãe, mas tudo o que veio antes e depois: o torpe divórcio dos pais, a enxurrada de baixarias alimentada pelas indiscrições de servidores e dependentes, a temerária manipulação da mídia por ambos os pais (sem mencionar as mesquinharias e invejas do palácio). Foi por isso que, mais tarde, William recomendou ao irmão mais novo que esperasse, enquanto *ele mesmo* não se apressava em se casar.

William fez a noiva esperar, esperar muito tempo, até que, com sua natureza cautelosa, pudesse avaliá-la e concluísse que Kate Middleton tinha de fato força suficiente para arcar com o fardo da realeza. Com isso, ele demonstrou as vantagens da união de um futuro rei com uma jovem de sólida classe média.

À semelhança de Diana, Kate é bastante alta, mas, à diferença da sogra, seu encanto consiste menos num deslumbre ofuscante e mais numa luminosidade discreta — os reflexos no cabelo castanho ondulante, o brilho sutil de uma aparência impecável, a luz dos olhos risonhos castanho-esverdeados. Há um toque de Mona Lisa nela. Ninguém adivinha o que está pensando, nem por que, depois de ver de perto a experiência da realeza, ainda assim tenha optado uma vida de liberdade tão restrita e de regras de comportamento tão inegociáveis. Ela emana uma inteligência sincera sem se mostrar ameaçadoramente livresca, uma vontade de ajudar mantendo um senso de identidade sólido, uma capacidade de conquistar as pessoas sem eclipsar o marido. É como se ela fosse concebida para ser o venturoso inverso de Diana.

Kate, em muitos aspectos, parece saída de um romance de Anthony Trollope, o grande cronista vitoriano da mobilidade social. Como história, o esforço constante e o avanço social gradativo da família Middleton são demasiado honestos e persistentes para um Dickens, com seu olho para impostores, trapaceiros e figuras de caráter duvidoso. As heroínas de Dickens eram, de modo geral, meigas e bobocas, vítimas ou "cortesãs com coração", como se dizia antigamente. As mulheres de George Eliot, por outro lado, eram reflexivas e complicadas demais, embora Eliot talvez pudesse ver a família Middleton como o símbolo sedutor de uma ascensão pertinaz, suficientemente madura para se dar ao luxo de alguns prazeres. Enquanto Dickens imagina a aristocracia como uma classe estupidificada de zumbis, Trollope é bem mais perspicaz, vendo na velha oligarquia uma classe vulnerável, exposta e precisando desesperadamente de uma atualização — o que em geral ocorria quando uma lufada revigorante de classe média entrava em seu ambiente graças a uma personagem feminina, como Isabel Boncassen em *The Duke's Children* [Os filhos do duque], irresistível não por ser rica ou bonita — embora o seja —, mas por encarnar uma energia saudável de renovação e vitalidade:

> Tinha uma abundante cabeleira castanho-escura, mas que pouco acrescentava a seus encantos, que se referiam a outros aspectos... Era... a vitalidade de sua compostura — a maneira como falava com todos as suas feições, o domínio que tinha sobre a emoção, o humor, a simpatia, a sátira, a segurança que transmitia a cada olhar, a cada levantar das sobrancelhas, a cada curva dos lábios, viva a tudo o que se passava.[1]

Parece falar de Kate Middleton — em qualquer situação, ela demonstra uma facilidade de envolvimento humano que reflete as virtudes burguesas da solidariedade e de uma reconfortante sensatez. Como Kate, a heroína trollopiana exemplar tem coração e busca a felicidade, mas segue uma bússola moral. Uma mulher que deixa um brilho atrás de si ao lidar com o público.

Os Middleton da propriedade The Manor, em Berkshire, constituem a base da firme determinação de Kate em ascender na sociedade. Basta examinar a trajetória imobiliária da família nos últimos trinta anos para constatar a ascensão resoluta dos Middleton na escala social. Passaram de uma casa vitoriana geminada de quatro quartos, no vilarejo de Southend em Bradfield, a oitenta quilômetros a oeste de Londres, para a residência espaçosa e confortável de Oak Acre, com cinco quartos e três salas de visitas, na vila de Bucklebury em Berkshire, e depois para a área *crème de la crème* de The Manor em Pease Hill, um solar construído em dezoito hectares de terra confiscada aos monges com a dissolução dos mosteiros determinada por Henrique VIII. Dispõe de um prático espaço de acomodação reservado aos agentes policiais da realeza, quando necessário.

Bucklebury tem aquele tipo de encanto rural verdejante dos filmes e seriados de detetives da BritBox TV, com uma igreja antiga, um bar e excêntricos chalés cobertos de trepadeiras. Kate morou no primeiro dos três lares dos Middleton, a casinha geminada em Bradfield, até os treze anos. Um corretor de imóveis comentou em 2011 que, "para encontrar uma casa mais modesta que tenha servido de lar a uma futura rainha, teríamos de recuar até o casebre de barro da rainha celta Boudica".[2] A mudança dos pais para The Manor em 2012 coincidiu com a instalação dos Cambridge em sua atual residência de quatro andares e vinte quartos no Palácio de Kensington.

Michael Middleton, o afável pai de Kate, é um ex-despachante de voo da British Airways que provém de uma sólida linhagem de West Yorkshire. Seus antepassados avançaram lenta e respeitavelmente, passo a passo, desde a fabricação de armários no século XIX até os níveis mais altos da profissão jurídica em Leeds. A posição dos Middleton na sociedade civil foi selada por um casamento nos anos 1920 dentro da família Lupton, com fortuna no setor de produção têxtil e lanifício, que sessenta anos depois deixou um fundo fiduciário suficiente para enviar Kate e os dois irmãos a escolas particulares caras. Michael Middleton é um homem acessível, grisalho, bem-apessoado, de bom discernimento e discrição a toda prova. "A gente sempre tem a impressão de que ele não vê a hora de voltar e cuidar do jardim", disse um conhecido. Quando Michael fala dos três filhos, Kate, Pippa e James, é como se não houvesse diferença entre eles. "Minha filha me massacrou no tênis nesse final de semana", diz, sem identificar qual das duas.

Carole, mãe de Kate, é o dínamo da família. Filha de uma assistente de vendas e de um construtor-decorador, conheceu Michael quando ele era da equipe de terra da British European Airways e ela era comissária de bordo. O casal combinava. Muito esforçada, ela aprimorava os anúncios que fazia aos passageiros reouvindo as gravações. De origens operárias humildes, veio de uma família muito batalhadora que se mudou da comunidade mineira de Durham para o oeste de Londres, vivendo de carpintaria. Foi criada no apartamento de um conjunto habitacional municipal em Southall, distrito dos subúrbios londrinos agora conhecido como Little Punjab. Herdou a energia de sua mãe ambiciosa, Dorothy "Dot" Goldsmith, vulgo "A Duquesa", que, segundo um parente maldoso, "queria ser o tijolo mais alto da chaminé" e passeava com Carole no "maior carrinho de bebê da Silver Cross que já se viu na vida".[3] Seu irmão mais novo, Gary Goldsmith, fez fortuna no setor de recrutamento de programadores digitais, casou quatro vezes e gozava a vida em alto estilo numa mansão de praia em Ibiza, a que deu o nome de Maison de Bang Bang. "Sou cria da Thatcher", ele disse. "Sou o Capitão Ambição. Faço parte de uma geração em que não existem classes."[4]

Carole Middleton sempre teve um estilo natural e ativo. Nunca parece antiquada com um chapéu de casamento. É uma morena esguia, vivaz, de pernas elegantes às vezes encapsuladas numa calça jeans com botas de montaria até os joelhos. Para seu irmão, o casamento dela com o afável Michael foi tudo o que a mãe deles, "A Duquesa", poderia sonhar: "Natural, informal e elegante, sem pretensão ou ostentação — muito diferente dos casamentos a que eu estava acostumado, com bebida a rodo num hotel de Heathrow com mesas redondas e discursos maliciosos".

O casamento confortável não diminuiu a energia de Carole. Quando estava grávida de James, o caçula, ela montou um negócio de festas infantis, embalando os doces em pacotes e vendendo-os por encomenda postal, a que deu o nome de Party Pieces. É uma daquelas mães empreendedoras que descobriram como podem ser ternamente maternais e ao mesmo tempo ter sucesso numa carreira. Uma estratégia de marketing para promover a Party Pieces com folhetos por intermédio de um clube de livros infantis teve tanto êxito que Michael deixou o emprego e se juntou a ela para desenvolver o negócio, que agora, ao que consta, vale mais de 30 milhões de libras. Ela era famosa pela firmeza nas negociações. "Ela parecia muito boazinha", disse um de seus fornecedores, "mas era uma negociadora feroz — e se a negociação não estava indo do jeito que ela queria, o nível dos decibéis aumentava."[5]

Carole, quando estava na casa dos trinta, já era milionária, condição atípica para uma mãe jovem nos condados locais dos anos 1980. Sua empresa começou numa cabana no jardim e depois se ampliou para uma série de celeiros e barracões de alvenaria numa propriedade perto da casa dos Middleton. As crianças sempre participaram de sua vida profissional. Ela nunca perdia uma festa da escola nem demonstrava preocupações explícitas quanto ao equilíbrio entre trabalho e vida. Kate ainda comenta com entusiasmo "o incrível bolo de coelhinhos brancos de marshmallow"[6] que a mãe lhe fez aos sete anos. Seus pais iam a todos os eventos esportivos na escola, levando um generoso lanche para o piquenique e torcendo pelos times das filhas. Quando menina, Kate às vezes servia de modelo para o catálogo da Party Pieces, e mais tarde montou a iniciativa "First Birthday", enquanto Pippa lançava o blog e James iniciava uma linha de bolos verticais. A possibilidade de entrar e sair da empresa da família era um suporte para os meninos em início de carreira, por menor que fosse.

II

Depois que as garotas Middleton foram enviadas às elegantes escolas mistas, como a pequena St. Andrew em Pangbourne, e então como alunas internas no Marlborough College em Wiltshire, não seria de estranhar se Kate e o príncipe William tivessem se cruzado em eventos esportivos ou em bailes estudantis. Muitas das escolas femininas de elite socializavam com Eton. Na verdade, Kate, aos dez anos, até viu o príncipe, então com nove, quando ele foi a uma partida de hóquei contra a St. Andrew's School, e depois ela esteve num chá. A imprensa tentou mais tarde reproduzir uma narrativa à la Diana em que a menina Kate teria desde então suspirado por seu príncipe, mas Kate descartou a hipótese na entrevista do noivado. Insistiu que suspirava era pelo cara da Levi's num cartaz na parede de seu dormitório.

O Marlborough College moldou Kate. Situado no alto de extensas colinas nos arrabaldes de um centro comercial especialmente bonito em Wiltshire, sua arquitetura setecentista de tijolos à vista e sua capela, que parece Hogwarts, emana riqueza. Como uma das primeiras grandes escolas independentes que passaram a ser mistas em 1968, Marlborough incentiva um equilíbrio entre os sexos que gera não só moças alfa, mas também consortes alfa. A mulher do primeiro-ministro David Cameron, a executiva de moda Samantha, era uma marlburiana, bem como a consagrada autora Frances Osborne, ex-esposa do ex-chanceler do Tesouro George Osborne, e a economista Diana Fox Carney, que se casou com o ex-presidente do Banco da Inglaterra, Mark Carney. Uma recente marlburiana diz que, visto que as escolas britânicas masculinas independentes constituíram por tanto tempo um clube masculino elitista, estar na escola em termos de igualdade gera segurança, desenvoltura das meninas com os garotos e capacidade de se sentir à vontade numa parceria entre iguais.

A vigorosa atmosfera de Marlborough entusiasmou Kate depois de dois semestres lacrimosos em Downe House, uma escola de *mean girls* em Berkshire. Quando Kate pediu a seus convidados de casamento que em vez de presentes contribuíssem com BeatBullying, a principal entidade beneficente do país contra o bullying, supôs-se que tal decisão se devera às atribulações pelas quais a noiva passara na Downe House nos anos 1990. E, no caso, tal suposição não deixa de ter uma parcela de verdade. Downe House era um barril de estrogênio em ebulição. Os distúrbios alimentares eram tão frequentes que as meninas fumavam no banheiro para disfarçar o cheiro de vômito. Uma ex-aluna, com o implausível nome de Taffeta Gray [Tafetá Cinza], contou ao *Daily Mail* que, quando estava saindo do chuveiro, foi espancada com um bastão de rúgbi por algumas veteranas, que então a seguraram no chão, tiraram sua toalha, espirraram spray azul na virilha e depois a jogaram nua no corredor. "Meninas podem ser muito cruéis", disse uma ex-aluna ao *Sunday Times*. "É preciso lembrar que [a escola] fica no meio do nada, no alto de um monte. Não tem para onde correr, não tem como aliviar a tensão ou ir embora. A crueldade prospera naquele ambiente, ainda mais quando algumas são capazes de tudo."[7]

Kate era tímida, magra mas rija, e mais alta que as colegas. Era semi-interna num ambiente onde predominavam alunas internas e começou aos treze anos, dois anos depois da maioria. Na escola fundamental, era grande jogadora de hóquei, mas em Downe House tinha de jogar lacrosse. Susan Cameron, a ex-professora encarregada, disse em tom indiferente ao *Mail on Sunday*: "Você pega um bastão de lacrosse e pensa que é boa no jogo, e aí alguém lhe diz: 'Não é assim que se segura um bastão de lacrosse' e você se sente arrasada".[8]

As meninas malvadas mais populares olhavam com desdém aquela rediviva Boudica do casebre de barro. "Ela era vista como uma nulidade", comentou uma colega. "Todas as meninas em ascensão social — e havia montes delas em Downe — achavam que nem valia a pena se incomodar com ela."[9] Outra ex-aluna se lembra dela sentada na escada de sua casa estudantil, aos prantos. Cameron, a professora encarregada, que parecia uma versão empresarial da srta. Trunchbull do romance *Matilda*, de Roald Dahl, defendia a escola em termos que faziam Kate parecer uma estraga-prazeres chorona. As meninas, ela dizia, "eram incentivadas a usar seus pontos fortes. Ficava difícil se a pessoa fosse muito retraída".[10] Kate teve dermatite nervosa. No meio do ano, Carole e Michael Middleton a tiraram rapidinho de lá.

Kate voltou a campo no Marlborough, que era misto. Ela não tem o gene cruel necessário para se virar numa escola feminina. Tornou-se capitã conjunta da equipe de tênis, uma estrela no hóquei, e se destacava na natação e no basquete feminino. Era fenomenal no salto em altura. Ganhou o Duke of Edinburgh's Award de trabalho comunitário e uma excursão que acabou sendo uma caminhada de quatro dias sob chuva forte. Poderia haver treinamento melhor para férias em Balmoral? Quando recebeu o prêmio no Palácio de Buckingham, mal sabia ela que estava apertando a mão do futuro bisavô de seus filhos.

Aos dezesseis anos era mulher feita, uma sedosa borboleta Kate emergindo da crisálida. Perdeu os entraves e, no final do curso, voltou de uma viagem de hóquei à Argentina com uma beleza radiante, ficando em primeiro lugar na "Fit List" dos rapazes de Marlborough — que, quando ela ingressara, lhe haviam dado nota baixa. Academicamente, ia muito bem, recebendo dois A e um B nos exames de nível avançado. No último ano, foi escolhida chefe da casa e eleita a "Pessoa Mais Capaz de Ser Amada por Todo Mundo" no anuário de 2000. No Dia dos Prêmios de Marlborough, consta que foi chamada tantas vezes para receber os prêmios por mérito que nem dava para voltar a seu assento e, ruborizada, teve de ficar o tempo todo no palco.[11]

Agora ela andava com o grupo marlburiano do "Glosse Posse", garotas de Gloucestershire bem-nascidas que ainda fazem parte de seu círculo mais íntimo, e era convidada para festas em grandes mansões. Duas de suas amigas mais próximas, Emilia d'Erlanger, agora madrinha do príncipe George, e Alice St. John Webster, frequentavam os círculos de William. A educação tão cara paga pelos Middleton estava preparando o terreno para o salto quântico da filha. Em 1999, quando Kate estava com dezessete anos, Emilia d'Erlanger a convidou para uma festa à qual William também foi. Não se soube de nenhuma fagulha entre os dois. Era como se circulassem um em volta do outro, marcando pontos de futura atração.

Kate teve uma paixãozinha por uns dois garotos e um romance com o capitão da equipe de rúgbi, um rapaz bonitão, mas manteve uma reserva principesca que não passou despercebida pelas colegas. Raramente se embriagava. Tinha "uma atitude bem antiquada — especialmente para Marlborough, onde metade das estudantes já mantinha relações sexuais",[12] disse uma de suas colegas, Gemma Williamson, ela mesma parecendo um tanto antiquada. "Ela deu uns 'pegas' muito inocentes, mas simplesmente não estava a fim de experimentar. Eu tinha a clara impressão de que Catherine queria se preservar para alguém especial." Ou, como a revista masculina *tory The Spectator* debochava numa matéria avaliando suas chances como noiva da realeza, Kate ainda tinha "sua plaquinha de virgem intacta e assim [atendia] ao velho quesito para futuras rainhas consortes".[13]

Sua irmã mais nova, Pippa, entrou em Marlborough com uma bolsa de esportes no segundo ano de Kate e era conhecida como "Panface" [cara chata] devido ao rosto de traços planos. Ficaram alojadas na mesma casa estudantil e, tal como William e Harry, tinham muitas amizades em comum. A personalidade de Pippa era tida como mais interessante do que a de Kate, mas era a boa aparência das irmãs Middleton que fazia delas, como me disse uma ex-aluna, "típicas marlburianas". Academicamente, Pippa ia melhor do que Kate e também se destacava no atletismo; mostrava a energia e a vivacidade da mãe. "Meu foco é vencer e garantir que meu cabelo — preso num coque liso tipo o da Sporty Spice — esteja em ordem. Falei dos garotos assistindo?", escreveu ela em tom maroto numa coluna também em *The Spectator*.[14] Havia uma leve ponta de rivalidade entre as duas irmãs, que tinham apenas um ano de diferença, lembrando as Bouvier americanas, Jackie Kennedy e Lee Radziwill. Embora Kate se destacasse na equipe de hóquei, a capitã era Pippa, que chegou a ser cogitada para jogar pela Inglaterra. "Kate sempre teve muito ciúme de Pippa", disse um amigo da família. "Eu notava que tinha medo de ser eclipsada por ela, porque Pippa é mais exuberante, tem uma desenvoltura social muito maior e sempre foi popular entre todos, principalmente entre os amigos de James [o irmão]."[15]

A ascensão social de Pippa parece mais calculada que a de Kate. Mais tarde, na Universidade de Edimburgo, ela dividiu um apartamento com dois garotos filhos de duques. "Logo que Pippa chegou a Edimburgo, procurou assiduamente entrar no círculo social certo", disse uma ex-aluna. "Fazia isso de um modo muito charmoso, mas sempre decidida a cultivar os amigos 'certos.'" Em 2017, ela se casou com James Matthews, de 41 anos, um rico administrador de fundos de hedge e herdeiro do título feudal escocês de Laird of Glen Affric

[Lorde do Vale Affric]. Seus pais, David e Jane Matthews, são proprietários do Hotel Eden Rock, local de celebridades na ilha de St. Barts, no Caribe. Jane provém de uma fortuna rodesiana, com um estilo "rock chique" e uma habilidade social que desperta o caráter competitivo de Carole Middleton quando ela prepara os guardanapos cuidadosamente dobrados e as velas perfumadas nos jantares em Bucklebury. Pippa, além de tudo, deu à luz dois filhos muito atraentes. Verdade seja dita: as meninas de Carole Middleton têm se saído muito bem.

É improvável que Kate estivesse onde está sem a prestimosa ajuda materna em negociar um romance no âmbito da realeza. Carole Middleton costuma ser caracterizada como um cruzamento entre a sra. Bennet de Jane Austen e a alpinista social Hyacinth Bucket, que atende ao telefone dizendo "The Bouquet residence".* Nenhum desses dois modelos procede. Carole tem uma considerável habilidade estratégica. Sempre que era socada no ringue, Kate se recolhia a Bucklebury, onde a treinadora Carole cuidava de suas feridas, dava conselhos sobre os movimentos e insistia que ela concentrasse a atenção no prêmio.

As impressões digitais de Carole estão por todo o primeiro movimento de Kate no tabuleiro régio de xadrez. Quando se anunciou em 2000 que o príncipe William ia passar o período universitário na pequena universidade escocesa de St. Andrews, Kate deixou de uma hora para outra a Universidade de Edimburgo, a oitenta quilômetros de distância, e se reinscreveu em St. Andrews. Andrew Neil, ex-reitor da St. Andrews, me disse que não é incomum que os estudantes se matriculem nas duas universidades e decidam no último instante, muitas vezes dependendo para qual delas os amigos estão indo. "De qualquer modo, para todos eles é fácil se manter em contato", diz Neil.[16] "Todo final de semana dezenas de 'riquinhos'[17] vão de St. Andrews para Edimburgo para ficar com os amigos (e às vezes vice-versa)." Mas Emilia e Alice, as duas melhores amigas de Kate, também tinham se matriculado em Edimburgo. As três até já haviam encontrado alojamentos que iam dividir. Kate tinha batalhado muito em Marlborough para os exames de nível avançado e conseguira as notas altas

---

* A maior preocupação da tacanha matriarca de *Orgulho e preconceito* era arranjar um bom casamento para as filhas. Bucket é a protagonista do seriado cômico *Keeping Up Appearances*, da BBC (1990-5), que pronuncia seu sobrenome Bucket ("balde") como um afrancesado Bouquet ("buquê"). (N. T.)

que a qualificavam para sua primeira opção, Edimburgo, onde depois Pippa e James foram estudar.

As duas universidades escocesas não podiam ser mais diferentes. Em termos americanos, era como escolher entre uma universidade grande com várias áreas da Ivy League e uma faculdade pequena e bonitinha de ciências humanas. Edimburgo tem uma vida urbana e festiva fervilhante e grande renome em história da arte, em contraposição ao romântico isolamento do campus da medieval St. Andrews, cercado por pedras que assinalam os locais onde os mártires protestantes foram queimados na fogueira. Não era o estilo de Kate abandonar uma meta pela qual lutara tanto, interromper tranquilamente os estudos durante um ano e se rematricular num local de ambiente totalmente oposto. Quem arriscava na família era Carole, não Kate.

"Se você tinha uma vaga em Edimburgo, ia se agarrar a ela, a menos que aparecesse algo em Oxford ou Cambridge", me disse um ilustre editor escocês. "Você só sacrificaria aquela vaga por St. Andrews por uma das duas seguintes razões: havia em St. Andrews um curso que oferecia exatamente o que você queria e não tinha em Edimburgo, ou você ficou sabendo que o herdeiro do trono estava indo para St. Andrews, e aí você pensou..."

Kate passou metade de seu *gap year* frequentando os cursos favoritos das garotas endinheiradas, o de italiano e o de história da arte, no Instituto Britânico de Florença. Ficou três meses num apartamento no centro da cidade com a prima Lucy Middleton, estudando seriamente Lucy Honeychurch em *Um quarto com vista* de E. M. Forster e passando o tempo com outras "riquinhas", como diria Andrew Neil, nos cafés. Numa noite ao jantar, quando seus pais foram visitá-la, uma amiga lembra Carole comentando com os garçons sobre a aparência da filha. Seu viço natural, aquela exuberante cabeleira castanha brilhante! "Vejam minha rosa inglesa. Não é linda?"[18]

Agora em ação, Kate tinha uma habilidade camaleônica de sempre aparecer nas franjas da vida de William. Mesmo o programa de dez semanas do Raleigh International, parecido com o Outward Bound, de que ela participou depois de Florença, apoiando o desenvolvimento internacional sustentável no Chile, era exatamente o mesmo que William acabara de concluir. Era uma expedição puxada, para fortalecimento do caráter, um programa de ingresso muito difícil para quem não dispõe de credenciais como o Duke of Edinburgh's Award e a capacidade de contribuir com 3 mil libras para a admissão. O desafio consistia em três semanas de trilha na mata, três semanas num bote inflável fazendo um levantamento da vida marinha e um período ajudando a construir um novo quartel de bombeiros para uma comunidade carente. Kate foi classificada como "um dos membros mais fortes e mais preparados do grupo",[19] dona de "certa aura". Outros dizem que ela nunca fazia corpo mole nem se queixava.

III

Cada vez mais perto. William também havia se destacado no Raleigh International. Foi incentivado a participar por Mark Dyer, ex-camarista de Charles que agora assumira a tarefa de mentor de seus filhos nos anos pós-colegial. Marko, como o chamam os amigos, é um ex-oficial da Guarda Galesa, sujeito íntegro de 1,83 metro de altura e cabelo acobreado, que uma época namorou com Tiggy Legge-Bourke e hoje é padrinho de Archie, filho de Harry. Ao que parece, a instrução do palácio para a mentoria de Dyer ao longo do ano longe dos estudos foi aplicar o credo do príncipe Philip: entochar os meninos com muito ar livre, exercícios e serviços comunitários — um treinamento na selva em Belize, um período num projeto marinho nas Ilhas Maurício, um tempo trabalhando no Quênia numa reserva de caça, um mês limpando currais e ordenhando vacas numa fazenda de laticínios e uma expedição de dez semanas com o Raleigh International no Chile.

Deu tudo errado. O grupo do Raleigh International no Chile, navegando de caiaque em meio a temporais violentos, ficou cinco noites encalhado numa praia sob chuvas torrenciais geladas. Um dos jovens participantes ficou agitado, e consta que a única pessoa capaz de acalmá-lo foi William, que criou uma ligação com ele que deixaria sua mãe orgulhosa. No último trecho da viagem, envolveu-se com uma escola primária numa comunidade local, o que durante dois dias inundou os jornais britânicos de fotos do belo menino de Diana, que herdara o dom materno de se conectar com crianças necessitadas. A combinação entre a figura bonita e modesta, a rija resistência e a capacidade de se relacionar com ternura nunca foi tão atraente, antes ou depois.

Para manter a discrição, ele chegou a St. Andrews em setembro de 2001 depois da semana de recepção aos calouros. Era um momento internacional sombrio, doze dias após os ataques de Onze de Setembro. Além da preocupação com possíveis ataques a aliados americanos, havia o pânico do antraz no campus de St. Andrews. O príncipe Charles acompanhou William até lá, escoltado por investigadores particulares. (William tinha dois seguranças pessoais.) Estiveram antes em alguns eventos beneficentes em Glasgow e Edimburgo, onde assinaram um livro de condolências no consulado americano. William deixou uma mensagem própria de sua idade: "Minha mais profunda solidariedade, com amor, William".[20] Espremeram na agenda um almoço com "Gan-Gan", a rainha-mãe, então com 101 anos de idade, em sua casa escocesa. Suas palavras de despedida foram: "Qualquer festa boa que aparecer, me convidem".[21]

O jovem príncipe, como Kate, tinha escolhido Edimburgo como primeira opção, mas os encarregados da proteção da realeza consideraram o local exposto demais para garantir sua segurança. Brian Lang, o diretor e vice-reitor de St. Andrews, teve diversas conversas com o palácio sobre a melhor maneira de protegê-lo. O príncipe Charles tinha estado lá pessoalmente e verificara o conjunto residencial universitário proposto, St. Salvator, sentando numa cama de estudante e dando pulinhos. ("Hmmm, vai servir.")[22] Foi firmado um acordo muito claro com a Press Complaints Commission, estabelecendo que, enquanto William estivesse em St. Andrews, a imprensa continuaria a deixá-lo em paz até depois da formatura. O acordo original firmado com os editores de jornais de Eton foi ampliado para salvaguardar William até a conclusão do curso. (O pacto foi respeitado, com exceção do desastroso aparecimento da produtora de seu tio, o príncipe Edward.) Lorde Black, o ex-diretor da Press Complaints Commission, me contou que nunca esqueceu uma reunião que teve com os estudantes de St. Andrews, antes da chegada de William:

> Andrew [Neil] disse que os estudantes estavam preocupados se apareceriam nos jornais caso estivessem com William ou fossem vistos perto dele. Então fui até lá. Estávamos nos aproximando da igreja onde era a reunião e perguntei: "O que é aquela fila de gente?", e logo ficou claro que era uma fila para entrar numa igreja de quinhentos lugares, sendo que eu esperava uns cinquenta interessados. Fui bombardeado por perguntas — condutas indiscretas em qualquer local perto de William iriam parar na primeira página? Então entendi como William devia se sentir sabendo da aflição das pessoas com quem convivia, temerosas de que tais coisas adquirissem tamanho vulto.[23]

Os verdadeiros amigos de William precisavam se acostumar a ser seguidos e — como se saberia mais tarde — ter os telefonemas grampeados pela imprensa. Por sorte, o príncipe não pegou o lançamento do Twitter e do Facebook em 2006, e todos os tormentos posteriores das redes sociais que certamente aguardam seu filho, o príncipe George.

A última coisa que William queria em St. Andrews era a solidão protegida que seu pai vivera em Cambridge. Avisou que não queria que se referissem a ele como Sua Alteza Real nem que o tratassem por "sir", e foi registrado no Sallies — como é conhecido o conjunto residencial estudantil St. Salvator — como William Wales of Tetbury (a cidade em Gloucestershire perto da Highgrove House). Kate também estava lá, no andar de baixo. Outra obra do destino? William também ia estudar história da arte. É difícil imaginar que, por razões de discrição, os estudantes dispostos perto de William não fossem cuidadosamente examinados pelos seguranças e que o príncipe não verificasse seus nomes. Ele era tão paranoico que às vezes inventava algum boato falso, contava para os recém-ingressados em seu círculo e aguardava para ver se vazavam. Assim saberia em quem poderia confiar. "Mas as pessoas que tentam se aproveitar de mim e conseguir alguma coisa de mim — percebo depressa e logo me afasto delas", ele disse a Jennie Bond, da BBC, em 2001.[24] Seu bem-estar era monitorado de perto pelo historiador medieval David Corner, o secretário e oficial de registro da universidade que fazia seu acompanhamento em reuniões a cada três ou quatro semanas.

Em vista de tais cautelas, era improvável que os padrões de namoro de William divergissem da longa lista de suas conquistas aristocráticas anteriores, oriundas basicamente de aficionadas de polo ou filhas de latifundiários. (O *Times* arrolou algumas: Natalie "Nats" Hicks-Löbbecke; Rose, a filha do capitão Ian Farquhar, mestre de Caça de Beaufort; Davina Duckworth-Chad, cujo irmão, James, era um camarista da rainha; lady Katherine Howard, filha do conde de Suffolk; Emma Parker Bowles, sobrinha de Camilla; Alexandra Knatchbull, a bisneta de lorde Mountbatten.) Seu círculo social era recheado com os mesmos velhos títulos do grupo de Highgrove cujos pais tanto enfaravam Diana, e a tendência ameaçava prosseguir em seu primeiro ano em St. Andrews. Ele teve um romance com Carly Massy-Birch, filha de fazendeiros de Devon, e continuava a flertar com uma bela proto-Kate de 21 anos, Arabella Musgrave, cujo pai administrava o Clube de Polo de Cirencester Park. Por causa dela ia com frequência a Londres.

Outras estudantes o consideravam fechado e discreto. A atitude "tímida" aperfeiçoada em Eton era autoproteção. William tinha plena consciência de que era uma estrela do campus. Se aparecia em seu bar favorito de St. Andrews para uma cerveja, o local imediatamente lotava com um tremendo rebuliço de garotas ansiosas. O correspondente da realeza Robert Jobson diz que "William, o acanhado"[25] foi "um personagem que ele inventou — uma máscara muito eficiente para um garoto cuja autoconfiança aumentava a cada dia". Numa entrevista em seu aniversário de 21 anos, William disse que costumava ficar de cabeça baixa na tentativa inútil de não ser fotografado. "Geralmente eu era fotografado olhando por entre uma vasta franja loira. Era uma coisa muito boba..., mas não gosto de ser o centro das atenções."[26]

Como Kate poderia quebrar essa barreira? Não seria difícil eles se cruzarem na escada para seus respectivos dormitórios. O treinamento de Marlborough em estabelecer amizades masculinas sem maiores complicações foi fundamental para sua habilidade em ganhar a cautelosa confiança de William. Ao contrário do bando de alunas — sobretudo americanas — que davam escancaradamente em cima de William, ela conquistou sua confiança aparentando desinteresse. (Contribuiu para sua mística no primeiro semestre o interesse de Rupert Finch, um estudante bem-apessoado do quarto ano de direito.) Depois de correr toda manhã, ela às vezes se juntava a William e amigos no café da manhã no refeitório. (A turma dele, conhecida como "os garotos do Sallies", sempre se sentava ao lado da mesa do diretor, ladeada por retratos a óleo de filósofos do Iluminismo escocês.) Ou nadavam juntos no Old Course Hotel em St. Andrews. Nas aulas de história da arte, muitas vezes se sentavam juntos. Quando ele faltava, ela lhe passava suas anotações.

Depois do primeiro semestre em 2001, estando em casa para o Natal, William horrorizou o pai — e Mark Bolland — com a notícia de que não ia voltar para a faculdade. Entediava-se em St. Andrews pelas mesmas razões pelas quais seus seguranças gostavam de lá. Era uma cidadezinha costeira parada, que no inverno escurece às quatro da tarde.

A notícia caiu como uma bomba. O palácio tinha razões estratégicas para querer que o herdeiro do trono estudasse no norte da fronteira. Em 1998, a Escócia votou pela devolução, e, após a aprovação da Lei da Escócia, poderes importantes foram transferidos de Westminster para um corpo parlamentar escocês instituído havia pouco. No palácio — e entre os conservadores de modo geral —, pairava a sensação de que esse rompimento podia anunciar o pior: o gradual afastamento da Escócia do controle da União.

A rainha, exímia intérprete, durante todo o reinado, da arte da retirada graciosa, preservando de alguma maneira a aura de soberania, fez um discurso inspirador ao novo Parlamento escocês em 1999, louvando a "garra, determinação, humor e franqueza dos escoceses".[27] Se William deixasse St. Andrews, ele passaria uma péssima imagem e seria avacalhado na imprensa como um garoto sem pulso e mimado, como acontecera quando o pobre príncipe Edward deixara os Royal Marines.

Nessa conjuntura crítica, Kate Middleton mostrou sua delicada maestria na arte da persuasão, que lembrava o modo como a rainha-mãe havia lidado com George VI. Numa série de conversas, ela aconselhou William a abandonar o curso de história da arte — pelo qual ele tinha pouco ou nenhum interesse, e só o escolheu porque parecia uma opção fácil. Por que não mudar para a área tão interessante da geografia?, ela sugeriu. Afinal, ele havia se saído muito bem em geografia nos certificados de nível avançado em Eton. Andrew Neil disse que, em conversa com os administradores da universidade que eram contrários a essa transferência, falou: "Vocês fazem ideia do estrago que será para o renome da universidade se [William] for embora? Pouco me importa se ele quiser estudar cestaria artesanal galesa, não estou nem aí. Ele pode estudar o que quiser".[28]

Evitada a crise, William convidou Kate, numa declaração tácita e evidente de confiança, para morar nas acomodações que dividia com Fergus Boyd e outra estudante, Olivia Bleasdale, fora do campus, na 13A Hope Street, um pequeno apartamento no centro da cidade.

IV

A atração sexual pegou fogo no "Don't Walk", desfile anual de moda beneficente no St. Andrews Bay Hotel, em março de 2002. O diretor e vice-reitor Lang, que estava de pé, nos fundos da sala lotada, disse que o evento era do tipo em que todo mundo ficava rindo do estudante posando só de cueca, com uma meia enfiada dentro dela. O dinheiro arrecadado iria para as vítimas do ataque de Onze de Setembro. Numa cena típica do seriado *Bridgerton*, William tinha comprado uma das mesas mais caras na fila da frente para ele e os amigos verem as garotas bem de perto. Todo mundo percebeu que ele ficou vidrado numa morena gostosíssima que ondulava pela passarela com um vestido curto de seda diáfana preta e dourada, exibindo sua silhueta e as longas pernas de supermodelo.

Kate Middleton? A simpaticíssima colega com quem ele iria dividir casa? Aquela da conversa séria sobre os méritos da geografia? William nem acreditou no que via, e foi uma visão inesquecível, como quando Vronsky vê Anna Kariênina na estação ferroviária de Moscou pela primeira vez. Na festa que se seguiu ao desfile, William tentou beijar a estrela da passarela, mas ela ainda estava envolvida com Rupert Finch e o repeliu. Um dos amigos que presenciou a cena disse a Katie Nicholl: "Na verdade, ele lhe falou que naquela noite ela estava um arraso, e ela corou. Havia decididamente uma química entre os dois, e Kate de fato tinha impressionado William. Ela agiu com a maior naturalidade".[29] Ela havia desfilado com um modelo que consistia numa saia preta transparente usada como vestido, a cintura puxada para cima, na altura do colo, deixando a lingerie à mostra. Apontado mais tarde como o momento em que William fez seu primeiro movimento, na verdade mais parece o momento em que Kate Middleton fez o seu.

No apartamento que dividiam na 13A Hope Street, Kate viu de perto um trailer do mundo compartimentado de William. Em novembro de 2002, fora da bolha em que viviam, a ação contra Paul Burrell estava desmoronando e segredos sobre os amantes da mãe do príncipe eram divulgados. Nos primeiros tempos da amizade de William e Kate, o funeral da rainha-mãe exigiu que o jovem príncipe fosse a Londres acompanhar com outros membros da família real o cortejo fúnebre de sua bisavó até a Abadia de Westminster. Eram inevitáveis as recordações do menino triste e nervoso seguindo com o irmãozinho o caixão de Diana pelas ruas em silêncio. Terá William partilhado com Kate algo dessa dor ao ficarem próximos? O fio da história liga inevitavelmente esse momento a um outro funeral cerimonial da realeza, o de lorde Mountbatten, quando lady Diana Spencer, então com dezoito anos, observou com olhos solidários e lacrimosos a profunda dor do príncipe Charles diante do assassinato de seu tio-avô. "Você parecia tão triste ao percorrer a nave no funeral de Mountbatten",[30] disse-lhe Diana mais tarde, vibrando uma corda emocional na primeira conversa importante que tiveram.

William e Kate namoravam em segredo, protegidos pelos amigos. Nada de demonstrações públicas de afeto. Entrada e saída em horários diferentes. Com seu isolamento, St. Andrews era o lugar perfeito para se ficar em paz. Como meca do golfe, a cidadezinha se acostumara a ver celebridades locais como Sean Connery comprando um jornal ou Michael Douglas tomando um drinque no bar. Kate adorava cozinhar e oferecer jantares. William se serviu de um chalé na área de Balmoral, onde podiam se refugiar nos finais de semana e passear pelas charnecas. Ele preparou a namorada para impressionar seus parentes ensinando-a a atirar.

Os dois se aburguesaram numa rapidez espantosa. No terceiro ano juntos, mudaram-se para mais longe, indo com dois amigos de William, Alasdair Coutts-Wood e Oli Baker, para a Balgove House, um chalé de quatro quartos na propriedade de Strathtyrum, espécie de Highgrove em miniatura, com 8 mil metros quadrados de pastagens escondidas atrás de um muro de pedra de quase dois metros de altura, de propriedade de um amigo da família real. Moraram lá nos últimos dois anos em St. Andrews. O William entre quatro paredes não era exatamente *un homme ordinaire*. Instalou uma mesa de mogno polido com dezessete lugares e uma adega bem abastecida. Numa idade em que a maioria dos casais quer curtir, os dois viviam na correria, preparando e oferecendo jantares a rigor. Harry muitas vezes ia passar o final de semana com eles, convidado vitalício de Kate. A Balgove House era como um segundo lar para o caçula.

A ausência de conflito oferecia a William um porto seguro, lembrando aquele que a princesa Elizabeth ofereceu a Philip depois de seus anos errantes pela Europa. Kate nunca fazia cenas de ciúme. As rivais costumavam ser liquidadas pela indiferença dela. Na festa de aniversário dos 21 anos de William, no Castelo de Windsor, o protocolo a sentou numa mesa distante da dele; o príncipe, disposto ao lado de Jecca Craig, a estonteante filha de conservacionistas no Quênia, dedicava à sua vizinha uma atenção extasiada. Kate não manifestou nenhum desagrado.

Mas isso não significa que ela não se mantivesse atenta. "Kate dispensou todas elas", me disse um integrante de seu círculo. "Qualquer uma que tivesse tido alguma coisa no passado próximo ou aparecesse em festas e ele meio que desse uma olhada e atravessasse a sala para dar um oi ela punha na mira e eliminava uma por uma." (Kate acabou por liquidar Jecca indo visitar a Lewa Wildlife Conservancy no Quênia junto com William e ficando amiga dela.)

Sempre que o romance dava uma derrapada, ela ia se aconselhar com a mãe em Bucklebury. Os Middleton eram muito unidos e essa era uma das armas mais poderosas do arsenal de Kate. Kate é tão próxima do irmão James quanto de Pippa, e sempre lhe deu apoio em suas crises de depressão. Apesar de seu status pessoal de pequena celebridade, James, como todo o clã, respeita a *omertà* da família sobre tudo o que se refere à irmã.

Depois de um ano de namoro, William adotou os Middleton. "Ele se apaixonou não só por ela, mas por *eles*", me disse um conhecido do clã. "Um ninho caloroso com uma família nuclear completa e, ao que parece, maravilhosamente descomplicada. O pai fazia o papel de pai, a mãe o de mãe-tigre do condado, mas ele também via as filhas e James se dando bem — e querendo se dar bem — com os pais. Que contraste!"

O príncipe podia escolher em qual dos vários palácios e propriedades ia passar os finais de semana, mas o que mais queria era jogar tênis, ver TV e ter os acepipes de Carole no lar dos Middleton. Era um hóspede tão regular que transferiu seu quadriciclo para Bucklebury, e se juntava à família nas férias em resorts de luxo. Os Middleton En Masse, como a imprensa apelidou o grupo, iam regularmente a Mustique. Um frequentador da ilha descreveu Carole como "uma mulher divertida que depois de um ou dois copos puxava a gente para um canto do Basil's Bar para contar umas boas fofocas, enquanto Kate circulava por ali por meia hora e logo desaparecia com William". Michael Middleton se tornou um pai vicário de William. "Não é muito divertido participar de frequentes jantares que seu pai está sempre oferecendo para cinquenta pessoas com porcelanas de Catarina, a Grande, ou seja lá o que for", disse um velho conhecido de William. "Já os Middleton eram como calçar pantufas e ficar numa cadeira de balanço, com o rádio ligado, o que é mais ou menos o tipo de mundo de William e Kate." O príncipe gostava até do tio, Gary Goldsmith, com suas tatuagens e a testa alta bem entrada. Em 2006, ele e Kate se hospedaram com Gary em Ibiza e foram até Formentera num iate alugado.

O casal era tão discreto e protegido pelos amigos que a imprensa só soube que formavam um par em março de 2004, quando Kate foi vista em Klosters, subindo a montanha numa barra em T ao lado de um afetuoso William.

V

A revelação do namoro não foi boa para a campanha silenciosa de Kate. William quis provar sua independência e partiu para uma viagem à Grécia com o amigo de infância Guy Pelly — cuja presença rabelaisiana geralmente significava encrenca —, num veleiro com uma tripulação exclusivamente feminina. Mais tarde, naquele mesmo verão, surgiram em cena duas grandes possíveis rivais: uma herdeira americana muito animada, Anna Sloan, que hospedou William sozinho na propriedade de seu pai em Nashville, em agosto, e uma jovem com o nome extravagante de Isabella Anstruther-Gough-Calthorpe, uma das deslumbrantes filhas atrizes loiras de lady Mary-Gaye Curzon. William ficou fascinado, mas Isabella era bonita demais e bem relacionada demais para achar interessante ser namorada dele. Mais tarde ela se casou com uma versão mais divertida de herdeiro da realeza: Sam, filho do empresário bilionário Richard Branson. A cerimônia ocorreu na cabana particular de safári do pai do noivo, perto do Parque Nacional de Kruger, na África do Sul.

Agora que o relacionamento viera a público, os riscos para Kate eram muito maiores. Tinha de equilibrar a humilhação que sofreria caso William lhe desse o fora com uma atitude de nunca forçar a barra. Sua família foi alvo de escrutínio cerrado, as origens de classe média baixa da mãe eram zombadas sem pudor. Uma sucessão de depoimentos anônimos, soprados por amigos não nomeados ou por factótuns periféricos do palácio, sugeria que se cochichava "portas em manual"[31] (expressão usada nos aviões ao pousar) quando a ex-comissária de bordo Carole socializava em círculos da elite. Haveria quem revirava os olhos quando a sra. Middleton dizia "Perdão?"[32] em vez do brusco "O quê?", aprovado pela nata. "No começo, Carole até gostava da atenção", disse um amigo da família.[33] "Parecia achar a coisa toda meio vertiginosa, mas acabou se irritando com a imprensa sempre pegando no seu pé."

Parte disso provavelmente era invenção de comentaristas que se achavam. Tempos depois, em novembro de 2018, após uma entrevista de Carole para marcar o trigésimo aniversário da Party Pieces, um colunista do conservador *Telegraph* escreveu:

> Mas o que todo mundo quer saber é a voz. Tem jeito de aeromoça (aos vinte e poucos anos ela trabalhava na British Airways)? Fala de modo forçado? Nada

disso. A melhor descrição talvez fosse: é elegante e moderna — nem vulgar nem afetada.[34]

Jeito de aeromoça. Gary Goldsmith se enganara ao dizer que, como "cria da Thatcher", fazia parte de "uma geração em que não existem classes". A própria Thatcher foi infernizada pela obsessão classista do reino. Para a elite *tory*, aquela que por mais tempo ocupou o cargo de primeira-ministra britânica no século XX e foi a primeira mulher a ocupá-lo sempre estaria metaforicamente obcecada pela mercearia de seu pai em Grantham, "*batalhando muito*".

O quarto ano em St. Andrews foi um período perigoso para a ligação Middleton-Gales. No isolamento modorrento da Balgove House, a atmosfera andava tensa. William se comportava qual um principezinho mimado. Como o segundo na linha sucessória do trono podia deixar de ser estragado por uma paparicação que ele nem sequer percebia? A sombra do privilégio às vezes atravessava seu rosto franco e gente boa. Michael Choong, amigo de rúgbi que foi visitar o casal, disse a Andrew Morton que William "às vezes era curto e grosso com Kate... Esperava que ela corresse atrás dele e, quanto mais tempo se conheciam, mais ele parecia manter a rédea curta".[35] Carole aconselhou: "Dê espaço a ele". Nos fins de semana, Kate ia para Bucklebury trabalhar em sua tese sobre Lewis Carroll, reunindo dois temas que a fascinavam: infância e fotografia. William se dedicava a uma pesquisa de 10 mil palavras sobre os recifes de coral de Rodrigues, uma das Ilhas Maurício, a 554 quilômetros da costa principal.

Sempre que se impacientava com Kate, William logo descobria que trocá-la pelas garotas de que estava a fim não era tão fácil quanto imaginava, tampouco encontrar alguém em que pudesse confiar como confiava nela. Muitas queriam ficar com ele pela emoção de uma noite com um príncipe, mas o preço a pagar era a intromissão da mídia, com o risco de sofrer o constrangimento social de ser apenas uma entre muitas. Até hoje, quarenta anos depois, ainda há mulheres rotuladas como "ex-namorada do príncipe Charles", quaisquer que tenham sido suas realizações posteriores. O romance de William com Carly Massy-Birch afundara em parte porque ela cansou de precisar da conivência do guarda-costas dele para ter seus encontros furtivos.

Qualquer jovem que se envolvesse com ele enfrentava problemas quanto à desigualdade de status. O príncipe que queria ser "como qualquer outro" sempre viveria em duas realidades diferentes. Devido às regras estritas do protocolo, admitindo apenas cônjuges, Kate não foi convidada para o casamento de Charles e Camilla em abril de 2005, embora àquela altura ela já tivesse se encontrado com eles muitas vezes.

A rainha e o príncipe Philip, Charles e Camilla, todos foram à cerimônia de formatura de William e à festa ao ar livre que se seguiu, na qual o diretor e vice-reitor Lang ficou circulando com a rainha, que naquele dia estava especialmente alegre. Os Middleton receberam a recomendação de não se aproximar dos membros da realeza. A namorada com quem William morava não foi apresentada à avó dele. A rainha só a cumprimentou três anos depois, em maio de 2008, no casamento do filho da princesa Anne, Peter Phillips, com Autumn Kelly, consultora administrativa canadense. Enquanto não se anunciasse um noivado, uma amiga de William era tanto uma presa para a mídia quanto um ser inexistente para o palácio. Isso ficou patente logo que o casal deixou o casulo de St. Andrews.

William foi imediatamente engolido pelo papel de monarca em treinamento. Recebeu um novo guia para seu próximo ato: Jamie Lowther-Pinkerton, de 44 anos, foi nomeado primeiro-secretário particular dos dois príncipes. Lowther-Pinkerton era um ex-oficial do Special Air Service (SAS) tão bem considerado que fora mencionado como potencial comandante. Formado em Eton e Sandhurst, como jovem oficial da Guarda Irlandesa tinha uma boa experiência com a realeza desde os dias em que fora designado camarista da rainha-mãe. Sua principal tarefa nessa função era abrir o bar atrás da estante de livros ao meio-dia e meia, antes dos almoços oferecidos pela velha *grande dame* na Clarence House, onde ele era tratado como neto. Dessa função, ele logo passou ao comando de uma operação do SAS contra os cartéis colombianos de droga, o que revela sua habilidade em combinar lisonja e engenho. Não havia quem melhor entendesse as exigências próprias do mundo da realeza e, ao mesmo tempo, elaborasse um programa para os garotos poderem servir de maneira mais significativa à Coroa nos anos após o colegial e a universidade. O curso da vida de William ficou prontamente traçado.

Em 29 de junho de 2005, o herdeiro do trono, com 23 anos de idade, em sua primeira viagem régia ultramar, foi enviado à Nova Zelândia como representante da rainha. Lowther-Pinkerton o designou para 44 semanas de treinamento como oficial do Exército na Real Academia Militar de Sandhurst, um ano servindo no regimento da Real Cavalaria Blues and Royals e uma experiência de dois anos na Real Marinha e na Real Força Aérea.

Enquanto isso, o papel de Kate era o da Garota do Adeus,* disponível quando William precisava dela. A pergunta enigmática é se a futura duquesa de Cambridge estava desde o começo sobrenaturalmente destinada a isso ou se ela se imbuiu tanto do verniz de adequação que se tornou inevitável. A grande prova era a imprensa, e como Kate sobreviveria a ela.

---

* Referência à letra da canção-título do filme *Goodbye Girl*, de Neil Simon (1977). (N. T.)

13. A rainha em compasso de espera

KATE FECHA O ACORDO

Em Londres, Kate não tinha paz um minuto sequer. Quando saía de seu apartamento em Chelsea, era perseguida, fazendo lembrar o assédio à jovem lady Di. Mas nem tudo era ruim: era fotografada levando o lixo para fora — "Bin There, Done That. William's Girl Mucks In" (*Evening Standard*) —, ou no ponto de ônibus, com direito a chamada no noticiário noturno. Pelo lado ruim, parecia uma reprise dos excessos dos paparazzi dos anos 1990. Quando atravessava a Paddington Station ou um aeroporto, fotógrafos gritavam "Vaca!", "Puta!", "Cadela, olhe para cá!",[1] para irritá-la, assim como faziam com Diana. Quando a casa ao lado do apartamento de seus pais estava em reforma, Kate descobriu que alguns operários haviam sido pagos por um paparazzo para passar informações sobre os movimentos dela. Na mesma semana em que foi aberto o inquérito de Diana, em outubro de 2007, o passado ecoou numa pavorosa ironia quando os fotógrafos correram em direção ao carro de Kate e William, à saída de uma boate.

Belle Robinson, fundadora da empresa de moda Jigsaw, de porte médio, para quem Kate trabalhou em regime de meio período de 2006 a 2007 como compradora de acessórios, disse ao *Evening Standard* que, ao contrário do que muitos pensam, Kate não recebia nenhuma ajuda oficial do palácio para escapar aos fotógrafos e equipes de TV que a aguardavam à saída do trabalho. "Só teria algum suporte se fosse noiva. Ela disse que poderia recorrer ao cara da imprensa de William caso houvesse algum problema político com a imprensa, mas só se fosse algo sério."[2]

Não é de todo verdade que Kate não recebesse nenhuma ajuda. Paddy Harverson, nos bastidores, muitas vezes atuava de maneira oficiosa. Em conformidade com seu caráter, ela raramente pedia sua intervenção e sempre começava dizendo "Não quero criar confusão, mas...".[3] Ao que consta, William providenciou que se instalasse em seu apartamento um botão de emergência para a delegacia local, para protegê-la das ameaças constantes de invasão. Na Jigsaw, Robinson perguntava a Kate: "Por que você não sai pelos fundos?",[4] ao que ela respondia: "Para dizer a verdade, eles vão nos perseguir até conseguir a foto. Então, melhor deixar que tirem logo a foto e então eles vão nos deixar em paz". Robinson ficava impressionada com seu jeito de lidar com a coisa. "Acho que ela se sai muito bem, sem bajular nem acusar a imprensa. Duvido que eu fosse tão bem-educada." Suas próprias filhas, disse Robinson, "nunca iam querer namorar alguém da realeza".

Sua identidade na imprensa agora se reduzia a seu guarda-roupa, consequência inevitável de ter de sorrir, mas não falar. O que ela vestia causava impacto. O "efeito Kate" podia fazer com que as vendas de um vestido de estampa monocromática da Topshop, de quarenta libras, ou um par de botas da Penelope Chilvers desaparecessem das lojas. Raramente usando roupas que não coubessem no bolso do consumidor britânico, ela se apresentava como a amiga da casa logo ao lado, com jaquetas, saias curtas e vestidos leves e ondulantes da High Street. O único sinal que revelava a fortuna da família era uma coleção de bolsas Longchamp que parecia inesgotável. Aparentemente sem se deixar afetar pela ansiedade moderna de "ter voz", ela virou um ícone mudo do estilo adequado. As amigas ficaram desapontadas. "Na primeira vez que viemos de St. Andrews, estávamos empolgadas para nos reunir em Londres", disse uma antiga colega ao *Observer*. "Mas acabou que nem vimos muito a Kate. Ela passava muito tempo com os amigos de William e meio que parou de vir aos jantares das meninas. Mas não acho que ela deixava de nos ver de propósito."[5]

Os tabloides caçoavam de Kate por não ter um emprego sério, e consta que até a rainha, vendo que havia boas chances de que Kate havia chegado para ficar, achava que ela devia arranjar um "emprego de verdade"[6] ou se engajar numa obra beneficente de destaque. William se dedicava a uma agenda de treinamento massacrante, enquanto Kate parecia estar zanzando à toa, dando palpite na empresa dos pais, para poder estar disponível quando William vinha para casa. O incômodo da rainha aumentou após a crise econômica de 2008, e Sua Majestade não via graça nenhuma nas imagens do neto com a namorada saindo do Boujis, o clube privado favorito da galera estilosa e moderna em Kensington. "Rapaziada do Exército em final de semana, uma meia dúzia de figuras Eurotrash",[7] foi como o *Observer* descreveu o local, onde uma garrafa de Dom Pérignon chegava a 360 libras.

Fontes do Palácio disseram que a rainha "tinha plena consciência de que a imagem pública do príncipe William poderia ser prejudicada se a namorada não fosse reconhecida como profissional atuante". Houve conversas, disseram as fontes, com "alguns amigos de confiança" sobre a maneira de lidar com o então chamado "problema Kate".[8] Nas poucas vezes que a rainha a encontrara, Sua Majestade aparentemente a havia considerado uma jovem bastante simpática, mas não tinha ideia do que ela de fato fazia (provavelmente uma versão precisa das palavras levemente desmoralizantes da rainha). Preocupado com a pecha de dama ociosa colada à namorada, William insistiu para que ela arrumasse um emprego. Quando Kate sondou a Jigsaw, ela "realmente queria trabalhar", relembrou Robinson.[9] Mas disse à sua potencial empregadora que "precisava de uma margem de flexibilidade para manter o relacionamento com um homem de muita importância e uma vida que ela não podia prever".

Tal clareza explícita é rara para uma jovem contemporânea de 24 anos. Pippa teve inúmeros casos amorosos, empregos exuberantes e muitas aventuras antes de se casar. Mas o mundo de Kate era William — e apenas William.

Raramente ela superestimava seus trunfos. Quase dois meses antes de Kate completar 25 anos, a imprensa estava pegando fogo com os rumores de um anúncio de noivado do palácio. A rede Woolworths Supermarkets encomendou uma série de lembranças do noivado de William e Kate. Numa empolgante demonstração pública do compromisso assumido, William convidou Kate e os pais, junto com a rainha, o príncipe Charles e Camilla, para um grande marco em sua vida: o desfile de conclusão do treinamento em Sandhurst em 15 de dezembro de 2006. Kate surgiu deslumbrante com um casaco vermelho sobre um corpete preto e um chapéu Philip Treacy que parecia um exótico manifesto, com um adorno semelhante a duas enormes antenas de transmissão em formato de coração. Os Middleton estavam na primeira fila. Carole, que tinha parado de fumar, cometeu a gafe de ficar mascando chiclete de nicotina durante toda a cerimônia — e a imprensa praticamente a crucificou.

William, pronto para se tornar o segundo-tenente Wales, se postou com outros 223 oficiais recém-comissionados para a inspeção da avó comandante-chefe. Sua Majestade, ao passar por ele, disse algo que provocou em seu olhar militar imóvel o leve faiscar de um sorriso. Com 1,91 metro de altura, o herdeiro do trono estava lindíssimo no uniforme azul-escuro impecável, com luvas brancas e faixa vermelha. Portava um rifle e baioneta que estabelecia que seu pelotão de trinta homens, parte da Companhia de Blenheim, conquistara a honra de carregar o estandarte da rainha durante o desfile. "Vocês devem ser corajosos, mas altruístas; líderes, mas protetores; confiantes, mas atenciosos", ela disse ao discursar para os formandos. "E devem ser todas essas coisas em alguns dos ambientes mais desafiadores do mundo."[10]

Os integrantes da TV que faziam leitura labial flagraram Kate dizendo depois: "Adoro o uniforme. É tão, tão sexy".

Antes da formatura, William fizera à namorada o cobiçado convite para se reunir a ele na festa anual de Natal da rainha em Sandringham. Kate declinou, decidida a não ir a um evento tão significativo da família real enquanto não tivesse uma aliança no dedo. William recebeu a resposta em silêncio.

Kate voltou para a Escócia para ficar com os pais, que tinham alugado uma casa em Perthshire para os feriados de fim de ano. Depois do Natal em Sandringham, esperava-se que William aparecesse para passar o Ano-Novo com Kate. Não é difícil imaginar os preparativos que a mãe dela fez para receber o herdeiro do trono, nem os falatórios ao norte da fronteira anunciando que o príncipe de 24 anos logo estaria de braços dados com eles para o "Auld Lang Syne", a canção símbolo da passagem do ano.

Ele não apareceu.

Na ausência de Kate em Sandringham, William tinha aproveitado a oportunidade para uma conversa franca com o pai e a rainha. Numa irônica reescritura da cena entre Charles e o príncipe Philip em 1981 — quando Philip lhe disse que sua hesitação quanto a Diana era prejudicial para a reputação dela —, Charles considerou injusto expor Kate a tanto assédio da imprensa, a menos que o noivado fosse iminente. (Nas duas ocasiões, a solução evidente — oferecer mais proteção à namorada — parecia menos importante do que evitar a divulgação do endosso do palácio.) A rainha preferia que esperassem e não se precipitassem. Se o neto desse o que o príncipe de Gales em seus tempos de solteiro chamava de *"la grande plonge"* [o grande mergulho], essa seria a união Windsor mais importante desde Charles e Diana. É pouco dizer que a rainha receava qualquer casamento que pudesse fracassar. E queria tanto que William tivesse certeza de escolher a mulher certa que subvertera todas as regras tradicionais de envolvimento romântico da realeza, emprestando-lhes chalés para seus encontros amorosos, deixando que morassem juntos antes de se casar e até permitindo que se hospedassem juntos na Clarence House.

É de imaginar a humilhação de Kate quando William não apareceu no Ano-Novo. E a partir daí a coisa só piorou. Em 9 de janeiro de 2007, seu aniversário de 25 anos, a imprensa tinha tanta certeza de que o noivado seria anunciado naquele mesmo dia que a cercaram no lado de fora de seu apartamento. Seu habitual sorriso educado foi substituído por um olhar irritado. William telefonou para se desculpar. Numa declaração pública sem precedentes, ele reclamou que aquilo tudo era um abuso e disse que queria, "mais do que tudo",[11] que a deixassem em paz. Aconselhou-a a contratar Gerrard Tyrrell, do escritório de advocacia Harbottle e Lewis, para entrar com uma queixa na Press Complaints Commission. Até mesmo o líder *tory* David Cameron manifestou sua "preocupação com o número de pessoas em frente à casa de Kate Middleton".[12]

II

Para uma jovem de tanta reserva e compostura, tudo aquilo era um inferno. Não queria um advogado. Queria uma aliança! "Ela admitiu abertamente que esperava um anúncio formal feito pela Clarence House", revelou uma fonte de Kate.[13] Em março, os dois passaram juntos uns dias de férias pouco à vontade nas pistas de esqui em Zermatt, mas, nas fotos deles nas corridas em Cheltenham, quando voltaram, eles pareciam entediantes e entediados, com casacos de tweed verde-oliva combinando. Não era preciso apontar a William (embora a imprensa o tenha feito) que ele estava rapidamente perdendo não só o cabelo, mas também seu lado mais simpático, e ficando parecido com o pai. Uma fonte de seu círculo soltou a pérola mortificante de que o príncipe, embora tivesse enorme afeto por Kate, nunca pensou nela como "A" especial. Era "novo demais para se assentar e queria se lançar na carreira de oficial do Exército".[14]

"Acabou a graça", William teria se queixado. "Não quero me amarrar." É difícil não sentir pena dele. Desde que nasceu, tudo em sua vida o deixava amarrado.

A mudança do segundo-tenente Wales para o Bovington Camp, em Dorset, com seu regimento, o Blues and Royals (vulgo Bebuns e Reais), a fim de iniciar o treinamento com veículos blindados de reconhecimento, foi a ocasião ideal para mostrar o que ele queria dizer com "não quero me amarrar". Tiraram uma foto dele abraçando uma atraente estudante loira, que mais tarde o descreveu como um "perfeito cavalheiro", e também uma outra em que apalpava o seio de uma morena brasileira, não exatamente qual um perfeito cavalheiro. Circulou um boato de que ele estava tendo um caso com uma "jovem bem relacionada". O *Sun* citou uma amiga de Kate, que teria declarado que "William simplesmente não vem dando atenção suficiente a ela. Kate está presa em Londres enquanto ele vive com uma turma de oficiais em Dorset. Ela está imensamente frustrada que a relação deles esteja naufragando a mil por hora".[15]

A morte de uma grande amiga e colega de Sandhurst, a segundo-tenente Joanna Yorke Dyer, com quem William treinara no Pelotão de Blenheim, o abalou demais. Joanna, com 24 anos, entrou no Intelligence Corps e servia no Iraque. Estava entre os quatro soldados que morreram quando seu veículo blindado passou por uma bomba de grande potência no acostamento da estrada. Era um exemplo trágico dos sacrifícios que os colegas de William estavam fazendo, enquanto ele ficava protegido. Não havia a menor hipótese que lhe permitissem ir para a linha de frente, pois isso poria em perigo seus colegas soldados, que poderiam se tornar alvos. Se William não podia servir a seu país e tinha de se limitar a um treinamento contínuo, era um homem sem missão.

Num telefonema medonho para Kate, em abril, quando ela estava no escritório da Jigsaw, ele soltou a bomba do rompimento, terminando o namoro. Ela pediu licença para sair de uma reunião, e ficou andando pelo estacionamento durante uma conversa franca que durou uma hora e a deixou destroçada.[16] Kate fez o que sempre fazia quando ficava devastada. Foi para Bucklebury. A Jigsaw lhe concedeu licença de afastamento por motivos particulares. Com o moral da filha lá embaixo, Carole Middleton tomou as rédeas da situação. Despachou Kate para Dublin, para ir à mostra de arte de uma amiga. Deu-lhe a tarefa de compilar e editar catálogos para a Party Pieces. Interessada em fotografia? Kate podia fotografar bolinhos decorativos para o site.

Elaborou-se uma estratégia de reaproximação cujas linhas gerais, conforme foram resumidas por Stefanie Marsh no *Times*, consistiam no seguinte:

> Recupere-se nos dias de folga com as antigas namoradas do ex. Ele vai admirar sua ausência de ciúme e ficar paranoico com as conversas que vocês estão tendo. Reveja suas posições sobre a postura invasiva da imprensa. Deixe-se fotografar fazendo tudo isso com a maior frequência possível.[17]

A irmã Pippa ajudou na conspiração. Recém-formada em Edimburgo, ela foi designada para bater perna com Kate pela cidade, no maior clima de "Girls Just Wanna Have Fun". Fim do casaco de tweed verde-oliva. William, incomodado, viu retratos de Kate, de saia bem curta, saindo tarde da noite dos lugares que antes os dois costumavam frequentar. Houve até o que parecia uma ferroada retaliatória feminista quando ela se inscreveu na equipe de remo exclusivamente feminina chamada Sisterhood [Sororidade], para uma corrida de 34 quilômetros no canal da Mancha, angariando fundos para entidades beneficentes infantis. (Examinando melhor, a ferroada se mostrou um pouco menos aguda. Entre as remadoras estavam uma modelo, uma compradora de moda, uma consultora imobiliária e uma administradora de fundos de hedge.) As margens do rio logo fervilhavam de paparazzi tentando fotografar Kate bronzeada, de camiseta justa, enquanto treinava como timoneira da equipe.

Em junho, William já começava a perceber que a ex era um partido tão bom quanto ele. Bonita, dotada de autoconfiança e agora ornada de um lustro régio, ela podia se casar com um duque ou um bilionário num minuto, vivendo numa versão reduzida de Highgrove. O príncipe Harry, romanticamente desnorteado numa relação ioiô com a beldade zimbabuana Chelsy Davy, era um firme aliado de Kate. Referia-se a ela como "a irmãzona"[18] que nunca teve. William, claro, logo estava pedindo para voltar.

Kate se conteve, saboreando a contrição dele, e por fim aceitou um convite para a festa "Freakin' Naughty" do Bovington Camp, comemorando a conclusão do treinamento, onde ela arrasou com uma roupa sexy de enfermeira. Disseram que o príncipe ficou atrás dela a noite toda como um "cachorrinho perdido",[19] de calção e capacete de polícia, bem careta. Logo passaram a ver o

Audi de Kate entrando e saindo da Clarence House. Além disso, os Middleton En Masse se sentaram no camarote real durante o Concerto para Diana em 1º de julho de 2007, organizado por William e Harry no Estádio de Wembley. Harry estava aproveitando ao máximo a noite com Chelsy. Mas Kate, sentada algumas filas atrás de William, manteve a distância social para que os holofotes se concentrassem sobre o legado de Diana — e a imprensa ficasse especulando.

III

A versão "Kate liberada" foi um sucesso na mídia. Um sucesso grande demais, ao que parece, pois o palácio ficou preocupado, talvez até paranoico. Era impossível deixar de farejar o surgimento de uma celebridade nascente e desertora como — que os céus não permitam! — a princesa cuja memória era celebrada no palco do Estádio de Wembley. Quando Kate apareceu na capa da revista *Hello!*, numa matéria sobre a equipe de remo, os sinais de alarme soaram ainda mais alto no palácio. E a matéria ainda coincidiu com a publicação de um importante relatório do Comitê Especial de Cultura, Meios de Comunicação e Esportes do Parlamento, motivado pela queixa de Gerrard Tyrrell à Press Complaints Commission sobre o enxame de fotógrafos na frente do apartamento de Kate, em seu aniversário de 25 anos. O relatório, com o título de "Autorregulação da Imprensa", concluiu que era evidente um "assédio claro e persistente".[20] A vitória desencadeou uma onda de comentários ferinos sobre Kate, com seus dois pesos e duas medidas.

Em agosto, o palácio pôs fim ao espetáculo da prova de remo. Após semanas de treinamento, e meros quinze dias antes que a equipe desafiasse a fraternidade totalmente masculina na corrida de Dover ao cabo Gris-Nez, Kate recebeu ordens de jogar a toalha. Consta que a líder da equipe, Emma Sayle, filha de um diplomata, ligou para Kate: "Lembre-se, não é só pela filantropia, é por você mesma. Não saia, por favor. Pela primeira vez na vida, você está realmente fazendo algo para si mesma".[21] Foi, como afirma Andrew Morton, "em vão". A justificativa oficial era o receio de que a segurança das colegas de equipe de Kate poderia ser colocada em risco. Mas aventou-se amplamente que a preocupação dos assistentes da realeza era que a corrida estivesse se transformando num evento midiático que escapava a qualquer controle. Uma das remadoras disse a Richard Kay: "É claro que a equipe dependia dela. Era nossa timoneira, muito forte e muito atlética. É uma perda enorme... Agora temos duas semanas e meia para encontrar alguém, o que com o treinamento é provavelmente impossível... Kate ficou realmente pistola".[22]

Será? Uma ordem do palácio oficializava que Kate voltara a ser de William. E daí que sua nova imagem de independência se desgastava com sua capitulação ao protocolo do palácio? E daí que ela voltava a ser o apêndice dourado de um príncipe? Kate tinha atravessado um Rubicão régio. A partir de então, o palácio é que escreveria o roteiro de sua vida. Havia — sejamos francos — compensações. Em vez de ficar exortando uma equipe de remadoras de joelho esfolado na travessia gelada do canal da Mancha, ela remaria tranquila num caiaque com o herdeiro do trono nas águas amenas do oceano Índico. William tinha reservado um bangalô de 750 dólares a diária num resort de luxo nas Seychelles. Na privacidade daquele idílio, ele lhe fez a promessa que ela tanto queria. Kate, por sua vez, teria de esperar mais três anos, até que ele concluísse o treinamento militar, e precisaria mostrar que tinha um emprego "de verdade". (Dessa vez a discrição não ajudou. Ao trabalhar informalmente na Party Pieces, todo mundo supunha que ela ainda estivesse desempregada. Carole logo corrigiu esse problema postando no site da empresa uma foto de Kate como funcionária.)

Em outubro de 2010, numa viagem ao Quênia, William e Kate escaparam para uma cabana isolada no sopé das montanhas e ele colocou o anel de noivado de safira e brilhante de sua mãe no dedo de Kate — "minha maneira de manter [minha mãe] como que perto de tudo isso", ele disse à imprensa. "Estávamos passando um tempinho longe com alguns amigos, e concluí que aquele era o momento certo."[23] A coisa que as pessoas mais lembram nessa entrevista, afora a roupa que Kate usava — um vestido de cetim azul-cobalto da Issa, combinando com o anel —, é a alegria íntima e tranquila do casal.

Kate vencera observando todas as antigas regras do cortejo amoroso: paciência, resiliência, disposição em dar a seu homem o espaço de que ele precisava, um manual que levara a garota totalmente classe média de Bucklebury à beira do trono britânico. Para William, foi um reconhecimento do que ele sempre soube. A dor, a raiva e a confusão que sofrera desde a morte da mãe foram amainadas por uma coisa rara e antiquada que encontrou na noiva: a constância. Kate tinha o gene curativo que ele tanto desejava.

Em 2020, uma das amigas de escola de Kate frisou numa entrevista que o status régio de William era irrelevante para a disposição da então noiva em moldar sua vida em torno da dele. "Ela se casou não *por causa*, mas *apesar* da posição dele", disse a amiga. "Tudo o que Catherine sempre quis era um marido, uma casa no campo, montes de filhos, um cachorro e uma cozinha com um fogão Aga."[24]

Talvez. Mas "Amor e Estratégia" seria um bom nome para um perfume inspirado em Kate Middleton. Não se pode subestimar um anseio por validação social e um desejo irreprimível de se casar com alguém de posição mais alta. As garotas que a consideravam indigna na Downe House? As zombarias pelo palavreado novo-rico da mãe? As aguilhoadas nos tabloides chamando-a de "Waity Katie"? Carole Middleton percorrera um longo caminho desde suas raízes operárias e transmitiu à primogênita o veio de aspiração social. Kate não esperou oito anos por um homem rico e bem relacionado qualquer. Ela esperou O homem, o futuro rei William V, pela Graça de Deus do Reino Unido da Grã-Bretanha e da Irlanda do Norte e de seus outros Reinos e Territórios Rei, Chefe da Comunidade das Nações, Defensor da Fé — *Sua Majestade* para o resto de nós.

No karaokê de sua festinha de despedida de solteira, oferecida pela irmã e algumas antigas amigas de escola, Kate pegou o microfone e com incomum espontaneidade soltou a voz cantando "Fight for This Love", de Cheryl Cole:

> *Quittin's out of the question*
> *When it gets tough gotta fight some more (ohh)*
> *We gotta fight, fight, fight, fight, fight for this love**

IV

Em 29 de abril de 2011, fui comentarista da realeza para a ABC News, cobrindo o casamento de William e Catherine (como agora devíamos chamá-la) em companhia das bambambãs da rede naquela época, Diane Sawyer e Barbara Walters, que transmitiam do Palácio de Buckingham, e Robin Roberts,

---

* Desistir, nem pensar / Quando complica tem de batalhar mais (ohh) / A gente tem de batalhar, batalhar, batalhar, batalhar, batalhar por esse amor. (N. T.)

com quem fiquei numa sacada estreita do Queen Elizabeth I Centre, com visão para a Abadia de Westminster. A consciência de que participávamos de uma operação caríssima, na escala orçamentária de uma guerra, estava evidente em nossas fisionomias cheias de botox. A equipe noticiosa, saindo de um ciclo exaustivo de revoluções da Primavera Árabe e de um terremoto no Japão, agora enfrentava uma cascata de informações absurdas nos briefings do palácio, catatauas grossos como um *Almanaque de Gotha*. Detalhes de membros menos importantes da família Windsor e de dignitários estrangeiros obscuros caíam torrencialmente sobre jornalistas americanos perplexos com igual volume de notícias sobre déspotas periclitantes e ditadores tunisianos em fuga. Exemplos de jornalistas com sangue nos olhos, Cynthia McFadden extraía notícias aceitáveis dentre banalidades monárquicas numa manhã gelada de abril, enquanto Barbara Walters pesquisava a noite inteira sobre bolos de casamento da realeza, só para poder soltar, com conhecimento de causa, uma rápida menção ao bolo de 110 quilos nas bodas de Fergie e Andrew que levava conhaque e rum. O tradicional bolo de frutas secas e cristalizadas de oito andares do casamento de William e Kate era tão grande que precisaram remover uma porta do palácio para ele poder passar. "Ouvi dizer que você andou desmantelando minha casa", disse a rainha à chefe confeiteira Fiona Cairns.[25]

Numa audioconferência na noite anterior à cerimônia, Ben Sherwood, então diretor da ABC News, reuniu todos os âncoras que cobriam o evento para uma conversa motivacional. "Pessoal", ele trovejou, "ouço vocês dizerem 'tradicional'. Ouço dizerem 'grande'. Ouço dizerem 'régio'. Mas uma coisa não estou ouvindo: AMOR. Gente, essa é uma HISTÓRIA DE AMOR! OK?" Seguiu-se um silêncio compenetrado enquanto *mesdames* Walters, Sawyer, Roberts e Brown interiorizavam o recado. Talvez a América Classe Média não conseguisse apreciar a sacada tão esperta que eu vinha cultivando sobre o destino infeliz de rainhas anteriores que se chamavam Catherine: Catarina de Aragão, divorciada; Catherine Howard, decapitada. Todas nós concordamos, longe das câmeras, que os únicos eventos matrimoniais que a gente realmente queria acompanhar eram a disco rave privada dos noivos no Palácio de Buckingham, organizada por Pippa, e o lanche de sanduíche de bacon que o príncipe Harry ia comer depois da festa.

A força de todos os casamentos está nos momentos não planejados. William passou a noite da véspera na Clarence House, enquanto o irmão o animava com sua solidariedade brincalhona. Depois de jantar com o pai, os dois príncipes apareceram de improviso para saudar as multidões acampadas em volta da Abadia. Os filhos de Diana acabaram resultando em rapazes de tirar o fôlego: altos, elegantes, charmosos. "Às vezes penso neles quando tinham quinze e treze anos... uns adolescentes danadinhos, e aqui estão, jovens prestes a inaugurar um novo capítulo da vida de William. Emocionante", disse Colleen Harris, a ex-secretária de imprensa do palácio, para a câmera.[26]

Em homenagem ao casamento de William, a rainha conferiu ao herdeiro do trono o título de Sua Alteza Real Duque de Cambridge, Conde de Strathearn e Barão Carrickfergus. Para a grande decepção da Real Força Aérea (onde estava em serviço como tenente-aviador na época), no dia do casamento William trajava o refulgente casaco vermelho e dourado da Guarda Irlandesa. Como tantas outras decisões aparentemente pessoais de sua vida, não foi por escolha sua, mas por ordem de sua comandante-chefe, a rainha. "Nem sempre se tem o que se quer, digamos assim", ele gracejou.[27] Dali a menos de três semanas, Sua Majestade iria fazer sua primeira viagem à República da Irlanda, um marco histórico. O uniforme da Guarda Irlandesa usado pelo noivo era um primeiro aceno da política diplomática na arte régia de governar.

Da noite para o dia, Kate Middleton se tornou duquesa real. Seu vestido, desenhado por Sarah Burton, do ateliê Alexander McQueen, era a expressão irretocável de uma nova autoconfiança régia. Foi um êxtase televisivo ao transmitirmos de nosso pódio estreito a aparição evanescente de seu vestido de organza de seda pura, marfim e branco, com renda aplicada no corpete e na saia – feita à mão pela Real Escola de Costura no Hampton Court Palace, com sua cauda de quase três metros de comprimento. O corpete justo e o acabamento em ponta do decote junto aos ombros lhe conferiam o toque medieval de uma rainha Guinevere contemporânea. Ela deixou o cabelo solto, para William a "reconhecer", ela disse.[28] O véu de tule de seda macia estava preso pela tiara Halo da Cartier, emprestada pela rainha e originalmente comprada por George VI para a rainha-mãe. Perfeição, sim, mas quem acabou vencendo a disputa entre suas irmãs foi Pippa, que, como dama de honra, acabou viralizando com um vestido de cetim marfim perigosamente justo, ressaltando as curvas de seu elogiadíssimo bumbum.

Assim como os millennials postavam as épicas nádegas de Pippa no Facebook, todas as mães do mundo queriam se parecer com Carole Middleton. Seu conjunto de vestido e casaco azul-claro de Catherine Walker, feito sob medida, se destacava pelo estilo moderno, mas adequado. O chapéu combinando, inclinado de lado, era um tanto informal, mas não ridículo como muitos chapéus de casamento com plumas perigosamente oscilantes, ou o chapéu do tamanho de um navio de cruzeiro da duquesa da Cornualha e aquela coisa em cima da cabeça da princesa Beatrice que parecia um enorme polvo — ou era uma galhada de antílope? — de feltro rosa quartzo. Michael Middleton parecia um galã de cinema em seu traje de cetim acinzentado. Se Carole foi a catalisadora, ele foi a rocha sobre a qual se ergueu aquele dia.

Para a noite anterior, os Middleton tinham reservado todos os 69 quartos do Goring Hotel, em frente ao Palácio de Buckingham, para seus parentes e amigos. Isso deu um certo trabalhinho para os arranjos da rainha, porque o chamado "Boring Goring", sempre usado para grupos de servidores do palácio e o fluxo abundante de convidados, era onde costumavam se alojar os parentes periféricos da realeza e vários dignitários estrangeiros. A rainha teve que se desdobrar para ver todo mundo, além de se deslocar penosamente até o Mandarin Oriental em Hyde Park para encontrar outras figuras régias incontornáveis: seus pares da Espanha, da Dinamarca, da Bélgica, da Noruega. Dignitários menores foram encaminhados a uma recepção à base de champanhe e salgadinhos na Lancaster House. (Os amigos de William da Força Aérea ganharam uma caneca e uma almofada de Kate e Will.)

O casamento foi uma obra-prima de logística porque, entre outras razões, a equipe do palácio era capitaneada por Jamie Lowther-Pinkerton, calejado em lidar com situações operacionais muito mais assustadoras no SAS. Seu filho Billy, de dez anos, foi um dos dois pajens de calções brancos e sapatinhos de fivela postados ao lado da figura amarelo-limão da rainha na sacada do Palácio de Buckingham. Em reconhecimento por emprestar tanto brilho à monarquia para o evento transmitido ao planeta pela TV, a rainha lhe concedeu a medalha de tenente da Real Ordem Vitoriana. Ele recebeu uma honra ainda maior de William e Kate, que o escolheram como um dos padrinhos do primeiro filho do casal, o príncipe George.

Se a gente perguntar ao pessoal do palácio qual a principal lembrança que eles têm da ocasião, o comentário unânime será que tudo foi misteriosamente isento de comoção. Em 2007, Sarah Goodall, secretária-assistente particular do príncipe Charles por doze anos, havia ponderado numa entrevista que um noivado real (se viesse a acontecer) iria mudar Kate:

Expectativas imensas recairão sobre Kate. Quando a princesa Diana noivou, um cortesão se virou para ela e disse: "Em quatro anos você vai ser uma megera". Não estou dizendo isso em relação a Kate, mas a vida dela vai passar por uma mudança extraordinária.[29]

Ainda assim, Kate Middleton foi a mais inabalável das noivas — sem cenas chorosas, sem pânico de última hora ou acessos histéricos na hora de cortar o número de convidados para os 1900 que cabiam na Abadia. Ela tinha uma equipe exclusiva para coordenar o que queria. "Trabalhávamos feito uns condenados, mas ríamos muito e no final abrimos o Pinot Noir com Kate", comentou um integrante da equipe. Disseram-me que a única preocupação da noiva no dia do casamento foi que um microfone registrasse seu estômago roncando.

O arcebispo da Cantuária, Rowan Williams, que oficiou o casamento, me falou da calma do casal na preparação religiosa para a cerimônia:

> Eles sabiam do que se tratava, haviam refletido sobre tudo, conheciam-se bem e, claro, tiveram aquela experiência que pode ser muito importante para os casais, de se afastar da relação e depois retomá-la. E às vezes isso de fato fortalece os relacionamentos, eu penso. Perguntar: "É isso mesmo que eu quero? Essa é a pessoa com quem realmente vou ficar?".[30]

A rainha gostou muito, ele disse, da escolha da Abadia de Westminster, onde ela mesma se casara e fora coroada, e não da Catedral de St. Paul, com a infeliz associação a Charles e Diana.

Os parentes da realeza por afinidade reclamam há gerações que são eliminados do quadro depois de anunciada a união, mas William, que agora chamava Michael Middleton de "papai", deixou claro que *seus* parentes afins não sofreriam o mesmo destino. Os pais de Kate reforçaram sua independência insistindo em dividir com a rainha e o príncipe Charles as despesas do casamento. (Consta que o quinhão que coube aos Middleton foi por volta de 250 mil libras.) Alguns auxiliares do palácio disseram ao *Telegraph* que os Middleton e a família real teriam o "mesmo peso"[31] na vida do casal. Muito bem. Só que os Middleton descobriram que nenhum de seus convidados entrou na lista da recepção após o casamento no Palácio de Buckingham, constrangimento que

Carole dissipou habilmente oferecendo uma série de eventos paralelos para uma lista B de convidados.

Um parente que Carole fez questão de tratar muito bem foi seu irmão Gary. Dois anos antes ele havia sido apanhado batendo carreiras de cocaína em Ibiza, numa armação de repórteres disfarçados. Carole rapidamente tentou controlar os danos — com Gary, não com a imprensa. "No mesmo instante em que o caso estourou, Carole me ligou pedindo desculpas em nome da família, por de repente ter sido arrastado para os holofotes", disse Gary, sem perceber que a irmã estava "lidando" habilmente com ele. Se afastassem Gary, ele poderia virar um pesadelo descontrolado para os Middleton, como Tom Markle, pai de Meghan, que pouco antes do casamento da filha, sentindo-se excluído, vomitou seus sentimentos. O clã Middleton, pelo contrário, cerrou fileiras em torno do tio Gary, que não só esteve na lista de convidados para a Abadia de Westminster, como também recebeu um assento de primeiro escalão. A duquesa da Cornualha, visivelmente a par das bombas que poderiam estourar, "entrou em contato direto" com ele, lembra Gary. "Lamento a imprensa negativa", ele disse a ela. "Nem pense nisso. Acontece o mesmo comigo", respondeu Camilla, com gentileza cúmplice (e experiente).

Carole Middleton ocupou o centro do novo brasão de armas da família Middleton. O Rei de Armas da Jarreteira e Autoridade Heráldica teve de elaborar um timbre de acordo com as especificações de Michael, a fim de representar o novo status régio de Kate. Os três ramos e bolotas de carvalho representavam a prole Middleton, mas o chaveirão dourado no centro representava Carole Goldsmith, matriarca com ascendência de classe média.

O vínculo entre William e seu padrinho de casamento, Harry, se revelou comovedoramente claro para a plateia. O mútuo entendimento entre eles nunca tinha se mostrado tão profundo. A dor do passado, o fardo do dever, o escrutínio da imprensa — tinham dividido tudo aquilo. A divisa no quepe preto da Guarda Irlandesa que William usou a caminho da Abadia de Westminster expressava tanto o código de honra militar quanto o exclusivo elo fraterno entre eles: "*Quis separabit?*". "Quem nos separará?".

A aliança que selaria os votos nupciais de William e Kate estava em segurança no casaco de Harry. Seu uniforme militar dos Blues and Royals era tão justo que o alfaiate teve a ideia de fazer um punho especial bordado em fio de ouro, com um compartimento secreto para a preciosa aliança de ouro galês que ele entregaria ao irmão.

Para a rainha, o dia do casamento trouxe especial satisfação. Essa nova neta por afinidade, de 29 anos, a futura rainha consorte, era, ao contrário da noiva-menina Diana, calejada na resiliência e na vida da realeza. Suas estoicas origens de classe média haviam se demonstrado incalculavelmente valiosas. Afinal, aristocratas e príncipes ou princesas de sangue constituíam um risco para o matrimônio régio moderno. São criados com muita indulgência e há séculos dispõem de muito tempo livre — receita infalível para a insatisfação. Philip provavelmente foi o último consorte nascido na realeza disposto a fazer o que fosse preciso. "Foi realmente excelente, não foi?", disse Sua Majestade ao marido após a cerimônia, com seu ar sereno e profissional.

Uma lágrima aflorou nos olhos de Carole Middleton ao ver a imagem da filha na Grande Porta Ocidental da Abadia de Westminster, conduzida pelo pai orgulhoso. Kate, como Camilla, ingressara no "recinto dos vencedores". Ouviu-se o hino de coroação "I Was Glad", de sir Hubert Parry, enquanto pai e filha avançavam por uma alameda de cárpinos e áceres silvestres ingleses de sete metros de altura. Cada passo de Kate em direção ao altar a conduzia para dentro do mundo retirado e rarefeito da Coroa. O prêmio valeria a pena?

Aguardando-a no altar, William mordiscava o lábio num gesto que lembrava a mãe. "Você está linda, baby", ele lhe disse, fitando de perto seu rosto querido e familiar.

14. A grande fuga

O HERÓI HARRY ENCONTRA SEU CAMINHO

Em meio à chiadeira de uma conversa urgente no rádio das Forças Armadas, o príncipe Harry decifrou a notícia que mais temia, e que o deixou triste e desanimado. Dez semanas depois de começar seus quatro meses de serviço no Afeganistão, sua presença na linha de frente, até então mantida entre quatro paredes, fora descoberta pela imprensa.

Era fevereiro de 2008, e ele servia perto do antigo reduto talibã de Musa Qala, na província setentrional de Helmand, com uma equipe de sete veículos Spartan. A operação era parte de uma investida para assumir o controle de uma aldeia e abrir caminho para a barragem de Kajaki, onde quase dois anos antes um soldado britânico havia sido morto e seis outros foram gravemente feridos ao penetrar num campo minado soviético.

Poucos minutos depois de saber que o segredo de sua missão afegã havia sido descoberto, Harry sentiu um tapinha no ombro. Era seu comandante. "Tenente Wales, arrume sua bagagem. Você vai embora."[1] As palavras eram claras e devastadoras. Em menos de uma hora Harry teve de deixar seus homens, pegar suas coisas e subir correndo a rampa do helicóptero Chinook que precisou fazer um pouso perigoso, à luz do dia, para resgatá-lo. A bordo havia seis soldados do SAS fortemente armados e sua equipe de proteção de apoio da Polícia Metropolitana, que até então havia ficado em Camp Bastion.

O Chinook era sobrevoado por um helicóptero Apache — uma "fortaleza voadora de 46 milhões de libras"—, equipado com mísseis guiados por laser para proteger da artilharia talibã o cobiçado alvo real.[2] De lá eles voltariam ao Camp Bastion, no deserto da província de Helman, e Harry seguiria para a base da Força Aérea Real de Brize Norton, em Oxfordshire.

A desoladora interrupção de sua missão não foi o primeiro desapontamento de Harry. Dez meses antes, ele estava preparado para ir ao Iraque com os Blues e os Royals como líder de uma unidade estacionada em Basra, composta por doze soldados e quatro veículos blindados de reconhecimento Scimitar. A Grã-Bretanha estava em guerra com o Iraque desde 2003, quando, encantado com a ideia de bancar o Winston Churchill de Franklin Roosevelt representado por George W. Bush, só que numa situação inversa, o primeiro-ministro Tony Blair se comprometeu a contribuir com tropas britânicas no esforço dos Estados Unidos "para tirar Saddam Hussein do poder e destituir o Iraque de suas armas de destruição em massa".[3] Era uma guerra profundamente impopular, e talvez por isso, fosse da maior importância que um valioso membro da família real compartilhasse com os britânicos comuns o potencial risco de vida envolvido.

Logo que o Ministério da Defesa — em sua infinita insensatez — anunciou a missão de Harry, o "GPS do jornalismo tabloide" descobriu onde ele iria servir. E ninguém se espantou quando um clérigo radical, Muqtada al-Sadr, passou a fazer ameaças contra a vida dele com base nessas informações. As tropas britânicas já eram alvo de ataques insurgentes. O terceiro na linha de sucessão ao trono seria visto como um "ímã para balas", que poderia pôr em risco todo mundo à sua volta.[4] Na terceira semana de abril de 2007, oficiais do alto escalão desconfiaram que um ataque à bomba fatal contra dois soldados britânicos numa beira de estrada tivesse servido de ensaio para um atentado contra a vida de Harry. Em maio o Ministério da Defesa cancelou sua missão no Iraque.

O príncipe de 22 anos ficou extremamente desapontado. Todo o seu treinamento havia sido inútil. Quando completou 21 anos, havia dito aos jornalistas que dava a maior importância ao serviço ativo: "Me arrependo de ter me esforçado tanto em Sandhurst [...] Eu não teria entrado se eles dissessem que eu não poderia ir para a linha de frente".[5]

O oficial condecorado Jamie Lowther-Pinkerton também se frustrou, afinal se esforçara durante meses para tornar possível a missão no Iraque. O secretário particular achava essencial que o jovem príncipe "sujasse as mãos" para adquirir experiência operacional.[6] Tinha havido intermináveis e delicadas negociações com sir Richard Dannatt, chefe do estado maior do Exército britânico, para enviar Harry a Basra. Agora que a opção do Iraque estava fora do páreo, temia-se que Harry deixasse o Exército. William teve de convencê-lo a não cometer esse erro. Disse-lhe que, se desistisse, jogaria fora tudo o que havia conquistado como jovem oficial, e ficaria com fama de irritadiço. Se outra oportunidade de servir não tivesse sido criada — dessa vez no Afeganistão —, disse Lowther-Pinkerton, "teríamos conosco um indivíduo realmente abalado, insatisfeito, desmotivado, capaz de aprontar uma confusão e se tornar muito perigoso".[7]

Havia muitas provas disso. Em questão de temperamento, Harry era um a bomba-relógio humana — em inglês, *Improvised Explosive Device*, IED. Em Eton, costumava se meter em disputas que acabavam em agressão física, tendo tido que usar muletas depois de chutar uma janela durante uma briga com outro aluno por uma garota. Nas palavras de um ex-diretor de escola ao escritor Chris Hutchins: "Dizíamos que Harry era como fogo de artifício, e quando outras pessoas o viam chegar passavam adiante um aviso hoje muito conhecido: '*Don't light the blue touch paper*'".[8] [Referência às instruções britânicas para acender fogos de artifício, "*Light the blue touch paper*", que na negativa é uma gíria jornalística que significa "Não provoque a fera"].

Harry teria sido muito mais feliz no século XIX, como um aristocrata fanfarrão da escola Flashman, desses que sacavam o revólver por qualquer coisa (com a diferença de que o general sir Harry Paget Flashman, herói dos romances de George MacDonald Fraser, é um canalha arrogante e covarde, atributo que o verdadeiro Harry não possui de forma alguma). Os anais dos Spencer estão repletos do desregramento e da imprudência de seus antepassados ruivos. Depois de uma discussão acalorada, sir William Spencer, no começo dos anos 1500, matou um cervo num acesso de raiva. O exaltado Charles Spencer, terceiro conde de Sunderland, declarou, durante um debate na Câmara dos Comuns, que "gostaria de mijar na Câmara dos Lordes".[9] O Conde Vermelho deixou a rainha Vitória assustada quando, designado *lord-lieutenant* da Irlanda, acabou se convertendo à causa da independência irlandesa. Suas façanhas foram relatadas numa pitoresca história da família, de autoria do atual conde

Spencer, cujo temerário elogio fúnebre a Diana foi cem por cento compatível com a tradição de seus antepassados.

Enquanto com o passar dos anos William se tornava cada vez mais um Windsor, o sangue dos Spencer corria forte nas veias de Harry. No décimo aniversário da morte de Diana, durante o serviço religioso realizado na Capela dos Guardas, no Quartel de Wellington, William se sentou (como tinha que fazer) com a rainha e o príncipe Philip. Harry preferiu ficar com os Spencer. Na célebre entrevista a Oprah, ele admitiu sua afinidade com o lado materno da família: "Pessoas da família dizem: 'Participe do jogo e sua vida será bem mais fácil.' Mas eu tenho muita coisa da minha mãe. Sinto como se estivesse fora do sistema, mas ainda preso a ele".[10]

Pode-se dizer que entrar no Exército em 2006 o impediu de perder o controle. Enquanto William estava em St. Andrews e o pai vivia viajando, Harry bebia e fumava maconha com amigos no porão de Highgrove, onde ele e William mantinham uma toca de adolescente que chamavam de Club H. Quando estavam em casa, os irmãos frequentavam o Rattlebone Inn, um pub do século XVI a poucos quilômetros de Highgrove, cuja especialidade mortífera era o *snake bit* [picada de cobra], um coquetel de cerveja e cidra que em nada contribuía para manter a sobriedade de Harry. Dois repórteres abelhudos estavam bebendo no bar em 2001 quando o príncipe, ainda menor de idade, participou de um *lock-in*, uma tradição britânica ilegal, mas não incomum, na qual os bebedores passam a noite trancados no pub para continuar festejando. Harry, embriagado, e ainda politicamente incorreto em suas falas, meteu-se numa briga com um empregado francês a quem chamou de "maldito *frog*", termo pejorativo em inglês para se referir aos franceses. As coisas desandaram a partir desse momento, e Harry foi expulso do local. O *News of the World* noticiou o grosseiro incidente com destaque, em várias páginas. O fim da adolescência de Harry e os primeiros anos da casa dos vinte foram uma sucessão de manchetes nos jornais, desde os murros que deu num fotógrafo em outubro de 2004, na frente de um clube noturno em Piccadilly, quando trançava as pernas de tanto beber, até o uso daquela infame faixa nazista no braço num baile à fantasia em 2005, duas semanas antes do sexagésimo aniversário da libertação de Auschwitz.

O fotógrafo Chris Uncle, envolvido numa confusão com os paparazzi em 2004, disse ao *Evening Standard* que Harry de repente "pulou do carro" e "partiu para cima" dele, que ainda estava tirando fotos.[11] "Ele me atacou e meteu a câmera na minha cara", ele disse. Seguranças puxaram Harry para longe, e Paddy Harverson logo descreveu o episódio como assédio abusivo da imprensa contra um jovem respeitável. Para piorar o suplício principesco, isso aconteceu justo quando uma professora de arte de Eton, Sarah Forsyth, contou na Justiça Trabalhista que tinha ajudado Harry a fazer um projeto para passar num dos exames necessários para ser aceito em Sandhurst. Uma junta examinadora o absolveu, mas é possível ouvir a dor na desconsolada queixa de Harry: "Talvez seja parte da pessoa que sou. Tenho que lidar com isso. Há muitas coisas de que as pessoas são acusadas. Infelizmente, no meu caso, elas se tornam públicas".[12]

Sandhurst lhe serviu de refúgio — "minha melhor fuga", ele declarou, ao descrever sua carreira militar.[13] Nunca houve temperamento tão adequado à vida de soldado: Harry tinha um instinto natural para essa atividade, mesmo em Eton, onde fora nomeado comandante de desfile militar na Força Combinada de Cadetes da escola.

Em seu aniversário de 21 anos, ele deu uma entrevista declarando ter preferido o Exército à Marinha, onde o pai e o avô haviam servido, porque, em suas palavras: "Eu adoro correr por uma vala cheia de lama, disparando balas. É o meu jeito de ser. Adoro".[14] "A Marinha é técnica demais agora," me disse um oficial aposentado. "Quase todos os navios de guerra estão mais ou menos fechados para sempre. Quando você está no mar, fica numa espécie de sala escura de operações, nada parecido com aquelas coisas tipo o bom e saudoso ator Jack Hawkins na ponte de comando que as pessoas imaginam."

Ser soldado era essencial para a ideia que Harry fazia de si mesmo. Ele disse que poderia "se ver fácil, fácil" passando "35 ou quarenta anos" no Exército.

A vida militar era seu passaporte para o anonimato. Tanto Clarence House como Sandhurst deixaram claro que o cadete Wales seria tratado exatamente como qualquer um; o mesmo fatigante campo de treinamento de 44 semanas, as mesmas chamadas para despertar de madrugada, as mesmas tarefas desagradáveis de engraxar as botas e fazer a cama. Como qualquer cadete, Harry tinha que levar sua própria tábua de passar. Seu subtenente fez na época uma declaração que ficou famosa: "O príncipe Harry me chamará de senhor. E eu o chamarei de senhor. Mas só ele que estará falando sério".[15]

Harry preferia qualquer zona de guerra à suposta segurança de Londres, onde ele tinha um alvo diferente nas costas. Nas missões fora da base no Afeganistão, o capacete e os óculos escondiam seu rosto famoso. Os laços de irmandade que forjou com soldados de origens modestas eram verdadeiros, e não jogadas de relações públicas. Na Base Operacional Avançada de Delhi, um posto situado na desolação do deserto a quinhentos metros da linha de frente talibã, ele dividia o quarto com um contingente sempre novo de soldados da Artilharia Real. "É assim que tem que ser", disse Harry aos repórteres. "Estar aqui com os camaradas em vez de ficar num quarto com um bando de oficiais [...] É divertido estar com gente normal, ouvindo seus problemas, ouvindo o que eles pensam das coisas [...] As pessoas com quem divido o quarto fazem tudo valer a pena."[16]

Depois de ter passado por Eton, foi um bálsamo integrar uma instituição que valorizava aptidões que não dependiam de desempenho acadêmico. Harry era excelente atirador por uma boa razão. "Tem uma extraordinária coordenação natural entre a mão e o olho e, graças a isso, adapta-se às situações", me disse o general de divisão Buster Howes, ex-adido militar da embaixada britânica em Washington.[17] Howes lembrou que Harry, em visita à Academia da Força Aérea dos Estados Unidos no Colorado, em 2013, recebeu uma bola de futebol americano e fez dois belos passes em espiral, e depois rebateu duas bolas de beisebol arremessadas pelo lançador do Boston Red Sox.

O Exército era o único lugar onde a dinâmica entre Harry e William era favorável ao irmão mais jovem. Harry tornou-se oficial de carreira em Sandhurst apenas dois meses depois que William se formou em St. Andrews. Ele sentia um gostinho especial quando o irmão mais velho tinha que bater continência para ele. Os dois se sentiam mais próximos, diz o biógrafo Christopher Andersen, ao ouvirem sargentos gritarem para ambos no treinamento, "Seus principezinhos horríveis!", enquanto rastejavam por baixo de arrame farpado e marchavam até os pés sangrarem.[18] Era prazeroso para o mais experiente Harry ser o mentor militar do irmão, que em geral era seu guia em tudo.

Se o Exército era uma vocação para Harry desde cedo, para William o treinamento exaustivo servia essencialmente para botar no currículo e lustrar suas credenciais de futuro monarca. "Acho que é importante compreender as Forças Armadas e ser capaz de olhar os soldados nos olhos com pelo menos um pouquinho de conhecimento daquilo pelo que eles passaram", disse William a um repórter em 2005.[19] E, no entanto, assim como o príncipe Charles na Marinha, ele ainda achava vexaminoso gastar toda a sua energia treinando sem qualquer esperança real de entrar em ação.

A decisão de William de ingressar na Força de Busca e Resgate da Força Aérea Real em 2010 foi uma jogada de gênio. Deu-lhe gratificação operacional sem colocar ninguém em perigo, além dele mesmo. Baseado em Anglesey por três anos, ele voou para o Atlântico Norte, resgatando iatistas, descendo às pressas para salvar alpinistas presos nas montanhas de Snowdonia, transportando por via aérea corpos retirados de carros acidentados na estrada. Em 2015, passou para a Ambulância Aérea de Anglia Oriental, conduzindo uma equipe de médicos e paramédicos para cenas de sofrimento humano — acidentes, suicídios, incêndios. Isso deu ao jovem herdeiro, mais do que a qualquer membro da família real antes dele, uma maior compreensão dos desafios e do funcionamento do Serviço Nacional de Saúde.

Os dois irmãos aprenderam a pilotar helicóptero ao mesmo tempo, em 2009, na base de Shawbury da Força Aérea Real, e dividiram uma pequena cabana. "Foi a primeira e a última vez, isso eu garanto", disse Harry em tom de brincadeira numa entrevista conjunta.[20] Harry se saiu tão bem que os militares o promoveram a aprendiz de piloto de Apache — tido como a mais mortífera e difícil das aeronaves, pesando quase 5500 quilos. Ele também ganhou o prêmio de melhor artilheiro copiloto de sua turma. "É um piloto e artilheiro copiloto brilhante", disse Lowther-Pinkerton.[21] Depois do treinamento, Harry "de repente se deu conta de que 'sou brilhante nisto, não posso fazer exames, não posso fazer isto, não posso fazer aquilo'", disse alguém de seu círculo militar. "Mas as pessoas que sabem das coisas dizem que ele sempre foi excepcional. Esteve no Afeganistão, e todo mundo diz que ele foi maravilhoso sem a menor sombra de dúvida. Seu comandante voltou e disse: 'Ele foi realmente, realmente, ouro 24 quilates'."

Uma fonte palaciana comentou comigo que o tipo de helicóptero que cada irmão pilotava resumia bem seus temperamentos distintos, um magnificamente marcial, o outro bravamente compassivo:

> Harry pilotava um helicóptero blindado de ataque Apache, que deve fazer cerca de duzentos nós a três metros do chão, executando 39 funções simultâneas, disparando em todas as direções. Já William pilotava esse monstro que é uma aeronave de busca e resgate, com tanques extras de combustível, fazendo os registros de combustível, traçando uma reta em direção ao objetivo, e avançando em meio à tempestade, pegando alguém no oceano e voltando. É uma descrição clássica desses dois caras.

Se Harry tivesse deixado o Exército depois da desilusão com o Iraque, Lowther-Pinkerton acha que teria sido um desastre, não só para o príncipe, mas para a monarquia, acabando com sua chance de vir a ser um trunfo para a Coroa. Evidentemente, sua avó também pensava assim. Para ela, o serviço militar não era só uma necessidade ornamental. A rainha foi a última chefe de Estado a ter servido nas Forças Armadas durante a Segunda Guerra Mundial e a última, como diz Robert Hardman, que "conheceu o medo, o espírito, até mesmo as canções daquela geração".[22] Logo depois de completar dezenove anos, ela ingressou no Serviço Auxiliar Territorial — equivalente ao Corpo do Exército Feminino dos Estados Unidos —, sendo a primeira mulher da família real a fazer um curso com pessoas comuns sem qualquer distinção ou privilégio especial por decreto do rei. Isso a preparou para dirigir uma variedade de veículos, incluindo ambulâncias, e a desmontar e montar um motor. Adorava sujar as unhas e ter graxa nas mãos. Virou uma espécie de piada familiar que ela, durante o jantar, discutisse a sério pistons e cabeçotes. Se houvesse qualquer problema mecânico com seu Land Rover em Balmoral, ela saltava e se metia debaixo do capô. (Em 2003, surpreendeu o príncipe herdeiro da Arábia Saudita quando o levou para um passeio de carro em Balmoral, ela própria ao volante. O príncipe, que jamais concedeu às mulheres o direito de dirigir durante o seu longevo reinado, teve que pedir a ela para ir mais devagar. Pode-se imaginar que ela estivesse dando um recado.)

No Dia da Vitória na Europa, em maio de 1945, ela e a princesa Margaret saíram de casa com um grupo de jovens oficiais da Guarda e se juntaram à multidão eufórica, de braços dados com os foliões em volta do palácio. A experiência da guerra foi fundamental para consolidar seu senso de dever. O uniforme das Forças Armadas sempre teve profundo significado para a rainha. Até transferir a responsabilidade para Charles em 2017, ela considerava o ato de depositar a coroa de flores no Cenotáfio de Whitehall no Dia do Armistício, todo novembro, um de seus deveres mais sagrados e fascinantes.

Uma pessoa versada em Downing Street, como as pessoas se referem à sede do poder, me disse julgar que a segunda chance de Harry de ir para a linha de frente, dessa vez no Afeganistão — apesar da forte resistência das Forças Armadas —, se devia à persistência da rainha junto ao novo primeiro-ministro trabalhista Gordon Brown. Pelo visto, a rainha se empenhava em poupar Harry dos sinais de infelicidade que atormentavam o irmão mais novo do herdeiro.

Ela testemunhara isso na teimosa juventude de Margaret, e na falta de rumo do príncipe Andrew. Sabia que era importante para Harry servir ao país. "Sua Majestade estava ciente das limitações de Harry por ser o 'sobressalente' e das coisas ruins que podem acontecer quando se desenvolve uma sensação de inutilidade", disse minha fonte. "A rainha se esforçou ao máximo para encontrar uma solução elegante [...] Gordon Brown jamais falaria dessas reuniões com ninguém, mas é claro que alguém estava dando uma força." Foi a rainha, como sua comandante-chefe, porém mais provavelmente no papel de avó orgulhosa, que contou ao neto que ele enfim concretizaria o sonho de servir numa zona de guerra. Agora com mais tropas no Afeganistão do que no Iraque, e soldados britânicos servindo em meia dúzia de lugares, o alto escalão do Exército se julgava capaz de protegê-lo — se a mídia ficasse calada.

Parecia uma hipótese improvável. Como amordaçar uma sôfrega e competitiva alcateia de jornalistas? A única maneira era tentar cooptá-los.

Foi aí que a empreendedora dupla formada pelo secretário particular Lowther-Pinkerton e o expert em comunicação Harverson funcionou à perfeição. Na série *The Crown*, da Netflix, os conselheiros palacianos são retratados como reacionários rabugentos. É uma visão antiquada. As pessoas tendem a achar que o primeiro-secretário particular da rainha, Tommy Lascelles, representado memoravelmente por Pip Torrens na série como um lúgubre cão de caça bigodudo que vivia apenas para sufocar uma ideia progressista, ainda comanda o espetáculo real. Na verdade, sofisticados estrategistas compõem o moderno grupo de cabeças pensantes do palácio. As coisas funcionam bem ou mal para os membros da família real, dependendo de quem exerce as funções críticas de secretário particular e expert da comunicação em determinado momento.

Em junho de 2007, Lowther-Pinkerton e Harverson resolveram cutucar a fera. Arranjaram reuniões com o tabloide *The Sun*, de Murdoch, e se sentaram com o persistente caçador de furos sobre a família real Duncan Larcombe e o grisalho editor de política Tom Newton Dunn. Conforme se lê no livro de Lacombe *Prince Harry: The Inside Story*, Harverson iniciou a conversa dizendo: "Queremos saber se vocês acham que algum dia será possível Harry lutar na guerra".[23]

"Vocês já pensaram em tentar um acordo de confidencialidade com a mídia sobre qualquer missão futura?", perguntou Newton Dunn.

"Será que funcionaria?", rebateu Lowther-Pinkerton.

Larcombe respondeu: "Acho que é a única maneira de Harry servir na linha de frente. Se a missão dele for divulgada antes do evento, ele não conseguirá ir. Talvez a única opção seja essa".

Na mosca. A estratégia de cooptação deu certo, e o palácio ainda deu a impressão de que os principais algozes dos tabloides é que a tinham sugerido. Embora nem Larcombe nem Newton Dunn achassem que o palácio conseguiria impedir que a mídia não noticiasse as atividades de uma celebridade real do porte e da popularidade de Harry, Lowther-Pinkerton, Harverson e o general Dannatt arregaçaram as mangas, reunindo-se com outros editores e produtores de notícias para vender a ideia.

Uma figura essencial para o sucesso do plano era Miguel Head, então assessor de imprensa do Ministério da Defesa, que negociou com a imprensa acordos acompanhados de uma recompensa. Se os jornais se calassem sobre a missão de Harry, prometeu Head, o príncipe daria entrevistas antes, durante e depois de seu período de serviço, com a condição de que as conversas só fossem publicadas quando ele voltasse da linha de frente. Com a mídia impressa participando do esquema, a próxima tarefa de Head foi convencer os meios de difusão radiofônica e televisiva a honrar o acordo de confidencialidade. Eles resistiram, sobretudo a BBC. O general Dannatt levou cinco meses para convencê-los a usar como modelo o arranjo sobre sequestros, quando a polícia pede às organizações jornalísticas que não noticiem um sequestro durante as negociações para não pôr em risco o refém. Em troca, a polícia aceita a responsabilidade de informar a mídia regularmente, e de fazer uma "revelação" diante das câmeras quando a situação for resolvida.

Em entrevista ao *Journalist's Resource*, Head explicou como conseguiu, apelando para a ética, pressionar a mídia, em geral tão ávida, a renunciar a uma das maiores histórias sobre a família real:

> A natureza competitiva da mídia teve o efeito inverso de fazer com que ninguém quisesse ser o vilão. O príncipe Harry é muito popular, e, naquela época, era ainda muito jovem. Fazia apenas dez anos que Diana, a princesa de Gales, tinha morrido. Ainda havia um forte sentimento no país de querer pegar os dois jovens príncipes nos braços e dizer: "Vamos cuidar deles. E vocês, da imprensa, é melhor ficarem longe deles. Não ousem fazer com eles o que fizeram com a mãe".[24]

No fim das contas, centenas de organizações jornalísticas, incluindo emissoras de rádio e televisão americanas, foram incluídas no que Miguel Head chamava de "o círculo de confiança". O mais notável é que se tratava de um acordo de cavalheiros, e não de um acordo jurídico — motivo pelo qual Head achava que o embargo duraria no máximo 48 horas. Observadores da família real, acostumados a rigorosas atualizações sobre as atividades do príncipe Harry, de nada desconfiaram vendo fotos que o mostravam no deserto, numa moto enferrujada, em um local misteriosamente não identificado. William participou do subterfúgio inscrevendo-se para trabalhar no Exército no Natal de 2007, a fim de reforçar a ficção de que os dois irmãos tinham resolvido passar o dia na base, com suas unidades. Ainda bem que o príncipe Charles gerou uma notícia que distraiu ainda mais as atenções, gritando com um fotógrafo quando exercitava seu cavalo: "Sai da frente, seu chato!".[25]

Enquanto os outros membros da família real se deliciavam com um pudim de Natal, e a princesa Anne recolhia pássaros mortos da caça às aves do príncipe Philip no Boxing Day [26 de dezembro], Harry comia carne de cabrito ao curry com soldados gurkha no deserto do Afeganistão. Em certo sentido, o destino havia conspirado para tirá-lo da guerra no Iraque, que as pessoas odiavam, e inseri-lo num teatro de batalha — o Afeganistão — que naquela época era menos controverso. Há uma lembrança coletiva sobre o Afeganistão nas forças de combate da Grã-Bretanha, e Harry parecia se encaixar muito bem num lugar que tanto Kipling como Churchill descreveram com grande eloquência.

Ninguém poderia dizer que aquela missão era uma sinecura. Durante a maior parte do tempo, ele vivia sem água corrente ou aquecimento nas noites de frio enregelante. Trabalhando como controlador aéreo avançado, ele examinava cuidadosamente o feed de imagens ao vivo para um terminal de notebook conhecido como "Taliban TV" ou "Kill TV". Sua função era pedir cobertura aérea para tropas da Otan alvejadas pelo Talibã, usando seu identificador de chamada Widow Six Seven. Os pilotos sintonizados ouviam a mensagem "Cleared Hot" (permissão para abrir fogo) repassada em cadências etonianas que eles nem supunham ser do neto da rainha.

O acordo de anonimato com a imprensa levou dez semanas para desandar, o que, convenhamos, foi um ponto positivo para a mídia, que costumava ser voraz, além de um testemunho da popularidade de Harry. O plano quase foi por água abaixo um mês depois, quando uma pouco conhecida revista feminina australiana chamada *New Idea* de alguma maneira descobriu e, sem saber do acordo, divulgou uma pequena nota em seu site sobre o príncipe na linha de frente. (A jornalista depois publicou um pedido de desculpas e se demitiu — o que não foi suficiente para conter as mensagens de ódio e as ameaças de morte que recebeu dos leitores locais por expor o príncipe.) Felizmente para Harry, a *New Idea* não estava no radar midiático do globo, e o sigilo se prolongou por mais sete semanas. Miguel Head tinha razão. Havia pouco apetite na mídia britânica para dar voz ao jornalismo delinquente que poria a perder o serviço que o bravo príncipe guerreiro prestava ao país, mas o temerário fofoqueiro americano Matt Drudge, do *Drudge Report*, não tinha esse tipo de preocupação. Publicou como se fosse um furo de reportagem dele, trombeteando: "Eles o chamam de 'Harry, o Herói!'". O post terminava com a sinistra marca registrada do jornalista, "*Developing* [continua]..." — que ele tinha patenteado durante o escândalo Monica Lewinsky.[26]

Ponto-final. Quando o avião de transporte de tropas TriStar da Força Aérea Real que conduzia o príncipe Harry pousou em Brize Norton, ele era a própria imagem da desgraça. Trajava seu sujo uniforme de camuflagem, armadura de proteção corporal e ainda trazia areia do Afeganistão nas botas. "Estava muito magoado", lembra-se Miguel Head. "Caído mesmo. Não diria que estava furioso — é maduro demais para isso, e entendeu por que aquilo tinha acontecido. Estava muito triste, só isso."[27] Tinha tido um mês e meio de vida normal — e normal só porque era guerra.

Seu voo de volta havia sido traumático. A bordo havia dois soldados britânicos feridos, em coma induzido, com tubos nos braços. Um deles era Ben McBean, fuzileiro naval de 21 anos que perdera a perna direita e o braço esquerdo ao pisar num dispositivo explosivo improvisado plantado pelo Talibã. Enfiado na mão do outro soldado havia um tubo de ensaio com os estilhaços removidos de seu pescoço.

Harry jamais esqueceu Ben McBean. Cinco anos depois, o príncipe apareceu para torcer por ele, que competia — com sua perna protética — numa exaustiva corrida de cinquenta quilômetros a favor de uma instituição de caridade das Forças Armadas. McBean disse depois que levou um susto quando o viu lá. A bravura dos veteranos feridos no avião tinha deixado uma marca permanente na psique do príncipe. O sofrimento silencioso deles o inspirou a fundar os Jogos Invictus, que possibilitam aos veteranos mutilados recuperar o amor-próprio em esportes competitivos.

Na estação de Brize Norton, o pai e o irmão de Harry o esperavam. Miguel Head, que também estava presente, disse:

> Foi a primeira vez que percebi, que vi com meus próprios olhos, a estreita relação entre os dois irmãos. Pense na salada de emoções que o príncipe William estava sentindo, porque a ele não era permitido [...] ele nunca precisaria ir. Por isso devia saber como o príncipe Harry se sentia, e era muito cuidadoso com ele.[28]

Sobre a missão de Harry, William lhe escrevera uma carta dizendo que a mãe teria ficado orgulhosa.

O acordo negociado com a mídia agora era uma tarefa insuportável para o príncipe cansado. Esperava-se que ele se sentasse sob os refletores de TV e desse uma entrevista coletiva. Dessa vez, a mídia britânica estava numa posição ética confortável. O vazamento tinha vindo dos Estados Unidos, não dos tabloides. Harry agradeceu-lhes o silêncio.

"É uma pena", ele disse, com admirável equilíbrio. "'Furioso' seria a palavra errada. Estou um tanto desapontado. Achei que pudesse ficar até o fim e voltar com nossos camaradas." Ainda abalado com a lembrança dos soldados feridos que vira no voo, admitiu ter ficado chocado e sentido "meio que um sufoco" na garganta. "Eles é que são os heróis. Eles é que foram arrebentados por uma mina da qual não faziam ideia, servindo a seu país, durante uma patrulha normal."[29] William, assistindo do fundo da sala, sentiu a fragilidade do irmão sob a fachada contida que apresentava à mídia. Levantou-se de repente e passou a mão pelo pescoço num gesto que significava "Corta".

"Foi simplesmente um irmão se dando conta de que àquela altura nada era mais importante que o bem-estar [do irmão], e de que nenhum dos outros acordos tinha importância naquele momento," lembra-se Miguel Head.[30]

E isso diz alguma coisa sobre a proximidade dos dois irmãos, e também sobre sua autenticidade. Não fingiram ser o que não eram só para participar de um jogo ou para atender às expectativas de outras pessoas. E foram perfeitamente corteses e leais, e respeitaram o acordo até certo ponto. Até que em determinado momento disseram: "Nossa humanidade é mais importante".

O produtor da BBC a quem fora prometida uma entrevista completa ficou indignado e gritou com Head sobre o acordo desrespeitado. Os irmãos ficaram tão satisfeitos com o modo como Miguel lidou com a situação que mais tarde pediram a Paddy Harverson que o contratasse como seu primeiro assessor de imprensa conjunto, o que foi feito.

Harry, Charles e William logo deixaram o local da entrevista. William carregou duas mochilas de Harry para uma van que os aguardava, e eles foram embora. Como uma família dando as boas-vindas a um soldado querido que chega em casa com segurança vindo da guerra.

15. Os xeretas

COMO A IMPRENSA NÃO DEU TRÉGUA À FAMÍLIA REAL

Uma pessoa que se deliciou com a interrupção da missão de Harry foi sua namorada de 22 anos Chelsy Davy, a indócil filha de Charles Davy, um dos maiores latifundiários do Zimbábue. A relação fora intermitente por quatro anos, mas a ausência dele reaqueceu o afeto. Um amor desregrado pela vida ao ar livre e uma forte atração por festas definiam o apelo que Chelsy exercia sobre Harry, tanto quanto as longas pernas e o cabelo platinado. Ele foi apaixonado por ela ao longo dos mais de sete anos de convívio.

Como Harry, Chelsy teve muitas vantagens. Havia um encanto no cenário imprevisível de sua infância durante o reinado do déspota Robert Mugabe. Ela andava pela Cidade do Cabo dirigindo uma Mercedes prata de dois lugares. A riqueza dos pais lhe dava uma aura semelhante à do grupo de hedonistas de Happy Valley, no Quênia, nos anos 1920 e 1930. A mãe era uma beldade famosa, miss Rodésia 1973, conhecidíssima, cujo rosto aparecia em anúncios nos caminhões da Coca-Cola.

Chelsy cresceu correndo descalça e caçando cobras na vasta fazenda do pai. Numa entrevista ao *Times* em 2016, ela disse que em sua pré-escola "havia macacos por todo lado, roubando nossos gizes de cera".[1]

Quando ela chegou à adolescência, o Zimbábue estava começando a entrar em colapso. A garota insistiu com os pais para que a deixassem estudar na Inglaterra e então a família optou pelo exclusivo Cheltenham Ladies' College, em Gloucestershire. Ainda jovenzinha, ela chegou a essa escola de classe alta rigidamente convencional recém-saída do mato, como "Crododilo Dundee, com todas as minhas cobras". Depois passou para Stowe, o internato menos formal, majoritariamente para meninos, em Buckinghamshire, que os pais esperavam estar mais de acordo com sua personalidade.

Em casa, as pragmáticas relações comerciais do pai com aliados de Mugabe provocavam dúvidas cada vez mais constrangedoras sobre as razões de sua operadora de caça HHK Safaris — que atendia a perdulários clientes americanos e europeus — continuar a prosperar em meio à apropriação de terras do regime. Com tantos proprietários brancos sendo despejados de suas terras, o fato de Charles Davy ter cedido apenas 56 mil hectares não cheirava bem. Mugabe considerava um golpe publicitário o romance de Harry com Chelsy — o ditador era sem dúvida menos apreciado desde que a rainha lhe tirara o título de cavaleiro honorário em 2008, em resposta ao repúdio do Ministério das Relações Exteriores britânico aos abusos por ele cometidos contra os direitos humanos. A empresa de caça de animais de grande porte de Charles Davy e a desintegração pós-colonial do Zimbábue teriam, em última análise, sido elementos explosivos se Chelsy se casasse com alguém da Casa Windsor. Para evitar dificuldades diplomáticas, Harry foi aconselhado a jamais visitar Chelsy em sua casa no Zimbábue, e encontrar-se com ela em países vizinhos.

A paixão de Harry por Chelsy sempre esteve inextricavelmente ligada a seu desejo de fugir das restrições da vida real. "Eu gostaria de passar mais tempo na África", ele disse à *Town & Country* em 2017, caracterizando os diversos povos de 54 países como um monólito moral e demográfico mais ou menos como seus antepassados teriam feito em tempos menos esclarecidos.[2] "Tenho essa sensação intensa de completo repouso e normalidade lá. Não ser reconhecido, enfiar-me no mato com pessoas que eu chamaria de as mais realistas do planeta, gente [dedicada à preservação] sem segundas intenções, sem outros objetivos, que sacrificaria tudo em favor da natureza." Por um tempo, ele disse, queria ser guarda-florestal.

Harry sentiu essa atração pela primeira vez semanas depois da morte da mãe, quando Charles, visando uma aproximação afetiva, levou seu transtornado filho de treze anos a uma viagem oficial à África do Sul, à Suazilândia e ao Lesoto. Foram os três dias que passou no mato em Botsuana, vendo animais selvagens do alto de um Land Rover aberto — enquanto o pai lustrava a própria imagem com seu espetáculo real itinerante —, que causaram a mais profunda impressão em Harry, num momento da vida especialmente vulnerável. Acompanhado da incansável Tiggy Legge-Bourke e de um colega de escola, ele ficou numa barraca de lona com teto de junco, e deslumbrou-se com elefantes, leões e girafas vivendo soltos. O príncipe Charles se juntou a ele para um passeio de barco no coração da terra zulu, onde deslizaram entre flamingos, pelicanos, hipopótamos e crocodilos. Para Harry, foi uma libertação mística do horror e da comoção de perder a mãe. Desde essa primeira iniciação, ficou fascinado pelo continente, voltando repetidas vezes para compartilhar a paixão com alguém que amava. Quando caiu de amores por Meghan Markle, depois de apenas dois encontros, levou-a a Botsuana para dormir sob as estrelas. Chegou a pedir que incrustassem no anel de noivado dela um diamante de lá, mas não daqueles ditos diamantes de sangue, cuja venda financia guerras civis.

II

A sensação de que a África era um lugar em que Harry floresceria aprofundou-se em seu ano sabático, em 2003 — entre o fim de Eton e o começo de Sandhurst. E o mentor Mark Dyer, que havia trabalhado para Save the Children na Etiópia e no Sudão, compartilhava dessa paixão por tudo que dizia respeito ao continente africano. Dyer se tornara quase um segundo pai para Harry, e com sua cabeleira ruiva passaria facilmente por pai dele. Incumbido de organizar o ano sabático do príncipe, ele recorreu a uma ligação sua com Seeiso, príncipe herdeiro do Lesoto, um minúsculo reino montanhoso cercado pela África do Sul, e sem saída para o mar, que foi assolado pela epidemia de aids.

Combinou-se que Harry passaria oito semanas viajando com Seeiso e trabalhando no Mants'ase Children's Home, um orfanato no Lesoto que acolhia muitas crianças que haviam perdido os pais para a aids. O príncipe herdeiro, quase vinte anos mais velho que Harry, de início ficou um pouco apreensivo com a responsabilidade de cuidar do rapaz de dezenove anos. Mas isso tudo se dissipou quando eles se identificaram pela perda da mãe e as pressões peculiares de ser o segundo filho de um monarca. Ele viu que Harry tinha um notável talento para se relacionar com crianças, e fazia o papel de Flautista de Hamelin para um menininho que o seguia o tempo todo, enquanto ele fazia reparos e pintava paredes. Harry gostou tanto do menino — chamado Mutsu — que lhe deu de presente seu próprio par especial de botas azuis de borracha; mantiveram contato por intermédio de cartas e visitas e, catorze anos depois, Harry o convidou para seu casamento com Meghan no Castelo de Windsor. See isso foi cofundador, junto com Harry, da Sentebale, uma instituição de caridade voltada para crianças portadoras de HIV, o primeiro patronato que não lhe foi imposto pelo pai ou pela avó.

Uma noite, durante um jantar no Lesoto, Harry se levantou e foi para a construção dos fundos onde estava morando, supostamente para fumar um cigarro. "Saí para tomar um copo d'água", disse um dos presentes, "e ele estava lá atrás. Tinha acabado de sair de fininho e lavava a louça com as mulheres. E eu pensei comigo, esse menino vai dar certo."

Paddy Harverson pegou um avião para se certificar de que essa parte do ano sabático de Harry fosse melhor do que a primeira, que o príncipe passou na Austrália, num rancho em Tooloombilla Station, uma propriedade de 16 mil hectares no interior de Queensland, caçado pela mídia o tempo todo. Em vez de fazer as tarefas prescritas de *jackaroo*, pastoreando o gado e consertando cercas, Harry ficou preso dentro de casa enquanto a imprensa o perseguia por terra e ar. Um enxame de paparazzi acampou nos arredores do rancho, helicópteros e aviões fumigadores equipados com videocâmeras zumbiam no céu. Um furioso Mark Dyer disse aos repórteres: "Eu tenho ali um jovem totalmente arrasado. Ele não pode trabalhar como *jackaroo*, não pode sair, não pode sequer juntar o gado nos pátios perto da estrada sem tirarem uma foto dele".[3] Para tornar a situação mais absurda, a imprensa passou a chamá-lo de "mimado e preguiçoso". "Harry é um jovem horrível que só se mexe para apalpar uma prostitutazinha numa boate ou atirar num bicho inofensivo", bufou um dinossauro do *Daily Express*.[4]

E isso foi só uma pequena amostra do inferno que viria. As semanas de Harry no Lesoto foram um raro oásis (e os desafios logísticos que o reino representava para os paparazzi eram outras razões para amar a África). Agora que ele saíra da proteção de Eton e da Press Complaints Commission, a imprensa o julgava presa fácil, sobretudo quando ficou sabendo de Chelsy Davy, que cativara Harry numa excursão do Lesoto à Cidade do Cabo.

Os cães farejadores da mídia localizaram o casal quando os dois tentavam dar uma escapadela romântica antes de Harry ir para Sandhurst, rastreando-os até a isolada ilha tropical de Bazaruto, ao largo da costa de Moçambique. Charles Davy pagara a conta do avião particular que os levou para sua cabana de amor no litoral, com uma paradisíaca zona de exclusão — área em que a passagem de aviões não autorizados é proibida — de quase cinco quilômetros. Isso não impediu que o *News of the World*, de Murdoch, mandasse a repórter Sarah Arnold e um fotógrafo para fingir que eram um casal em lua de mel, usando chapéu de palha para esconder as pálidas caras de tabloide, até que o governo despachou oito policiais para exigir que a dupla caísse fora da ilha em quinze minutos.

Era ainda mais irritante para Harry os fotógrafos ficarem atrás de sua namorada quando eles não estavam juntos, seguindo-a até a Universidade da Cidade do Cabo, e apertando o assédio quando ela se mudou para a Universidade de Leeds, na Inglaterra, a fim de completar sua pós-graduação em direito. Chelsy era quase sempre atacada pelos tabloides e seu exército de batedores fora da lei. Os jornais do News Group Newspapers, de Murdoch, o *News of the World* e o *Sun*, eram os piores — seguidos de perto pelo *Daily Mail*, do visconde de Rothermere, e pelo *Mail on Sunday*. Os declaradamente de esquerda *Daily Mirror*, *Sunday Mirror* e *People*, do Mirror Group, não ficavam muito atrás. Em Londres, os paparazzi estavam quase sempre esperando aos bandos quando Chelsy e Harry surgiam depois de uma noite emborcando Crack Babies, um coquetel batizado com um nome de péssimo gosto — *crack babies* são prematuros que nascem com uma série de problemas devido ao consumo de álcool e drogas pela mãe durante a gravidez —, feito de maracujá, vodca e champanhe, no clube privado Boujis. A cobertura criou uma imagem distorcida de Chelsy, pintando-a como uma garota festeira que vivia embriagada. Na realidade, ela estudava com afinco na universidade e depois trabalhava longas horas em alavancagem financeira na Allen e Overy, uma das principais bancas de advogados de Londres. "Se você sai à noite, eles tiram foto, mas nunca tiram fotos de você indo para o trabalho todas as manhãs. Eles usam uma de você saindo de uma boate às quatro da manhã", ela disse anos depois, ao *Times*.[5]

A implacável cobertura criava certa tensão entre Harry e Chelsy. Ao voltar para a África do Sul, ela não gostou nada de ler a manchete "Dirty Harry" no *Sun*, quando uma dançarina se sentou em seu colo num clube de strip-tease em Slough, onde ele estava para comemorar o fim do seu curso de oficial em Sandhurst. Tampouco ao ver a foto de Harry saindo de uma festa com uma antiga namorada, a apresentadora de TV Natalie Pinkham, que pediu ao príncipe que lhe desse um beijo, segundo ouviram os jornalistas escondidos do lado de fora.

Os tabloides gastavam quantidades exorbitantes de tempo e dinheiro no que, naquele momento, lhes parecia o romance mais sexy da realeza. Em 2008, o *Sun* mandou seu correspondente real e um fotógrafo ficarem na fronteira da Namíbia para conseguir uma foto de Harry e Chelsy descendo a hidrovia de Okavango, no norte de Botsuana, num barco que alugaram para um momento particular de descanso.

Chelsy ficava cada vez mais irritada com o preço que tinha de pagar pelo namoro. "Era tudo tão intenso. Eu achava muito difícil nos momentos ruins. Não sabia lidar. Era jovem. Estava tentando ser uma jovem normal, e foi um horror",[6] ela disse ao *Times* em 2016. Os clichês convencionais (e machistas) dos tabloides de que o que ela queria mesmo era "fisgar" o príncipe não podiam estar mais longe da verdade. Ao contrário de Kate Middleton, que rearranjou ostensivamente a vida e o trabalho em torno da agenda de William, Chelsy tinha a clara intenção de construir uma identidade profissional. Ela não tinha a menor paciência para a tagarelice em torno da realeza e as invasões da imprensa.

O que a confundia e irritava — e a Harry também — era a imprensa sempre saber o paradeiro deles. Em abril de 2006, Chelsy comprou uma passagem de avião em dinheiro, no aeroporto, para não deixar rastro eletrônico do seu voo da Cidade do Cabo a Londres, para o baile de formatura de Harry em Sandhurst. Foi em vão tentar escapar. O *Sun* publicou uma nota, atribuída ao correspondente real Duncan Larcombe, que terminava assim: "À noite [o príncipe Harry] comemorará sua conquista no suntuoso baile de formatura, a realizar-se nas dependências da academia. A namorada de Harry, Chelsy Davy, de vinte anos, voou da Cidade do Cabo para ir ao baile. Ela recebeu escolta armada pela primeira vez ontem, ao desembarcar em Heathrow — depois mandou uma mensagem de texto para Harry dizendo que estava OK".[7]

Como sabiam de tudo? A resposta está nas Dark Arts [Ciências Ocultas], como as técnicas de apurar notícias dos tabloides eram chamadas em caráter privado, que podiam ser praticadas de várias maneiras criativas.

Paddy Harverson se lembra do dia importantíssimo de 2005 em que ele estava no escritório de Jamie Lowther-Pinkerton, nos fundos do Palácio de St. James, e comentou que seu correio de voz estava estranho. "Jamie disse que tinha percebido a mesma coisa", contou Harverson. "Ao mesmo tempo, o *News of the World* vinha publicando coisas que não conseguíamos entender como eles tinham conseguido. Eram banais, mas na mosca."[8]

Em novembro de 2005, o príncipe William também já estava desconfiado. O conteúdo de determinada mensagem de voz, deixada por seu amigo íntimo e correspondente da ITN Tom Bradby, também havia aparecido no *News of the World*. Mencionava algumas gravações que William ia dar a Bradby para uma matéria satírica para a TV. Brady também ia emprestar ao príncipe equipamentos de transmissão.

Posteriormente, Bradby disse ao *Daily Express*:

A história — uma história boba, sem graça — estava no *News of the World*. Gosto de William. Tenho boa relação com ele, e tratamos de muitos assuntos particulares ao longo dos anos. Ele sabia que eu não contaria a ninguém por nada no mundo. "Olhe, sei que não foi você, mas é esquisito", ele disse. "Sim, é estranho, a quem você contou?", perguntei. Ele não havia contado a ninguém, a não ser à secretária, que jamais sonharia em passar a coisa adiante. Portanto, embora não passasse pela cabeça de William que eu fosse o responsável, foi constrangedor, porque só nós três sabíamos, e de repente estava no jornal.[9]

Agora eram duas fontes — William e Harverson — reclamando do mesmo problema. Eles então entenderam "que alguma coisa estava acontecendo",[10] lembrou Harverson, que então consultou a pessoa certa, o advogado especialista em mídia Gerrard Tyrrell. Seu cliente, o astro do futebol David Beckham, havia sido hackeado por Glenn Mulcaire, ex-jogador profissional que abraçara a profissão de detetive particular. Mulcaire, um dos personagens subterrâneos do jornalismo de tabloide, contratado com exclusividade pelo *News of the World*, falava uma mistura de gíria de detetive e jargão corporativo. Começou denunciando criminosos e estelionatários, mas o jornal concluiu que o jornalismo de celebridade era mais lucrativo, e suas investigações "de interesse público" cederam a vez a bisbilhotices sobre astros do pop, do futebol e do cinema, mediante o pagamento adiantado de 100 mil libras por ano. Em 2004, a partir de um telefone hackeado, ele deu um tremendo furo sobre o suposto caso extraconjugal de Beckham com sua assistente Rebecca Loos.

Não deu outra: Tyrrell confirmou que as misteriosas falhas do correio de voz eram muito provavelmente indícios de violação. "Era um caso clássico de chamar a polícia para dar uma olhada", me disse Harverson.[11] "O pessoal de operações especiais seguiu a pista, e não demorou para rastrear as ligações até os escritórios do *World*." Quando a Scotland Yard examinou anotações de Mulcaire escritas à mão, descobriu que ele tinha selecionado como alvo mais de 6 mil pessoas. E não era o único hacker, disse Harverson. "O pessoal de inteligência que deu uma olhada viu que todos os outros números pertenciam a jornalistas do *News of the World*."

A história estava crescendo para se tornar maior — muito maior — do que apenas os irmãos da família real e seu grupo de amigos. Ela sacudiria a Grã-Bretanha em termos políticos, resultando no maior escândalo jornalístico da história moderna do país.

III

Em maio de 2021, quando Harry declarou ao apresentador de um podcast americano que sua vida era uma "mistura de *O show de Truman* com viver num zoológico",[12] os ouvintes devem ter julgado que não passava de uma metáfora. Mas era a pura verdade. Ele vivia sua versão do filme sobre um homem que não tem ideia de que sua vida inteira é um reality show de televisão, com vigilância de quase 360 graus, 365 dias por ano. O show surreal sobre a família de Harry tinha começado bem antes de seu nascimento. Ele foi apenas o último personagem a cair, sem saber, dentro do cenário invisível.

Detetives particulares começaram a oferecer seus serviços em grande escala aos tabloides ainda em 1985, em especial para espremer até a última gota notícias sobre a mãe de Harry. Diana sempre achou que o palácio e os aliados do ex-marido a espionavam, mas agora estava claro que quem rastreava suas ligações era a imprensa marrom.

Em 1995, o *News of the World*, desconfiando que Diana tinha um caso com Will Carling, estrela do rúgbi na Inglaterra, contratou Steve Clarke, ex-policial que se tornara detetive particular, para investigar a suposição por meio de uma poderosa antena de rádio. O dispositivo — conhecido no meio como "caixa-preta" — permitia interceptar chamadas ao vivo e possivelmente descobrir a localização de quem estava telefonando. Quando o xereta digitava o número do celular de Diana ou de Carling, os circuitos eletrônicos internos passavam a seguir o sinal deles. Clarke conseguiu ouvir Diana marcando um encontro com Carling no Chelsea Harbour Club. O fotógrafo do *News of the World* Nick Bowman ficou na entrada do clube, e, vejam só! O tabloide conseguiu as fotos de Diana e Carling que o editor tanto queria. A terrível falta de ética de Fleet Street — como era conhecida a imprensa britânica, majoritariamente instalada naquela rua — ficou evidente quando Bowman foi recompensado por sua diabólica intromissão com o British Press Award, da *UK Press Gazette*, de fotógrafo do ano em 1996.

O *Sunday Mirror*, em busca de sua fatia do assunto Diana, descobriu um jeito abominável de expor o caso dela com Hasnat Khan. O jornal pagou um detetive particular para roubar os dados detalhados da conta do telefone fixo dele. Em janeiro de 1996, o *Mirror* concentrou-se num determinado número de celular que julgava ser de Diana. Para comprovar, eles incumbiram um investigador particular de fazer uma chamada "*blag*".

Blagging, do verbo francês *blaguer* — contar piadas ou pregar trotes —, é obter informações enganando alguém. Nos Estados Unidos, detetives autônomos se referem a golpes arranjados como "*spoofing*" ou "*punking*". Numa tentativa de parecerem respeitáveis, os *blaggers* se referem a si mesmos como "engenheiros sociais" ou "pesquisadores criativos".

Os diferentes termos cunhados para mentir por dinheiro indicam o quanto se tornou generalizada a prática de enganar as pessoas para obter dados. Detetives particulares roubam a identidade de funcionários e por meio dela persuadem o pessoal da administração a revelar informações privadas. O mais comum é os golpistas fingirem que são técnicos de companhia telefônica consertando cabos quebrados "fora do escritório" para induzir provedores de rede a entregar dados de cobrança pormenorizados. Fingir-se de médico para convencer funcionários de hospital a fornecer detalhes médicos pelo telefone é outro estratagema muito empregado.

Diana foi ardilosamente enganada por uma *blagger* chamada Christine Hart, uma vigarista de 31 anos que adquiriu experiência numa das mais sórdidas agências de detetives particulares de Londres. Para verificar o número telefônico de Diana, Hart telefonou para ela fingindo ser recepcionista do Chelsea Harbour Club e querendo saber se uma joia que alguém havia entregado lá era sua.

À DIR.: Próximas e confidentes: apesar dos caminhos separados, a princesa Elizabeth (à dir.) e a irmã mais nova, a princesa Margaret Rose (à esq.), batiam papo diariamente pelo telefone.

ACIMA: O casal de ouro: a jovem rainha Elizabeth com sua "força e amparo", Philip, duque de Edimburgo, numa turnê real pela Nigéria em 1956.

À ESQ.: Trindade azul: a rainha-mãe (ao centro) em seu octogésimo aniversário com as duas filhas, a rainha (à esq.) e a princesa Margaret (à dir.). The Royal Lodge, Windsor, 4 de agosto de 1980.

ACIMA: Um vínculo especial: o príncipe Charles e a rainha-mãe no Epson Derby, junho de 1986.

ACIMA: O príncipe Philip assiste a uma partida de polo com Penelope Eastwood (que logo seria lady Romsey), de 22 anos, mais tarde sua constante companheira nos esportes. Guards Polo Club, Windsor, 1º de junho de 1975.

À ESQ.: A rainha — executiva despachada — examina os briefings governamentais diários da "caixa vermelha" com o secretário particular sir Robert Fellowes a bordo do HMY *Britannia*, maio de 1991.

A rainha sempre foi muito feliz no campo, espreitando veados e participando da caçada para recolher faisões, 1995.

Durante sessenta anos, a rainha dividiu o amor por cavalos de corrida com seu melhor amigo, "Porchey", sétimo conde de Carnarvon, Epsom Derby, 8 de junho de 1978.

ACIMA: Camilla chega ao "espaço reservado para os vencedores". Fileira de trás: príncipe Harry, príncipe William, príncipe Charles, Camilla, duquesa da Cornualha, Tom e Laura Parker Bowles. Fileira da frente: príncipe Philip, rainha Elizabeth II, major Bruce Shand. Castelo de Windsor, 9 de abril de 2005.

PÁGINA AO LADO, À DIR.: A escolhida: o apelo de Camilla para Charles vinha da sua voz rouca e da informalidade desgrenhada do interior. Middlewick House, Wiltshire, 1992.

ACIMA: O príncipe Charles dava em cima de Camilla Parker Bowles desde que se conheceram em 1971. Cirencester Park, julho de 1975.

PÁGINA AO LADO, MAIS À DIR.: Andrew Parker Bowles, oficial da Ordem do Império Britânico, de 63 anos, retratado pelo amigo Lucian Freud entre 2003 e 2004.

ACIMA: Gargalhadas e companheirismo: o príncipe Charles e a duquesa da Cornualha. Mey Highland Games, 9 de agosto de 2008.

ACIMA À ESQ.: O príncipe Harry, de treze anos, e Charles, África do Sul, 3 de novembro de 1997.
ACIMA À DIR.: Diana com os dois filhos, novembro de 1994.
SEGUNDA FILEIRA À DIR.: Diana com Harry, 1º de agosto de 1987.
SEGUNDA FILEIRA À ESQ.: Com William, de doze anos, seu "homenzinho sábio", 2 de julho de 1994.
ACIMA: O atraente príncipe William, de dezenove anos, antes de começar os estudos na faculdade na Escócia, 22 de setembro de 2001.
À ESQ.: Um exausto segundo-tenente Harry Wales pousa em Brize Norton, da Força Aérea Real, 1º de março de 2008.
À DIR.: Os irmãos se abraçam nos Jogos Invictus, 11 de setembro de 2014.

ACIMA À DIR.: Kate Middleton, em seu vigésimo quinto aniversário, assediada à frente do seu apartamento em Chelsea, 9 de janeiro de 2007. SEGUNDA FILEIRA À ESQ.: O secretário particular dos meninos, Jamie Lowther-Pinkerton, e o secretário de Comunicações Patrick "Paddy" Harverson, 9 de outubro de 2012. SEGUNDA FILEIRA AO CENTRO: O magnata da mídia Rupert Murdoch e Rebekah Brooks — agora CEO da News UK de Murdoch —, que perseguia implacavelmente a família real quando dirigia o *News of the World*, 10 de julho de 2011. SEGUNDA FILEIRA À DIR.: Ex-mordomo de Diana, Paul Burrell deixa o Old Bailey em triunfo após seu julgamento por roubo desabar, 1º de novembro de 2002.

ACIMA: Primeiro amor: o príncipe Harry com a deslumbrante adolescente Chelsy Davy. Cartier International Polo, Windsor, 30 de julho de 2006.

ACIMA: Muitos achavam que o príncipe fosse se casar com a aristocrática Cressida Bonas, mas ela queria outro tipo de vida. Wembley Arena, Londres, 3 de julho de 2014.

ACIMA: Maluquice inspirada: alguém fantasiado de rainha salta de paraquedas no Estádio Olímpico, após um vídeo com a verdadeira rainha subindo num helicóptero com James Bond ser exibido na cerimônia de abertura das Olimpíadas de Londres, 27 de julho de 2012.

À DIR.: Gloriana: Sua Majestade sai da cerimônia de Abertura Formal dos Trabalhos do Parlamento. Westminster, 14 de novembro de 2006.

À ESQ.: Alegre intimidade: ao longo do casamento de 73 anos, Philip sempre soube fazer a rainha rir. Braemer Gathering, Aberdeenshire, 2015.

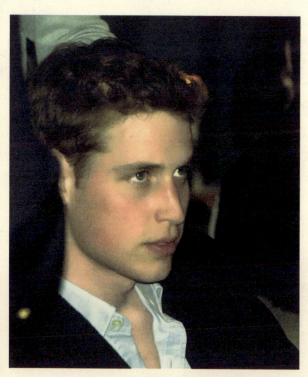

ACIMA E À DIR.: Um príncipe William hipnotizado vê sua colega de estudos Kate Middleton sob uma luz totalmente nova num desfile de moda beneficente em St. Andrews, 26 de março de 2002.

À ESQ.: Explodindo de orgulho: Carole e Michael Middleton em sua casa em Bucklebury no dia em que Kate e William anunciaram o noivado, 16 de novembro de 2010.

ACIMA: Dezenas de milhões viram pela TV William e Kate, então duque e duquesa de Cambridge, dizerem o sim na Abadia de Westminster, sob o olhar paternal de Michael Middleton, 29 de abril de 2011.
À ESQ.: A carismática Kate se forma em St. Andrews, 23 de junho de 2005.

PÁGINA AO LADO, MAIS À DIR.: Menina de ouro: Kate arrasa no tapete vermelho na estreia do filme de James Bond *Sem tempo para morrer*, em Londres, 28 de setembro de 2021.
PÁGINA AO LADO, À DIR.: A família Cambridge comemora o aniversário oficial da rainha na varanda do Palácio de Buckingham, 8 de junho de 2019. Da esq. para a dir.: príncipe George, príncipe Louis e princesa Charlotte.

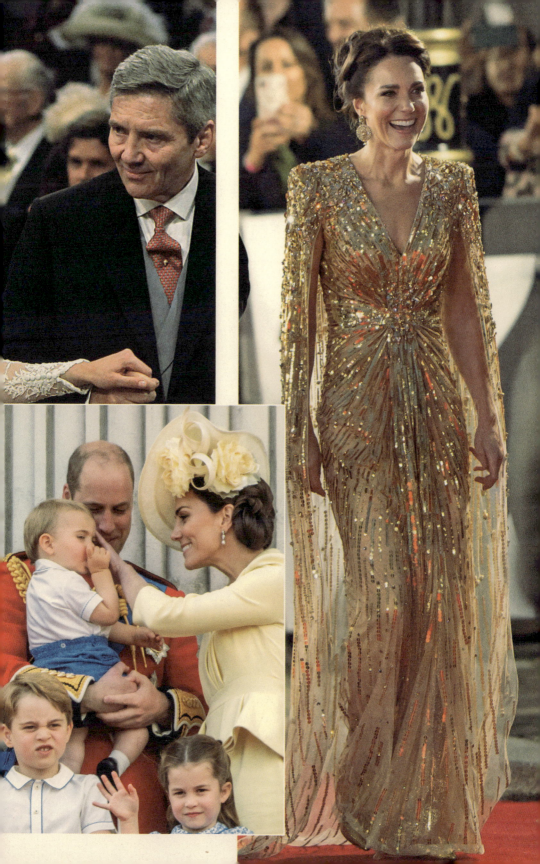

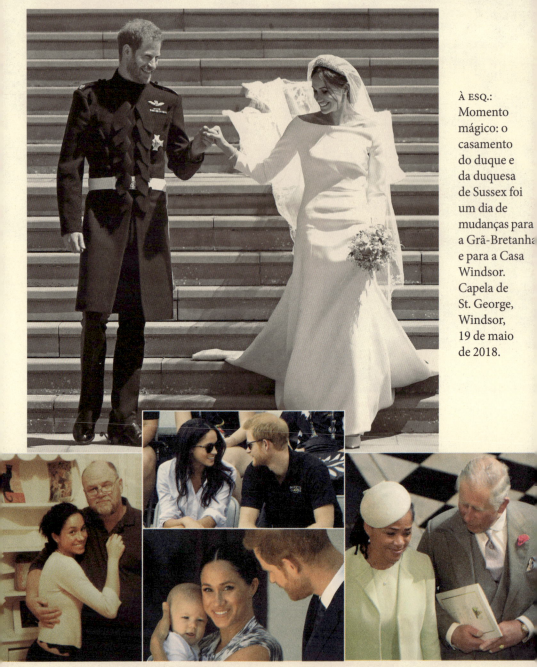

À ESQ.: Momento mágico: o casamento do duque e da duquesa de Sussex foi um dia de mudanças para a Grã-Bretanha e para a Casa Windsor. Capela de St. George, Windsor, 19 de maio de 2018.

À ESQ.: Thomas Markle e a adolescente Meghan, a menina dos olhos do pai.
AO CENTRO, ACIMA: O primeiro encontro de Meghan e Harry em local público, nos Jogos Invictus, no Canadá, 25 de setembro de 2017.
AO CENTRO, ABAIXO: Bebê Sussex Archie Harrison Mountbatten-Windsor, na Cidade do Cabo, 25 de setembro de 2019. À DIR.: Príncipe Charles sai da Capela de St. George conduzindo a mãe de Meghan, Doria Ragland, 19 de maio de 2018.

PÁGINA AO LADO: Glamour: Os Sussex irradiam felicidade ao concluir um dos seus últimos compromissos reais. Endeavour Fund Awards, Mansion House, Londres, 5 de março de 2020.

Annus Horribilis II: Um iminente Megxit e o escândalo do envolvimento de Andrew com Jeffrey Epstein e Virginia Roberts Giuffre, de dezessete anos (na foto abaixo à dir., com o príncipe Andrew e Ghislaine Maxwell), fizeram de 2019 um ano para a rainha esquecer. Chamou atenção a ausência da foto de Harry e Meghan na fala de Natal da soberana no Castelo de Windsor, em dezembro de 2019. ACIMA: Os Sussex provocaram explosões ao anunciar publicamente seus planos de saída em janeiro de 2020.

ACIMA: Luto pelo príncipe Philip: um adeus em época de covid isolou a rainha em sua dor na Capela de St. George.
SEGUNDA FILEIRA À ESQ.: O caixão do duque de Edimburgo — com seu boné e sua espada navais — foi carregado pelos Fuzileiros Navais Reais.
AO CENTRO: Lady Romsey — agora condessa Mountbatten da Birmânia — estava entre os poucos convidados.
SEGUNDA FILEIRA À DIR.: Anne, princesa real, a mais parecida com o pai em temperamento.
ACIMA: Harry, agora distante, e William escoltam o caixão do avô querido. Windsor, 17 de abril de 2021.

À ESQ.: Orgulho antes da queda: o príncipe Andrew ao lado da mãe compreensiva na varanda do Palácio de Buckingham em 8 de junho de 2019. Em 19 de janeiro de 2022, Sua Majestade o destituiu das honras militares e dos patrocínios, em meio ao escândalo provocado pelas alegações de Virginia Giuffre. À DIR.: Giuffre conta sua história traumática numa entrevista para a BBC, 2 de dezembro de 2019.

Vivat Regina: Sua Majestade a rainha Elizabeth II a caminho da sua quinquagésima quinta cerimônia de Abertura Formal dos Trabalhos do Parlamento, 6 de novembro de 2007. Com o fim do mais longo reinado da história britânica, continuará a monarquia tendo a mesma dignidade e repercussão dentro e fora do país?

"Chamei o número e uma mulher de muita classe, e fala mansa, atendeu", ela admitiu ao *Byline Investigates* em 2019.[13]

> Pelos sons parecia um quarto de dormir; muito, muito sossegado. Eu disse: "Lembra que nos conhecemos naquela vez..." e ela disse "não", que não lembrava. Continuei chamando-a "Diana" e disse que alguém entregara um relógio de ouro, e achamos que devia ser dela. Eu disse que era de um design meio Chanel, mas não um Chanel de verdade, e ela disse "não," que não era dela. Então brincou que se fosse de verdade ela até poderia alegar que era seu.

Hart — que agora diz estar "enojada" do que fez — conseguiu manter Diana falando mais de sete minutos, gravando tudo. Analisando os dados detalhados de chamadas de que já dispunham, o *Sunday Mirror* conseguiu publicar uma reportagem exclusiva de primeira página sobre os frequentes contatos de Diana e Hasnat e seus íntimos encontros num restaurante nos arredores de Londres.

Mas como, você talvez se pergunte, pôde o jornalismo de tabloide — que nunca foi um exemplo de dignidade — cair tanto?

A degradação da ética foi uma corrida ao fundo do poço, motivada por uma lucratividade cada vez menor. A Fleet Street de Londres sempre foi um endereço jornalístico mais desonesto do que o Newspaper Row de Nova York. O jornalismo britânico de jornal — mais desregrado que seus primos americanos, e menos imbuído de altos princípios — sempre se viu como um ofício ocasional, e não uma vocação solene. Um típico "*hack*" [repórter medíocre], rótulo que jornalistas britânicos usam com um orgulho perverso, aprende seu ofício trabalhando, e não numa faculdade. (No futuro, a palavra adquiriria também conotação irônica, como os acontecimentos demonstrariam mais tarde.) Dá-se muito valor às habilidades práticas: saber redigir manchetes ousadas, contar bem uma história, escrever colunas com o fígado, tudo produzido por salas de redação que são, até hoje, descaradamente machistas e boas de copo.

A imprensa britânica produz ou um jornalismo de alto nível, ou sensacionalista, mas sempre irreverente. Já a americana se leva muito mais a sério, sobretudo depois do escândalo Watergate. Mesmo ferido e ensanguentado pela era das fake news, nos Estados Unidos o jornalismo se vê como uma profissão, um sacerdócio até, o que há de mais nobre, enlameado apenas pelas denúncias sórdidas de títulos vendidos em caixa do supermercado como o *National Enquirer*. Nenhum presidente americano — à exceção de Donald Trump — abriria as portas para o editor do *National Enquirer*. Já um primeiro-ministro britânico se sentaria a qualquer momento com tabloides que nos Estados Unidos seriam considerados abaixo de crítica. De que outra forma atingir a classe operária — ou pelo menos dar pinta de que deseja atingi-la?

No fim dos anos 1990 e começo do século XXI, o Google e o Facebook lançaram os jornais britânicos numa competição de vida e morte. A grosseria típica da cultura tabloide tornou-se ostensivamente brutal, mergulhando mais fundo nos setores menos prestigiosos do mercado. Os editores-chefes eram recrutados cada vez mais das colunas do showbiz, e não das redações. À medida que o papel dos guardiães da mídia tradicional perdia força, uma mentalidade de vale-tudo se impunha, com a necessidade de mais e mais furos, cada vez mais rápidos, atropelando tudo.

O declínio cada vez mais acelerado do jornalismo impresso e de sua renda publicitária significava que as redações operavam com orçamentos apertados. A administração ficou obcecada por número de visualizações e cliques em suas edições on-line, que davam prejuízo, inevitavelmente alimentadas por êxitos rápidos e sensacionalistas. Os repórteres desmotivados passaram a recorrer ao que Nick Davies, do *Guardian*, chama de "churnalism" ["jornalismo de batedeira"] — a reciclagem de histórias mal apuradas postadas por outros. Em seu livro de 2008, *Flat Earth News* [Notícias da Terra Plana], Davies cita pesquisadores da Universidade de Cardiff que descobriram que "o jornalista médio de Fleet Street está preenchendo três vezes mais espaço do que em 1985".[14] A maneira antiga de descobrir coisas gastando sola de sapato e telefonando não faz mais sucesso.

Isso era má notícia para veteranos do *News of the World*, como o editor de assuntos da realeza Clive Goodman, uma lenda em meados dos anos 1990 por publicar histórias icônicas sobre Diana, como "Minhas noites secretas com um anjo", a respeito das visitas da princesa a pacientes terminais de câncer, à noite, no Royal Brompton Hospital. (A rigor, essa foi uma brilhante isca preparada pela própria Diana, para acobertar encontros com seu amante dr. Hasnat Khan.) Goodman era conhecido como "a Chama Eterna" porque estava sempre a postos. Sua supremacia no jornal, porém, estava com os dias contados.

Diana era a galinha dos ovos de ouro. Quando ela morreu, os tabloides voltaram suas garras para os filhos adolescentes, mas as asas dos repórteres foram aparadas pela censura à imprensa na era pós-Diana. As restrições da Press Complaints Commission não atrapalharam tanto assim os métodos da implacavelmente ambiciosa Rebekah Brooks, editora do *News of the World*, uma das grandes divas do jornalismo marrom londrino. Sua última aparição ocorreu em 1994, vestida de faxineira, roubando a primeira edição do *Sunday Times* nas rotativas para arranjar um furo sobre o príncipe Charles para o *News of the World*.

Com cabelos ruivos encaracolados, soltos, astuciosa e hábil em travar relações sociais, Brooks se saiu muito bem em penetrar nos corredores políticos e midiáticos do poder. "Ela é capaz de jantar com pessoas que entregou na véspera", disse o ex-editor do *Sun* David Yelland.[15] Como seu patrão Murdoch, ela era um camaleão político que seduziu, em rápida sucessão, uma série de primeiros-ministros em polos opostos, como Blair, Brown, Cameron e Johnson. Nos fins de semana ela socializava com a "turma de Chipping Norton", colegas sedentos de poder como ela, que tinham casas de campo em Oxfordshire. Eles incluíam os Cameron, assim como a filha de Murdoch, Elisabeth, então casada com o rei das relações públicas Matthew Freud. Ela se dava tão bem com Sarah, a mulher de Gordon Brown, que foi convidada para a "festa do pijama" só de mulheres oferecida por ela em Chequers, em 2008, da qual participaram a então mulher de Murdoch, Wendi Deng, e Elisabeth Murdoch.

Brooks teve uma carreira meteórica. Começando como secretária no *News of the World*, em 2000, aos 31 anos, já era a mais jovem editora da história da publicação. Três anos depois, passou para o jornal diário mais lucrativo de Murdoch, *The Sun*; foi a primeira mulher a editá-lo, deixando o *News of the World* nas mãos de seu vice (e amante intermitente) Andy Coulson. Juntos, Brooks e Coulson formavam uma dupla perigosa: Brooks, a extravagante responsável pelo lado social; Coulson, o executivo enganosamente respeitável, com óculos de aros escuros, que usava o silêncio para intimidar qualquer um que lhe fizesse uma pergunta embaraçosa.

Brooks conquistou novos leitores explorando a raiva populista primitiva com uma campanha de todo irresponsável para identificar e constranger pedófilos, o que levou bandos de justiceiros a aterrorizar suspeitos de crimes sexuais. Houve vários casos de confusão de identidades, como um no qual uma pediatra teve a casa vandalizada por leitores exaltados que achavam que a profissão dela significava que ela era pedófila. O jornal também arruinou a vida de ministros, jogadores de futebol, estrelas pop e membros da família real.

Brooks aperfeiçoou uma prática que estava em ascensão: oferecia aos alvos de iminentes revelações acordos para atenuar o golpe, retirando as revelações mais danosas em troca de confissões mais completas e entrevistas interessantes e leves. Seus detratores a chamavam "modelo chantagem". Brooks não tardou em aplicar o dispositivo de extorsão moral ao príncipe Harry, que na época estudava para seu Certificado Geral de Educação Secundária em Eton.

Até hoje a fonte das fofocas sobre Harry permanece em segredo. Mas por causa de uma informação que lhes foi repassada, de que o príncipe de dezesseis anos estava saindo dos eixos, bebendo e consumindo drogas, o *News of the World* de Brooks lançou uma das operações mais duras e ferozes da história do jornal. Numa tentativa de "provar" que Harry estava consumindo cocaína, partiram para cima dele com uma manobra de "golpe triplo". Os maiores canhões de que dispunham foram postos em ação: a própria Rebekah Brooks, seu principal repórter disfarçado, Mazher Mahmood — também conhecido como Falso Sheik, que tinha atormentado Sophie Wessex e mais tarde pegaria Sarah Ferguson numa armadilha —, e o hacker Glenn Mulcaire. Mais tarde, numa tentativa de se defender no tribunal durante os julgamentos sobre hackeamento de telefones, Brooks diria que só tinha usado detetives particulares para rastrear criminosos sexuais de interesse público. O estratagema caiu quando o Supremo Tribunal soube que ela também havia contratado o detetive particular Steve Whittamore para investigar suas suspeitas de que seu noivo a enganava com uma mulher que conhecera num pub.

Nas primeiras horas de uma sexta-feira de agosto de 2001, Harry foi fotografado cruzando as pernas na saída de uma boate em Marbella, Espanha. Mahmood passou a conversa nos funcionários da boate para tentar obter informações. Seus esforços para saber se os garçons e os barmen haviam visto Harry comprar ou cheirar não deram em nada. Mulcaire, por sua vez, monitorou as chamadas telefônicas de Harry e seus amigos. Rastreou o amigo e confidente Guy Pelly, assim como os colegas de copo no Rattlebone Inn, para saber se os meninos haviam ligado para traficantes. Mais uma vez, não houve prova alguma de que isso fosse verdade.

Finalmente, a própria Brooks interveio para "fazer a coisa andar". Munida dos "dossiês" mais inconsistentes, ela conseguiu induzir os servidores do palácio a pensar que o jornal tinha mais provas do que de fato tinha — um velho truque de Fleet Street. Ela estreitara relações com Mark Bolland no escritório de Charles. Um acordo de relações públicas foi fechado: se Harry admitisse ter fumado maconha, o *News of the World* se comprometia a deixar de fora alegações mais sérias sobre drogas pesadas. Foi uma grande vitória para Brooks, pois o material sobre drogas pesadas não passava de um blefe.

Como disse Greg Miskiw, editor-chefe do *News of the World*, "Mazher não conseguiu nada. Mulcaire não conseguiu nada. Mas isso não deteve Rebekah. Ela conseguiu induzir o palácio a fazer uma confissão completa, e a reportagem foi publicada".[16]

Toda a comoção forjada do "Escândalo das Drogas" se estendeu por sete páginas no *News of the World*. A versão da cannabis — uma confissão à parte, de Harry ao pai — fora repassada a Brooks por Bolland, como parte do acordo. Em troca, o *News of the World* manipulou a cronologia dos acontecimentos, apresentando uma visita do pai e do filho a um dos programas para jovens patrocinados por Charles, o centro de reabilitação Featherstone Lodge, em Phoenix House, no começo do verão de 2001, como uma viagem destinada a conscientizar o príncipe Harry, quando na verdade as alegações sobre uso de drogas haviam sido feitas dois meses depois. A mudança na linha de tempo foi uma solução concebida por Bolland para construir uma imagem e apresentar Charles como o zeloso *pater familias* de um Harry arrependido. (Mais tarde Bolland diria que ficou "constrangido" com as alegações "equivocadas" e "triunfalistas" do jornal.)[17]

Uma consequência inesperada da reportagem foi que o hacker serial Mulcaire e o detetive Gavin Burrows grampearam Harry e seu grupo de amigos, e só largaram o osso anos depois. Diz Burrow: "Tudo se resumia a obter contas telefônicas, e depois grampear os amigos de Harry. Isso continuou, intermitentemente, por vários anos".[18] Durante a investigação, disse Burrow, ele grampeou Tiggy Legge-Bourke, e descobriu que Harry ia ser padrinho de seu filho, e também ajudou um fotógrafo a descobrir onde Harry e William estavam passando o Natal.

O chocante "Escândalos das Drogas" foi um lamentável rito de passagem para o adolescente Harry. Apesar de William ser tão farrista quanto ele em Rattlebone Inn, Harry tinha sido publicamente exposto como o filho problema. Seus amigos, incluindo o leal Pelly, foram arrastados na lama. E criaram a impressão de que ele havia se penitenciado numa clínica de recuperação para sustentar uma narrativa falsa, e, *en passant*, lustrar a imagem pública do pai. Era uma dura lição que ele recebia sobre o que significava ser o terceiro na linha de sucessão ao trono, e essa corrosiva vigilância se tornaria ainda mais intensa à medida que ele se aproximava da idade adulta.

IV

Chelsy Davy tinha tudo que os setoristas da família real podiam desejar: pai importante, juventude e proximidade com Harry. Por isso, no começo dos anos 2000 ela foi hackeada, grampeada e *blagged* mais do que qualquer outro membro do círculo do príncipe. Entre 2004 e 2010, virou rotina suas mensagens de voz serem interceptadas. Mais de uma dezena de detetives particulares em dois continentes foi incumbida por repórteres e editores de conseguir contas telefônicas, prontuários médicos, itinerários de viagem, detalhes sobre voos, recibos de hotel, contas bancárias e extratos de cartão de crédito. Centenas de milhares de libras foram pagas, parte delas por intermédio de contas suspeitas no exterior, operadas por empresas pouco confiáveis. Pelo menos um detetive particular afirma ter grampeado até mesmo o telefone fixo de Chelsy e os telefones das pessoas com quem ela falava — atividade altamente ilegal que exigiria que a polícia conseguisse mandado do secretário do Interior.

Minhas pesquisas sobre o mundo dos hackers tiveram por guia Graham Johnson, repórter do *News of the World* de 1995 a 1997 e editor de reportagens investigativas do *Sunday Mirror* entre 1997 e 2005. Em 2013, ele foi o único jornalista a contar, de livre e espontânea vontade, à polícia que havia hackeado um telefone durante uma semana em 2001. Foi condenado a dois meses de prisão, suspenso por um ano, e desde então vem se redimindo como um dos mais obstinados repórteres investigativos do crime organizado — incluindo hackeamento — no Reino Unido. Agora é editor do *Byline Investigates*, importante site de notícias britânico.

Johnson me contou que o detetive particular Burrows, que também é um ex-traficante de drogas confesso, dizia fazer interceptações entrando nas caixas de junção perto das casas de amigos de Harry e Chelsy, e vendendo o que descobria para a imprensa de Murdoch. Sobre Chelsy, ele dizia também ter remexido no lixo dela, e que tinha acesso a seus recibos de compra.

As operações de Burrows eram internacionais. Disse a Johnson que recorria aos serviços terceirizados de alguém alocado na África para "puxar" suas contas de cartão de crédito e "grampear" um telefone fixo na Cidade do Cabo, que a garota usava para falar com Harry. Burrows obteve muitas histórias com esses métodos, incluindo um artigo curto, mas significativo, sobre Chelsy sendo convidada para visitar Charles em Highgrove. A maioria desses feitos dizia respeito a fatos isolados, publicados como "notas" em colunas diárias. Alternativamente, vários subtópicos atraentes — revelações nuas e cruas que levantavam dúvidas sobre sua procedência — eram costurados, muitas vezes de forma incoerente, a reportagens maiores para disfarçar suas origens iníquas.

Em 2006, a perseguição a Chelsy na África do Sul ficou mais sofisticada. Seus movimentos eram monitorados por meio de suborno de funcionários do balcão de check-in ou de agentes de viagem para obter listas de passageiros das companhias aéreas.

Embora o foco principal fosse Harry, William e Kate também estiveram na mira ao longo dos anos 2000. "Não demorou para que a família Middleton entrasse na lista também", lembra-se Burrows. "A única razão de Harry ser mais visado do que William é que William era muito sem graça."[19] Apesar disso, Burrows supostamente *blagged* a casa estudantil que o príncipe William dividia com Kate em St. Andrews, e pôs um grampo no telefone fixo da família Middleton em Berkshire.

O detetive particular Steve Whittamore, segundo Johnson apurou, conduziu catorze investigações sobre a família Middleton, a maioria das quais era *blags* para conseguir números de telefone de "amigos e da família," registrados na British Telecom. Naquela altura, cerca de cinquenta crimes contra a Lei de Proteção de Dados do Reino Unido tinham sido cometidos nessa atividade específica.

Um dos números da lista mais chamados era o celular de Kate. O repórter ligou, e a ligação caiu direto na caixa postal. Mais tarde, o número foi dado a um colega jornalista. Mas quando esse colega ligou, uma jovem com sotaque de classe alta atendeu. "É Kate Middleton?", ele perguntou. "Não. Não é Kate. É Catherine", disse a esperta futura rainha.

Em 2013, quando a verdade não pôde mais ser sufocada, e transcrições de hackeamentos apareceram nos tribunais, o público soube como tinha sido descarada a perseguição a William e Kate. As provas mostraram que, durante alguns meses em 2005-6, Kate foi hackeada 155 vezes, e as mensagens de voz de William foram ouvidas 35 vezes. O *News of the World* havia hackeado recados deixados por William no telefone de Kate — incluindo um depois que ele "quase levou um tiro" durante um exercício militar.[20] Outra mensagem telefônica hackeada levou a uma reportagem exclusiva em 2006 revelando que o apelido particular que William dera a Kate era "Babykins". (Parem as rotativas!) O *News of the World* recebeu ordem para remover as reportagens.

Chamem isso de carma, se quiserem, mas acontece que em 2005 os hackers e seus chefes começaram a cometer erros visíveis. Os suseranos das notícias estalavam o chicote. Clive Goddman, o Chama Eterna, vivia sob pressão do traiçoeiro carreirista Andy Coulson, promovido a editor do *News of the World*, antigo posto de Rebekah Brooks. Coulson achava que a lista de contatos de Goodman era a de um dinossauro perdido no mundo. Escrevia sobre membros da família real que já não interessavam a ninguém, deixando de obter furos de reportagem, pecado mortal para um "agente top de linha", no que era conhecido coloquialmente como "News of the Screws". Histórias sobre Charles, mistérios de Diana, príncipe Andrew, Sarah Ferguson — tudo isso era notícia velha que não tinha mais graça. "Os leitores queriam os jovens William, Harry, Kate Middleton, as namoradas de Harry", pontificava Greg Miskiw, do *News of the World*.[21]

Goodman era incapaz de atender às demandas do editor. Seus dias estavam contados. Assim também os de Greg Mulcaire. Ele ganhava dinheiro demais. Seu salário atingira 120 mil libras por ano, reforçado por generosos pagamentos para "matérias especiais sobre a realeza", mas sobretudo para fazer *blag* e interceptar correios de voz seis dias por semana. Com o intuito de defender suas respectivas posições, Goodman e Mulcaire começaram a assumir riscos cada vez maiores. O objetivo era conseguir furos suculentos, demonstrar o próprio valor e recuperar a boa vontade dos superiores.

Goodman incumbiu Mulcaire de interceptar mensagens de voz de quatro assessores da família real: Paddy Harverson; Michael Fawcett; a secretária pessoal do príncipe Harry Helen Asprey; e Jamie Lowther-Pinkerton. Mensagens hackeadas eram transcritas e entregues à redação. As fofocas mantinham um fluxo contínuo de "notas" que alimentavam a sarcástica coluna semanal de Goodman, *The Carvery*.[22] De acordo com Miskiw, Goodman, para provar a Coulson que ainda era do ramo, começou a utilizar as informações hackeadas por Mulcaire em escala industrial, atormentando-o com ordens várias vezes por dia.

Mulcaire, que não era nada bobo, ficou com medo de ser apanhado. Temia também ser substituído por detetives particulares terceirizados, mais baratos e afinados com o regime atual. Ele estava interceptando rápido demais mensagens de quatro assessores da família real, usando "números fantasmas" especiais que "discavam direto" para suas caixas postais. Rotineiramente — e em surtos de paranoia — ele alterava a senha de quatro dígitos do código PIN dos assessores, medida de segurança que concebera numa tentativa de impedir que Goodman e outros repórteres fizessem o hackeamento e o deixassem de fora. A desvantagem era que quanto mais Mulcaire mexia no sistema de correio de voz, mais era provável que aparecessem falhas perceptíveis e alarmantes.

Goodman, por sua vez, não só estava publicando rápido demais as informações hackeadas por Mulcaire, como também as detalhava, sem tomar as devidas precauções para ocultar sua origem. "O problema era esse", disse Mulcaire a Graham Johnson.[23] "Eu estava conseguindo mensagens de Harverson e outros, que nem eram ouvidas. Aconselhei Clive a usar as informações com cautela, e esperar que se propagassem pelo palácio para que a fonte se tornasse mais genérica." Infelizmente, disse Mulcaire, Goodman "estava tão desesperado, tão pressionado, que logo despejava essas coisas no jornal. É por isso que saía na frente. É por isso que fomos apanhados".

V

Soube que, quando o príncipe Harry e Chelsy Davy tomaram conhecimento de que haviam sido hackeados ao longo de anos, sentiram um alívio misturado à raiva mais que justificada. Os bisbilhoteiros que se sentavam perto de Chelsey em seus voos para Londres estavam explicados, bem como os paparazzi que apareciam misteriosamente em seus encontros secretos, os excêntricos "casais" que se hospedavam no mesmo hotel, os falsos turistas que ficavam de mutuca em espreguiçadeiras. Ter conhecimento de como as informações confidenciais eram obtidas aliviou a paranoia do casal, que já não sabia mais em quem confiar.

Desconheciam, porém, que Goodman e Mulcaire, presos em janeiro de 2007, condenados respectivamente a quatro e seis meses, eram apenas a ponta do iceberg. Os dois hackers do *News of the World* haviam sido atirados às feras, enquanto o roubo endêmico de dados no jornal continuava impune. A polícia tinha "mandado seu recado" sem comprometer suas sacrossantas relações com figurões da imprensa, e o jornal supostamente se livrara de sua "banda podre". Horas depois da prisão dos dois, Coulson se demitiu do *News of the World*, mas logo voou para um cargo de prestígio em Downing Street, como diretor de comunicação, nomeação que traria muitos aborrecimentos ao primeiro-ministro.

O mito da "banda podre" poderia ter dado certo, não fosse o trabalho de Nick Davies, jornalista do *Guardian*, sem rabo preso, que começou a investigar quase imediatamente depois que Goodman e Mulcaire foram presos. Davies, com todo o apoio de seu editor Alan Rusbridger, tinha certeza de que "um punhadinho de assessores da família real" não eram as únicas vítimas. O restante da imprensa britânica, com medo de Murdoch, fez vista grossa durante dois anos. Davies sozinho explorou as pistas da operação de hackeamento dos jornais de Murdoch trilhando um labirinto de fontes, documentos e disse me disse, até descobrir que arranjos secretos, de até 1 milhão de libras, estavam sendo pagos a várias celebridades que tiveram suas linhas telefônicas invadidas.

Eureca! Seu primeiro artigo, publicado em 8 de julho de 2009, expôs o nível colossal de hackeamento de telefones de primeiros-ministros, membros do Parlamento, atores, astros dos esportes e outros. Foi publicado em parceria com uma denúncia subsequente do *New York Times*, incentivada por Rusbridger, que fortaleceu a proteção do *Guardian* contra retaliações de Murdoch. A bomba jornalística transatlântica reativou o escândalo depois de quatro anos de hibernação.

O problema de atingir tantas pessoas ricas e famosas é que elas são ricas e famosas. Vítimas de renome, dispondo de meios e tenacidade, tendem a não ceder terreno. Em geral, as figuras públicas temem o poder dos tabloides de impulsionar ou destruir carreiras. Mas, com a ascensão das mídias sociais a partir de 2006, eles já não tinham mais tanta influência. E, quando as estrelas resolvem falar, acordos secretos não servem. Os nomes de celebridades que começaram a dar com a língua nos dentes — como os atores Hugh Grant, Sienna Miller e Jude Law; a romancista J. K. Rowling; o jogador de futebol Paul Gascoigne — significavam um escândalo em franca disparada. As audiências no

Supremo Tribunal se transformaram numa máquina de revelações. A News Group Newspapers de Murdoch foi obrigada a entregar pelo menos 30 mil faturas de detetives particulares, e milhares de pedidos de pagamento em dinheiro. O ex-jornalista do *News of the World* Dan Evans, que se declarou culpado em 2013, disse que o hackeamento era tão comum que até "o gato da redação" estava cansado de saber.[24]

Nick Davies produziu mais de cem artigos para o *Guardian* sobre crimes no império dos tabloides e sua intersecção com métodos de ação e fracassos da imprensa. Com sono atrasado e muito apreensivo enquanto a imprensa de Murdoch se mobilizava contra ele para descredibilizar seu trabalho, Davies tinha a sensação de estar lutando não apenas para defender aquela verdade em particular, mas para restaurar o moral abatido dos jornalistas investigativos em geral.

À medida que mais e mais jornalistas do *News of the World* eram envolvidos no escândalo, a história transbordava dos recessos dos tribunais e consciências para o espaço público. A revelação de Davies de que o telefone de uma estudante assassinada, de treze anos, tinha sido hackeado depois que ela desapareceu — atrapalhando as investigações sobre a sua morte — provocou uma indignação popular que indispôs definitivamente a opinião pública contra os editores delinquentes.

Como no caso Watergate, o que houve de mais escandaloso no fenômeno de hackeamento de telefones foi o acobertamento. A ocultação de provas nas publicações de Murdoch persistiu durante anos. Executivos fizeram tudo para que o estigma não afetasse outros jornalistas. Mas sua maior preocupação era deter a contaminação no sentido vertical da pirâmide, até o filho mais novo de Murdoch, James, responsável pelas operações do pai na Europa e na Ásia; até Les Hinton, diretor-executivo da News International, de Murdoch; e até Rebekah Brooks, a queridinha do patrão. Mais importante ainda, tentavam impedir que não se infiltrasse no que o pessoal da redação chamava de "terra do tapete grosso", o silencioso interior corporativo do escritório do próprio Rupert Murdoch.

O escândalo — a essa altura impossível de conter ou contornar, por maiores que fossem os esforços — acabou invadindo esse lugar sagrado. Em 19 de julho de 2011, ele arrastou Rupert Murdoch e o filho James para uma trucidante audiência parlamentar, que Murdoch chamou de "o dia mais humilhante" de sua vida.[25]

O mais poderoso magnata da imprensa mundial teve enfim de reconhecer que ocorrera um acobertamento de proporções astronômicas. Quando alegou que ele próprio havia sido enganado, pouca gente acreditou. Sua marca estava estampada em todos os recantos da cultura corporativa do *News of the World*. Poder e lucro, o mantra de Murdoch, determinavam todas as decisões. Ninguém precisava dizer aos funcionários o que o patrão queria. Todos sabiam. Sir Harold Evans comparava o fenômeno de obediência instintiva que Murdoch inspirava em seus subordinados à síndrome de "trabalhar para o Führer" do Terceiro Reich. (Harold confrontou Murdoch na questão da independência editorial, e foi demitido por ele do cargo de editor do *Times* em 1982.)

Apesar das deferências de Murdoch ao Parlamento, o que ele de fato achava de sua "humilhação" foi revelado numa fita secreta vazada em julho de 2013 e divulgada pelo Channel 4 News. Dava para ouvi-lo afirmar, com desdém, que os investigadores eram "totalmente incompetentes" e atuaram com base em "praticamente nada",[26] desculpando as ações de seus jornais como "parte da cultura de Fleet Street".[27]

O relatório do comitê parlamentar publicado em 2012 concluiu que James Murdoch havia demonstrado "deliberada ignorância" da extensão do hackeamento de telefones.[28] Considerou-o culpado de "espantosa falta de curiosidade" pelo assunto, e concluiu que tanto o pai como o filho "deveriam estar preparados para assumir a responsabilidade final" pelas ilegalidades cometidas em *News of the World* e News International. E foi ainda mais severo, ao afirmar que Rupert Murdoch não "era pessoa habilitada a exercer o comando de uma grande empresa internacional".

Quando Paddy Harverson e Jamie Lowther-Pinkerton desconfiaram de problemas na caixa postal em 2005, nenhum dos dois imaginava que estava se iniciando um processo de consequências nacionais tão sísmicas. Houve cerca de 25 prisões por crimes de hackeamento de telefone, que resultaram em oito condenações, além da renúncia de James Murdoch, de Les Hinton (*apparatchik* de cinquenta anos de Murdoch) e do comissário da Scotland Yard sir Paul Stephenson, chamuscado por suas estreitas relações com funcionários do *News of the World*. A até então intocável Rebekah Brooks foi presa por atentado à dignidade da Justiça em março de 2012, depois que a polícia encontrou seu laptop, documentos e um celular dentro de um saco de lixo descartado num estacionamento subterrâneo perto da casa dela. Brooks e Andy Coulson foram a julgamento em Old Bailey em 2013.

Coulton foi condenado a dezoito meses de prisão, rebaixado de Downing Street para a cadeia de Balmarsh por um período de quatro anos. Brooks foi dramaticamente absolvida de todas as acusações graças ao habilidoso trabalho de Angus McBride, mais tarde nomeado advogado-chefe do império News UK, de Murdoch, em 2016. O júri aceitou uma defesa que os colegas dela receberam com descrença generalizada: a de que essa editora, famosa por ser agressiva e xereta, não sabia que era ilegal interceptar correios de voz. Prova da persistente admiração de Murdoch é que em 2015 ele a nomeou CEO da News UK, o mais alto cargo de sua empresa londrina — um "foda-se" conjunto para todos aqueles que esperavam um arrependimento genuíno.

Mais espantosa ainda talvez tenha sido a resposta de Murdoch no auge do clamor público. Em julho de 2011, o boicote dos anunciantes foi tamanho que ele fechou o *News of the World*, de 168 anos, com tiragem de 2,6 milhões de exemplares. Da noite para o dia, duzentos jornalistas, bons e ruins, foram demitidos. O escândalo o atingira onde mais doía, no bolso, custando-lhe não só uma receita anual de cerca de 38 milhões de libras, mas, no fim das contas, entre 1 bilhão e 3 bilhões de libras em indenizações para vítimas de hackeamento. Até 2021, os acordos abriram um rombo tão gigantesco nos lucros do *Sun* que Murdoch teve que reduzir o valor nominal de sua antiga máquina de fazer dinheiro a exatamente zero. (No rival Mirror Group Newspapers, acusações de hackeamento custaram, até o momento em que escrevo, cerca de 100 milhões de libras.)

Em 2011, o primeiro-ministro David Cameron ordenou, sob a chefia do juiz Leveson, uma ampla investigação pública sobre os malfeitos da imprensa. O relatório de 2 mil páginas, publicado um ano depois, foi uma retumbante repreensão à temeridade da imprensa ao dar prioridade a "histórias sensacionalistas, quase sem levar em conta o dano que elas possam causar e os direitos das pessoas afetadas".[29]

Leveson concluiu que a Press Complaints Commission não bastava, e recomendou um órgão novo e independente, com poderes para aplicar multas substanciais, e de cujo conselho editores na ativa não poderiam participar. A imprensa viu nessa proposta de supervisão uma ameaça existencial. Reagiu com vigor e, consequentemente, um novo órgão, autorregulador e menos eficaz, o Independent Press Standards Organisation, foi criado em 2014. As vítimas de hackeamento se sentiram traídas, e Hugh Grant despontou como um dos mais ativos defensores de justiça para as vítimas e da reforma da imprensa. Ele tem doado somas generosas para a Hacked Off, uma aliança de vítimas de abusos da imprensa, intelectuais e políticos que mantém o assunto em pauta. Quatro anos depois, porém, uma aparentemente intimidada Theresa May desconsiderou a promessa de Cameron de realizar uma segunda investigação para examinar as más condutas da imprensa.

Ironicamente, Leveson isentou a internet da regulamentação que propôs, dizendo — o que hoje pode provocar uma gargalhada chocha — que "as pessoas não vão achar que o que leem na internet merece crédito, ou que traz qualquer garantia ou exatidão".[30] Dentro de poucos anos, com as mídias sociais apagando a distinção entre verdades e mentiras, ficou claro que o respeitável juiz não poderia estar mais equivocado.

O relatório Leveson e o fechamento do indecente *News of the World* foram sem dúvida fonte de agridoce satisfação para o príncipe Harry e o restante da família real. Mas não salvou seu namoro com Chelsy Davy. Desgastada por seis anos de perseguição, ela se deu conta de que uma vida toda ao lado de Harry não era uma perspectiva que estivesse disposta a encarar. Em janeiro de 2009, a vibrante alma gêmea com quem os amigos de Harry tinham certeza de que ele se casaria alterou as informações sobre família e relacionamentos em sua conta no Facebook: "Solteira". Os dois reataram e se separaram ao longo dos dois anos seguintes, mas a intensidade já não era a mesma. Em novembro de 2021, Gavin Burrows saiu das sombras e concedeu a Amol Rajan uma entrevista cheia de arrependimento para o documentário da BBC *The Princes and the Press* [Os príncipes e a imprensa]. "Fiz parte de um grupo que roubou [de Harry] seus anos de adolescência", disse o detetive particular.[31]

Era dizer pouco. De um modo geral, a mídia atormentou Harry a cada passo em falso que deu como adolescente. Abreviou a missão no Afeganistão. Destruiu o namoro com Chelsy. Sua raiva feroz da imprensa — em todas as formas — tornou-se implacável e irreversível.

16. Gloriana

OS WINDSOR EM MARÉ DE SORTE

Se houve uma era de ouro da monarquia no século XXI, ela foi o período dos oito anos subsequentes ao casamento de William e Kate, de 2011 a 2019. A Firma se espreguiçava num banho de espuma de boa vontade nacional. A duquesa de Cambridge garantiu a sucessão produzindo duas crianças irresistivelmente fotogênicas, o príncipe George e a princesa Charlotte. Harry virou herói nacional como piloto de helicóptero Apache em sua segunda missão no Afeganistão. Depois do casamento com Camilla, Charles era um novo homem, cheio de ânimo ("Ele é só alegria quando sobe as escadas para seus aposentos, para receber calorosas boas-vindas", me disse uma pessoa próxima), e a rainha aproveitava seu sereno apogeu *Keeping Calm and Carryin Out*.

Finalmente a máquina da monarquia e seus representantes estavam em sintonia. Quando mais um jubileu despontava — em junho de 2012, o de diamante, comemorando os sessenta anos da rainha no trono britânico —, não houve nada parecido com a apreensão palaciana que havia acompanhado o jubileu anterior. Uma pesquisa do Guardian/ICM na véspera do evento mostrava a popularidade pessoal da monarca num grau que "nossos desprezados políticos dariam a vida para alcançar".[1] Um mês depois, Sua Majestade foi lançada em território desconhecido — como heroína da cultura pop — quando fez uma breve aparição como ela mesma, deliberadamente impassível e inexpressiva, num vídeo parodiando James Bond, que abriu as Olimpíadas de 2012, do cineasta Danny Boyle.

Graças à mão firme de um dos mais competentes secretários particulares da rainha, sir Christopher Geidt, o Palácio de Buckingham era um navio operando às mil maravilhas, que navegava tranquilo pelas águas quase sempre traiçoeiras de casas reais rivais. Geidt era outro ex-funcionário do serviço de inteligência do Exército: "Sofisticado e charmoso, muito correto, sucinto e britânico como *regimental ties*, mas também com algo de espião", como o descreveu um colega do Palácio.[2]

A rainha apreciava pessoas fortes, caladas. Acostumada a ser a única mulher nas reuniões de poder e de façanhas esportivas, ela nunca se sentiu muito à vontade entre mulheres, e nunca teve uma secretária particular. "Ela gostava da companhia de homens de personalidade bem masculina", me disse um de seus ex-assistentes. Tinha especial apreço pela habilidade cirúrgica de Geidt de ir direto ao ponto. Estava decidida a reconstruir a confiança interna da família depois das terríveis rivalidades dos tempos de Bolland, e fazia reuniões semanais com os secretários particulares do Palácio de Buckingham, da Clarence House e do Palácio de Kensington, até então concentrados em disputas internas. Geidt fazia questão de que o príncipe Charles se mantivesse informado, para aplacar suas ambições, cada vez mais visíveis. Com seu vice, Edward Young, ele supervisionou a incrível e impecável visita de Estado da rainha à República da Irlanda em maio de 2011.

É difícil exagerar a importância histórica e diplomática de uma visita oficial a um lugar onde o ressentimento contra a Coroa era tão profundo e antigo. A rainha estava ao mesmo tempo apreensiva e animada com a programação, e mais do que ciente de todo o trabalho político que precedera sua presença em solo irlandês, com seu potente simbolismo. A última vez que um monarca britânico visitara a Irlanda havia sido em 1911, sob o reinado de George V. Nem Elizabeth II, nem seu pai, George VI, haviam posto os pés na república separatista. Os chamados "The Troubles" custaram mais de 3500 vidas, incluindo treze manifestantes irlandeses brutalmente abatidos por tropas britânicas em 1972, no que ficaria conhecido como Domingo Sangrento. A resposta foi um ataque a bomba à embaixada britânica em Dublin. Três caixões falsos cobertos de preto foram deixados nos degraus da embaixada, e duas bandeiras britânicas e a efígie de um soldado foram incendiadas.

Esses eventos foram pessoalmente dolorosos para a rainha. Em agosto de 1979, o IRA assassinou o homem que a organização considerava um dos principais símbolos do establishment britânico, lorde Mountbatten, primo em segundo grau da rainha e ex-chefe do Estado-Maior da Defesa. Ele foi morto nas férias, junto com o neto de catorze anos e duas outras pessoas. Tinham saído para um passeio de barco quando terroristas detonaram uma bomba plantada na noite anterior. "O barco estava lá num momento, e no momento seguinte era um monte de palitos de fósforo flutuando na água", disse uma testemunha.[3]

Mesmo depois do Acordo da Sexta-Feira Santa de 1998, elaborado numa parceria entre Tony Blair e Bill Clinton, os sentimentos ainda estavam muito à flor da pele para uma viagem da rainha à Irlanda. Surgiu uma oportunidade em 2010, com a divulgação do esperado relatório Saville, que descobriu que as vítimas do Domingo Sangrento estavam desarmadas, eram inocentes e foram mortas por soldados britânicos sem qualquer aviso. O dia em que o relatório foi publicado, o novo primeiro-ministro conservador, David Cameron, levantou-se na Câmara dos Comuns e fez um pedido formal de desculpas, classificando as mortes como "injustificadas e injustificáveis".[4]

A agenda política estava pronta para a rainha comandar a cerimônia da détente. Na ventosa manhã de primavera de 17 de maio de 2011, o avião real pousou no Aeródromo de Casement, nos arredores de Dublin. Sua Majestade desceu, resplandecentemente irlandesa num casaco cor de esmeralda e um chapéu que homenageava o matiz tão querido do país anfitrião. Até a escolha do aeroporto teve conotações conciliadoras. Roger Casement, que deu nome ao aeroporto, foi um dos líderes do levante de 1916 que deflagrou a Guerra de Independência irlandesa contra a Grã-Bretanha. A rainha seguiu para a residência da presidente irlandesa, onde assinou o protocolo com o régio floreio de "Elizabeth R.".

Um Bentley verde-claro despachado pelo governo britânico havia cruzado o mar da Irlanda para a visita. Cerca de 8 mil policiais isolaram as ruas de Dublin. Houve uma grande excitação com o que poderia acontecer quando encontraram uma bomba caseira numa bolsa, dentro de um ônibus, no início da visita. A temperatura aumentou com a visita iminente à Irlanda do presidente e da primeira-dama Barack e Michelle Obama uma semana depois da rainha. Temeu-se que o poder de fogo americano pudesse ofuscar o momento histórico da Grã-Bretanha, mas os Obama tiveram que encurtar a visita quando um vulcão islandês começou a vomitar uma nuvem de cinza negra, ameaçando impedir o Air Force One de levantar voo. (Soube que os batedores do palácio não puderam evitar um sentimento prazeroso quando o Cadillac presidencial, conhecido como "The Beast", parou numa rampa e não conseguiu sair da embaixada dos Estados Unidos em Dublin.)

Nos três dias seguintes, a monarca se submeteu a todos os gestos tradicionais de boa vontade, só faltando beijar a Pedra de Blarney — viu encher uma caneca de cerveja Guinness no Guinness Storehouse Gravity Bar, admirou o velho manuscrito do Livro de Kells no Trinity College, percorreu a rocha de Cashel no Condado de Tipperary, e sorriu durante toda a ruidosa apresentação de dançarinos de sapateado irlandês. Sua Majestade juntou-se ao elenco no palco e foi ovacionada em pé por cinco minutos, com aplausos e assobios da plateia de 2 mil pessoas. Num gesto repleto de simbolismo, ela inclinou a cabeça enquanto depositava uma coroa de flores no Jardim da Lembrança, que honra todos os que morreram lutando pela liberdade irlandesa. Durante a cerimônia, a banda do Exército irlandês executou "Deus salve a rainha", uma improbabilidade surreal poucas décadas antes, quando salvar a rainha era a última coisa que passava pela cabeça dos irlandeses. "Imaginamos que para muita gente seria um evento difícil, cheio de cautela e desconfiança mútuas",[5] me disse o radialista e escritor Andrew Marr. No último dia da visita, porém, o entusiasmo irlandês era tão grande que a segurança foi atenuada para permitir que milhares de pessoas lotassem festivamente as ruas de Cork. A rainha insistiu em quebrar seu próprio protocolo para cumprimentá-los a pé. No Mercado Inglês, conversou com o jocoso vendedor de peixe Pat O'Connell, que a divertiu tanto que três anos depois ela o convidou para ir ao Palácio de Buckingham.

O colega trabalhista lorde Donoughue me disse que seus amigos irlandeses ficaram mais impressionados com a visita da rainha a Croke Park, o estádio de futebol gaélico de Dublin, onde, em 1920, o Exército britânico abriu fogo, matando catorze espectadores e um jogador (o capitão do Tipperary Michael Hogan, que levou um tiro nas costas). Croke era um símbolo tão notório da repressão inglesa que a visita da rainha, disse Donoughue, "foi um gesto político e de bravura. Mostrou agudo senso histórico".[6]

A presidente irlandesa Mary McAleese acompanhou a rainha numa caminhada até o gramado com Christy Cooney, presidente da Associação Atlética Gaélica. Quando olharam para as arquibancadas, Cooney disse: "Elas receberam o nome de Hogan Stand, senhora, em homenagem ao jogador morto não muito longe de onde a senhora está".[7]

"Por um instante", me disse McAleese, "achei que ela talvez começasse a chorar. Ela disse, polida: 'Eu sei, eu sei'." McAleese tinha insistido para que representantes dos paramilitares legalistas e republicanos do Ulster fossem convidados. As autoridades de segurança inglesas ficaram apavoradas, mas a rainha passou por eles corajosamente, cumprimentando-os com apertos de mão.

O passeio não foi só obrigação. A rainha fez uma rápida viagenzinha ao Irish National Stud, no Condado de Kildare, um haras que havia criado muitos de seus melhores cavalos de corrida, e que ela sempre desejara conhecer. Comoveu-se quando o primeiro-ministro (ou *taoiseach*) da Irlanda, Enda Kenny, presenteou-a com um livro que trazia todos os puros-sangues irlandeses que defenderam as cores reais. A rainha lhe disse que ficou acordada até de madrugada lendo, e disso ninguém duvida.[8] Philip, que lançara olhares cobiçosos às canecas de cerveja preta que não teve tempo de beber no Armazém da Guinness, agora tinha que andar atrás da esposa enquanto ela fazia a coisa de que ele menos gostava, que era conversar sobre cavalos com criadores, jóqueis e treinadores. Quando um temível garanhão ergueu as patas dianteiras, o único dignitário que não se abalou foi ela. A imprensa itinerante esperava ansiosa que Philip cometesse uma gafe, mas ele frustrou as expectativas.

A rainha deixou o mais comovente gesto de estadista para o jantar oficial em Dublin Castle, onde, trajando um vestido enfeitado com mil trevos costurados à mão, e ostentando um broche de harpa, ela começou o discurso em gaélico debaixo de aplausos sinceros e um "uau" de McAleese. Foi a presidente que sugeriu a Edward Young que a rainha desse a tacada inicial em gaélico como um reconhecimento sensível da penosa supressão da língua nativa pelos britânicos.[9] O discurso teve forte repercussão. Ela transmitiu o arrependimento nacional pelos longos anos de violência, mas não chegou a pedir desculpa: "Tanta coisa nesta visita nos lembra a complexidade da nossa história, suas muitas camadas e tradições, mas também a importância da tolerância e da conciliação. De sermos capazes de aceitar o passado, mas sem ficarmos presos a ele".[10]

A emoção era intensa quando os 172 dignitários, políticos e ícones culturais se levantaram para brindar. O primeiro-ministro britânico David Cameron estava à mesa da rainha. "Foi incrivelmente comovente", ele escreve em suas memórias. "Cada palavra cuidadosamente escolhida curava uma ferida da história. Foi uma lição de reconciliação das melhores."[11]

À esquerda de Cameron estava o poeta irlandês Seamus Heaney, Prêmio Nobel de Literatura. À esquerda de Heaney, Philip, para constrangimento do poeta, que certa vez escrevera: "Saiba que meu passaporte é verde. Nenhuma taça nossa jamais se ergueu para brindar à rainha". Philip, sempre hábil em mudar de assunto, passou o jantar contando-lhe histórias "impróprias". "Cristo! Esse homem é muito divertido", disse Heaney a Cameron e fez um brinde à rainha tão entusiástico como qualquer outro.[12]

"Foi o maior sucesso do reinado dela", comentou Andrew Marr a respeito de uma monarca resolutamente apolítica.[13] A presidente McAleese disse a Marr que a rainha e o duque de Edimburgo estavam "preparados para ir mais longe"[14] e apertar a mão do líder do Sinn Féin, Gerry Adams, mas o partido não quis. Esperava-se convencê-los no último minuto, mas suas cadeiras no jantar oficial em Dublin permaneceram vazias.

A rainha desempenhou um papel ainda mais significativo do que se tem reconhecido. A história pouco divulgada da normalização das relações anglo-irlandesas é uma firme contribuição de três líderes mulheres: as duas presidentes irlandesas Mary Robinson e Mary McAleese, e a rainha. Depois de uma longa coordenação entre seus respectivos governos, o primeiro envolvimento público dos países assumiu a forma de um convite para um chá oferecido pela rainha em 1993 a Robinson, a primeira mulher a comandar a Irlanda. Isso ocorreu cinco anos antes dos acordos da Sexta-Feira Santa.

Enda Kenny está convencido de que "a influência dessas líderes mulheres [no processo de paz] provocou um impacto que seus homólogos homens não promoveram".[15] Ele lembra que, ao acompanhar a rainha ao aeroporto de Cork, quando eles saíram do tapete vermelho para o avião dela, ela lhe disse: "De todas as visitas reais que fiz em sessenta anos, esta é a que eu queria fazer de verdade".

Quando David Cameron lhe deu os parabéns, ela procurou minimizar a importância de sua visita histórica com um sorriso. "Tudo que fiz foi decidir que era hora de uma visita", disse.[16]

II

A única instrução que a rainha deu ao pessoal do palácio sobre seu Jubileu de Diamante foi que não deveria sair muito caro. Com o impopular orçamento de austeridade dos conservadores no rescaldo da crise financeira de 2008 e os resmungos contra os bilhões de libras investidos nas Olimpíadas de 2012, ela não queria ser alvo de ataques populistas sobre esbanjamento na celebração. O pessoal do palácio foi instruído a gastar no máximo 1 milhão de libras. Qualquer gasto além disso, só com patrocínio.

Kate Middleton, agora duquesa de Cambridge, foi vendida ao mundo como uma pechincheira de primeira. Em seu discurso inaugural, em março de 2012, num abrigo para crianças em Ânglia Oriental, ela demonstrou que não era perdulária, trajando um vestido azul que a mãe havia usado em Ascot em 2010. Os Cambridge eram vistos estrategicamente voltando de uma estação de esqui de EasyJet, conhecida por seus voos baratos. Harry voou para a Romênia a bordo da Wizz Air, igualmente de baixo custo. Mesmo gastando o mínimo, a rainha conseguiu aparecer 83 vezes durante o jubileu.

O restante da família foi enviado numa ofensiva de charme pela Commonwealth. Charles e Camilla partiram para Austrália, Nova Zelândia e Papua-Nova Guiné. William e Kate, escapando de perguntas sobre gravidez, foram despachados para Cingapura, Malásia, Tuvalu e Ilhas Salomão. Destoando, o príncipe Andrew foi a uma favela de Mumbai de jatinho particular. A princesa Anne, a trabalhadora da família, pegou um voo comercial para se misturar com o povo em Moçambique e Zâmbia. O príncipe Edward e Sophie foram deixados nas Ilhas do Caribe.

O príncipe Harry, completando com êxito sua primeira viagem solo representando a avó, encantou o público na Jamaica, nas Bahamas e em Belize, e gerou lucrativas fotos correndo, de brincadeira, contra Usain Bolt, o homem mais veloz do mundo. Agora que William estava fora do mercado, Harry, de 27 anos, tinha assumido o posto de símbolo sexual da família. Foi fotografado dançando adoravelmente em direção ao carro que o aguardava às quatro da manhã depois de uma noite no bar Bunga Bunga em Battersea, e atualizando a noção de cavalheirismo real ao galopar por um campo de polo no Brasil para socorrer um empreiteiro americano do setor de defesa que havia sido jogado da montaria. "O príncipe Harry foi o primeiro a saltar do cavalo, fazendo o que devia fazer, virando-me para ter certeza de que eu havia recuperado a consciência", disse o jogador caído.[17] "Lembro de ter me levantado com aqueles olhos azuis penetrantes em cima de mim." A cantora mais sexy da Grã-Bretanha, Cheryl Cole, disse à *Marie Claire*: "Sonhei ontem à noite que me casava [com Harry] e era uma princesa de verdade".[18]

O auge do Jubileu de Diamante foi um espetáculo aquático no Tâmisa, no qual mil barcos de todos os tamanhos e formatos, como os pequenos navios de resgate de Dunquerque, entraram no rio numa frota festiva. Liderando o desfile havia uma réplica coberta de vermelho e dourado de uma galera real do século XVIII enfeitada com dez mil flores (batizada, em homenagem a Winston Churchill, de Espírito de Chartwell), transportando a monarca e o príncipe consorte, Charles e Camilla, William e Kate e Harry. No barco logo atrás, vinham o restante dos membros seniores da família real, o ex-primeiro-ministro conservador John Major e o prefeito de Londres Boris Johnson, que comparou os remadores do barco da rainha a "membros do Parlamento oleados e agrilhoados".[19]

O tempo terrivelmente atípico submeteu a rainha e o príncipe Philip, respectivamente com 86 e noventa anos, ao suplício de ficar em pé no convés durante quatro horas sem nem uma pausa para ir ao banheiro, num dos dias mais frios e úmidos do ano. Diante deles havia dois "tronos" de veludo vermelho aos quais preferiram renunciar, pois resistir sorrindo ao máximo desconforto é uma de suas mais valiosas aptidões. (Além do que, como observou alguém do palácio, tronos de veludo vermelho talvez fossem "um tanto David e Victoria Beckham demais".)

A chuva implacável era, de qualquer maneira, elemento imprescindível da cerimônia nacional. Choveu na coroação da rainha em 1953. Choveu no Jubileu de Prata em 1977, a que assisti, protegendo-me num pub em Brighton repleto do vapor de casacos secando. É a essência da função da rainha: chuva. O que é uma cerimônia tradicional inglesa de verão se não estiver chovendo? Os miseráveis piqueniques num lamacento estacionamento em Wimbledon; a caixinha molhada de morangos na ópera de Glyndebourne; a passagem encharcada pela porta da igreja nos casamentos em Cotswold; a tentativa de preservar alguma coisa que lembre um chapéu enquanto o céu desaba na Real Regata de Henley? Como me disse o historiador Simon Schama, numa mensagem de texto enviada de Londres, "é o tipo de clima que nos faz lembrar de passeios pelos gramados da faculdade com pedacinhos de pepino balançando num Pimm's diluído, enquanto nos defendemos de freiras conversando com moças cujos rostos vão ficando mais azuis do que as sombras que aplicam nos olhos".[20] Quando o grupo real chegou à Ponte da Torre, a duquesa da Cornualha saiu correndo em busca de chá quente e disse a David Cameron "que achava que ia morrer ali fora".[21]

A aflição de ficar tanto tempo em pé num uniforme ensopado teve um custo alto para o príncipe Philip. No dia seguinte, ele ficou prostrado com uma infecção na bexiga e teve que ser levado às pressas para o Hospital King Edward VIII. Por outro lado, não precisou assistir ao espetáculo pop na segunda-feira à noite no Palácio de Buckingham, com Grace Jones rebolando num bambolê e um Tom Jones com a data de validade vencida berrando "Delilah". A rainha resolveu o problema usando protetores de ouvido.

A ausência do príncipe Philip deu a Charles a oportunidade de subir ao palco com a rainha ao fim do espetáculo. Ele orquestrou uma mensagem de apoio a Philip fora de combate e beijou a mão da mãe depois de uma comovente interpretação de "Deus salve a rainha". Seu tributo, que começou com as palavras "Sua Majestade, (pausa) Mamãe!", rendeu-lhe manifestações favoráveis na imprensa, e algumas risadas.

O jubileu consolidou uma posição melhor não só para o herdeiro do trono, mas também para sua mulher. Foi uma ótima oportunidade para Camilla ser fotografada na barca real, em pé, em seu vestido marfim Anna Valentine tipo mãe da noiva, ao lado da rainha, que brilhava em buclê branco cravejado de cristais. Pouco importava que Camilla fosse ofuscada por uma deslumbrante Kate num Alexander McQueen vermelho vivo. Dois dias depois, Camilla voltou a ocupar lugar de honra, sentada perto do assento da rainha e de Philip, na carruagem State Landau 1902, que os conduziu ao Palácio de Buckingham para o último dia das comemorações do jubileu.

Desde o casamento dos Cambridge, tinha sido difícil para Camilla receber muita atenção das câmeras. A geração mais nova estava ofuscando as surradas histórias da velha guarda, sobretudo depois do alegre anúncio em dezembro de 2012 de que Kate estava grávida. Havia uma nova narrativa de interesse de todas as mulheres quando Kate, ainda em seu primeiro trimestre, foi levada ao hospital por hiperêmese gravídica (enjoo matinal agudo), resultando em hectares de páginas de empatia feminina na cobertura jornalística.

O príncipe George Alexandre Louis nasceu em julho de 2013, na Ala Lindo do Hospital St. Mary, área privada, onde o pai havia nascido 31 anos antes. O nascimento deflagrou uma série de comemorações em toda a Commonwealth, saudando o próximo herdeiro do sexo masculino, o terceiro na linha de sucessão ao trono. Levando em conta que três dos melhores monarcas britânicos, e que por mais tempo reinaram, foram mulheres — Elizabeth I, a rainha Vitória e Elizabeth II —, talvez tivesse chegado a hora de reexaminar o fato de que, salvo intervenção do destino, os próximos três seriam reis. "Como membros da família real, as mulheres tendem a ser tratadas como homens honorários", disse certa vez a princesa Anne, e há muita gente nos círculos palacianos que acha que ela é o melhor rei que jamais teremos.[22] Em abril de 2013, o Parlamento levou a igualdade de gênero para a linha de sucessão real. A nova lei atualizou as leis de primogenitura masculina do século XVII e deu às filhas seu merecido lugar na fila para assumir o trono, com base na ordem cronológica dos nascimentos.

Mesmo se sentindo muito mal, Kate provou que conseguia lidar bem com as aparições públicas. Três dias antes de ser hospitalizada por enjoo matinal, ela jogou hóquei com botas de salto alto na sua universidade, St. Andrew's. Dois anos depois, grávida de Charlotte, cumpriu uma exaustiva missão de relações públicas de dois dias em Nova York, acompanhando William. O cônsul-geral britânico, Danny Lopez, ficou impressionado com a discrição do pessoal que foi preparar a visita, em comparação com o muitas vezes caótico trabalho dos secretários parlamentares de Westminster. Comentou o profissionalismo e o desempenho impecável de Kate e William em seguir instruções e nos encontros com admiradores. "Eles sabiam o que era para fazer", me disse ele.

Nos preparativos para o almoço de jovens empreendedores que ele organizou em sua casa para Kate, ela abordou temas que eram, por exemplo, sobre "a linha dezessete do briefing". Quando o príncipe Harry tinha aparecido sozinho um ano antes, um funcionário do consulado notou que ele foi igualmente dedicado, porém menos seguro. (Ou talvez estivesse mais sintonizado com as coisas que tinham real importância para as pessoas.) Teve medo de não se sair bem na visita a uma escola onde lhe pediriam para rebater uma bola de beisebol. Quando lhe disseram que seria moleza, Harry respondeu: "Se eu esquecer uma linha do seu briefing num evento, ninguém vai notar. Mas se errar um lance de beisebol, sairá na primeira página dos jornais do mundo inteiro". Como sempre, Harry acertou as três bolas que lhe foram lançadas, e todos adoraram, como era de esperar.

O sucesso da modernização real animou a Firma. Camilla ganhava pontos dando as caras, sorrindo, e parecendo adorar, o que, segundo Paddy Harverson, é tudo que é preciso para conquistar o público. O truque era misturar aparições esperadas, como no Chelsea Flower Show, com a surpresa inusitada, irreverente. A duquesa de repente apareceu no set do seriado policial dinamarquês "de época" *The Killing*, onde, segundo o *Guardian*, foi "presenteada com um cardigã das Ilhas Faroé pela estrela do show, Sofie Gråbøl, tão proverbialmente fodona que seu nome rima com *trouble*".[23]

Fotos com a rainha e Kate ajudaram a inserir Camilla na narrativa real. O trio viajou junto de carro — cada uma numa tonalidade de azul — numa visita oficial só de mulheres à Fortnum and Mason em Piccadilly, onde a mensagem da monarca foi clara: três gerações de rainhas, presente e futuras, solidamente unidas em seu entusiasmo por biscoitinhos para cachorro da Happy Hound Treats.

Mais significativo ainda foi a rainha conceder a Camilla empréstimo permanente de boa parte da coleção de joias da rainha-mãe. A velha exibicionista tinha deixado uma coleção de tiaras art déco, diamantes e colares de cinco voltas, boa parte doada pela anfitriã e alpinista social sra. Ronald Greville. ("Uma puxa-saco rica", como diz Hugo Vickers, "que preferia dar aos ricos a dar aos pobres".)[24] A maior felicidade de Charles é transformar Camilla em sua avó. A duquesa, que adora joias, fez da tiara de Greville — também conhecida como tiara Boucheron favo de mel, por causa da complexidade de sua estrutura interligada repleta de brilhantes — sua marca registrada em jantares formais. Charles também adorava ver Camilla com joias de Alice Keppel. Com a ajuda do excelente joalheiro Wartski, ele saiu em busca de peças espalhadas, e consta que pagou 100 mil libras por uma tiara de diamante que reciclou na forma de um colar e brincos.

Em abril de 2012, a reputação de Camilla ganhou altura. A rainha fez dela uma Dama da Grande Cruz, gcvo — Grand Cross of the Royal Victorian Order —, o mais alto posto feminino na ordem dinástica. É uma condecoração dada ao círculo íntimo, implicando serviços prestados à soberana, que a concede em aniversários importantes, ou quando está muito satisfeita com a pessoa agraciada — ou simplesmente deseja manter alguém do seu lado. A honraria aponta quem está em alta e quem está em baixa na kremlinologia real. Sarah Ferguson ou a princesa Michael de Kent jamais ganharam uma, o que não é de surpreender, levando em conta suas derrapadas. A nora Sophie Wessex ficou felicíssima quando a rainha a fez Dama da Grande Cruz em 2010, em reconhecimento a seu esforço para ser uma leal e confiável coadjuvante na trupe real, exercendo sem emitir uma queixa as tarefas mais ingratas. Kate recebeu sua condecoração no oitavo aniversário de casamento, em 2019, em reconhecimento a seu glamour e lealdade, hoje cruciais para a Firma. A jovem duquesa exibiu-a no banquete oficial para o presidente Trump. Membros leais da equipe e secretários particulares ganham ordens vitorianas menores. Nunca ter recebido nenhuma delas foi uma fonte de ressentimento para Mark Bolland.

A exclusiva condecoração foi um endosso que deu novo impulso à confiança de Camilla. Ostentou a Dama da Grande Cruz — o acessório dos acessórios — quando ela e Charles foram à Holanda em abril de 2013 para ver a rainha Beatriz, de 75 anos, passar a coroa ao filho de 46 anos. (O príncipe de Gales não foi agraciado por essa sorte, e teve de esboçar um sorriso amarelo quando a mãe de 86 anos se consagrou mais uma vez a seus súditos no Jubileu de Diamante.) Camilla voltou a usar a cobiçada cruz, além da tiara Greville e de longas luvas brancas, quando, pela primeira vez, assistiu à abertura oficial do Parlamento um mês depois. Ela e Charles sentaram-se perto da rainha e do duque de Edimburgo na plataforma da Câmara dos Lordes. Tão vestida de branco brilhante quanto a monarca, a antiga Camilla Parker Bowles nunca pareceu tanto a futura rainha consorte.

Os tabloides, que costumam recuar quando a sigla HRH, His or Her Royal Highness (Sua Alteza Real) antecede um nome, começaram a se referir a Camilla como "a Duquesa Deslumbrante". Notaram que ela estava aconselhando Kate sobre cremes com veneno de abelha e iluminadores faciais. Ela emagreceu e, sempre mais uma amazona do que uma mulher excessivamente preocupada com roupas da moda, encontrou enfim um estilo elegante, apropriado à sua idade, usando quase sempre vestidos Bruce Oldfield monocromáticos, de bom gosto. O temperamental *Guardian* publicou: "De rejeitada a tesouro nacional. Como Camilla conseguiu?". E descreveu sua jornada de "a mulher mais odiada da Inglaterra" a "ícone de extraordinário encanto de sessenta e tantos anos".

Uma bênção, no que dizia respeito a Charles, era sua segunda mulher achar os absurdos com os quais eles costumam se deparar em viagens reais uma fonte de prazer e não de estresse. Um de seus vizinhos de jantar me disse que ela lhe contou deliciosas histórias da viagem à Arábia Saudita com Charles em 2013, quando, depois de uma hora e meia de estrada no deserto, a conduziram a uma tenda imensa onde 3 mil mulheres árabes sem véus, de tailleur Chanel, participavam de uma gigantesca reunião social no meio do nada. Ela achou terrivelmente divertido. Camilla e Charles "estão sempre rindo juntos", me disse um dos assessores do casal. "Se estão juntos, são como a mão e a luva. Ela desperta nele o que ele tem de melhor, e ele fica radiante quando a vê."

A ascensão da duquesa ao lado de Charles só teve um pequeno revés. Em dezembro de 2010, houve um incidente assustador a caminho de um Royal Variety Performance no London Palladium. Por uma trapalhada da segurança, o Rolls-Royce de Charles acabou se metendo no meio de um violento protesto contra uma decisão do governo Cameron, que triplicava o valor das mensalidades no ensino superior. Uma multidão furiosa cercou o casal, que ficou preso dentro do carro, um agarrado às mãos do outro, empertigados em seus trajes formais, enquanto o motorista tentava aos poucos abrir caminho pela Regent Street. "Foi uma chuva de garrafas e lixeiras", informou o *Evening Standard*. "As pessoas arrancavam as proteções dos canteiros de obras ao longo da rua."[25] Enquanto Charles ostentava uma expressão impassível, Camilla se jogou no assoalho do carro. Mais tarde ela riu estoicamente de sua aflição, mas sua fisionomia horrorizada que as câmeras registraram foi parar nas primeiras páginas. A coisa de que ela menos precisava, enquanto caía nas graças do público, era de imagens em que parecia uma Maria Antonieta moderna bombardeada por paintballs. Foi um lembrete do quanto a impopularidade pode ser apavorante — como a família real descobriu quando a multidão se voltou contra a rainha depois da morte de Diana —, e também de que as incansáveis turnês de boa vontade eram necessárias não só para o aprimoramento da monarquia, mas para sua própria sobrevivência.

III

As Olimpíadas de Londres em julho de 2012 foram o ápice da maré de sorte da Coroa. Sua autoridade moral ficou mais uma vez em plena evidência durante a agressiva corte feita ao Comitê Olímpico Internacional pelo Comitê

Organizador de Londres, presidido por Sebastian Coe, quatro vezes medalhista olímpico e antigo superstar de corrida de meio-fundo.

A equipe de treze membros do COI foi convidada para uma recepção no Palácio de Buckingham, na qual a rainha tomou providências para que o jantar de boas-vindas fosse um grande sucesso — estandarte real hasteado, os guardas da rainha em posição de sentido, a grande entrada iluminada ao estilo da tocha olímpica, e um quarteto de cordas dos Coldstream Guards fazendo serenata para os líderes políticos. Sua Majestade visitou o lugar do estádio já em 2009, e Coe escreveu em suas memórias que andou com a rainha pelo que viria a ser a reta final da pista de atletismo. "E então, onde estou?", ela perguntou.[26] "Se agora a senhora desse uma arrancada para correr os próximos vinte metros, seria a nova campeã olímpica dos cem metros rasos", disse Coe. Quando visitou o Parque Olímpico, o príncipe Philip fez muitas perguntas ao grupo sobre detalhes práticos da construção. Disse a Coe que na verdade não gostava muito de assistir a competições. Gostava mesmo de competir, como sua filha, a princesa Anne.

Os jogos deram à destemida Anne um momento fulguroso em termos de relações públicas. Foi o primeiro membro da família real a competir nos Jogos Olímpicos, quando em 1976 montou o cavalo Goodwill da rainha no evento equestre de três dias em Montreal. Nomeada para integrar o Comitê Olímpico Internacional, teve a honra de receber a chama olímpica em Atenas e levá-la de volta à Grã-Bretanha para a turnê de revezamento de 12 800 quilômetros pelo país. "A princesa Anne tem todas as características da competidora de elite",[27] escreve Sebastian Coe em suas memórias.

> Quando participa de um esporte que exige grandes doses de bravura, no qual a única coisa que importa é a próxima sessão de treinamento, seja na modalidade cross-country, seja na modalidade salto, sempre de olho no bem-estar do cavalo, você não tem muito tempo para se preocupar com firulas. Saber que a imprensa está ali esperando que você caia na água deve ser difícil de engolir. Nesse contexto, sua atitude tipo "eu sou assim e é isto que eu represento" se torna totalmente compreensível.

Depois de uma prolixa interrupção por parte de um integrante do comitê, Anne esqueceu de desligar o microfone e sua voz brusca e inconfundível ecoou pela sala: "Acho que essa pessoa é provavelmente a mais estúpida do esporte mundial".[28]

"Ela nem sequer piscou", disse Sebastian Coe num documentário para o septuagésimo aniversário de Anne: "Foi como se não tivesse acontecido, e seguimos em frente. Mas talvez seja um dos meus momentos favoritos".

A filha de Anne, Zara Tindall, guarda a lembrança da mãe voltando de seus compromissos reais à noite, de vestido de baile e maquiada. E então calçava suas botas de borracha e saía para alimentar as galinhas e recolher ovos.

Foi um carma positivo Zara, de 31 anos, seguir os passos de Anne nas Olimpíadas de Londres competindo no mesmo evento equestre de três dias. A Grã-Bretanha ganhou medalha de prata, e houve uma explosão de bons sentimentos quando Anne entregou ao time, que incluía a filha, suas medalhas.

A equipe de candidatura foi formada por Tony Blair e sustentada por infraestrutura fornecida por Gordon Brown. Agora cabia ao governo Cameron não meter os pés pelas mãos. "Eu queria extrair ao máximo todas as chances oferecidas por essa imensa oportunidade", escreveu Cameron em suas memórias.[29] Boris Johnson gerou o maior entusiasmo ao declarar que "o contador Geiger da mania olímpica vai explodir".[30]

Londres estava pronta. Turbinada por uma explosão populacional e um influxo de imigrantes europeus, a cidade se tornara um vibrante estado-nação liberal. A Grã-Bretanha não ia falir como muita gente achava — como a Grécia falira, e a Itália ameaçava. A crise financeira de 2008 já estava no espelho retrovisor. A cidade sofrera o terror dos ataques a bomba islamitas de 7 de julho de 2005, conhecidos como o 7/7, que mataram 52 pessoas no sistema de transporte público na hora do rush matinal.

Pela primeira vez desde os tempos áureos do Império, a capital da Grã-Bretanha se sentia verdadeiramente global, ponto de cultura de atração efervescente da Europa, com certo zunzunzum financeiro tipo Nova York. *O discurso do rei*, o filme estrelado por Colin Firth, que humanizava a família real com sua comovente descrição da luta pessoal de George VI com a gagueira, ganhou o Oscar de Melhor Filme em 2011. A franquia de filmes de Harry Potter, de grande sucesso comercial, deu grande impulso à mágica ideia de britanismo. Dois fenômenos musicais britânicos, Adele e Coldplay, dispararam nas paradas de sucesso.

Graças às regras sobre trabalho e entrada no país, era mais fácil para os europeus, a maioria dos quais tinha algum conhecimento de inglês, conseguir um emprego de barista num café em Londres do que fazendo a mesma coisa no centro da búlgara Plovdiv. Escolas de ensino médio francesas abriram em toda a cidade. A queixa do Partido da Independência do Reino Unido, de ultradireita, de que a Inglaterra estava inundada de búlgaros capacitados para ganhar a vida de modo decente em seu país de origem levou o comediante Stewart Lee a indagar: "Como é que vou conseguir chá e café baratos, se um preparadíssimo professor de filosofia do Leste da Europa não o preparar para mim por um preço significativamente abaixo do salário mínimo?". Havia até a ameaça de que uma onda de banqueiros americanos workaholics acabasse com o arraigado hábito britânico de beber na hora do almoço.

Nos dez anos anteriores, a surrada piada sobre a baixa qualidade da comida britânica tinha sido substituída pela heresia de que Londres se transformara numa cidade-restaurante mais exuberante do que Paris. A sensação não estava mais nas grandiosas salas de jantar dos hotéis do West End, que se transformaram numa extensão estéril da indústria de artigos de luxo, mas se deslocara para leste (e norte, e sul, e oeste), estabelecendo-se em pontos comerciais falidos e salas de fundos de pubs moribundos, onde uma nova geração de chefs fazia a reengenharia da culinária britânica. Marco Pierre White, o visigodo beberrão e vulgar dos anos 1990, aposentara-se, mas seu exemplo se replicava em todo jovem chefe tatuado e de olho na mídia, que transformava sua cozinha num palco para ingredientes frescos e técnicas audaciosas.

Conscientemente ou não, os chefs eram a vanguarda de um novo tipo de desenvolvimento urbano, um tipo brilhantemente apropriado para o derramamento épico e mal-ajambrado de Londres. Tal como o Brooklyn em Nova York, bairros esquecidos podiam ser revitalizados por dois tipos de comércio estrategicamente introduzidos: restaurantes e galerias de arte. O valor dos imóveis disparava, enquanto era semeada uma utopia boêmia padronizada que, pelo menos em seus estágios iniciais, poucas pessoas viam com cinismo. A ideia de gentrificação (quando não a própria palavra) não era anátema. Hoxton, Whitechapel, Shoreditch — nomes que outrora soavam como que fixados na extremidade carcomida de um tabuleiro de Banco Imobiliário —, de repente passaram a ser onde os jovens profissionais queriam viver e os turistas queriam ficar. As cuidadosamente preservadas capitais da Velha Europa não eram páreo para Londres.

Até a vida política se sentia otimista, depois das furiosas manifestações contra a Guerra do Iraque durante o governo Tony Blair. Boris Johnson ganhou um segundo mandato como prefeito de Londres, com uma imagem de caótico otimismo, circulando numa "bicicleta de Boris" para divulgar o sistema de aluguel de bicicletas proposto por seu sisudo antecessor trabalhista Ken Livingstone e do qual ele se apropriara.

Naquela época, ninguém, fosse na vida política ou civil, estava muito interessado em deixar a União Europeia, salvo uma ala mal-humorada do Partido Conservador que sonhava com isso desde a era Thatcher. David Cameron foi eleito primeiro-ministro em 2010, redefinindo os Tories como mais tolerantes e socialmente liberais, até mesmo modernos. Com sua mulher divertida e elegante, Samantha (SamCam, como era conhecida), ele era o primeiro-ministro mais jovem a ocupar o cargo em duzentos anos. De início as pessoas gostavam que seu conservadorismo fosse atenuado pela obrigação de compartilhar o poder numa coalizão com os liberais democratas chefiados por Nick Clegg, que era casado com uma atraente advogada espanhola de direito comercial internacional. Era como se a política da Grã-Bretanha se tornasse europeia também com pessoas nada memoráveis, quase sempre cheias de boas intenções, que buscavam soluções e não tinham lá muita representatividade. Não é de admirar que outra série dramática dinamarquesa, *Borgen*, com seus temas de responsabilização, ambição e concessão, fosse um sucesso televisivo entre os palpiteiros de plantão. "Lembro que havia uma sensação de que de alguma forma as coisas iam misteriosa e estranhamente bem", disse o colunista e historiador social Andy Beckett.[31] Ele apelidou a era vibrante de "Peak London".

O lado sombrio de tudo isso era que as ações mais cínicas do governo Cameron nada tinham dos charmosos esforços da elite dinamarquesa de *Borgen*. O programa de austeridade econômica do ministro das Finanças George Osborne, depois da Grande Recessão, cortou 30 bilhões de libras em pagamentos de subsistência financeira de subsídios para habitação e de serviços sociais para reduzir o déficit. Nick Clegg acabou se revelando um zero à esquerda, e foi esmagado na eleição seguinte por ter traído seus princípios liberais. Em 2011, o desemprego entre os jovens era de 20%. Era fácil na Peak London esquecer a divisão norte-sul e as crescentes reclamações de cidadãos predominantemente brancos de cidades esquecidas, como Sunderland, Sheffield e Northampton. "Eles pensavam, 'seus babacas pretensiosos', mas nós, os babacas pretensiosos, não nos dávamos conta", me disse Andrew Marr.[32] Se Londres estava inundada de restaurantes estrangeiros chiques, a classe média inglesa ficava mais e mais ressentida enquanto se entupia de comida tradicional. O programa *Great British Bake Off*, lançado em 2010 na BBC, tornou-se um fenômeno de audiência, com os participantes se esforçando para preparar tortas, bolos e pudins. O choque cultural mascarava uma grande desarticulação política.

Na própria Londres, a pobreza mais deprimente coexistia com toda essa riqueza cheia de si. Nos dias mais quentes de agosto, enquanto a família real estava em Balmoral e a elite política se desligava de tudo em suas mansões na Toscana, o humor inflamável das áreas negligenciadas das cidades ficou evidente numa sequência de protestos violentos. Provocado pela morte de um negro pela polícia em Tottenham, setor multiétnico e empobrecido do norte de Londres, o caos de incêndios e saques se espalhou por quase todas as áreas urbanas da Grã-Bretanha, como Liverpool, Manchester, Notthingham e Leicester. As breves, intensas e ameaçadoras explosões nada tinham do júbilo virtuoso que ocorria simultaneamente na Primavera Árabe.

"Então conseguimos ver que, na verdade, o choque da crise financeira e dessas outras coisas ocorria abaixo da superfície", disse Andy Beckett.[33] O aspecto mais interessante desse verão de destempero foi que, depois das draconianas medidas de repressão de Cameron e das lamentações da mídia sobre a desigualdade insustentável, o que se seguiu na esteira das desordens de 2011 foi... nada. Quando as classes dominantes voltaram de suas férias ensolaradas, a fúria juvenil da Inglaterra já se dissipara como uma tempestade tropical. Boris Johnson não se cobriu de glória. Estava de férias no Canadá e não voltou correndo. Quando voltou, foi para se mostrar ora conciliatório, ora vingativo, com uma superioridade etoniana. Em 2014, a cidade comprou três canhões de água para uma eventual reprise da agitação popular. Foi de alguma forma típico da teatralidade tragicômica de Johnson eles se revelarem imprestáveis, e terem de ser vendidos como sucata, com um prejuízo de 300 mil libras.

Uma pessoa que não tentou minimizar os problemas foi o príncipe Charles. Talvez por ter ficado abalado com a fúria da multidão de que fora vítima no carro oito meses antes, ele saiu de Balmoral para dar andamento aos programas de sua instituição de caridade. Embora todos os líderes de partido político de Westminster aparecessem nas ruas de Hackney, Lambeth e Croydon para "demonstrar preocupação" em transmissões ao vivo, sem as câmeras eles não voltavam à cena. Charles voltava. David Lammy, membro do Parlamento trabalhista por Tottenham, a área mais atingida, disse ao *Independent*:

O príncipe Charles além disso telefonou. Veio; voltou cinco vezes e não voltava só para dar uma olhada, trazia todas as suas ajudas... Não alardeou, não distribuiu comunicados à imprensa, fez porque dá importância a isso.[34]

Havia uma lição nisso. Charles era mais do que um mero amador elegante. Ele quis mostrar à Grã-Bretanha que era um futuro monarca digno — e humano.

IV

Danny Boyle, o diretor da cerimônia de abertura das Olimpíadas de Londres, nem em 1 milhão de anos teria imaginado que a rainha fosse topar. Talento brilhante e subversivo cujo grande sucesso cinematográfico de 2009, *Quem quer ser um milionário,* havia ganhado oito Oscars, incluindo o de Melhor Filme, Boyle tinha decidido que a cerimônia de abertura de Londres seria o exato oposto da exibição arrasadoramente marcial de nacionalismo chinês nos Jogos Olímpicos de Beijing em 2008. Pensou num rápido desfile da história britânica que fosse emocional e humano, uma cerimônia que contasse histórias ocultas, não óbvias, da grandeza do país — das sufragistas e dos imigrantes do Caribe que chegaram a bordo do *Empire Windrush* em 1948 para compensar a escassez de mão de obra do pós-guerra, aos enfermeiros que não receberam o devido reconhecimento do Serviço Nacional de Saúde, personificados por oitocentos médicos voluntários que dançaram no palco em um dos pontos altos de uma noite divertida e extravagante. A mensagem de Boyle era que, na Grã-Bretanha pós-colonial, a cultura e a criatividade dominavam os oceanos. No estádio olímpico para 80 mil pessoas no leste de Londres, uma terra verde e agradável, onde pastavam animais de fazenda, cedeu a vez às chaminés ameaçadoras da Revolução Industrial, vomitando fumaça enquanto Isambard Kingdom Brunel, o criativo engenheiro civil britânico que construiu a Great Western Railway, saía andando a passos largos, incorporado pelo ator Kenneth Branagh, para declamar o discurso de Calibã em *A tempestade*: "Não tenhas medo; a ilha é cheia de ruídos".

Shakespeare, o Capitão Gancho e trinta Mary Poppins desceram do céu em meio a gotas de chuva segurando guarda-chuvas pretos e sacolas de viagem.

Um imenso lorde Voldemort inflável ergueu-se no estádio brandindo uma varinha mágica, e Sir Paul McCartney comandou um coro informal de "Hey Jude". Boyle evitou o chauvinismo de duas guerras mundiais e da luta contra o fascismo em nome de uma alegre celebração cultural e de um silencioso tributo aos mortos nas guerras.

"Será que podiam botar mais Churchill?", era um dos bordões dos perplexos tradicionalistas do governo Cameron nas reuniões de planejamento. Outro bordão era "Cadê os reis e as rainhas?".

Só houve uma. Real ou na pele de uma dublê, Boyle sabia que a abertura das Olimpíadas exigia a presença icônica da monarca reinante — de uma maneira nunca vista. De início, ele queria que a rainha chegasse de metrô, mas a segurança seria um problema incontornável. Alguém da equipe sugeriu filmar Sua Majestade em carne e osso no palácio, e depois descendo no estádio representada por um dublê de corpo. Boyle, sendo Boyle, resolveu arriscar acrescentando à sua lista de desejos que a rainha fosse acompanhada por outro ícone cultural definidor da Grã-Bretanha: James Bond. No papel de Bond, Daniel Craig apareceria no palácio num helicóptero para resgatar a rainha de uma ameaça de segurança que punha em risco sua chegada, sã e salva, a um evento não revelado. "Sua Majestade", também conhecida como Gary Connery, pularia da aeronave trajando o mesmo vestido de coquetel cor de pêssego, cristal e renda que a rainha planejava usar, e aterrissaria 240 metros abaixo, à entrada do estádio olímpico.

Boyle ficou tão surpreso ao receber do palácio uma imediata resposta afirmativa a seu pedido que achou que fosse uma pegadinha de Primeiro de Abril. Stephen Daldry, diretor artístico da Olimpíada, me disse que a principal razão para a rainha concordar foi que ela achava que seria uma grande piada para divertir os netos. Sua única preocupação de verdade era manter segredo até o momento em que aparecesse em pessoa depois do "salto" para assumir seu lugar com Philip no camarote real.[35]

A camareira da rainha, Angela Kelly, em geral recrutada como intermediária das decisões mais pessoais, foi quem perguntou à rainha se ela gostaria de ter uma fala. Sem hesitar, Sua Majestade respondeu: "Claro, tenho que dizer alguma coisa. Afinal, ele está vindo me resgatar".[36] A rainha ficou encantada com a fala que criaram: "Boa noite, sr. Bond". Daniel Craig achou aquilo um sonho surreal do começo ao fim.

Boyle filmou a sequência na sala de estar da rainha, onde ela costumava receber o primeiro-ministro. A equipe se instalou ali e depois foi levada para outra sala menos formal. Boyle descreveu a cena:

> Foi uma bagunça; havia papéis e bandejas de chá para todo lado... Eu disse a ela algumas coisas bem específicas sobre fazer pausas que eram importantes. Não precisei repetir... Foi fácil para nós porque a rainha tem o instinto de uma atriz — ela está, afinal de contas, "no palco" o tempo todo — e sabe que precisa mudar de acordo com o momento. A rainha sabia que as comemorações do Jubileu de Diamante no começo daquele ano seriam bastante formais, e ali estava uma chance de ser exatamente o oposto. Foi um grande instinto.[37]

O perigoso truque poderia ter dado errado de várias maneiras. Sebastian Coe, que compartilhava o segredo, reconhece que estava muito nervoso:

> Se tivéssemos avaliado mal, sabíamos que seria o único assunto sobre o qual as pessoas falariam até que o atletismo começasse na segunda semana, e não num sentido positivo. E, como a reputação de Sua Majestade estava no auge depois do extraordinário espetáculo público do fim de semana do Jubileu de Diamante, era um risco.[38]

Daldry diz que a rainha era a única pessoa desencanada.

Coe estava sentado na cerimônia de abertura dos jogos ao lado do príncipe de Gales, com o príncipe Harry e o príncipe William logo atrás:

> Nenhum deles sabia da participação da rainha, nem sequer da existência do filme. Por isso, assim que a sequência começou, com os corgis subindo escadas que obviamente eram muito familiares, o príncipe Charles olhou para mim e começou a rir nervoso, imaginando aonde diabos aquilo levaria. E quando o filme cortou para a tomada das costas da rainha, ele teve a mesma reação de todo mundo, que foi imaginar que era uma dublê. Mas quando ela se virou, e todo mundo percebeu, "Minha nossa! É mesmo a rainha!", ele começou a dar gargalhadas. Já os filhos estavam extremamente agitados. Quando ela começou sua descida, duas vozes gritaram em uníssono atrás de mim: "Dá-lhe, vovó!". Para mim foi a melhor coisa.[39]

Daldry ficou maravilhado com o autocontrole do desempenho da rainha quando ela entrou no estádio, aparentemente alheia ao perigoso truque da rainha desafiando a morte num mergulho de paraquedas. "O maravilhoso era a expressão dela no momento em que apareceu", me disse ele. "Não passava recibo do que tinha acabado de acontecer, mas sabia que havia sido crucial... perfeito... em termos de 'Estou encarando isto com a maior seriedade, mas sei que acabo de fazer uma das brincadeiras mais malucas que se possa imaginar... não só na história das Olimpíadas, mas na história do país'." A alegria no estádio, no país inteiro, era "palpável".[40]

A mentalidade da Peak London triunfou nas Olimpíadas. A equipe da Grã-Bretanha refletia o cadinho de multiculturalismo, tal como exemplificado pelos três atletas que conquistaram medalhas de ouro em menos de uma hora no segundo sábado dos jogos. O campeão de corrida, Mo Farah, se mudou da Somália para Londres aos oito anos; a campeã de provas de pista e campo, Jessica Ennis, era filha de um imigrante jamaicano; e Greg Rutherford, especializado em salto em distância, era um ruivo de rosto pálido do bastião da classe média inglesa de Milton Keynes.

Foi esperto da parte do palácio escolher o príncipe Harry e Kate para encerrar o evento e lançar os refletores sobre a próxima geração da família real. (William teve que se apresentar em Gales para cumprir seus deveres de busca e resgate.)

Mas a exibição do senso de humor da rainha, brilhantemente sagaz na cerimônia de abertura, talvez seja o momento mais lembrado das Olimpíadas de 2012. Consolidou um notável avanço da percepção do público, que teve início com o filme de Stephen Frears *A rainha*, que registra a única vez em que a rainha entendeu tudo errado — depois da morte de Diana. Helen Mirren mostrou-a falível e confusa. Boyle fez outra coisa. Mostrou a monarca de 86 anos como uma pessoa descolada. Uma nova geração aprendeu a aceitar e amar a Rainha Diamante.

17. O Duque de Alto Risco

O SORVEDOURO DE DINHEIRO DE ANDREW

O príncipe Andrew estava indignado. Era maio de 2011, e a Scotland Yard lhe havia informado que suas filhas, as princesas Eugenie e Beatrice, quinta e sexta na linha de sucessão ao trono, respectivamente, perderiam a proteção policial 24 horas devido às tensões provocadas pela mordida de 500 mil libras anuais no bolso do contribuinte.

Andrew tinha lutado com todas as forças para preservar o esquema de segurança das filhas. Sua linha de raciocínio era que, com o título de Sua Alteza Real precedendo seus nomes, elas deveriam ser tratadas condignamente, mas a situação dele era delicada. A filha da princesa Anne, Zara Phillips, que logo se casaria, não contava com proteção policial, apesar de atrair muita atenção como atleta de hipismo. (Nem tinha o título de Sua Alteza Real: por decisão da mãe, para que os filhos pudessem levar uma vida mais normal.) Uma revisão dos custos da Scotland Yard, visando enxugar a conta de segurança da família real de 50 milhões por ano, não viu motivo para o governo pagar 250 mil libras anuais por cabeça por dois guarda-costas em tempo integral para Eugenie, de 21 anos e em seu primeiro ano na Universidade de Newcastle, ou a irmã Beatrice, de 23 anos, que estudava em Londres.

A rainha deixou claro que suas duas netas, de quem gostava muito, deveriam arrumar emprego quando saíssem da faculdade, em vez de serem sustentadas como membros atuantes da família real. Andrew fez o maior lobby para reverter a decisão: queria que Beatrice e Eugenie fossem designadas representantes da família real. Num jantar em junho, depois da festa anual no gramado do Castelo de Hillsborough na Irlanda do Norte, em meio a um drinque com Hugo Swire, membro conservador do Parlamento, ele lhe pediu que "tivesse uma conversa"[1] com o primeiro-ministro Cameron. "Ele está muitíssimo preocupado", escreveu a mulher de Swire, Sasha, em seu diário. "[Seu] argumento é que elas andam por aí na era do Twitter, do Facebook e das mensagens instantâneas, e que uma força antagônica poderia ser mobilizada contra elas em questão de minutos."

Infelizmente, essas mesmas plataformas costumavam mostrar as princesinhas saindo trôpegas de boates caras nas primeiras horas da manhã com seguranças a tiracolo. Um SUV oficial as esperava com o motor ligado na porta de restaurantes para levá-las para casa, não tanto a fim de evitar sequestros, mas como um serviço turbinado de Uber.

Passado um ano, Andrew teve outra razão para se sentir esnobado. Pouco depois de subir na barca número dois — por si só um insulto —, no espetáculo fluvial do Jubileu de Diamante, ficou sabendo que ele e as filhas haviam sido cortados da icônica foto da família na varanda do Palácio de Buckingham. Também não estavam na lista do almoço para setecentos dignitários em Westminster Gall. (Não deve ter sido agradável saber pelos servidores do palácio que o corte havia sido feito pela mãe.) Um vizinho na barca o ouviu choramingar com Sophie Wessex, cujo convite também se extraviara...

As fotos na varanda do Palácio de Buckingham foram inauguradas em 1861, quando a rainha Vitória acenou para o público na abertura da Grande Exposição. Com o tempo esses registros se disseminaram, com o intuito de preservar momentos importantes da família no álbum nacional de fotos. Depois do Trooping the Colour, o desfile de bandeiras regimentais que comemora o aniversário oficial da rainha todo ano em junho — para reduzir o risco de tempo ruim, uma prática que vem dos tempos de George II —, a família real podia ser vista esticando o pescoço para assistir ao festivo sobrevoo da Força Aérea Real. Dos alegres acenos das jovens princesas Elizabeth e Margaret com o rei e a rainha e Winston Churchill no Dia da Vitória na Europa, aos recém-

-casados Charles e Diana, e depois William e Kate trocando os primeiros beijos perante a multidão ruidosa, conseguir botar o rosto na foto da varanda — ou mesmo a aba deformada de um chapéu com penas de avestruz lá no fundo — é a mais alta afirmação de pertencer à realeza.

Não naquele ano. Durante décadas, o Way Ahead Group — uma camarilha interna de membros seniores da família real que se reúne com regularidade para tratar das grandes questões enfrentadas pela monarquia — vinha discutindo a redução do número de membros da segunda e da terceira gerações dependurados na monarquia. Vinte anos antes, Charles enviara um memorando a seu secretário particular preocupado em reduzir o número de fotografados. Nos tempos de George VI, eram apenas "nós quatro" na varanda, mas, à medida que membros menos importantes da família iam adquirindo perfil próprio e procriando, a cena passou a acolher uma multidão cada vez mais incontrolável.

Não se tratava apenas de dinheiro. Charles estava firmemente convencido de que os membros menores da família que se comportam de modo errático dão à mídia histórias constrangedoras que obscurecem o halo da monarquia. Sempre apreensivo com os rumos do humor público, e atento à economia desde que o cortador de gastos Michael Peat se juntou à família em 2002, Charles estava mais que nunca disposto a reduzir números.

Assim como Christopher Geidt, sempre de olho no futuro a fim de garantir uma transição impecável para o próximo reinado. Que momento poderia ser mais apropriado para afastar dos olhos do público membros secundários da família do que o ano em que tudo estava sendo feito da maneira mais barata? Pois bem, na foto do jubileu de 2012, a rainha, num conjunto verde-menta de Angela Kelly, ocupou seu costumeiro lugar de honra no centro da varanda e dava para contar nos dedos os outros membros da realeza: Charles, Camilla, William, Kate e um Harry pré-Meghan. (O príncipe Philip ainda estava no hospital.) E só. Como gráficos de jornal assinalando as lacunas dos membros desaparecidos do círculo mais íntimo de Saddam Hussein, todos os demais foram eliminados da foto. "Ouvi dizer que havia gente contendo no braço familiares reais que tentavam chegar à varanda", me disse um ex-assessor. Quem não deu a mínima foi a princesa Anne. "Anne simplesmente segue em frente à sua maneira", disse o assessor. "A publicidade não tem a menor importância para ela. Às vezes ela precisa ser lembrada de que as instituições de caridade que visita fazem questão da presença da imprensa."

A imagem de uma família real seleta acertou em cheio numa época de austeridade. O custo de sustentá-la era uma questão que vira e mexe despontava na Câmara dos Comuns em momentos políticos difíceis — como quando o governo trabalhista tirou o *Britannia* de serviço em 1997, medida que a rainha sentiu como uma amputação.

Por mais que a rainha-mãe fosse um tesouro nacional, em seus últimos dias sua extravagância foi tolerada com menos boa vontade do que em tempos mais subservientes. Ela gostava de fazer charme se apresentando como pobretona: "Caramba, eu bem que poderia gastar 100 mil libras, você não?", perguntou ao escritor A.N. Wilson[2] num almoço, depois de passar a manhã conversando com seu gerente de banco. Mas, quando morreu, em 2002, ela deixou um patrimônio de cerca de 50 milhões de libras para a filha. Seguiu-se um irascível debate nacional: não seria a hora de acabar com o privilégio real de não pagar impostos de transmissão de propriedade de soberano para soberano? O privilégio isentava a rainha de pagar 20 milhões em impostos sobre a herança deixada pela mãe, o que talvez a obrigasse a vender Balmoral ou Sandringham para quitar a dívida.

Na época em que o governo Cameron assumiu, em 2010, poucos se deram conta de que as finanças reais estavam num estado precário. O historiador Andrew Roberts atribui isso ao impacto de longo prazo de um acordo firmado por George III em 1760. A monarquia abriu mão dos direitos do extenso e lucrativo Crown Estate, que inclui grandes nacos de propriedade nos dourados quilômetros quadrados de Regent Street, Regent's Park e St. James, e em troca passou a receber do Parlamento uma soma anual conhecida como Lista Civil. Acabou sendo uma troca terrível. Em 2001, por exemplo, enquanto o Crown Estate teve um gordo lucro de 147 milhões de libras, já descontados os impostos, a Lista Civil obteve apenas 6,6 milhões de libras. A monarquia, acha Roberts, tem sido "desastrosamente passada para trás desde 1760".[3] (A riqueza pessoal dos Windsor é outra história. Em 2019, só a rainha tinha um patrimônio líquido de 390 milhões de libras.)

Três tesoureiros supervisionam o dinheiro da família real: o primeiro-ministro, o ministro das Finanças e o encarregado da Bolsa Privada, que era nomeado pela rainha. O ministro das Finanças é designado para supervisionar aumentos reais em consulta com o monarca. Em 1952 a Lista Civil foi estabelecida como uma soma anual pelo resto do reinado da rainha; com a alta da inflação nos anos 1960, porém, no começo da década de 1970 decidiu-se estabelecer orçamentos por dez anos. Funcionou bem até os anos 1990, quando, com a inflação despencada, o montante estabelecido em 1991 se revelou exagerado. Portanto, em 2001 o palácio decidiu gastar apenas o excedente acumulado na década anterior. Em 2010, o dinheiro tinha acabado — e num momento problemático. Os cortes orçamentários do governo Cameron transformaram qualquer aumento para a família real num campo minado do ponto de vista político.

O ministro das Finanças George Osborne resolveu dar andamento a uma ideia elegante, apesar de vaga, proposta pelo príncipe Charles. Em 2012, ele substituiu a Lista Civil por um Subsídio Soberano, baseado no desempenho do Crown Estate e, portanto, de certo modo ligado à economia. Ou seja, como empresa imobiliária, o Crown Estate provavelmente iria bem se a economia estivesse bem, e mal se a economia fraquejasse, conceito muito mais fácil de vender para o público britânico obcecado por imóveis. A mudança foi bem recebida pela imprensa e pelo Parlamento. Foi amplamente apresentada como a quota de sacrifício da família em tempos difíceis, muito embora na prática Osborne estivesse usando os tempos difíceis para introduzir uma reforma duradoura que consertaria suas finanças pelas próximas décadas. Uma charge de Peter Brookes no *Times* mostrou a rainha e o duque de Edimburgo saindo da estação do metrô de Westminster em seus longos mantos, dizendo: "Maldito Osborne",[4] bem o tipo de propaganda que servia ao governo Cameron — e à Coroa. Uma vitória em todos os sentidos.

Os fundos do Subsídio Soberano são gastos com deveres oficiais da família real, recepções e manutenção dos palácios reais (exceto Balmoral e Sandringham, residências pessoais da rainha). Cobrem necessidades vitais como salários de servidores ou, digamos, reparos, como os executados em 2017, quando o mausoléu do príncipe Albert estava caindo aos pedaços em Frogmore. Embora a reforma do Palácio de Buckingham em andamento vá custar 369 milhões de libras aos contribuintes, a parcimônia da rainha era bastante conhecida. Um exame das economias de Sua Majestade apresentado pelo *Sunday Times* em 2021 notou que "jornais velhos são picados para uso como cama de cavalo. Barbante de pacote é guardado para amarrar de novo. Lençóis desgastados e panos de limpeza são cerzidos e reutilizados. Em Balmoral, qualquer dano às paredes é remendado com papel de parede comprado há mais de um século pela rainha Vitória".[5]

O príncipe Charles e os filhos vivem da renda do Ducado da Cornualha. Philip recebia um estipêndio anual à parte de cerca de 359 mil libras, que nunca foi alterado. A rainha, de seu próprio bolso, complementava os estipêndios de Andrew, Anne e Edward, bem como os dos hoje idosos primos, os duques de Gloucester e de Kent, e o do irmão mais novo de Kent, o príncipe Michael e sua controvertida mulher, Marie-Christine. Os primos ocupam espaçosos apartamentos, sem pagar aluguel, no Palácio de Kensington, aos quais se agarram com unhas e dentes. O Palácio de Kensington tem abrigado tantos membros idosos da família real que já foi chamado de Aunt Heap [formigueiro de tias].

A rainha sempre se dispôs a ajudar familiares em momentos de aperto, como a prima Margaret Rhodes. "A rainha foi tão adorável ajudando mamãe quando meu pai estava doente", disse Victoria Pryor, filha de Rhodes, ao *Telegraph*. "De repente ela disse: 'Meu Deus, Margaret, você aguentaria viver no subúrbio?'"[6] — querendo dizer, pegue uma casa de graça nos terrenos do Castelo de Windsor. Margaret aceitou agradecida.

A monarca discutia com seu encarregado da Bolsa Privada a distribuição do Subsídio Soberano entre a família, e resolvia as coisas de um jeito bastante pessoal. Parentes aguardavam apreensivos se iriam receber um aumento. Todo ano ela se encontrava com o ministro das Finanças, a sós, ao redor de uma pequena mesa na sala de recepção do segundo andar com os corgis correndo soltos, e apresentava sua lista. Ela costumava fazer apartes irreverentes sobre o comportamento das pessoas. "O duque de Kent vai receber 550 mil e a Casa Wren para usar... Os Wessex devem receber outras duzentas — Sophie está mesmo se esforçando... Fulano é um caso perdido em questão de dinheiro e dificilmente faz alguma coisa... Acho que cinquenta resolvem" etc. O ministro anotava tudo e levava a lista para o Tesouro, que cuida das finanças da família, e os fundos eram transferidos para o Palácio de Buckingham.

Em 2002, o Comitê de Contas Públicas da Câmara dos Comuns fez uma queixa severa contra o apartamento de cinco dormitórios e quatro salas de recepção do Palácio de Kensington concedido nos últimos trinta anos aos empobrecidos príncipe e princesa Michael de Kent. O casal praticamente não cumpria obrigações reais, e mesmo assim pagava um aluguel de apenas 69 libras por semana. Isso era menos, ressaltou o *Daily Mirror*, do que muita gente desembolsava para viver nas péssimas moradias públicas para inquilinos de baixa renda. E um centésimo do que pagariam por uma propriedade do mesmo nível no mercado imobiliário. A rainha precisou arcar com o valor comercial de 120 mil libras anuais para cobrir os custos, até 2009, quando ficou decidido que o problema era dos príncipes.

As aflições financeiras dos Kent têm sido uma eterna fonte de problemas. A rainha poderia, em tese, tê-los excluído, mas era muito apegada ao afável Michael, de 78 anos, embora não tanto a Marie-Christine, sua imponente mulher wagneriana, com seus arrogantes pronunciamentos e suas tranças de Brunilda. Sempre duro, o príncipe administra um duvidoso negócio de consultoria que se vale de suas relações dinásticas na Rússia. Em 2013, soube-se que ao longo de seis anos ele recebeu pelo menos 320 mil libras, do exilado magnata russo Boris Berezovsky para pagar seus empregados. Outro parceiro era o presidente Lukashenko, da Bielorrússia, déspota sequestrador de jornalistas.

Em 2020, o príncipe foi flagrado numa chamada de Zoom engolindo a isca de uma comissão de 200 mil libras em troca de tráfico de influência. Dois repórteres do *Sunday Times* fingiram representar uma empresa sul-coreana chamada House of Haedong e pediram a ajuda do príncipe Michael para ter acesso aos círculos putinistas. O marquês de Reading, parceiro de Michael, velho amigo dos tempos de escola, foi gravado garantindo aos representantes da fictícia empresa que "estamos falando de forma um tanto discreta aqui. Porque não gostaríamos que o mundo soubesse que [Michael] se dá com Putin apenas por razões comerciais, se é que vocês me entendem".[7] O mago dos negócios acrescentou que uma das razões do acesso privilegiado do príncipe era seu status de família real. "De modo geral ele é visto como embaixador extraoficial de Sua Majestade na Rússia."

Esse ramo da família era um embaraço permanente com sua ganância financeira, e eles deveriam ser os primeiros a desaparecer em qualquer redução de gastos da família real. Mas o que eles aprontavam para tirar partido da grife real empalidecia se comparado às sórdidas pilhagens do príncipe Andrew.

O duque de York era uma fábrica de desonestidade e imoralidade de origem e status reais.

II

Como representante especial do Reino Unido para comércio e investimento internacionais, função que lhe permitia esbaldar-se mundo afora jogando golfe à custa do governo, Andrew era o desespero do Ministério das Relações Exteriores da Grã-Bretanha. Insistia em voar em aeronaves privadas, e viajava com uma comitiva de empregados, incluindo um criado que arrastava uma ridícula tábua de passar de 1,8 metro de comprimento pelo saguão de hotéis cinco estrelas. Descrevia suas despesas de viagem como "um pontinho pequenininho no oceano, se comparadas às de muitas pessoas".[8] Mas isso não barrava as críticas — nem a extravagância do príncipe. Segundo o *Daily Telegraph*, em 2010 o duque de York gastou 465 mil libras em voos e 154 mil libras em alimentação e hospedagem em suas missões comerciais.

A diplomacia internacional raramente oferece encontros com anjos. A própria rainha já se sentou com déspotas como o presidente Mugabe, do Zimbábue, e, se o presidente da Itália é o charlatão dissoluto Silvio Berlusconi, o primeiro-ministro do Reino Unido tem que tomar um cappuccino com ele. Em países com família real, como a Arábia Saudita, ou governo autoritário, como a Turquia, pode ser muito útil ao Ministério das Relações Exteriores o auxílio de um membro da família real, que não seja a rainha ou seu herdeiro direto. Mas os contatos de Andrew com repreensíveis canalhas estrangeiros superavam em muito o compreensível e o aceitável.

Uma fila de vagabundos internacionais que em nada serviam à diplomacia britânica lotava a agenda do duque de York, fora isso pouco movimentada. Eram pessoas relacionadas a escusos negócios que ele procurava às escondidas. Em 2011, apenas três meses antes da queda do regime da Tunísia durante a Primavera Árabe, ele foi o orgulhoso anfitrião de um almoço no Palácio de Buckingham para Mohamed Sakhr El Materi, genro bilionário do ditador tunisiano Zine El Abidine Ben Ali, mais tarde condenado a dezesseis anos de prisão por corrupção e fraude imobiliária. Quando soube do almoço, Stephen Day, o ex-embaixador do Reino Unido na Tunísia, mandou um memorando horrorizado para Downing Street: "Materi era, como todos sabemos, o pior de todos os trapaceiros da família presidencial", ele escreveu, acrescentando: "Graças a Deus houve tempo para a imprensa ficar sabendo que isso não foi feito por recomendação oficial".[9] Num e-mail publicado pelo *Telegraph*, o assessor de imprensa de Andrew, Ed Perkins, tentou às pressas obter respaldo: "Estou adotando a posição de que [Materi] era vice-presidente da câmara de comércio. O Escritório de Comércio e Investimento do Reino Unido poderia dar apoio [a Andrew]? Precisamos de algum respaldo governamental nisso", insistiu.[10]

Um dos sórdidos convivas do almoço de Andrew era Saif al-Gaddafi, filho do tirano líbio Muammar al-Gaddafi. Saif, que tem doutorado da London School of Economics (e cuja tese nem todos acham que foi escrita por ele mesmo), logo se tornaria um fugitivo, procurado por crimes de guerra pelo Tribunal Penal Internacional. O líbio Tarek Kaituni, condenado por tráfico de armas, foi convidado de Andrew para a festa de aniversário de 21 anos da princesa Beatrice em 2009, numa casa de campo privada perto de Marbella, e presenteou-a com um colar de diamantes de 30 mil dólares — coincidentemente, na ocasião ele procurava ser contratado como consultor de uma empresa britânica com negócios na Líbia. Ao que tudo indica indiferente aos perigos e à impropriedade dessas relações, em 2018, Andrew convidou-o de novo — dessa vez para o casamento da princesa Eugenie e para a recepção semiformal subsequente, no Castelo de Windsor.

Um dos destinos favoritos de Andrew era o Cazaquistão, a falsa terra natal de Borat. Andrew aceitou convites para a caça aos gansos em 2008, com o então presidente Nursultan Nazarbayev, que foi "reeleito" por 29 anos, e preventivamente aprovou uma lei garantindo a si mesmo imunidade jurídica contra quaisquer acusações criminais.

Numa duvidosa transação típica dos negócios do príncipe Andrew, sua casa em Sunninghill Park, um verdadeiro elefante branco, foi vendida em 2017 para o genro bilionário de Nazarbaev, Timur Kulibayev, por 3 milhões de libras a mais do que os 12 milhões pedidos, mesmo não havendo qualquer outra proposta de aquisição. A imprensa achou o negócio duplamente intrigante porque enquanto os York ocuparam o imóvel, bem debaixo do corredor aéreo das aeronaves que chegam ao Aeroporto de Heathrow, a única melhoria feita foi uma alteração na nova lei de zoneamento. Os jornalistas levantaram tantas perguntas que o palácio se sentiu obrigado a protestar:

> A venda de Sunninghill Park foi uma transação comercial direta entre o truste que era dono da casa e o truste que a comprou. Não houve negócios secundários e absolutamente nenhum acordo para o duque de York se beneficiar de outra forma, ou se comprometer com qualquer outro arranjo comercial. Qualquer insinuação em contrário é inteiramente falsa.[11]

E-mails vazados a partir de 2011 para o *Daily Mail* davam credibilidade a uma notícia — negada com veemência pelo Palácio de Buckingham — de que

Andrew atuara como intermediário entre uma empresa grega de esgotos e uma casa financeira suíça, que estavam fechando um contrato de 385 milhões de libras no Cazaquistão. Andrew receberia quase 4 milhões de libras para convencer um oligarca cazaque a aceitar a oferta. O acordo foi por água abaixo quando a polícia cazaque abriu fogo contra petroleiros em greve e seus sócios viraram fumaça. Mais tarde, ele tentou conectar seus camaradas cazaques com o Coutts, o banco da rainha, mas o negócio não decolou. Uma fonte do Coutts explicou: "Oligarcas cazaques são um tipo de gente em que não costumamos tocar nem com vara comprida".[12]

Muitos que conheceram Andrew em missões comerciais sentiam o mesmo em relação a ele. Simon Wilson, que o recebia com regularidade como vice-chefe da missão da Grã-Bretanha no Bahrein de 2001 a 2005, lembra que muito do que ele dizia era "disparate total",[13] e que a comunidade diplomática britânica no Golfo zombava dele chamando-o de HBH: His Buffoon Highness [Sua Alteza Babaca].

Era assim também em sua própria terra. Num almoço com o presidente da Assembleia de Londres Darren Johnson e o prefeito Boris Johnson, Andrew apresentou uma proposta de melhorias para a cidade que incluíam reduzir o número de semáforos para que houvesse menos sinais vermelhos, e aumentar o Centro de Conferência Rainha Elizabeth II. ("Se é pequeno demais, a culpa é da sua mãe", teria comentado Johnson.) Depois que ele saiu, Boris virou-se para Darren Johnson e disse: "Sou a pessoa menos republicana do mundo, mas, porra! Se eu tiver que passar por outro almoço como esse, vou acabar sendo".[14]

O ex-ministro das Relações Exteriores e membro trabalhista do Parlamento Chris Bryant me disse que

> era voz corrente que a última coisa que o Ministério das Relações Exteriores queria era ter Andrew numa viagem, porque ele não sabia a diferença entre público e privado. Ofendia metade das pessoas à mesa de jantar, sumia em missões secretas e voltava carregado de presentes, e ainda por cima era um pesadelo, porque insistia em receber mais privilégios, mais espaço nos hotéis do que qualquer outro membro da família real. Quando esteve em Davos, ficou num chalé muito maior do que os dos outros, que perguntavam: "Por que isso?". Ele se acha no direito de exigir tudo, num grau que não tem nada a ver.

Em março de 2011, Bryant violou regras parlamentares que proíbem atacar membros da família real na Câmara dos Comuns. "Está ou não está ficando cada vez mais difícil explicar o comportamento do embaixador especial para o comércio, que não só é amigo muito íntimo de Saif Gaddafi, mas também amigo íntimo do traficante de armas líbio Tarek Kaituni?" perguntou, para surpresa de todos, no plenário. "Não será hora de dispensarmos os serviços do duque de York?".[15]

O presidente da Câmara dos Comuns mandou Bryant se sentar, mas o explosivo comentário virou manchete. Um *Tory* importante disse ao *Guardian* em 2011: "Parece não haver nenhuma atividade mental superior perceptível, em se tratando do duque. Ele me dá pena. Não tem amigos, e por isso vive cercado de gente desprezível".[16]

Era verdade. A vida de Andrew vinha rolando ladeira abaixo desde que ele saíra da Marinha Real em 2001. Seu melhor momento foi aos 22 anos, quando, em 17 de setembro de 1982, desceu a prancha de desembarque do encouraçado HMS *Invincible* em Portsmouth Harbour com uma rosa vermelha entre os dentes, depois de comportar-se admiravelmente como piloto de um helicóptero Sea King na Guerra das Falklands. A rainha, o príncipe Philip e a princesa Anne estavam lá para recebê-lo. Uma multidão alegre pululava nas docas da Marinha Real agitando bandeiras britânicas. A rainha estava tão animada que puxou a câmera para tirar fotos como qualquer turista. O filho lhe ofereceu a rosa, um gesto elegante que provocou elogios exagerados nos tabloides. "Ninguém o chamou de 'Randy Andy' [Andy Tesão], o príncipe cujo único título de glória era sua preferência por louras de olhos azuis", comentou um tabloide. "Agora é Andrew, o Príncipe Guerreiro, um herói voltando da guerra."[17]

Como seu sobrinho, o príncipe Harry, quase vinte anos depois, Andrew havia descoberto sua vocação no serviço militar. Ou pelo menos suas experiências nas Forças Armadas o livraram de muitos problemas. Aos 21 anos, como subtenente na Escola Naval Real em Dartmouth, ele recebeu a condecoração de Melhor Piloto, concedida pelo pai em nome da escola. Nove meses depois de servir como padrinho no casamento de Charles e Diana, Andrew, para inveja do irmão mais velho, subiu a bordo de um encouraçado de verdade para passar cinco meses lutando numa guerra de verdade.

Pouca gente tinha ouvido falar nas ilhas Falkland, um minúsculo cisco do Império Britânico ao largo da costa da Argentina, com uma população de ovelhas quase tão grande quanto a população humana. Isso até abril de 1982, quando o presidente da Argentina, o general Leopoldo Galtieri, decidiu tomar posse das ilhas (que os argentinos chamam de Malvinas). Enviar tropas britânicas para defender as Falklands ofereceu uma oportunidade para a primeira-ministra conservadora Margaret Thatcher construir sua lendária reputação de Dama de Ferro, e os tabloides britânicos surtarem num êxtase chauvinista com manchetes tipo "Chupa, junta" no *Sun*.

A possibilidade de Andrew ser morto em combate deixava o governo britânico apreensivo e reforçava a aura do jovem príncipe. O gabinete pediu que ele fosse transferido para tarefas de escritório durante o conflito, mas Andrew estava decidido a participar dos combates. O pai, o avô, o bisavô — todos haviam servido na Marinha, e a rainha lhe deu todo o apoio, declarando: "O príncipe Andrew é oficial da ativa e não tenho a menor dúvida de que ele deve ir".[18] Motivo de orgulho para Sua Majestade, o serviço militar do filho incluía pilotar seu helicóptero como isca para desviar letais mísseis Exocet destinados a navios britânicos, bem como participar de missões de busca e resgate, e atacar submarinos e navios. Ele testemunhou a cena do ataque argentino ao ss *Atlantic Conveyor*, atingido por dois mísseis Exocet lançados do ar, matando doze marujos. O príncipe pilotou o helicóptero que resgatou os sobreviventes britânicos caídos no mar.

Dez anos depois a reputação de Andrew subiu mais um pouco durante o incêndio do Castelo de Windsor. O príncipe, então com 32 anos, era o único membro da família real que estava em casa em 20 de novembro de 1992, quando um refletor ateou fogo numa cortina na capela privada da rainha, causando um incêndio que se espalhou por 115 cômodos e fez desabar o teto do magnífico St. George's Hall, do século XIV. Ao ver a fumaça, Andrew improvisou uma brigada de combate com baldes de água e um pouco do espírito proativo que tinha demonstrado nas Falklands. A corrente humana formada pelos servidores de Windsor salvou grande parte dos tesouros do castelo, acumulados ao longo de novecentos anos de história monárquica: porcelanas de Sèvres, móveis do século XVIII, quadros de Van Dyck, Rubens e Gainsborough. Andrew foi entrevistado em frente ao cenário sinistro das janelas iluminadas pelas chamas como o herói do momento. Era a primeira vez que parecia dar de fato o máximo de si desde que voltara da guerra.

Não há dúvida de que a rainha gostava muito dele. "Sempre que sabia que Andrew estava no Palácio de Buckingham, ela lhe mandava um bilhete escrito à mão e ele sempre ia vê-la", disse um ex-assessor do palácio a Geoffrey Levy e Richard Kay do *Daily Mail*.[19] "Se estivesse de jeans, botava um terno. E sempre saudava 'Mamãe' do mesmo jeito — curvando o pescoço, beijando-lhe a mão e depois beijando-a dos dois lados do rosto. Era um pequeno ritual que ela adorava. Acredite em mim, ele não tem defeitos."

Andrew sempre recebeu muito mais atenção dela do que os irmãos. Nascido na segunda fornada, dez anos depois da princesa Anne e quatro anos antes do príncipe Edward, àquela altura sua mãe já estava bem habituada a seus deveres de soberana. Ela às vezes se permitia tirar um tempo para ir buscá-lo de carro na escola, Heatherdown, ela mesma na direção, ou deixava-o brincar em seu escritório enquanto recebia visitas oficiais. Ele foi o primeiro a ser batizado com o sobrenome Mountbatten-Windsor.

Uma ex-namorada de Charles me disse que num fim de semana que passou no Castelo de Windsor ouviu a rainha conversando pelo telefone com professores de Andrew em Gordonstoun, preocupada com seu desempenho escolar, como qualquer mãe. Philip gostava de dizer que seu segundo filho era um "chefe nato".[20] Mais do que o temperamento de Charles, o de Andrew — jovial, robusto, perturbador (em Heatherdown ele adorava misturar os sapatos dos outros no dormitório) — era mais compatível com o de Philip. Mas era menos vulnerável às ocasionais insensibilidades teutônicas do pai, e nunca se intimidou com os rigores de Gordonstoun. O internato escocês passou a aceitar mulheres quando Andrew chegou lá, reduzindo a cultura do trote. Nunca foi monitor, como Charles, talvez porque os colegas não gostassem muito dele. Achavam-no presunçoso, arrogante e um sujeito que se achava mais inteligente do que era. Sua tendência a contar piadas indecentes, acabando-se de rir, lhe rendeu o apelido de "o Gozador".

Sente-se que sempre houve um vazio na personalidade de Andrew. É por isso que ele ria mais alto, se gabava tanto e tentava parecer importante. Quando foi para Gordonstoun, sabia que, apesar de todos os palácios onde vivia e de todos os empregados que o serviam, ele era o segundo filho. Só o primogênito de um monarca acorda todas as manhãs sabendo que para prosseguir em direção ao prêmio dos prêmios tudo que precisa fazer é continuar vivo. Só o primogênito se torna príncipe de Gales. Só o primogênito se torna duque da Cornualha, o que inclui receber uma vasta propriedade que gera uma renda anual de 21 milhões de libras — tudo para Charles. O cálculo de que o vencedor fica com tudo é inerente a cada geração da monarquia. Embora navios, escolas, penínsulas e até uma canção de ninar ostentem o nome do duque de York, o título não traz nenhuma renda, nem mesmo uma casa senhorial. A única certeza do segundo filho é que, à medida que os anos se vão, sua importância diminui e ele vai ficando para trás na linha de sucessão.

A dissonância, para Andrew, entre a promessa inicial e o destino concreto era acentuada pela comoção da mídia em torno de seus primeiros anos. Quando criança, era raro ele aparecer em público. Seus pais achavam que Charles tinha sido atormentado demais pela imprensa em sua infância, e quando Andrew chegou à idade escolar temia-se sempre uma bomba do IRA. As forças de segurança certa vez tiveram que cercar sua escola quando confiáveis dados de inteligência indicavam uma iminente trama de execução. Enfim, Andrew foi mais mimado do que Charles.

Na adolescência, ele era um dos valiosos trunfos da família real — afável, alegre, viril, com um sorriso cheio de dentes à la Kennedy. Aos dezesseis anos, quando acompanhou os pais às Olimpíadas de Montreal, um jornal canadense o descreveu como "mais de 1,80 metro de sex appeal".[21] Até o príncipe Charles admitia que o irmão era "parecido com Robert Redford". De volta ao Canadá no ano seguinte, ele foi saudado no aeroporto de Toronto por moças que gritavam: "Queremos Andy!".[22] No Reino Unido, quando ele acendeu as luzes de Natal da Regent Street, numa transmissão ao vivo pela TV, moças entre a multidão enlouqueciam e até desmaiavam em adoração ao príncipe. A revista *People* costumava incluí-lo na lista dos homens mais bonitos do mundo.

A imprensa não dava sossego às namoradas de Andrew, como não dera às de Charles. À diferença do irmão mais velho, que passava em revista as aristocratas, Andrew preferia modelos desconhecidas e aspirantes a atriz. Seu primeiro amor verdadeiro foi a alegre Koo Stark, de 24 anos e cabelos castanhos, uma atriz americana cuja obra incluía cenas de lesbianismo debaixo do chuveiro, masturbação e abuso sexual por freiras. Ela o conheceu num encontro às cegas poucos meses antes da festa de 21 anos dele no Castelo de Windsor — "a discoteca mais silenciosa do mundo", nas palavras do convidado Sir Elton John, "porque a rainha estava presente".[23] Foi paixão à primeira vista. "Ele entrou na minha vida, e de repente era a minha vida", disse Stark numa entrevista em 2015.[24]

Koo o aguardava em seus aposentos no Palácio de Buckingham quando ele voltou em triunfo das Falklands, e a ele se juntou para uma semana romântica em Balmoral. A rainha achou a atriz inteligente e simpática. Mais tarde recebeu Koo e Andrew para um chá no Castelo de Windsor, e seu único comentário foi: "Oh, eu gostaria que chamassem vocês de Kathleen [o nome verdadeiro dela] e Andrew", lembra-se Koo.[25] Mas, enquanto o casal passava férias em Mustique em 1982, fotos de Koo de topless como a heroína de dezessete anos do filme erótico *The Awakening of Emily* [O despertar de Emily] foram descobertas pela mídia. Os guardiães da classe média inglesa que espiam a vida alheia através dos tabloides têm especial apreço em julgar quem é ou não é apropriado para fazer par romântico com um membro da família real. "Da noite para o dia, minha carreira e minha reputação foram irremediavelmente destruídas", disse Koo.[26] Ela jamais conseguiu apagar a mácula de ter sido atriz pornô. A imprensa fez de sua vida um inferno. Fotógrafos de moto entravam em restaurantes para tentar conseguir uma foto dela com Andrew. Ela ficou sabendo que estava na lista de marcados para morrer do IRA. Por dois anos teve de mudar de casa sempre que seu endereço era publicado. No fim, a pressão foi forte demais para os dois. "Eu era louco por Koo", diria Andrew a um amigo tempos depois, "mas o casamento teria sido um erro terrível. Eu era imaturo demais naquele tempo."[27]

Algumas pessoas que o conhecem acham que o erro terrível foi ele ter terminado com ela. Eles estavam apaixonados de verdade. Ela era uma mulher inteligente e criativa, com uma carreira paralela viável na fotografia. Mirava sua própria câmera contra os paparazzi quando eles começaram a persegui-la, e se tornou protegida do lendário fotógrafo de moda Norman Parkinson, publicando livros de fotografias de sua própria autoria. Durante 33 anos recusou-se a entregar Andrew, tendo rejeitado, segundo consta, uma oferta de 1 milhão de dólares para contar seus segredos. Sua discrição era tamanha que por um tempo o palácio recomendava a recém-chegados à família em busca de conselhos sobre como lidar com as brutais atenções da mídia que seguissem a Regra Koo Stark e simplesmente não dissessem coisa alguma. Andrew é padrinho de sua filha. Em 2015, ela até o defendeu contra uma campanha de "assassinato de caráter"[28] no escândalo de Jeffrey Epstein. Muito provavelmente teria sido uma cativante e talentosa duquesa de York, mas o romance ocorreu em 1983, e não 2018, quando uma atriz americana divorciada se casou com o neto da rainha no Castelo de Windsor. A vida de Koo degenerou numa triste história de falência, numa desastrosa ação judicial contra o pai de sua filha e num breve período de luta contra um câncer de mama. Enfim, em 2021, para pagar suas dívidas, ela parecia estar fechando um contrato para um livro de revelações.

III

Sarah Margaret Ferguson, Fergie, como era conhecida, entrou na vida do príncipe Andrew em junho de 1985, com sua gargalhada ruidosa e a cabeleira ruiva à la Ticiano. Os dois foram apresentados pela princesa Diana, que deu um jeito de sentar Fergie ao lado de Andrew durante o almoço na festa de fim de semana do Ascot da rainha no Castelo de Windsor. Ela e Diana eram primas em quarto grau, e suas mães haviam frequentado a mesma escola. O pai de Fergie, o major Ronald Ferguson, era o instrutor de polo do príncipe de Gales, figura conhecida nas franjas da sociedade aristocrática. Andrew e Fergie haviam se encontrado uma vez, quando crianças, brincando num campo de polo. "Em que outro lugar as pessoas se conhecem?", comentou certa vez a mãe dela.

Por ocasião daquele almoço, Fergie acabara de ser rejeitada por um divorciado rico 25 anos mais velho do que ela, depois de três anos de namoro. Conhecer Andrew foi uma bênção. Na hora da sobremesa, o príncipe insistiu para que ela comesse profiteroles de chocolate — e foi então que o romance decolou. A imprensa, já meio cansada da elegante supremacia de Diana, adotou como uma "lufada de ar fresco"[29] a desinibida Fergie, moça do campo que sabia montar a cavalo. Foi um alívio para a rainha saber que sua futura nora era capaz de falar com autêntico entusiasmo sobre cavalos e cães, e sobre as delícias do campo inglês.

"Diana pode sair melhor na foto", comentou o *Washington Post*, "mas Fergie é mais divertida."[30] Um novo ímã para a mídia era do interesse de Diana, que sabia que sua exuberante futura cunhada jamais seria uma concorrente. "Fergie alivia a carga", disse Diana a seu amigo bailarino Wayne Sleep.[31] A imprensa adorou quando as duas tentaram entrar de penetra no baile de despedida de solteiro de Andrew vestidas como policiais. Em 23 de julho de 1986, os súditos festejaram quando Sarah e Andrew, ambos com 26 anos, casaram na

Abadia de Westminster como duque e duquesa de York — com uma audiência global de 500 milhões.

Em certo sentido, o novo casal era formado por duas pessoas iguais não só no temperamento exuberante, mas também nas ansiedades reprimidas. Como Andrew, as emoções de Fergie foram prejudicadas por sua criação. Sua personalidade barulhenta, irreverente, disfarçava sua sensação de ser pouco sofisticada, gorda e insegura do ponto de vista financeiro. Sua mãe, Susan, assim como a mãe de Diana, Frances, saiu de casa para viver um amor à primeira vista — no caso de Susan com um carismático jogador de polo argentino chamado Hector Barrantes. Susan tinha lá suas razões para ir embora: Ronald Ferguson era um velho indecoroso que acabou tendo o castigo merecido quando a imprensa o flagrou numa casa de massagens em 1988 e ele perdeu sua sinecura real.

Ele havia criado Fergie e a irmã com a ajuda de uma governanta insensível na casa da família na fazenda em Hampshire. "O abandono da mãe teve um efeito avassalador sobre Fergie", me disse uma de suas melhores amigas, Kate Waddington, em 2006. "Isso de fato definiu quem ela é: sua insegurança. Até hoje, se ela te telefona e você não telefona de volta ela fica angustiadíssima, achando que fez alguma coisa errada."[32] (Noutra estranha afinidade com Diana, Susan Barrantes morreu num acidente de carro em setembro de 1998. Foi decapitada numa batida de frente numa estrada do interior da Argentina.) Fergie conta em suas memórias uma cena involuntariamente trágica ocorrida quando a mãe voltou por pouco tempo para lhe dizer que ia ficar na Argentina para sempre. Sempre pronta a agradar aos outros, Fergie disse à mãe que gostava de fato de Hector, e esperava que ela fosse feliz. "Que bom, quer dizer que você não liga", respondeu Susan, com aquela contestação tão característica das classes altas.[33]

O casamento dos York acabou desmoronando, não por infidelidade, mas por causa da tristeza da vida ao lado de Andrew. Ou, melhor, da vida sem ele. O duque de York esteve em casa apenas quarenta dias por ano nos primeiros cinco anos do casamento. O príncipe Philip não permitia que Fergie se juntasse ao marido em Portsmouth com base no argumento de que ela seria uma distração. Andrew, com medo de enfrentar o pai, não ofereceu resistência. Apesar de toda a sua coragem de guerreiro, era um filho pusilânime.

Fergie esperava pelo príncipe de conto de fadas no antigo apartamento de solteiro dele na Ala Leste do Palácio de Buckingham — "cortinas de tecido adamascado, quebra-luzes plissados, carpetes monótonos, papel de parede amarronzado... e tristes lareiras elétricas",[34] como ela o descreveu em suas memórias. Na cama do marido infantilizado havia cinquenta ursinhos de pelúcia, muitos deles vestidos de marinheiro, que as empregadas tinham que colocar no lugar exato que Andrew tinha ordenado.[35] Depois do casamento, seu espírito irrefreável, tão patente nos tempos do namoro, havia desaparecido. Ele era um preguiçoso que só queria saber de jogar golfe ou de se sentar no sofá para assistir televisão. Sua crescente irrelevância para a Coroa acabava com sua vitalidade e autoestima. Lee, mulher do antigo embaixador dos Estados Unidos no Reino Unido Walter Annenberg, ficou horrorizada quando Andrew fez uma visita privada em 1993 a Sunnylands, sua magnífica propriedade em Palm Springs: ele ficou dois dias enfurnado no quarto, ao que tudo indica vendo filme pornô.

Fergie desempenhava seus deveres reais com notável entusiasmo, mas a verdade é que ela vivia sozinha num imenso e bolorento hotel, onde qualquer espontaneidade social era prejudicada pela necessidade de avisar a segurança com um dia de antecedência e também o mordomo, para providenciar o menu. Seu maior desejo era fazer alguma coisa corriqueira, como preparar um sanduíche de queijo para si mesma. "Minha solução foi simples — por um tempo eu simplesmente parei de sair. Eu sentava e comia meu jantar morno."[36] Em 1989, ela sucumbiu a um caso transatlântico muito público de dois anos com um bonito texano do ramo de petróleo, Steve Wyatt, que Andrew mal pareceu notar.

O maior problema naquela união era — e sempre seria — dinheiro. Fergie era uma perdulária incorrigível, casada com um mão de vaca que tinha bem menos dinheiro do que ela imaginava. Embora nem de longe um pobretão, Andrew não era um homem rico (pelo menos não antes de se meter em negócios sórdidos para compensar). Agora o quarto na linha de sucessão ao trono — o rebaixamento tendo começado com o nascimento de William e depois de Harry —, ele recebia 250 mil libras anuais da Lista Civil para suas atividades oficiais, e uma pensão da Marinha Real de cerca de 20 mil libras por ano, além de uma mesada não especificada sujeita aos caprichos da boa vontade da rainha. Fora isso, não tinha capital ou patrimônio que não fosse um seguro de vida de 600 mil libras.

"O absurdo disso tudo era que mesmo quando ela estava com Andrew era ela que pagava pela decoração da casa", disse Kate Waddington. "'Não tem dinheiro', ela ouvia sempre."[37] Numa tentativa de arrecadar alguns fundos, Fergie, que era piloto de helicóptero, escreveu uma série de livros infantis nada ruins sobre as aventuras de um feliz helicóptero azul chamado Budgie. Fizeram razoável sucesso comercial — ela sabia promovê-los — com uma série de desenho animado para a TV norte-americana, *Budgie, the Little Helicopter*, mas o dinheiro nunca era suficiente.

Fergie gastava desenfreadamente — com férias, restaurantes, joias, roupas e presentes magníficos. Recebia vestidos de estilistas na condição de serem devolvidos se ela não gostasse deles, coisa rara de acontecer. Era generosa com os amigos e os convidava sempre, mesmo sem dinheiro. Quando os York se separaram, em março de 1992, ela devia 4 milhões de libras ao banco Coutts. Era evidente que, por mais que as infidelidades da mulher o constrangessem, Andrew relutava em divorciar-se. Na verdade, nunca quis. A ex-empregada da família real Charlotte Briggs disse que ele continuava a amar Fergie quando voltou a morar com a mãe no Palácio de Buckingham depois do divórcio. Briggs declarou ao *Sun*: "Embora [Fergie] não morasse lá, a maquiagem dela continuava na penteadeira... Até o vestido de noiva continuava no guarda-roupa. Era muito estranho".[38] Quatro meses antes da separação, Woodrow Wyatt anotou em seu diário que Angus Ogilvy, marido da princesa Alexandra, prima da rainha, lhe disse num jantar: "O príncipe Andrew, coitado, ainda está apaixonado por Fergie".[39] Quando o pai lhe disse que ela precisava ir embora, ele simplesmente preferiu a saída mais fácil.

Foi o *Daily Mirror* que acabou com Fergie. As fotos dela com seu "gestor de negócios" texano, John Bryan, que lhe lambia os dedos dos pés no sul da França em agosto de 1992, puseram-lhe um carimbo definitivo de figura lamentável da família real.

"Procurei Fergie logo na segunda-feira depois que as fotos apareceram", disse Waddington. "Ela estava em estado de choque, uma mulher arrasada."[40] Quase ninguém levou em conta, nem na imprensa, nem na família, que o casal estava separado na época, ou que as fotos tinham sido tiradas por um paparazzi italiano que invadiu a privacidade da duquesa.

Fergie estava hospedada em Balmoral com as duas filhas quando a notícia estourou. A rainha foi inflexível e na hora mandou-a arrumar as malas e ir embora. "A ruiva está encrencada", disse Diana numa mensagem de pager para Richard Kay, do *Daily Mail*.[41] O príncipe Philip nunca mais falou com Fergie.

Se ela entrasse numa sala, ele saía. Sua raiva, apesar de teatral, era autêntica. A condição de persona non grata era especialmente aflitiva para a ex-nora em ocasiões como o casamento de Kate e William. Impedida de assistir ao evento real da década, ela fugiu para a Tailândia. "A floresta me acolheu", ela disse a Oprah numa entrevista em 2011.[42] Sem a proteção do palácio, ela enfrentou altiva anos de cruel misoginia dos tabloides, que com frequência zombavam dela chamando-a de "Duchess of Pork". "Lembro do título de uma matéria quando um jornal fez uma pesquisa de opinião e afirmou que 82% das pessoas prefeririam dormir com uma cabra a dormir com Fergie", ela disse numa entrevista em 2021.[43]

Fergie tratou os termos do divórcio com a mesma infalível ingenuidade e ineficiência com que tratava tudo o mais. Diana, ciente de que logo ia encarar um divórcio também, detectava uma sucessão de erros nas negociações da cunhada. O primeiro foi constituir um advogado do establishment, em vez de alguém de fora do círculo da realeza, erro que Diana evitou ao contratar Anthony Julius, que não dava a mínima para a aprovação real. O segundo foi basicamente igual ao primeiro. Fergie queria muito reatar com os membros mais importantes da família real, tendo sido incapaz de compreender a arte há muito tempo praticada pelos Windsor de levantar para sempre a ponte levadiça.

"Quando me encontrei com Sua Majestade, ela perguntou: 'O que você exige, Sarah?'", ela contou a um entrevistador.[44]

"'Sua amizade, senhora'", Sarah disse ter respondido, "o que acho que a pegou desprevenida, porque todo mundo dizia que eu ia exigir um acordo ambicioso. Mas o que eu queria era poder dizer, 'Sua Majestade é minha amiga' — e não brigar com ela, nem ouvir advogados dizerem, 'Veja só como ela é gananciosa.'"

Sua Majestade graciosamente aceitou a oferta de amizade de Fergie e deixou os advogados de Andrew fazerem um acordo mesquinho. Depois de dez anos de casamento e duas filhas, Fergie acabou concordando em receber 350 mil libras e, para as filhas, um fundo fiduciário de 1,4 milhão de libras e 500 mil libras para uma casa. As dívidas continuaram pendentes, e ela preferiu ficar com as filhas numa suíte na casa de Sunninghill até que a propriedade foi vendida em 2007. Ela se tornou uma duquesa errante, atrás de acordos de publicação e merchandising, e de programas de entrevista na televisão nos Estados Unidos — que inevitavelmente acabavam sendo cancelados.

Não é que ela não trabalhasse muito. Um contrato com a famosa empresa de porcelana Wedgwood exigia que ela visitasse — em doze meses — de quarenta a cinquenta shopping centers de porte médio, onde clientes embasbacados com a realeza iam ouvi-la ensinar como servir uma mesa. E ela transformou seus anos de gorda envergonhada numa oportunidade comercial. Um trabalho como porta-voz dos Vigilantes do Peso nos Estados Unidos, a 2 milhões de dólares por ano, foi o seu empreendimento mais lucrativo, e ela acabou quitando suas dívidas. Em 2006, ela investiu 700 mil libras que tinha economizado na Hartmoor, uma marca de estilo de vida, em escritórios elegantes na Madison Avenue. A ideia era que fosse uma empresa guarda-chuva para seus esforços de publicação, mídia e palestras públicas, mas em 2008 o Vigilantes a demitiu, e a Hartmoor fechou devido à má administração e excesso de gastos. Ela era a Real Housewife da Casa Windsor.

Em maio de 2010, ela cometeu um de seus erros mais danosos, do ponto de vista pessoal, ao cair numa armadilha preparada pelo repórter do *News of the World* Mazher Mahmood, que fingia ser um empresário tentando conseguir acesso ao príncipe Andrew. Era o mesmo Falso Sheik, de albornoz de mentira e tudo, que tinha enganado Sophie Wessex dez anos antes. Ele conseguiu gravar Fergie prometendo facilitar o acesso a seu ex-marido por 500 mil libras. Ela disse ao "empresário" que transferisse o dinheiro para sua conta bancária no HSBC, garantindo-lhe: "Isso vai abrir tudo que você jamais sonhou. Posso abrir qualquer porta que eu queira, e vou abrir para você. Cuide de mim e ele cuidará de você... Você vai receber dez vezes mais".[45]

Um ex-sócio comercial de Fergie me disse que ficou impossível fechar um negócio com ela devido à incompetência das pessoas de quem ela se cercava. Ela estragou incontáveis oportunidades por não saber dar prosseguimento às transações. Como o marido, ela era péssima para julgar o caráter das pessoas. Seu círculo de consultores era tão repleto de doidos e idiotas como o dele, de oligarcas duvidosos.

Mas Fergie também estava numa posição que continuaria, em graus variados, assombrando todos os membros menores da família real. Eles são como criaturas de um harém do Oriente Médio, cativas de um luxo de que todos se ressentem, mas sem os recursos ou a expertise para levar uma vida de sucesso fora dali. Se tentam, são tidos por vulgares e constrangedores, acusados de explorar seu status de realeza. E, no entanto, o que mais eles têm para oferecer? O

Vigilantes do Peso não estava interessado em qualquer ruiva alegre e gorducha. Estava interessado — a ponto de investir — na ex-mulher do segundo filho da rainha, uma duquesa de verdade, que vivia em palácios.

O miserável acordo de Fergie talvez tenha sido visto pela família real como uma vitória — sobretudo quando Charles, três meses depois, ao se divorciar de Diana, teve de pedir à mãe 17 milhões de libras emprestadas —, mas também foi pouco imaginoso. Assim como não terem pagado o mordomo tagarela Paul Burrell para calar seus segredos abriu uma temporada de caça para todo tabloide com uma boa conta bancária, as dívidas cada vez maiores de Fergie representavam uma perigosa vulnerabilidade para a Coroa.

Sempre que ela ia a um programa de entrevistas na TV americana, alguém lhe fazia uma pergunta obrigatória sobre o Vigilantes do Peso, e, para grande desgosto dela, passava a pressionar por revelações suculentas sobre sua vida como membro da realeza. As frases retiradas de contexto atravessavam o Atlântico, gerando mais desprezo e mácula para a mística da Casa Windsor. E eles nem sequer conseguiram se livrar dela. Em 2008, Fergie voltou a morar com Andrew no antigo endereço da rainha-mãe, Royal Lodge, a pequena e requintada casa de trinta cômodos, construída no século XVIII numa área de quarenta hectares no terreno do Castelo de Windsor, pela qual ele paga um aluguel nominal. Onde Andrew conseguiu os 7,5 milhões de libras para renová-la é um mistério até hoje. Eles moram ali até hoje, vivendo como casal não casado, supostamente como melhores amigos, pais dedicados das duas princesas, e avós orgulhosos. "Estou ao lado dele e sempre estarei. Nosso jeito de ser é o nosso conto de fadas", disse Fergie ao *Daily Mail* em 2018.[46]

Um executivo da mídia americana que foi vê-la para tratar de um projeto em 2015 pinta um quadro diferente, que enojaria qualquer um: "Estávamos almoçando", me disse o executivo, "e Andrew chegou, sentou e me disse: 'O que vocês estão fazendo com essa vaca gorda?'. Fiquei espantado com seu nível de sadismo. Pensei comigo, 'mas que babaca'. Ela aguenta muita coisa. Tem medo dele". O que quer que esteja por trás desse curioso arranjo, o negócio parece resumir-se no seguinte: ele a ajuda quando ela está em dificuldade, e ela o apoia quando ele se envolve em algum escândalo. É a simbiose da sobrevivência pura e simples.

À medida que William e Harry se tornavam os galãs dos anos 2000, Andrew mergulhava em rodadas de tráfico de influência e constrangedores jantares de negócios, onde ele quase sempre constrangia a si próprio e ao seu anfitrião.

Andrew apresentava sintomas clássicos do que hoje se reconhece como efeito Dunning-Kruger, o viés cognitivo que faz com que as pessoas acreditem que são mais inteligentes e mais capazes do que de fato o são. A combinação de um conhecimento de si mesmo quase inexistente com um intelecto pífio leva os portadores dessa doença a superestimar as próprias aptidões. Anos desfrutando de um respeito imerecido à sua posição na realeza lhe permitiram discorrer a torto e a direito com uma mescla de presunçosa autoconfiança e incontestada arrogância. Isso fez dele um alvo fácil de vigaristas e trapaceiros.

Sua função de embaixador comercial da Grã-Bretanha não tinha como durar — e não durou. Em fevereiro de 2011, sua repulsiva vida privada de repente explodiu, ameaçando ofuscar o casamento de William e Kate justo quando o céu era de brigadeiro nos domínios imperiais.

Em fevereiro de 2011, o *New York Post* publicou uma foto tirada em dezembro do ano anterior em que Andrew aparecia passeando pelo Central Park com o financista e criminoso sexual americano Jeffrey Epstein. Parecia que Andrew tinha retomado a amizade com esse indivíduo ordinário cinco meses depois que Epstein foi solto de uma prisão na Flórida por proxenetismo de menor e aliciamento de prostitutas. Essas revelações foram agravadas pelas notícias do *Telegraph* de que em 2009, quando Fergie beirava a falência, Epstein, a pedido de Andrew, deu dinheiro a um dos assistentes pessoais dela para liquidar uma dívida irrisória de 15 mil libras. Diante da saraivada de críticas, Fergie pediu mil desculpas. "Abomino a pedofilia e qualquer tipo de abuso sexual de crianças", declarou ao *Evening Standard* em 7 de março de 2011. "Estou tão arrependida que não sei o que dizer. Quando puder, pago a dívida e nunca mais terei qualquer ligação com Jeffrey Epstein."[47]

Ironicamente, Epstein moveu contra ela um processo de difamação por ter-se referido a ele como pedófilo. Foi a gota d'água. Uma coisa era Andrew intermediar acordos espúrios para ditadores cazaques e festejar na casa deles com misses de seios enormes, outra era manter relações descaradas com um criminoso sexual americano condenado pela justiça e seu harém de meninas menores de idade. Em julho, o Ministério das Relações Exteriores e Christopher Geidt tiveram uma conversinha. Depois da qual o duque de York, agora afogado em sórdidas alegações, renunciou como embaixador comercial internacional da Grã-Bretanha.

18. Um amigo inconveniente

A TENTAÇÃO DE JEFFREY EPSTEIN

Tive alguns desentendimentos com o flagelo de Andrew, Jeffrey Epstein, em julho de 2010.

Estava sentada à minha mesa em Manhattan no *Daily Beast*, o site digital de notícias que fundei em 2008, quando recebi uma ligação de Richard Sarnoff, o vice-presidente executivo da Random House. Sua prima Conchita Sarnoff, ativista contra o tráfico sexual nascida em Cuba, estava trabalhando num livro com material cuja publicação envolvia enorme risco de enfrentar um processo de difamação. Sabendo que eu era fomentadora da reunião anual Women in the World, com a participação de ativistas que combatiam práticas opressivas como casamento infantil e tráfico sexual, eu entenderia que Conchita tinha em mãos uma história importante, e que eu a publicaria, a despeito da hesitação da Random House. Eu o pressionei e ele mencionou o nome de Jeffrey Epstein. Meu interesse aguçou ao ouvir aquele nome que eu já conhecia. Como jornalista participante da Clinton Global Initiative (CGI), que todo ano reúne gente poderosa com filantropos num Marriott de Nova York durante a semana da Assembleia Geral da ONU, encontrei Epstein no coquetel da noite de abertura em mais de uma ocasião. Tinha uma vaga lembrança de um sujeito de cinquenta e tantos anos, observador, intensamente concentrado em interagir com os participantes.

Epstein fazia parte do grupo que concebeu a ideia do CGI.[1] Era tão íntimo de Bill Clinton que o ex-presidente costumava viajar em seu avião particular, fazendo escalas humanitárias em lugares como Haiti e Ruanda. Se você é um ex-presidente, ou um ex-CEO, um dos perigos de voar em aviões particulares é que você é acometido de um estranho desejo de nunca mais viajar em aviões de linha. Epstein sabia usar como ninguém seu Boeing 727 customizado. Com um patrimônio, segundo consta, de pelo menos 500 milhões de dólares conquistados numa carreira de investidor não muito transparente, o financista de Nova York tinha uma lista sempre atualizada (como eu saberia depois por Conchita) de passageiros conhecidos no mundo todo, como o famoso advogado de Harvard Alan Dershowitz, o ex-secretário de Comércio Bill Richardson, o ex-primeiro-ministro israelense Ehud Barak e o representante simbólico da família real, príncipe Andrew — todos os quais adoravam viajar na Air Jeff. Ele também era proprietário de casas para hospedá-los, um condomínio fechado em Palm Beach, sua própria ilha do Caribe — Little St. James, nas Ilhas Virgens —, um vasto rancho em Santa Fé e uma mansão de 56 milhões de dólares em Manhattan, com quarenta cômodos, ocupando quase todo o quarteirão da rua 71, entre a Madison e a Quinta Avenida.

O apelo para muitos de seus passageiros habituais era que Epstein não era um chato como muitos empresários bilionários que têm aviões e casas à disposição. Epstein tinha pretensões intelectuais, com forte queda para a ciência. Abandonou a Cooper Union, jamais concluiu os estudos no Instituto Courant de Ciências Matemáticas da Universidade de Nova York, e foi demitido como professor de matemática da conceituada escola particular Dalton no Upper East Side. Depois de cair nas graças de um pai lá na escola, que o contratou para o Bear Stearns (e depois o demitiu do banco por se servir de informações privilegiadas), desenvolveu fortes laços com Harvard e o MIT mediante generosas doações. Os jantares que dava em sua mansão de quase 2 mil metros quadrados reuniam grandes apostadores do mundo financeiro, como Leon Black, da Apollo Global Management, e o bilionário dos fundos de hedge Glenn Dubin, com intelectuais acadêmicos, como o cientista cognitivo Steve Pinker e (como ficamos sabendo em 2019 por uma notícia do *New York Times*, que caiu como uma bomba) o fundador da Microsoft, e posteriormente filantropo, Bill Gates.

Mesmo que não fosse levado em conta o estranho fluxo de adolescentes que entravam e saíam da casa de Epstein em Manhattan, era de imaginar que o chamariz para os convidados seria a decoração grotesca e bizarra do ambiente. Sua excrescência não resultava apenas do gosto inculto de um alpinista social de Coney Island. Havia, como informou *The Cut*, uma boneca de tamanho natural pendurada num lustre, uma fileira de globos oculares artificiais emoldurados um a um no corredor, um retrato de Bill Clinton usando o vestido azul de Monica Lewinsky e um imenso tabuleiro de xadrez ao pé da escada, com estatuetas retratando integrantes da sua equipe sugestivamente vestidos, que, no dizer de um convidado, era "horripilante, causava arrepios nas pessoas, como pretendia".[2] Como Epstein pagava por tudo aquilo? Apesar de cultivar em torno de si uma aura misteriosa de senhor de muitos universos, na verdade ele era um agente financeiro que tinha apenas um cliente visível — Les Wexner, o bilionário varejista de Ohio, dono da Victoria's Secret e da Limited.

A história que Conchita Sarnoff queria contar para *The Daily Beast*, no entanto, não era sobre Epstein, o financista pouco transparente. Era sobre Epstein, o pedófilo. Posso dizer com orgulho que suas reportagens foram as primeiras a revelar a amplitude da natureza destrutiva dele.

A obsessão de Conchita pelo caso foi deflagrada quando ela estava pesquisando sobre tráfico sexual no México. Ela lembra que o ministro das Relações Exteriores do país a provocou numa entrevista, dizendo: "'Sabe de uma coisa, vocês, americanos são um bando de hipócritas. Compram nossa droga, compram nossas armas, e agora estão roubando nossas crianças. O maior número de pedófilos está nos Estados Unidos'... Ele continuou falando de gringos, de americanos."[3] Isso deu início à sua odisseia para descobrir quem eram eles.

As investigações a levaram à cela de um traficante mexicano na prisão militar de Palm Beach. Até aquele momento, Conchita pensava que as vítimas de tráfico sexual mexicanas eram fornecidas para cartéis de drogas e outros criminosos, mas o traficante lhe contou que as menores sob sua guarda eram levadas a Palm Beach para servir a homens mais velhos e ricos. Ela relacionou a declaração dele a pequenas notícias meio esquecidas que havia lido na imprensa de Palm Beach. Registravam a prisão — e a soltura, depois de uma sentença de doze meses — de um homem que ela, mulher glamurosa de vida social ativa com trânsito nas altas rodas, conhecia de vários lugares em Nova York. Um homem que certa vez insistira muito com ela para saírem juntos: Jeffrey Epstein.

A curiosidade a conduziu à delegacia de Palm Beach, onde o que ela leu nos arquivos sobre o caso a deixou de cabelo em pé. O departamento identificara meninas locais que haviam tido contato com Epstein antes da idade de consentimento; a mais nova tinha catorze anos, e muitas menos de dezesseis. Ele se referia a uma delas, Nadia Marcinkova, como sua "escrava sexual iugoslava" porque a importara dos Bálcãs. Nadia tinha catorze anos. Duas ou três vezes por dia, sempre que Epstein estava em Palm Beach, uma adolescente era levada até sua mansão na El Brillo Way. ("Quanto mais nova, melhor", ele gostava de dizer.)[4] Um fundo estabelecido para indenizar vítimas de Epstein acabaria pagando 121 milhões de dólares a 150 delas.

Dados de uma ação civil acabaram revelando detalhes a respeito de um aniversário de Epstein, que foi presenteado com três meninas de doze anos vindas da França — no dia seguinte, depois de abusadas, elas foram devolvidas para a Europa. Se Epstein tivesse cometido todos os crimes evocados pelas testemunhas, pensou Conchita, ele deveria estar cumprindo pena de vinte anos numa penitenciária federal, e não treze meses na ala privada da prisão militar do condado de Palm Beach, além de míseros dezoito meses em "prisão domiciliar",[5] durante os quais ele viajava amiúde para sua casa em Nova York e para sua ilha particular no Caribe.

Todos esses pormenores e muitos outros sobre seu estilo de vida apareceram em cinco reportagens publicadas no *Daily Beast*, entre julho de 2010 e março de 2011. Uma das últimas incluía um vídeo da primeira vítima de Epstein, abusada aos catorze anos quando esteve na casa dele achando que era para lhe fazer uma massagem. A mãe dela o denunciara à polícia, desencadeando a primeira investigação que o botou na cadeia.

As histórias eram, antes de tudo, relatos de absoluta perversão da Justiça, corrompida por tráfico de influência e dinheiro. Conchita revelou que o pelotão de advogados famosos do financista desacreditava as jovens vítimas, muitas das quais tinham um passado não muito recomendável e haviam sido criadas em ambientes difíceis. A procuradoria de Palm Beach minimizou as acusações contra Epstein. Posteriormente, o Departamento de Justiça dos Estados Unidos aceitou trocar as acusações de múltipla corrupção de menores por duas acusações mais brandas, equivalentes a simples reprimendas, de envolvimento com prostitutas.

Conchita entrevistou Epstein durante horas em sua casa de Palm Beach, até ele se dar conta de que a mulher por quem certa vez se interessara não pensava em escrever um artigo elogioso. Enquanto a primeira de suas reportagens passava pelo crivo rigoroso do editor do *Beast*, Lee Aitken, e do advogado Stuart Karle, recebi uma ligação dele, agora aparentemente um amigo com quem eu não falava havia muito tempo, me dizendo que Conchita Sarnoff era pirada e que era melhor parar por ali. Ela conta que ele lhe ofereceu, por um intermediário, 5 milhões de dólares para não publicar a reportagem.

Poucos dias depois, tive uma experiência assustadora. Ao voltar para meu escritório de paredes de vidro no *Beast*, Jeffrey estava lá sentado. Como passou pela recepção sem que minha assistente fosse avisada, ou como encontrou meu escritório, até hoje não sei, mas isso talvez diga muita coisa sobre seu notável talento para cooptar pessoas e fazer o que bem entendia.

Olhava desconfiado e foi direto ao ponto. Havia nele um quê de irritadiço, ameaçador, que achei sinistro. "Pare com isso", ele disse, medindo as palavras enquanto eu o olhava da porta. "Pare com isso. Senão haverá consequências." Agradeci a sugestão e disse para conversar com nossos advogados. "Você ouviu", ele disse. "Pare com isso." E saiu.

Depois que a reportagem foi publicada, esperei apreensiva a bomba jurídica, que jamais veio. Em vez disso, Epstein disparou uma saraivada de comunicados à imprensa sobre todas as suas atividades filantrópicas. Talvez calculasse que *The Daily Beast* não despertaria em outros meios de comunicação muito interesse pelo assunto. Nisso estava certo. As reportagens foram comentadas nos círculos nova-iorquinos, mas isso foi antes do movimento #MeToo, antes que questões de abuso sexual de mulheres por homens poderosos fossem além de conferências sobre empoderamento feminino. Epstein não era um nome muito conhecido. Houve mais interesse no que Bill Clinton estaria fazendo naquele avião.

Fiquei surpresa quando, em dezembro de 2010, recebi uma ligação de Peggy Siegel — agente de publicidade e decana das sessões de cinema para celebridades — me convidando para um jantar "fabuloso, mesmo", oferecido ao príncipe Andrew na casa de Jeffrey Epstein. Entusiasmada, contou que os outros convidados eram Woody Allen (cuja filha adulta o acusava de abusar sexualmente dela quando tinha sete anos de idade), o apresentador de programa de entrevistas Charlie Rose (mais tarde "cancelado" devido a acusações de assédio sexual) e os jornalistas de televisão Katie Couric e George Stephanopoulos. Àquela altura, eu já havia publicado cinco reportagens sobre os abusos sexuais cometidos por Jeffrey Epstein contra menores de idade e perdi as estribeiras.

"O que é isso, Peggy?", esbravejei, "o baile do filho da puta do predador?"

"Tem havido muito exagero", ela disse. "Na verdade, Jeffrey é gente boa. Tem sido muito generoso comigo. Só estou ajudando com essa festa."

É uma fonte perene de alívio para mim ter deixado de lado minha costumeira disposição editorial de comparecer a qualquer evento que possa render uma boa história e me recusado a ir a um jantar que se tornou uma das noites mais vergonhosas da sociedade de Manhattan.

II

O que é que Andrew viu em Jeffrey Epstein? O príncipe não foi o primeiro nem o último otário de renome a ser ludibriado. Epstein sempre soube qual botão psíquico apertar. No caso de Andrew, explorou seu ressentimento de ser cada vez mais relegado à periferia da família real. A mulher de um financista que se sentou ao lado dele no jantar de Epstein me disse que o príncipe de repente declarou: "Não sei por que as pessoas não nos tratam, a nós da realeza, com mais respeito".

Epstein fazia Andrew se sentir parte do primeiro time — negócios, garotas, o avião, o mundo sexy de Manhattan, onde ele não era visto como um homem adulto ainda dependente do bolso da mãe ou da severa hierarquia palaciana. Em conversas privadas, Epstein dizia que Andrew era um idiota — um idiota útil. Um membro sênior da realeza é sempre um forte polo de atração no exterior. Diplomatas nos consulados britânicos de Nova York a Cingapura me garantem que um convite para encontrar o segundo filho da rainha, mesmo maculado por rumores, ainda impõe a aceitação de empresários do topo da lista, aos quais de outra forma seriam de acesso muito difícil. Ouvi dizer que Epstein confidenciou a um amigo que costumava levar o duque de York de avião para obscuros mercados estrangeiros, onde os governos se sentiam gratos por recebê-lo, e Epstein pegava carona como consultor de investimentos de Sua Alteza Real. Com Andrew como "chefe laranja", Epstein podia fechar negócios com essas figuras de reputação quase sempre duvidosa, e dar ao duque uma boa recompensa.

Uma figura-chave da relação Andrew-Epstein foi a mulher que os apresentou, Ghislaine Maxwell, filha do magnata da imprensa Robert Maxwell, desaparecido, em circunstâncias nunca esclarecidas de todo, em novembro de 1991, quando caiu de seu iate no oceano Atlântico, ao largo da costa das Ilhas

Canárias. Apesar de pouco conhecido nos Estados Unidos antes de comprar o endividado *New York Daily News* em 1991, Maxwell era uma figura colossal em Londres, com sua voz melíflua e poderosa, suas imensas sobrancelhas hirsutas e sua cabeleira tingida de preto. Seu império midiático ia da publicação de livros científicos, com a Pergamo Press, ao poderoso Mirror Group Newspapers e à editora Macmillan. As festas que ele e a mulher Betty, francesa, ofereciam em Headington Hill Hall, sua mansão, eram a versão Oxfordshire das festas de Gatsby em East Egg. Ghislaine, por sua vez, era uma figura improvavelmente glamorosa em Balliol, sua faculdade em Oxford, mais conhecida pelos cê-dê-efes do que por mulheres sedutoras que geram manchetes.

Após a morte de Maxwell, veio à tona que ele era um escroque, um vigarista. Havia se apropriado de gigantescas somas do fundo de pensão do Mirror Group, fraudando os próprios empregados. Ghislaine foi para Nova York para escapar do escândalo e começar uma vida nova com um fundo fiduciário de 100 mil dólares por ano, que mal dava para comprar algumas peças da grife Armani. Corre por aí que ela conheceu Epstein logo que chegou, e Epstein a "acolheu", pelo que ela lhe era eternamente "grata". Levando em conta o oportunismo dele, isso não é nem provável nem verdadeiro. Um ex-sócio comercial dele, Steven Hoffenberg, que cumpriu dezoito anos de prisão por comandar um dos maiores esquemas de pirâmide pré-Madoff da história dos Estados Unidos, me garantiu que Ghislaine conhecera Epstein em Londres, nos anos 1980, por intermédio do pai, que por sua vez o teria conhecido depois que ele saíra do Bear Stearns. A partir de então, os dois "se envolveram numa profunda relação de negócios".[6]

Ghislaine se apaixonou perdidamente por Epstein, mas o caso durou pouco. Madura, voluntariosa, com um corte de cabelo pixie, ela nada tinha a ver com as pré-adolescentes abandonadas de que Epstein gostava. A relação entre os dois logo se tornou comercial: Epstein ganhava o dinheiro, e Ghislaine fazia as apresentações. Incapaz de prender a atenção sexual dele, ela descobriu um jeito de segurá-lo recrutando "núbeis" (como ela as chamava) para atender às insaciáveis necessidades dele.

Ghislaine era onipresente nas camadas sociais que se reuniam para comemorar lançamento de perfumes, abertura de galerias de arte e festas beneficentes semiformais, em que as pessoas lançam beijinhos umas para as outras. Às vezes comparecia a sessões de leitura que eu oferecia em casa. Estava sempre de passagem: chegava sozinha, rondava homens poderosos e ia embora. Jamais "entendi" de fato Ghislaine, apesar de termos muitos amigos em comum. Havia qualquer coisa em seu jeito duro, agudo, em sua vivacidade tensa, que sugeria um desconforto em guerra com sua autoconfiança.

A verdade era que, para Ghislaine, cair em desgraça quando o pai magnata se tornou um pária na posteridade — visto por seu antigo círculo social de aduladores como um escroque de nível internacional — foi uma experiência incalculavelmente traumática.

Além disso, seu nascimento coincidiu com o desastre automobilístico sofrido por seu irmão de quinze anos, que ficou sete anos em coma. Os pais, tomados de dor, não lhe deram a devida atenção no começo da vida. Mais tarde, o pai tentou compensar transformando sua extrovertida filha mais nova na menina de seus olhos. O foco da vida dela era agradá-lo e fazer coisas para ele. Eleanor Berry, filha do então dono do *Daily Telegraph*, lorde Hartwell, conta uma história perturbadora. Quando Ghislaine tinha dez anos, ela a convidou para seu quarto em Headington Hill Hall. Berry viu uma escova de cabelo de formato estranho, uma correia, um chinelo e outros objetos em cima da penteadeira. Ghislaine disse, com uma ponta de orgulho: "É isso que papai usa para me bater. Mas ele sempre me deixa escolher qual eu quero".[7]

Essa escolha que o pai, sádico, delegava à menina, conferindo-lhe um poder que ela não tinha, explica melhor por que ela se deixou enfeitiçar por um homem como Epstein.

O príncipe Andrew era a maior presa social que Ghislaine pôde apresentar a Epstein. Era fácil de agradar e saciar. Aos 39 anos, ele estava tão interessado em mulheres disponíveis como em novas fontes de renda. Agora divorciado e homem de forte apetite sexual, eternamente atrás de mulheres, com um estilo de conquista que misturava gargalhadas e olhares para os seios, Andrew teve inúmeras relações com diferentes mulheres na década que se seguiu ao divórcio de Sarah Ferguson.

Em janeiro de 2001, a rainha não achou muita graça quando vazaram fotos de Andrew tomando sol num iate na Tailândia com um grupo ruidoso de mulheres de topless. As notinhas sobre ele, mostrando-o em zonas boêmias em busca de sexo, ofuscaram seus primeiros meses de trabalho como embaixador comercial do governo britânico. "Num momento, você é beliscada na bunda, e no momento seguinte ele está lembrando a você que é Sua Alteza Real",[8] teria se queixado um objeto dos seus interesses.

A privacidade da mansão de Epstein em Manhattan e na ilha do Caribe era uma valiosa mordomia para um príncipe que vivia tentando escapar da censura do palácio e do desdém da imprensa. Em suas visitas a Nova York, quando se esperava que ficasse hospedado no consulado britânico, confortável e bem localizado, Andrew preferia dormir no endereço de Epstein, a apenas cinco pequenos quarteirões de distância. O príncipe hospedava-se com Epstein com uma frequência tal que dispunha de sua própria suíte de hóspedes, grandiosamente decorada, no terceiro andar. O sarcástico Epstein batizou o quarto de "Suíte Britânica". Conseguiu até que Andrew deixasse de lado seus ternos e gravatas e comprasse seu primeiro par de calças de moletom.

Andrew, Epstein e Ghislaine se tornaram um trio social peripatético — os Três Mosqueteiros da Lascívia. Em fevereiro de 2000 estiveram num evento no resort de Donald Trump em Mar-a-Lago, na Flórida. Os registros de voo do *Lolita Express* — apelido do avião de Epstein por razões óbvias — relativos a maio de 2000 mostram que o príncipe voou com Epstein e Maxwell para Palm Beach. O antigo faz-tudo de Epstein, Juan Alessi, alega que o príncipe participou nu de festas na piscina na casa do patrão em El Brillo Way, e recebia sessões de massagens de belas moças.[9] Em documentos juramentados de uma ação de 2011, Alessi descreveu a casa como "cheia de retratos de jovens nuas, e disse que o príncipe ficava num quarto de hóspedes azul que continha sabão em formato de órgãos genitais masculinos e femininos".[10] Além disso, afirmou ter preparado mesas de massagem diária para o hóspede real, mas nunca o viu fazer nada inconveniente.

A contrapartida dessa licenciosidade sem limites era que Epstein mereceu a honra de entrar e ser fotografado no Royal Ascot com Andrew e Ghislaine, e de receber com Ghislaine um convite em relevo — como convidados especiais do duque de York — para a Dança das Décadas da rainha no Castelo de Windsor, em junho de 2000. Em dezembro de 2000, Andrew convidou o casal para um fim de semana de caça ao faisão no lugar mais exclusivo de Sandringham — notável ascensão social para Epstein, filho de um guarda de parques públicos. Andrew insiste que o financista compareceu apenas como acompanhante de Ghislaine, mas três meses depois do fim de semana em Sandringham, lá estavam eles mais uma vez festejando juntos, dessa vez em Londres.

É sobre os acontecimentos daquela noite, 10 de março de 2001, que o príncipe Andrew responde a perguntas que o torturam até hoje, duas décadas depois.

III

Virginia Roberts Giuffre, hoje com 38 anos, casada e mãe de três filhos, vive com conforto num subúrbio de Perth, Austrália, graças à bela soma que recebeu ao ganhar uma ação de difamação em 2015, movida contra Ghislaine por chamá-la de mentirosa. Ela é a mocinha ignorada que se tornou uma vingadora. Loura, de modos serenos, simpática e direta, é digna de crédito e conta uma história que não se consegue esquecer.

Quando Giuffre chamou a atenção de Ghislaine Maxwell pela primeira vez, no verão de 2000, ela era uma jovenzinha esbelta de dezesseis anos que trabalhava como atendente de vestiário no resort Mar-a-Lago, de Donald Trump, em Palm Beach. Era seu primeiro trabalho estável depois de quatro anos de exploração de homens predatórios de meia-idade. Já tinha sido abusada por um familiar e seus pais haviam despachado a adolescente para uma instituição, da qual fugiu aos treze anos. Ron Eppinger, de 63 anos, que vivia como gigolô de moças que importava da Europa, apanhou-a num ponto de ônibus em Miami e ficou com ela para usufruto próprio. Segundo Brad Edwards, advogado de Giuffre, quando ele percebeu que a polícia federal estava em seu encalço, Eppinger a escondeu num celeiro na Floresta de Ocala, na Flórida, onde abusava dela brutalmente. Entregou-a depois a um amigo do dono do clube Hot Chocolates, em Fort Lauderdale, que a apresentava como sua "namorada".[11] Quando o FBI pegou a turma de Eppinger, Virginia foi devolvida aos cuidados do pai, que trabalhava na manutenção de Mar-a-Lago. Ele lhe conseguiu um emprego de verão tomando conta das toalhas.

Virginia folheava um livro sobre massagem terapêutica no resort quando foi abordada por uma linda mulher com sotaque característico da classe alta inglesa. O livro dera uma deixa perfeita para Ghislaine iniciar uma conversa sobre um bilionário que morava ali perto e estava procurando uma massagista.

O negócio acabou incluindo mais do que uma rápida massagem nas costas. Virginia logo percebeu a cumplicidade entre Epstein e Ghislaine.[12] Enquanto riam, fizeram-na despir-se e ficar só com sua patética calcinha da Hello Kitty. Ghislaine lhe disse que Epstein gostava de ter os mamilos beliscados, depois a mandou ficar de pernas abertas em cima dele "até ele terminar".[13] Ao que tudo indica ele aprovou o desempenho da jovem. "Ela serve", disse a Ghislaine depois que tomaram um banho de chuveiro.

Num manuscrito inédito — "The Billionaire's Playboy Club", apresentado como prova em sua ação judicial contra Maxwell —, Virginia diz ter chegado em casa perturbadíssima, se perguntando por que todos os caminhos que tomava pareciam terminar em abuso sexual. Mas ela era pobre, e Epstein lhe pagou mais dinheiro do que tinha visto em toda a vida.

Ao longo dos próximos dois anos ela se tornou um brinquedo sexual humano sempre disponível, treinada por Ghislaine e convocada a qualquer momento. Instalada num apartamento que Epstein lhe alugou nas proximidades, ela o atendia até quatro vezes por dia, com massagens eróticas e sexo oral. Viajava em seu Boeing 727 — quase sempre com um bando de outras moças bem jovens —, para as casas dele nas Ilhas Virgens, no Novo México e em Nova York.

Ghislaine muitas vezes tirava a roupa e participava. "Toda a vida deles girava em torno de sexo", disse Virginia.[14] Epstein começou a emprestá-la para amigos poderosos. Quando um amigo de Ghislaine lhe perguntou o que achava das meninas que recrutava, "ela disse, 'não são nada, essas meninas. São lixo.'"[15]

Quanto mais convivia com Epstein, mais Ghislaine absorvia seu lado sombrio, e justificava as próprias ações retrocedendo à imoralidade do pai. Robert Maxwell também se achava acima da lei. Seu "odor de velhacaria", nas palavras do biógrafo John Preston, serviria para descrever Epstein, com seu jeito arrogante, maliciosamente sorridente, digno de um Houdini, de escapar do castigo.[16]

Um amigo jornalista me contou que certa vez, nos anos 2000, viu Ghislaine em ação. Ele estava no restaurante Elio's, com uma turma que incluía o ator Liev Schreiber. Um grupo de belas modelos de dezessete, dezoito anos chegou e foi direto para o bar. Ghislaine saiu da mesa e foi se apresentar. "O que ela está fazendo?", meu amigo perguntou. "Recrutando para Jeffrey", respondeu um dos convivas.

IV

Não há provas que justifiquem a conduta de Ghislaine argumentando que ela também era vítima de Epstein. Foi ela que industrializou a até então amadorística operação sexual de Epstein, recrutando moças entre suas próprias jovens amigas.

Um dos famosos a quem Virginia diz ter sido entregue foi o príncipe

Andrew. Num depoimento juramentado de dezembro de 2014, ela declarou ter feito sexo três vezes com ele — a primeira vez em Londres, em março de 2001, quando tinha dezessete anos. (Os registros de voo do avião de Epstein confirmam que ela viajou com ele e Ghislaine para Londres nessa época.) Na manhã de 10 de março, na casa de Ghislaine em Belgravia, segundo depoimento de Virginia, Ghislaine lhe disse: "Você hoje vai conhecer um príncipe", e de noite Andrew chegou, e os quatro seguiram para o Tramp, o clube de Mayfair frequentado exclusivamente por sócios e anunciado como "o melhor lugar para pecar em Londres". Andrew teria pagado uma bebida a Virginia, e os dois foram para a pista de dança na seção VIP. Ela lembra que o príncipe era um dançarino atroz, com glândulas sudoríparas muito ativas. Os quatro voltaram para a casa de Ghislaine, que lhe disse: "Quero que faça por Andrew o que faz por Epstein". Virginia obedeceu, descrevendo o momento, em suas memórias inéditas, como "os dez minutos mais longos de sua vida". Notou que o príncipe agradeceu antes de sair e que Epstein pagou a ela 15 mil dólares. Ela e Andrew fizeram sexo mais duas vezes: na casa de Epstein em Nova York, um mês depois, e então, com a participação de um grupo de outras jovens, na ilha caribenha de Epstein, Little St. James.

Talvez sua história nunca tivesse merecido credibilidade, não fosse a fotografia comprometedora que parece confirmar o que ela diz. Foi publicada pela primeira vez pelo *The Mail on Sunday*, em março de 2011, quando Sharon Churcher a convenceu a contar sua história, e mostra Andrew e Virginia, então com dezessete anos, em pé, quadril contra quadril, no que parece ser o segundo andar de uma casa londrina. Andrew tem um ar de pai cheio de tesão pronto para atacar a babá adolescente. Virginia usa calças apertadas nas pernas e nos quadris, e uma blusa justa sem mangas, o braço passado por trás do príncipe Andrew, que por sua vez também a envolve. Ghislaine aparece atrás, radiante como uma cafetina orgulhosa. Virginia disse que Epstein tirou a foto com uma câmera Kodak descartável que pertencia a ela. O texto publicado com a foto comprometedora narrava em detalhes os abusos sofridos por Virginia nas mãos de Epstein, identificando a amiga de Andrew, Ghislaine, como cúmplice.

Consta que a rainha chamou o filho quando a reportagem apareceu e exigiu uma explicação. "O duque garantiu à mãe que não tinha tido relação sexual com Virginia Roberts, nem com qualquer uma das meninas de Jeffrey Epstein", disse uma fonte palaciana a Edward Klein, da *Vanity Fair*. "O duque conversou com os advogados por telefone e os advogados elaboraram um documento que pretendia ser uma advertência para a imprensa na Grã-Bretanha." (Andrew diria depois que a foto deve ter sido adulterada, porque suas mãos têm dedos gordos.)[17]

O casamento iminente de William e Kate em abril precisava ser protegido contra qualquer escândalo na Casa de York. Certamente com um suspiro, a rainha lançou um Exocet simbólico. Deixou claro à imprensa que seu segundo filho contava com sua total proteção. Convocou Andrew ao Castelo de Windsor e lhe pespegou a insígnia de Cavaleiro da Grã-Cruz da Real Ordem Vitoriana (GCVO). Sim, sua medalha mais alta. A GCVO do príncipe Andrew agora lhe dava direito a usar a faixa vermelha, branca e azul e a insígnia estrelada da ordem nobre, que implicava o profundo agradecimento da monarca por seus serviços pessoais. O gesto teatral funcionou. A imprensa britânica manteve um estranho silêncio sobre a imoral vida secreta de Andrew, voltando sua atenção para o júbilo nacional do casamento dos Cambridge. Nas notícias sobre o encerramento da função de Andrew como embaixador comercial britânico em julho de 2011, nada se disse sobre a fotografia com Virginia Roberts Giuffre.

Andrew tratou de reparar a reputação com a ajuda de uma nova e astuta secretária particular, Amanda Thirsk, ex-banqueira formada em Cambridge. Ela ajudara a fechar o negócio da venda de Sunninghill Park para o oligarca cazaque, e num instante se tornou a assistente mais próxima do príncipe. Sua estratégia consistia em fazer de Andrew o chefe de torcida do empresariado britânico. Em 2014, lançaram a Pitch@Palace, uma plataforma para os candidatos mais promissores, entre dezenas de milhares de empresários, selecionados para tentar vender suas ideias a investidores de risco e outros prováveis patrocinadores em St. James ou no Palácio de Buckingham.

Para variar, dessa vez parecia que o sucesso estava nas mãos de Andrew. A Pitch@Palace tornou-se global, com eventos colaterais na África, na Austrália, nos Emirados Árabes Unidos e na China. Houve aplausos para produtos como um kit de autoteste de HIV; Stasher, uma plataforma para viajantes encontrarem um lugar para depositar suas malas sem precisar se hospedar num hotel; e Magic Pony Technology, uma startup de Inteligência Artificial que o Twitter adquiriu por 150 milhões de dólares. O *Sunday Times* chegou a destacar seu mais conceituado repórter de negócios, John Arlidge, para fazer uma reportagem de capa com Andrew.

No entanto, a ineficiência do príncipe não poderia continuar escondida. Depois de ter declarado a Arlidge ser "uma fábrica de ideias",[18] a única ideia que ele poderia chamar de sua foi permitir a visitantes que usassem seus celulares dentro do palácio. Embora a equipe de Arlidge tenha passado dois dias negociando onde Andrew posaria para uma foto de capa, o duque se negou peremptoriamente a dar três passos até o lugar designado e tirar a foto.

As severas críticas que Arlidge lhe fez devem ter sido leitura penosa para o departamento de comunicação do palácio. "Andrew disse que foi tudo culpa do jornalista, e responsabilizou sua equipe. Jamais admitiria que ele mesmo pôs tudo a perder", me disse um servidor.

Ghislaine Mawwell também andou tentando reparar sua reputação. Largou Epstein e começou a namorar Ted Waitt, o bilionário cofundador da empresa de computadores Gateway, que comprou um iate de três andares e instalou um submarino para ela pilotar. Em 2012, ela fundou uma organização sem fins lucrativos chamada TerraMar Project, pouco mais do que um website sem qualquer desembolso financeiro para defender o manejo sustentável dos oceanos do mundo. Isso lhe deu credibilidade suficiente para entrar no circuito das Ted Talks. A mulher que em oito anos estaria atrás das grades como notória criminosa sexual e proxeneta de meninas menores de idade, agora estava sempre em eventos como a Iniciativa Global Clinton e a festa Time 100. Chegou a ser vista em 2013, e novamente em 2014, na ONU, fazendo um virtuoso discurso em que posava de guardiã dos oceanos. "Ela parou de falar sobre sexo e começou a falar sobre golfinhos", disse um de seus ex-amigos.

Mas, apesar da arrogância e do status de celebridade, Ghislaine andava preocupada com a possibilidade de ter que prestar contas de seu passado. Numa dessas convenções repletas de nobres intenções, a então editora de *The Daily Beast* na Costa Oeste, Gabé Doppelt, acabou se sentando ao lado de Ghislaine no jantar. Com uma aguda curiosidade jornalística, Doppelt lhe perguntou como era "ser [Ghislaine] nesse momento".

"Havia pão e manteiga na mesa", me disse Doppelt, "e Ghislaine pegou um naco de manteiga, fez uma bolinha e a esmagou com a mão fechada."

"*Assim*", respondeu, com angustiada ferocidade.

19. Número seis na ordem do dia

O MUNDO DE MEGHAN MARKLE

Meghan Markle estava farta de Hollywood. Ela acabava de completar 29 anos, e há sete se formara na prestigiosa Northwestern University de Chicago, com especialização em teatro e estudos internacionais. Em vez de ser aclamada como a nova Angelina Jolie, estava em pleno meio do nada no âmbito profissional.

Ela sabia que seu destino era ser uma estrela desde seu primeiro papel, quando fez a secretária numa produção de *Annie* na Imaculate Heart High School, no bairro Los Feliz, em Los Angeles. Meghan cresceu nas franjas da indústria do entretenimento. O pai, Tom Markle, trabalhara como bem-sucedido diretor de iluminação e fotografia na sitcom da Fox *Married... with Children* e no interminável novelão *General Hospital*. Quando Meghan ficava esperando o pai em seu uniforme de escola católica no set de *Married... with Children*, ele a enxotava para a lanchonete durante as cenas mais picantes.

O mundo do pai era o segundo escalão do show business, um ambiente de técnicos, gerentes de produção, cabeleireiros e maquiadores, muito mimados por seus sindicatos, mas a uma distância considerável da Calçada da Fama de Hollywood. Se é verdade que a história de Kate Middleton poderia ter saltado das páginas de Anthony Trollope para o mundo real, a de Meghan estava nas últimas páginas de exemplares encadernados da *Variety*. Tom Markle disse à Fox News que sua filha se encantou pelo ilusório glamour dos tapetes vermelhos aos doze anos, quando ele, indicado a um Emmy por seu trabalho em *General Hospital*, a levou como acompanhante para a cerimônia de premiação. "Meghan se virou para mim e disse: 'Papai, um dia quero ser famosa como você'".[1] Nos fins de semana, viam juntos filmes de Busby Berkeley, e o maior sonho dela era ser uma dançarina como Eleanor Powell, a rainha do sapateado dos anos 1930.

Com apenas onze anos, ela demonstrou prodigiosa determinação feminista ao escrever uma carta para a Procter & Gamble protestando contra as implicações sexistas de um comercial de TV que mostrava uma pia cheia de louça e a ilustrava com a voz de um locutor: "Mulheres combatem panelas gordurosas com Ivory Clear". A iniciativa de Meghan rendeu à adolescente sardenta um lugar em *Nick News* no Nickelodeon, dizendo à apresentadora Linda Ellerbee, com o ar mais sério do mundo, que não "está certo as crianças crescerem pensando essas coisas — que só a mamãe é que faz tudo". A P&G cedeu a essa precoce reprimenda e na versão seguinte o comercial afirmava que "*pessoas* combatem panelas gordurosas com Ivory Clear".[2] Foi uma lição para Meghan sobre como usar a mídia como arma.

Tom ficou tão orgulhoso do dinamismo progressista da filha que perguntou à produtora executiva de *General Hospital*, Wendy Riche, se ela poderia ser sua mentora no Dia de Levar Nossas Filhas ao Trabalho. O pai queria que ela visse uma mulher poderosa em ação. "Ele disse: 'Ela é muito inteligente e muito dedicada em muitas áreas. Quero que ela chegue perto do sucesso que você tem e o sinta, e saiba que é capaz de alcançá-lo'",[3] me disse Riche. Ela achou Meghan, então com doze anos, inteligente, confiante, calorosa, alerta e já "ciente dos problemas, uma jovenzinha consciente. Achei maravilhoso o que Tom fez por ela, [...] o que ele via nela e queria para ela".

Circula no YouTube um vídeo de Meghan com dezoito anos feito pela sua melhor amiga, Ninaki Priddy. Mostra-a em Rodeo Drive num carro com uma placa que dizia "Classy Girl", falando de um teste que tinha acabado de fazer para um vídeo da Shakira: "São seiscentos dólares por dois dias. Eu estava muito nervosa, com medo de pirar, e tremia demais".[4] Recitando em voz alta os nomes das lojas de grife pelas quais passava, ela era como qualquer estudante de classe média olhando vitrines na parte glamorosa da cidade. Na faculdade, ela pôde escolher entre os atletas de basquete mais disputados. Sempre soube com muita clareza quem ela queria, me disse o pai. "No primeiro ano de faculdade, ela apontou para um rapaz e disse: 'Aquele menino vai ser meu namorado'. E ele veio a ser seu namorado... Ela é muito, muito eficaz com homens."[5]

Quando a filha tinha catorze anos, Tom Markle lhe conseguiu uma ponta como uma jovem voluntária "de avental vermelho e branco" em *General Hospital*. Sete anos depois, ele lhe garantiu o primeiro papel com fala como uma enfermeira, uma bela manchinha ao fundo que gorjeia: "Eu tenho esse prontuário aqui, dr. Lambert". Achava frustrante que, em todos esses anos, os diretores de elenco não tivessem visto nela nada mais do que um breve colírio para os olhos.

Durante toda a infância, como filha de pai branco e mãe afro-americana, Doria Ragland, que se divorciaram quando Meghan tinha seis anos, a menina não sabia onde se encaixar. No oitavo ano do fundamental, ao preencher um formulário de recenseamento, ela deixou em branco um quadradinho sobre etnia. Um professor lhe disse que ela precisava escolher, e deveria marcar caucasiana, porque essa era sua aparência — o que para Meghan foi uma traição à mãe, que ela adorava. Quando contou ao pai, Mark a aconselhou, colérico: "Se acontecer de novo, desenhe seu próprio quadrado".

Nos primeiros anos como atriz, a etnicidade ambígua era um problema para os diretores de elenco. Apesar de ter um "closet cheio de roupas da moda para parecer que eu era tão racialmente variada quanto um pôster da Benetton dos anos 80", ela escreveu num artigo para *Elle*, "eu não era negra o bastante para papéis negros nem branca o suficiente para papéis brancos, o que me deixava no meio do caminho, uma camaleoa étnica que não conseguia emprego".[6]

Criada nos anos 1980 e 1990, Meghan vivia num bairro de Los Angeles predominantemente branco, e acostumou-se à desoladora frequência com que sua mãe, uma professora de ioga de "olhar doce", apaixonada pelas filosofias da atenção plena da Califórnia, era confundida com sua babá. Mesmo sua meia-irmã Samantha Markle, de quem não era próxima, diz em memórias publicadas por conta própria que ficou chocada com o racismo instintivo de uma amiga da Taft High School quando apresentou essa amiga a Doria:

"Ela é negra!". "E daí?", respondi. Achei a pergunta grosseira e estabanada, mas não sabia que Nicole vinha de uma família muito homogênea. Eu achava que o racismo tinha acabado quando os anos 70 acabaram.[7]

Infelizmente ele não acabou. Meghan tinha nove anos em 1991, quando a polícia espancou Rodney King. A absolvição, um ano depois, dos policiais responsáveis desencadeou uma onda de saques e incêndios nas ruas de Los Angeles. Meghan e seus colegas de escola foram mandados para casa. Quando viu cinzas cobrindo os gramados por onde passava, ela primeiro achou que fosse neve.

No ensino médio, tinha dificuldade para se dar bem com

> grupinhos de meninas negras e de meninas brancas, as filipinas e as latino-americanas. Sendo birracial, eu ficava no meio. Assim, todos os dias na hora do almoço eu dava um jeito de participar de reuniões — clube de francês, grêmio, qualquer coisa que desse para fazer entre o meio-dia e a uma da tarde, eu estava lá. Não para me envolver, mas para não ter que almoçar sozinha.[8]

Quando adolescente, ela ouviu Doria ser chamada de "nigger" quando tirava o carro de uma vaga de estacionamento devagar demais para um motorista impaciente, e viu os olhos da mãe se encherem de lágrimas.[9] Não se achando negra, assumiu a dor da mãe como testemunha impotente.

II

Meghan estava longe de ser a novata que estourou. Quatro anos depois da estreia em *General Hospital*, ela ainda dava duro como uma das 26 "garotas segurando pastas", de minúsculo vestido cintilante e salto alto dourado, no game show da NBC *Deal or No Deal*. No início do programa, as meninas — beldades, todas elas, mas nenhuma tão deslumbrante quanto a número 24, Meghan Markle, com seu sorriso resplandecente — tinham que descer em conjunto uma escada iluminada a neon, ao som de uma trilha sonora de guitarra elétrica, rebolando e cantando "Hi, Howie!" para o galhofeiro apresentador Howie Mandel. A moça que abre a pasta cor de prata premiada, contendo de 1 centavo a 1 milhão de dólares, é a que fica mais tempo no ar. Nas temporadas de 2006 e 2007, nas quais apareceu, Meghan raramente teve essa sorte. "Eu acabava ficando lá o tempo todo em pé, naqueles saltos baratos e desconfortáveis de doze centímetros, esperando que alguém escolhesse o meu número para poder me sentar", ela disse.[10] O programa gravava até sete episódios num único dia.

Nos bastidores, as outras moças da pasta notavam que Meghan não gostava de conversa fiada. Estava sempre trabalhando, lendo roteiros, ligando para seu agente ou ensaiando falas para o próximo teste. De noite, ia para casa escrever notinhas para um triste blog anônimo sobre suas rejeições, sob o título The Working Actress. "Tive que congelar minha filiação ao sindicato [de atores], tomar dinheiro emprestado, trabalhar em empregos detestáveis, tolerar ser tratada como merda no set, beijar atores de hálito horroroso e chorar horas a fio, achando que não ia conseguir aguentar", dizia uma de suas notas.[11] Para ganhar um dinheiro extra, fazia frila como calígrafa, sobrescritando convites de casamento e a correspondência de período de festas da Dolce & Gabbana.

De 2002 a 2011, os clipes do show de Meghan são a paródia da vida de uma jovem atriz presa na armadilha do olhar masculino. Num episódio de *CSI: NY*, a série sobre investigação criminal da CBS, ela aparece com uma roupa sexy de empregada e diz: "Posso ter dormido com Grant Jordan, mas não o matei". Num episódio de 2008 da sitcom da Fox *'Til Death*, ela é uma vendedora de carros vestindo uma camiseta azul apertada por cima de outra, que acaricia uma Corvette vermelha conversível. Sua estratégia inicial — "Vocês aí, rapazes, gostariam de dar uma olhada nesta belezura?" — provocava a seguinte resposta: "Só estamos aqui por causa dos peitos, portanto economize esse seu hálito irresistível de hortelã". No taciturno melodrama de 2010 *Lembranças*, criticado pelo "roteiro rebuscado", ela faz uma garçonete com uma única fala e muita autoconfiança. Em *Quero matar meu chefe*, rodado no mesmo ano, ela faz uma ponta de trinta segundos, de boné de beisebol, e ouve o seguinte julgamento de Jason Sudeikis: "Você é bonita demais para ser apenas uma garota FedEx".

Para tornar a situação ainda mais exasperante, Meghan achava que seu namorado, o produtor Trevor Engelson, não a ajudava a conseguir bons papéis. (Ele decerto não a ajudou em *Lembranças*, produção sua.) Engelson era um produtor e gestor de talentos descabelado, cordial, dinâmico, com voz de barítono, de Long Island. Acabara de conseguir, com muito esforço, seu lugar na lista B de Hollywood, e tinha sua própria empresa. Quase cinco anos mais velho que

Meghan, e incluído na "Next Gen 2009" do *Hollywood Reporter*, uma lista de novatos promissores de até 35 anos, ele estava acostumado a ser a pessoa de que ela precisava para fazer contatos na indústria. Moravam juntos em Hancock Park, se divertindo com churrascos e cerveja no quintal nos fins de semana. Estavam juntos desde os 23 anos dela, e havia entre os dois uma carinhosa dinâmica. Quando ele viajava, Meghan sempre enfiava bilhetinhos amorosos nas malas, e ele era um entusiástico defensor dela em suas contas de rede social.

Embora Engelson fosse mais bem-sucedido, Meghan era mais ambiciosa. Insistia para ele ser mais agressivo. Amigos lembram que ela o aconselhava a causar uma impressão mais profissional em suas interações com pessoas da indústria potencialmente poderosas. Irritava-a também que ele tivesse um problema delicado de integridade moral com relação a forçar a barra para conseguir melhores papéis para ela — mesmo conhecendo muita gente capaz de ajudá-la. Ela descreveu sua vida na casa dos vinte como "brutal — uma batalha constante comigo mesma, julgando meu peso, meu estilo, meu desejo de ser tão legal/ tão na moda/ tão inteligente/ tão 'seja lá o que for' como qualquer outra pessoa".[12]

No verão de 2010, quando seu agente conseguiu que ela fizesse uma leitura para o novo drama da USA Network *A Legal Mind* (título inicial de *Suits*), ela ficou histérica. Rachel Zane era um papel ideal para qualquer um. Ambientado nos cintilantes escritórios de vidro de uma fictícia banca de advogados de Manhattan, o roteiro, de autoria do ex-banqueiro Aaron Korsh, era — inusitadamente — espirituoso e sofisticado. A personagem de Rachel Zane era uma assessora muito confiante, que transpirava a classe do Upper East Side e tinha agudeza suficiente para se tornar uma sócia capaz de discutir à altura com um novo advogado associado arrogante, meio infantil, com uma memória fotográfica.

Um requisito essencial para interpretar Rachel, me disseram os produtores, era ser convincente como profissional do direito, além de sugerir uma suavidade latente. Teria que haver um apelo sexual imediato, que produzisse faíscas no primeiro encontro dos dois personagens no escritório. Fora dificílimo encontrar uma combinação dessas qualidades numa atriz. A diretora de elenco Bonnie Zane (eles adotaram seu sobrenome quando "Rachel Lane" deparou com problemas legais) fez 150 testes antes de enviar uma seleção das dez melhores para Aaron Korsh e os produtores executivos David Bartis e Gene Klein. Bonnie Zane não sabia quase nada sobre Meghan antes desse teste coletivo. "Ela era apenas uma atriz disponível", disse. "Nenhuma reputação... eu não sabia quem era Meghan porque seu currículo dizia apenas Moça Sexy [num filme de Ashton Kutcher]."[13] Felizmente, naquele teste a etnicidade indeterminada de Meghan acabou sendo uma vantagem. O diretor Kevin Bray também é birracial, e insistia na diversidade étnica, ao mesmo tempo que a pouco intelectual USA Network tentava subir de nível para deixar de ser o que James Wolcott chamou em *Vanity Fair* de "um spa para olhos cansados".[14]

Na época da escolha do elenco de *Suits* em 2010, questões de identidade racial mista começavam a despontar na consciência nacional. O *New York Times* notou em janeiro de 2011 que a última safra de alunos universitários incluía o maior grupo de birraciais a atingir a idade adulta na história dos Estados Unidos, uma geração na vanguarda de uma mudança demográfica impulsionada pela imigração e por casamentos mistos. De repente, depois de uma longa história de escassos papéis para pessoas birraciais, uma fluida identidade racial contava com a aprovação de Hollywood. "Queriam alguém mais safa, mais urbana" para o papel de Rachel, me disse Kevin Bray. "Não queríamos o lugar-comum das moças em câmera lenta dos anúncios de xampu, com cabelos soltos, mas bem-comportados... Assim que chegou, Meghan mandou esse lugar-comum pelos ares."[15] O espírito da época finalmente soprava na direção de Meghan.

III

Certa manhã de janeiro de 2020, me sentei no Terrace Room do Sunset Tower Hotel em West Hollywood e assisti aos testes de Meghan para o papel de Rachel no iPad da diretora de elenco Bonnie Zane. Bonnie é gentil e compassiva, com os longos cabelos desarranjados de uma pessoa consumida pela paixão pelo que faz e um apego sentimental por todos os "seus" atores. Para o primeiro teste de Meghan, Bonnie tinha lido a parte do presunçoso advogado Mike Ross, que dava em cima de Rachel enquanto ela lhe apresentava o escritório. O clipe mostra Meghan num jovial vestido de alça, menos refinada e mais Califórnia do que é hoje. Ela parece natural e sardenta, com brilho labial muito forte, mas interpreta as falas de sua Rachel com uma graça despretensiosa. "Eu a adorei", diz Bonnie, simplesmente.[16]

Meghan sobreviveu ao primeiro corte de candidatas e foi chamada para um segundo teste. Depois que ela leu para os criadores de *Suits*, o diretor Kevin Bray não teve dúvida: "Precisamos ter essa jovem".[17] Meghan achou que tivesse estragado tudo. ("Eles sempre acham que estragaram tudo", me disse o produtor David Bartis.)[18] Ligou para seu agente, Nick Collins, lamentando que na hora tivesse se distraído e esquecido suas falas. Pensava consigo mesma: "Eu queria tanto, e perdi minha oportunidade", como disse mais tarde.[19]

Mas isso não passava de insegurança de atriz. Meghan tinha sobrevivido ao novo corte e foi convidada a fazer um teste perante os executivos da rede.

Programas de televisão roteirizados são um complexo produto colaborativo, com camadas de gente decidindo. Mesmo quando há consenso entre os executivos de criação, se o primeiro escalão discorda da escolha, ele insiste em ver os demais finalistas. É o momento em que a tensão grassa. Por isso Meghan precisava impressionar não só os produtores e diretores do programa, mas também, em última análise, os bambambãs corporativos da NBC Universal: Jeff Wachtel, chefe de programação da USA Network na época, e, acima dele, em Nova York, a então presidente da NBC Universal Cable Entertainment Bonnie Hammer, uma das executivas mais poderosas da televisão. Ela assistiria às gravações dos testes, talvez de seu telefone, dentro de um automóvel em movimento, e bateria o martelo sobre a carreira de Meghan.

Em 19 de agosto de 2010, Meghan vestiu jeans, calçou sapatos altos e pôs um sumário top cor de ameixa. Ao chegar ao escritório da rede, soube no último minuto que a roupa de sua personagem deveria ser conservadora — "pense em cabelos puxados para trás e look de trabalho".[20] Foi à H&M mais próxima e pescou de uma arara um vestido preto de 45 dólares. Todas as candidatas leram o mesmo trecho para facilitar a comparação. Era a cena em que ela pede (como as candidatas que se submetiam ao teste para interpretá-la) que lhe deem apenas uma chance.

> Sou inteligente. Sei que daria uma boa advogada, mas não sei fazer provas. Não sei o que há comigo. Fui reprovada no vestibular para faculdades de direito. Mesmo que conseguisse entrar numa, não há possibilidade de eu jamais vir a ser aprovada na Ordem dos Advogados.

"Mesmo [um artista estabelecido] tem que entrar numa sala fria com iluminação ruim e carpetes empoeirados dos escritórios corporativos de Burbank, ficar na frente de doze pessoas e atuar", me disse Aaron Korsh.[21] O processo pode desestabilizar tanto o candidato que alguns agentes tentam negociar a apresentação de seus atores por meio de uma atuação gravada. Aumentando a tensão do teste, todos os candidatos da rodada final têm contratos de opção negociados com antecipação, garantia de que, se escolhidos, estarão disponíveis de imediato. Depois de rodado o piloto, todos os envolvidos, veteranos ou novatos, têm de esperar meses para descobrir se o projeto terá continuidade. Estarão empregados, às vezes por um contrato que se estende por vários anos, e pode significar mudança de cidade, ou desempregados de uma hora para outra, de novo na estaca zero?

Meghan estava acostumada a uma existência de esperar para ver no que ia dar. Diferentemente da constante ascendência geracional da família Middleton na Inglaterra, a sua tinha um histórico de movimento itinerante. Os antepassados paternos da mãe foram escravos na Geórgia cujos descendentes fugiram para a Califórnia. Seus avós, Alvin e Jeanette, estabeleceram-se em Cleveland, Ohio, até que em 1956 Alvin atravessou o país de carro até Los Angeles, com a família, a fim de ficar mais perto dos parentes de Ragland e abrir um antiquário. Em 2012, numa mensagem de interesse público, Meghan contou que, enquanto atravessavam os Estados Unidos, seus avós pararam numa lanchonete da Kentucky Fried Chicken e foram encaminhados à porta dos fundos, destinada a "pessoas de cor".[22] Tiveram de comer no estacionamento. Até conseguir um diploma de faculdade, a filha deles, Doria, vivia mudando de emprego — maquiadora, professora de ioga, agente de viagem, dona de uma pequena loja de presentes chamada Distant Treasures.

O pai de Meghan, o alto e forte Tom Markle, era um de três irmãos de origem alsaciana numa cidade pequena da Pensilvânia. Todos três se saíram bem. Um deles se tornou diplomata, o outro, bispo. Já com idade para sair de casa, Tom partiu para as montanhas Poconos a fim de trabalhar em teatro e aprender o ofício de iluminador. Aos dezoito anos, mudou-se para Chicago, onde conseguiu emprego numa emissora de TV. Casou com uma secretária aos dezenove; teve dois filhos, Samantha e Tom Jr.; dez anos depois botou o pé na estrada sem eles para começar uma carreira em Hollywood. Conheceu a encantadoramente mignon Doria Ragland, doze anos mais nova, quando ela atuava como maquiadora em *General Hospital*, num emprego temporário. Ela era tão hiponga e New Age quanto ele era corpulento e trabalhador. Numa postagem de blog no Dia das Mães em 2014, Meghan elogiou muito a culinária saborosa e saudável de Doria, e lembrou da mãe "jogando, cuidadosa, ervas frescas na salada, e sabendo quando o camarão com quiabo estava no ponto exato".[23] Também saudou sua alegria de viver:

> Dreadlocks... Piercing no nariz... Paixão por batatas chips e tortas de limão. E se o DJ dá a deixa do clássico soul "Call Me", de Al Green, esqueça. Ela vai sacudir os quadris na dança mais doce que já se viu, balançando a cabeça e estalando os dedos ritmadamente, como se dançasse desde o útero.

A meia-irmã de Meghan, Samantha, lembra de Doria andando sem rumo no gramado, de roupão, fumando sonhadora.

O casamento de Tom e Doria foi celebrado por um guru da vida simples, Bhaktananda, na Associação de Autorrealização de Sunset Boulevard, templo do guru hindu Yogananda, a uma pequena distância da Igreja da Cientologia. Doria usava um vestido branco com gola Peter Pan e um borrifo de perfume de bebê no cabelo. Meghan nasceu quase dois anos depois, em 1981, e era a menina dos olhos dos pais.

O que acabou com o segundo casamento de Tom Markle foi uma tensão residual do primeiro. Seus dois filhos adolescentes, Samantha e Tom Jr., moravam com ele e Doria em Santa Mônica, antes que a família misturada se mudasse para uma casa maior, no próspero enclave de classe média de Woodland Hills. Samantha, dezessete anos mais velha do que a meia-irmã bebê, e oito anos mais jovem do que a madrasta, fervia de ressentimento adolescente. Sonhava em ser atriz e vivia insistindo com o pai para lhe conseguir papéis. Tom Jr. era um drogado que cursava o ensino médio, dormia num colchão de água e saía com amigos irritantes que fumavam maconha e discutiam com Samantha. Quando a linda e gloriosa Meghan nasceu, Tom ficou tão embriagado de amor que Samantha se sentiu ainda mais deslocada e feia, como uma "pera sobre pernas de pau",[24] como descrevia a própria aparência. Tornou-se azeda de ciúme, a bruxa no batizado da serenamente adormecida futura princesa. Ao longo dos anos, ficou ainda mais ressentida ao ver o pai destinar dinheiro de seu apertado orçamento para Meghan estudar numa série de escolas particulares. Foi um duro golpe quando a carreira de sua radiante meia-irmã decolou, logo após Samantha ficar sabendo que tinha esclerose múltipla. Ela acabou presa a uma cadeira de rodas.

Era raro Tom, sem dúvida aliviado por ficar fora da atmosfera beligerante, estar em casa. Tendo conquistado uma reputação invejável, era muito solicitado, ganhando uns 200 mil dólares por ano. "Sempre me senti segura com ele, do ponto de vista criativo", me disse Wendy Riche. "Ele era muito profissional. Amável. Totalmente confiável e digno de confiança, e tinha um grande, um enorme coração."[25] Era amado pela equipe também. O preço de ganhar um bom salário, no entanto, era uma rotina de produção implacável. Ele trabalhava exaustivamente, horas sem fim, repassando o roteiro de iluminação com o diretor durante o dia, depois voltando para trabalhar da meia-noite às sete da manhã, para iluminar o set antes de as filmagens terem início. (Ele ainda parece seguir um horário excêntrico. Quando conversei com ele em seu reduto de aposentado no alto de uma colina em Rosarito, México, ele me pediu para ligar às três da manhã.)

"Era uma vida esquisita", me disse a antiga diretora de *General Hospital* Shelley Curtis Litvack. "Tommy não tinha muitos amigos. Ele nunca ficava para as festinhas. Era muito na dele."[26] Alugou um pequeno apartamento perto do estúdio para poder tirar um cochilo quando lhe sobrasse uma hora de folga. A perene insegurança hollywoodiana, de não ter salário, jamais o abandonou. Seu mundo se resumia ao set. Sem dúvida era amado no trabalho, mas em casa, a não ser quando brincava com seu "lindo carocinho de feijão"[27], Meghan, estava sempre muito cansado para que sua jovem mulher o achasse divertido. Até que ela não aguentou mais e o largou. Foi viver com a mãe e depois encontrou uma casa em Mid-Wilshire, no centro de Los Angeles. Meghan tinha dois anos. Os dois se divorciaram quatro anos depois.

Meghan, a adorável, a pequena fashionista que logo teria aulas de sapateado e balé, e que a mãe apelidou de "Flor", acabou sendo a mais esperta da família em questões de dinheiro. Tanto os pais como a meia-irmã acabaram falindo. A loja de presentes da mãe foi por água abaixo em 2002, quando Meghan estava no terceiro ano da faculdade. O pai declarou falência duas vezes, a última em 2016, quando seu patrimônio foi avaliado em menos de 4 mil dólares e sua dívida de cartão de crédito era de 33 mil dólares. Markle me disse que a maior parte de suas economias foi usada para contribuir com a educação de Meghan na Northwestern e ajudar os outros dois filhos. Ele avalizou uma floricultura para Tom Jr., pagava a contribuição sindical das filhas quando elas não conseguiam, e financiou um dispendioso tratamento com célula-tronco para a esclerose múltipla de Samantha.[28] Seja qual for a verdade sobre o destino do dinheiro, ele vive humilde, se bem que confortavelmente, em seu ninho de águia em Rosarito.

Quando enfim recebeu a chamada final sobre o papel de Rachel Zane, Meghan não fazia ideia de que aquele seria o momento de grande impacto em sua vida, substituindo anos de pontas humilhantes e salários que mal davam para sobreviver por um contrato de vários anos, interpretando um papel nada idiota, num seriado vibrante. Sentada à porta do escritório de produção com outra candidata nervosa, a atriz cubano-americana Arlene Tur, Meghan se sentiu intimidada ao se deparar com uma deusa afro-latina de corpo escultural. Era Gina Torres, de 41 anos, que conseguiu um papel importante, como Jessica Pearson, sócia mais graduada da banca de advogados. (Era uma presença marcante em *Suits*, andando de um lado para outro com roupas da moda e rosnando, com um tom de voz tranquilo e poderoso: "Vejo você no tribunal!".)

Foi desesperador para Meghan que Tur, com um tipo físico igual ao seu, ostentasse melhores créditos. Havia outra concorrente, Kim Shaw, loura genérica que ainda estava no páreo, tendo sobrevivido a uma rodada anterior. Seu último trabalho na TV, na minissérie *I Just Want My Pants Back*, para a MTV, talvez não parecesse assim tão promissor, mas foi produzida pela dupla de *Suits*, que achava Shaw magnífica.

As finalistas tinham que fazer um teste com o galã canadense em ascensão Patrick Adams, já escolhido para interpretar o recém-chegado advogado fodão Mike Ross. Era o chamado teste de química, para dar aos produtores uma ideia de como funcionavam juntos. A escolha de Adams era boa notícia para Meghan. Anos antes os dois tinham feito um piloto para um programa que não pegou, e as vibes dos dois diante das câmeras foram boas. Química não significa necessariamente atração sexual, me disse Bray, que a definiu como uma "fluidez natural sobre como se comunicam, quando você suspende a crença e sente que eles estão de fato conversando um com o outro naquela sala fria, antisséptica, com dezessete pessoas olhando".[29]

A afinidade entre Meghan e Patrick ficou clara logo de cara. Na cena, ela faz de conta que passeia pelo escritório, abrindo e fechando portas imaginárias e habilmente dando-lhe um fora quando ele, como diz Rachel/Meghan, "olha para ela amorosa e impertinentemente". Ela ficou mais atraente desde a primeira audição. Há uma firmeza em sua atuação, uma inteligência direta tão confiante que projeta autoestima. Bray se lembra bem: "Todos na sala se perguntaram, sem exceção, 'De onde ela veio?'. Foi como uma sessão de hipnose coletiva". Meghan projetava uma aura de tanta classe que jamais se adivinharia que ela chegara para o teste num barulhento Ford Explorer de segunda mão, no qual tinha que entrar pelo porta-malas, já que sua magra conta bancária não lhe permitia mandar consertar a porta.

A escolha foi moleza. "Ela nos deixou intrigados", me disse um dos produtores.

> Havia nela uma sedução natural que não se encaixava em nenhuma categoria. Ela não era um tipo. Era um ser humano interessante sobre o qual a gente ficava com vontade de saber mais. Era, portanto, uma combinação de curiosidade e uma espécie de brilho e de ambição que fazia a gente saber, ou acreditar, que ela ia vencer.

Meghan recebeu a ligação do seu agente em 24 de agosto de 2010: Rachel era sua. Fora escolhida para um programa piloto a ser rodado em Manhattan no outono. Naquele momento, que diferença fazia se o piloto não tivesse continuidade? Era uma confirmação depois de oito anos na batalha. Em 2015, numa postagem de blog, ela descreveu tudo que veio depois daquele momento decisivo de sua carreira:

> Eu não tinha ideia de que aquela manhã de fim de agosto ia mudar minha vida. Que eu conseguiria o papel. Que passaria a viver num pequeno apartamento em Manhattan para filmar o piloto. Que, durante um almoço de salada de lentilha e pasta de pimentão vermelho em Beverly Drive, eu receberia uma ligação dizendo que fomos escolhidos. Que eu filmaria a série no Canadá. Que eu cresceria, e continuaria sendo uma bobona, ou que faria amigos entre meus colegas de elenco. No começo, eu era uma menina fazendo um teste. Depois era uma menina que conseguiu o papel. Agora eu era uma mulher que começava a quinta temporada daquele seriado. Lembro desse dia como se fosse ontem. Minhas bochechas ainda doem do tanto que eu sorri.[30]

Houve um momento marcante que o devaneio de Meghan não registrou. Entre a filmagem do piloto em Nova York e a notícia sísmica de que o programa tinha recebido sinal verde, Trevor Engelson lhe propôs casamento durante umas férias românticas em Belize. *Suits* implicava assumir o compromisso, por cinco anos, de viver nove meses seguidos numa cidade diferente para filmar (não Nova York, como se veria, mas, por razões orçamentárias, Toronto). Ela assinou o contrato sem hesitar. A primeira temporada estreou em junho de 2011 e recebeu boas críticas. Pouco depois do fim das filmagens, Meghan se casou com Trevor, numa cerimônia de pés descalços, em Ocho Rios, Jamaica.

O casamento mereceu um breve comentário em *The Hollywood Reporter*. A noiva usava um vestido branco simples com uma brilhante faixa prateada na cintura. "Ela estava 'casando para subir'", teria dito o meio-irmão Tom Markle, Jr., que não estava presente.[31] Amigos da indústria do entretenimento lotaram um avião para participar de quatro dias de festa nas areias brancas da praia. Os pais dela foram — um dos convidados notou que Doria era "calma e graciosa", e que Tom Markle comprou dois lugares no avião para ter mais conforto. Meghan e Trevor foram erguidos pelos convidados na tradicional dança das cadeiras — o noivo era judeu —, e houve uma corrida de "carrinho de mão" para a qual Meghan vestiu um biquíni amarelo. Tudo despretensioso e informal. A única nota destoante, lembra-se um dos convidados, é que no programa que Meghan distribuiu havia um pedido: "Nada de rede social, por favor".

"A gente ria muito, porque fazia poucos meses que ela estava em *Suits*, e eu pensava, ela só pode estar me gozando, não?", me disse o convidado. "Já botava banca, tipo 'Sou mesmo uma grande atriz'." Depois, a recém-casada voltou para Toronto e o recém-casado para Los Angeles. Os novos sr. e sra. Trevor Engelson iniciaram uma vida de casados que se resumiria, basicamente, ao Skype.

O blog Working Actress ia precisar de nova autora, a anônima lamentação de ambições frustradas ficara para trás. Meghan agora ganhava 50 mil dólares por episódio. Sua próxima produção literária on-line seria uma proposta de estilo de vida elegantemente desenhada, com o título de The Tig, em homenagem a seu vinho tinto encorpado predileto, Tignanello. (Momentos de revelação sobre o significado da vida eram chamados de "momentos Tig".) Ostentava no alto uma artística foto "espontânea" da criadora, em preto e branco, e ia de receitas de smoothies de chai de coco a sugestões de produtos para banho feitos por mulheres que haviam sobrevivido a maus-tratos domésticos. The Tig era um mundo de tendência esquerdizante, de destinos de viagem pouco conhecidos, conversas com influencers de trajetória de ascensão social parecida com a de Meghan, de causas de empoderamento de mulheres em que até as vítimas pareciam atraentes.

A maquiagem na vida de Meghan tinha começado, era oficial. Quem logo descobriu que não se encaixava nesse novo quadro foi o marido, cuja carreira não estava em ascensão. Por quase dois anos, Trevor deu um jeito de passar temporadas trabalhando em Toronto, mas era raro Meghan retribuir na mesma moeda. Ele começou a ficar com medo de levar um pontapé. Uma amiga sua contou que, ao se encontrarem num casamento, ele disse, em tom de tristeza: "Ela não vai mais voltar. A gente realmente não conversa muito. Está ficando complicado. Ela vive em outro mundo, e quase não nos vemos... [Tenho] a horrível sensação de que ela vai decolar e me largar".

Certo fim de semana, quando ele foi vê-la em Toronto, ela lhe disse que não lhe tinha mais amor e que o casamento terminara. "Ele ficou acabado, foi muito doloroso para ele", me disse uma amiga dele. "Estou fazendo o que a maioria dos homens faz nessa situação. Saindo com uma mulher diferente toda noite", ele disse a ela. Essa amiga acrescentou: "É um homem decente... Foi tudo muito rápido, e ele não estava preparado. Sentiu-se usado". Pouco depois, Trevor recebeu pelo correio uma encomenda registrada. Era o anel de noivado de diamante e a aliança de casamento.

IV

Toronto, a capital de Ontário, é uma das cidades mais multiétnicas e internacionais do mundo. Em meados dos anos 2000, era também um modelo de assimilação de imigrantes.

Se *Suits* tivesse sido filmado em Nova York, como queriam os produtores e os atores, Meghan talvez tivesse sido engolida por uma cidade que não dá a mínima para estrelas menores da TV a cabo. Em Los Angeles, o mundo do entretenimento é esparramado, mas insular. Milhares de Meghans passam despercebidas. Já Toronto é uma cidade ao mesmo tempo cosmopolita e provinciana, e esse é seu charme. Há uma elite permeável, por entre a qual é fácil transitar. Lembra Londres — diferentes mundos, como o político, o jornalístico e o teatral, se sentam à mesma mesa. Mas, comparando com Londres, o sarcasmo passa longe.

O sucesso de fenômenos como o rapper Drake e seu protegido de rhytm and blues The Weeknd, a criatividade aventureira do Festival de Cinema de Toronto e a explosão de estilos e sabores de restaurantes de imigrantes acrescentavam uma característica cultural que antes ninguém associava à persona monótona do Canadá. Os incentivos fiscais também atraíam um fluxo de produções de cinema e TV estrangeiras, como *Suits*, que se valiam do perfil dos prédios de Toronto como substitutos para qualquer cidade da América do Norte. Quando Soho House, o exclusivo clube londrino de quem cultiva status, inaugurou um posto avançado em 2012 num edifício georgiano de três andares conhecido como Bishop's Block, Toronto pôde oficialmente reivindicar um posto na lista de lugares descolados.

Para uma aspirante a cosmopolita como Meghan, que sempre se sentira à parte por ser birracial, a atmosfera da cidade funcionou como um inebriante acelerador cultural e social. Em dois anos ela já confraternizava com o filho do ex-primeiro-ministro Brian Mulroney, o apresentador de TV Ben Mulroney, e sua mulher Jessica, a rainha da moda; o cantor galã Michael Bublé; e uma variedade de chefs célebres e gente sem emprego fixo no mundo do cinema e da moda. Logo que Trevor foi riscado do mapa, ela começou a namorar o bonito atleta do hóquei Michael del Zotto e, nos dois anos anteriores à chegada de Harry em sua vida, o popular e bem-sucedido chef Cory Vitiello, tido como uma das pessoas mais bonitas do Canadá e cujo restaurante, o Harbord Room, era o ponto de encontro da elite.

O lançamento do Instagram em 2010 foi decisivo para as aspirações de prestígio social e sucesso material de Meghan. Para quem está atento às modas e tem o dom de parecer autêntico, a ferramenta era um atalho para a quase fama. Procurando melhorar as avaliações, a equipe promocional de *Suits* aconselhava o elenco a usar ativamente as redes sociais. Ninguém o fazia com mais assiduidade do que Meghan. Ela alugou uma aconchegante casa de três quartos num bairro alternativo de Toronto e o decorou no estilo de um hotel boutique pronto para aparecer no Instagram, incluindo velas da Diptyque e prateleiras de livros arrumados por critério de cores. Elogios a *Quem governa o mundo*?, de Noam Chomsky, e *Drift*, o tratado de Rachel Maddow sobre o desatrelamento do poderio militar americano, sugeriam que os livros não eram apenas enfeite. Seus dois fotogênicos cães, Bogart e Guy, um deles resgatado por insistência de Ellen DeGeneres num abrigo de Hollywood, o preferido por pessoas em busca de coisas peludas para reforçar seu perfil no Instagram, sempre faziam uma pontinha. Ela ficou conhecida por oferecer e preparar jantares íntimos excelentes, que exibiam seus talentos gastronômicos e sua credibilidade de enóloga. Sua ideia de um dia perfeito, segundo declarou à revista *Glamour*, era essencialmente o de uma moça californiana no exílio:

> Fazer trilha na ravina com meu cachorrinho resgatado Bogart, depois ir à feira comprar produtos da estação para grelhar no quintal, junto com um peixe inteiro e uma garrafa de rosé, na companhia de amigos. Eu asso numa Big Green Egg (que foi meu presente de aniversário para mim mesma ano passado) e não quero saber de mais nada.[32]

A turma de *Suits* era muito unida, sobretudo nos primeiros dois anos, antes de saber que o programa era sucesso garantido. Gina Torres e Sarah Rafferty ficaram íntimas de Meghan. Ela as chamava de "irmãs-esposas".[33] Sem conhecer ninguém na cidade, o elenco se tornou coeso, com Patrick Adams, natural de Toronto, servindo de liga. Iam todos de carro para a casa dele no Lago Huron, passar fins de semana de três dias, levando seus isopores para disputar partidas de Apples to Apples, brincar de jogo de mímica e beber uísque. "Quando eu voltava para [dirigir] shows, nós comemorávamos e festejávamos muito", me disse Kevin Bray. "Era uma família."

Como em qualquer família, porém, havia rivalidades. Meghan se empenhava em fazer de Rachel Zane mais do que uma coadjuvante no elenco de *Suits*. Ela se ressentia de não aparecer no alto da ordem do dia, esse documento importantíssimo no mundo das produções de filme e TV que o assistente de direção envia na véspera das filmagens para o elenco e a equipe. A ordem do dia é mais do que um memorando para os atores estipulando a hora e o lugar onde cada um deve aparecer: é um registro de status. Pode haver atores que aparecem no alto da lista, mas ganham menos do que outros nomeados mais abaixo. A ordem do dia, como me explicou um produtor de TV, é mais sobre a importância do personagem no mundo mais vasto do programa, e sobre o poder de barganha de um ator no momento de assinar o contrato.

O sonho de todo ator em ascensão é aparecer na lista como número um, com todas as mordomias que isso implica — carro e motorista, seu próprio trailer nas locações, o primeiro a ser consultado sobre mudanças de cronograma que bagunçam a vida, generosas despesas que incluem um maço de passagens aéreas para os fins de semana. Ao longo dos seis anos que trabalhou em *Suits*, Meghan Markle foi a número seis na ordem do dia.

Uma das vozes mais influentes junto aos produtores do programa era o veterano ator de TV Rick Hoffman. Meghan logo percebeu sua força e fez dele seu advogado perante os produtores executivos. Pediu sua ajuda para conseguir um carro com motorista, pedido audacioso, porque essa é uma das mordomias mais cobiçadas, concedidas a atores que aparecem como número um e dois. Era uma "questão de segurança", ela disse, porque trabalhava até tarde e começava cedo. Preocupado com o bem-estar dela, ele conseguiu.

Meghan era muito querida pelos produtores do programa, jamais se negava a participar de promoções. "Sempre que pedíamos alguma coisa extra, fosse para levantar fundos, fosse para apoiar o seriado, ir a eventos da Associação de Críticos de Televisão, enfim, dar atenção ao pessoal de vendas e aos clientes... Meghan sempre levantava a mão e dizia: 'Claro, eu faço isso'", me disse um dos executivos do seriado. "Ela jamais me pediu um centavo a mais... Meghan dizia sempre 'Contem comigo'." Em troca, ela conseguia transformar os executivos de *Suits* em poderosas caixas de ressonância. Pedia conselhos aos produtores sobre como melhorar seu papel, "sem parecer que estou invadindo a área de ninguém... e ampliar seu personagem de jovem assessora até chegar a um ponto em que pudesse fazer parte de um verdadeiro conjunto".

Meghan conseguiu isso até certo ponto, afastando Rachel das cenas que exigiam que ela entrasse de toalha e passando a fazer cenas que faziam dela o que em 2018 o *New York Times* chamou de "a consciência moral do programa", criando uma dinâmica muito debatida com seu pai poderoso, interpretado por Wendell Pierce.[34] Enquanto Meghan trabalhava para mudar Rachel, Rachel também mudava Meghan. As elegantes escolhas de guarda-roupa feitas por Jolie Andreatta, de saias-lápis agarradas, blusas brancas justas desabotoadas com bom gosto e calcanhares nus sobre saltos altíssimos, aderiram à psique de Meghan, tanto quanto à sua pessoa.[35] Vídeos promocionais mostram-na mais confiante e mais bem cuidada a cada atuação. Em *The Tig*, ela escrevia cada vez mais sobre tendências que a faziam sentir-se "uma lady", "paladares exigentes", "amigos chiques e bons exemplos que fazem a terra tremer". Discussões sobre cosméticos, destinos de viagens, restaurantes e produtos para o cuidado pessoal faziam de The Tig uma rede para conseguir brindes de luxo. Entre os marqueteiros de marcas de grife, ela adquiriu a reputação de adorar receber sacolas com material promocional. Uma publicitária de uma dessas marcas, segundo me informaram, recebeu cópia de uma mensagem de uma pessoa do grupo de Meghan logo depois que ela se tornou duquesa de Sussex. "Faça [a publicitária] saber que pode continuar me mandando qualquer coisa. Ela sempre foi das boas." Em 2015, para comemorar a decisão de produzir uma terceira temporada de *Suits*, Meghan comprou de presente para si mesma um relógio Cartier de 5 mil dólares, como o de Rachel.

Jessica Mulroney — agitada influencer de Toronto, além de mulher de Ben — era um bom exemplo de trinta e tantos anos para Meghan em matéria de estilo e também sua nova melhor amiga. Meghan sempre foi muito esperta para lisonjear mulheres famosas e da moda, e absorver seus contatos sociais. Há uma longa lista de estratégicas melhores amigas — Misha Nonoo, a estilista britânico-bahrani muito bem relacionada internacionalmente; Serena Williams, que ela cobriu de lisonjas e atenção numa festa de Super Bowl em Miami em 2010; a atriz Priyanka Chopra, cooptada num jantar da *Elle* Women in Television em 2016; e, logo a seguir, o ás guardado na manga, Oprah Winfrey. Amigas de infância como Ninaki Priddy, a confidente mais chegada em seus tempos de escola, levaram um pontapé, como Trevor Engelson.

Fisicamente, Jessica Mulroney poderia ser irmã de Meghan, e era tão incansável quanto ela. Transformou sua vida privada num fluxo incessante de imagens sobre sua fulgurante existência. Como estilista de moda e marqueteira, Jessica marcava tudo no mundo com uma hashtag. Seu próprio casamento, que durou três dias, foi coberto pelos canais de notícias canadenses, sua maternidade tornou-se uma parceria com a Pampers, suas idas à academia, uma oportunidade para a Adidas. Não deve ter escapado a Meghan que um fator importantíssimo no poder de barganha de Jessica era o marido famoso. "A Vida Brandtástica de Ben e Jessica" foi o título de uma lisonjeira reportagem da revista *Toronto Life* sobre os Mulroneys. Meghan postou tributos entusiásticos a Jessica e vice-versa, com imagens dos longos cabelos das duas se misturando enquanto viajavam, festejavam e saboreavam alimentos favoritos, ambas de jeans rasgados.

Ela absorveu como uma esponja as táticas da nova amiga. Mas o que selou sua trajetória ascendente em Toronto foi a aliança com o diretor global da Soho House, o canadense Markus Anderson, animal social sempre com a barba por fazer que começou a carreira como garçom do londrino Soho e foi galgando posições até chegar ao árbitro global de quem era ou não era digno da enaltecida condição de "influencer". Como acompanhante e companheiro de viagem de Meghan, ele era a versão ambulante do Raya, o aplicativo de relacionamentos amorosos e sociais. Sem as habilidades de Markus ou as conexões da Soho House, é improvável que Meghan tivesse entrado nos círculos dourados de Londres.

Soho House foi a reta final que a levou a um mundo recém-poroso, de agressiva mobilidade e atalhos de alpinismo social. Seus membros tinham empregos que os membros de clubes mais velhos não compreendiam ou aceitavam: consultores de marca, gurus de marketing global, evangelistas tecnológicos, diretores criativos, investidores de impacto, consultores de mídia e "gonnabes" (pessoas que querem ficar famosas ou importantes, um termo com significado especial na Soho House). Um conselho selecionava (e não "convidava", que sugere uma familiaridade social antiquada) cuidadosamente — em setores que a administração considerava bacanas — esses e outros caçadores de status. Durante o Festival de Cinema de Toronto, o clube era parada obrigatória para todas as estrelas do cinema. A opulenta mescla de variados ramos deu a Meghan acesso à tribo itinerante que vai a Art Basel em Miami todos os invernos e a Mykonos todos os meses de julho, e compartilha um apreço igual por acelga chinesa e gestão de marcas. Por três anos, quase sempre com Markus Anderson a tiracolo, os postos avançados do clube em lugares distantes ditaram o rumo de quase todas as viagens de Meghan ao exterior.

V

O restante do pessoal de *Suits* ignorava os esforços de Meghan para ascender socialmente. "Você não ouvia falar disso e não era o grande assunto dela, mas ela estava jogando xadrez tridimensional com você", me disse Kevin. "Movimentos que parecem naturais rendem circunstâncias excelentes, para estar no lugar certo, na hora certa."[36]

O seriado era filmado basicamente num desolado hangar numa antiga base militar dos arredores de Toronto, por onde Meghan tinha que andar à toa enquanto aguardava ser chamada para o set. O ritmo de trabalho era brutal, por vezes até as quatro da manhã. Ela passava as horas de inatividade atualizando The Tig, que ela achava, não sem razão, capaz de imitar o sucesso de Goop, astuta criação de Gwyneth Paltrow em sua segunda encarnação, um site de e-commerce de mimos e bem-estar, com seus colares de quartzo de cura de 550 dólares e seus ovos yoni de 66 dólares para energizar o orgasmo. Ridicularizado pela imprensa intelectualizada (e atacado por seu charlatanismo displicente), Goop criou um público de adoradores na geração dos millenials, atraindo grandes investimentos e, finalmente, se transformando num negócio de 250 milhões de dólares. "Meghan estava sempre falando do Goop", me disse alguém da turma de *Suits*.

Examinado hoje, The Tig impressiona pela refinada simplicidade e a pegada amigável. Mais bem-feito do que a maioria das propostas digitais de revistas de moda, foi reconhecido como melhor da web pela revista *Elle* e pela *InStyle*. O que lhe faltava era a sacada de Paltrow de monetizar os visitantes. O sensacionalismo brincalhão da vela "Isto Cheira à Minha Vagina" do Goop jamais teria lugar no requintado Tig. Apesar disso, Meghan logo conquistou um número notável de seguidores e com falsa modéstia se gabava de ser a "pequena locomotiva que podia". Lainey Lui, a rainha das fofocas de Toronto, diz que no fim de sua temporada na cidade Meghan era mais interessante como autora de The Tig do que como atriz de *Suits*. Meghan esperava que The Tig a conduzisse da condição de atriz eternamente atrás de um papel ao lucrativo status de grife global.

Mas o plano B de Meghan estava demorando muito. Havia uma dissonância cada vez maior entre o glamour cosmopolita da Soho House e a realidade das oportunidades profissionais. Os papéis que conseguia no cinema entre as temporadas não tinham nenhuma criatividade, indício das incertezas que a esperavam depois de *Suits*. Ela interpretou uma moça festeira de Los Angeles na comédia romântica de baixo orçamento *Encontros casuais*; uma jornalista rejeitada no filme para a TV Hallmark *Meu ex é noivo da minha amiga*, que conseguiu 12% de avaliações positivas do público em Rotten Tomatoes; e a namorada de um relutante criminoso em *Anti-Social*, um drama que teria "a energia de uma bateria descarregada", como disse alguém.[37]

Suits, na opinião de Meghan, foi prejudicado pela posição morna da USA Network no firmamento das TVs a cabo. Embora popular (durante a segunda temporada se tornou o seriado de TV a cabo mais visto nos Estados Unidos por espectadores na faixa de 18 a 49 anos), ele nem foi ao ar no Canadá nos primeiros dois anos. Se tivesse sido exibido na HBO, talvez alcançasse mais prestígio cultural. Se tivesse sido apresentado na NBC, como *Friends*, Meghan poderia ter se tornado a próxima Jennifer Aniston. Ela vivia insistindo com o pessoal de relações públicas do seriado e agentes freelancers para participar de um programa de entrevistas do primeiro time, mas só conseguia uma aparição em entretenimentos digitais sem a menor importância. "Nosso negócio está cheio de gente como Meghan", me disse um publicitário que a conheceu naquela época. "Gente que está no jogo para ganhar, total foco na fama, na celebridade, na relevância. Você pode escolher de uma lista." Mas a maioria dos convites que ela recebia era para eventos como a inauguração de uma loja de sapatos Jimmy Choo num shopping center ou como a celebridade presente numa festa do clube de saúde Equinox.

Em 2013 ela fez uma viagem exploratória a Londres para ver Jonathan Shalit, presidente da agência InterTalent Rights Group e muito importante na indústria britânica de entretenimento. *Suits* tinha desenvolvido uma espécie de culto no Reino Unido e ele ficou encantado, segundo me disse, com sua afabilidade e graça. Achou que talvez lhe pudesse conseguir programas de TV e trabalho no palco — "*Celebrity MasterChef* teria adorado ela", ele disse, mas com apenas alguns meses disponíveis em sua agenda de filmagens na época era mínima a possibilidade de descolar mais projetos. "Nossa mensagem para ela foi: Londres é um grande lugar para trabalhar. As pessoas amam você, venha para cá."[38]

Animada, ela pediu ao publicitário britânico Neil Ransome, que representava sobretudo estrelas de reality show, para plantar histórias a respeito dela na imprensa britânica. A editora e colunista de fofocas do *Sunday People* Katie Hind disse que Ransome ligou várias vezes antes que ela aceitasse se encontrar com Meghan numa fria noite de novembro de 2013 para um drinque no rooftop do Karma Sanctum Soho Hotel. Hind topou o programa com a promessa adicional de que os coquetéis fossem incluídos nas despesas de marketing de Ransome. O fato de Meghan se encontrar com Hind demonstra certo desespero. Se você pretende ser um participante sofisticado da cena social londrina, *Sunday People* é o pior lugar para começar. Meghan lançou mão da costumeira fórmula de aproximação feminina contando à colunista que o jogador de futebol Ashley Cole vivia insistindo nas redes sociais para sair com ela. E essa insistência de Cole acabou virando o assunto de um artigo que Hind escreveu sobre o encontro de ambas. Na semana seguinte, ela notou que sua entrevistada fora fotografada num evento de tapete vermelho de braço dado com um cobiçado modelo masculino — "um velho truque de relações públicas para aparecer".[39]

Incapaz de ir além de algumas notas aleatórias em revistas femininas e de participar com algum destaque em programas de TV a cabo, Meghan se pôs a procurar acordos de publicidade e aparições em eventos de empoderamento feminino. Reformulou o currículo para dar um polimento em suas credenciais feministas. A contribuição do pai para suas despesas na Northwestern foi eliminada da lista de "bolsas de estudo, programas de ajuda financeira e empregos em tempo parcial quando estudante [rendimentos]" ao fazer um discurso na Universidade do Pacífico Sul em 2018.[40]

Fez todos os contatos sociais que pôde na Semana de Moda de Nova York, mas arrumar contratos para anunciar produtos era como reviver seus dias de testes pré-*Suits*. O melhor que conseguiu foi um contrato de embaixadora de marca da Reitmans, uma loja de roupas femininas canadense de porte médio, que lançou uma coleção "ambiciosa moça de família" inspirada na personagem Rachel Zane. (A Reitmans teve sorte quando a segunda coleção, em 2016, coincidiu com boatos sobre as relações de Meghan com o príncipe Harry, e a coleção logo sumiu das prateleiras.) Ela assinou contrato com uma agência londrina de palestras e apresentações, a Kruger Cowne, que a ajudou a garantir presença no valor de 10 mil dólares em eventos de tapete vermelho. Mais promissora era a representação da agência no evento One Young World Summit, conceituada convenção anual de jovens líderes globais emergentes que aos poucos entrava no espaço da ONU. Sua nova agente, Gina Nelthorpe-Cowne, falou disso com ela em seu primeiro encontro, quando Meghan abriu a porta usando um roupão de banho numa suíte de hotel que compartilhava com seu namorado do momento, Cory Vitiello. Seus olhos brilharam, e ela pediu a Cowne que a pusesse nisso imediatamente.

VI

Meghan sempre soube surfar na onda do momento. O veículo The Tig, a ávida construção de uma grife, o uso da popularíssima causa da autoestima para escrever artigos em revistas femininas. É fácil entender sua impaciência para conseguir uma coisinha aqui, outra ali. Escrevendo em The Working Actress, ela evocou pressões ainda familiares:

Trabalho muitas horas. Viajo para a imprensa. Minha mente memoriza. Minha cabeça rodopia. Meus dias se confundem uns com os outros. Minhas noites são de desassossego. Meu cabelo é arrumado, meu rosto é maquiado, meu nome é reconhecido, minha posição no ranking de estrelas sobe, minha vida está mudando.[41]

Em 2014, Meghan tinha fome de prestígio. Estrelas como Angelina Jolie, Cate Blanchett e Nicole Kidman eram embaixadoras da Boa Vontade da ONU e viajavam pelo mundo cercadas de suas auréolas, falando de fome e de refugiados. Era isso que ela queria! Ninguém parecia levar em conta que a garota de onze anos tinha dobrado a Procter & Gamble, que era formada em relações internacionais pela Northwestern, ou que havia feito um estágio na embaixada dos Estados Unidos na Argentina em seu último ano (graças ao tio diplomata). À sua volta, atores e modelos diziam abobrinhas em programas de entrevista na TV e em capas de revista sobre coisas de que nada entendiam, e sobre o direito a ter "voz".

O desafio era fazer parte da panelinha de celebridades e causas humanitárias que a tiraria do gueto da TV a cabo. Pouco importava que sua primeira incursão — um grupo de discussão do One Young World Summit em sua animada cúpula de 2014 em Dublin sobre "o papel desempenhado pela mídia na disparidade de gêneros" — ostentasse uma constelação nada fabulosa de uma estrela de maquiagem do YouTube, um executivo da Anheuser-Busch e diretores da GE. Pelos menos foi um começo. E Meghan era mais fresca e convincente do que o resto do grupo. Numa questão sobre representação de gênero na tela grande e na televisão, ela defendeu que na TV o público compartilha de uma intimidade quase claustrofóbica, porque você está lá com as pessoas comendo pizza na sala de estar delas, ao passo que, se estiver na tela grande, como Angelina Jolie (nunca muito distante de seus pensamentos), você parece "absurdamente importante".[42]

Artigos elogiosos sobre mulheres elegantes em The Tig foram substituídos por textos sobre sua nova consciência social:

> Enquanto a maioria fica fascinada por atores de primeira linha, você só me verá reverenciando líderes que promovem mudanças. A política e diplomata Madeleine Albright, o secretário-geral da ONU Ban Ki-moon. Esses são os meus heróis. Essas são as minhas celebridades.[43]

Meghan sempre fez a lição de casa. Para ingressar na ONU, ela resolveu aprender mais sobre a organização seguindo os passos de Elizabeth Nyamayaro, conselheira sênior da dinâmica sul-africana Phumzile Mlambo-Ngcuka, ex--subsecretária-geral e diretora executiva da ONU Mulheres. Era o lugar certo. Nyamayaro, uma notável e bem-sucedida zimbabuense de quarenta anos, era uma espécie de obra de arte em si mesma, destruindo a velha guarda da ONU no lançamento da HeForShe, campanha repleta de celebridades cuja missão era cooptar homens para defender as mulheres. Foi lançada com estardalhaço na Assembleia-Geral da ONU de 2014 em Nova York, com um discurso da embaixadora da Boa Vontade Emma Watson (apresentada por Nyamayaro), que conquistou mais de 4 milhões de visualizações no YouTube.

Meghan estava decidida a ser a próxima, e Nyamayaro foi receptiva. Ao lado de representantes da ONU Mulheres ela voou para Ruanda a fim de visitar o campo de refugiados de Gihembe e passar um tempo em Kigali com mulheres parlamentares. Foi um momento Tig! Num artigo para *Elle*, ela conta que recebeu uma mensagem de seus empresários dizendo que uma joalheria de luxo queria levá-la ao tapete vermelho no BAFTA Awards, equivalente britânico do Oscar, com o qual ela admite ter sempre sonhado: "Meu cérebro, meu coração, meu espírito não podiam mudar de marcha com essa rapidez, do trabalho com altos propósitos que eu vinha fazendo a semana inteira em Ruanda para o brilhante glamour de um show de premiação. 'Não,' disse meu coração. E não foi um sussurro: foi um rugido de leão".

O rugido não demorou a ser ouvido na cúpula da ONU Mulheres de 2015, assinalando o vigésimo aniversário da Quarta Conferência Mundial sobre as Mulheres em Beijing, onde Hillary Clinton tinha pela primeira vez pronunciado as palavras "Direitos das mulheres são direitos humanos". Atrás daquela tribuna, na sede da ONU em Nova York, usando um vestido preto no Dia Internacional da Mulher, era exatamente onde a advogada para a participação e liderança política da ONU Mulheres Meghan Markle queria estar. Ela pronunciou seu discurso com impressionante desenvoltura. "As mulheres precisam de um lugar à mesa", declarou em alto e bom som. "Elas precisam de um convite para sentar ali e, em alguns casos, quando não houver essa opção, sabem de uma coisa? Elas precisam criar a própria mesa."[44] Foi o que seu pai lhe ensinou ao lhe dizer para desenhar seu próprio quadradinho. Sua convidada naquele dia foi a mãe, que viu Flor em gloriosa floração. Na plateia estava também Hillary Clinton, que quando primeira-dama recebera da garota Meghan, com onze anos, uma carta sobre o infame anúncio da Procter & Gamble. Meghan contou a história em seu discurso. No geral, foi uma grande façanha que, era de imaginar, a levaria ao palco principal do Fórum Econômico Mundial em Davos no ano seguinte.

No entanto... a repercussão daquele dia foi mínima. Uma rápida pesquisa no Google "UN speech Meghan Markle" trará o nome de Emma Watson em primeiro lugar. As notícias mais uma vez saíram em lugares irrelevantes. Ela deu uma entrevista entusiasmada sobre Ruanda a Larry King, mas nessa época ele já tinha perdido seu programa na CNN — foi num canal digital, e o entrevistador parecia meio sonolento. Meghan estava sempre muito perto, mas nunca chegava lá: canal a cabo básico, não premium; dentro das revistas, mas não na capa; uma defensora da ONU, mas não uma embaixadora; uma celebridade local em Toronto, mas desconhecida em Nova York.

Quando filmava a quinta e sexta temporadas de *Suits*, Meghan tinha consciência de que o tempo passava. Estava quase chegando aos 35 e ainda não havia recebido a ligação de Anna Wintour para desfilar no tapete vermelho no Baile do Met. Na metade da sexta temporada, Patrick Adams já pensava em deixar o programa depois da temporada seguinte. Seu personagem, Mike Ross, estava saindo da prisão e ele sentiu que o enredo ia se perder. Gina Torres também planejava cair fora. Aaron Korsh entusiasmou-se com a ideia de reinventar a narrativa de Rachel Zane, mas poucos seriados mantêm a popularidade depois da sexta temporada. Encontrar outro programa de sucesso? Não havia a menor garantia de que o raio caísse duas vezes no mesmo lugar. (Em 2019, Torres recebeu sua própria versão de *Suits*, *Pearson*, na qual a dinâmica sócia da firma entra no mundo sórdido da política de Chicago. Só vingou uma temporada.)

Além disso, Meghan agora se via como uma grife de celebridade global, sinônimo de causas esclarecidas. Como admitiu em *Elle*: "Não fossem o seriado e meu website, eu jamais teria sido chamada para ser embaixadora global da World Vision [uma instituição de caridade que a levou de volta a Ruanda] ou defensora da ONU Mulheres".[45] Mas havia um porém que ela preferiu não mencionar: apesar do seriado e do website, pouquíssimas pessoas tinham ouvido falar dela.

Sua vida amorosa estava igualmente num beco sem saída. Em 2016, Cory Vitiello, para cuja casa ela e seus cachorros tinham se mudado havia pouco, decidiu terminar com ela. Uma radialista me disse que a viu aos prantos, certa noite, em Harbord Room, onde ela costumava esperá-lo à saída do trabalho. Sempre um ímã para mulheres bonitas, Vitiello não achou que estivesse pronto para se casar.

Os olhos de Meghan se voltaram mais uma vez para Londres. Era o auge da temporada de verão de 2016. A princesa Diana adorava essa época do ano, quando chegavam à cidade os "americanos de julho", como ela os chamava. Os empresários de Meghan conseguiram para ela um elegante convite para usar a grife Ralph Lauren num camarote de celebridades em Wimbledon, onde Serena Williams jogava. Markus Anderson lhe descolou um quarto com desconto em sua Soho House favorita, a Dean Street Townhouse. Ela desembarcou na cena londrina em junho, disparando as armas do glamour.

Uma das paradas foi um jantar beneficente do bilionário John Caudwell, da Phones 4u, em sua mansão de Mayfair. Como de hábito, ela puxou conversa "de mulherzinha" sobre namorados com a ex-mulher de jogador de futebol Lizzie Cundy, apresentadora do obscuro reality show *So Would You Dump Me Now?*. Cundy notou que Meghan não conhecia ninguém, como contou depois ao *Daily Mail*. "Estávamos num papinho de mulherzinha sobre a vida. Ela disse que adoraria namorar uma celebridade. Adorava a Grã-Bretanha, onde se sentia em casa. Adorava a vida londrina e queria ficar e trabalhar lá, e ter um namorado."[46] Cundy sugeriu Ashley Cole, àquela altura ainda disponível.

Meghan seguiu com a determinação de sempre, conseguindo um drinque estratégico no Scarsdale Tavern, em Kensington, com o antigo editor de tabloide Piers Morgan. Depois de uma temporada bem-sucedida em Los Angeles, e de uma tentativa não tão bem-sucedida de substituir Larry King na CNN, Piers tinha retornado a Londres, saudoso da rude, vigorosa exuberância dos seus tempos de tabloide nos anos 1990. Estava apresentando *Good Morning Britain*, cuja pálida audiência de 500 mil espectadores ele turbinou para vibrantes 1,2 milhão, atraindo uma massa de seguidores no Twitter. Ele costumava tuitar sobre *Suits*, do qual era fã, e iniciou uma amizade de rede social com Meghan. "Estou em Londres para uma semana de encontros e Wimbledon", ela disse numa mensagem direta. "Adoraria dar um alô!"[47]

Foi um momento de surpresa e animação para todos os homens que enchiam a cara quando ela entrou no pub de Kensington. "Era, dos pés à cabeça, a superstar de Hollywood", escreveu Piers numa coluna de 2017 no *Daily Mail*. "Muito magra, pernas longas, elegante e glamorosa até não poder mais. Usava aqueles óculos escuros de praxe, enormes, que o pessoal de Los Angeles adora." Ele ficou impressionado com sua ambição explícita. "Meu mantra é 'Não invista cinco minutos numa coisa se não estiver disposta a investir cinco anos'", ela disse, e repetiu velhos exemplos de poder feminino, como a história da Procter & Gamble, e fez sérias observações sobre a perdida arte da caligrafia. "Ainda há qualquer coisa de incrivelmente romântico e especial no fato de um homem escrever para uma mulher com caneta e papel, em vez de mandar um e-mail, não importa que sua letra seja um rabisco ilegível."

Depois dessa ofensiva de charme, ela partiu para um jantar no superelegante clube 5 Hertford Street com o fotógrafo nigeriano Misan Harriman, que em setembro se tornaria a primeira pessoa negra, nos 104 anos da *Vogue* britânica, a fotografar uma capa da revista. Mas foi graças a Violet von Westenholz, que enviara a Meghan o convite para Wimbledon em nome da Ralph Lauren, que tudo se encaixou. Filha do barão Frederick Patrick Piers von Westenholz, um dos melhores amigos do príncipe Charles, Violet conhecia todo mundo. Era amiga de infância de William e Harry, e sua irmã Victoria tivera um affaire com Harry. Quando Meghan mais uma vez jogou a isca de que estava em busca de um namorado, Violet sugeriu uma ideia boa demais para ser verdade. Mas como conseguir isso? Markus, claro. Ninguém melhor do que ele para coreografar colisões sociais do mais alto nível.

Gina Nelthorpe-Cowne tinha almoçado com Megan no restaurante Delaunay de Londres em 1º de julho de 2016, e achava que sua cliente nunca estivera tão linda. Meghan explodia de animação. Adivinha com quem ela ia encontrar naquela noite para tomar uns drinques na Soho House?

"Não há a menor possibilidade de ele resistir a ela", pensou Cowne.[48]

20. O fracasso de Flashman

HARRY ENFRENTA SEUS DEMÔNIOS

O impetuoso príncipe que entrou pela porta e contemplou a visão sedutora de uma aspirante a estrela chamada Meghan vivia um momento complicado. O rapaz de 33 anos passava por um notório período de êxitos. Nunca fora tão popular entre os britânicos. Enquanto William ficava careca e era engolido pela domesticidade da vida com Kate, Harry era o curinga imprevisível e sexy da família real, com uma barba por fazer à la Brad Pitt. Encantara o mundo ao substituir o irmão na cerimônia de encerramento das Olimpíadas de Londres, demonstrara impressionante bravura em sua segunda missão no Afeganistão como piloto de helicóptero Apache, lançara os Jogos Invictus, iniciativa extremamente bem-sucedida para feridos e veteranos com deficiência.

Apenas dois meses antes, abrira a segunda edição do Invictus em Orlando, com Michelle Obama, sua improvável companheira no evento e ídolo de Meghan. Quando os Obama puxaram conversa perguntando que país levaria mais medalhas de ouro, Harry recorreu à arma de mais peso — a rainha — para responder. A avó e o neto, sentados lado a lado num sofá florido, gravaram um vídeo no qual ela, com seu impecável timing de comediante, respondeu ao desafio do casal com um irônico: "É mesmo?".[1] Mensagem: Harry até era capaz de fazer a rainha se divertir.

Tinha um crédito de boa vontade tão grande que sua reputação não foi comprometida pelo constrangimento de aparecer na primeira página dos tabloides, nu em pelo com um bando de moças animadas, depois de ser sub-repticiamente fotografado em agosto de 2012, apenas um mês depois das Olimpíadas, jogando uma partida de bilhar na qual quem perde tira a roupa, numa cara suíte de hotel em Las Vegas. ("Harry agarra as joias da Coroa!", cacarejou o *Sun* numa manchete.) Enquanto os tabloides caíam matando (com uma piscadela) sua falta de decoro, o público britânico o adorava justo por isso. Foi um "clássico exemplo de Harry sendo Exército demais e príncipe de menos"[2] — foi assim que ele se desculpou por seu comportamento, uma frase brilhante, calculada para ser reproduzida na mídia, sem dúvida fornecida pelo hábil Paddy Harverson. "Bom menino, esse Harry", foi o veredicto na maioria dos pubs britânicos. Era um homem como todos eles, na farra, e não um sujeitinho sem graça metido a virtuoso como seu irmão. Todo mundo, incluindo a rainha, perdoou o filho travesso de Diana. As reservas para Las Vegas dispararam depois dessa publicidade gratuita.

Mas se a vida pública era seu ponto forte, sua vida privada despencava barranco abaixo. Desde que tinha saído do Exército em 2015, ele metia bronca, caía na gandaia a noite inteira. Abandonar o uniforme costuma ser uma experiência traumática para quem se dá bem dentro da estrutura militar. Para o capitão Harry Wales, o Exército fora seu esconderijo e refúgio por dez anos. Ele se sentia respeitado, protegido e cercado por um bando restrito de oficiais da maior confiança. "Ele era muito mais feliz lá", disse um conhecido do príncipe.

> Harry tinha o hábito de se afastar por longos períodos. Levar uma vida estruturada com um só objetivo, matar o inimigo. Toda a fúria reprimida pode escapar pelo cano de uma arma. Ele adorava os camaradas, era fisicamente corajoso, e precisava daquela estrutura. Por isso foi muito difícil ser trazido de volta e enfiado dentro de um terno e de uma gravata, com uma listinha de instruções para cumprir... Eles o tiraram de lá muito cedo.

É opinião corrente que Harry jamais deveria ter deixado o Exército, e ponto-final, mas essa posição é irrealista. Galgar posições na hierarquia requer um permanente crescimento intelectual, e reavaliações em escolas do estado-maior. As missões operacionais em que ele brilhava não bastavam: o avanço na carreira implicava trabalhos de escritório no Ministério da Defesa, perspectiva terrível para um príncipe Flashman que abria um livro só de vez em quando.

Com William claramente a caminho do trono e a avó já perto dos noventa anos, os conselheiros do palácio achavam que haveria muita coisa para Harry fazer, representando a rainha em viagens ao exterior e trabalhando em parceria com o irmão na Royal Foundation, que os dois formaram juntos em 2009 para abrigar as instituições de caridade de que eram presidentes ou patrocinadores.

Mas Harry estava perdido sem a motivação do Exército. A vida civil o obrigava a encarar a realidade da sua posição cada vez mais irrelevante na linha de sucessão. Bastava observar a luta desesperada do tio Andrew por relevância e renda para ter uma ideia de seu destino iminente. A crueldade da primogenitura atingia Harry mais em cheio. A ligação entre Charles e Andrew, separados por uma diferença de idade de doze anos, nunca tinha sido muito estreita. Com apenas dois anos entre William e Harry, a inevitabilidade de Harry ser deixado de lado produzia uma penosa tensão mais parecida com a tensão entre Elizabeth e Margaret em seus anos de juventude. Como "os meninos", eles tinham sido inseparáveis, e o público adorava sua atuação em dupla. A mãe chegava a vesti-los com roupas iguais quando eram novos. Mas o tratamento idêntico tinha alimentado expectativas irrealistas. Os meninos não eram, e jamais poderiam ser, iguais.

Assim como se desfaziam os laços de fraternidade com os camaradas do Exército, Harry se entristecia com a perda do vínculo "nós contra o mundo" que tinha com William. Embora ainda fossem "incrivelmente próximos, vivendo um ao lado do outro [no Palácio de Kensington], compartilhando o mesmo escritório e saindo juntos muitas vezes", de acordo com um ex-assessor, suas relações não eram mais as mesmas desde o casamento de William. Em maio de 2015, os Cambridge produziram um novo rebento, a princesa Charlotte, e Kate não fazia segredo do desejo de ter mais filhos. Harry se sentia à margem daquela unidade familiar burguesa, e não conseguia entender a obsessão do irmão pelos sogros Middleton, cujo mundo de Bucklebury Harry achava de uma chatice extrema.

A equipe de comunicação do palácio dava um jeito de eles fazerem coisas juntos, os três. E de repente, depois de um tempo, parou de dar um jeito, porque era muito desconfortável para Harry. "Por mais que gostasse de Kate, para ele era como segurar vela", me disse um seu amigo.

Na contenda de família entre as reivindicações de um irmão e a lealdade a uma esposa, não havia dúvida sobre quem sairia ganhando. Os Cambridge se tornaram um casal rigorosamente unido, e William um perfeito caipira Windsor do interior. Nos fins de semana, quando não estava com os Middleton, percorria o terreno de Anmer Hall, a mansão georgiana de tijolo vermelho na propriedade de Sandringham com a qual a rainha os presenteara no casamento, de boné e paletó de tweed, como seus amigos fazendeiros "ricos esnobes" de Norfolk. Só lhe faltavam calções até o joelho à la George VI.

Já para William, o imutável comportamento arrogante de Harry estava virando uma chatice. Achava menos graça do que o público britânico no desastre dos jogos de strip-bilhar em Las Vegas ou nas intermináveis incursões de Harry a boates para encher a cara com seus amigos desordeiros. A imprudência do caçula o exasperava. Harry vivia se queixando da invasão da imprensa, mas no hotel em Las Vegas estavΔa tão embriagado que ficou nu com um bando de mulheres que pegara no bar de um hotel — não vistoriado pelos seguranças que o protegiam —, uma das quais provavelmente venderia (e de fato vendeu) uma foto de celular para o site de escândalos de celebridade *TMZ*. Queria o quê, caramba? O palácio fez o que pôde (mas foi em vão) para impedir a publicação na Grã-Bretanha. Harry foi fotografado na frente do hotel olhando nervoso o celular, mais ou menos uma hora depois que a foto apareceu no *TMZ*.

A persona bem-humorada dos irmãos que apareciam juntos nessa época escondia ressentimentos mais profundos. A adesão de Kate à fundação deles alterou a dinâmica de trabalho. Os atritos entre os irmãos aumentaram devido a suas atribuições profissionais. William sabia que precisava ser respeitoso com a hierarquia quando se tratava do pai, que era proprietário da plataforma ambiental, mas estava menos disposto a ceder ao irmão mais jovem. "O problema era que seus interesses eram muito parecidos", me disse uma fonte palaciana. Eles combinavam quem iria operar onde, e então William sentia que o irmão tinha violado o acordo.

Do ponto de vista de Harry, William estava "ficando só com os filés", me disse um amigo dos dois. O mais jovem parecia não ter entendido o recado: o futuro rei sempre ficará com os pratos mais suculentos. Continuou o amigo:

Harry se sentiu frustrado e ludibriado quando julgou que William havia se envolvido, num caminho sem volta, com a África e o meio ambiente. Harry ficou com os veteranos, e nisso era muito bom, mas também achava que com seu trabalho no Lesoto ele poderia de alguma forma combinar elefantes, rinocerontes, HIV e pobreza. Harry ainda está com a Sentebale, mas isso é só um pedacinho da África... Ele queria muito a (instituição de caridade de conservação africana) Tusk (desejo sem cabimento, uma vez que William é o patrono real desde 2005), mas ficou para escanteio, pois William também queria muito... De modo que Harry é um homem com muita, muita raiva. Acho que foram brigas absolutamente olímpicas.

Em nada ajudava a causa de Harry a circulação de fotos mostrando-o triunfante ao lado de um búfalo abatido numa caçada na Argentina em 2004 com Chelsy Davy — embora dentro da lei, não pegava muito bem para um conservacionista. Alguém do círculo dos irmãos me disse: "Harry tinha feito coisas na África subsaariana que deixavam William muito nervoso".

Havia outros motivos de tensão, me disse a fonte. William demonstrava algo mais do que uma pontinha de inveja competitiva. Os Jogos Invictus de Harry tinham dado uma largada inesperadamente vigorosa, como um cavalo saltitante. Harry tinha tido medo de que não aparecessem espectadores suficientes para a primeira edição, realizada em 2014 no Queen Elizabeth Olympic Park, com capacidade para 80 mil pessoas. Na verdade, acorreram mais de 65 mil. Invictus foi talvez a iniciativa real de mais impacto imediato desde que o príncipe Philip lançara o Duke of Edinburgh's Award em 1956.

Em seu último ano no Exército, Harry passou boa parte do tempo visitando centros de recuperação, hospitais do Serviço Nacional de Saúde e instituições de caridade do Exército em todo o país, aprimorando sua expertise em veteranos feridos. "Tendo sido soldado, tendo viajado, que Deus nos livre, entre sacos de cadáveres naquela aeronave, Harry podia postar-se diante de 15 mil pessoas e falar com absoluta autoridade sobre o que isso significa. Sabia porque tinha vivido aquilo", me disse Jamie Lowther-Pinkerton.[3] Invictus elevou o poder estelar de Harry no mundo inteiro como nenhum de seus esforços anteriores em nome da avó havia conseguido.

As causas de William, no entanto, de alguma forma pareciam arquitetadas pela cúpula, refletindo menos uma paixão pessoal, sendo menos bem definidas, e, portanto, tendo menos apelo popular. Ficava cada vez mais claro que, apesar da solidez e da compostura do irmão mais velho, o mais novo tinha um dom mais natural de se comunicar. Como a mãe, Harry tinha uma aptidão para o que os membros da realeza chamam de "*the chat*", a conversa informal, enquanto o primogênito às vezes ficava rígido na tribuna. "Se William faz um discurso, tudo, a partir do 'Boa noite', precisa ser digitado e entregue a ele", me disse um membro de conselho de instituição de caridade. "Certa noite, quando chegou ao nosso clube, ao levantar-se para falar ficou mudo." Isso jamais aconteceu com Harry, que, como o príncipe Philip, sempre soube romper um silêncio constrangedor com um dito engraçado.

O general de divisão Buster Howes citou a espontaneidade bem-humorada de Harry na visita que ambos fizeram à Academia da Força Aérea dos Estados Unidos no Colorado. Depois de dois hábeis passes de futebol de Harry, "ele olhou para mim, sorriu e disse, 'Veja isto'. E jogou a bola bem no meio daquelas câmeras caras. Era seu jeito de ser".[4]

Harry não se sentia coagido a se entender com a imprensa, que ele odiava com tal intensidade que qualquer encontro fazia o sangue fugir-lhe do rosto. Certa vez ele olhou para Howes e perguntou: "Quer trocar comigo?".

II

Se estava descontente com suas obrigações reais, Harry estava ainda mais infeliz com a vida amorosa. Um auspicioso caso de dois anos com Cressida Bonas, a delicada filha loura de lady Mary-Gaye Curzon, chegara ao fim em 2014. De acordo com uma fonte com quem conversei, o príncipe Charles manifestou pesar numa função no Palácio de Buckingham pouco tempo depois da separação do casal. "Não sei o que fazer com Harry. Sentimos muita falta de Cressida", lamentou-se ele.

Enquanto isso, os velhos companheiros de farra de Harry — Tom "Skippy" Inskip, Charlie van Straubenzee, Guy Pelly e Charlie Gilkes — estavam ficando noivos ou indo ao casamento um dos outros de braços dados com herdeiras e jovens socialites. Kate estava sempre lhe sugerindo namoradas nos jantares de frango assado que ela mesma preparava expressamente para Harry no apartamento dos Cambridge no Palácio de Kensington. Harry era um tio dedicado e nunca esquecia de levar presentes para o príncipe George e para a bebê Charlotte. Ele começava a se sentir a versão régia de Bridget Jones. De repente, no meio de uma entrevista, fazia um comentário um pouco patético sobre ter vontade de sossegar o facho. "Eu adoraria ter filhos, já", dizia em tom melancólico. "Mas há um processo pelo qual temos que passar. Por ora estou bem sozinho, pelo menos é o que acho. Seria ótimo ter alguém ao meu lado para dividir as pressões, mas essa hora vai chegar, e o que tiver que ser será."[5]

"Harry diz pra quem quiser ouvir que está cansado de ser solteiro", disse alguém de seu grupo a um jornalista. "Mas as moças pensam duas vezes antes de sair com ele."

E era mesmo para pensar, depois de terem assistido à turbulenta experiência de Cressida Bonas. O consenso era que Bonas tinha tudo para ser uma parceira perfeita para Harry, que estava apaixonadíssimo por ela. Ela pertencia ao seu mundo, sem ser obcecada por ele; uma beldade, sem ser narcisista, com uma carreira promissora de atriz no palco e na TV depois de ter cursado a Universidade de Leeds. (Em 2016 estrelou como Daisy Buchanan numa produção de *O grande Gatsby* no conceituado Leicester Square Theatre.) Além disso, era atlética, tendo conquistado uma bolsa de estudos em esportes no Prior Park College, em Bath, antes de frequentar o internato misto de Stowe, como também o fizera Chelsy Davy, a antiga paixão de Harry. Uma de suas melhores amigas era a princesa Eugenie, filha dos duques de York, que, segundo consta, a apresentou ao primo num festival de música em Hampshire. Ela bebia rum puro, informou a revista *Tatler*, e, quando constrangida, exclamava "Vexame dos vexames!".[6]

Cressida era de uma grande família aristocrática discreta, mas divertida. A mãe, a sempre animada lady Mary-Gaye, era a matriarca de uma tribo que fazia lembrar a atmosfera dos romances de Nancy Mitford. Harry conhecia a maioria dos parentes. Havia mais quatro meias-irmãs deslumbrantes, com três sobrenomes hifenados por causa dos quatro casamentos de Mary-Gaye. Como hóspede em Sandringham em fins de semana de caça, Cressida se dava bem com os amigos de Harry. Ela foi aprovada no teste da África durante umas férias bem-sucedidas no delta do Okavango.

De início, Cressie, como a chamam, achou graça e foi muito compreensiva quando Harry foi vê-la no interior, onde estava com a família, depois do incidente de Las Vegas, com "o rabo entre as pernas, parecendo um cachorrinho que fez xixi no tapete", segundo comentou outro hóspede. Mas à medida que o relacionamento evoluía, ela passou a considerar as atitudes de estudante de república indignas da posição dele: "Cressida é a coisinha mais bondosa e adorável. Mas é mandona", disse um amigo da família. "E também lembro de ela dizer a ele: 'Eu só queria que você parasse de ser tão filhinho de papai'. Porque ele estava sempre com rapazes que diziam coisas idiotas. E Cressida é inteligente demais para isso. Ela disse: 'Só quero que o mundo tenha orgulho de você como eu tenho.'"

O estado de espírito habitual de Harry, no entanto, ficava cada vez mais truculento. Quando não estava bufando contra William, era um poço de ressentimento contra Charles. Pai e filho se comunicavam por intermediários. Harry ficou especialmente insatisfeito com o modo como o pai lhe escolheu um presente em seu trigésimo aniversário. Charles teria mandado uma mensagem perguntando: "O que você gostaria de ganhar por seus trinta anos? Que tal outro smoking?". Harry, segundo minha fonte, respondeu: "Ok". Então o homem de Saville Row foi tirar as medidas, e quando a roupa chegou... uma manga era mais curta que a outra, uma perna mais comprida que a outra, então ela foi devolvida. Ou seja: não havia comunicação, e, quando havia, dava errado.

Harry vivia permanentemente aborrecido com Camilla, que o fazia se sentir um visitante em Highgrove. Doía-lhe ser excluído do mesmo jeito como era excluído pela forte ligação entre William e Kate. A independência deles exacerbava o vazio deixado pela mãe, cujo amor jamais poderia ser substituído. "Posso sentir os abraços que ela costumava nos dar", ele diz no documentário de Nick Kent. Harry tinha 33 anos. "Sinto falta disso, sinto falta desse sentimento. Sinto falta dessa parte da família. Sinto falta de ter essa mãe capaz de dar aqueles abraços e de manifestar a compaixão de que, acho eu, todos precisam."[7]

Mais difícil para todos era a paranoia do príncipe quanto à imprensa. Cressida entendia as razões históricas desse ódio, mas por que ele, como o irmão, não fazia as pazes com sua condição de membro da família real? Se o casal estivesse saindo do palácio e Harry visse cinco jornalistas, já ficava nervoso. Como disse um amigo chegado:

> Cressie era uma moça normal de 25 anos que queria sair para jantar e tocar em joelhos por baixo da mesa. Harry andava cinco passos à frente dela, em vez de segurar-lhe a mão. Se fossem ao teatro, ele ia embora no intervalo, para sair sem

confusão. Ela era arrastada pelas ruas, ouvindo seus berros, ou era ignorada enquanto ele dava chiliques.

Também não dava para dizer que ele a cobria de joias. Harry seguiu à risca a tradição sovina dos Windsor. Convidados para o casamento de Guy Pelly com Lizzy Wilson, a herdeira do Holiday Inn, que seria no Tennessee, Harry disse a Cressida, como quem não quer nada: "Meu escritório já comprou minha passagem, você precisa comprar a sua", o que a filha de lady Curzon achou não apenas mesquinho, mas desrespeitoso, sobretudo por saber que ele estaria ausente metade do fim de semana nas farras de despedida de solteiro de Pelly. Embora Cressida continuasse lendo sobre ela mesma como a glamorosa moça aristocrática romanticamente envolvida com um príncipe, a grotesca realidade das noites de namoro consistia em comer comida delivery e assistir à Netflix em Nottingham Cottage, a minúscula e não muito arrumada casa de solteiro de dois quartos onde Harry morava de favor nas dependências do Palácio de Kensington. "Nott Cott", como a casa é conhecida na família, já foi ocupada por Crawfie, governanta da rainha, até a rainha-mãe arrancá-la de lá. Os tetos são tão baixos que quando William morou lá com Kate ele precisava andar curvado para não bater a cabeça.

Uma amiga da família me contou que soube que o namoro não tinha futuro quando, na noite do Dia dos Namorados, a caminho do restaurante, eles seguiam de carro pela Kensington High Street e Harry foi informado de que havia um fotógrafo esperando por eles. Meteu o pé no freio, fez uma manobra radical e disparou de volta para Nott Cott, para comer pizza... Era como Sean Penn nos velhos tempos de Madonna.

No Natal, outro drama desnecessário. O casal estava hospedado no interior com a meia-irmã de Cressida, Isabella, e outros familiares, e decidiu que o almoço de Ano-Novo seria num pequeno pub em Kidlington, nos arredores de Oxford. Havia poucos fregueses, e eles conseguiram uma mesa nos fundos. Uma pessoa que soube do incidente disse:

> De repente, quando saíam, um senhor de idade, de aparência muito doce, aproximou-se e disse: "Senhor, me desculpe, sei que é época de Natal, mas será que eu podia tirar uma foto para dar à minha mulher que não está bem de saúde?". Cressida abriu a boca e disse: "Claro". Mas Harry disse: "Sai da minha frente", já com o rosto vermelhíssimo, e saiu bufando de raiva.

Vexame dos vexames.

Os amigos esperavam um anúncio de noivado a qualquer momento, mas incidentes como aquele enchiam Cressida de sérias dúvidas. Entrar na família real, com todas as restrições que certamente prejudicariam sua carreira, já era um desafio e tanto. Imagens de Kate e William na Nova Zelândia com o príncipe George de oito meses a tiracolo teriam assustado Cressida. Ela achava inimaginável arrastar um bebê numa frenética viagem, sobretudo com o temperamento de Harry. Sem os companheiros de Exército para colocá-lo no lugar, seu senso de privilégio fugia de controle. Os acessos de raiva eram cada vez mais frequentes e infantis. Ele passou a treinar boxe, porque, como diria mais tarde, estava sempre a "um passo de esmurrar alguém".[8]

Cressida começou a temer pela saúde mental dele. Nem todo mundo sabe que foi ela que o convenceu a ver um terapeuta. "Ela o fez reconhecer que tinha problemas, e buscar ajuda", me disse um amigo da família. Para encontrar o terapeuta certo, ele pediu sugestões à amiga de sua mãe Julia Samuel, que trabalhara como conselheira do luto no departamento de pediatria do Hospital St. Mary, Paddington. Também se aconselhou com o Serviço Secreto de Inteligência britânico MI6, cuja equipe de terapeutas poderia ser de grande valia. Uma pessoa então próxima de Harry me disse: "Era preciso encontrar alguém que fosse incrivelmente discreto e que entendesse o que é ter uma versão pública e uma versão privada da própria vida. Os terapeutas do MI6 são bem apropriados".

"Você precisa sentir isso dentro de você", disse Harry a Bryony Gordon, do *Telegraph*. "Precisa achar a pessoa certa para conversar, e essa foi uma das minhas maiores frustrações nos últimos anos — é difícil encontrar a pessoa certa, o remédio certo."[9] Diz Harry que acabou encontrando um terapeuta que o ajudou a explorar o trauma da morte da mãe. Costuma dizer que se considera sortudo porque foram "apenas dois anos... de caos absoluto", até que ele aprendesse a falar a respeito. "Eu não conseguia nem chegar perto da ferida. Simplesmente não sabia o que havia de errado comigo." E acrescentou: "Tudo depende da hora certa".[10] Quando Cressida sugeriu ajuda, ele enfim aceitou.

Sua desintegração passara por um longo processo. A terapia liberou anos de dor abafada até que ele compreendeu que fugia da tristeza se valendo de estratégias que iam do vandalismo regado a champanha até "enfiar a cabeça na areia, recusando-me a jamais voltar a pensar em minha mãe, pois de que adiantaria?". No documentário de Kent, ele disse que só chorou duas vezes nos vinte anos decorridos desde a morte de Diana. Esperava-se que ele ocultasse sua angústia enquanto o mundo inteiro se condoía. "Toda vez que visto um terno e boto uma gravata... e preciso desempenhar um papel, penso 'Ok, acionar a expressão correta', me olho no espelho e digo 'Vamos lá'", ele disse num documentário da Apple de 2021, *O meu lado invisível*. "Antes mesmo de sair de casa eu já estava empapado de suor."[11]

Uma vez livre do fardo, ele queria compartilhar o alívio. Tinha aprendido que, sempre que falava daquele tormento escondido, recebia apoio de todos os lados. Ninguém ficou mais feliz do que William quando Harry finalmente procurou ajuda profissional. Durante anos, ele assistira à perturbadora aflição de Harry. Sabia que ele tinha ataques de pânico. Fosse qual fosse a tensão por marcar território entre os dois, William queria desesperadamente ajudá-lo, como sempre o fizera. "Meu irmão, você sabe, que Deus o abençoe", disse Harry em 2017 na entrevista a Bryony Gordon, do *Telegraph*, "foi um grande apoio para mim. Vivia dizendo, não está certo, não é normal, você precisa falar sobre isso, não tem problema falar."[12]

Não se deve esquecer que William também sofreu, e muito. Seu refúgio era a vida em família. Harry podia zombar de sua existência burguesa com Kate, mas numa entrevista naquela época o primogênito disse a Alastair Campbell que não conseguiria desempenhar suas tarefas sem o casulo doméstico. "Nunca me senti deprimido, mas já me senti incrivelmente triste", ele disse. Nos dias em que o trauma do passado o oprimia mais, acrescentou, "nunca evitei falar sobre isso, e dizer como me sinto. Já disse: 'Olha, preciso falar sobre isso hoje' a pessoas que me rodeavam."

Em seu trabalho de piloto de ambulância aérea, William descobriu que sua "blindagem" não funcionava se ele sobrevoava a cena de um acidente que matara uma criança, porque sentia tudo aquilo do ponto de vista dos pais. "Qualquer coisa a ver com pais e filhos, e perda, é sempre muito difícil, tem um grande efeito sobre mim, me leva direto de volta para as emoções que senti quando minha mãe morreu." Falou com inusitada emoção no podcast de 2021 *William: Time to Walk*, sobre o impacto arrasador de uma chamada de resgate num acidente de carro envolvendo uma criança com ferimentos gravíssimos, Bobby Hughes, quase da mesma idade do príncipe George. "Foi como se alguma coisa tivesse mudado dentro de mim", disse. "Foi como se alguém enfiasse a chave numa fechadura e abrisse a porta sem pedir permissão... Você sente a dor de todo mundo, o sofrimento de todo mundo. E eu não sou assim. Nunca me senti assim antes."[13] Desde então ele se mantém em contato com Bobby e sua família.

O reconhecimento de Harry da necessidade de ajuda fez os irmãos se aproximarem por algum tempo. Em maio de 2016, eles lançaram a Heads Together, uma iniciativa cercada de publicidade, e sugerida por Kate, que via a urgência do combate às doenças mentais no trabalho beneficente que realizavam. A campanha, cujo objetivo era acabar com o estigma ligado à doença mental, era oportuna, quatro meses depois que o primeiro-ministro Cameron prometera 1 bilhão de libras para uma "revolução" em saúde mental.

No fim das contas, o intenso foco nos problemas de Harry, sem que os dela tivessem vez, foi mais do que Cressida pôde tolerar. Para desgosto do príncipe, ela seguiu seu caminho. Retomou um romance com outro Harry aristocrático, o "extraordinário deus louro", como o chamava a *Tatler*, Harry Wentworth-Stanley, filho da marquesa de Milford Haven, e se casou com ele em 2020, aumentando os inúmeros hifens da família.

"Quando terminaram", um amigo deles me disse, "ele lhe escreveu uma carta muito doce dizendo que a admirava, que lhe desejava tudo de bom e, acima de tudo, agradecendo por tê-lo ajudado a enfrentar seus demônios e procurar ajuda."

"Ele ficou arrasado", me disse uma fonte palaciana. "Estava convencido de que ficaria solteiro pelo resto da vida."

Na noite de 1º de julho de 2016, Harry estava de humor especialmente grave, depois de retornar de uma viagem à França para as comemorações do centésimo aniversário da Batalha do Somme, a mais letal da Primeira Guerra Mundial, que deixou 1 milhão de homens feridos ou mortos. Tinha sido um dia típico de formalidades régias e de significado nacional, com a Firma toda em atividade. Charles e Camilla, David Cameron, Harry, William e Kate — ela impecável num vestido rendado creme e preto — assistiram a uma cerimônia comemorativa no Monumento de Thiepval, perto dos campos de batalha do Somme, e a uma vigília militar na noite anterior.

"Foi, em muitos sentidos, o dia mais triste na longa história da nossa nação", disse o príncipe William em seu discurso. "Esta noite pensamos neles… Reconhecemos a incapacidade dos governos europeus, incluindo o nosso, de impedir a catástrofe da guerra mundial."[14] O príncipe Harry, com uma solenidade de veterano, leu o poema "Before Action" [Antes do combate] — "Por todos os dias que vivi, faça de mim um soldado, Senhor" — do tenente W. N. Hodgson, publicado dois dias antes de morrer na carnificina do Somme. Foi um sacramento de dever régio no que ele tem de mais significativo. "Não esquecer", mantendo um fio condutor inquebrável entre a história da nação e seu presente — talvez seja para isso que a monarquia serve, acima de tudo.

Mas o peso da solenidade da viagem se desvaneceu quando Harry cruzou a porta da Soho House e foi "lindamente surpreendido" pela visão de sua futura mulher. "Pensei comigo: 'Ok, vou ter que melhorar minha performance'", ele diria mais tarde.[15] Foi como se ambos sentissem imediatamente que o outro preenchia uma lacuna.

21. Enamorados

OS ASTROS SE ALINHAM PARA HARRY E MEGHAN

Eles se tornaram uma sociedade de dois. Os encontros se repetiram, o terceiro deles sob o céu noturno de Botsuana, o mais confiável e glamoroso retiro de Harry. Meghan logo postou no Instagram uma embalagem da balinha Love Hearts, com os dizeres "Kiss Me" e a mensagem "Lovehearts in #London". A imprensa não tinha como saber, quando fotografou Pippa Middleton e a editora-chefe da *Vogue* Anna Wintour num camarote em Wimbledon em 4 de julho de 2016, que a atriz desconhecida, identificada na foto sob a legenda "outras pessoas", era a futura noiva do neto da rainha.

Harry estava nas nuvens. Ele sempre saíra com herdeiras sem nada na cabeça ou moças aristocráticas pertencentes a um círculo muito restrito. Meghan era de uma espécie que ele desconhecia. Como me disse um ex-assessor do palácio: "Muito impressionante. Muito forte, muito motivada, criada para achar que pode mudar o mundo. Um tipo bem americano, não existe por aqui". Harry estava entusiasmado não só com sua beleza e graça, mas também com o controle que ela exercia sobre a própria vida. Perto dela ele era um homem imaturo, cuja existência inteira tinha sido planejada pelos outros.

Mas os planos dos outros, que sempre partiam do fato de ele ser o segundo, não funcionavam mais. Ele vivia às voltas com o princípio de não prejudicar a tensa hierarquia monárquica. Já não era o baladeiro idiota de vinte anos. (Pensando bem, às vezes era. Andrew Morton disse que, poucas semanas antes de conhecer Meghan, Harry estava "dançando na maior indecência"[1] com um par de moças e entornando uns copos no Jak's Bar, no oeste de Londres.) Não era desprovido de recursos materiais: quando fez trinta anos, herdou 13 milhões do patrimônio da mãe. E o sucesso dos Jogos Invictus mostrou que ele era alguém com potencial de mudar as coisas na vastidão do mundo além do palácio.

O problema era que na tacanha organização palaciana ninguém era capaz de apreciar essa força independente do caçula, nem sabia o que fazer com ela. Ele tinha passado anos em meio a um tumulto de emoções primárias e obrigações sem sentido. O contraste entre o foco cristalino de Meghan e sua própria confusão era excitante. Essa mulher incrível viajava o mundo inteiro como atriz, como benfeitora, como turista — e pagando do próprio bolso. Fez um discurso na ONU com suas próprias palavras! Publicou postagens sobre causas feministas ao mesmo tempo que aparecia, fabulosa, de biquíni em Positano. "Era como se Harry estivesse em transe", disse um amigo.[2]

A paixão foi recíproca. Meghan tinha um fraco por homens altos, de músculos definidos, imensos, com barba dourada rente. Harry tinha o mesmo tipo físico de Vitiello, mas com o fascínio extra da realeza. Três anos mais novo do que ela, era ao mesmo tempo viril e vulnerável, e a solução para todos os seus problemas. Com ele a seu lado, sua posição no ranking de estrelas não ia subir, ia disparar! De palestrante sem importância a principal entrevistada. Da seção de perguntas e respostas no começo das revistas à capa da *Vanity Fair*. Da incerteza sobre o que viria depois de *Suits* a supernova global. Na manhã seguinte ao primeiro encontro, ela falou com uma amiga como se Harry fosse uma proposta irrecusável do agente dela. "Parece maluquice minha ou isso pode durar?"[3]

Ela partiu numa viagem promocional de *Suits* que a conduziria a Boston e Nova York, onde um misterioso buquê de peônias, suas flores prediletas, chegou a seu hotel. "Estou me sentindo incrivelmente feliz nesse momento", escreveu em The Tig. "Tão agradecida e tão contente que o que mais desejo é que continue exatamente assim. Mais surpresas, mais aventuras." Uma semana depois, estava vivendo a África Autêntica com Harry numa barraca de luxo de 2 mil dólares no acampamento de safári em Meno-a-Kwena, em Botsuana. Quando voltaram, a intensidade do que um sentia pelo outro era mais do que um caso amoroso. Era um pacto: nós contra o mundo.

Charles se encantou por Meghan já nos primeiros encontros. Num almoço em Highgrove, Meghan, a gourmet e influencer de The Tig, ouviu com atenção o futuro sogro enaltecer as batatas Charlotte e os morangos Hapil que cultivava. Como as obsessões dele por alimentos orgânicos faziam a família revirar os olhos, não foi difícil para Charles se deliciar com uma linda mulher que parecia fascinada com tudo que ele tinha a dizer.

A rainha a conheceu depois de assistir a uma função religiosa em Windsor, numa informal "passadinha" por Royal Lodge, com certeza orquestrada pela prima favorita de Harry, a princesa Eugenie, de quem a rainha gostava muito. Sua Majestade facilitou a conversa e não disse o que achou. Estava feliz com a felicidade de Harry.

Mas William conhecia Harry bem demais e temia que ele viesse a se meter em encrenca. Toda vez que o irmão se apaixonava, era uma erupção do Vesúvio. "Você notou que é a quarta moça que leva a Botsuana?", disse, sem se conter, depois de ouvir o relato entusiasmado de Harry sobre a viagem. William não manifestou logo de cara seus temores sobre Meghan. Harry a apresentou ao irmão em novembro, durante um chá tranquilo, na cozinha do apartamento dos Cambridge no Palácio de Kensington. (Kate, para decepção de Meghan, estava em Norfolk com as crianças.) Meghan tinha se preparado para um intenso interrogatório, mas o primogênito era educado demais para isso. "Eu estava ansioso para conhecer a moça responsável por esse sorriso bobo no rosto do meu irmão", ele disse, desfazendo qualquer tensão.[4] Ela se sentiu tão bem acolhida por seu charme espontâneo como se sentira ao conhecer a rainha.

Mas William estava apreensivo com a velocidade de tudo aquilo. Sua opinião era que, se a união vingasse, Meghan estaria desistindo de tudo o que conhecia: a carreira, que era uma parte enorme da sua identidade, e a vida nos Estados Unidos. Ela não conhecia quase ninguém em Londres e não entendia quase nada da cultura britânica. O duque de Cambridge, segundo me disse uma pessoa próxima a ele, pensava que ela precisava de mais tempo para construir uma vida no Reino Unido, fazer amigos. Já tinha sido difícil para Kate, mas Meghan era uma atriz glamorosa e seria a primeira mulher birracial a entrar na família, fatores que aumentariam imensamente a pressão. Sem que

Harry soubesse, o irmão mais velho temia que o caçula, frágil, não tivesse força para lidar com aquilo tudo em nome dela, e também com seus próprios problemas. O cotidiano de Meghan seria submetido a um exame e a um assédio tão severos que, embora ela já os esperasse, os veteranos do palácio sabiam que não seriam nem remotamente parecidos com o tipo de exposição que uma atriz de TV tem que suportar.

A resposta de Harry às preocupações do irmão poderia ser sintetizada da seguinte maneira, segundo me disseram: "Ok, na verdade, a melhor maneira de protegê-la é me casar com ela o mais rápido possível, porque assim que nos casarmos ela terá proteção policial". Além disso, faltava apenas um mês para ela completar 35 anos. O relógio biológico é implacável.

Lá por setembro de 2016 — dois meses depois de se conhecerem —, Harry vivia indo a Toronto, onde ficava na casa de Meghan, livre de inconvenientes graças a vizinhos protetores. Era uma bolha mágica possibilitada pela costumeira discrição dos canadenses, que tendem a deixar as celebridades em paz, e deram ao casal privacidade em suas caminhadas pelo Trinity Bellwoods Park, ambos usando pulseiras de contas azuis.[5] Sempre que Meghan podia ir a Londres, os dois se enfurnavam em Nott Cott, sem ver mais ninguém. Eles se apaixonaram, diria Harry mais tarde, "incrivelmente rápido", numa prova de que os "astros estavam alinhados".[6]

Estava tão apaixonado que em dezembro, em vez de pegar um voo direto de Barbados para Londres depois de representar a rainha na turnê caribenha, fez um desvio de 3800 quilômetros até Toronto e foi ver Meghan. De volta a Londres, foram vistos comprando uma árvore de Natal em Battersea Park. A vendedora descreveu o par como um "casal totalmente feliz, muito fofo — mas nada pegajoso e vulgar".[7] Para William, tudo aquilo parecia sinal de preparação de ninho.

Foi o *Sunday Express* o primeiro a revelar a relação dos dois. O casal teve quatro meses de deliciosa privacidade antes que a editora de assuntos da realeza do jornal, Camilla Tominey, desse a notícia em outubro de 2016, sob o título "O romance secreto de Harry com uma estrela da TV". A reação da imprensa foi sísmica, sobretudo porque Tominey tinha dado um furo na concorrência, o que resultou numa briga de foice por qualquer naco que correspondentes informais no Canadá ou Los Angeles pudessem fornecer. Meghan foi cercada quando saía de casa para o set de *Suits*. Com um longo casaco escuro, gorro e óculos escuros, a atriz de TV a cabo que batalhara tanto para ter o nome reconhecido agora desempenhava o papel de celebridade assediada.

Na primeira rodada da cobertura, ela foi descrita como uma Grace Kelly rediviva, uma atriz, benfeitora e defensora da igualdade de gêneros, o que torna muito difícil não achar que o vazamento inicial tenha vindo por parte de Meghan (embora também pudesse ter sido por um empregado da Casa de York, como foi aventado). A segunda rodada, no entanto, já veio num tom diferente, forçando Meghan a lidar com a força total do cardume de barracudas de dentes arreganhados dos jornalistas que cobrem a realeza.

Acostumada à cobertura jornalística da indústria do entretenimento, alimentada por publicitários, e a reportagens elogiosas nas revistas em troca de acesso a informações, as celebridades americanas costumam ficar aturdidas com a criatividade demoníaca da imprensa popular britânica. Ver os tabloides acabarem com a reputação de alguém é uma espécie de prazer, com uma ponta de culpa, à mesa do café da manhã, como a acidez da geleia de laranja. Na melhor hipótese, é uma cáustica demolição das pretensões dos ricos e empolados. Na pior, reflexo dos mais vis instintos de trolls agressivos e reacionários.

Ninguém melhor do que Harry sabia do que a imprensa britânica era capaz. Ele tinha visto tudo — do trauma primordial das últimas horas de vida da mãe às invasões brutais da privacidade de suas namoradas e as críticas severas a todas as mulheres da família real, exceto a rainha. Kate tinha sido atormentada sobre classe, alpinismo social e a empresa Party Pieces da mãe — "Noiva encomendada por catálogo", escarneceu um colunista.[8] As zombarias não pararam com o casamento. Ela costumava ser descrita como uma plácida nulidade. Hilary Mantel, ganhadora do Prêmio Brooker, retratou-a com desdém numa palestra da *London Review of Books*, chamando-a de "manequim de vitrine", "tão miseravelmente magra quanto se poderia desejar, sem excentricidades, sem o risco de ter caráter. Parece feita com precisão, feita à máquina".[9]

Com Sarah Ferguson, a "Duquesa de Pork", os tubarões dos tabloides foram impiedosos a respeito de seu peso. Camilla Parker Bowles era chamada de feia e velha com tanta frequência que ela mesma passou a assinar as cartas para Charles como "sua devotada megera".[10] Numa entrevista por ocasião dos seus setenta anos, ela disse que "não desejaria isso ao pior inimigo", referindo-se à enxurrada de insultos.[11]

Mesmo uma Sophie Wessex, membro leal e periférico da família, foi tão atacada por sucumbir ao truque do Falso Sheik que, segundo me contou um antigo integrante de assessoria de imprensa palaciana, "ela vinha todos os dias ao nosso escritório quase aos prantos porque haviam escrito mais merda sobre ela. E ela dizia: 'Minha família lê isto! Meus amigos leem isto!'".

II

Talvez fosse inevitável que os mesmos jornalistas que haviam escarnecido da classe social e da aparência de outras mulheres da família real pegassem no pé de Meghan no quesito raça, quem sabe arrebentando os músculos das costas enquanto se dobravam para atingir novos níveis de baixeza. Mas ao que tudo indica Harry não fez nenhum trabalho preparatório antes de apresentar à mídia sua namorada birracial. Sua teimosia em se recusar a fazer qualquer acordo com a imprensa, mesmo quando era de seu mais óbvio interesse — e dela —, o levou a omitir dos correspondentes que cobriam a realeza qualquer revelação elegantemente planejada sobre seu novo relacionamento. A dica aleatória dada a Camilla Tominey e ao *Sunday Express* significava que Harry não tinha controle sobre os outros jornais, agora empenhados em retaliações.

O *Daily Mail* era o pior. Ainda reinando no *Mail* após mais de vinte anos, Paul Dacre, o taciturno monstro editorial que tinha um talento incomparável para defenestrar qualquer figura pública que violasse seu medieval código moralista da classe média inglesa, comandava uma equipe particularmente habilidosa em desancar alguém por associação. Por exemplo: "Sentado à direita do primeiro-ministro, fulano de tal, primo em segundo grau do pedófilo canibal Dennis Nilsen e ex-assessor do cunhado do chefe de produção de Harvey Weinstein, condenado por estupro". A equipe de Dacre se referia a suas reuniões de pauta matinais como "Monólogos da Vagina", por causa da sua mania de chamar todo mundo de "babaca".

Quando a estrela de Harry estava em ascensão em 2016, Dacre, num momento de enfado com a realeza, resolveu que a vida do príncipe William estava sendo a maior moleza, e inventou que o herdeiro do trono era um preguiçoso, que não fazia o suficiente para apoiar a rainha. A coisa pegou, e perseguiu William pelos próximos dois anos.

A reportagem da edição de 2 de novembro de 2016 do *Mail* sobre Meghan era um exemplo didático de como desancar alguém por associação. Com a manchete "A namorada de Harry veio (quase) direto de Compton", era tão odiosa (e, como quem não quer nada, racista) que se tornou a prova número um na guerra virtuosa de Harry e Meghan contra a imprensa. "Assolado por crimes e repleto de gangues de rua", dizia o texto, "o problemático bairro de Los Angeles que Doria Ragland, 60, chama de lar não poderia ser mais diferente do arborizado Kensington em Londres."[12]

> Os palácios de Harry não poderiam ser mais diferentes das casinhas térreas e de má qualidade que dominam quase toda a área de Crenshaw. E, enquanto 21 crimes foram cometidos nas imediações de Highgrove nos últimos doze meses, 47 ocorreram em Crenshaw só na última semana — incluindo homicídios e assaltos… As gangues locais incluem Crenshaw Mafia Gangster, que atormenta a área desde 1981, e as afiliadas de Bloods, Center Park Blood… No entanto, e apesar das gangues, considera-se que partes de Crenshaw estão melhorando, entre as quais Windsor Hills, nome aliás bem apropriado.

Apropriado mesmo, porque Windsor Hills era o bairro onde ficava o agradável bangalô espanhol de Doria Ragland. Os guias de viagem descrevem o abonado reduto negro, com seus gramados bem cuidados, seus restaurantes e suas trilhas, como uma das "joias escondidas" de Los Angeles, atraindo políticos, astros do basquete e atores de cinema. O próprio Crenshaw nada tem a ver com o caos descrito pelo *Mail*, segundo uma fonte minha no Departamento de Polícia de Los Angeles, que não entendeu direito a descrição como um lugar infestado de gangues e com inaceitáveis índices de homicídio.

O *Sun*, enquanto isso, seguiu em frente com a manchete "Que tal uma rapidinha?", alegando que o casamento de Meghan tinha acabado porque ela havia tido um caso com Michael del Zotto, jogador canadense de hóquei no gelo. Foram ainda mais criativos ao publicar com destaque na primeira página uma nota repugnante sob o título "A namorada de Harry no Pornhub", com base em cenas de *Suits* enviadas por algum ordinário para o site de pornografia, sem o conhecimento ou a permissão de Meghan.

"Meghan teve ânsias de vômito quando viu", disse um amigo aos biógrafos Omid Scobie e Carolyn Durand. "Ela queria gritar… Estava ofendidíssima e furiosa."[13] Pior ainda: contrastando com o texto sobre o Pornhub, havia uma foto da duquesa de Cambridge num evento usando um vestido branco brilhante sob o título em letras graúdas "Kate satisfeita e bem comida". Os tabloides já estavam preparando o cenário para uma briga entre a virtuosa (e branca) Kate e a racialmente enigmática Meghan.

Harry teve um acesso de raiva. Entrou possuído na sala da equipe de comunicação do Palácio de Kensington que compartilhava com William e exigiu que soltassem uma nota de condenação. O irmão não se opunha. Ele mesmo estava uma fera com a imprensa, tendo ordenado havia pouco uma censura formal quando um paparazzo quebrou todos os protocolos civilizados e se escondeu no porta-malas de um carro para fotografar o príncipe George brincando no parque. Mas William também teria levantado dúvidas sobre a sabedoria de o irmão confirmar formalmente o namoro com Meghan. Desconfiava da estratégia de Harry contra a mídia, de enfrentar ou correr.

Como futuro rei, William tinha aprendido a engolir seu desgosto com certas histórias, porque ele — e a monarquia — também precisava da amplificação da imprensa confiável. Acreditava no modelo de Paddy Harverson, de acesso cuidadosamente controlado e rara intervenção para valer. Sua repreensão mais retumbante se deu depois que um paparazzo de uma revista francesa tirou uma foto de Kate tomando banho de sol de topless numas férias na Provença em 2012. William moveu uma ação cominatória contra a revista e insistiu no caso durante cinco anos, até sua mulher ganhar 91 mil libras por danos morais. O recado foi recebido. Quando William resolvia atacar, era raro e letal.

Quanto a Meghan, o palácio jamais divulgara uma declaração sobre um namoro de apenas quatro meses. A maioria das namoradas reais sem um anel no dedo era abandonada aos leões, simples assim. A severa repreensão de William à imprensa em 2007, quando um bando de repórteres que aguardavam um anúncio de casamento sitiou Kate na frente do apartamento dela, veio depois de uma relação estável de cinco anos.

O advento de Meghan, no entanto, exigia uma estratégia mais enérgica. Por ser mulher divorciada, americana e birracial, e além disso atriz, a imprensa poderia atacar de vários ângulos. O novo chefe de comunicação do Palácio de Kensington, Jason Knauf, de 32 anos, havia sido diretor de assuntos corporativos do Banco Real da Escócia, e representava os gestores de imagem mais sofisticados que tinham entrado no palácio nos últimos anos. Ajudou Harry a preparar uma declaração em defesa de Meghan.

Divulgada em 8 de novembro de 2016, começava reconhecendo a sorte de Harry por desfrutar de uma vida tão privilegiada e falava de seu desconforto com o interesse que ela suscitava, e em seguida condenava, em termos enérgicos, "a difamação na primeira página de um jornal de circulação nacional; as conotações raciais dos comentários; e o sexismo e o racismo explícitos das redes sociais e na web em geral".[14]

Depois de esboçar os assédios sofridos por Meghan, Harry concluiu com a clássica beligerância spenceriana:

> Ele sabe que comentaristas vão dizer que este é "o preço que ela tem que pagar" e que "é tudo parte do jogo". Discorda veementemente. Não se trata de jogo — é a vida dela e a vida dele. Pediu que essa declaração fosse divulgada na esperança de que aquelas pessoas da imprensa que vêm promovendo essa história possam parar e refletir, antes que mais danos sejam causados.

Semanas depois, William divulgou sua própria declaração de apoio — segundo consta, para calar boatos de que discordava do irmão.

Como era de esperar, a vigorosa reação de Harry provocou uma comoção na mídia. Infelizmente, detonou no colo do príncipe Charles durante sua turnê por três países do Golfo Pérsico em companhia de Camilla (que começou com uma dança da espada em Omã). O protocolo palaciano costuma insistir em não fazer anúncios que possam prejudicar os planos de um membro sênior da realeza, mas não houve como segurar Harry. Depois de meses de planejamento da Clarence House, Charles tinha por um breve período alimentado a fantasia de que suas conversas de estadista com líderes do Golfo despertariam um interesse mais do que convencional da mídia. No entanto um "Nada a declarar" — sobre Harry e Meghan — foi o pronunciamento mais citado nas notícias sobre o príncipe no Bahrein.

Perder as estribeiras foi um grande alívio para Harry. Ele tinha defendido Meghan como jamais pôde defender a mãe. E havia uma novidade — ele recebeu elogios da mídia inteligente. "Ao ler aquilo, senti arrepios", escreveu um colunista do *New Statesman*. "Nunca esperei que algo tão socialmente importante como isso acontecesse dentro da monarquia britânica enquanto eu vivesse."[15] Uma Casa Windsor em ação era um espetáculo digno de ver! Para os correspondentes mais prosaicos que cobriam a família real, treinados na semiótica das declarações palacianas, a conclusão era que, depois de meros cinco meses de namoro, vinha por aí um casamento, e era hora de redobrar a atenção.

Para Meghan, a declaração foi uma reviravolta dramática. Revolucionou seu status, e ela passou de celebridade menor a *cause célèbre*. Ela agora era um ícone global de diversidade e estilo e, nas redes sociais, uma coisa ainda mais poderosa: uma vítima — em termos reais, desagradáveis, sem dúvida, mas também imbuída da aura da mulher capaz de afirmar que foi injustiçada. Ela assimilou essa nova identidade vorazmente. Em posição de superioridade moral, depois de um tratamento hediondo da imprensa, Meghan era quase invencível.

Sete meses antes do casamento com Harry, ela realizou um sonho acalentado desde sempre, aparecendo, de ombros nus, na capa da *Vanity Fair*. Depois de preparar para o entrevistador um almoço de "hortaliças orgânicas, pão crocante para mergulhar no azeite e pasta salpicada de pimenta comprada 'num lugarzinho chamado Terroni'", ela rompeu o tabu real de não conversar sobre seu relacionamento com o príncipe antes do noivado, como se o "para sempre" já fosse fato consumado.

"Somos um casal. Estamos apaixonados… Espero que as pessoas entendam que esse é o nosso momento. É para nós. É parte do que o torna tão especial, ser apenas nosso." Espalhando irresistíveis migalhas narrativas para deleite de Oprah no futuro, ela disse ao jornalista: "Tenho certeza de que chegará o momento em que daremos um passo à frente e nos apresentaremos, tendo histórias para contar".[16]

Em 17 de novembro de 2017, o casal anunciou o noivado no Sunken Garden, no Palácio de Kensington, cultivado em memória de Diana para o vigésimo aniversário de sua morte num dos lugares do palácio onde ela mais gostava de se isolar. Diana esteve presente mais uma vez nos dois diamantes de sua coleção pessoal que Harry usou para o anel, juntamente com a joia que ele mesmo comprara em Botsuana. Numa manhã gelada, a fina cintura de Meghan envolta pelo cinto de um casaco branco com uma gola enorme derrubou a internet e gerou milhões de imitações. "Quando foi que eu descobri que era ela? No nosso primeiríssimo encontro", disse o príncipe, enquanto Meghan olhava para ele com adoração. Havia mais do que sentimento por trás da escolha do

Sunken Garden para fazerem o anúncio. Ele mantinha o casal a vários metros de distância da imprensa, que precisou ficar do outro lado de um lago ornamental para tirar fotos.

III

Agora que Meghan era uma heroína feminista, a tensão entre ela e a beldade real com mais tempo de casa, a duquesa de Cambridge, oferecia uma narrativa irresistível para os tabloides, que adoram espicaçar rivalidades entre mulheres. As duas se deram muitíssimo bem, ou bem o suficiente, em seu primeiro encontro, em janeiro de 2017.

Meghan diria depois que achou Kate uma mulher de temperamento frio, julgamento muito provavelmente causado por Meghan ser "efusiva", do tipo que abraça até mesmo os guardas na frente do Palácio de Kensington. Kate não é dada a intimidades. Ela evita recrutar novas amigas para seu grupinho/sua lista de festas do pijama desde Marlborough e St. Andrews. Muitas de suas amigas mais antigas, dos tempos de solteira, tinham se estabelecido em Norfolk, oferecendo um discreto círculo de proteção — e até elas são excluídas do refúgio mais íntimo de suas preocupações emocionais. As únicas mulheres com quem se abre são a mãe e a irmã. Envolvida com dois filhos pequenos, e com seus deveres públicos, Kate não tinha nenhum motivo sério para ver uma ameaça potencial na última e mais glamorosa de uma sequência de namoradas de Harry.

No entanto, assim como nos tempos em que o novo penteado da princesa Diana ofuscou a rainha na cerimônia de abertura do Parlamento, as comparações da imprensa entre Meghan e Kate, invariavelmente apresentada como insípida e compenetrada, começaram a injetar tensão. A partir do momento em que a revista semanal mais popular da Inglaterra, *Hello!*, adentrou aos berros o Palácio de Kensington numa semana de novembro de 2016, ficou claro que a narrativa tinha mudado. Na capa, Meghan, descrita com letras graúdas como "A beldade que conquistou o coração do príncipe", era retratada com um vestido tomara que caia. A duquesa de Cambridge também estava na capa, naquele mesmo vestido branco tremeluzente que o *Daily Mail* havia publicado acima da reportagem sobre Pornhub, mas dessa vez reduzida a um pequeno boxe do lado direito.

Kate havia trabalhado com afinco para alcançar o status de ícone de estilo, apesar das restrições impostas pelos desmancha-prazeres do palácio. Sua ascensão tinha ocorrido paralelamente ao repúdio dos millenials pela *haute couture* elitista, e ela passou a maior parte de uma década com um guarda-roupa barato e de bom gosto, mostrando solidariedade com as mulheres da classe trabalhadora. Depois do casamento, esperou cinco anos para posar para uma capa sóbria da *Vogue* britânica, usando um casaco conservador de camurça marrom tipo Burberry e um chapéu vintage, daqueles que as mulheres usam durante o Festival Cheltenham de corridas de cavalo. Ela vestia meia-calça como parte da sua indumentária formal, sorrindo resolutamente e sem reclamar para a imprensa. As páginas internas da matéria de capa da *Vanity Fair* sobre Meghan mostravam-na não apenas sem meia-calça, mas também descalça num vestido de tule de top justo e tomara que caia, de Carolina Herrera. Foi a mesma história com as fotos de noivado tiradas durante o dia. Kate vestira uma blusa de seda simples Whistles de 125 dólares, reciclando-a dez anos depois para delícia dos fãs num vídeo destinado a fortalecer o moral durante a pandemia. A opção de Meghan, aninhada a Harry, foi um vestido preto Ralph & Russo, preso na cintura e de top semitransparente, que despertou o interesse da imprensa de moda. Ninguém pareceu se importar que ele tenha supostamente custado 75 mil dólares.

Era inevitável que Meghan passasse a ser vista como um contrapeso moral e estético de Kate, porém mais preocupante para o time dos Cambridge eram os talentos sem dúvida superiores de Meghan para se apresentar em público. Tratava-se de uma atriz treinada e tarimbada, enquanto Kate sempre foi uma oradora reservada. Em fevereiro de 2018, três meses antes do casamento, William, Kate, Harry e Meghan, os "Fab Four" — como passaram a ser chamados de forma pouco original —, fizeram sua primeira aparição juntos para anunciar que Meghan seria a quarta patrona da Royal Foundation. "Estou [no Reino Unido] há apenas quatro meses", reconheceu Meghan, antes de monopolizar o tempo de transmissão, sem interrupção.[17] Com displicente senso de posse, ela abordou um problema que nem sequer constava da pauta da fundação — o do fortalecimento político das mulheres, então em seu momento mais caloroso, com a aceleração do movimento #MeToo.

"As mulheres não precisam encontrar uma voz. Elas têm uma voz. O que elas precisam é se sentirem fortalecidas para usá-la", exortou Meghan, com uma frase de efeito, enquanto Harry a olhava com admiração e o irmão e Kate assistiam com inexpressiva irritação.[18] Quando chegou a vez de Kate, ela foi muito menos eloquente, e mais breve. Poucos sabiam que ela — após anos dando apoio emocional para o irmão mais novo, James, que lutava contra a depressão clínica — é que tinha sido a grande força motriz por trás da campanha de saúde mental da fundação. A campanha tinha sido elaborada mediante cuidadosas consultas a profissionais de saúde mental, especialistas em política e conselheiros palacianos. E ali estava Meghan defendendo uma causa da moda, ungida por Hollywood e que decerto renderia manchetes. Era uma dinâmica esquisita. Depois ficou decidido que os Fab Four não voltariam a aparecer juntos no palco.

Meghan tinha prometido na entrevista "arregaçar logo as mangas, com energia e entusiasmo", expressão que causou arrepios no palácio, instituição que baseia suas atividades num cauteloso consenso. A equipe da Firma já sabia por experiência própria o que aquilo significava. Ficava cada vez mais claro que Meghan não sabia — ou não queria saber — que a monarquia é hierárquica. Mesmo antes do noivado, ela parecia achar que todas as pessoas do escritório que compartilhava com William, Kate e Harry estavam ali às suas ordens.

A ética britânica do trabalho é frustrante para qualquer americano-alfa empenhado em "arregaçar logo as mangas, com energia e entusiasmo". Executivos transoceânicos ficam maravilhados com o número de e-mails sonolentos dizendo "estou fora do escritório", expedidos do Reino Unido. Nos anos 1980, quando transferida para Nova York editei a *Vanity Fair*, eu temia "a chuva na voz" de certos colaboradores da Inglaterra, significando que eu estava prestes a ouvir qualquer coisa como "simplesmente não vai dar".

Ainda existe, sem dúvida, uma cota de novatos idealistas trabalhando no palácio que marcam o ponto às dez e voltam tranquilos para casa às cinco. Um ex-funcionário do governo me contou que pessoas que saem do ritmo histérico do mundo político ou da administração pública passam um tempo num emprego palaciano para poder ir embora mais cedo. Um dos que fizeram o rodízio comentou comigo: "Na cultura palaciana, uma visita de duas horas a um centro comunitário é tida como um compromisso de dia inteiro, e ainda se fala disso durante toda a semana que a antecede".

Um veterano do palácio me explicou tintim por tintim o mal-entendido.

Digamos que você é uma atriz num programa de TV nos Estados Unidos. Você conta com alguns funcionários que são pagos por hora para trabalhar para você. Por hora. Sendo assim, seu empresário, seu agente, seu cabeleireiro, talvez seu divulgador, estão ali para atender às suas demandas sem pestanejar. Você, portanto, nunca está errada, é tudo do jeito que você quer. São apenas horas de serviço a serem pagas. Mas quando você está numa situação em que conta com membros de uma equipe que trabalham em tempo integral para uma instituição — o palácio —, eles são servidores, não são pessoas contratadas, trabalham dentro de uma engrenagem política. Há regras sobre aceitar presentes. Há regras sobre aceitar hospitalidade. Não são regras que a gente inventa e pronto, trata-se de uma instituição pública. Dá para imaginar que a transição não deve ter sido fácil para Meghan, e, para alguém dos Estados Unidos, nem um pouco aceitável. E um grande choque cultural: "Aqui estou eu, fiquei mais famosa do que jamais poderia imaginar"... No entanto, a maneira como ela é servida, na sua cabeça, não é compatível.

O que o pessoal do palácio via como deliberada ignorância da cultura institucional era um choque frontal com a visão de mundo de Meghan. No sistema de prestígio do mundo do entretenimento, o poder de uma estrela equivale a força, autoridade. Ela não estava se tornando membro da família real para discutir, como a atrizinha em sua encarnação anterior, a extensão de seu pacote de privilégios e mordomias. Atores de sucesso só conhecem uma resposta quando suas exigências são negadas: "Ligue para o meu agente".

"Não souberam lidar com a franqueza de Meghan, é isso", me explicou uma fonte palaciana. Em outras palavras: em vez de "Eu gostaria muito que você visse para mim se esse convite de fato não foi enviado, Allegra. Pode ser?", ela perguntava na lata: "Por que esse convite não foi expedido?".

"Imagino que Meghan estivesse tentando ser ela mesma, e tentando fazer as coisas do jeito que tinha aprendido na indústria, e também nos Estados Unidos", me disse um dos executivos de *Suits*.

Ou por não saber como conseguir o que precisava ser feito, ou por se achar numa posição superior. Fosse o que fosse, acho que quase todo mundo a quem recorria era como se ela estivesse dando com a cabeça na parede, e simplesmente ela não sabia lidar com isso. E, depois de um tempo, as boas maneiras desaparecem quando você está sempre fazendo errado.

Harry, que também sempre se aborreceu com a hierarquia, seria a última pessoa do mundo a lhe dizer para pegar leve. Ambos estavam embriagados da fantasia de serem instrumentos de transformação global que, uma vez casados, atuariam na estratosfera das celebridades outrora habitada pela princesa Diana. Meghan não podia nem queria esperar tranquilamente a sua vez. Tinha 36 anos. Era sua grande oportunidade. Pena que parecia não se dar conta de um fator essencial que determinaria o desfecho dos seus planos para o futuro: a primogenitura. Ligar para o agente não ia adiantar nada nesse caso.

No entanto, essa eterna verdade institucional não poderia ter sido mais clara. A duquesa de Cambridge estava grávida pela terceira vez, empurrando o futuro marido de Meghan um pouco mais para trás na linha de sucessão. Quando Kate se tornasse rainha, Meghan teria que lhe fazer vênia. Em termos régios, o príncipe Harry, o segundo filho do príncipe de Gales, o irmão do futuro rei que logo mais teria três filhos, era — exatamente como Meghan tinha sido em *Suits* — o número seis na ordem do dia.

22. Magic Kingdom

UM CASAMENTO TRANSFORMA A CASA WINDSOR

Dezenove de maio de 2018. Castelo de Windsor.

Foi um dia encantado que suspendeu qualquer dúvida, qualquer alfinetada, qualquer condescendência. O casamento do recém-milionário Harry, duque de Sussex, com sua duquesa americana birracial conseguiu uma proeza notável: fez do grisalho reduto do Castelo de Windsor, com seus novecentos anos de idade, um viveiro de transformações culturais.

Talvez tenha havido casamentos reais mais míticos. O torvelinho de catástrofes em torno do casamento do príncipe Charles com a jovem Diana Spencer foi vaticinado no momento em que, bem em frente à Catedral de St. Paul, de sua carruagem de abóbora se desfraldou a cauda de tafetá da ruborizada menina-noiva, uma cauda tão amassada como logo viriam a ser suas esperanças. E com certeza houve casamentos mais importantes. As núpcias da diáfana princesa Elizabeth com o deus grego príncipe Philip na Abadia de Westminster foi um desses, um raro momento em que a rainha preferiu dar ouvidos aos desejos do coração a ceder aos antiquados conselhos palacianos. (E, como sempre, seu discernimento era mais sólido do que o deles.)

Mas o casamento de Harry e Meghan foi mágico, mágico em seu sentido de dicionário: um poder de influenciar o curso dos acontecimentos invocando forças misteriosas, talvez sobrenaturais. Trouxe-nos a visão de uma Inglaterra ideal: um lugar acolhedor, de inclusão, de liberdade, de possibilidade, de amor, um lugar onde história e tradição se fundem espontaneamente com o progresso social mais inspirador.

Naquele dia eu estava trabalhando para a CBS News, espremida numa minúscula sacada do Harte and Garter, o antiquíssimo hotel que dá para os portões do Castelo de Windsor. Dividia as tarefas de âncora com Gayle King (consumada estrela do programa matinal e melhor amiga de Oprah), que a cada intervalo comercial mudava de acessório para os cabelos. Eu já não lembrava que a cidade de Windsor era tão pequena, com suas vielas, seus pubs amontoados, suas lojinhas. Dava para ouvir com perfeição as vozes do coro que ensaiava na Capela de St. George, como se estivesse na sala ao lado.

A caminho do altar, Meghan pisaria em muitos antepassados de Harry enterrados sob os pisos de mármore da capela, incluindo o rei George III, que tomou um chega para lá dos Estados Unidos. A Grande Porta Ocidental estava enfeitada com enormes guirlandas de folhas, rosas e peônias brancas, para emoldurar os noivos quando eles emergissem para o sol de primavera. O perfume das flores espalhava-se pela rua, intensificando a atmosfera onírica daquele dia.

Na tarde da véspera, a poucos metros de meu poleiro, as figuras principescas de William e Harry — discórdias à parte — surgiram de repente e mergulharam na multidão para dar as boas-vindas. A visão era tão shakespeariana em seu heterogêneo caráter inglês que senti que deveria até fazer uma vênia. (Aquele ali embaixo seria o Falstaff fazendo um brinde com sua caneca?) Ao anoitecer, olhei pela janela do quarto do hotel para um céu violeta que escurecia por cima das ameias normandas do castelo.

De manhã, às 11h25, vimos os primeiros vislumbres de Meghan por trás de seu véu de tule no Rolls-Royce Phantom IV irrompendo da magnífica garagem de Cliveden House, antiga residência da família Astor onde ela passara a véspera com a mãe. Ao seu lado, via-se o rosto atônito e amoroso de Doria, com seu pequeno piercing de nariz e seu chapéu verde-claro do qual despontavam tranças. Um príncipe de Gales impecavelmente vestido, então com quase setenta anos, cabelos prateados e rosto corado, irradiava charme acolhedor enquanto esperava para entrar com a noiva, no lugar do pai ausente. No fim da cerimônia, ele, cavalheiro, ofereceu o braço a Doria para escoltá-la até a saída, um gesto recebido com entusiasmo pelo público britânico, que viu o antiquado membro da família real de que menos gostava magicamente (isso mesmo!) transformado no "*verray, parfit gentil knyght*" ["vero e perfeito cavaleiro de alma nobre"] de Chaucer.

Os momentos inesquecíveis se sucediam, num atropelo. Era impossível não se emocionar com a fragilidade ansiosa estampada no rosto de Harry ao ver a noiva se aproximando do altar. De repente saltava aos olhos o quanto ele havia sido infeliz. O menino arrasado, que jamais se recuperara de todo da perda da mãe, com aqueles anos intermediários de dor e culpa, fora curado pelo amor de uma mulher forte, aberta, pronta para envolvê-lo. Ele poderia cair em seus braços chorando de alívio porque enfim tinha alguém com quem compartilhar a estranha solidão de membro da família real. "Você está incrível", Harry sussurrou quando ela se postou a seu lado, de vestido de seda cor de alabastro de gola canoa.[1] A luz que entrava pelas janelas da capela iluminava as 53 flores da Commonwealth que haviam sido costuradas à mão em seu véu de quase cinco metros.

Outras imagens memoráveis: a dignidade das costas retilíneas do príncipe Philip, com seus quase 97 anos, aguentando uma hora em pé apenas seis semanas depois de uma operação no quadril. Ao lado dele, imutável depois de seis décadas batendo presença em casamentos da realeza, a expressão séria e desaprovadora da rainha, emoldurada por um chapéu verde-limão. Oh, como as câmeras adoraram os pequenos pajens e damas de honra, com a graciosa figura de Kate, curvando-se para docemente lhes ordenar silêncio.

O triunfo inesperado foi a música. Vibrantes hinos de internato — "Guide Me, O Thou Great Redeemer" [Guia-me, ó Tu, Grande Redentor], um dos favoritos de Diana — foram seguidos pelo coro gospel de Karen Gibson entoando "Stand by Me", que todo mundo supunha ser uma inspirada sugestão da noiva, mas que na verdade fora um toque de seu sempre surpreendente sogro. Só foi superado pela expressão "que merda é essa?" que se insinuou nos rostos aristocráticos impassíveis, sob chapéus de abas imensas e repletos de penas, quando o bispo afro-americano Michael Curry pronunciou seu sermão entusiástico, forte, de quase quinze minutos: "Põe-me como um selo sobre o teu coração, como um selo sobre o teu braço, porque o amor é forte como a morte, e o ciúme é tão inflexível quanto a sepultura. Suas brasas são fogo ardente".[2] Suas rajadas de fervor espiritual, provavelmente a suprema e inspirada injeção de alegria negra no tradicionalismo britânico, gerou 40 mil tuítes por minuto. A maior parte da congregação, na expectativa do reconfortante desprendimento característico do pálido bispado da minguante Igreja anglicana, estava perplexa demais, ou desnorteada, para ouvir sua mensagem: o amor (como a romancista Tara Isabella Burton comentou a respeito do sermão) é "uma força necessária, caótica e política. O amor, para Curry, traz esperança em face da injustiça social, ao mesmo tempo que oferece um plano para a superar".[3]

Passeios do noivo e da noiva reais em carruagens abertas costumam saber a parque de diversões. Depois das núpcias na Abadia de Westminster, William e Kate também trotaram triunfantes, mas as ruas de Londres são largas e diluíram a intimidade da multidão. Windsor, entretanto, é uma cidadezinha tão compacta que os espectadores, aplaudindo e acenando bandeiras, quase podiam tocar na carruagem de Meghan e Harry quando ela passava por baixo das sacadas. De nosso precário poleiro, Gayle King e eu vimos os noivos passarem tilintando pelos portões do castelo bem debaixo de nossos narizes, e contemplamos amorosamente todos os detalhes dos uniformes vermelhos da cavalaria, o polimento resplandecente dos latões, os corcéis brancos inquietos, todo o entusiástico tumulto de vermelho e dourado, enquanto a brisa agitava o véu de Meghan. As costas militares de Harry estavam tão retas quanto as do avô, enquanto os cavalos tamborilavam nas ruas de paralelepípedo e os monarquistas davam gritos de boa-sorte. Houve um momento maravilhoso de genuína emoção quando o casal se aproximava do fim da Long Walk, a histórica avenida de quatro quilômetros de comprimento ao sul do castelo, e Meghan pôde ser vista com a mão na delgada garganta, quase sem conseguir respirar, como se exclamasse: "Ai, meu Deus, acho que vou explodir".

Nada, nem mesmo Hollywood, a havia preparado para tudo aquilo. E nada preparara a Grã-Bretanha para a comemoração desinibida, impregnada de sentimentos amorosos, tão absolutamente distinta de qualquer coisa até então associada à família Windsor em seu castelo. Houve nos comentários inúmeras alusões à mãe de Harry, de seus miosótis favoritos no buquê de noiva à voz misteriosamente parecida de sua irmã mais velha, lady Jane Fellowes, lendo um trecho do Cântico dos Cânticos no púlpito. Mas talvez a evocação mais potente de Diana estivesse relacionada aos dias que se seguiram à sua morte, quando desconhecidos de todas as raças, de todos os credos e de todas as cores abraçavam uns aos outros e choravam em frente ao Palácio de Buckingham. No fim daquele dia, eu estava tão emocionalmente exausta com o clima benfazejo que desmoronei em meu hotel em Londres para assistir às reprises.

II

Para o palácio, o momento de harmonia foi ainda mais notável por causa do barraco que o precedeu. Depois de quase dois anos em contato com a futura noiva e observando o fascínio que ela exercia sobre Harry, os servidores estavam perplexos. Os preparativos para a união entre os Sussex foram um deus nos acuda, verdadeiro contraste com a facilidade da operação para a cerimônia de William e Kate. O modus operandi de Meghan consistia em cutucar Harry sempre que qualquer obstáculo se lhe apresentava.

A última pessoa no mundo que qualquer um no palácio quer ofender é a mulher que via a monarca de meia-calça quatro vezes por dia. Angela Kelly era a camareira de Sua Majestade. Seu rosto grande, gordo e empoado, seu cabelo armado louro-prateado e seus olhos cintilantes azuis flor-de-milho desmentem um exercício friamente determinado de poder na corte. Não só essa filha sexagenária de um operador de guindaste de Liverpool é a primeira estilista residente do guarda-roupa sazonal de coloridas indumentárias da rainha, como também a curadora da valiosíssima coleção de joias de Sua Majestade.

Ostentando o título de assessora pessoal, ela coordenava as consultas médicas e a agenda particular da monarca. Sua intimidade era tão grande que ela usava os sapatos da rainha (o mesmo estilo de salto baixo e grosso, nas cores preta, creme ou branca, dos últimos cinquenta anos) para amaciá-los e se juntava à equipe de reconhecimento antes dos compromissos públicos da monarca, para garantir que o conjunto cor de cereja da chefe não destoasse das cortinas no pódio ou que a plumagem do chapéu de Sua Majestade em Ascot não interferisse nas tomadas da câmera. Ela se sentava com a rainha atrás do biombo no quarto de vestir da Câmara dos Lordes antes da abertura do Parlamento, e ajustava o manto cerimonial em seus sagrados ombros antes de ela entrar no plenário para cumprir o rito anual do Discurso da Rainha. Seu acesso ilimitado, como era de esperar, costumava provocar ressentimentos em algumas facções palacianas, evidenciados sobretudo quando ela recebeu permissão para escrever dois livros sobre sua função, privilégio não concedido a nenhum servidor real desde que Crawfie violara a regra de Omertà em 1950. No palácio, ela era conhecida, nem sempre de modo muito afetuoso, como AK-47.

Após tanto tempo juntas, uma improvável amizade floresceu entre monarca e servidora. A rainha gostava do humor cáustico de Kelly, valorizava-a como alguém que lhe dizia a verdade, e embora nada disso fosse segredo na corte, Meghan não percebeu, ou não conseguiu perceber, a diferença entre a assistente pessoal da rainha e um cabeleireiro contratado pela NBC Universal. Uma explosão ocorreu quando Kelly deliberadamente — como Meghan e, portanto, Harry entenderam — negou à noiva acesso à tiara bandô da rainha Mary, que Meghan usaria no casamento. A noiva queria experimentar o adereço antes, com seu cabeleireiro, e o noivo disparou como um míssil para que isso acontecesse.

A remoção de qualquer peça histórica do cofre do Palácio de Buckingham envolve um nunca acabar de permissões e procedimentos, incluindo a assinatura da monarca e a presença do joalheiro da corte, que manuseia a joia com luvas brancas. Se a recusa ao pedido de Meghan partiu da rainha, essa é uma das questões perenes do kabuki palaciano, assim como o próprio processo de emprestar joias. Consta que a rainha gostava de oferecer uma ou duas peças vistosas para as mulheres da família em grandes ocasiões, mas o ritual pressupõe o entendimento, da parte de quem recebe, de que um convite para pegar alguma coisa não é, na verdade, uma escolha. Kelly foi incumbida, na presença da rainha, de apresentar a Meghan as cinco tiaras que Sua Majestade havia selecionado previamente. A monarca sugeriu qual tiara Meghan deveria achar mais apropriado, ou seja, o refinado bandô de diamante da rainha Mary (valor estimado: 2,7 milhões de dólares) feito para a avó da rainha. Perfeita, não acha, Meghan? (E era.)

Em *Finding Freedom* [Encontrando a liberdade], a biografia autorizada de Meghan e Harry, os autores Omid Scobie e Carolyn Durand descrevem um cenário em que Harry, depois de insistentes pedidos de acesso à tiara para sua noiva provar, foi interceptado por Kelly com firmeza. O que falta dizer é que a essa altura muitos assessores não aguentavam mais as exigências de Meghan e de Harry. "Meghan dizia: 'Vou fazer tudo o que você quiser que eu faça'", me contou uma fonte, com convicção, "mas, nesse meio-tempo, ela conseguiu a capela que queria, o pregador que queria, o coro que queria, o vestido que queria, a tiara que queria, as velas que queria, o local da festa, o chef, a lista de convidados. Ninguém disse não a coisa alguma." Não é incomum uma noiva conseguir tudo o que quer, ou ficar nervosíssima antes do casamento; menos comum é o homem se transformar num "noivozilla". Harry decidiu que sua mulher teria tudo o que ela considerava direito dela. Houve muito chilique, eu soube. "Pessoas gritando na frente dos outros membros da equipe, basicamente em frente a muita gente, por isso tudo começou a vazar e foi a primeira cobertura negativa do comportamento do casal." Meghan conseguiu sua tiara, mas Angela Kelly tinha dado o seu recado.

Nesse clima de crescente tensão, houve uma disputa entre Kate e Meghan na prova dos vestidos das damas de honra. A questão — agora lendária — é a seguinte: quem fez quem explodir em lágrimas? Mais tarde se disse que Meghan tinha insistido para que as menininhas — incluindo a filha de três anos de Kate, a princesa Charlotte — abrissem mão das meias-calças por baixo dos vestidos de seda cor de marfim, e que isso deixou a tradicionalista real Kate à beira de um ataque de pânico. Outra versão sustenta que Kate ficou irritada porque os vestidos das meninas das flores não combinavam. E que a exausta duquesa de Cambridge, que havia pouco dera à luz o príncipe Louis, cansou de esperar enquanto recebia ordens da ainda não oficialmente duquesa de Sussex.

Quem liga para isso? Ao que parece, Meghan, sobretudo. Quando boatos sobre a discussão vazaram seis meses depois, produzindo uma erupção de manchetes sobre a "diva impossível", ela exigiu que o palácio desmentisse ou corrigisse a história. Estava indignada por não terem negado na hora um episódio, inconveniente, que lhes pareceu verdadeiro, ainda que incompleto. (Mais provável: ambas tiveram um acesso de fúria naquele dia.)

Seja como for, a cultura do departamento de imprensa do palácio consiste em quase nunca comentar assuntos pessoais relacionados à família. Segundo outra fonte palaciana, Meghan ouviu o seguinte: "'Não comentamos assuntos privados. Cuide disso você mesma'. Então ela ficou obcecada com a omissão do palácio".

Essa picuinha teve uma sobrevida curiosa. Na entrevista de março de 2021 a Oprah, Meghan aproveitou a oportunidade para informar a uma audiência global de 49 milhões de pessoas que quem acabou chorando foi ela, e não Kate. Três anos depois do casamento (no auge da pandemia de covid-19) ela ainda estava obcecada com a recusa do palácio em corrigir a história idiota das damas de honra. Durante décadas, Camilla foi obrigada a ler as mentiras recicladas à exaustão de que ela fora alvejada por pãezinhos atirados contra ela em seu supermercado local por um furioso fã de Diana, mas ela pôs um sorriso no rosto e seguiu em frente. Kate não disse palavra depois da entrevista a Oprah, apesar de, nos bastidores, a máquina de briefings dos Cambridge ter trabalhado 24 horas por dia. Katie Nicholl, correspondente de assuntos da realeza do *Daily Mail*, ficou sabendo que "Kate não está em posição de responder, e Meghan e Harry sabem disso".[4] O poder de um silêncio régio é a mística suprema da monarquia.

Nesse caso, por que Harry não ajudou sua futura mulher a lidar com a cultura palaciana? Porque não quis. Sua nova cumplicidade exigia que Meghan contestasse todas as normas contra as quais ele lutara por tanto tempo. Ela agora era sua companheira de armas. Um assessor me descreveu a atitude dos dois como uma "inclinação ao drama".

Drama é o que não faltaria na vida deles, e, como costuma acontecer, drama infligido por eles mesmos. Meghan provavelmente cometeu um erro ao cortar relações com o irreprimível Piers Morgan logo que conheceu Harry. Depois de seus primeiros martínis amigáveis na Scarsdale Tavern, Morgan nunca mais ouviu uma palavra de Meghan. Foi uma esnobada da qual ele mais tarde extrairia uma doce vingança, zombando dela, como só ele sabe fazer, em seu programa matinal e em sua coluna no *Daily Mail*, duas das plataformas de mídia mais poderosas do país. Um convite de casamento para o homem a quem ela certa vez enviara, ansiosa, uma mensagem direta para tentar conseguir um encontro teria rendido dividendos em termos de relações públicas. Foi o que ele disse numa coluna do *Mail* que apareceu na época do noivado, sob o amistoso título de "Sinceros parabéns, Harry, essa é pra casar".

"Não recebi uma palavra de Meghan desde que seu romance real se tornou domínio público, o que é perfeitamente compreensível nessas circunstâncias", escreveu. "Tudo será perdoado, no entanto, se eu receber um convite para o casamento do ano."[5]

O convite não veio e ele não perdoou.

Serena Williams, David e Victoria Beckham, Priyanka Chopra, Elton John, e o elenco e os produtores de *Suits* receberam convites em relevo dourado. ("Os visitantes americanos estavam muito bem-vestidos. Os locais usavam casacos que não viam ferro há vinte anos", me disse alguém da equipe de *Suits*.) As celebridades convidadas eram um retrato vivo não do círculo íntimo de

Meghan, mas dos amigos que ela mais gostaria de ter. Oprah, que Meghan mal conhecia, se é que conhecia, estava sentada num banco extremamente bem localizado, em frente à rainha. Seu vestido rosa-claro Stella McCartney tinha sido preparado às pressas durante a noite para substituir um vestido bege que ela ficou com medo de parecer branco nas imagens. A defensora de direitos humanos Amal Clooney, que subiu os degraus da capela num estupendo vestido amarelo-gema e de chapéu de abas largas tipo bandeja de chá, estava sentada com o sofisticado George em frente ao filho da princesa Margaret, o visconde de Linley. Rachel Johnson, irmã de Boris, afirmou numa coluna que a antiga colega de apartamento da princesa Diana se virou para o casal de astros ao seu lado no banco e perguntou de onde conheciam Harry ou Meghan. "'Não os conhecemos'", responderam os Clooney, "espirituosamente."[6]

A velocidade com que Meghan se livrava das pessoas estava virando meme. Choveram *bad vibes* em cima dela, vindas de seus meios-irmãos rejeitados. Morando na Califórnia e no Oregon, respectivamente, Samantha, de 53 anos, e Tom Jr., de 51, sempre foram pessoas sem dinheiro e de comportamento imprevisível. Samantha tinha chamado Meghan de "narcisista e egoísta" já em novembro de 2016, antes do noivado, mas voltou a ficar incomodada com um comentário insensível de Harry no programa *Today*, da BBC Radio 4, declarando que a realeza britânica era "a família, imagino eu, que [ela] nunca teve".[7] Comentário estranho, vindo de Harry, que depois disso tem falado para o mundo inteiro de suas misérias de desajustado na gaiola real. Desorganizados, incompatíveis e ressentidos uns com os outros, os Markle jamais foram uma família de comercial de margarina, refúgio contra a corrupção do mundo. Mas uma disputa de famílias disfuncionais entre os Markle e os Windsor provavelmente teria de ser decidida por sorteio.

Embora os americanos sejam mais inclinados do que os britânicos a excluir parentes difíceis e constrangedores, vozes mais sensatas teriam recomendado a Meghan que engolisse em seco e convidasse Samantha e Tom, mas com rigorosa supervisão de relações públicas. "Todos temos ovelhas negras na família, não é mesmo?", me disse lady Glenconner. "Mas você sabe que de alguma forma tem de reuni-los, obter a aprovação deles, trazer todos e botá-los em algum lugar."[8] Dá para imaginar Carole Middleton na mesma situação, com parentes intratáveis, pagando passagens aéreas de primeira classe para todo o clã hostil, instalando-os no Boring Goring e divertindo-os com passeios VIP por Londres até o grande dia. Meghan preferiu não seguir esse caminho. Ela agora era uma grife, tanto quanto uma noiva, e os famosos, os belos e os influentes é que haveriam de lotar os bancos da Capela de St. George.

Reduzidos a meios-irmãos da Cinderela, Samantha e Tom Jr. se empenharam com mais vigor em falar mal de Meghan para os tabloides. Tom Jr., numa entrevista ao *Daily Mirror*, contou que a recusa de Meghan a convidá-los "destruiu a família inteira".[9] Samantha lançou uma enxurrada de tuítes negativos: "Chegou a hora do vamos ver"...[10] "Mensagens de humanitarismo não contam se Meg ignora os Markle."

Num dos momentos mais caricatos da disputa familiar, Tom Jr. escreveu uma carta aberta ao príncipe Harry que apareceu em *In Touch*. Não era "tarde demais", ele disse, para perceber "que esse é o maior erro na história dos casamentos reais", e, numa prosa que parecia escrita à faca, proclamava que Meghan é uma "mulher exausta, vazia, presunçosa, que fará de você e do legado da família real uma piada. Isso para não mencionar que ela não convida para o casamento a própria família, e em vez disso chama completos desconhecidos. Quem faz uma coisa dessas?".[11]

Chocada, Meghan ligou para o pai e suplicou que ele pedisse aos seus meios-irmãos que parassem com os ataques. "Ela estava brava comigo", me disse o pai. "Dizia que cabia a mim resolver o assunto, mas não sei de nenhum pai que consiga controlar filhos de cinquenta anos. Não posso defender o que meu filho disse, ou por que ele disse o que disse. Eu, na verdade, atribuiria a culpa pela maior parte das coisas que saem nos jornais a dois repórteres que foram de carro até o Oregon e o levavam a um bar seguidas noites. Quando digo seguidas noites, é porque foi uma noite atrás da outra mesmo. Eles entupiram a cabeça dele com um monte de coisa e depois publicaram." Nossa, isso foi ruim, comentei. "Quer ouvir coisas ruins sobre repórteres?", perguntou Tom Markle. "Vai ter que ficar me ouvindo por muito tempo."

III

Hoje, a percepção que se tem do pai de Meghan é que ele é um sujeito derrotado e triste, louco por dinheiro. Não contente em constranger a filha vendendo fotos falsas para a mídia antes do casamento, ele a esnobou perante a família real e perante o mundo no dia mais importante da vida dela, depois de torturá-la, deixando em suspenso se ele ia ou não aparecer.

Markle é, na verdade, um homem difícil, com um orgulho teimoso de velho rabugento, o que significa que quando está numa situação difícil continua afundando. Depois de cinquenta anos de uma vida profissional limitada, trabalhando à noite em telenovelas, agora vivendo sozinho e achando que sua aposentadoria não foi tão boa quanto esperava, percebe-se que tudo que ele quer na vida é ser deixado em paz, porra.

No entanto, ele até hoje se ressente de que Harry não lhe tenha demonstrado respeito indo conversar pessoalmente pelo menos uma vez antes de pedir a mão de sua filha por telefone. Prefere não admitir que Meghan estaria constrangida demais com a impressão que ele causava para apresentá-lo ao namorado real. ("Constrangimento é uma escolha que alguém faz. Não é culpa da outra pessoa", me disse Wendy Riche, ex-chefe de Tom como produtor executivo de *General Hospital*.)[12] Não melhorou em nada o humor de Tom saber que sua ex-mulher recebeu a visita em sua casa em Los Angeles de dois representantes do consulado britânico levando o anúncio oficial do noivado feito pelo palácio, enquanto ele, o pai, era tratado como cidadão de segunda classe.

Quando a imprensa apareceu em Rosarito atrás de alguma sujeira, Tom achou a experiência extremamente perturbadora. Considerava irrealistas as recomendações de Harry ao telefone para não dar trela a jornalistas — fáceis de falar para um príncipe que morava num palácio, e não tão fáceis quando os repórteres, tal qual um enxame de abelhas, invadiam a pacata cidade mexicana onde ele frequentava a mercearia e a lavanderia.

"Na rua onde moro, eles alugavam varandas do lado esquerdo e do lado direito", ele me disse. "Toda vez que eu saía de casa, alguém tirava uma foto. Eu não podia entrar ou sair do carro, entrar ou sair de casa. Quando dirigia até o centro, eles me seguiam. Quando cortava o cabelo, tiravam fotos. Passei a sair à meia-noite, à uma da manhã, para ir até o caixa automático e fazer compras."[13] Uma torrente humilhante de imagens de Tom carregando latas de cerveja e comprando remédios para flatulência apareceu nos tabloides, que o descreviam como um vagabundo, e não como ele se via a si mesmo, um ex-diretor de iluminação bem-sucedido desfrutando de sua aposentadoria na praia. "Todos nós que trabalhamos em *General Hospital* ficamos horrorizados com o modo como ele foi retratado", me disse alguém da equipe de produção.

O desejo de ter uma imagem pública menos desgrenhada fez Tom cair numa covarde armadilha perpetrada por Jeff Rayner, muito bom de lábia, cofundador de uma agência de fotos e fofocas sobre celebridades do baixo clero em Los Angeles. Rayner sugeriu uma sessão de fotografias fingindo acompanhar Tom enquanto ele tirava medidas para seu terno, malhava para ficar em forma e se debruçava sobre um exemplar de *Imagens da Grã-Bretanha*. Samantha, com sua infalível combinação de má-fé e falta de discernimento, achou que era uma grande ideia, sobretudo porque Rayner lhe ofereceu parte do dinheiro da comercialização das fotos. (Acabaram obtendo cerca de 100 mil libras.) Então ela insistiu com o pai para que aceitasse. Numa das poses mais tocantes, as volumosas costas de Tom estão curvadas sobre uma tela de computador em um cibercafé enquanto ele vai passando fotos do noivado de Meghan e Harry, sem se dar conta de que parece o mais triste de todos os espectadores da ascensão de sua filha para um mundo fora de seu alcance.

A farsa foi revelada quando *The Mail on Sunday* publicou imagens de circuito fechado mostrando que Tom havia colaborado para causar o maior impacto possível, até a semana anterior ao casamento. O suposto alfaiate — que parece ter uns catorze anos — na verdade trabalhava numa loja de artigos de festa, e recebeu quinze dólares para "tirar as medidas" de Markle. Com um ângulo de câmera mais aberto, vê-se que a suposta sala de aparelhos de ginástica era uma encosta de morro malcuidada, coberta de colchões e pneus.

"Pensei que estivesse agindo certo, mas é óbvio que não estava", me disse Markle em tom de poucos amigos. "Foi um erro."[14]

É difícil imaginar revelações mais constrangedoras para Meghan, que achava que havia enfim atravessado a ponte para um futuro de conto de fadas, quando na verdade os parentes excluídos haviam se levantado para agarrá-la pelos tornozelos e arrastá-la ladeira abaixo para profundezas movediças. Depois de ficar sabendo que *The Mail* estava prestes a expor a verdade da sessão de fotos, a futura noiva, bastante aflita, ligou para o pai e perguntou se ele de fato participara da fraude, antes de perguntar se o palácio poderia impedir que a notícia saísse. Por razões que só ele sabe — culpa ou pânico —, ele negou. Conversando depois com um amigo sobre a conduta do pai, Meghan disse: "Meu pai nunca quis isso. Eu penso que ele foi vítima, mesmo, e agora estou triste, porque acho que ele caiu como um pato".[15] A recusa de Markle em ligar para o secretário de comunicação do palácio Jason Knauf e pedir ajuda — como a filha havia dito — pode ser atribuída à sua incapacidade de admitir o quanto se sentia vulnerável.

Servidores do palácio começaram, pela primeira vez, a sentir pena de Meghan, ao passo que, entre os membros mais graduados da família real, a apreensão por ela ter ingressado na Firma atingiu um patamar de alarme mais estridente. Vamos esquecer as demandas imperiais e o preocupante controle de Meghan sobre Harry; era bem provável que as malignas indiscrições e loucuras de seus parentes iriam manter os tabloides ocupados durante anos. Foi duplamente penoso para Harry, porque toda a tempestade e ímpeto davam razão ao pé atrás dos detratores de Meghan, em especial a seu irmão.

Textos enviados por Harry para Tom Markle nesse momento febril — que mais tarde apareceriam na ação judicial movida pelos Sussex contra a empresa Associated Newspapers Ltd., que controlava *The Mail on Sunday* — mostram que ele ficou apavorado quando Tom pensou em pedir desculpas públicas, com medo de se enredar ainda mais. "Tom, Harry de novo!", ele escreveu. "Preciso mesmo falar com você. Não é necessário pedir desculpas, entendemos as circunstâncias, mas 'ir a público' só vai piorar a situação."

O fato de Harry, àquela altura, resolver controlar a mídia fez Markle se sentir ainda mais destituído de poder — talvez até mesmo emasculado. O choque de ser alvo do desprezo mundial era tão vergonhoso que deve ter contribuído para o que veio em seguida — Tom sofreu um pequeno ataque cardíaco.

Meghan vivia sua versão do *Show de Truman* de Harry. O pai falava com o site TMZ em vez de falar com ela. Ela teve de fazer login na página para descobrir, primeiro, que ele se sentia constrangido demais para assistir ao casamento e, depois, que tinha mudado de ideia e resolvera comparecer. Seguiu-se uma ópera-bufa dos tabloides que manteve o mundo em suspense: o pai da noiva conduziria ou não a filha ao altar? Depois disso, nada: o silêncio, um segundo ataque cardíaco, e Tom Markle desistiu de vez do casamento. Com os frenéticos textos da filha apitando no telefone, o pai da noiva sumiu.

Quando conversamos, ele atribuiu a culpa desse seu desaparecimento ao último telefonema de Harry passando-lhe um pito — coisa que Meghan nega — enquanto se restabelecia num leito de hospital. "Harry disse: 'Se tivesse me dado ouvidos, isso nunca teria acontecido com você'. Àquela altura, eu disse: 'Você é o homem mais arrogante que já conheci'. E desliguei na cara dele. Pensei: 'É isso aí, basta.' Depois, nunca mais me ligaram", ele me disse.[16] Meghan tem dito que ligou para ele mais de vinte vezes.

A pedido da noiva, o príncipe Charles logo se prontificou a cumprir a função de conduzi-la ao altar. Fossem quais fossem os suspiros de alívio coletivo no Castelo de Windsor, para Meghan — como escreveu ao pai em agosto de 2018 — foi um golpe que "arrebentou meu coração em 1 milhão de pedaços". A turbulenta semana de drama familiar expusera ao mundo humilhações não confessadas. A briga entre os parentes e a orgulhosa figura da mãe sem um familiar ou amigo ao lado dela no banco da igreja sugerem que, para chegar aonde chegou, Meghan enfrentou mais mesquinhez e discórdia do que tinha dado a entender. Na última noite que mãe e filha passaram juntas em Cliveden, quanto choro não deve ter rolado? A discreta família Middleton funcionou como uma guarda pretoriana cercando Kate antes do casamento. Meghan só pôde confiar na doce compostura da mãe, Doria.

O drama foi quase tão traumático para Harry como para Meghan. Mais uma vez, a mídia tinha descoberto um jeito de provocar danos incalculáveis em alguém que ele amava. Como disse quando a notícia do amor entre eles apareceu pela primeira vez: "Alguns acham que isto é um jogo. Não é um jogo. É a vida dela".[17]

A tortura de Tom Markle antes do casamento foi uma conduta lamentável da imprensa, imperdoável, motivada por um cinismo comercial que teve um trágico desfecho. "No cerne disso está o imenso dano que um pequeno número de jornais causou à família Markle", me disse Paddy Harverson. "Basicamente, a criação de um racha enorme, permanente, entre Meghan e o pai. Vale lembrar que quando Harry e Meghan saíram juntos pela primeira vez os servidores do palácio entraram em contato com todos os jornais, em off, e disseram que Thomas Markle vivia sozinho e não queria falar com a mídia. A imprensa ignorou. Ela o açulou, atormentando-o a tal ponto que ele sucumbiu. Não havia nisso qualquer interesse público. Tudo que aconteceu foi consequência da crueldade com que a imprensa invadiu a vida dele."[18]

Em última análise, um Tom arrasado assistiu ao casamento de conto de fadas pela TV, como todo mundo, sozinho num Airbnb de trinta dólares a diária em Tijuana, que ele alugou para fugir da imprensa. "Minha menina está linda", ele disse. "Me arrependerei para sempre de não poder estar lá, de não poder segurar a mão da minha filha."[19]

Alguém — se não foi Goethe, foi um romano 1800 anos antes dele — disse que nada do que é humano lhe era estranho. Já eu sou infinitamente mais modesta. Há comportamentos humanos que espero morrer sem entender.

23. Desvencilhando-se

A MONARQUIA NA MANHÃ SEGUINTE

"Vi o carro capotar e pensei: 'Puta merda.'"[1] Numa gélida manhã de janeiro de 2019, o advogado de 75 anos Roy Warne ficou atônito ao ver um Land Rover capotar na rodovia A149 em Babingley, Norfolk. Ouviu-se uma voz de homem idoso gritando: "Minhas pernas! Minhas pernas!". O veículo tinha batido numa minivan — que agora soltava fumaça — dirigida por uma mulher com uma passageira e um bebê de nove meses no banco de trás. Warne tirou o bebê, que chorava muito, depois correu até o Land Rover para ajudar o motorista a sair do carro. Nesse momento o atônito Warne pensou mais uma vez "puta merda". Abalado, mas ileso, o duque de Edimburgo saiu cambaleando.

Por algum tempo, o príncipe Philip, de 97 anos, se negara a considerar a hipótese de que estava velho demais para dirigir. Sempre gostou de velocidade e jamais usou cinto de segurança ao percorrer suas propriedades. Logo depois de causar a perda total desse Land Rover, encomendou um novo, e no dia seguinte recebeu uma advertência da polícia ao ser fotografado sem o cinto. Quando chegou ao conhecimento da mídia, o incidente desencadeou um debate nacional sobre a conveniência de tirar das ruas ameaças geriátricas. Sem dúvida Philip deve ter se divertido à sua maneira com a ideia de que os tabloides berrassem que agora ele deveria ter um motorista que o levasse de um lado para outro.

Dessa vez quem não achou graça na obstinação do marido foi a rainha. Se as duas mulheres e o bebê tivessem morrido, a monarquia teria enfrentado seu escândalo de Chappaquiddick — aquele protagonizado pelo senador Ted Kennedy em 1969 —, levantando as mesmas perguntas do tipo "e se" que o acidente automobilístico de Camilla levantara 25 anos antes. O duque, além disso, teimava em não assumir a culpa e insistia que o sol em seus olhos o impedira de ver o outro carro vindo na sua direção. A passageira da minivan disse ao *Mirror*: "Para mim, um pedido de desculpas do príncipe Philip significaria muito, mas nem sei se ele ao menos lamenta o ocorrido. Custava me enviar um cartão e um buquê de flores? Ele e a rainha?".[2] Disse que a única coisa que recebeu foi uma curta mensagem de um policial que serviu de intermediário da família: "A rainha e o duque de Edimburgo mandam lembranças". Nem precisavam mandar lembranças, lembranças do ocorrido são o que não faltam, obrigada.

Philip foi convencido (ou talvez, nesse caso, obrigado) a escrever uma carta com um pedido de desculpas à mulher no dia seguinte, na qual dizia que acabara de saber que ela havia quebrado o pulso (desculpa impossível de colar) e reiterou que em geral era ótimo motorista. Houve um profundo suspiro de alívio no palácio no mês seguinte, quando ele enfim cedeu às pressões e entregou a carteira de motorista. Duro golpe para um homem que passou a vida insistindo em sua independência — e protegendo-a com unhas e dentes.

O incidente foi outro sinal para a rainha de que seu querido consorte estava perdendo a capacidade de pensar e agir normalmente. Quatro meses antes, ela havia agradecido a decisão dele de abandonar suas obrigações régias. Fazia mais de seis décadas que Philip Mountbatten, o duque de Edimburgo, fizera juramento de lealdade como seu vassalo na vida e na morte.

Quando renunciou a suas obrigações, em agosto de 2017, ele havia acompanhado a rainha a todas as 251 viagens que ela fez ao exterior ("Não empurrem a rainha!", ele às vezes gritava quando a imprensa se aproximava demais) e havia cumprido 22 mil compromissos reais por conta própria. Mais de 780 organizações o tinham como patrono, presidente ou membro honorário, e ele observava a agenda, incansável, chegando até a visitar a sede da Associação Odontológica Britânica em Brighton. "O mau tempo não poderia ter sido pior", comentou um jornalista.[3] Ele cedeu a Harry um patronato que exerceu com orgulho por quase 65 anos, o posto de capitão-general dos Fuzileiros Navais Reais. "Não vá meter os pés pelas mãos", disse Philip, um conselho que hoje não parece nem um pouco gratuito.[4]

Aposentado, Philip se mudou para sua caverna em Wood Farm, a aconchegante e despretensiosa propriedade real em Sandringham, onde organizava seus documentos, pintava aquarelas e devorava livros de história. Recebia frequentes visitas de Penny Romsey, com quem compartilhava o amor à pintura, uma paixão sossegada e comedida. Ainda obcecado por tecnologia, Philip costumava enaltecer as alegrias do Kindle até que, desgostoso com o marketing de livros que não queria ler, jogou o dispositivo na banheira.

Com característica determinação, tinha deixado claro que se ausentava não apenas fisicamente, mas também renunciava à função de aconselhamento real. Embora para a rainha fosse motivo de satisfação pessoal saber que Philip vivia os últimos anos à sua maneira, a falta de seu conselho sempre sólido a deixou num vazio. Sua aposentadoria causou, involuntariamente, a perda de outro homem que fazia parte de seu gabinete interno mais digno de confiança. Uma rara manobra pouco diplomática de seu secretário particular Sir Christopher Geidt criou uma oportunidade para Charles e Andrew botarem o mais antigo e experiente conselheiro da rainha no olho da rua.

Andrew jamais perdoou Geidt por trabalhar nos bastidores para afastá-lo do cargo de embaixador comercial do Reino Unido em 2011, por causa de sua desfaçatez geral e seus desonestos acordos financeiros. E Charles ficou indignado quando Geidt convocou uma reunião dos quase quinhentos servidores das três casas para anunciar a aposentadoria de Philip e pedir-lhes que se unissem em apoio da rainha. A reação do hipersensível Charles pode ser resumida num "puto da vida!". Aquele era para ser seu grande momento. O príncipe de Gales estava prestes a completar setenta anos, e desesperado para mostrar que a mãe começara sua viagem definitiva ladeira abaixo e ele agora começava a decolar.

Charles sempre se ressentira do poder de Geidt. A rainha confiava em seu fabuloso secretário particular, sobretudo porque ele tinha uma antena afinadíssima para o estado de espírito nacional. Um ex-colega seu me disse: "Geidt sentia o pulso do país como nenhuma outra pessoa, incluindo os políticos". (Na sequência, ele foi contratado pelo primeiro-ministro Boris Johnson como seu conselheiro de ética em 2021.) Embora Geidt compreendesse que sua função era administrar a delicada transição do reinado de uma rainha reverenciada e havia muito tempo no trono para o filho menos popular, consta que ele achava que as convulsões do Brexit haviam feito da rainha um importante símbolo unificador de estabilidade.

O otimismo dos partidários do Brexit depois da vitória do plebiscito para deixar a União Europeia se transformara num medo rancoroso de que, no fim das contas, isso talvez não acontecesse. O governo conservador de Theresa May estava em guerra consigo mesmo, e havia uma forte convicção de que os ainda hesitantes *remainers* [que queriam permanecer na UE] encontrariam um jeito de fazer com que o Brexit não passasse de um retrato na parede. Ainda que agora Charles acompanhasse a mãe na abertura do Parlamento e assumisse mais funções, Geidt pensava que o povo britânico precisava ser tranquilizado, no meio de toda aquela turbulência política, no sentido de que a rainha não estava indo a parte alguma — ainda. Era o exato oposto do que Charles queria.

Charles foi falar com a mãe e exigiu a cabeça de Geidt. Numa decisão que decerto não se inclui entre seus grandes momentos, a rainha cedeu à cólera do filho. A rara aliança fraterna de Andrew e Charles era fantástica demais para que a monarca de 91 anos resistisse. Ela demonstrou sua angústia sobre a injusta demissão de Sir Christopher depois de dez anos de serviço cumulando-o de honrarias enquanto o levava até a porta da rua, e oferecendo-lhe uma festa de despedida para mais de quatrocentos convidados. Todos os figurões da família real compareceram, à exceção dos traíras Charles e Andrew. Geidt, magoado, foi embora e se enfurnou numa fazenda de criação de ovelhas em Orkney. Edward Young, o vice que o substituiu, tinha sido chefe de comunicação do Barclays Bank antes de ingressar no palácio em 2004, e, apesar de ter se destacado ao supervisionar a viagem de Sua Majestade à Irlanda, não possuía nem de longe os tentáculos de longo alcance do antecessor. Muita gente acha que os problemas reais subsequentes não teriam assumido as proporções que assumiram se a rainha pudesse ter recorrido a Geidt.

II

Nesse meio-tempo, a insistente Meghan continuava pedindo reuniões para "definir a função dela"[5] — função que para o palácio era de uma clareza ofuscante. Apoiar a monarquia com uma agenda bem pensada de inúmeros patronatos e aparições locais, pontuada por viagens ao exterior selecionadas pelo Ministério das Relações Exteriores. Para mostrar a Meghan como fazer, um mês depois do casamento a rainha convidou a família neófita para acompanhá-la à inauguração de uma ponte de pedágio, com seis faixas de rolamento, na cidade de Chester, perto de Liverpool. Talvez o senso de humor de Sua Majestade na escolha do compromisso deva ser louvado. A rainha usava um chapéu Cat in the Hat, com casaco combinando, e luvas brancas, e poucas vezes foi vista se divertindo tanto num compromisso público que não tivesse a ver com cavalos. Acontece que a rainha adorava qualquer coisa ligada a pontes e túneis, e muitas vezes fisgava convites na pilha "recusar" de seus secretários. Mesmo assim, como um recado para uma nova e glamorosa mulher que tentava entender como era servir à monarquia, essa excursão particular a Merseyside foi um proveitoso método de instrução. Para reformular a máxima da rainha Mary, consorte de George v: "Somos a família real e adoramos infraestrutura".

Sem chapéu (imaginem só!), com o cabelo solto, Meghan usava um vestido lápis Givenchy creme com uma trench coat sobre os ombros. Ouviram-na perguntar à monarca, quando desciam do trem real em Cheshire, como ocupariam o Bentley que as esperava.

"Como a senhora prefere?", perguntou Meghan.

"Você vai na frente", respondeu a rainha, com um brilho nos olhos, enquanto deixava a ex-atriz de *Suits* ter precedência.[6]

Em seguida Harry e Meghan foram despachados para uma viagem agradável e pouco exigente pela Irlanda. A duquesa chegou a Dublin de saia e top Givenchy verde-musgo muito justos, tocou o imenso Sino da Paz com Harry, assistiu com grande atenção a uma partida de hurling em Croke Park, e admirou o jovem carvalho plantado pela rainha em sua célebre visita seis anos antes. Era função real no que ela tem de mais básico, mas executada com um élan de atriz. A doutrina Paddy Harverson de "tudo que você precisa fazer é sorrir e parecer que está adorando" compensou, rendendo avaliações calorosas. Em 2018, houve 800 mil referências a Meghan como "um sopro de ar fresco".

A duquesa, na verdade, apresentou dois projetos reais bem pensados de sua própria autoria. Criou um livro de receitas de mulheres imigrantes desalojadas pelo trágico incêndio que matou 72 moradores da Grenfell Tower em junho de 2017. O projeto deu certo em vários níveis. Era autêntico — Meghan é uma cozinheira talentosa. Era compassivo — um jeito de fazer o público e a mídia lembrarem que as famílias ainda sofriam depois que as câmeras foram embora. E era eficaz. *Together: Our Community Cookbook* arrecadou 500 mil libras para as vítimas do incêndio, e foi um bestseller imediato na Amazon.

Numa época em que 37% dos moradores de Londres tinham nascido fora do Reino Unido e que seu status de residente era impugnado por ruidosos *little Englanders* [ingleses xenófobos] no rancor pós-Brexit, a visão da duquesa de Sussex de avental na mesquita de Al-Manaar mexendo arroz numa panela ao lado de mães com lenços na cabeça foi um sólido êxito de relações públicas. Ninguém na família real, além dela, poderia pronunciar, com legitimidade: "Num nível pessoal, tenho orgulho de viver numa cidade que ostenta tamanha diversidade".[7]

O trágico incêndio havia exposto a vergonhosa desigualdade racial e econômica em Londres, à pequena distância de um dos bairros mais caros da cidade, Notting Hill. Tornou-se causa para celebridades como Adele e Lily Allen. Ao direcionar seus próprios refletores para a *cause du jour* londrina e associá-la a seu credo culinário, a nova duquesa preservou sua grife de "ativista gourmet feminista real".

Noutra iniciativa bem recebida, ela ajudou a lançar uma coleção para a Smart Works, instituição de caridade que fornece um guarda-roupa de trabalho para mulheres necessitadas usarem em suas entrevistas de emprego. Meghan tinha conhecido a instituição dois meses antes do casamento e voltou lá cinco vezes. A missão da Smart Works incluía oferecer treinamento nos locais de trabalho e sessões de *styling* para suas clientes, algumas das quais a própria Meghan conduziu. "Não é dar esmola, é dar a mão", ela postou no Instagram.[8] A fundadora da Smart Works, Juliet Hughes-Hallett, disse: "Ela é uma coach natural. Ajuda as clientes a se sentirem seguras, confortáveis e protegidas. Exala uma empatia natural verdadeira. Tem uma coisa poderosa nela".[9]

Para a grife Sussex, foi uma vitória defender o espírito da mulher da classe trabalhadora versus o modelo mãe-que-fica-em casa de Kate, e contribuir com o estilo Tig para a desconsolada arena de moda dos brechós. "Por que tantas jaquetas lilases?", ela se perguntava, examinando as deselegantes ofertas das araras da Smart Works.

Tudo serviu como excelente preparativo para a mais arrojada turnê de dezesseis dias dos Sussex por Austrália, Nova Zelândia e Fiji em outubro de 2018.

A estreia de Meghan na Commonwealth foi um êxito esmagador. Reflexos da primeira famosa conquista da Austrália por Charles e Diana foram inevitáveis, fosse no número de fãs, fosse na comoção. Meghan foi fotografada em pleno modo Diana, abraçando criancinhas que lhe davam flores, ajoelhando-se para segurar as mãos de uma idosa numa cadeira de rodas em Sydney, batendo palmas deliciada para um coala no Zoológico de Taronga. Ela fez um discurso em Fiji, apoiando com firmeza a instrução das meninas.

Harry também parecia em excelente forma, abrindo e encerrando seus quartos Jogos Invictus no meio da turnê. Ajudou muito que ele estivesse apaixonado pela mulher — e sentindo orgulho dela, em vez de ciúme. Enquanto Charles fervilhava de raiva por ter sido de repente empurrado para o segundo plano pelo carisma de Diana, Harry tinha seu próprio carisma. Mas, pela primeira vez, tinha, além disso, uma mulher que amava para compartilhar esse carisma.

O *New York Times* aplaudiu o casal por ser "jovem, misto e muito cool, a nova face da realeza".[10] Resistindo impávida a 76 compromissos, Meghan mostrou a promissora energia de uma workaholic, especialmente encorajadora por estar grávida de quatro meses. O casal deu a alegre notícia na véspera da turnê, contando à multidão na Casa da Ópera de Sydney: "Estamos muito felizes por ingressar no clube [dos pais]!".

Bem, Meghan deve ter ficado emocionada com aquilo tudo... certo? Ao que parece, odiou cada segundo. Achou o itinerário dos compromissos "sem sentido", me disse um ex-servidor do palácio. "Não entendia por que as coisas foram arranjadas daquele jeito. Em vez de ficar eufórica quando milhares de pessoas apareceram na casa da ópera, foi mais tipo 'Qual é mesmo o objetivo? Não entendo isso'" — o "isso" era a função de representante da monarquia britânica e sua programação tradicional, no lugar de pôr em evidência causas que eram de seu interesse. Esses compromissos são coisas da velha guarda, sim, mas criam vínculos reais que unem as pessoas.

A maneira de Meghan entender a resposta da multidão foi diametralmente oposta à do príncipe Philip, em sua primeira turnê pela Commonwealth em 1954, acompanhando a rainha à Austrália. Ele disse a Gyles Brandreth: "Mais de 1 milhão de pessoas apareceram para aplaudir a rainha, 1 milhão! Não foi por ela. Vieram por ela ser a rainha. Se você começa a achar que é por você, está perdido".[11] Mas foi inebriante para Meghan viver a adulação de uma jovem popular da família real, numa carreata em alta velocidade, com o zunir dos batedores e o rugido da multidão, numa turnê planejada até a última xícara de chá pela máquina palaciana. A *megmania*, no termo cunhado pela imprensa australiana, foi muito mais entusiástica do que a recepção que William e Kate tiveram em sua turnê australiana de 2014. Meghan parece ter interpretado o sucesso como uma razão para que a Grife Sussex subisse alguns degraus na hierarquia do palácio.

Seu humor ressentido se assemelhava ao de Harry. Ele protestou energicamente contra a presença da imprensa especializada em assuntos da família real, muito embora as matérias enviadas fossem em sua maioria esmagadora extraordinariamente positivas. A correspondente do *Times* Valentine Low lembra dele "bastante amuado".[12] Durante uma "cerimônia de boas-vindas longa e chatíssima em Fiji... Harry estava simplesmente fervendo de raiva. Ficou zangado com a mídia, e passou a cerimônia inteira desviando os olhos, só para fuzilar os jornalistas". Quando a equipe do palácio o incentivou a ir até o fundo do avião para bater um papo com a imprensa itinerante, Harry lhes disse, insolente: "Obrigado por virem, não que tenham sido convidados". Esqueceu que a viagem era financiada pelo contribuinte?

Ao voltar para casa, Meghan se sentiu esnobada por não receber nenhuma manifestação particular de apreço. Um ex-assessor me disse que muitas vezes há um "gigantesco anticlímax quando você volta de uma turnê real... Você simplesmente volta para a sua vida normal. A rainha envia aos protagonistas um bilhete depois da viagem, mas não há recepção com chuva de papel picado". Diana teve o mesmo desapontamento depois do êxito da sua turnê pela Commonwealth em 1983. "Ela não conseguia entender por que ninguém lhe disse: 'Belo trabalho'", me contou um veterano do palácio. "O motivo é que eles todos cumprem suas obrigações, e se perguntam o que há de tão especial nisso."[13] Diana imaginou que o desdenhoso silêncio significasse que outros membros importantes da realeza estivessem com ciúme de seu apelo no exterior. Harry achou que o caso de Meghan era o mesmo. "[Minha família] era muito receptiva até depois da turnê australiana", ele disse a Oprah, sombrio. "Foi a primeira vez que a família viu como ela é incrível fazendo seu trabalho e isso trouxe de volta lembranças."[14]

Mas Diana, então com 21 anos e criada numa família de cortesãos e de damas de companhia, interpretou sua primeira grande turnê real de forma significativamente diferente da mulher de Harry, que tinha 37. A respeito da exaustiva viagem de seis semanas (cheia de infelicidade nos bastidores, por causa da frieza do príncipe Charles), a princesa disse a Martin Bashir que, "quando voamos de volta da Nova Zelândia, eu era outra pessoa. Percebi o senso de dever, o nível de intensidade de interesse, e a exigência da função que me vi desempenhando".[15] Para Diana, aquele sentimento era quase sagrado. Meghan parece ter tirado outra conclusão: era bem provável que a monarquia precisasse mais dela do que ela da monarquia. Tinha estrelado no equivalente a um megassucesso cinematográfico e queria o status de principal protagonista feminina sob os holofotes.

A rainha, decidida a não desapontar Meghan — como, em privado, ficaram sabendo do desapontamento de Diana —, ofereceu à nora os ouvidos de sua dama de companhia mais importante, lady Susan Hussey, uma esperta combatente das disputas internas da corte, na ativa desde 1960, e da australiana Samantha Cohen, animada veterana do palácio que era a mais confiável assessora de comunicação da monarca, e que aceitou, atendendo a pedido da rainha, voltar do setor privado com a missão de apoiar a aprendizagem da nova duquesa. No começo de 2019, Sua Majestade em pessoa concedeu duas honrarias muito especiais a Meghan. Ao longo de 44 anos, a rainha tinha sido patrona do Teatro Nacional. E foi essa bela honraria cultural que ela repassou à ex-atriz. E, em sinal de aprovação do êxito da turnê australiana, nomeou-a vice-presidente do Commonwealth Trust da rainha (Harry era o presidente) com a tarefa de apoiar jovens, sobretudo mulheres e meninas. Era um claro indício de que os Sussex teriam seu território próprio como embaixadores da organização que era para a rainha uma das expressões mais valiosas de seu poder soberano. Em seu reinado, ela tornou prioridade visitar todos os países, menos dois, da associação voluntária de 54 países independentes e iguais da Commonwealth, quase todos ex-colônias britânicas.

Consta que Meghan ficou feliz de verdade. Durante anos ela sonhara ser embaixadora da Boa Vontade da ONU. Agora dispunha de coisa ainda melhor, a seriedade do imprimátur da Commonwealth. A imagem empoeirada da organização estava pronta para receber uma nova marca. O casal real mais charmoso do mundo poderia espalhar seu pó mágico e trazer de volta à vida a sua missão de colaboração e disseminação. Era *soft power* dos bons, sobretudo na era pós-Brexit, quando as alianças comerciais da Grã-Bretanha estavam sendo reformuladas e seu internacionalismo corria risco.

Mas modernizar a imagem da missão da Commonwealth, além de cuidado e tato, exigiria tempo. E tempo, ao que parece, era algo de que Meghan não dispunha.

O problema dos problemas era dinheiro. A realeza dava muito *status* e pouco *quo*. Era evidente para Meghan que, sem autonomia financeira, todos os esforços para materializar o sonho global dos Sussex dariam com os burros n'água. Compartilhar os recursos do escritório com os Cambridge significava que o casal Sussex era café com leite numa operação subfinanciada. Harry estava à mercê da zelosa distribuição de fundos do pai, da magnanimidade da avó para ter um teto, do direito prioritário do irmão à alocação de recursos, e da aprovação das despesas de turnê usando a subvenção soberana.

Em seus tempos de Exército, Harry não tinha sido muito perdulário. A mesada lhe dava ampla cobertura para as contas de bar do clube privado Boujis, e ele estava satisfeito com seu alojamento em Nott Cott. Acostumara-se a viajar em aviões de carreira e a entrar na fila para o uso esporádico dos dois jatos privados do governo. Como em todos os aspectos da existência palaciana, havia uma hierarquia entre os eventuais passageiros. A rainha tinha prioridade, naturalmente, depois o primeiro-ministro, então o príncipe Charles e alguns generais, em seguida o príncipe William e alguns altos funcionários do gabinete. Se o ministro da Fazenda precisasse ir à Escócia, podia tirar o príncipe Harry da lista de passageiros, perspectiva pouco digna para uma recém-casada cuja aspiração era ser a Melinda Gates da Casa Windsor.

Em seus anos pré-Meghan, Harry sempre dizia ao irmão que quando casasse se enfurnaria na vida do campo como a maior parte de seus amigos da classe alta, ou desapareceria do mapa numa fazenda africana. Mas a coisa mudou de figura quando ele conheceu Meghan. Em seus primeiros sonhos de conquistar o mundo, é improvável que o príncipe de conto de fadas de Meghan prestasse muita atenção às questões financeiras. Os rendimentos da parte que lhe coube da herança da mãe e da avó lhe asseguravam uma vida mais do que confortável, embora com uma liquidez bastante limitada. Já Meghan não engolia que, aos 37 anos, depois de quinze anos vivendo por conta própria, era dependente de um marido que dependia do Banco do Pai, como um adolescente.

Embora os amigos de *Suits* a imaginassem talvez andando à toa por palácios num esplendor de princesa, o casal vivia espremido nos dois quartos de Nott Cott. E ainda com um bebê a caminho. Aguardavam a renovação do apartamento de 21 cômodos, que fora do duque e da duquesa de Gloucester, ao lado dos Cambridge. Enquanto isso, como refúgio de fim de semana, a rainha lhes oferecera a York Cottage, nas dependências de Sandringham. Gratos, Sua Majestade, mas não precisa. "York Cottage é um lugar horrível", me disse um vizinho de Norfolk. "Tão apertado, tão escuro. Sandringham em geral é desolado, um solo arenoso. Não dá nem para plantar rododendro." Os Sussex preferiram alugar uma casa de fazenda nos Cotswolds, não muito longe do rústico posto avançado da Soho House e da propriedade rural de David e Victoria Beckham.

Logo ficou claro que a reforma dos alojamentos no apartamento de Kensington levaria anos para terminar, devido ao asbesto e a outros problemas estruturais. Tiveram de recorrer à Vovó — ela poderia dar uma olhada nos imóveis disponíveis na Propriedade da Coroa para encontrar uma solução? Sua Majestade ofereceu-lhes Frogmore Cottage, uma construção de reboco branco do século xviii, a 35 quilômetros de Londres, no terreno do Windsor Park. Na época dividida em cinco apartamentos para servidores da propriedade, tinha, na linguagem dos corretores de imóveis, muito charme em potencial; já estava na lista para remodelação, e poderia ficar pronta a tempo de receber o bebê.

Muitos americanos se surpreenderam com a grita da mídia britânica a respeito dos 2,4 milhões de libras gastos do dinheiro público (o casal pagou por "acessórios e instalações")[16] para reparar Frogmore. A soma não daria para comprar um apartamento de dois quartos caído no bairro de Montecito, na Califórnia, que é onde o casal hoje vive. Um jornalista do *Daily Mirror* certa vez me explicou que, embora deem prioridade a furos negativos, os tabloides querem mesmo é uma nova narrativa, sentimental ou sensacional. Não tinham um prato cheio de extravagância imobiliária real desde os anos 1990, quando a rainha doou South York para Andrew e Fergie, e a exageradamente grandiosa Bagshot Park para Edward e Sophie Wessex. A maluquice de Frogmore tornou-se um novo e divertido episódio. Jornalistas criativos espalharam mitos de "Cinderella gastona" sobre as presunçosas demandas de Meghan, que exigia uma suntuosa banheira de cobre e um quarto para ioga, sempre acompanhados do refrão: "Quem ela pensa que é?".

Ela era Sua Alteza Real a Duquesa de Sussex, e não conseguia sequer instalar uma nova cozinha sem ser chamada de Imelda Marcos. Era uma chatice capaz de desmoralizar qualquer um. Cadê o glamour? Depois de anos lutando no grupo B das celebridades, e de ver grifes caras entregando sacolas repletas de brindes para apresentadoras do Oscar, ela agora era proibida de aceitar acessórios de marca e outros brindes que chegavam às suas mãos de influencer real. Sua própria equipe confiscava tudo! Desde que o relatório Peat havia repreendido factótuns como Michael Fawcett e membros da casa real por aceitarem os mimos do privilégio, esperava-se que o palácio e a família real tampouco aceitassem favores. Houve uma (previsível) comoção quando Meghan usou os brincos de diamante Chopard dados como presente de casamento pelo príncipe-herdeiro saudita Mohammed bin Salman, três semanas após o assassinato, respaldado pelo regime, do jornalista dissidente Jamal Khashoggi.

Meghan queria um emprego, um emprego remunerado, ela disse à equipe do palácio. E Harry fez o mesmo. Havia precedentes. William tinha trabalhado como piloto de ambulância aérea, mas doara o salário a instituições de caridade.

O palácio resolveu se informar como outras famílias reais europeias encaravam o desejo de seus membros de ter um emprego diário. Um punhado de jovens príncipes escandinavos, sempre nas páginas da *Hello!*, tinha empregos remunerados em todas as áreas, de bancos a desfiles para Burberry ou Dior. Mas esses personagens já não desempenhavam funções reais e apareciam duas vezes por ano em reuniões de família. Uma anomalia era o rei Willem-Alexander, da Holanda, que, por vinte anos, mesmo depois de tornar-se rei em 2013, foi piloto em tempo parcial da KLM.

Os Sussex sonhavam com um modelo híbrido: patronatos reais, turnês pela Commonwealth, Sua Alteza Real e tal — mais um braço comercial. O casal estava em entendimentos com a Netflix já no começo de 2018. O marido de Elton John, David Furnish, havia apresentado Meghan a conhecidos seus na gigante do entretenimento para discutir uma série de animação, e a partir de então as perspectivas se alargaram. Harry e Meghan viam oportunidades no setor de streaming da indústria do entretenimento. O palácio lhes disse que poderiam fazer todos os projetos de TV e documentários que quisessem (como os dois príncipes tinham feito com o documentário de 2010, *Prince William's Africa* [A África do príncipe William], e com o documentário de 2016, *Prince Harry in Africa* [O príncipe Harry na África]). Só não podiam receber dinheiro por isso.

Tinha havido uma história que deixou a família nervosa. Edward e Sophie Wessex ainda carregavam o estigma das tentativas que fizeram, como membros do círculo mais íntimo, de conseguir uma renda pessoal enquanto estivessem entre os principais membros da realeza. "Vocês estão dentro, ou vocês estão fora", disse-lhes com firmeza o príncipe Philip. Questões de conflito de interesses tornavam impossível combinar privilégios e responsabilidades da monarquia com oportunidades comerciais. *Basta*.

III

Uma nuvem sulfurosa pairava sobre a Casa Sussex. Enquanto esperava o filho, o jovem e célebre casal deveria estar irradiando felicidade, certo? Não, pareciam acuados. Harry havia esperado tempo demais por sua felicidade, desejando ter sua própria família, enquanto o irmão se estabelecia numa satisfeita vida doméstica. Mas o descontentamento de Meghan era contagioso, e ele culpava a imprensa por destruir sua autoconfiança. "Ele parecia incrivelmente infeliz, em parte porque ela estava infeliz", me disse uma fonte palaciana. Em reuniões sociais, mesmo em festas de despedida de confiáveis assessores palacianos, os dois ficavam num canto, conversando um com o outro.

Meghan achava a Inglaterra um enigma cansativo. A máxima de George Bernard Shaw de que a Grã-Bretanha e os Estados Unidos são "duas nações separadas por um idioma comum" se confirmava a cada dia. Como muitos americanos, ela se sentia excluída, ou rejeitada, pela reserva britânica, que, no caso da família real e do palácio, se expressava na negação emocional característica da classe alta. "Eu de fato tentei adotar essa sensibilidade britânica de não demonstrar emoção. Tentei mesmo", ela diria depois a Tom Bradby, da ITV.[17] Achava desgastante atravessar o abismo entre sua efusividade californiana e a formalidade britânica. Era sua sinceridade contra a ironia deles, suas palavras explícitas contra aquelas que eles não diziam. O *Daily Mail*, descrevendo-a como um elefante na loja de cristais do palácio, sem a menor ideia da tradição real ou dos costumes ingleses, chamou-a de "Furacão Meghan".

Ela ficava perdida com o senso de humor inglês, menos direto e mais satírico, provocado sobretudo pela *smiley-face* dos americanos. Em fevereiro de 2019, ela fez uma visita não anunciada (leia-se "golpe publicitário") com Harry a uma instituição de caridade para profissionais do sexo em Bristol e escreveu mensagens — "Vocês são amadas! Vocês são bravas!" — em bananas destinadas a cestas básicas. O que provavelmente seria visto como um gesto afetuoso de uma celebridade em Hollywood foi recebido com risos abafados e revirar de olhos no Reino Unido. Na turnê africana de 2019, quando ela declarou às mulheres num bantustão da Cidade do Cabo, "sou irmã de vocês", os britânicos interpretaram como um gesto constrangedor, de alguém que se sentia superior, da parte de uma pessoa que ainda não tinha o direito de se julgar assim assim. Ela não conseguiu entender por que não foi um momento princesa Diana. Supor que compartilhar equivale a "preocupar-se com" é sempre arriscado na Inglaterra.

A rainha costumava demonstrar empatia por vias indiretas. Um ex-membro de sua equipe me disse que, num almoço para cidadãos atuantes, defensores de causas nobres, um cirurgião que tinha operado nas linhas de frente no Iraque se sentou ao lado de Sua Majestade, no palácio. Seus olhos começaram a se encher de lágrimas ao descrever o que viu, e a rainha disse: "Acho que é uma boa hora para alimentar os cães, não acha?". Mandou buscar os corgis e ela e o convidado lhes jogaram pedaços de carne sub-repticiamente por baixo da mesa, até que ele se recuperasse. Para a sensibilidade britânica, esse gesto sugere um tato refinado, mas um americano poderia interpretá-lo como rejeição. (Às vezes é difícil dar outra interpretação. "Graças a Deus não tem orelhas como as do pai!", foi o comentário de Sua Majestade quando viu o príncipe William bebê no hospital.)[18]

A rainha preferia demonstrar pouquíssima emoção em público. "Por ter passado a vida inteira como um livro fechado, ela acabava sendo uma tela em branco, na qual as pessoas projetam tudo que desejam que ela seja", disse um ex-assessor. "Lembro de uma ocasião num recital de órgão na Capela de Windsor. Eu observava a rainha, e sabia que estava exausta. Na capela, havia um monte de gente que, via-se, amava aquela música e olhava para a rainha decerto pensando: 'Olhe só a rainha, ela adora isso'. E é bem capaz que houvesse um monte de gente pensando: 'Eu queria que esse concerto acabasse logo. Olhe só a rainha, aposto que ela está odiando'. Mas, como ela não demonstrava nenhuma emoção, a plateia não ficava dividida. Não estava nem de um lado nem do outro. E isso deve ser cansativo." Ele acrescentou que, quando não estava a serviço, ela em geral se expressava sem economia. Tipo: "Que concerto terrível. Não acabava nunca!".

O incessante gotejar da narrativa sobre uma duquesa de Sussex que não percebia nuances injetava tensão dentro da Firma, que se esforçava para descobrir como lidar com o problema. O casal, obcecado em punir os jornalistas que cobriam a realeza, negava-se a se prestar a sessões de fotografia quando as organizações jornalísticas cometiam transgressões. Mas isso afetava as relações com a mídia cultivadas por outros membros importantes da família real e suas equipes de comunicação. A questão foi resumida para mim nos seguintes termos: "A família dizia: 'Entendemos que para você é horrível ter que ir a um compromisso. E há o caso daquele repórter que escreveu coisas horríveis sobre você. Mas você precisa saber lidar com isso. Somos figuras públicas'. Harry e Meghan simplesmente não concordavam, e a coisa ficou de fato difícil". Os Sussex achavam o palácio pusilânime demais com a imprensa, pelo menos no que dizia respeito ao mais novo membro da família. "Meghan considerava ultrapassado aquele jeito de lidar com a imprensa", me disse um ex-servidor do palácio. "Sua maneira de lidar com o assunto é Hollywood. Saiu uma história desfavorável sobre você? Você vai lá e neutraliza com uma boa história. No palácio não jogamos esse jogo. É uma abordagem que só serve para te lançar dentro de uma espiral. Ela via nisso falta de imaginação, de criatividade e de energia."

Meghan pediu socorro à empresa americana de relações públicas Sunshine Sachs. Um artigo para lá de lisonjeiro logo apareceu na revista *People*, no qual anônimos "amigos íntimos"[19] falavam com entusiasmo de como ela era uma pessoa fácil e humilde. O artigo saiu pela culatra no Reino Unido, pois a mídia farejou uma matéria plantada. E mais: a matéria mexeu com o urso ferido Tom Markle, que saiu rugindo de seu esconderijo em Rosarito. Meghan, longe de ser uma filha indiferente, teria escrito ao pai uma carta "sincera" numa tentativa de restaurar as boas relações entre os dois. Palavras da *People*.

Na verdade, ela escreveu a carta para apaziguar sua nova família: as entrevistas esporádicas de seu pai a gente como Piers Morgan eram fonte de perene exasperação tanto para Charles como para a rainha. Para Harry, além de fonte de exasperação, eram também de tensão familiar. Num e-mail tornado público posteriormente por uma ação na Justiça, Meghan escreveu o seguinte para seu assessor de imprensa Jason Knauf:

Mesmo depois de uma semana com o pai [de Harry], e de explicar interminavelmente a situação, a família dele parece esquecer o contexto, repetindo "será que ela não pode falar com ele e fazê-lo parar?". Eles fundamentalmente não entendem, de modo que, eu escrevendo, [Harry] poderá pelo menos dizer à sua família, "ela escreveu uma carta para ele e ele continua fazendo"... Ao agir assim protejo meu marido dessa repreensão constante e, apesar de improvável, talvez dê ao meu pai uma chance de parar.[20]

A chance de sucesso era mínima. Meghan preparou a carta sabendo que seu próprio pai poderia vazá-la para a imprensa. "Como eu sempre o chamei de papai," ela disse, propondo uma estratégia numa mensagem para Knauf, "faria sentido começar assim, apesar de ele ser bem pouco paternal. E, na infeliz hipótese de ela ser vazada, provocaria forte sentimento de simpatia."[21]

Como previsto, *The Mail on Sunday* espicaçou Tom dando-lhe nove trechos da carta de cinco páginas escrita pela filha em sua melhor caligrafia de convite de casamento. Num desses trechos, ela escreveu: "Tudo que fiz foi amá-lo, protegê-lo e defendê-lo", mas, em seguida, faz uma reprimenda: "Você continua a inventar histórias, fabricando essa narrativa fictícia, e entrincheirando-se cada vez mais nessa teia que teceu".

"Havia mais coisas que não divulguei", me disse Tom, com voz sinistra.[22]

Ainda bem que não o fez. Todo editor sabe que a carta pertence fisicamente à pessoa que a recebeu, mas o conteúdo pertence à pessoa que a escreveu. A publicação literal do apelo de Meghan ao pai para que desistisse de falar sobre ela à imprensa foi muito além de qualquer utilização razoável desse material — foi uma violação flagrante dos direitos autorais da duquesa de Sussex.

Violação de direitos autorais é uma das poucas coisas que a família real não deixa passar em branco. Em 2006, o príncipe Charles ganhou uma ação contra a Associated Newspapers Ltda, empresa controladora do *Mail*, por publicar trechos de um diário que ele mandava para amigos durante a devolução de Hong Kong à China pela Grã-Bretanha. ("No fim desse horrível espetáculo ao estilo soviético, fomos obrigados a ver soldados chineses marcharem com passo de ganso até a plataforma, arriar a bandeira do Reino Unido e içar a bandeira definitiva.")[23]

Nos anos 1980, o *Sun* teve de se armar de humildade e rastejar fazendo doações compensatórias a instituições de caridade por publicar uma carta escrita pela rainha e pelo príncipe Philip sobre a decisão do príncipe Edward de deixar os Fuzileiros Navais Reais. Em 1993, o jornal fez um acordo sobre violação de direitos autorais por causa de uma cópia vazada do discurso de Natal da rainha, um furo que quebrou a longa tradição de polido embargo do conteúdo, que aliás nada tem que possa abalar as estruturas. Harry e Meghan estavam dispostos a processar tanto por violação de direitos autorais como por invasão de privacidade, área mais indistinta repleta de armadilhas jurídicas na qual os advogados conservadores do palácio achavam pouco prudente penetrar. Com um ceticismo compartilhado pelas cabeças pensantes da mídia, o colunista do *Guardian* Roy Greenslade perguntou: "Será que Harry está querendo usar uma marreta para quebrar uma noz? Acho que vai descobrir que pode ser contraproducente".[24]

Os Sussex não deram ouvidos a ninguém. Harry queria justiça, não a proteção institucional dos mandarins resmungões do palácio. *The Mail on Sunday*, que havia publicado a carta, era o mesmo algoz que tinha arruinado sua felicidade pré-casamento com a jogada sórdida das fotos de Tom Markle. Em vez de usar a banca de advogados à qual os membros da família real sempre recorriam, Harbottle e Lewis, Harry contratou o escritório de advogados de celebridades Schillings, guarda-costas da reputação de clientes como Lance Armstrong, J. K. Rowling e o tubarão varejista Philip Green. Dois anos depois, ficou claro que os Sussex haviam feito a escolha certa. A duquesa saiu vitoriosa em sua ação. Em fevereiro de 2021, Schillings ganhou um julgamento sumário na Suprema Corte, uma acachapante derrota dos inimigos dos Sussex, e em dezembro venceu de novo no recurso apresentado pela Associated Newspapers. Foi um doce triunfo, e Meghan não conteve a alegria em sua declaração de vitória, mencionando em público não só o jornal por ter "violado a lei",[25] mas também seu dono, lorde Rothermere.

O recurso desencadeou algumas revelações constrangedoras, mostrando que Meghan economizara a verdade ao afirmar, recatada e reiteradamente, que não havia colaborado com os autores de *Finding Freedom*. Em mensagens de texto trocadas com Knauf, viu-se que ela havia orientado a hagiografia escolhendo os tópicos de discussão do começo ao fim. Teve que divulgar um pedido de desculpas ao tribunal por "não se lembrar" de seu envolvimento. A postura de cavaleiro de armadura reluzente de Harry também perdeu parte do brilho. Num e-mail para Knauf, ele, agora no conselho da Comissão do Instituto Aspen para Desordem da Informação, lhe disse: "Sou totalmente favorável a declarar que não tivemos nada a ver com isso".[26]

Mas o vencedor impõe sua narrativa, e Meghan tomou providências nesse sentido, descrevendo a sentença como um triunfo para todos aqueles que são "coletivamente corajosos para reformular uma indústria de tabloides que condiciona as pessoas a serem cruéis, e lucra com as mentiras e a dor que produz... Amanhã pode ser você. Essas práticas danosas não acontecem de vez em quando — são um mal diário que nos divide, e merecemos coisa melhor".[27]

Champanhe espocou em Montecito. Porém, se a duquesa estava certa quanto a "reformular a indústria dos tabloides" é outra história. A imprensa é ao mesmo tempo poderosamente rude e rudemente poderosa. Como certa vez observou o membro conservador do Parlamento Enoch Powell, "um político queixar-se da imprensa é como um capitão de navio queixar-se do mar", e o mesmo pode ser tido sobre queixas de membros da família real.

"A mídia no Reino Unido será menos eficaz, porém ela instigou uma reação furiosa não só contra a mídia do Reino Unido, mas contra a mídia global", me disse Mark Stephens, um dos maiores especialistas na legislação que regula a mídia, quando o veredicto saiu em 2 de dezembro de 2021, depois que os Sussex trocaram a Inglaterra por Montecito. "Agora não são mais personagens da realeza na ativa, nem membros da família real, eles têm apenas a sua reputação para oferecer ao mercado. Se os caluniarem ou difamarem na mídia, não serão muito valiosos para a Netflix, ou para ninguém mais... Ainda que ela ganhe esse round, no contexto mais amplo da guerra entre a mídia e os Sussex, desconfio que a mídia sairá vencedora."[28]

24. Privacidade e preconceito

SOBREVIVER AO AQUÁRIO DE WINDSOR

Havia qualquer coisa de histriônico (ou mesmo histérico) na maneira como os Sussex declaravam sua vontade de levar uma vida privada. O desejo de privacidade é entendido (embora não respeitado) pela mídia; já uma obsessão pelo sigilo não, sobretudo se combinada a uma socialização muito notória. É um fenômeno bem característico de Hollywood: atores que se tornam famosos de uma hora para outra deixam de tentar chamar a atenção da imprensa o tempo todo, e passam a dar chilique em restaurantes quando os fãs os identificam (o que, claro, garante a atenção da imprensa).

Se o que você mais quer é privacidade, o Palácio de Kensington é o máximo que vai conseguir encontrar em matéria de condomínio fechado. A decisão dos Sussex de deixar as nobres instalações deixou muita gente perplexa no palácio. Depois do divórcio de Charles, a princesa Diana fez tudo para continuar morando nos apartamentos 8 e 9, reconhecendo que era um símbolo insuperável de pertencimento régio. O príncipe de Gales não conseguiu entender por que os Sussex — ou qualquer pessoa — preferiram morar em Frogmore, no corredor aéreo do aeroporto de Heathrow. Tudo bem, a casa tinha uma grande vantagem — ficava dentro do perímetro do Windsor Park.

Meghan poderia exercitar os cachorros e empurrar o carrinho do bebê em seus viçosos jardins sem ser espionada, ou passear pelo "caminho das amoreiras", onde os servidores costumavam pegar frutas para o gim do príncipe Philip. É uma corrida de cinco minutos morro acima para tomar chá com a avó numa tarde de domingo. Mas a duquesa tinha poucos amigos na vizinhança, fora os Clooney na vizinha Sonning Eye. (George descobriu que tentar ser um astro do cinema em Berkshire não era a melhor escolha, e aproveitou o lockdown da covid para se mudar para Los Angeles.) E sair para uma pequena terapia consumista numa cidade tão provinciana e repleta de lojinhas de presentes como Windsor parece pouco compatível com o estilo Tig, além de não garantir tanto anonimato assim.

O próprio esforço de Harry para se esconder de seus perseguidores podia ser explicado à luz de invasões passadas, mas sua natureza desconfiada era agravada pelo senso excessivo de celebridade e perseguição de Meghan. Era o oposto da dinâmica Kate-William, disse um amigo de ambos os casais. Quando William ficava furioso, Kate o acalmava. Quando Kate ficava irritada com a imprensa, William conversava com ela. Os Sussex alimentavam a desconfiança um do outro acerca do resto do mundo, e a mulher de Harry tinha um temperamento tão aguerrido quanto ele.

Agora o psicologicamente frágil Harry se perturbava ao ver a mulher se fustigando. O amor deles ao sigilo beirava a paranoia. O casal tratava o nascimento iminente do filho como um segredo de Estado, negando à imprensa os rotineiros anúncios do palácio sobre o local do parto ou o médico que o assistiria. Além disso, abandonaram o costume real de divulgar os nomes dos padrinhos, mais tarde facilmente identificados como a adorada babá de Harry Tiggy Pettifer (née Legge-Bourke), seu mentor Mark Dyer e o amigo de infância Charlie van Straubenzee. Quando Meghan esteve em Wimbledon em 2019 com dois amigos de escola para ver Serena Williams jogar, seus seguranças incomodaram os vizinhos pedindo-lhes que não tirassem fotos dela — apesar de a duquesa estar num lugar público. Em nada ajudava a melhorar a reputação de prima-dona de Meghan o fato de, dois dias antes, Kate ter assistido à partida de tênis no mesmo setor VIP, indiferente às câmeras de celular apontadas para ela de todos os lados.

Levar uma vida privada na família real é uma forma de arte. Philip costumava sair para ver os amigos em Londres ao volante de um táxi preto que utilizava quando queria desaparecer do radar. O amor da rainha pelos cavalos lhe possibilitava fazer visitas discretas a seus amigos americanos William e Sarah Farish no haras deles em Kentucky, ou gazetear todo ano em seu aniversário no Polhampton Lodge Stud Farm, perto de Sandringham, onde se divertia vendo e conhecendo suas novas crias. Sempre que queriam passar um fim de semana tranquilo sozinhos, Philip e Elizabeth ficavam num dos chalés de suas propriedades de Balmoral ou Sandringham, com poucos servidores — e Sua Majestade às vezes preferia lavar a louça com suas próprias e régias mãos. Charles e Camilla sempre contaram com uma vasta rede de amigos que, nos anos ilícitos do casal, se dispunham a proteger seu caso de amor. Ficou claro, nas gravações vazadas do Camillagate, quando os amantes examinavam uma lista de possíveis anfitriões, que metade dos nomes nobres na zona rural sabia do adultério.

Quando se quer ter uma vida privada na família real, é essencial querer de fato — e não apenas na aparência — viver de modo reservado. Manter velhos amigos que são leais, socializar em casas e não em restaurantes, cultivar um círculo que jamais abrirá a boca. Harry tinha muitos amigos desse tipo dos tempos de Eton e do Exército, mas já se distanciara deles ao casar. Os amigos de Meghan estavam nos Estados Unidos, ou eram recém-adquiridos e famosos. Meghan diria depois a Oprah que tinha perdido a liberdade quando se casou, e descreveu uma vida que mais parecia a Casa Saud do que a Casa Windsor — trancados antes do lockdown, as chaves e os passaportes "confiscados".

"Lembro que muitas vezes as pessoas da Firma diziam 'Você não pode fazer isto porque senão vai dar tal impressão'. Então, até mesmo 'Posso almoçar com meus amigos?'. 'Não, não, não, você está exposta demais, você está em tudo quanto é lugar, seria melhor não sair para almoçar com os amigos'. Eu digo 'Na verdade, eu não... eu não saio de casa há meses.'"[1]

Se sair para almoçar com os amigos significa pegar um avião para passar uma tarde de mulherzinha em Nova York com Serena Williams, Jessica Mulroney e companhia, num dos hotéis mais caros de Manhattan, você de fato estará em toda parte. Mesmo em Londres é possível desaparecer. Não é para isso que servem as salas de jantar da Soho House? Numa ocasião meio constrangedora, em sua temporada pré-noivado em Nott Cott, Meghan topou com Kate no Palácio de Kensington de saída para fazer compras na mesma rua, embora Kate não a tivesse convidado para ir junto. A verdade era que elas ainda não se conheciam tão bem e talvez Kate quisesse evitar a balbúrdia que a imprensa provocaria se as duas mulheres que mais chamavam a atenção na Grã-Bretanha aparecessem juntas fazendo compras. Ela está acostumada a entrar e sair sem ser notada.

II

A duquesa de Cambridge tinha anos de prática. Depois de mais de uma década na família real, aprendeu a lidar com a difícil dualidade de uma vida perto da Coroa. Muitas vezes leva George e Charlotte para a escola dirigindo seu Range Rover — com o segurança sentado ao lado. A babá espanhola fez curso de direção defensiva e de defesa pessoal, para o caso de as crianças serem ameaçadas de sequestro. Em compromissos noturnos, a tiara da duquesa tem que ser usada num ângulo de 45 graus, o esmalte das unhas tem que ser tão diáfano quanto as meias-calças obrigatórias, e ela não pode dar autógrafo, para que sua assinatura não seja copiada e imitada.

"William e Kate têm noção do ridículo", me disse uma amiga deles. "Riem muito sobre coisas que na verdade são bem estressantes. Há muita coisa esquisita na vida deles." A esquisitice de ser Kate se refletiu no espanto generalizado quando ela não acompanhou William ao jantar do Tusk Conservation Awards em novembro de 2019 porque uma das crianças não estava passando bem e eles não tinham babá. Como assim? Nenhum mordomo, nenhuma empregada, ninguém que pudesse brincar de esconde-esconde? Para falar a verdade, não — ninguém especializado em artes marciais e direção defensiva.

Às vezes Kate vai sozinha a museus e galerias que abrem as portas mais cedo para ela. Morando em palácios, cercada de algumas das pinturas e dos artefatos mais valiosos do mundo, essas coisas, menos que um deleite para os olhos, podem parecer troféus de claustrofobia. Em 2017, o venerável advogado Jeremy Hutchinson — professor da Academia Real de Artes — visitava uma exposição de David Hockney às oito da manhã quando uma jovem se sentou ao lado dele num banco para olhar um quadro. Ele lhe perguntou como ela havia conseguido entrar tão cedo, e ela respondeu: "É que eu preciso vir sozinha, por isso peço que abram num horário especial. Sinto muita falta da minha história da arte, e nunca consigo ver exposições… É o jeito".[2] Quando Hutchinson viu um segurança, a misteriosa visitante matutina estendeu-lhe a mão: "Sou Catherine".

Em seu mundo paralelo de Norfolk, os Cambridge conseguiram criar uma normalidade própria e inventiva. Como filho de pais que viviam brigando, William se casou com uma mulher que compreende sua necessidade de uma vida doméstica estável e bem protegida. O casal pode ser visto de vez em quando fazendo castelos de areia com os filhos na praia de Holkham, saboreando um chá com biscoitos num café, ou deixando as crianças brincarem com tinta em Mable's Paint Pot, na antiga cidade mercantil de King's Lynn. "William e Kate arranjaram tudo aqui com muita inteligência", me disse uma pessoa de seu grupo de Norfolk. "Têm privacidade, as pessoas os respeitam. Todo mundo os deixa em paz. Escolheram um lugar onde podem ser anônimos."

Uma instituição de caridade local que eles apoiam assiduamente é a East Anglia's Children's Hospices, onde Kate serve como patrona real. A castelã da casa senhorial vizinha de Houghton Hall, lady Rose Cholmondeley, é patrona também. Num jantar beneficente de apoio aos asilos de enfermos de Houghton em 2016, a sala foi dividida em pequenos grupos na hora de falar com o duque e a duquesa de Cambridge, que conversaram com cada convidado demonstrando uma expertise sincronizada, mas informal. "Impressionou-me o quanto William e Kate são absolutamente perfeitos em deixar as pessoas à vontade", lembra-se Euan Rellie, banqueiro de investimentos nascido na Grã-Bretanha e radicado em Nova York, que estava lá.[3] Depois do jantar, Rellie ficou sabendo de um encantador incidente nos bastidores.

Uma das doadoras mais generosas daquela instituição, uma senhora idosa americana que viajara dos Estados Unidos para a reunião e era grande fã de William, sentiu-se mal e não pôde descer para se juntar aos outros convidados. "Alguém disse a William: 'É uma pena que nossa maior doadora esteja doente e não possa conhecê-lo'", contou Rellie. "William disse: 'Será que alguém pode preparar uma bandeja com um bule de chá e uns biscoitinhos?'. E foi bater à porta da senhora: 'Sei que a senhora está doente demais para vir jantar, por isso pensei em lhe trazer uma xícara de chá e agradecer-lhe muito pelo apoio'. Ela ficou encantadíssima." Difícil não ficar. O gesto demonstrava a mesma imaginação e a mesma empatia da mãe dele. "Foi um clássico gesto Diana Spencer", disse Rellie, "apenas bondade humana, natural, gentil, e fez muito mais efeito do que um grande ato. Todos nós pensamos, nossa, ele aprendeu alguma coisa com a mãe."

William e Kate transformaram a fuga do convencionalismo régio numa arte. Um dos perigos anuais dos tempos pré-covid era o alegre purgatório do

Natal como convidado da rainha em Sandringham. A programação inclui um lauto jantar semiformal na véspera, quando os presentes são abertos. Como todo mundo que viu o filme *Spencer* sabe, há uma tradição de pesar cada membro da família, como ganso francês, primeiro na chegada e depois na saída, para registrar precisamente se a pessoa, e seu fígado, fez justiça ao banquete de entupir artérias. Os Cambridge sabem como desempenhar as pequenas tarefas essenciais, como ir à igreja e almoçar no Dia de Natal (tudo abençoadamente breve, porque é preciso terminar a tempo do discurso pré-gravado da rainha às três da tarde), depois voltar voando para o século xxi em Anmer Hall, onde fazem o que todas as demais famílias inglesas fazem: abrem meias e veem televisão. Qualquer programa, desde que não seja estrelado por gente da própria família.

As pessoas leais aos Cambridge dizem que o casal está tão acostumado a ser chamado de duque e duquesa da Insipidez que usa o rótulo com orgulho. Mas, por Kate ter um temperamento equilibrado, pressupõe-se que ela seja imune às crueldades de sua posição. Em março de 2019, chegaram à imprensa boatos de que havia um desentendimento entre a duquesa e sua amiga da instituição de caridade de Houghton lady Cholmondeley (pronuncia-se Chumly). A marquesa de 34 anos, ex-modelo de pernas e braços longos bem parecida com Kate, talvez estivesse na disputa para se casar com William em seus tempos de solteiro, mas Rose Hanbury, seu nome de solteira, tinha a tendência aristocrática de não estar nem aí que sugeria que ela — como Diana antes dela — teria achado a vida como consorte do herdeiro do trono uma chatice burguesa.

Esposa de nobre, Rose é mulher de pedigree, difícil de banir dos círculos sociais dos Cambridge (se, como se alegava, era a intenção de Kate). Os Cholmondeley, que moram a pequena distância de Anmer, numa das casas senhoriais mais imponentes da Inglaterra, são presença cobiçada nas mesmas sessões de tiro frequentadas ou oferecidas pelos Cambridge. O marido de Rose, David, serve como lorde camareiro-mor, incumbido de carregar a Coroa Imperial de Estado na cerimônia de abertura do Parlamento. A avó de Rose, lady Elizabeth Longman, foi dama de honra no casamento da rainha com o príncipe Philip. Os gêmeos dos Cholmondeley eram amiguinhos do príncipe George.

Rixas sociais nunca foram do gosto da duquesa de Cambridge. Então, qual era o babado? Especulava-se nos jantares de Norfolk que William estava dando muita atenção a Rose. Sugeriu-se que, depois de dar à luz seu terceiro filho e de ser de repente superada em glamour por Meghan, Kate não vivia seu melhor momento, e parecia estressada. Mostrem-me uma mulher que não se sentiria desmoralizada ao abrir um jornal — ainda que fosse o *Sun* — e ler uma manchete como "Kate Middleton passa de gata a chata na disputa real de estilo". As linhas telefônicas de Anmer para Coach Carole em Bucklebury devem ter pegado fogo. Uma amiga de Kate, segundo reportou Vassi Chamberlain a *The Telegraph*, conta que, quando sai alguma coisa negativa na imprensa, os pais lhe dizem: "Lembre-se que você é que escolheu essa vida, teve muito tempo para pensar antes de entrar na família, precisa ser forte e aprender a conviver com isso".[4]

Como os fofoqueiros de Norfolk insistiam em promover a suposta rivalidade entre a abelha-rainha e a futura rainha, os Cambridge achavam que aquilo era obra da geração mais velha em Norfolk, cujos anos de atividades por baixo dos panos a levava a crer na veracidade da maioria dos boatos. Os casais ficaram tão chateados com o falatório que Richard Kay do *Daily Mail* resolveu se meter. O escriba de assuntos reais, que tinha ótimas fontes, me garantiu que acredita piamente que não havia fundo de verdade naquilo — os advogados de William inclusive enviaram uma advertência legal à imprensa, deixando claro que as conjeturas eram falsas. (Em janeiro de 2020, os Cambridge e os Cholmondeley de fato foram vistos assistindo ao mesmo serviço religioso numa igreja.)

O desejo de recompensar a resignação de Kate em face da central de fofocas terá influenciado na decisão da rainha de honrá-la em abril de 2019, seu oitavo aniversário de casamento, com a Grã-Cruz da Real Ordem Vitoriana? Na improvável hipótese de que o casamento dos Cambridge venha a enfrentar problemas, todo o castelo de cartas de Windsor poderá vir abaixo. Kate se tornou um ícone nacional de maternidade impecável. A separação de Charles e Diana foi traumática, mas na era das mídias sociais é bem provável que a monarquia não sobrevivesse a uma caótica ruptura na Casa Cambridge.

Kate tem consciência de seu poder. Raramente o exercita, como em 2020, quando a *Tatler* publicou uma suposta reportagem lisonjeira de capa intitulada "Catherine the Great", mas que na verdade zombava do gosto nouveau-riche da mãe da duquesa se infiltrando em Norfolk ("como um reluzente hotel de cinco estrelas, com almofadas balofas e velas acesas..."),[5] e dizia que Pippa era "por demais régia e" — usando uma frase esnobe que parece inócua, mas na verdade é um código para entendidos — "muito esforçada". Nem Kate nem a mãe jamais se manifestaram a respeito desse tipo de desdém classista, mas conseguir tirar pequenas zombarias do site da *Tatler* depois de uma vigorosa declaração dos advogados do Palácio de Kensington sobre inexatidões deve ter sido para Kate uma expressão gratificante de seu crescente poder régio. Era também sinal de que ela se acostumara a uma imprensa uniformemente entusiástica.

Aos poucos, Kate foi assumindo o controle quase absoluto de sua imagem e da grife Cambridge. Sempre uma empenhada fotógrafa amadora, ela se autonomeou cronista da família nuclear, com os Cambridge retendo os direitos autorais de todas as fotos. A autorização para reproduzir é rigorosa. A conta dos Cambridge no Instagram é povoada de fotos, escolhidas a dedo, da adorável e recente vida doméstica: para o Dia dos Pais, a prole gritando em cima de papai William; para a Big Butterfly Count, um recenseamento anual de borboletas, a imagem compenetrada da princesa Charlotte, de seis anos, segurando nas mãos em concha uma borboleta almirante-vermelho; para o aniversário de três anos de Louis, uma foto sua em cima de uma bicicletinha vermelha. O quase sempre radiante príncipe George, com um dente faltando, em sua fase de calça curta, era tão simpático que foi a única criança que já segui nas redes sociais, além das minhas. Os Cambridge são "nós cinco", a personificação das virtudes familiares na monarquia.

William é tão controlador que se recusa a permitir que o pai divulgue fotos com os netos sem sua permissão explícita. Em 2020, Kate conseguiu sugerir um terno momento de convívio entre William e Charles no Instagram, com o príncipe mais jovem de boné de tweed apertando pelos ombros um Charles muito corado, como dois caipiras do interior indo tomar uma cervejinha no pub do vilarejo.

Quando Kate é ela mesma o alvo das câmeras, o efeito é mais expressivo do que o da rainha. Mas ela estudou e aprendeu a dominar a arte de guardar seus verdadeiros pensamentos e sentimentos, permitindo que as pessoas projetem sobre ela as emoções que quiserem. Um rosto impassível como o de Sua Majestade não funcionaria numa duquesa moderna. A expressão pública preferida de Kate é de eterna alegria — em conferências sobre mudanças climáticas, em bases aéreas, em centros de treinamento de cães. É sorriso, e mais sorriso, e mais sorriso. A não ser que se trate do Dia do Armistício, quando seu chapéu de abas largas se equilibra de lado sobre um semblante devidamente solene.

Depois de mais de dez anos incrustada no coração da Firma, Kate, a Relacionável, passou por uma transformação na dinâmica de poder do palácio. Enquanto o público discutia seu novo penteado ou se sua decisão de renunciar a uma bolsa de mão era sinal de "nova confiança", ela se tornava uma experiente estrategista dinástica, abraçando tanto a missão de deveres régios como a prioridade que a monarquia dá à própria sobrevivência.

Fiquei sabendo de uma conversa fascinante entre Kate e alguém íntimo do círculo monárquico logo depois da votação do Brexit. A duquesa refletiu em voz alta sobre o declínio da confiança nas instituições, que para muita gente parecia estar no âmago do movimento Brexit. Sua preocupação era sobretudo com os efeitos negativos do instável estado de espírito nacional sobre a monarquia. Esse tipo de debate teórico não vem de uma parceira passiva, ou de uma sessão de fotos para divulgação, mas, como a rainha-mãe, da conselheira conjugal de um futuro rei. É de entendimento tácito que a tarefa de reconstruir a confiança repousa, em parte, sobre os ombros esbeltos de Kate. Naquela época, ela não tinha como saber, é claro, que membros da família real voltariam a enfraquecer a Firma mais do que quaisquer forças externas.

III

William e Harry sempre foram irmão em armas, dois refugiados do tumulto de uma infância compartilhada. Muita gente, incluindo o próprio William, já comentou o quanto Harry dependia do braço protetor de William, mas o amor incondicional do caçula também foi um consolo fundamental para o mais velho em sua vida hiper-responsável. A irreverência de Harry ao primogênito era um antídoto bem-vindo contra a adulação que inevitavelmente cerca o herdeiro do trono e o monarca, exatamente como Philip o foi para a rainha. Não ter Harry ao lado é "uma fraqueza emocional para William", diz alguém do palácio. "William não gosta de confronto. Ele quer paz na vida." Meses depois do início do envolvimento de Harry com Meghan, ele teria dito ao pai que a obsessão do caçula por ela era "uma coisa que nunca vi... é como se eu tivesse perdido meu melhor amigo",[6] sentimento que Harry também manifestou quando o irmão se juntou a Kate.

William deu todo o apoio quando os Sussex quiseram operar por conta própria. Harry queria estabelecer um discreto escritório para os Sussex e o irmão insistiu com o pai para liberar mais recursos. A assessoria de imprensa ficaria a cargo da agente política Sarah Latham, ex-assessora de Bill e Hillary Clinton. Um escritório foi designado para Harry e Meghan no Palácio de Buckingham, arranjo que estava longe de ser ideal para os Sussex, que agora ficavam sob o olhar penetrante da assessoria de imprensa da rainha, sob o comando de Donald McCabe. Mas pelo menos era um canto deles.

O primogênito também estava disposto a dividir a fundação. Era inevitável que seus empreendimentos filantrópicos viessem a se separar. Não eram mais os "meninos" da família real. Tinham 37 e 35 anos, e seus interesses divergentes e a complexidade das atividades das mulheres tornavam o trabalho dos assessores cada vez mais difícil.

Mas havia outras razões para os Cambridge ficarem aliviados quando os Sussex decidiram pedir a independência. William e Kate gostam de tratar seus servidores como colegas de uma mesma família profissional. Candidatos a trabalhar para eles ficam impressionados com a confiança que eles depositam nas decisões tomadas pela assessoria de imprensa em assuntos grandes e pequenos. Consta que eles ficaram chocados com a maneira como Meghan tratava os servidores.

Um incidente desconfortável ocorreu na época da divulgação dos planos de casamento quando, segundo soube, Meghan berrou com um subalterno que segurou o anúncio porque coincidia com alguma coisa agendada pela casa de outro membro importante da realeza. Uma fonte bem a par do incidente me contou: "Não digo que fosse bullying, mas eu jamais soube que um membro da família real tivesse falado assim com seus servidores". Harry prometeu conversar com Meghan, que depois pediu desculpas. Mas o arrependimento foi ficando cada vez mais raro.

Acusações de conduta de extrema severidade de Meghan a seguiriam fora do palácio — três queixas de servidores foram vazadas na véspera da entrevista a Oprah, e negadas com veemência pela duquesa. Em novembro de 2021, ela designou sua advogada Jenny Afia para aparecer no documentário da BBC *Os príncipes e a imprensa*, de Amol Rajan, para rebater as acusações de bullying como totalmente inexatas. "Bullying é usar o poder, de forma imprópria, de forma repetida e deliberada, para prejudicar alguém física ou emocionalmente", disse Afia, acrescentando que Meghan "não gostaria de negar a experiência pessoal de ninguém".[7]

Um dos resultados da separação das operações foi que havia agora dois centros de poder ducais, com contas no Instagram conflitantes, fonte de alegria para o tipo de imprensa que adorava torcer por uma ou por outra. A base de fãs dos Sussex ficou clara no lançamento da agora defunta conta @SussexRoyal em abril de 2019, que atraiu 1 milhão de seguidores em cinco horas e 45 minutos, mais rápido do que qualquer conta na plataforma até então, garantindo-lhes um lugar no Guinness World Records. Sempre esperta nas redes, Meghan convenceu o bruxo do Instagram David Watkins, da Burberry, a gerenciar o conteúdo. Os Cambridge, como por alguma mágica digital, sempre conseguiram manter uma liderança pequena, mas apropriada, sobre @SussexRoyal. Os esforços de sua equipe para preservar sua superioridade no ranking eram discretos, mas insistentes. "Parece haver uma mudança no palácio", disse uma fonte à *Vanity Fair*. "Há uma tendência a tratar William como futuro rei e Kate como sua rainha consorte. Essa ordem parece dar a entender a importância dos Cambridge na hierarquia real."[8] Os conscienciosos, diligentes Cambridge versus os "carismáticos", "progressistas" Sussex. Haveria espaço no palco real para ambos?

A divisão era aprofundada pelos factótuns do palácio. Um dos aspectos mais tóxicos da dinâmica entre os membros mais importantes da família real é o hábito já consolidado de comunicar questões delicadas por intermédio de seus secretários particulares, em vez de propor um encontro ao vivo. "Isso reforça a anormalidade de não verem uns aos outros com frequência", me disse uma fonte. "Assim, se o príncipe de Gales quisesse dar um recado difícil a William e Harry, ele não o daria cara a cara. Isso cria um subconjunto de pessoas que exercem poder, e que tentam compreender a dinâmica familiar e agir de acordo com ela. E isso amplifica qualquer problema." Harry e William se recusavam a fazer isso um com o outro no passado, mas quando os escritórios se separaram, suas linhas abertas de comunicação ficaram emperradas.

Se diziam que Kate provocava bocejos como a duquesa chata, Meghan viu ataques mais desagradáveis vindos em sua direção. Enquanto Kate, quando grávida, era descrita como uma Madona serena, "ternamente segurando sua barriguinha",[9] Meghan foi atacada numa chamada em negrito do *Daily Mail*: "Por que Meghan Markle não consegue tirar as mãos da barriga? Especialistas avaliam a questão que tem dado muito o que falar: é orgulho, vaidade, jogo de cena? Ou uma técnica da nova era de criar vínculos?". Teria sido um consolo para as duas se elas de juntassem contra a campanha chocantemente sexista de lançar uma contra a outra. Mas a diferença de experiência de vida era maior do que qualquer irmandade de tiaras reais.

Em tese, Kate pertencia a um grupo de mulheres Windsor — que incluía uma ex-mulher — que poderiam compartilhar suas próprias histórias de guerra com Meghan, e mostrar-lhe o mapa do terreno acidentado: Camilla, por exemplo, que segundo consta ofereceu conselhos amigos, preciosos; a ex de Andrew, Sarah Ferguson, cuja vida pós-divórcio tinha sido uma turnê de pedidos de desculpa; Sophie Wessex, pisoteada no escândalo do Falso Sheik dos anos 1990; mesmo a muito escarnecida "Führer", a princesa Michael de Kent. No entanto, à exceção de Kate e da extraordinariamente forte Camilla, todas deviam olhar para Meghan como uma ferida emocional ambulante. Todas tinham sido esmagadas pelo mecanismo do palácio, depois de anos de brutais abusos da imprensa.

O problema mais óbvio, porém tácito, era que nenhuma dessas pessoas tarimbadas do palácio era birracial. Quanto à dama de companhia que a rainha oferecera para dar apoio, o que lady Susan Hussey, de oitenta anos, poderia ensinar a uma atriz americana de 38 anos, birracial, que tentava sobreviver no traiçoeiro sistema palaciano? Ela vinha do período jurássico de etiqueta cortesã, e também tinha sido oferecida como guia para Diana (que não a suportava.)

Kate, Camilla, Fergie, Sophie — todas eram mulheres brancas, nascidas na Grã-Bretanha e educadas em escolas semelhantes de classe alta, com vastas redes de apoio social. Quanto à princesa Michael, ela teve que pedir desculpas por usar um broche "crioulo"[10] num almoço de Natal no Palácio de Buckingham no qual Meghan estaria presente, e a princesa sabia muito bem.

No momento, há apenas uma pessoa negra da aristocracia britânica que Meghan poderia ter procurado, se a tivesse conhecido. Sua expressão direta, seus longos cabelos castanhos e sua pose decidida destacam-se entre as faces arrogantes e pálidas na galeria de suas antecessoras na Longleat House em Wiltshire, da qual ela é no momento a castelã. A ex-modelo e chef Emma McQuiston, de 36 anos, filha de pai nigeriano e mãe inglesa, tornou-se a primeira marquesa negra da Inglaterra em 2020, quando seu marido Ceawlin Thynn, então com 45 anos, herdou o título de 8º marquês de Bath (e, com ele, a icônica mansão de Longleat, com seu parque para safári).

A arrebatadora lady Bath achou um jeito de prosperar numa vida que poderia ter sido sufocada pela herança recebida pelo marido e pelo preconceito explícito da família. Diferentemente da duquesa de Sussex, o pai é um bilionário do petróleo, ela foi criada como britânica e estudou em Queen's Gate, a mesma escola de elite londrina frequentada por Camilla Parker. Mas nada disso era suficiente para a sogra. O marido de lady Bath, um homem impetuoso à la mr. Darcy, impediu a mãe de assistir ao casamento, depois que ela, segundo consta, lhe perguntou: "Tem certeza do que está fazendo com quatrocentos anos de pedigree?".[11]

Agora com dois filhos, Emma evita falar sobre a sogra horrível e já triunfou como castelã de Longleat e mãe do herdeiro (sobretudo depois do caos doméstico criado pelo priápico pai de Ceawlin, que tinha um harém rotatório de mais de setenta "pequenas esposas", como ele as chamava). "Não há um livro de regras. Não há um exemplo. Como poderia haver?", me disse Emma. "Nossos filhos, sua geração, são a razão de eu me sentir tão motivada quanto a mudanças positivas. Vejo que o futuro está na diversidade, aqui e no exterior."[12]

A experiência de Michelle Obama talvez tenha sido mais parecida com a de Meghan. Ela também é uma americana que rompeu a barreira racial de uma instituição poderosa cujos corredores estão ladeados de pinturas a óleo de todas as suas antecessoras brancas, e conhecia intimamente o que chama de "as tranquilas e cruéis nuances de não pertencer".[13] Depois que o marido foi eleito presidente, ela ficou com o fardo de ser a primeira primeira-dama negra em toda sala onde entrasse. Mesmo assim, foi chamada pela Fox News de "mãe do bebê de Obama".[14] Sua estratégia para enfrentar tudo isso era: "Quando eles se rebaixam demais, a gente tem de ser superior". E explicaria depois: "E 'ser superior', nesse caso não quer dizer que você não sente a dor, ou que não tem direito a uma emoção. Significa que sua resposta tem que refletir a solução... Não estou tentando ganhar a discussão. Tento descobrir como entender o outro e ajudá-lo a me entender".[15]

Michelle, que estabeleceu boas relações com o príncipe Harry durante os Jogos Invictus de 2016, teria dado conselhos a Meghan em sua luta para aguentar firme e usar sua posição régia em nome de um bem maior. Numa entrevista para *Good Housekeeping* em 2018, antes do casamento dos Sussex, perguntaram-lhe que conselho daria à futura duquesa. "Meu grande conselho seria vá com calma e não tenha pressa de fazer nada", respondeu Michelle. "O que eu diria é que há tantas oportunidades de fazer o bem quando se tem uma plataforma como essa — e acho que Meghan pode maximizar seu impacto na felicidade alheia e na sua própria, se fizer alguma coisa profundamente compatível com ela mesma."[16]

Uma diferença importante em relação a Meghan é que a sra. Obama é casada com um homem que por oito anos foi o líder mais poderoso do mundo, e teve uma rota de fuga da Casa Branca para uma vida pós-presidencial. Meghan se casou com o quinto na linha de sucessão, sabendo que a pressão régia não tinha data de validade.

IV

Vale a pena conjecturar que Meghan poderia ter assimilado suas primeiras experiências na Inglaterra se tivesse chegado no zênite do multiculturalismo da "Peak London" de 2010-12, ou depois do acerto de contas racial que se seguiu ao assassinato de George Floyd em maio de 2020. Nos anos imediatamente pós-referendo de 2016-19, a Inglaterra não era um lugar agradável para se viver, mesmo se a pessoa fosse uma fabulosa e festejada duquesa régia. Era uma época de corrosivo negativismo no clima político e no tecido social. O discurso, se podemos dizer assim, nas mídias sociais polarizava-se cada vez mais, era furioso e misógino. Era em geral antissemita na extrema esquerda e racista na extrema direita. Os insatisfeitos eleitores brancos de meia-idade, majoritariamente pró-Brexit, postavam ataques cruéis contra as mulheres do Parlamento que queriam permanecer na União Europeia. "Tornou-se assunto muito pessoal", me disse Nick Lowles, executivo-chefe do grupo Hope Not Hate, do Reino Unido, e Meghan logo virou alvo. "Ela era birracial e falava contra Trump e em defesa dos direitos das mulheres. Alvo perfeito."[17] Quando a duquesa de Sussex abria o Twitter, seu feed fervilhava de ataques cruéis. Uma pesquisa conduzida pela Hope Not Hate descobriu que 70% das quinhentas mensagens agressivas postadas em seu feed entre janeiro e fevereiro de 2019 partiram das mesmas vinte contas hostis.

Até a crise de infelicidade de Meghan, o palácio jamais teve motivo para se preocupar com o pífio nível de diversidade em suas fileiras — e com os perigos que isso poderia representar. Uma fonte reconheceu que tanto a família real como o pessoal do palácio ainda não enfrentaram o assunto em declarações públicas. "Não levávamos o fator raça a sério o bastante", disse a fonte. "Quase não havia pessoas negras trabalhando na casa e praticamente nenhuma em posição de chefia." Só isso já revelava a insensibilidade deles à questão. Tinham contatos suficientes para se aconselharem com líderes negros, mas nada fizeram. Embora o compromisso da rainha com seus súditos sempre tivesse sido de uma imparcialidade impecável, e sua dedicação à Commonwealth jamais tivesse sido posta em dúvida, Sua Majestade só contratou um assessor negro em 2017, quando Nana Kofi Twumasi-Ankrah, oficial do Exército nascido em Gana, ingressou em sua equipe. E já fazia dezesseis anos desde que Colleen Harris assumira a secretaria de imprensa da Clarence House, do príncipe Charles — a primeira (e até agora única) assessora negra. "Cometemos um erro como casa", me disse a fonte, "não um erro na família."

Na verdade, a família era bem capaz de cometer erros, e os cometeu. Até se apaixonar por Meghan, Harry era um mauricinho arrogante e impenitente em suas atitudes raciais. "Eu não me dava conta, para começo de conversa, mas, minha nossa, não se leva muito tempo para de repente ter consciência do racismo", ele disse a Oprah. Bastava passar em revista os retratos nos álbuns da Casa Windsor.[18]

Há, é claro, uma diferença enorme entre os membros mais jovens da família real e o Ancien Régime. A rainha-mãe morreu com seu ar de superioridade colonial intacto. O príncipe Philip era capaz de comentários desrespeitosos, como quando perguntou a um aborígene australiano em 2002 se ele ainda "atirava lanças".[19] Um número constrangedor de gafes de Philip tinha um componente racial que sugere que não eram exatamente gafes — ou seja, erros embaraçosos —, mas a expressão de seus valores. Philip teve que pedir desculpas em 1999 depois de um passeio por uma fábrica de aparelhos eletrônicos quando comentou que uma caixa de fusível entupida de fios parecia "instalada por um indiano".

Esses comentários eram numerosos, mas havia sempre quem se dispunha a minimizar a intenção do dito, que, mesmo então, poderia ter lhe custado o cargo de CEO. "Mais uma vez Philip erra o alvo com o que achava que fosse um aparte engraçado e ofende mais do que diverte", disse a porta-voz Tory escocesa de assuntos internos Lyndsay McIntosh, apresentando uma desculpa que serviu apenas para agravar a ofensa.[20] Um "aparte engraçado" cuja intenção era "divertir" significa que os únicos a se ofenderem são os que não têm senso de humor — e provavelmente da raça que acabara de ser insultada.

A princesa Margaret continuou intolerante até o fim. Penny Mortimer, a viúva do dramaturgo e advogado Sir John Mortimer, me contou que em 2000 o marido estava sentado ao lado de Margaret num jantar em Oxford. "Espero que minha irmã venha me visitar em Mustique", suspirou Margaret. "Está tão cansada depois dessa horrível conferência de primeiros-ministros da Commonwealth. Todo dia um crioulo diferente chorando no ombro dela, e, você sabe, ela é maravilhosa. Sabe os nomes de todos eles!"[21]

A última briga entre a princesa Diana e a mãe, em 1997, foi sobre a reação de Frances às relações da filha "com homens muçulmanos" quando soube que Diana estava saindo com Gulu Lalvani. (Ele na verdade é um sikh do Punjab, mas para Frances inaceitavelmente moreno.) Ninguém ficará surpreso de saber que o duque de York permanece, firme e forte, entrincheirado na cesta dos abomináveis. Em 2019, a ex-secretária trabalhista do Exterior Jacqui Smith disse à rádio LBC que, num banquete oficial no Palácio de Buckingham para o rei saudita, ela e o marido ficaram "de queixo caído" diante das "piadas horríveis" que Andrew contava "envolvendo camelos".[22]

"Ele imaginar que poderíamos achar isso engraçado era uma situação terrível", disse Smith, acrescentando: "Mas ele é o que a família real tem de pior, acho eu".

A mudança geracional de atitudes não atingiu em cheio William e Harry, mas ninguém da família chamaria a atenção de algum deles em particular dizendo que tal gesto ou comentário era racista. Para sorte de William — e de todos eles —, a celebração de seu vigésimo primeiro aniversário, uma grande festa em torno do tema "Out of Africa" no Castelo de Windsor, em 2003, ocorreu quando nem as selfies nem o Twitter reinavam. O comentário racista do jovem herdeiro do trono, acompanhado de "um largo sorriso", à Associação de Imprensa do Reino Unido antes da festa, foi: "Muita gente deve estar se perguntando se vamos de fato comer crocodilo, mas é claro que não vamos fazer isso".[23]

Só quando Harry foi flagrado num vídeo vazado em 2009 chamando em tom jocoso um colega soldado de "meu amiguinho paqui" [termo insultuoso para imigrantes paquistaneses] e outro de "cabeça de turbante" [*raghead*] é que foi repreendido por seu racismo displicente. Dias depois do vazamento, revelou-se que o príncipe Charles tinha chamado afetuosamente de "Fuligem" seu amigo de jogo de polo Kolin Dhillon, nascido no Punjab. Leal e, quem sabe, até sincero, Dhillon defendeu Charles como um homem de "preconceito zero".[24] Charles sem dúvida concordaria, porque, como a maioria das pessoas de sua classe, ele é cego e surdo para as nuances do letramento racial moderno, que ganharam nova urgência depois do grito de alerta do Black Lives Matter.

Na atmosfera rarefeita do establishment britânico, classe importa mais do que raça e tem um efeito agravante. É famosa a frase do escritor Wyndham Lewis, de que os ingleses trazem uma marca de nascença na língua. Se você é negro, mas nasceu numa classe privilegiada e tem o sotaque certo, é improvável que o racismo, em si, o prejudique.

No começo dos anos 2000, o romancista Aatish Taseer, filho de pai paquistanês e mãe indiana, namorou a filha da princesa Michael, lady Gabriella Windsor, durante três anos. "O racismo britânico", ele disse à *Vanity Fair* em 2018, "é mais fortuito que o racismo contemporâneo americano, porém mais insidioso, porque o preconceito que está por trás dele é o de classe."[25]

Na família real, me explicou Taseer, "a conversa é parecida com as que a gente lê em certos escritores do século XIX sobre indianos enganadores, ou indianos incapazes de fazer bem alguma coisa. Mesmo assim, com indianos existem uma idealização e uma espécie de respeito. [...] Os Windsor não devem ter parâmetro para avaliar alguém que seja afro-americano. [...] É de fato território de dinossauros".[26]

O grau de familiaridade que a família real tem com negros, seja ele qual for, não poderia, de forma alguma, se equiparar, por exemplo, à experiência que até mesmo o mais iletrado presidente americano tem. Círculos da realeza são ditados por gerações de apuro social e das mesmas escolas de elite majoritariamente brancas. É de notar que nos últimos dez anos a sede do governo em Downing Street tenha sido ocupada por dois primeiros-ministros que estudaram em Eton (embora Eton seja agora um ambiente muito mais diversificado do que nos tempos de Boris Johnson e David Cameron).

Em 2016, numa coluna para o *Daily Mail* que ela agora repudia, a irmã de Boris, Rachel Johnson, escreveu que o "DNA exótico de Meghan" iria "engrossar" o "aguado e fino sangue azul dos Windsor", e repetiu a calúnia sobre Doria Ragland, "que veio direto de Compton" como uma "senhora americana com dreadlocks que nasceu do lado errado dos trilhos".[27] E foi o próprio Boris, em 2002, ainda membro do Parlamento, que se referiu numa coluna do *Daily Telegraph* a multidões de "crioulinhos" da Commonwealth e a africanos com "sorrisos de melancia"[28] — e mesmo assim se elegeu prefeito de Londres.

Para Meghan, acostumada ao filtro liberal de raça que prevalece nas cidades mais cosmopolitas dos Estados Unidos, nada poderia ser mais alienante do que as conjecturas desrespeitosas compartilhadas pela classe alta britânica. Não é de admirar que ela tenha afastado tantos amigos antigos de Harry. Dois Natais em Sandringham com aquelas vozes estridentes e tiros explodindo devem ter soado como o período de duríssima iniciação nos SEALs da Marinha. Na avaliação de Aatish Taseer, para qualquer um de fora, os membros do círculo íntimo da família real são "pessoas de fato ameaçadoras... As maneiras. O estilo de vida. O mundo dos tiros e das casas de campo. As gerações dos mesmos amigos. O senso de superioridade é assustador".[29] Até Diana, que pertencia a uma das famílias aristocráticas mais antigas da Inglaterra, não aguentou a mesmice absurda de tudo.

Apesar disso, não se deve ignorar aquela icônica fotografia de família, impregnada de tanta esperança e significado, tirada em 8 de maio de 2019, quando o belo Archie Harrison Mountbatten-Windsor, de 3,3 quilos, foi formalmente apresentado ao mundo. O desejo nacional de ver o filhinho dos Sussex tinha adquirido proporções febris. Archie chegou com um atraso de duas semanas, às 5h26 da madrugada do dia 6 de maio, no Portland Hospital de Londres. Mas, por uma razão não declarada — interpretada pela mídia como rabugice dos Sussex —, só oito horas mais tarde, depois que o casal tinha voltado para Windsor, é que Harry divulgou a boa notícia. Aumentando a confusão, apenas 45 minutos antes do anúncio de Harry, o Palácio de Buckingham revelou que a duquesa tinha entrado em trabalho de parto naquela manhã.

Uma vez que os neófitos pais saíram do hospital sem serem notados, a imprensa e a nação britânica foram privadas da tradicional foto de primeira página de um jovem casal eufórico, mas cansado, posando nos degraus do hospital com um recém-nascido de cara engelhada, tradição unificadora da mídia que celebra não apenas a alegria de uma nova vida, mas também a chegada de um bem-vindo rebento na antiga árvore da família real. As imagens de William e Kate com seus bebês e de Diana e Charles com seus dois filhos na frente da Ala Lindo do St. Mary's Hospital Paddington entraram na iconografia real. Como o distinto apresentador britânico Sir Trevor Phillips assinalou, "ficou claro que

[Meghan e Harry] não entenderam que, em troca do conto de fadas, é preciso dar alguma coisa às pessoas fora do castelo, ou então apenas decidiram que não queriam entrar nesse jogo. No momento em que a pessoa decide não entrar no jogo, ela não pode esperar que os outros obedeçam às suas regras".[30] Apesar disso, a desagradável sensação da imprensa de que tinha sido enganada dissipou-se quando as primeiras imagens de Archie e seus pais foram enfim vistas.

Enrolado num xale de lã marfim, o primeiro filho dos Sussex aconchegou-se nos braços da mãe, ladeada por um Harry em êxtase. Na foto, a rainha, com um confortável cardigã azul de qualquer avó britânica, e o radiante duque de Edimburgo, de 98 anos, contemplam amorosos o oitavo bisneto. Ao lado deles, vê-se uma terna Doria Ragland enlevada. Imediatamente, a mágica do casamento volta a crescer, restaurando a já desbotada promessa de uma Inglaterra diversificada e de uma família real que graças a Deus evoluiu, deixando de ser o supremo bastião de valores protestantes brancos e passando a representar mais fielmente seu próprio povo em transformação. Patrick Vernon, destacado ativista negro, comemorou: "A presença da mãe é importante por lembrar ao público e à família real que existe preto na bandeira do Reino Unido".[31] E o jornalista do *Sunday Times* Grant Tucker falou em nome de muitos, ao tuitar: "Quando a rainha subiu ao trono, os últimos remanescentes do Império Britânico ainda tratavam brutalmente muita gente no continente africano. Sessenta e cinco anos depois, essa mesma mulher contempla seu bisneto, ao lado da avó afro-americana dele".[32]

É por isso que foi tão desolador para todos que pularam de alegria diante dessa histórica foto de bebê ouvir, da boca da própria Meghan, apenas 23 meses depois, num programa especial da Oprah, que houve várias conversas "preocupadas" na família — não, como se apressaram a corrigir, com a rainha ou com Philip — sobre "até que ponto a pele de Archie pode ser escura". E foi impossível entender, para o público britânico mais familiarizado com a tradição real, a alegação de Meghan de que Archie teve negado seu direito de ser príncipe por causa da cor de sua pele. Seu marido estava cansado de saber que, graças aos protocolos estabelecidos por George v, os filhos dos Sussex só seriam nomeados príncipes e princesas quando Charles subisse ao trono.

Após um silêncio régio, a rainha respondeu com uma declaração cuidadosamente sopesada de 61 palavras. Depois de repetir que Harry, Meghan e Archie continuavam sendo membros da família muito amados, ela fez um comentário notável e inesquecível (e ambíguo): "Algumas recordações podem variar".[33] A enigmática declaração teria sido um jeito de dizer: "Depende da pessoa com quem você fala"? Ou: "Você ouve o que quer ouvir — interpreta comentários inocentes como racistas se é assim que foi criada"?

E se for essa última hipótese? Ora, a família real não deveria ter pensado em se tornar pelo menos sofrivelmente alfabetizada na língua da raça e do racismo, a língua que Meghan — criada nos Estados Unidos, com sua história muito diferente — "falava" como se fosse sua? Seria mesmo obrigação dela dar instruções sobre modernas atitudes raciais só para conviver bem com a nova família? E não deveria Meghan — do seu lado do abismo — ter reconhecido que atitudes que definiram privilégios (brancos) numa monarquia de mil anos provavelmente não mudariam da noite para o dia?

Prova de que a família real se tornou sensível depois do movimento Black Lives Matter é a velocidade com que William condenou os horríveis ataques on-line a três jogadores de futebol negros depois da final do Campeonato Europeu em 2020, realizada em julho de 2021, quando eles perderam gols na disputa de pênaltis. "Estou indignado com os insultos racistas dirigidos a jogadores da Inglaterra depois da partida de ontem à noite", ele tuitou. "É absolutamente inaceitável que jogadores tenham que aguentar esse comportamento abominável. É preciso acabar com isso agora, e todos os envolvidos deveriam ser responsabilizados. W."

Harry, duque de Sussex, e a mulher que ele ama desempenharam papel distinto na evolução de atitudes da Casa Windsor. Conseguiram alguma coisa, e esse é um mérito que ninguém lhes pode negar — Doria Ragland e a rainha Elizabeth como avós na mesma família, uma vitória gêmea contra atitudes arraigadas em relação a raça e classe.

Preservemos, portanto, essa foto! Dois anos depois, Philip não estava mais aqui, os Sussex haviam fugido, os irmãos estavam em guerra um contra o outro, e a noção de uma família real harmoniosa e integrada é um suvenir juntando poeira em nossa memória.

Em novembro de 2019, um veterano do palácio, hoje aposentado, num evento beneficente em Londres falou com o duque de Cambridge, que lhe teria dito, preocupado: "Talvez precisemos que você volte por um tempo. Acho que de repente algo vai dar muito errado com Harry".

25. Terra arrasada

"*ANNUS HORRIBILIS*" DE VOLTA

A decisão dos Sussex de sair rápido daquela situação teve muita coisa em comum com a saída americana do Afeganistão: um fim necessário, executado com o maior caos possível. Harry discorda com veemência do termo "Megxit", como o anúncio do casal em janeiro de 2020 de "abandonar temporariamente" seus deveres como membros da família real passou a ser chamado. O duque acha o termo "sexista".[1]

"Inexato" talvez fosse melhor. A decisão foi de Harry, acelerada por Meghan.

A intenção do casal já estava clara no outono de 2018. Os refúgios da Commonwealth no Canadá, onde Meghan tinha raízes próprias, e na África do Sul, onde Harry sempre sonhou em desaparecer do mapa, foram examinados cuidadosamente como novo lar dos Sussex. Pelo menos um ex-servidor do palácio, que gostava de Harry, era a favor da ideia de ele ir embora de vez. "Eu achava que uma das melhores coisas que Meghan poderia fazer por Harry seria tirá-lo da vida na família real, porque ele estava infeliz fazia muito tempo", me disse essa pessoa. "Ele precisava de uma mulher que chegasse e dissesse: 'Na verdade, a melhor coisa para você seria eu tirá-lo disso aqui.'"

A família viu a hora da separação chegar apenas alguns meses depois, no verão de 2019. "Acho que a rainha vivia um conflito", disse a mesma fonte. "Todos viam que Harry e Meghan estavam infelizes. Todos eram a favor de que saíssem. Mas queriam que fosse uma saída organizada, que saíssem de um jeito que estabelecesse um bom precedente. William tinha três filhos. O precedente que fosse aberto afetaria seus filhos. Ele se preocupa muito com isso. Por isso queriam que fosse feito da maneira apropriada."

"Da maneira apropriada" tem um toque muito régio. Mas o que significa? Como em qualquer divórcio, boa parte da disputa tem a ver com dinheiro, e, como é de hábito nessa saga, havia cabeças quentes e mal-entendidos gélidos.

Estava claro para todos, exceto para Meghan e Harry, que um arranjo parcial confuso produziria novos e inesperados conflitos de interesse. Se, digamos, o casal de alta visibilidade atrelasse alguns dias de filmagens para um documentário pago da Netflix a uma turnê pela Commonwealth financiada pelo Ministério das Relações Exteriores, haveria indignação — exatamente como ocorreu com Andrew, quando ele misturou negociatas paralelas a suas viagens como embaixador comercial. Questões éticas dessa natureza liquidaram com muitas carreiras políticas promissoras, e são um prato cheio para a mídia. E, mesmo que cada atividade comercial fosse delineada com precisão, era o status real dos Sussex que estava sendo empacotado e vendido. Como disse um veterano do palácio, Harry "é uma pessoa profundamente bondosa, que deseja fazer uma diferença positiva no mundo. Não entende que tem que agir assim porque é um príncipe".

Os Sussex queriam liberdade para ter "voz própria" e falar de causas em que acreditavam. Mas e se a causa fosse controvertida? Eles a adotariam como personagens régios ou em outra condição? Esse problema foi levantado em novembro de 2021, o ano em que foram embora, quando as senadoras republicanas Susan Collis e Shelley Capito receberam chamadas de Meghan em seus celulares defendendo a licença remunerada para tratamento de pessoas da família, à qual o Partido Republicano se opunha. A pessoa do outro lado da linha identificou-se como a duquesa de Sussex, o que Collins disse ter "achado um tanto irônico".[2] Se Meghan fazia lobby na condição de duquesa, não seria isso uma violação da promessa da família real de ser apolítica?

Segurança privada era outra dor de cabeça. Entre a displicência de Harry, que achava que tinha direito, e o estreito entendimento de Meghan, a questão de quem pagaria o alto custo anual de proteção policial parece ter escapado aos Sussex. Mas Harry sabia muito bem que a segurança da família real não é determinada nem financiada pela Coroa. Quando os Sussex deixaram o país e não eram mais realeza no exercício de suas atividades, os contribuintes britânicos não pagariam mais por ela — e a mídia jamais lhes permitiria. O destacamento de segurança deveria proteger os Sussex nesse momento em que eles retornavam temporariamente à condição de cidadãos privados?

No centro das dificuldades estava decidir se os Sussex eram realezas celebridades ou celebridades realezas, dois jeitos de ser muito diferentes. Alguém da família real representa a rainha e o país. A celebridade representa a si mesma. O verão de 2019 confirmou que o casal tinha dado uma guinada decisiva e mortal para o lado espalhafatoso da equação.

Passada a agitação dos seis primeiros meses daquele ano, Meghan devia a si mesma uma longa licença-maternidade depois de dar à luz um filho. Finalmente abrigada em sua casa em Frogmore, teria sido um bom momento para fazer um balanço de seu primeiro ano como realeza e repensar o caminho que tinha pela frente. Às vezes, nas palavras do supercomputador Joshua no thriller de ficção científica *Jogos de guerra*, "o único lance vencedor é não jogar". A beatificação dos tabloides ansiava por Meghan aceitar o convite da rainha para levar Archie a Balmoral com Harry e postar a característica foto do bebê imergindo os minúsculos pés rosados nas águas de Loch Muick. Mas ficar sem fazer nada não estava no vocabulário de Meghan. Nem piqueniques num cobertor axadrezado nas Highlands da Escócia.

Na verdade, ela mal conseguia esperar para se entupir das guloseimas disponíveis no bufê das celebridades. Nos dias quentes do verão, aos leitores dos jornais britânicos eram servidas imagens dos Sussex em pequenos passeios de luxo que inevitavelmente assanhariam o ninho de vespas dos tabloides. Um convite de Elton John para voar em seu avião para sua mansão no sul da França apenas dois dias depois de uma temporada na ensolarada Ibiza para comemorar os 38 anos de Meghan? Dois pedaços bem grandes, por favor. Um pulinho de volta ao campeonato de tênis US Open em Nova York para ver a amiga Serena enfrentar Bianca Andreescu nas finais? Que delícia, que delícia! Uma oferta para ser editora convidada da *Vogue* britânica no tijolaço da edição de setembro. Não dá para resistir! Quanto a Harry, ele apareceu no acampamento de verão anual da Google na Sicília e fez uma apresentação, descalço, sobre mudança climática para os bilionários do Vale do Silício. Somando os dois, foram quatro viagens de jato privado em onze dias.

A mídia, ainda ressentida com o sigilo em torno do nascimento de Archie, atacou o casal numa sarcástica reação adversa a respeito dessas flagrantes viagens de verão. Notou-se — muitas vezes — que eles pareciam dispostos a aceitar qualquer convite, a não ser o da rainha. Decerto não foi mera coincidência que de repente tenham aparecido fotos de William, Kate e os três filhos a bordo de um voo econômico para Aberdeen, o aeroporto mais próximo da casa escocesa da rainha.

O projeto *Vogue*, em colaboração com Edward Enninful, um dos mais influentes árbitros do gosto no Reino Unido, é que acabaria sendo a inesperada Waterloo de Meghan. Para uma celebridade, editar como convidada é, quase sempre, uma lisonja sem risco de mídia adversa. O príncipe Charles já fez isso três vezes para a revista *Country Life*. Harry recebeu comentários elogiosos quando assumiu um episódio do prestigioso programa *Today*, da Radio 4, em 2017, o mesmo ano em que a incursão digital de Kate no *Huffington Post UK* foi elogiada por sua defesa dos cuidados com a saúde mental na primeira infância. O número da *Vogue* de Meghan sobre exemplos femininos do momento a serem imitados trazia o título de "Forças de mudança", e ela não tinha motivos para duvidar que seria aplaudida por seus esforços de líder moral dos millenials (de tiara). Para o projeto não vazar, Enninful, o primeiro editor-chefe do sexo masculino e negro da bíblia da moda, transformou a Casa Vogue numa versão fashion de Bletchley Park, a famosa instalação secreta que decifrava códigos durante a Segunda Guerra. Funcionários trabalhavam numa edição falsa, e leiautes iam e vinham, sob o codinome duquesa, com as páginas finais transportadas para as rotativas viradas de cabeça para baixo.

A grande revelação daquela edição juntou todos os elementos cáusticos da zombaria britânica e confirmou os temores palacianos de um membro da família penetrar em território político. O que atraiu mais críticas foram as convicções uniformemente liberais dos agentes de mudança ungidos pela duquesa — uma "lista de presença de esquerda", nas palavras do *Times* —, como a ativista climática Greta Thunberg, a primeira-ministra da Nova Zelândia Jacinda Ardern, e a atriz trans Laverne Cox, entre outros. Apenas cinco dos quinze ícones eram britânicos. (Cadê Sua Majestade a rainha Elizabeth II? Não entrou na lista das mulheres que Meghan admirava?)

O lustroso pacote foi visto como um disparate pretensioso pelos tabloides, um calhamaço hipócrita e vazio por colunistas da classe alta e uma chatice pelos assinantes tradicionais da *Vogue*, que prefeririam soluções para problemas mais imediatos, como onde comprar o melhor casaco de pelo de camelo com cinto de quimono. A entrevista de Harry com a reverenciada primatóloga Jane Goodall incluía seu cômico pronunciamento malthusiano de que ele e Meghan estavam limitando suas necessidades reprodutivas a dois filhos para ajudar a salvar o planeta. A mídia julgou a afirmação uma explosão flatulenta de metano, uma vez que o duque tinha acabado de contribuir com sua pegada de carbono voando num jato privado para o acampamento da Google.

O desgosto de Meghan com a recepção crítica de sua edição foi um soco no estômago. Mais uma vez fora derrotada pela pérfida sensibilidade britânica, e pela inclinação nacional de rir das intenções mais sinceras. A ruidosa controvérsia criada em torno da edição foi um presente de Deus para a *Vogue* e suas vendas nas bancas (as mais altas em seus 103 anos de história), mas Meghan queria um halo, não apenas público. Como muitos influencers globais, ela ainda desejava a validação da velha mídia. Sentimentos de rejeição, solidão cultural e social, e o que parecia uma onda de depressão pós-parto, tomaram conta dela. Chegou a pensar em suicídio. "Eu tinha vergonha de dizer isso naquela época, e vergonha de ter que admitir isso para Harry, sobretudo porque sei das perdas que ele já sofreu", ela disse a Oprah. "Mas eu sabia que se não falasse acabaria fazendo. E eu simplesmente não queria mais estar viva."[3]

"O mais assustador era sua clareza de pensamento", disse Harry. "Ela não tinha 'perdido o controle'. Não estava louca. Não estava se automedicando com pílulas ou álcool… Estava absolutamente sóbria. Estava completamente sadia. No entanto, no silêncio da noite, esses pensamentos a acordavam."[4]

E que providências tomou o marido? "Entrei num lugar muito sombrio também", ele disse a Oprah. "Mas eu queria estar lá por ela e… Fiquei apavorado… Acho que tinha vergonha de admitir para [minha família]… Eu não tinha ninguém a quem recorrer."[5]

Essa declaração não era apenas insatisfatória, era também insincera. Talvez fosse um indício do pânico de Harry que, após sete anos de terapia, ele parecesse paralisado, incapaz de recorrer aos mesmos assessores palacianos que o haviam apoiado no passado. E os excelentes conselheiros do MI6 que poderiam encontrar especialistas em expurgar demônios de pacientes em luta para reconciliar vida pública e vida privada? Harry tinha feito campanha, corajosamente, para aliviar o estigma que cerca problemas de saúde mental, chegando a fundar com outros a Heads Together, cuja missão declarada é garantir que "as pessoas se sintam capazes de apoiar amigos e famílias em tempos difíceis e que o estigma já não as impeça de buscar a ajuda de que necessitam".[6] Se agora tinha medo das críticas que seriam desencadeadas quando admitisse as aflições de Meghan, não deveria levar em conta que foi ele — e não o palácio ou membros da sua família — que não conseguiu para a mulher a ajuda em sua hora de necessidade?

Em outubro de 2019, o casal tomou um rumo diferente para uma conversa terapêutica — Tom Bradby, velho colega de mídia dos irmãos régios na ITV News. Os produtores de TV tinham esperado que o documentário de Bradby, *Harry and Meghan: An African Journey*, filmado durante sua bem-sucedida turnê de dez dias, provocasse certa comoção nas redes. Havia grandes momentos visuais — uma conversa face a face com a viúva de Nelson Mandela, Graça Machel; o adorável encontro de Archie com o arcebispo Desmond Tutu; e a declaração de Meghan "sou vossa irmã" para as mulheres do bantustão de Nyanga na Cidade do Cabo. Havia também a expectativa de uma boa dose de encantamento de recém-casados. Mas, para espanto da assessoria de imprensa dos Sussex e dos produtores do programa, Harry e Meghan sequestraram sua própria mensagem humanitária na entrevista Bradby que deram no fim da turnê discorrendo sobre como estavam tristes e deprimidos em sua vida privada.

Para Harry, foi mais uma jeremiada sobre a perseguição da mídia. Isso, depois de dez dias de cobertura entusiástica, incluindo uma imagem de Indiana Jones na primeira página do *Telegraph*, promovendo seu artigo de opinião dentro do jornal sobre o conservacionismo sul-africano, colaboração que provavelmente jamais seria publicada — nem receberia destaque na primeira página — sem uma assinatura régia. Será que William vai ficar com inveja desse espaço na mídia? Foi o que me passou pela cabeça quando vi a matéria, e profeticamente, como se veria, porque o comentário de Harry para Bradby — "Com certeza estamos trilhando caminhos diferentes no momento"[7] — detonou manchetes sobre um racha explícito.

Meghan aproveitou a oportunidade para se estender sobre sua vulnerabilidade de mãe recente, suas contundentes lutas para conviver com a impassibilidade (e a vida) britânica, e suas exortações a Harry sobre a necessidade de "crescer" e não só "sobreviver". Quando Bradby lhe perguntou como estava se saindo, sua resposta — que abalou a internet — foi: "Obrigada por perguntar, porque não houve muita gente que me perguntasse se estava bem".[8] Não houve muita gente que perguntasse às mulheres do bantustão de Nyanga se elas estavam bem, foi a reação consensual da mídia. "Nunca pensei que seria fácil, mas achei [que a cobertura da imprensa] seria leal", ela disse a Bradby, provocando mais reações adversas sobre uma das mulheres mais privilegiadas do mundo se queixando da cobertura jornalística que recebeu depois de dez dias testemunhando a pobreza intensa e os desafios de partes da África do Sul.

Na véspera da sua partida de Johannesburgo, Harry plantou uma bomba no site oficial dos Sussex, anunciando sua ação judicial contra *The Mail on Sunday* por publicar a carta de Meghan para Tom Markle. Em vez de confiar no poder da linguagem jurídica de falar por si mesma, o duque anunciou a ação com uma invectiva spenceriana:

> Chega um momento em que a única coisa a fazer é enfrentar esse tipo de comportamento, porque ele destrói pessoas e destrói vidas. Dito de uma maneira mais simples, é bullying, que amedronta e cala as pessoas. Todos nós sabemos que isso não é aceitável, em nenhum nível. Não vamos e não queremos acreditar num mundo em que não haja responsabilização por coisas desse tipo.
>
> Embora essa ação talvez não seja a mais segura, é a correta. Porque meu medo mais profundo é que a história se repita. Vi o que acontece quando uma pessoa que amo é mercantilizada a ponto de não ser mais tratada ou vista como alguém de carne e osso. Perdi minha mãe e agora vejo minha mulher se tornar vítima das mesmas forças poderosas.[9]

Essa lembrança de Diana foi uma janela para a queda livre de Harry. Como temia William, os ferimentos do irmão pela perda da mãe continuavam muito abertos para que ele pudesse lidar com o fardo de proteger sua mulher famosa das Fúrias da mídia. No acampamento da Google, ele disse a outro convidado que vivia atormentado pelo conflito de proteger Meghan e ainda assim atuar como um membro importante da família real.

O anúncio de Harry atingiu o objetivo, com 72 mulheres membros do Parlamento de vários partidos que, após três anos de misoginia pós-Brexit, assinaram uma carta aberta apoiando Meghan contra "a natureza muitas vezes desagradável e equivocada das histórias [...] a respeito de vocês, do seu caráter e da sua família [...] compreendemos também o abuso e a intimidação agora usados com tanta frequência como meio de aviltar mulheres em posição pública e impedir que continuemos nosso importante trabalho".[10] É o tipo de declaração que Meghan queria que o palácio divulgasse como instituição. O que aconteceria se as esposas de Windsor — as duquesas da Cornualha e de Cambridge, e a condessa de Wessex — tivessem feito declarações parecidas de indignação coletiva feminina? Seria eletrizante, sem dúvida, embora até então inconcebível.

Em meados de novembro, os exaustos Harry e Meghan anunciaram que iam tirar uma folga de seis semanas com Archie no Canadá. "Não pude deixar de perceber o quanto ele [Harry] estava cansado, até mesmo esgotado", Tom Bradby diria depois.[11]

O Natal estava chegando e por nada no mundo os Sussex aceitariam participar da pesagem anual em Sandringham.

II

O último round de problemas dos Windsor estava só começando. Enquanto o duque e a duquesa de Sussex iam implodir numa mansão de 13 milhões de dólares alugada à beira-mar na Ilha de Vancouver, o príncipe Andrew, em novembro de 2019, decidiu vestir um colete de explosivos e se sentar para uma entrevista de uma hora— tipo pode me perguntar o que quiser — com Emily Maitlis, uma das apresentadoras mais incisivas da BBC. Sem dúvida foi por acaso que ele escolheu o momento em que Charles tinha acabado de partir com Camilla numa turnê de seis dias à Nova Zelândia. Logo depois que o príncipe de Gales chegou a Auckland, recebido por uma multidão rarefeita, seu telefone se pôs a apitar notícias sem nenhuma relação com seus encontros iminentes sobre sustentabilidade. A atuação de Andrew em *Newsnight* tinha sido uma catástrofe. "Eu esperava uma colisão de trens", dizia um dos tuítes de Charlie Proctor, editor do site Royal Central. "O que houve foi um desastre aéreo de um avião batendo num petroleiro, provocando um tsunami e desencadeando um troço ruim, nível explosão nuclear."[12] Outro tuíte, de Dickie Arbiter, ex-assessor de imprensa da rainha: "Se achava que ia botar um ponto-final na saga Epstein, o príncipe Andrew estava vivendo no reino da fantasia".[13]

Imaginar que sairia ileso de uma entrevista de 55 minutos, de tema livre, sobre as alegações sexuais contra ele num programa de notícias impiedoso foi um exemplo clássico de ilusão Dunning-Kruger. Apesar de Jason Stein, respeitado assessor de relações públicas, recém-chegado à equipe de Andrew com a missão de conduzir o príncipe caído em desgraça de volta à respeitabilidade, ter se oposto categoricamente à entrevista, Andrew achou que pudesse sobreviver à implacável Emily Maitlis. Ela vinha tentando uma entrevista com ele mesmo antes de Jeffrey Epstein ser preso em 6 de julho de 2019.

Epstein foi preso depois de voar de Paris para Nova York em seu *Lolita Express*, acusado de tráfico sexual de uma menor de idade e de conspiração para cometer tráfico sexual. Quatro semanas depois, no mesmo dia em que Andrew chegou para a temporada escocesa anual com os pais em Balmoral, seu ex-mentor financeiro e anfitrião foi encontrado enforcado com um lençol de cama amarrado à beliche de cima em sua cela no Centro Correcional Metropolitano de Manhattan. Especulações sobre suicídio ou assassinato encomendado para proteger os amigos poderosos que ele poderia vir a envolver voltaram a chamar a atenção para todos aqueles que haviam se relacionado com ele, incluindo Andrew. As acusações sexuais de Virginia Roberts Giuffre contra o duque de York voltaram à tona, e, para aumentar o sinistro interesse da mídia, sua velha amiga Ghislaine Maxwell estava foragida. Ele precisava limpar seu nome!

Veteranos do palácio atribuem à ausência de Sir Christopher Geidt a anuência de Andrew à entrevista famigerada, que além de tudo ocorreu na Sala de Visitas Azul do Palácio de Buckingham. O príncipe decerto esperava que a pompa da realeza intimidasse a entrevistadora e desse mais peso à sua própria e surrada pessoa. Uma fonte do palácio me contou que Andrew foi direto pedir permissão à mãe para filmar ali — depois de ter dito à BBC que já tinha essa autorização. Justificou à mãe a entrevista como uma discussão de suas obrigações oficiais e o sucesso de Pitch@Palace, sua iniciativa de empreendedor. Sua Majestade, me disse uma fonte próxima, assistiu ao programa sozinha em sua sala de estar privada em Windsor, depois de um jantar leve numa bandeja.

A entrevista foi um exercício de autoimolação comparável a um incêndio no Castelo de Windsor. Título: "Nação atônita assiste ao constrangimento do príncipe" (*The Mail on Sunday*). Andrew, como se estivesse num clube de cavalheiros, disse, fanfarrão e cordial, que não se lembrava de algum dia ter se encontrado com Giuffre (então com seus dezessete anos), menos ainda de ter feito sexo com ela. Não poderia ter estado com ela na casa de Maxwell naquela noite porque havia levado a filha Beatrice a uma festa de aniversário num Pizza Express em Surrey, ocasião de que se lembrava muito bem porque, você sabe, ele não vai ao Pizza Express com muita frequência. Título: "Não fiz sexo. Tenho a pizza como álibi" (*The Sunday Times*). Quanto a suar muito na pista de dança da boate, como Giuffre afirma, isso não era possível, pois naquela época ele padecia de uma doença, depois curada, que o impossibilitava de suar, condição provocada por uma overdose de adrenalina quando servia na Guerra das Falklands. Título: "Sua Secura Real" (*New York Post*). Não teve uma palavra de simpatia para as meninas que tinham sido traficadas por Epstein, nenhum remorso por ter se relacionado com o indivíduo sórdido que fizera isso. Título: "Sem suor e sem arrependimento" (*Sunday Mirror*).

Quando lhe perguntaram por que estivera na casa de Epstein para pôr fim às suas relações — em vez de ligar ou mandar um e-mail —, Andrew tentou uma desculpa falsamente viril de que não falar com ele cara a cara seria "coisa de covarde".

O que houve foi que o príncipe Philip concordou com o método cara a cara. O consorte da rainha, de 98 anos, talvez tivesse se aposentado como homem forte, mas essa foi uma última intervenção familiar que ele quis cumprir. Andrew foi convocado a Wood Farm em Sandringham para uma conversa entre pai e filho para dar explicações. "Não houve berros nem gritos", disse um servidor ao *Telegraph*. "Philip lhe disse sem rodeios que ele tinha que se afastar, pelo bem da monarquia. Philip não gosta de ver ninguém julgado pela mídia, mas é suficientemente realista para perceber que as ações de Andrew eram um perigo para o próprio tecido da família real."[14] O disciplinador enojado disse ao filho de 59 anos: "Aceite o castigo".

Numa declaração retumbante, o palácio anunciou que o duque de York estava "se afastando de seus deveres públicos pelo futuro próximo".[15] Título: "Banido" (*Daily Mail*). Não ficou estabelecida a duração do limbo. Para desgosto dos militares, ele conseguiu manter oito de seus títulos honorários, incluindo o prestigioso Coronel dos Guardas Granadeiros, que são os estoicos guardiães do Palácio de Buckingham, amados por todos os turistas por seus imensos chapéus de pele de urso e suas túnicas escarlate.

Voltando às pressas do eclipse midiático da Nova Zelândia, Charles resolveu explorar a situação adversa. Era o momento certo para o príncipe de Gales ir direto a Sandringham conversar com o pai e reforçar sua posição de chefe da família. Andrew foi mais uma vez convocado para dirigir os 225 quilômetros de Windsor a Norfolk a fim de dar a Charles a oportunidade de demiti-lo de novo. Até que enfim havia uma razão definitiva para expulsar seu constrangedor irmão mais novo da cada vez mais vasta monarquia "reduzida". A crise criada por Andrew também não era ruim para os Sussex, que agora viam merda atingir outro membro sênior da realeza. A ex-mulher de Andrew, Sarah Ferguson, veio correndo socorrê-lo com uma postagem no Instagram que provocou mais escárnio, chamando-o de "um gigante, um homem de princípios, que ousa arregaçar as mangas e aguentar firme, com seu senso de honra e de verdade".[16]

As desgraças do duque de York vieram a galope e em pencas. Seu nome foi apagado do Pitch@Palace. (Ele tentou resistir, apesar de seus patrocinadores *blue chips* terem debandado.) Foi instado a deixar o patronato de mais de 230 organizações, entre elas Outward Bound Trust, Universidade Metropolitana de Londres, Balé Nacional Inglês e Orquestra Filarmônica Real. Na reunião anual da família em Sandringham, ele não aparece nas fotografias tiradas na igreja St. Mary Magdalene. A rainha cancelou a festa de aniversário pelos seus sessenta anos que planejava lhe oferecer em fevereiro de 2020, e, pela primeira vez na vida, ao acordar naquele dia Andrew não viu bandeiras hasteadas em sua homenagem em prédios do governo. Além do serviço na Marinha, o único outro papel no qual poderia afirmar com razão que teve sucesso foi o de pai. Para seu desgosto, porém, achou-se prudente excluí-lo das fotos de casamento divulgadas quando Beatrice, que duas vezes adiara a ocasião para escapar do escândalo envolvendo o pai, casou com o incorporador imobiliário Edoardo Mapelli Mozzi no verão seguinte, na Royal Chapel of All Saints em Royal Lodge.

Da noite para o dia, o arrogante duque de York, que abusava de sua posição e não transpirava, tornou-se um membro fantasma da realeza. Destinado desde que nasceu a perder paulatinamente a importância, ele tinha enfim desaparecido de vez num poço sem fundo de vergonha. A única pessoa disposta a ser vista ao lado dele era a mãe. Dois dias depois do anúncio de que ele era cachorro morto, os dois foram vistos cavalgando na propriedade do Castelo de Windsor. Enquanto Charles e William julgavam Andrew um caso perdido, mãe e filho ainda achavam que, com o tempo, o pobrezinho poderia voltar ao grupo, com uma função menos importante, em vez de ser sumariamente banido.

Por seu papel preponderante na queda de Andrew, Emily Maitlis, da BBC, foi eleita apresentadora de TV do ano em 2020, ironicamente pela Royal Television Society. "Muita gente me pergunta como é entrevistar um membro da realeza, um membro sênior da realeza, em pleno Palácio de Buckingham, e acho que o que eu responderia é que não foi, de fato, sobre alguém da realeza", ela disse ao receber o prêmio. "Foi uma entrevista para mulheres assistindo no mundo inteiro, e esperando ver se fazíamos as perguntas certas, no momento certo, sobre coisas para as quais precisávamos de respostas."[17]

Vale notar que Andrew foi punido não por se associar a um notório pedófilo, ou por acusações de fazer sexo com uma adolescente vítima de tráfico sexual, mas por falar sobre isso com a competente sra. Maitlis.

III

Nesse meio-tempo, as semanas sabáticas dos Sussex na Ilha de Vancouver logo se tornaram férias com trabalho. Entre caminhadas no mato com Archie, Harry e Meghan refinaram freneticamente seu plano de saída. Meghan reativou seu antigo publicitário Keleigh Thomas Morgan na Sunshine Sachs para planejar os detalhes da nova fundação Sussex Royal, e recorreu ao ex-designer do site Tig para criar em sigilo a identidade digital do futuro modus operandi de membros da família real em tempo parcial. Mas havia um probleminha: ninguém no palácio tinha concordado com nada. A nova e reluzente marca comercial "Sussex Royal" dependia da permissão da rainha, permissão essa que Sua Majestade não tinha dado, e o pronunciamento de que ambos desistiriam de sua parcela da subvenção soberana e trabalhariam para se "tornar independentes financeiramente" ainda se baseava na duvidosa perspectiva de virem a ser realeza adjunta com outras lucrativas atividades secundárias.

Tant pis. Se os Sussex ainda tinham dúvidas se queriam sair, elas desapareceram quando assistiram à mensagem de Natal da rainha pela TV em 2019: haviam sido relegados às franjas da monarquia. Sua Majestade foi eloquente em seu discurso ao não dizer nada. O subtexto estava nas fotos de família dispostas em sua escrivaninha, um grupo que, para ninguém achar que é acidental, era habilidosamente alterado todos os anos desde a primeira mensagem natalina da rainha televisionada em 1957.

No Natal anterior, um retrato de família com Charles, Camilla, os cinco Cambridge e Harry e Meghan foi exibido junto ao cotovelo de Sua Majestade. Mas em dezembro de 2019, os Sussex haviam evaporado, suas imagens haviam sido eliminadas tão habilmente quanto Stálin o teria feito com relação a um apparatchik caído em desgraça. Segundo o jornalista Christopher Andersen, a rainha disse ao diretor do programa que todas as fotografias exibidas poderiam permanecer na tomada, menos uma. E apontou para um retrato encantador de Harry, Meghan e do bebê Archie. "Aquela ali", ela disse. "Acho que não precisamos daquela ali."[18]

E feliz Natal para você também, vovó! Consta que William ficou horrorizado quando viu que os Sussex haviam sido excluídos. Conhecia o irmão o suficiente para prever um ataque de cólera nível máximo.

Era hora de os Sussex apertarem o gatilho. Harry diz que, longe de preparar uma surpresa desagradável para a família, falou do Canadá sobre seus planos de saída três vezes com a avó e duas vezes com o pai. A conversa foi tão profunda que Charles, segundo Harry, lhe disse para explicar pormenorizadamente, por escrito, seu conceito de "afastamento", um pedido perfeitamente aceitável quando se levam em conta as sérias ramificações para a monarquia no que dizia respeito a financiamento, tributação, obrigações oficiais, títulos e posicionamento público — questões que se tornaram ainda mais melindrosas depois da catástrofe de Andrew. Mas a confiança entre pai e filho era tão baixa àquela altura que Harry achou que Charles estivesse apenas embromando. Trocaram palavras duras, que culminaram com a recusa de Charles, segundo Harry, a receber seus telefonemas. Foi quando o Príncipe Ruivo decidiu, como ele mesmo disse a Oprah em linguagem opaca, "resolver o assunto à sua maneira".[19]

Trilha sonora de clima sinistro. Os Sussex sem Archie pegaram o avião de volta para Londres em 6 de janeiro de 2020. A estratégia final de Harry era driblar o pai e os guardiães do palácio e falar diretamente com a avó, cuja afeição ele acreditava ser forte o bastante para compensar a desaprovação do pai. Sua Majestade foi receptiva e convidou o neto para um chá ou um jantar em Sandringham. Mas assim que o avião de Vancouver aterrissou em Londres, Edward Young cancelou o encontro. A monarca, segundo seu secretário particular, tinha outros compromissos para o resto da semana. Algum hábil movimento para não ter que enfrentar a realidade tinha ocorrido desde que a rainha fizera o amistoso convite.

"Tem uma coisa em minha agenda que eu não sabia que tinha", disse a rainha, polida, quando Harry ligou de Frogmore.[20] "E quanto ao resto da semana?", ele perguntou. Ah, "também já está tomado", ela se esquivou.

Hoje Harry prefere atribuir a decisão de Sua Majestade a "maus conselhos", mas ele conhece muito bem esse tipo de manobra. Como um veterano da equipe do palácio me explicou: "Uma coisa que a rainha sabia fazer muito bem era distinguir os papéis de soberana e avó. E os membros da família sempre sabiam se iriam ver a soberana ou a avó". Dessa forma, Elizabeth II não difere de nenhum outro chefe de dinastia, seja ele o Rei Lear ou Logan Roy, o patriarca da minissérie *Sucessão*.

Cabia muitas vezes aos secretários particulares alertar a rainha sobre membros da família que tentavam confundir os limites para garantir resultados nada apropriados. Em termos de cultura empresarial, isso é chamado de negação do CEO. Nesse caso, o objetivo de Harry de driblar os assessores da rainha era muito claro. "Conversas assim [como os planos dos Sussex] teriam que ser realizadas na condição de Elizabeth II como soberana, e, portanto, haveria agendas. Os assuntos a serem discutidos teriam que ser estabelecidos de antemão, em comum acordo com secretários particulares... O que os Sussex tentaram fazer foi passar por cima disso e falar diretamente com ela, porque quando a rainha estava sozinha ela era famosa por dizer sim. Ela cedia", disse uma fonte do palácio bem inteirada do que se passou. Se o tivesse recebido, poderia ela ter convencido Harry a ser mais sensato e retardar decisão tão importante? Ela sem dúvida achava mais provável que seu charmoso neto a convencesse a aceitar uma coisa que não fosse do interesse da Coroa.

A identidade de quem deu a dica para o *Sun* sobre o site Sussex Royal que estava prestes a ser lançado — pouco antes de Meghan voltar ao Canadá — é motivo de controvérsia. Sugestões provenientes do lado dos Sussex dão a entender que línguas soltas informaram ao palácio, que por sua vez repassou a notícia ao *Sun* só para deixar o casal numa situação difícil. Lançar a família real num caos de relações públicas para obter uma vantagenzinha em relação a outras pessoas parece uma estratégia pouco provável e, na verdade, foi vista unilateralmente no palácio como uma manobra dos Sussex para obrigá-los a ter uma atitude que não queriam. "O que Harry e Meghan fizeram foi um golpe terrível", disse Dickie Arbiter. "A rainha ficou muito decepcionada — mais decepcionada do que depois da terrível entrevista de Andrew à BBC."[21]

Quaisquer que tenham sido as conversas que Harry garante que ocorreram, a proclamação de intenções dos Sussex em seu site já era um insulto pelo simples fato de existir. "Loucura total", foi o veredito de uma fonte bem entrosada do palácio. Inusitadamente, a monarca e o príncipe de Gales se uniram nos mesmos sentimentos de indignação. Estabelecer as regras para um novo "modelo de trabalho" era mais ou menos como tornar públicas suas exigências para candidatos a emprego como fato consumado antes mesmo de qualquer emprego ser oferecido. A linguagem de relações públicas de Hollywood transparecia no manifesto. Depois da redefinição de suas funções, dizia o documento, os Sussex continuariam a "colaborar" com Sua Majestade, como se a monarca fosse coprodutora executiva de uma série de TV.

Mas a rainha não colaborava. Ela comandava, como seu impetuoso neto não demoraria a descobrir.

O tenso conclave que viria a ser conhecido como a Cúpula de Sandringham ocorreu às duas da tarde de 13 de janeiro de 2020, na biblioteca. Presentes a rainha, William, Harry, Charles e todos os secretários particulares atuando como escudos humanos. Em outros tempos, a biblioteca era uma sala isolada e aconchegante onde os jovens William e Harry se reuniam com os primos York para o chá do fim da tarde no Natal. Agora era cenário de um rancoroso divórcio real. "Harry e Meghan exageraram na dose", opinou uma pessoa inteirada das discussões. "Achavam que se vazassem a notícia [do site] obrigariam a família real a responder dizendo… 'Ok, Harry e Meghan, o que vocês querem? Vamos dar o que vocês quiserem'… Achavam que essa era a sua arma nuclear. E por isso a empregaram. Mas a família real respondeu: 'Ok, se é por falta de adeus…'."

Era sempre má ideia dar um ultimato à rainha Elizabeth II. O que me dizem é que, em vez de ceder a palavra a seus assessores, esse foi um processo no qual seu eu soberano, e não sua persona de avó, assumiu o comando. Nada do comportamento dos Sussex até então sugeria que qualquer arranjo de "tempo parcial" pudesse ter funcionado. Não haveria "afastamento" para eles. Haveria apenas demissão.

Megxit não foi tanto um acordo como um decreto real. Harry e Meghan teriam permissão para manter os títulos de Sua Alteza Real, mas não os poderiam usar. Não poderiam, como depois ficaram sabendo, dar a seu empreendimento o nome de "Sussex Royal". Não poderiam mais representar a rainha com todos os seus patronatos reais, incluindo suas funções na Commonwealth. Teriam de reembolsar os 2,4 milhões de libras gastos com a reforma de Frogmore. Embora pudessem ficar com a casa como sua base no Reino Unido, teriam que pagar aluguel pelo valor de mercado. O príncipe Charles acabaria assumindo essas despesas, mas só até o verão de 2020.

O golpe mais arrasador para Harry foi que, embora pudesse manter seus Jogos Invictus e sua instituição de caridade Sentebale, teria que ceder todos os títulos militares, incluindo o de capitão-geral dos Fuzileiros Navais Reais, a que dava tanto valor. Isso foi particularmente humilhante e, na opinião de muita gente, injusto, já que o tóxico príncipe Andrew teve permissão de manter seus títulos militares, para indignação de muitos nas Forças Armadas. "Não se enganem", escreveu Camilla Tominey no *Telegraph*, "[esse foi] o pior Megxit possível para o duque e a duquesa de Sussex. Apesar de insistir em afirmar que Harry, Meghan e Archie 'serão sempre membros amados da minha família', a monarca de 93 anos não poderia ter sido mais clara sobre o papel deles na Firma. Acabou."[22]

"Harry e Meghan ficaram aturdidos", disse um ex-assessor. "Não esperavam que isso acontecesse." Após duas horas de reunião, os participantes saíram de Sandringham e tomaram rumos separados. Cada um dos presentes saiu chocado. Como a aliança familiar pôde ser despedaçada daquela maneira?

Para William e Kate, o Megxit teve implicações mais diretas do que para os demais. O casal, com três filhos pequenos, teria não só que assimilar a carga de trabalho dos Sussex, mas também preencher o vazio de carisma deixado por eles. Isso ficou claríssimo numa foto espontânea, e agora icônica, dos Sussex tirada em março de 2020, num último compromisso real em Londres. Dividindo um guarda-chuva, o casal, agora liberto, emitia um brilho tão apaixonado e romântico quanto os olhares ardentes que trocavam. A família conservadora que William e Kate representam é, sem dúvida, mais adequada ao trono. Mas quanto a prender a atenção pública, isso já são outros quinhentos.

Para Charles, que se considerava um modernizador, foi uma desilusão perder os dois membros da família que haviam se demonstrado capazes de se comunicar com um público britânico mais jovem e diversificado. A oportunidade perdida de abrir espaço para um príncipe amado e falível — "o velho e querido Harry", como Charles o chamava afetuosamente — e a única mulher birracial da monarquia era outro fracasso que seria debitado em sua conta.

Isso era muito doloroso para aquele cavalheiro que se prontificou a conduzir Meghan até o altar naquela gloriosa manhã de maio de 2018.

E quanto à rainha, que reassumiu a condição de avó logo que a Cúpula de Sandringham terminou, só podemos imaginar a tristeza de ser obrigada, assim como no caso da princesa Margaret, a frustrar a felicidade de alguém que ela amava tanto. De seu ponto de vista, Harry e Meghan poderiam ter escolhido a rota do dever e do serviço que não os tornaria ricos em termos globais, mas ofereceria a longevidade de influência e alcance que permitiu a Philip deixar sua marca, apesar de impor incômodos limites à liberdade deles. A princesa de Gales deu à sua função de realeza dezessete anos. Meghan deu vinte meses. Mesmo em seus piores momentos, Diana compreendeu — quando estendia a mão a um paciente numa enfermaria de tratamento da aids — que o jeito mais poderoso de ser agente de mudanças é trabalhar a partir de dentro.

Num jantar privado para a Sentebale seis dias depois da Cúpula de Sandringham, Harry, com a emoção à flor da pele, disse: "Me deixa muito triste que as coisas tenham chegado a esse ponto. Nossa esperança era continuar servindo à rainha, à Commonwealth e a minhas associações militares, mas sem financiamento público. Infelizmente não foi possível. Aceitei, sabendo que isso não faz de mim uma pessoa diferente, nem diminui minha dedicação. Mas espero que ajude vocês a compreender o que aconteceu, saber que eu afastarei minha família de tudo que já conheci para dar um passo à frente rumo ao que espero vir a ser uma vida mais pacífica".[23]

Mas a paz não estava, e talvez jamais esteja, no futuro de Harry. O dia deprimente em que ele partiu de Londres para voltar para Meghan e Archie no Canadá foi 21 de janeiro, St. Agnes Day. O antigo mito inglês que a data celebra foi evocado por John Keats em seu poema narrativo *The Eve of St. Agnes* [Véspera de Santa Inês], sobre um casal infeliz que foge dos muros de um castelo depois de ser expulso por uma corte hostil. Sempre achei lancinantes os versos de suas estrofes finais:

As correntes jazem silenciosas nas pedras desgastadas pelos passos;
A chave dá uma volta, e a porta geme em suas dobradiças.

E lá se foram eles: muito tempo atrás
Esses amantes fugiram para dentro da tormenta.

Epílogo

BRASAS

E então, do nada surgiu uma grande pandemia, e o mundo parou.

O manto de tristeza e sofrimento que baixou sobre a nação britânica exigia que a rainha cumprisse sua função de consoladora do povo, assim como os pais dela haviam oferecido um bálsamo para um povo traumatizado durante a guerra. Enquanto hospitais lotavam, governos se debatiam e o medo da doença nos confinava atrás dos muros, Elizabeth II, que jamais tivera liberdade de movimentos, acalmava o país a partir dos dela.

Em 5 de abril de 2020, a rainha fez um discurso pela televisão, lembrando o momento em 1940 em que ela e Margaret falaram, a partir de Windsor, para as crianças que tinham sido evacuadas dos bombardeios nazistas e viviam a dolorosa separação de suas famílias — exatamente como entes queridos agora eram mantidos à distância pela pandemia. "Quero dizer a vocês que se permanecermos unidos e determinados, vamos derrotá-la", ela disse. "Apesar de já termos enfrentado desafios, esse é diferente. Dessa vez nos juntamos a todos os países do globo num esforço comum, usando os grandes avanços da ciência e nossa compaixão instintiva para a cura."[1] Encerrou com estas palavras: "*We will meet again*" [Nós nos encontraremos novamente], da canção de Vera Lynn que definiu a Segunda Guerra Mundial. A transmissão foi vista por 24 milhões de pessoas, três vezes mais do que a audiência de sua mensagem de Natal.

Para a maioria de nós, o Zoom reduz o grau da intimidade humana, mas, como novo método de alcance da realeza, teve o efeito oposto. A tecnologia levou os membros da família real a cada casa de forma idiossincrática e informal. Um vídeo da princesa Anne ensinando a mãe a fazer login estabelecia uma conexão com cenas que costumam ocorrer em todos os lares britânicos. Charles, falando de Balmoral diante de estantes abarrotadas de livros, fotos de família e o inevitável ursinho de pelúcia, descreveu o lockdown como uma "experiência estranha, frustrante e muitas vezes aflitiva".[2] "Será que o príncipe Charles falaria com tanta espontaneidade sobre a separação do lockdown e sua vontade de 'abraçar as pessoas' se estivesse frente a frente com um entrevistador, e não falando via laptop? Talvez não", comentou a BBC.[3] O nível de utilização das plataformas digitais da Clarence House teria aumentado dez vezes.

Assim como o bater de panelas para celebrar os valorosos servidores do Serviço Nacional de Saúde era ouvido nas noites de quinta-feira nas casas de toda a Grã-Bretanha, a família real também estava em cada lar. Em Anmer Hall, os Cambridge, seus três filhos mais adoráveis do que nunca, aplaudiam junto com o resto do país. Assim como Charles e Camilla — à vontade e acessível em seus jeans — em frente à sua rústica fachada em Birkhall. Sophie Wessex foi fotografada oferecendo-se como voluntária num centro de vacinação em Londres.

A duquesa de Cambridge era presença luminosa e perene no Zoom, falando dos desafios de ajudar na educação escolar em casa (ela deu nota −5 para suas próprias aptidões matemáticas) e cortar o cabelo das crianças. Lançou *Hold Still*, um livro de fotos que retratam o povo britânico vivendo em isolamento. A princesa Charlotte distribuiu pacotes de massas caseiras entre aposentados vivendo em isolamento em Norfolk. Houve qualquer coisa de adoravelmente antiquado na decisão de William em não divulgar que teve uma covid severa, quarentenado em Anmer, "porque não queria deixar ninguém preocupado".[4] Numa chamada de vídeo na qualidade de patrono do National Emergencies Trust, ele elogiou a resposta do público à crise, insistindo em afirmar: "A Grã-Bretanha mostra o que tem de melhor, por estranho que pareça, quando estamos em crise: é quando todos nos unimos".[5] O espírito comunitário, disse ele, tinha voltado correndo. Até mesmo a dispensa da tradicional salva de 41 tiros de canhão pelos 94 anos da rainha foi um gesto unificador. O povo não estava comemorando, nem Sua Majestade.

Mas a rainha recebeu uma inesperada bênção. A pandemia significava poder passar um ano trancada em Windsor e Balmoral com o amor da sua vida. Philip voltou de helicóptero de seu reduto em Wood Farm em 19 de março de 2020, e o casal régio se fechou numa pequena bolha, junto com uma equipe reduzida que incluía Angela Kelly, Paul Whybrew e o secretário particular do príncipe Philip, o brigadeiro Archie Miller-Bakewell. A monarca, de 93 anos, cavalgava todos os dias em Windsor Home Park com seu cavalariço-chefe, e trabalhava com determinação examinando documentos oficiais, enquanto Philip, cada vez mais acometido de doenças, rebatia as sugestões para comemorar seu centésimo aniversário em junho de 2021. Declarou que não tinha nenhum desejo de chegar aos cem anos: "Não consigo imaginar nada pior. Pedaços de mim já começaram a cair".[6]

Foi o período mais longo que a rainha e o príncipe Philip passaram juntos sozinhos em seus 73 anos de casamento. O vínculo entre eles não precisava de uma presença constantemente reforçada. Embora não se permitissem manifestações de afeto em público, em particular eles tinham uma "maravilhosa intimidade em que um provocava o outro",[7] como me disse Alastair Bruce, amigo dos dois. "Eles interagiam como interagem duas pessoas que se amam, de uma forma que torna sua intimidade muito confiável."

A atmosfera de guerra do último ano que passaram juntos evocava o começo do namoro nos anos 1940. Para Philip, era um pouco como estar de volta ao mar. Num memorando para a equipe do "HMS Bubble", o mestre da casa da rainha e ex-oficial da Marinha Real Tony Johnstone-Burt escreveu: "Os desafios que enfrentamos, seja nos isolando sozinhos em casa ou com nossas famílias e seus ocupantes, têm semelhanças com estarmos no mar, longe de casa por muitos meses, e tendo que lidar com uma sensação de desterro, ansiedade e incerteza".[8]

A partir do momento em que a pandemia de covid-19 subjugou o mundo, os Sussex se viram isolados da onda de sentimento patriótico no país que tinham deixado para trás. Instalados numa das megamansões mais absurdas de Hollywood, emprestada pelo superastro do entretenimento Tyler Perry, eles passaram a lidar com uma coisa que jamais esperavam: a irrelevância. De uma hora para outra, a criação de uma plataforma global estava em total desacordo com o estado de espírito do momento. Discorrer sobre virtudes humanitárias genéricas de repente ficou fora de moda, enquanto um evento tão brutal e específico como a covid percorria o mundo em alta velocidade. O casal conseguiu participar apenas de uma apresentação lucrativa digna de manchetes numa Cúpula de Investimentos Alternativos do J.P. Morgan em Miami Beach, antes que tudo se fechasse num isolamento espectral. Na Inglaterra, a mídia os expôs à irrisão pública, como sibaritas californianos que haviam insultado a rainha e receberam o que mereciam — uma vida de luxo, sim, mas também de opróbrio.

Nos Estados Unidos, sua tentativa de alcançar a liberdade não foi alvo de escárnio. Foi, pelo contrário, aplaudida e mais bem compreendida. Os Sussex surfaram numa onda de contratos comerciais que lhes proporcionaram independência financeira. Conseguiram, segundo consta, arrancar um total de 100 milhões de dólares da Netflix para fazer filmes e documentários, um negócio de podcast de 25 milhões de dólares com o Spotify, um contrato de vários anos com a P&G, um contrato no valor de cerca de 700 mil dólares para Meghan escrever livros infantis, e para Harry um belo título corporativo de chief impact officer [diretor de impacto] da BetterUp, uma startup digital que oferece treinamento em saúde mental. A marca registrada banida Sussex Royal foi desfeita e relançada como Achewell. Em junho de 2020, o casal comprou uma propriedade de estilo mediterrâneo por 14,7 milhões de dólares em Montecito, o enclave para bilionários da tecnologia e para celebridades em Santa Barbara, entre as Montanhas Santa Ynez e o oceano Pacífico.

Mas o que os lançou às alturas foi a entrevista com Oprah, a jogada mais inteligente depois de um ano de tropeços em suas tentativas de direcionar os holofotes para outros aspectos. Para Meghan, foi a comprovação irrefutável de que era uma celebridade mundial. Para Harry, uma bomba incendiária lançada no coração de uma família com a qual não conseguiu encontrar outra maneira de se comunicar. Os Sussex compreenderam que o governo britânico não iria absorver o custo anual de mais de sete algarismos relativos à sua proteção policial, e agora que Harry e Meghan eram sacos de dinheiro da Netflix, tampouco a família real arcaria com a despesa. Ter privilégios estava literalmente no DNA de Harry, daí sua explosiva irritação. "Nunca imaginei que minha segurança seria retirada, porque nasci nessa posição", ele disse a Oprah. "Herdei o risco, por isso foi um choque para mim. Foi isso que mudou completamente os planos."[9]

Uma nova fonte regular de renda dos Sussex causou um estremecimento coletivo nas três casas reais: um contrato de 20 milhões de dólares com a Penguin Random House para escrever quatro livros que incluíam as memórias de Harry, "compartilhando pela primeira vez o relato definitivo das experiências, aventuras, perdas e lições de vida que ajudaram a fazer dele quem ele é".[10]

Felizmente, diriam alguns, o príncipe Philip não tomou conhecimento do anúncio. Em janeiro de 2021, ele tinha iniciado seu declínio final devido a problemas de coração combinados com uma infecção. De olhar vazio e esquelético, entrou no hospital King Edward VII em Londres andando e sem ajuda. Devido às regras de isolamento, a rainha não pôde visitá-lo, nem quis invocar privilégios especiais. Ao longo de semanas, o país ficou sabendo que sua prolongada permanência era sua fase agônica. Philip tinha jurado não morrer no hospital, e em 15 de março o público pôde avistá-lo vivo pela última vez, muito empertigado no banco de trás de um carro, sendo levado de volta ao Castelo de Windsor para passar suas últimas semanas com Lilibet.[11]

Na manhã de 9 de abril de 2021, o frágil vassalo da rainha foi celestialmente aliviado de uma vida de serviços. Suavemente, amorosamente, ela o deixou ir embora.

II

Harry dormia quando foram avisá-lo que o avô tinha morrido. A pedido da embaixada britânica, um oficial da delegacia do condado de Santa Barbara foi bater à sua porta em Montecito, às três da madrugada, para que ele não recebesse a notícia pela mídia.

O príncipe disse que sempre que vai a Londres acha a cidade "um gatilho".[12] Nada poderia ser mais gatilho do que seu retorno à quarentena em Frogmore, a residência em que vivera casado com Meghan por um breve período, agora paralisada como Pompeia nas cinzas de seu próprio Vesúvio, antes de assistir ao funeral do avô na Capela de St. George, em Windsor. Seis semanas depois de ter perdido totalmente as estribeiras, Harry teve que encarar sua família enlutada numa restrita cerimônia da Igreja anglicana. Exatamente como, na verdade, Philip teria preferido. Havia apenas trinta convidados, e a cerimônia durou menos de uma hora. Entre os poucos presentes de fora da família, estavam o secretário particular do duque e a condessa de Mountbatten, Penny Romsey.

Com sua costumeira obsessão pelos detalhes, Philip tinha projetado um Land Rover modificado e pintado de verde bronze-escuro com uma carroceria sob medida para transportar seu caixão, no qual foram postos seu boné da Marinha com tranças douradas e a espada que o sogro, o rei George VI, lhe dera. Apenas um item protocolar — que determina que os homens da família usem uniforme militar — deixou de ser honrado. Seria doloroso para Harry, agora destituído de seus títulos militares, não poder usar uniforme. Num ataque de cólera característico, Andrew exigia o direito de exibir todos os adornos, símbolos e insígnias de almirante, apesar de jamais ter sido promovido a esse posto, e de todos esses títulos militares estarem por um fio. A rainha, sempre a pessoa adulta da sala, habilmente desarmou essa bomba decretando que todos os homens Windsor usassem trajes formais.

Caminhando atrás do caixão, em companhia dos irmãos, seguia um arrasado príncipe Charles, cujas relações com o pai haviam conhecido complicadas decepções de parte a parte. Agora herdava o papel de patriarca numa época de conflitos familiares aparentemente inextinguíveis. A seu lado, Anne, num longo casaco preto enfeitado de medalhas militares, era a figura mais marcial do grupo, entre outros motivos porque, mais do que qualquer um de seus irmãos, tem um temperamento brusco parecido com o do pai.

Na terceira fila, William e Harry, que outrora caminharam com Philip atrás do caixão da mãe, agora seguiam o dele. "Se eu for, vocês vão comigo?" Essa terna pergunta aos netos é vista agora como uma das cruéis prerrogativas de dever da monarquia. Mas o autossacrifício de Philip pertence a uma época diferente — e a outro conjunto de valores.

A mídia vivia o suspense de uma possível reconciliação entre os irmãos em guerra. O pessoal do protocolo botou o corpulento primo Peter Phillips entre os dois, negando assim aos fotógrafos uma foto conjunta. Treinados para serem sempre cordiais diante das câmeras e decididos a impedir que a imprensa criasse qualquer drama narrativo, os dois meninos reais outrora inseparáveis não deixaram transparecer o quão distanciados estavam um do outro. Apesar de um momento em que Kate ficou um pouco atrás para permitir que eles conversassem, não houve nenhum movimento que pudesse sugerir um possível abraço posterior, nos aposentos privados do castelo.

A imagem que se consolidou no coração do país foi a da rainha, pequena e desolada com sua máscara negra, na simplicidade de um chapéu e um casaco pretos, sofrendo sozinha sua dor no canto do espaçoso banco de carvalho da capela. Em tempos normais, estaria cercada do consolo da família e de dignitários do mundo inteiro, mas, como qualquer um que perdeu um ente querido na pandemia, ela pranteava em isolamento. Mais tarde, durante o lockdown, aquela imagem da rainha, sempre disciplinada, sempre exemplar, foi um verdadeiro tapa na cara, uma represão moral às farras desenfreadas na 10 Downing Street de Boris Johnson, contribuindo para a morte política do então primeiro-ministro.

III

Levando um vidão em Montecito, agora com uma bebê chamada Lilibet Diana, os Sussex descobriram que ser membro da realeza sem trabalhar para a realeza dá muito trabalho. Os acordos comerciais tinham que ser cumpridos. A celebridade desvinculada de um grupo ou organização precisa ser trabalhada e mantida. O exílio da monarquia não garante automaticamente um lugar na ordem mundial, às vezes nem mesmo em cerimônias glamorosas com tapete vermelho. Três dias depois de Meghan ter sido fotografada fazendo visitas a dignitários da ONU em companhia de Harry para tratar de assuntos sérios, segurando um prospecto da Archewell Foundation e usando um sisudo casaco de pelo de camelo, Kate apareceu na première londrina do último filme de James Bond, *007: Sem tempo para morrer*, num estupendo e reluzente vestido dourado com um decote em V profundo e salto alto. WTF?

Sem a plataforma do palácio, é preciso estar sempre correndo para participar da conversa global ou para tirar partido do assunto do momento. Para o quadragésimo aniversário de Meghan, o site Archewell apresentou um vídeo dela sentada ao que parecia ser uma gigantesca mesa de spa e convidando quarenta amigas famosas a doar quarenta minutos de seu tempo para ajudar uma mulher que voltava ao mercado de trabalho. Enquanto isso, dava para ver pela janela o neto da rainha fazendo malabarismo lá fora.

Quando todos os líderes de peso se reuniram em Glasgow, em novembro de 2021, para a Conferência da ONU sobre Mudanças Climáticas, com o príncipe Charles e Camilla e o príncipe William e Kate como anfitriões, quase dava para sentir as rajadas de medo de estar perdendo algo importante vindas de Montecito na carta que os Sussex enviaram para os participantes pedindo-lhes que tomassem providências nessa "oportunidade de ouro". William tinha acabado de lançar o prêmio Earthshot, sua iniciativa ambiental em parceria com o homem mais querido da Grã-Bretanha, o naturalista e apresentador Sir David Attenborough. Consta que os Sussex ofereceram uma mensagem de vídeo para a conferência, que foi rejeitada quando a rainha gravou a dela.[13] Sua Majestade disse ser motivo de "grande orgulho que o papel de líder que meu marido desempenhou incentivando as pessoas a proteger nosso frágil planeta continue vivo no trabalho de nosso primogênito Charles e de seu primogênito William".[14] Nenhuma referência ao trabalho de conservação de Harry. No dia seguinte, ele e Meghan divulgaram uma declaração comprometendo-se a tornar a Archewell Foundation "carbono neutro" até 2030, e mencionando seu "compromisso de longa data com o planeta".[15]

As comemorações do Jubileu de Platina, em junho, para celebrar os setenta anos da rainha no trono, apenas ressaltaram a irrelevância crescente do casal. Os Sussex tiveram de se virar às pressas para conseguir uma participação no grande final de semana da avó, voltando a Londres para fazer uma ponta no espetáculo real. Foram banidos das principais fotos da imprensa na sacada do Palácio de Buckingham e, na missa nacional de Ação de Graças pelo reinado da rainha na Catedral de St. Paul, foram conduzidos aos assentos do lado oposto onde estava a alta realeza, sentando com a arraia-miúda da família, enquanto William e Kate, radiosos, estavam na fila da frente, ao lado de Charles e Camilla. A rainha, impedida de assistir à missa devido a seu estado de saúde, concedeu rápidos quinze minutos ao casal Sussex e seus dois filhos no Castelo de Windsor. Não foi autorizada nenhuma fotografia, de modo a evitar qualquer registro oportunista no iminente documentário deles na Netflix.

Mas os Sussex foram os superastros indiscutíveis para a multidão eufórica de 60 mil pessoas reunidas para assistir ao concerto Global Citizen Live no Central Park, em Nova York, nove meses antes da semana da ONU em 2021, quando o assunto do momento era a democratização da vacina. Harry subiu ao palco de mãos dadas com Meghan, que usava um minivestido Valentino, sob uma tela com a declaração "Defenda o Planeta/Derrote a Pobreza!". "Minha mulher e eu", disse Harry, "achamos que nosso berço não deve determinar nossa capacidade de sobreviver."[16] Era o efêmero poder de celebridade versus a seriedade institucional da monarquia.

Essa seriedade sofreu um golpe severo quando as tentativas do príncipe Andrew de neutralizar as alegações de Virginia Giuffre — que se arrastavam por uma década — esgotaram todas as possibilidades. Em agosto de 2021, Giuffre moveu uma ação civil contra ele, reiterando as acusações de que ele abusara sexualmente dela quando era menor de idade. Para aumentar a pressão, Ghislaine Maxwell foi condenada quatro meses depois num tribunal de Manhattan por cinco crimes federais de tráfico sexual após passar seu sexagésimo aniversário atrás das grades. O potencial de repercussões de um julgamento de Andrew e de danos colaterais para a rainha e toda a família real durante o ano do Jubileu de Platina de 2022 era um absoluto pesadelo. Quando um juiz federal nos Estados Unidos se recusou a encerrar o caso, o apavorado duque teve que fazer uma escolha entre duas terríveis opções: aguentar o espetáculo atroz de um julgamento ou fazer um acordo pagando uma quantia prodigiosa que mal tinha condição de desembolsar. Em janeiro de 2022, Andrew submeteu documentos negando todas as alegações de Giuffre e exigindo ir a júri popular.

A hora da verdade de Andrew, assim como a de Harry, era um forte lembrete de que a afeição de Elizabeth pela família e a necessidade de a soberana proteger a Coroa eram mutuamente excludentes. Se a rainha ainda tivesse algum vestígio de esperança de que Andrew pudesse dar a volta por cima, uma carta aberta de mais de 150 veteranos suplicando-lhe que destituísse o duque de York de todas as suas funções militares honorárias foi decisiva. "Oficiais das Forças Armadas britânicas devem se ater aos mais altos padrões de probidade, honestidade e conduta honrosa. Esses padrões, o príncipe Andrew deixou de seguir", escreveram. "Entendemos que se trata de seu filho, mas nos dirigimos à senhora em sua condição de chefe de Estado, e de comandante-chefe do Exército, da Marinha e da Força Aérea."[17]

Em 13 de janeiro, horas depois de receber essa severa petição, Sua Majestade convocou Andrew ao Castelo de Windsor e lhe confiscou os derradeiros resquícios de status de realeza — os títulos e todos os patronatos militares. Como Harry, o duque de York não seria mais conhecido como Sua Alteza Real em nenhuma função oficial. O triunvirato formado pela rainha e seus herdeiros diretos, Charles e William, o abandonou para que enfrentasse sozinho a ação judicial nos Estados Unidos como "cidadão privado". Humilhando-o de maneira tão pública, num esforço para blindar a monarquia, só faltou reconhecer a culpa de Andrew. Na declaração do palácio, não houve referência alguma, como ocorrera duas vezes no caso de Harry, ao fato de que o duque de York continuava sendo "um membro muito amado da família". Cancelar o filho foi talvez o sacrifício mais duro que a rainha teve que fazer às exigências do dever. Mas, quatro semanas depois, ela ainda lhe atirou uma última tábua de salvação, completando o montante de que ele precisava para acertar as contas com Giuffre.[18] Apesar disso, sua reputação estava destruída.

A pergunta — como a instituição fustigada conseguiria manter sua estatura mística após a morte da rainha? — logo teria resposta.

Tal como no dia de sua coroação, chovia na Escócia em 8 de setembro, último dia da vida de Elizabeth II. Segundo o fotógrafo da PA Media, que em 6 de setembro a clicou recebendo sua nova primeira-ministra, Liz Truss, Sua Majestade comentou como tinha escurecido de repente lá fora. Combatendo o frio do começo de outono, ardia um fogo na lareira acesa atrás da monarca, que vestia saia de tartan preguada.

Teoricamente, fazia muito tempo que o país estava preparado para esse momento. Depois de uma série de enfermidades no outono de 2021 e de sua primeira hospitalização em anos, a rainha teve de cancelar toda uma temporada de compromissos oficiais. Acabaram-se os Dubonnets no final de tarde. Acabaram-se os longos passeios com seus corgis no Parque de Windsor. Isso não era de surpreender àquela altura da vida, mas o povo britânico não estava minimamente reconciliado — como se poderia esperar — com o gradual definhamento de uma monarca nonagenária. A notícia, em fevereiro de 2022, de que o teste de covid-19 da rainha dera resultado positivo foi outra fria lufada da galopante inevitabilidade. Os frequentes boletins do palácio sobre os "problemas de mobilidade" de Sua Majestade, que a impediam de comparecer a determinados eventos, começaram a soar como agourentos eufemismos de algo pior.

Mas, após a ansiedade crescente para saber se Sua Majestade conseguiria chegar ao clímax do reinado com o Jubileu de Platina, sua figura miúda e tranquilizadora de tailleur e chapéu azul-pomba, apoiada numa bengala, apareceu na sacada do palácio para acenar à multidão que a saudava. Torcíamos, fantasiávamos que talvez ela fosse mesmo imortal.

Dois meses depois, a rainha estava de volta a Balmoral para seu costumeiro descanso de verão. A nação britânica observava com reverente assombro sua determinação de cumprir pessoalmente seus deveres. O fato de, cinco dias antes de sua morte, ter *aventado* a possibilidade de assistir ao Braemar Gathering, um torneio masculino anual de cabo de guerra e lançamento de troncos, com os homens com os joelhos peludos de fora rodopiando o kilt, foi simplesmente épico. Sua última retomada de forças foi se despedir de seu 14º primeiro-ministro e instruir a 15ª a formar o governo de Sua Majestade. (De Winston Churchill a Liz Truss. Adoraríamos saber — mas nunca saberemos — o que a rainha Elizabeth, em sua austeridade privada, pensava sobre esse arco específico da história política.)

Disseram-me que Sua Majestade havia dado discretamente a entender que tinha esperança de morrer na Escócia e que dilatara o tempo que passava lá para aumentar suas chances. A mulher que dedicara tão grande parte da vida aos deveres públicos estava tentando garantir que seus últimos momentos se dessem em sua propriedade de maior privacidade. Um conselheiro me contou que ela estava entusiasticamente envolvida nos planos de seu funeral, cujo braço escocês foi apelidado de Operação Unicórnio. O caixão sairia de Balmoral, passando por sua amada paisagem campestre escocesa, até o Palácio de Holyroodhouse em Edimburgo, e ficaria um dia em câmara ardente na Catedral de St. Giles, então seguiria em procissão até a Abadia de Westminster em Londres.

Naquela última fotografia em Balmoral, a rainha parecia quase alegre. Será porque sabia que a partida estava próxima, que ela finalmente se livraria de suas caixas de documentos, dormindo serenamente em seu lar mais feliz, embalada pelo som da suave chuva escocesa? O Jubileu de Platina, a nova primeira-ministra — a lista de afazeres da rainha agora estava completa. Não precisaria mais dizer amenidades para reconfortar os tristes grupos reunidos em Londres para pranteá-la. Isso ficaria por conta de Charles.

A notícia começou a circular às 12h34 com um raro boletim médico: preocupação com a saúde de Sua Majestade. Caso houvesse alguma dúvida de que o maior medo de seu povo estava prestes a se confirmar, ela seria eliminada pela pressaga imagem de um Ranger Rover com os príncipes William e Andrew, e o conde e a condessa de Wessex, vindo às pressas de Windsor e entrando pelos portões pretos de ferro forjado da propriedade de Balmoral. Sabíamos que iam chegar tarde demais. O príncipe Charles e a princesa Anne já estavam ao lado do leito. Harry, que por acaso estava em Windsor, só chegou às oito da noite. Depois do que consta ter sido uma tensa altercação familiar a respeito de

Meghan acompanhá-lo, a questão foi diplomaticamente resolvida: Kate ficou em casa com os filhos e nenhuma das duas foi a Balmoral.

À uma e meia da tarde, o mundo se voltou para as notícias da BBC, mostrando o veterano apresentador Hew Edwards com gravata e terno preto. Nossos corações — e nossa história — pararam. "O Palácio de Buckingham anunciou a morte de Sua Majestade rainha Elizabeth II." O hino nacional com as palavras "Deus Salve a Rainha" foi tocado pela última vez.

Depois disso, era surreal ouvir a palavra "rei" logo a seguir. "O rei está retirado com a família." "O rei está vindo para Londres." "O rei vai discursar para a nação." E ainda mais surreal: "acompanhado da rainha consorte" (*Camilla!*), expressão que passamos setenta anos sem ouvir, desde a morte do rei George VI. Havíamos conhecido Elizabeth II durante, literalmente, toda a nossa vida. Estando a rainha ausente no esplendor dos jantares oficiais para os presidentes em visita, nas exéquias solenes pelos heróis de guerra tombados e no glorioso teatro de abertura anual do Parlamento, quando o mero vislumbre de seu manto de arminho e veludo vermelho fazia se empertigar até mesmo o mais rebelde parlamentar, como alguém ainda saberia como ser britânico? Numa época em que todos têm opiniões, ela mantinha a disciplina de nunca revelar as suas. Seu estoicismo épico viera a representar a resistência da nação.

No encerramento da segunda era elisabetana, as palavras empregadas pela primeira Elizabeth para reunir suas tropas em Tilbury contra a Armada Espanhola poderiam muito bem ter sido pronunciadas por sua discreta, porém resoluta, homônima:

> Sempre me conduzi de forma tal que, sob Deus, depositei minha principal força e proteção nos corações leais e na boa vontade de meus súditos; e, portanto, aqui venho entre vocês, como veem, nesse momento, não para minha recreação e desporte, mas por estar decidida, no meio e no calor da batalha, a viver e morrer entre todos vocês, a entregar por meu Deus, por meu reino e por meu povo minha honra e meu sangue, até mesmo ao pó.[19]

Em meio ao clamor do narcisismo onipresente, a serena recusa de Elizabeth II em impor suas ideias ou justificar suas escolhas era um bálsamo inefável. Assim como sua rotina, seus cães, cavalos e lenços de cabeça. Podíamos saber em que estação do ano estávamos pelo palácio ou castelo em que a rainha estava residindo em determinado mês: Sandringham no Natal, Windsor em junho. O mundo que ela deixou para trás é de incessante movimento, ansiedade, discórdia e clima hostil. A rainha representava tamanha estabilidade que sua morte nos deixa rodopiando no espaço.

Nesse vazio, o homem que passou sete décadas na sala de espera de seu destino finalmente entrou pela porta. Polido, com postura de estadista, seu primeiro discurso ao Parlamento, com uma hesitante Camilla entronada a seu lado, foi um exemplo de correta solenidade. Durante anos, parecia que Charles, quando se tornasse rei, não passaria de uma casca de história. Mas, num milagroso acaso de sincronia, ele ascendeu ao trono num momento que guarda especial proximidade com seus interesses. Na Idade Média, seria cognominado Charles, o Verde. Por mais enlameada por escândalos que esteja a coroa herdada por ele, o poder de congraçar é uma prerrogativa real intocável, e Charles o usará, mesmo que tenha de refrear suas opiniões bem conhecidas. (No dia em que a rainha morreu, ele estava para realizar uma importante conferência sobre a mudança climática na Dumfries House, sua sede beneficente escocesa, com o beneplácito do representante oficial do governo americano para as questões climáticas, John Kerry.) A princesa Diana costumava dizer que Charles era "inadequado" para ser rei. Sua compostura durante a passagem mais solene de sua vida, porém, deixou evidente o engano dela.

Ao longo de sete décadas, a rainha governou um império em retração e um país cujo poder na ordem mundial se arrefecia. Ela era mestre na arte da retirada elegante, sempre preservando sua aura de soberania. Entre os 2,5 bilhões de pessoas nos países da Comunidade das Nações, alguns esperavam um reconhecimento mais claro dos danos duradouros do colonialismo. Mas um pedido de desculpas pela história de seu país era uma declaração política que a rainha não faria. É responsabilidade de Charles reparar finalmente "a pavorosa atrocidade da escravidão",[20] como ele disse em Barbados no ano passado. O "pesar" régio que a rainha expressou em sua viagem histórica à Irlanda em 2011 nunca será suficiente. Mesmo que Charles preveja e aceite plenamente que os catorze países restantes em que ele é soberano exijam sua remoção como chefe de Estado, o clamor crescente pela indenização colonial é seu desafio constitucional mais perigoso.

Seu reinado será curto demais para adquirir as profundas ressonâncias maternas na memória coletiva nacional, mas um monarca cujo Aston Martin usa como combustível um bioetanol composto de uma mistura de subprodutos de queijo e vinho branco inglês encontrará outra maneira de se fazer amar. Cada vez mais vermelhusco, como uma charge de Thomas Rowlandson de um nobre rural gotoso, ele já começa a parecer o avô de uma nação. A autoimagem de uma Grã-Bretanha pós-Brexit, pós-Elizabeth e devastada pela inflação pode ranger e até envergar, mas, sob Charles III, as velhas crenças tribais e atávicas na monarquia, mortal e majestática, provavelmente darão a volta por cima.

E Camilla, que se mostrou uma segunda esposa tão leal e constante? Às vésperas do Jubileu de Platina, a rainha anunciou seu desejo de que Camilla por fim viesse a ser conhecida como rainha consorte, poupando o rei Charles de uma eventual e penosa controvérsia caso fosse ele a anunciar a decisão. Foi um presente dinástico ao mesmo tempo magnânimo e estratégico, reconhecendo também algo novo e até sísmico, a saber: que o dever e a lealdade à Coroa — como vimos com Kate Middleton — definem a realeza mais do que a linhagem de sangue. Mais uma vez, a geleira da monarquia se movera. A validação materna da devoção de Charles a Camilla era a realização de seu mais profundo desejo.

É irônico que, depois de tanto se falar em deveres e obrigações, tenha se revelado que talvez o elemento mais poderoso de sobrevivência da monarquia seja o amor conjugal. Sem a carinhosa determinação da rainha-mãe, George VI teria sido um gago introvertido que jamais conseguiria liderar o país na hora em que foi requisitado. Sem a estimulante lealdade de Philip, a rainha poderia ter sido uma conformista solitária, manobrada por seus cortesãos. Sem ser enfim autorizado a se casar com Camilla, Charles iria sofrer a lenta morte agonizante de sua alma, em vez de seu tardio florescimento como homem feliz, sem precisar se desculpar. E sem a serena empatia de Kate, William poderia ter sucumbido à dor de sua infância e ao peso de seu futuro. Os dois garotos de Diana encontraram, ambos, o amor sólido que faltou a ela, muito embora, no caso de Harry, ele tenha preferido se retirar a permitir que a esposa fosse triturada pela mídia e pela máquina do palácio.

O fascinante da monarquia é que seus temas se repetem porque seus protagonistas são de carne e osso. Quando George V renomeou a monarquia como Casa Windsor e a converteu no símbolo não só da família britânica, mas também de uma versão exemplar sacralizada da família britânica, havia uma falha central: sua humanidade. Sempre existirão os rebeldes, os filhos problemáticos e os descrentes, porque a Coroa se funda sobre uma família tão falível quanto outra qualquer. A rainha deu toda a sua vida ao caminho estabelecido pelo avô e pelo pai, um conceito congelado no tempo, no qual só foi possível perseverar graças às propriedades únicas de seu caráter. Mas sua retidão inquebrantável teve um preço. Irão os historiadores do futuro considerar a extensão de seu reinado um obstáculo fatal à evolução dinástica? Um amontoado de herdeiros e problemas não resolvidos de membros da realeza menor sofrendo baixas e mortes acidentais? Se os filhos Cambridge, o príncipe George, a princesa Charlotte e o príncipe Louis, vão se dispor ou não a carregar o ônus devastador decorrente da vida dentro da gaiola de ouro – está aí a resposta à pergunta: a monarquia sobreviverá?

Em novembro de 2021, em Manhattan, a bordo do *Intrepid*, o navio de guerra que abriga um museu da história militar americana, compareci à Cerimônia de Gala de Saudação à Liberdade, na qual o príncipe Harry concedeu prêmios a veteranos de guerra. Fiquei impressionada ao ver como Meghan parecia miúda e vulnerável em seu vestido a rigor vermelho-vivo, segurando a mão de Harry, e também ao ver como a pele do príncipe, vista de perto, é corada e translúcida como a de Diana. Era impossível não se emocionar com a meiguice natural do príncipe, seu desejo sincero de fazer o bem — e sentir, com uma aguilhoada, que os ferimentos de guerra de que falava com tanta eloquência eram também os seus.

Os dias de implacável silêncio régio se acabaram. Não foi apenas o prêmio Earthshot de William, uma potente apresentação das preocupações de um futuro rei. Foi também seu podcast, *Time to Walk*, que permitiu ao público ouvi-lo ponderar como homem e pai de três filhos sobre suas experiências de dor e a alegria de sua vida familiar. Ele encontrou uma maneira de aceitar tanto seu destino quanto sua própria complexidade emocional. Com isso, William e Catherine, agora príncipe e princesa de Gales, devem encontrar uma maneira de reinventar a monarquia em moldes mais sintonizados com os valores em mudança e os movimentos por justiça que vêm aumentando rapidamente. Não podem ocorrer mais tropeços como a desastrosa ótica colonial da turnê caribenha do casal em março de 2022. O príncipe William devia estar mais alerta quando os broncos diplomatas do palácio organizaram que o jovem casal real acenasse para crianças jamaicanas contidas por cercas de arame. Pior ainda foi a imagem de William em continência, com um uniforme militar branco, e Kate, com um chapéu enorme que parecia uma bandeja de chá e um vestido creme de festa ao ar livre, muito eretos, ao passarem pelos cadetes no banco de trás do mesmo Land Rover aberto usado pela rainha e pelo príncipe Philip nos velhos tempos de subserviência jamaicana.

Embora celebremos a grandeza da lealdade de Elizabeth II a uma vida dedicada ao serviço público, devemos também reconhecer que uma versão antiquada da monarquia precisa agora ficar para trás. O jubileu comemorando seus setenta anos no trono representou um adeus geral — não só à vida da rainha, mas ao que era a monarquia sob sua guarda.

Foi uma extraordinária sorte da instituição que a jovem séria de 25 anos, que se tornou rainha em 1952, possuísse o temperamento e a devoção para honrar seu juramento de juventude de dedicar toda a vida ao serviço da nação. Como disse Charles III em seu comovente discurso inaugural como rei, o reinado de sua mãe foi "o cumprimento de uma promessa com o destino". Agora ela será lembrada como Elizabeth, a Constante, Elizabeth, a Grande. "Não posso conduzi-los em batalha", ela disse à nação em sua primeira mensagem de Natal televisionada, em 1957. "Não lhes dou leis nem ministro da Justiça, mas posso fazer outra coisa, posso lhes dar meu coração e minha devoção a essas velhas ilhas e a todos os povos de nossa irmandade de nações."[21]

Nunca mais.

Agradecimentos

Os arquivos do palácio abrangem um período de vinte anos da monarquia britânica — e o que a mim me pareceram vinte anos de trabalho para escrevê-lo.

Como para tantos de nós na traumática era de uma pandemia mundial, quase tudo na minha vida mudou a partir daquele alegre dia de verão de 2019, em que meu brilhante agente WME, Eric Simonoff, me ligou para dizer que Gillian Blake, a nova e talentosa publisher e editora-chefe da Crown, havia ficado entusiasmada com minha proposta e gostaria de editar o livro.

Gillian e eu trabalhamos juntas na Henry Holt em meu último livro, *The Vanity Fair Diaries*. Eu sabia que sua clareza e seu julgamento sobre o que é ou não publicável seriam uma vantagem e tanto no caso deste livro, e não me decepcionei. Foi uma benesse extra receber os agudos insights de uma perspectiva britânica oferecidos por meu editor no Reino Unido Ben Brusey, diretor de publicações da marca Century, da Cornerstone, e suas excelentes equipes que cito abaixo.

O apoio da minha editora e dos meus publishers nunca foi tão importante, porque, enquanto escrevia este livro, perdi o editor mais brilhante de todos, meu marido, Sir Harry Evans, que morreu em 23 de setembro de 2020, de insuficiência cardíaca congestiva, deixando-me num abismo de dor e desorientação. Dizer que sinto falta de sua maravilhosa energia moral, seu intelecto superior, seu coração generoso e sua convicção inabalável de que a bondade acabaria prevalecendo é dizer dolorosamente pouco. Durante nossos mágicos quarenta anos de vida em comum, ele lia minhas páginas toda noite numa velocidade estonteante, depois ia para seu escritório dizendo "só tenho uns ajustes", os quais, na verdade, acabavam sendo uma impecável reorganização de todo o capítulo, com uma nova abertura, e no meio um ponto de vista e um parágrafo misteriosamente brilhante que, de alguma forma, davam unidade a tudo.

Incapaz de enfrentar um inverno escrevendo sozinha na casa em Quogue, Long Island, onde compartilhamos tantos esforços sistemáticos, aluguei uma casa em Santa Mônica, Califórnia, com meus dois filhos adultos. Ali, com um laptop num jardim repleto de limoeiros e o sol nas costas, passei quatro meses de cura num casulo de isolamento social. Consolava-me, entre meus esforços para escrever, com caminhadas aos sábados em companhia de maravilhosos amigos dos tempos de *Vanity Fair, New Yorker* e *Daily Beast*: Caroline Graham, Gabé Doppelt, Angela Janklow, Arianna Huffington; e minha parceira de WME e agente para direitos de adaptação, Nancy Josephson. Havia também a reconfortante companhia de novos amigos de braseiro: o pintor britânico Damian Elwes e a mulher, Lewanne, e sua vibrante família, e nossos vizinhos Sally Hibbard e Mike Moody, que certa noite deixaram uma bandeja de margaritas à nossa porta como agradecimento por uma cesta de limões, gesto de estupenda cordialidade para alguém acostumado a rápidas e preocupadas trocas de olhares com vizinhos em elevadores, como nós estamos na qualidade de moradores de apartamento em Nova York.

Minha família de náufragos foi a melhor e mais alegre compensação de todas — meu valoroso filho de 36 anos, Georgie, que sentia falta do pai a cada doloroso minuto, e minha igualmente arrasada filha Izzy, produtora de documentários de 31 anos que demonstrou ter herdado o olhar aquilino do pai para frases mal-ajambradas e leu e releu vezes sem fim minha prosa intratável. Talvez sua maior dádiva para mim e para o irmão tenha sido adotar, na véspera do Natal, uma filhotinha de buldogue inglês. Convencemo-nos de que Gimli, como Izzy a batizou em homenagem ao anão sábio de *O senhor dos anéis*, foi mandada por Harry para nos consolar, pois exibia muitas de suas características: tenacidade canina, destemor quando enfrentava cachorros três vezes maiores, e a felicidade de mastigar ruidosamente um manuscrito.

Quando a primavera chegou em 2021, voltei a Nova York para gélidos jantares ao ar livre com todos os maravilhosos amigos da Costa Leste dos quais eu tinha começado a sentir muita falta. Os brilhantes, e sempre opinativos, Amanda Foreman, Gillian Tett, Holly Peterson, Edward Jay Epstein, Marie Brenner, Susan Mercandetti, James Wolcott, Vicky Ward e Stephen Schiff estavam todos mais que dispostos a discutir novos ângulos.

O livro teria naufragado de encontro às rochas de contratempos pessoais e logísticos se eu não tivesse podido contar com um grupo notável de pesquisadores e colaboradores: Jacqueline Williams, minha infatigável pesquisadora baseada em Londres, que contribuiu com uma expertise tão dedicada para meu livro anterior sobre a família real, *The Diana Chronicles*, e de novo para este empreendimento igualmente intenso. Brigid Graff, minha chefe de equipe em Tina Brown Live Media, que se juntou ao marido acadêmico, Thomas, em Cambridge, no auge da pandemia, e sabiamente produziu uma bela bebezinha em abril de 2021. Ela trabalhava cada segundo que a recém-nascida lhe permitia, para assegurar a exatidão de uma enxurrada de detalhes. Recrutou Thomas para anotar as fontes de cada capítulo, oferecendo-me uma brilhante dupla editorial. Cindy Quillinan, ex-assistente executiva muito estimada de meu marido, que ingressou na equipe e se tornou guardiã e monitora de todas as mudanças do manuscrito — compatibilizando rascunhos, localizando parágrafos perdidos no buraco negro, trabalhando horas indecentes para cumprir prazos. Kara Simonetti, ex-vice-presidente de programação de Tina Brown Live Media, meticulosa ex-repórter de *Daily Beast*, que resolveu dúvidas em capítulos complexos, e a ajuda eficiente de Susanna Jennens.

Ao longo do verão e do outono, a pandemia continuou empurrando o mundo para um território desconhecido e assim também a história que eu tentava contar. A entrevista de Meghan e Harry a Oprah em março de 2021 abrira outro rombo na narrativa do palácio, exigindo mais apuração e mais pesquisa, também necessárias para averiguar as explosões ao redor do príncipe Andrew, a rixa entre William e Harry e a morte do príncipe Philip. Em busca de gás para conduzir a tempo *Os arquivos do palácio* até a linha de chegada, recorri aos inúmeros talentos de Karen Compton, roteirista e produtora de TV agraciada com o Emmy, cujo fino faro para a notícia e cujo rigor intelectual tinham sido fonte de tanta energia em *Women in the World*, a plataforma de jornalismo ao vivo que dirigi de 2009 a 2020 — e da qual ela fora uma das produtoras mais importantes.

Em maratonas de sessões telefônicas e trabalhando juntas além do expediente para cumprir prazos, resolvemos a segunda metade do livro numa alegre colaboração que atingiu o ponto culminante nos dois últimos dias do ano, atacando todas as dúvidas jurídicas enquanto a variante ômicron paralisava nossa vida mais uma vez. Não tenho como agradecer suficientemente a Karen e a toda a equipe de *Os arquivos do palácio* por tanto cuidado e tanta dedicação.

Há muitas razões para valorizar a fina inteligência de meu amigo, o escritor e editor Tunku Varadarajan, mais ainda depois que ele topou ser o primeiro leitor de tudo que escrevi e em aplicar seu olho (e lápis) crítico antes que o texto chegasse à mesa de meu editor. Seus muitos aprimoramentos aparecem em cada página. Agradeço também a Hendrik Hertzberg, ex-coordenador editorial da *New Yorker*, até hoje meu valioso socorrista de frases, sempre que me esforço para corrigir um parágrafo desajeitado.

Graças à recomendação perfeita do editor-chefe da *Tatler*, o sempre generoso Richard Dennen, foi uma satisfação imensa fazer aquilo que todo editor de revista mais gosta de fazer, que é trabalhar com um editor de fotografia do mais alto nível — neste caso Vivien Hamley — para encontrar as melhores e mais surpreendentes imagens. É aos raros dons de curadora de Vivien que devo a imagem do príncipe William, de dezenove anos, olhando, em tempo real, para sua colega de St. Andrew Kate Middleton, quando ela desfilava pela passarela numa festa de moda beneficente trajando um vestido transparente — um "instante decisivo" de Henri Cartier-Bresson sem tirar nem pôr. Minha nostalgia dos tempos de editora de revista voltou com mais força quando convenci o competente escritor e editor Louis Glucksmann-Cheslaw a produzir as legendas. Criar os belos suplementos e folhas de guarda com a designer da Crown Barbara Bachman foi uma estimulante volta a meus tempos de departamento de arte de revistas de luxo.

Escrever um livro sobre a família real é um processo estressante mesmo nos tempos mais tranquilos. Há muita gente que ajudou a tornar esta narrativa mais precisa, mais imparcial e mais honesta, mas que, devido a relações íntimas atuais ou passadas com o palácio, não posso identificar e a quem não posso agradecer. Nenhum autor gosta de usar citações anônimas, mas, nesse caso em particular, a alternativa seria uma versão tão esterilizada que a verdade ficaria comprometida e a perspectiva, deturpada. Sou imensamente grata a todos aqueles que me cederam seu tempo, em alguns casos várias vezes, para responder a minhas perguntas, fosse pessoalmente ou por meio do Zoom, e oferecer insights exclusivos sobre os acontecimentos que consumiram a Casa Windsor nos últimos vinte anos. Meus mais profundos agradecimentos a todos.

A paisagem deste livro é vasta e exigia uma perspectiva histórica. Por sorte minha paixão por histórias do passado trouxe alguns brilhantes historiadores para a minha órbita. Gerar ideias criativas com meu querido amigo Sir Simon Schama é o suprassumo do luxo intelectual. Seus pensamentos fugazes são matéria que em outras mãos renderia prêmios Pulitzer. Participar de um Zoom com David Starkey sobre a monarquia é tão revigorante quanto uma caminhada nas colinas de Balmoral, e muito mais divertido; conversar com Sir David Cannadine sobre a inspirada aridez de George v é um regalo pelo qual eu pagaria um bom dinheiro (e paguei, lendo sua maravilhosa biografia resumida durante o Natal). Poder recorrer à expertise do distinto especialista em Commonwealth, professor David Dilks, é entender pela primeira vez o significado até então opaco dessa instituição. Nenhum autor que se aventure a escrever sobre a realeza pode dispensar as percepções de Hugo Vickers, o cronista estupendamente bem informado da aristocracia e da monarquia. Para interpretar as atitudes da Casa Windsor sobre raça, foi indispensável ouvir os insights de meu velho amigo dos tempos da *New Yorker* Henry Louis Gates Jr., professor da Alphonse Fletcher University e diretor do Centro Hutchins para Pesquisa Africana e Afro-Americana na Universidade Harvard, além de criador do bem-sucedido programa de TV *Finding Your Roots.* Juliet Nicolson, autora do livro notavelmente bem escrito sobre a atmosfera social da Inglaterra no começo do século XX, foi sempre gentil em seus préstimos. Obrigada, também, a Andrew Marr, cérebro fértil com um rico estoque de informações, e a Robert Lacey, um velho e confiável amigo, não apenas um dos mais conceituados biógrafos da realeza, mas agora também o consultor histórico da série de sucesso da Netflix *The Crown.* Tive uma conversa fascinante com o lendário apresentador de TV e autor Jonathan Dimbleby, ele no escritório com paredes forradas de livros de sua casa de campo, a respeito de sua sísmica biografia do príncipe Charles, de 1994.

Incluir nesta lista lady Anne Glenconner como autora muito admirada é um prazer especial. Ao longo dos muitos anos em que convivemos, seus insights agudos, seu glorioso senso de humor e o notável estoicismo em face de tantas tragédias eram uma alegria saboreada apenas pelos amigos. Se estava clara sua inequívoca voz de escritora, o mesmo não se diria de sua disposição de algum dia registrar essa voz no papel. Quando enfim o fez, em suas memórias — a autora já com 87 anos —, o resto do mundo a reconheceu também, e fez de *Lady in Waiting* um bestseller de 500 mil exemplares vendidos. Recorri ao livro muitas vezes em meu retrato de sua antiga chefe, a princesa Margaret, assim como ao divertido Craig Brown, autor de *Ninety-Nine Glimpses of Princess Margaret*.

Sou grata a muitos outros amigos pela ajuda em momentos decisivos: Nicholas Coleridge, ex-presidente da Condé Nast International, a quem muito recorri para questões esquecidas de ponto de vista e atmosfera ingleses; a joia da *New Yorker*, o crítico Anthony Lane, e o célebre poeta britânico (e velho e querido amigo) Craig Raine estavam sempre dispostos a oferecer sua inteligência em minha busca, nos momentos complicados, da palavra certa. O ex-coordenador editorial da Condé Nast James Truman foi generoso em suas observações sobre a atmosfera social e culinária da Peak London, assim como Andy Beckett, de *The Guardian*, batizou aquela época. Um trio de distintos servidores públicos irlandeses — as ex-presidentes Mary Robinson e Mary McAleese, e o ex-*taoiseach* [primeiro-ministro] Enda Kelly, ajudaram a dar vida à histórica visita oficial da rainha à República da Irlanda. O ex-ministro da Fazenda George Osborne, com sua argúcia política e financeira, muito me auxiliou. Um Zoom com o espirituoso e original Stephen Fry rendeu infinitos insights sutis. Um drinque em Dean Street Townhouse em companhia do versátil Gyles Brandreth me valeu pepitas de ouro sobre o príncipe Philip e tantas coisas mais. Pensando nas heroínas de Charles Dickens ou de Anthony Trollope como melhor modelo para Kate Middleton, recorri ao cérebro fértil do crítico da *New Yorker*, Adam Gopnik, para ouvir sua opinião provocadora. A amiga e editora Courtney Hodell sempre me desafiava a pensar mais alto. Muito úteis também foram a perspectiva franca e direta do talentoso romancista e jornalista Aatish Taseer e as impressões do editor-chefe da *Vogue* britânica Edward Enninful, que me pôs em contato com a elegante e dinâmica Emma Thynn, marquesa de Bath, e seus proveitosos insights.

Para o ponto de interseção da realeza com a política e a mídia, agradeço à arguta análise do guru da comunicação David McDonough, que também me apresentou ao apelo gastronômico do célebre restaurante Wiltons, em Mayfair, onde ele pontifica regularmente com sua lendária e fabulosa parceira, lady Mary-Gaye Curzon. Sempre prestativo, também, foi David Muir, ex-diretor de estratégia política do primeiro-ministro Gordon Brown, e profundo conhecedor dos fluxos e refluxos de complexas correntes políticas.

Um livro sobre a monarquia não deixa de ser também um livro sobre a guerra de interdependência da família real com a imprensa. O fino estrategista de comunicação Mark Bolland e seu parceiro, lorde Black of Brentwood, ofereceram orientação preciosa, assim como Amol Rajan, da BBC, criador e apresentador do controvertido, e fascinante, documentário em duas partes *The Princes and the Press*. Sou grata também aos insights de mídia forense de dois amigos com mentes jurídicas extraordinárias, que também são amigos entre si: Geoffrey Robertson e o advogado Mark Stephens, especialista em legislação que regula a mídia.

Quanto mais eu estudava a sofrida experiência do príncipe Harry com a invasão dos tabloides, mais claro ficava que eu ia precisar de uma fonte no mundo das artes mais sombrias do jornalismo — hackeamento, *blagging* e perseguição. Por sugestão de Peter Jukes, diretor-executivo de *Byline Times*, cuja intrépida cobertura do caso de hackeamento de telefone pelos jornais de Murdoch eu havia publicado com frequência em *The Daily Beast*, convidei o jornalista investigativo Graham Johnson, que teve um breve envolvimento com a cultura de hackeamento, para ser meu guia nesse mundo e realizar algumas entrevistas essenciais para o capítulo "Os xeretas".

Outro mundo explorado em *Os arquivos do palácio* é o da cultura do entretenimento da TV a cabo que Meghan Markle conheceu quando filmava seu bem-sucedido *Suits* na USA Network. Tenho uma dívida de gratidão com a equipe criativa do produtor-executivo do seriado, o escritor e criador Aaron Korsh, o diretor Kevin Bray e a diretora de elenco Bonnie Zane. Sou velha fã da série, e foi ótimo ouvir sobre o penoso processo que fez da produção um sucesso tão grande, e deu a Meghan a oportunidade que mudou sua vida.

Cobrir a família real é um negócio arriscado, e quase sempre ingrato, envolvendo a cansativa recusa das fontes em prestar algum depoimento. Tenho uma dívida para com todos os biógrafos e repórteres que me precederam. Ainda bem que há um punhado deles, muito talentosos em desvendar os fatos. Anthony Holden, primeiro biógrafo oficial do príncipe Charles e querido amigo que sempre se dispôs a me ajudar; Clive Irving, autor do excelente livro *The Last Queen*; a autora e jornalista que é também notícia Anna Pasternak; e o irreprimível criador de caso Piers Morgan. Seu *The Insider: The Private Diaries of a Scandalous Decade* continua sendo um clássico em estado bruto sobre a vida intestina dos tabloides. Hoje sua presença na TV e suas colunas imperdíveis no *Daily Mail* têm tanto impacto de um lado como do outro do Atlântico.

Um dos melhores memorialistas da era Diana é seu antigo secretário particular Patrick Jephson, sempre disposto a compartilhar suas agudas observações e sua perspectiva histórica, assim como o documentarista Nick Kent, cujos excepcionais filmes *Diana, Our Mother: Her Life and Legacy* e *Prince Philip: The Royal Family* mostram um sensível entendimento da solidão única da realeza. Um biógrafo que sempre vale a pena ler é Tom Bower, cujo *Rebel Prince: The Power, Passion and Defiance of Prince Charles* está abarrotado de detalhes até então inéditos, e quase sempre cômicos, tanto sobre o andar de cima como sobre o andar de baixo do Mundo Windsor (bem como seus dois incomparáveis livros sobre Maxwell). Tenho para com ele uma dívida especial, sobretudo no capítulo "Problemas de criadagem".

Outros que seria irresponsabilidade da minha parte não mencionar: sou fã de longa data de Richard Kay, do *Daily Mail*, cuja profundidade de conhecimento depois de se inteirar da história de Diana, vinte anos atrás, continua a acrescentar e revelar novos insights da saga real. Graham Turner, de *The Telegraph*, é incrível pelas magníficas reportagens sobre os primeiros anos do reinado da rainha e suas relações com a rainha-mãe. Furos atuais sobre a Casa Cambridge e a Sussex chovem das mãos da atiradora de elite Camilla Tominey, do *Telegraph*, a primeira a informar sobre a chegada de uma estonteante atriz de TV na vida de Harry; não há comentarista da realeza mais ligado do que Robert Jobson, do *Evening Standard*, com seus insights sobre a evolução da monarquia. Robert Hardman, do *Telegraph*, é magnífico abordando a rainha como figura global, e não há ninguém que escreva melhor do que Penny Junor, cujas biografias consultei muitas vezes pelo frescor de suas observações e informações. Angela Levin, Duncan Larcombe, Ingrid Seward, Christopher Wilson, Katie Nicholl, Tom Quinn, lady Colin Campbell, Nigel Cawthorne, Omid Scobie e Carolyn Durand são essenciais pelos insights da história da realeza. Caroline Graham do *Mail on Sunday* ajudou muito no acesso a Tom Markle. Nenhum livro que cubra a Casa Windsor nos últimos vinte anos deixa de estar em dívida com Andrew Morton, cujo *Diana: Her True Story* trouxe o maior furo sobre a realeza do fim do século XX e continua revelando segredos até hoje. Sarah Bradford e Sally Bedell Smith são autoras de livros excelentes, indispensáveis, sobre a realeza, ao mesmo tempo distintos e confiáveis.

Há tantos outros a quem agradeço, seja nos bastidores, seja na página, na gravação ou em meu *speed dial*. A equipe de Gillian Blake da Crown, formada pela meticulosa editora associada Amy Li e pela incansável dupla de editores executivos Sally Franklin e o editor de produção Mark Birkey, fez do processo de publicação uma alegria, assim como os dínamos de publicidade, marketing e produção Penny Simon, Julie Cepler e Linnea Knollmueller. O copidesque extremamente preciso de Michelle Daniel também merece elogios, assim como a equipe da Century de Ben Brusey no Reino Unido, conduzida pela hábil editora associada Jessica Ballance e pela editora executiva da Penguin Random House Joanna Taylor e pela gerente de produção Anna Cowling. Estendo também meus agradecimentos especiais a Amy Musgrave, que concebeu um desenho de capa bastante inteligente, e as gurus de publicidade, serial e marketing Etty Eastwood, Penny Liechti e Claire Bush. Sou mais do que grata pela rigorosa e paciente atenção dos especialistas jurídicos da Penguin Random House Matthew Martin e Amelia Zalcman nos Estados Unidos, e Tim Bainbridge no Reino Unido. Agradeço também a Martim Soames por sua perspicaz apreciação.

Sou especialmente grata a muitas pessoas generosas que me socorreram em diferentes aspectos de *Os arquivos do palácio* ao longo da jornada:

John Arlidge, Cherie Blair, David Boies, Graham Boynton, Peter Brown, Chris Bryant, Gerry Byrne, Alastair Campbell, Basil Charles, Martin Childs, Jacqueline de Chollet, Joanna Coles, Chris e Ryan Cuddihy, Stephen Daldry, Danny Danziger, James Danziger, barão Darroch de Kew, Nick Davies, Charles Delevingne, lorde Donoughue, Marty Edel, Ed Felsenthal, Niall Ferguson, Amy Finnerty, Debbie Frank, Stephen Frears, James Fox, Anthony Geffen, Geordie Greig, David Griffin, Lloyd Grove, Barbara Guggenheim, John Guy, Tony Hall, barão Hall de Birkenhead, William Hague, barão Hague de Richmond, James Harding, Nicky Haslam, Marie Helvin, Reinaldo Herrera, lady Pamela Hicks, Lynn Hirschberg, Lyndall Hobbs, Steven Hoffenberg, Mark Hollingsworth, general de divisão Francis "Buster" Howes, Mort Janklow, Sir Simon Jenkins, David Jones, Stuart Karle, Alan Kilkenny, Cynthia Knights, Jesse Kornbluth, Brian Lang, Gulu Lalvani, Jolene Lescio, Magnus Linklater, Shelley Curtis Litvack, Natalie Livingstone, Nick Lowles, Lainey Lui, Thomas Markle, Catie

Marron, Sir Donald McCullin, dama Helen Mirren, Penny Mortimer, Andrew Neil, Vanessa Neumann, Fay Nurse, Bruce Oldfield, Catherine Ostler, Antony Phillipson, Erin Pizzey, John Preston, Jennifer Pryor, Euan Rellie, Wendy Riche, Andrew Roberts, Antonia Romeo, Conchita Sarnoff, Mark Saunders, Ivan Schwarz, Clarissa Sebag-Montefiore, Jonathan Shalit, Lisa Shields, Alexandra Shulman, Dan Snow, Sir Nicholas Soames, Roderick "Rory" Stewart, Skip Stein, George Stroumboulopoulos, Nona Summers, Ken Sunshine, Ben Tai, Colin Tebbutt, Taki Theodoracopulos, Mark Thompson, Malcolm Turnbull, Simon Walker, Krista Webster, Sir Peter Westmacott, Anthony "Burghie" Fane, 16º conde de Westmorland, Ken Wharfe, Ed Williams, Michelle Williams, dr. Rowan Williams, Lynn Wyatt, Peter York.

Escrever um livro é tarefa solitária, e todas as pessoas citadas acima me ajudaram a preencher aquelas terríveis páginas em branco. Agradeço mais uma vez a todos, sem exceção.

Notas

PRÓLOGO: CRIPTONITA PURA [pp. 9-13]

1. Duque e duquesa de Sussex, entrevista feita por Oprah Winfrey, *Oprah with Meghan and Harry*, CBS, 7 mar. 2021.
2. Jennifer Meierhans, "Buckingham Palace Reveals 8,5% Ethnic Minority Staff", BBC News, 24 jun. 2021.
3. Duque e duquesa de Sussex, *Oprah with Meghan and Harry*.
4. Sondra Gotlieb, "Queen Mary Superstar", *The New York Times*, 29 jun. 1986.
5. Duque e duquesa de Sussex, *Oprah with Meghan and Harry*.

1. NUNCA MAIS [pp. 17-38]

1. David Dilks, *Churchill and Company: Allies and Rivals in War and Peace* (Londres: I. B. Tauris, 2012), capítulo 1.
2. Elizabeth Longford, *Elizabeth R: A Biography* (Londres: Weidenfeld and Nicolson, 1983).
3. Marion Crawford, *The Little Princesses: The Story of the Queen's Childhood by Her Nanny, Marion Crawford* (Nova York: St. Martin's Griffin, 1950), capítulo 10.
4. Craig Brown, *Ninety-Nine Glimpses of Princess Margaret* (Nova York: Farrar, Straus and Giroux, 2018), capítulo 84.
5. Entrevista com Gyles Brandreth, 26 fev. 2020.
6. Robert Lacey, *Monarch: The Life and Reign of Elizabeth II* (Nova York: Free Press, 2003), capítulo 15.

7. Princesa de Gales, "An Interview with HRH The Princess of Wales", entrevista feita por Martin Bashir, *Panorama*, BBC, 20 nov. 1995.
8. Entrevista com Gulu Lalvani, 11 jan. 2021.
9. Entrevista com Mark Bolland, 13 maio 2005.
10. Graham Turner, "The Real Elizabeth II", *The Telegraph*, 8 jan. 2002.
11. Peter Mandelson, *The Third Man: Life at the Heart of New Labour* (Londres: HarperPress, 2010), capítulo 6.
12. Ibid.
13. Ibid.
14. Tony Blair, *A Journey: My Political Life* (Nova York: Vintage Books, 2010), capítulo 5.
15. *Diana, 7 Days*, dirigido por Henry Singer, BBC, estreia em 27 ago. 2017.
16. Duque de Cambridge, *Mind Over Marathon*, dirigido por Peter Coventry, episódio 2, BBC One, estreia em 20 abr. 2017.
17. Alastair Campbell, "Alastair Campbell Interviews Prince William About Diana: 'She Smothered Harry and Me in Love'", *International Business Times*. Atualizado em: 30 ago. 2017.
18. Alastair Campbell, "Thursday, September 4, 1997", *The Alastair Campbell Diaries*, vol. 2, *Power and the People, 1997-1999* (Londres: Hutchinson, 2011).
19. Entrevista com Geordie Greig, 16 nov. 2005.
20. Conde Spencer, "Full Text of Earl Spencer's Funeral Oration", BBC News, 6 set. 1997.
21. Ibid.
22. Entrevista com Debbie Frank, 14 mar. 2006.
23. Robert Crampton, "Just Marry Camilla Now, Charles", *The Times*, 1 jun. 2004.
24. Entrevista com Hugo Vickers DL, 28 jul. 2005.
25. Glenda Cooper, "Diana's Calming Waters", *The Washington Post*, 7 jul. 2004.
26. Penny Junor, "Getting On with the Day", *Prince William: The Man Who Will Be King* (Nova York: Pegasus Books, 2012).
27. Anthony Holden, *Based on a True Story* (Londres: Simon and Schuster, 2021), capítulo 15.
28. Entrevista com Stephen Fry, 7 abr. 2021.
29. Andrew Alderson, *The Sunday Times*, 28 jan. 1996.
30. Robert Lacey, *Battle of Brothers: William and Harry; The Inside Story of a Family in Tumult* (Londres: HarperPress, 2020), capítulo 23.
31. Entrevista com Richard Kay, 21 nov. 2019.

2. SEXO E SENSIBILIDADE [pp. 39-67]

1. Tom Quinn, *Mrs. Keppel: Mistress to the King* (Londres: Biteback Publishing, 2016), capítulo 8.
2. Diana Souhami, *Mrs. Keppel and Her Daughter: A Biography* (Nova York: St. Martin's Press, 1996), capítulo 1.
3. Ibid.
4. Ibid.
5. Quinn, *Mrs. Keppel*, capítulo 10.

6. Anthony Holden, "Diana's Revenge", *Vanity Fair*, fev. 1993.
7. Christopher Wilson, *The Windsor Knot: Charles, Camilla, and the Legacy of Diana* (Los Angeles: Graymalkin Media, 2008), capítulo 7.
8. Roy Strong, "2 March 1971", *Splendours and Miseries: The Roy Strong Diaries, 1967-1987* (Londres: Weidenfeld and Nicolson, 2019).
9. Catherine Mayer, *Born to Be King: Prince Charles on Planet Windsor* (Nova York: Henry Holt, 2015), capítulo 2.
10. Penny Junor, *The Duchess: Camilla Parker Bowles and the Love Affair That Rocked the Crown* (Nova York: Harper, 2018), capítulo 2.
11. Ibid.
12. Gyles Brandreth, *Charles and Camilla: Portrait of a Love Affair* (Londres: Arrow Books, 2006), capítulo 2.
13. Troca de e-mails com James Fox, 26 mar. 2021.
14. Geordie Greig, "EXCLUSIVE: Camilla Up Close! Duchess of Cornwall Opens Up as Never Before, Saying: 'If You Can't Laugh at Yourself, You May as Well Give Up,'" *Mail Online*. Atualizado em: 28 maio 2017.
15. Camilla Long, "One Long Party", *The Times*, 27 abr. 2014.
16. "Mark Shand — Obituary", *The Telegraph*, 24 abr. 2014.
17. Greig, "EXCLUSIVE: Camilla".
18. Robert Hardman, *Queen of the World* (Nova York: Pegasus Books, 2019), capítulo 12.
19. Jonathan Dimbleby, *The Prince of Wales: A Biography* (Nova York: William Morrow, 1994), parte 2.
20. Anthony Holden, *Charles at Fifty* (Nova York: Random House, 1998), capítulo 6.
21. Brandreth, *Charles and Camilla*, capítulo 5.
22. Sir John Betjeman, "A Ballad of the Investiture 1969", Royal Collection Trust, rct.uk.
23. Wilson, *Windsor Knot*, capítulo 11.
24. Kitty Kelley, *The Royals* (Nova York: Grand Central Publishing, 2009), capítulo 11.
25. Entrevista com Marie Helvin, 27 fev. 2020.
26. Greig, "EXCLUSIVE: Camilla".
27. Brandreth, *Charles and Camilla*, capítulo 4.
28. Theo Aronson, *Princess Margaret: A Biography* (Londres: Michael O'Mara, 1997), capítulo 1.
29. Tony Allen-Mills, "Party Animal Camilla Fired for Being Late", *The Sunday Times*, 30 out. 2016.
30. Greig, "EXCLUSIVE: Camilla".
31. "Camilla the MAN EATER: She Was Fired from Her Posh Job for Too Much Partying and Revelled in the Fact That Her Great-Grandmother Was Edward VII's Mistress — Her Biographer Reveals How She REALLY Spent the Swinging Sixties", *Daily Mail*. Atualizado em: 5 nov. 2016.
32. Dimbleby, *Prince of Wales*, parte 2.
33. Christopher Wilson, "The FIRST Her Royal Hotness: New Film Reveals the Startlingly Racy Love Life of the Young Princess Anne", *Daily Mail*, 18 jan. 2016.
34. Nigel Dempster e Peter Evans, *Behind Palace Doors* (Londres: Orion, 1993), capítulo 7.
35. Ibid.
36. Entrevista com Marie Helvin, 18 set. 2006.

37. James Whitaker e Christopher Wilson, *Diana vs. Charles: Royal Blood Feud* (Los Angeles: Graymalkin Media, 2017), capítulo 1.
38. Entrevista com Taki Theodoracopulos, 7 jun. 2020.
39. Junor, *Duchess*, capítulo 8.
40. Entrevista com Patrick Anson, conde de Lichfield, 11 maio 2005.
41. Clare Conway, "Andrew Parker Bowles on Being Painted by Lucian Freud", *Tatler*, 11 out. 2019.
42. Lynn Barber, "Quite Grand, and She Doesn't Tip", *The Telegraph*, 21 out. 2003.
43. Tina Brown, "The Wilts Alternative", *Tatler*, jul./ago. 1980.
44. Turner, "Real Elizabeth II".
45. Entrevista com Lyndall Hobbs, 12 maio 2020.
46. Alexis Parr, "'Mummy Was Called Mad. She Committed the Cardinal Sin of Talking About Prince Charles': Lady Kanga Tryon's Daughter on Her Mother's Obsession", *Mail Online*, 7 mar. 2011.
47. Wilson, *Windsor Knot*, capítulo 5.
48. Entrevista com Michael Shea, 9 set. 2006.
49. Wilson, *Windsor Knot*, capítulo 5.
50. Dempster e Evans, *Behind Palace Doors*, capítulo 9.
51. Wilson, *Windsor Knot*, capítulo 5.
52. Ibid.
53. Dempster e Evans, *Behind Palace Doors*, capítulo 3.
54. Andrew Morton, "In Her Own Words", *Diana, Her True Story — In Her Own Words* (Nova York: Simon and Schuster, 2009).
55. Lady Colin Campbell, *The Real Diana* (Nova York: St. Martin's Press, 1998), capítulo 6.
56. Kate Nicholson, "Royal Prediction: How Princess Margaret Knew 'Camilla Will Never Give Charles Up'", *Express*, 11 fev. 2020.
57. Sarah Bradford, *Elizabeth: A Biography of Her Majesty the Queen* (Londres: Penguin, 2012), capítulo 16.
58. Mary Corbett, "Frances Shand Kydd: The Last Interview with Princess Diana's Enigmatic Mother", *Hello!*, 15 jun. 2004.
59. Max Riddington e Gavan Naden, *Frances: The Remarkable Story of Princess Diana's Mother* (Londres: Michael O'Mara, 2003), capítulo 1.
60. Barbara Gilmour, entrevista, 27 set. 2005.
61. Corbett, "Frances Shand Kydd."
62. Jack Royston, "Diana: Her True Voice; We Publish the Full Transcript of the Bombshell Diana Tapes as Her Former Private Secretary Backs Channel 4 Documentary", *The Sun*. Atualizado em: 2 ago. 2017.
63. "Diana Revealed: Never-Before-Seen Videotapes of Princess Diana", *Dateline*, NBC News, 29 nov. 2004.

3. OS ANOS NO DESERTO [pp. 68-85]

1. Morton, *Diana: Her True Story*, prefácio.
2. Entrevista com Tom Parker Bowles, feita por Tracy Grimshaw, *A Current Affair*, Nine Network, 27 jul. 2015.

3. Sally Bedell Smith, *Prince Charles: The Passions and Paradoxes of an Improbable Life* (Nova York: Random House, 2017), capítulo 18.

4. Dempster e Evans, *Behind Palace Doors*, capítulo 23.

5. Katie Nicholl, *William and Harry: Behind the Palace Walls* (Nova York: Hachette, 2010), capítulo 6.

6. Wilson, *Windsor Knot*, capítulo 7.

7. Entrevista com Shea.

8. Campbell, *Real Diana*, capítulo 10.

9. Morton, "In Her Own Words", *Diana, Her True Story*.

10. Howard Hodgson, "It Wasn't Always Bad (1981-86)", *Charles: The Man Who Will Be King* (Londres: John Blake, 2007).

11. Dempster e Evans, *Behind Palace Doors*, capítulo 15.

12. Sarah Bradford, *Diana* (Nova York: Viking, 2007), capítulo 17.

13. Andrew Morton, *Diana: In Pursuit of Love* (Londres: Michael O'Mara, 2004), capítulo 4.

14. Bob Colacello, "Charles and Camilla, Together at Last", *Vanity Fair*, dez. 2005.

15. Ken Wharfe e Robert Jobson, *Diana: Closely Guarded Secret* (Londres: John Blake, 2015), capítulo 16.

16. Greig, "EXCLUSIVE: Camilla".

17. Wilson, *Windsor Knot*, capítulo 8.

18. Mary Riddell, "Prince Charles Has Missed His Chance to Marry Camilla", *The Times*, 28 maio 2004.

19. Greig, "EXCLUSIVE: Camilla".

20. Woodrow Wyatt, *The Journals of Woodrow Wyatt*, ed. Sarah Curtis, vol. 2 (Londres: Pan Macmillan, 2000).

21. "Charles Is Heckled Over Tapes", *Herald Sun*, 30 jan. 1993.

22. Holden, *Charles at Fifty*.

23. James Lees-Milne, "Saturday, 4th September 1993", *Diaries, 1984-1997*, ed. Michael Bloch (Londres: John Murray, 2008).

24. Dempster e Evans, *Behind Palace Doors*, capítulo 24.

25. Ibid.

26. Brandreth, *Charles and Camilla*, capítulo 9.

27. *Charles: The Private Man, the Public Role,* dirigido por Christopher Martin, Dimbleby Martin Productions, estreia em 29 jun. 1994.

28. Lees-Milne, "Tuesday, 28th June 1994", *Diaries, 1984-1997*.

29. Morton, *Diana: In Pursuit of Love*, capítulo 5.

30. Kate Ng, "Teach Young People About Osteoporosis, Says Camilla Duchess of Cornwall", *The Independent*, 24 out. 2021.

31. Henry Bokin, "Duchess Recalls 'Agonising' Deaths of Mother and Grandmother to Bone Disease", *The Telegraph*, 17 out. 2017.

32. Chris Byfield, "'Terrible Fights' Prince William 'Would Blame' Camilla for 'Hurt She Caused'", *Sunday Express*, 14 nov. 2021.

33. Entrevista com Bowles.

34. Smith, *Prince Charles*, capítulo 22.

35. "Parker Bowles to Escape Prosecution Over Car Crash", *The Independent*, 11 jul. 1997.
36. "Prince Charles' Lady Leaves Bruised Feelings in Auto Crash", AP News, 12 jun. 1997.
37. "Parker Bowles to Escape Prosecution".
38. Christopher Wilson, "Camilla Loses Her Rock", *Mail On-line*, 12 jun. 2006.

4. MÃE DA NAÇÃO [pp. 86-108]

1. Blair, *Journey*, capítulo 9.
2. Alastair Campbell, "Friday, December 31, 1999", *The Alastair Campbell Diaries*, vol. 3, *Power and Responsibility, 1999-2001* (Londres: Hutchinson, 2011).
3. Ibid.
4. Lacey, *Monarch*, capítulo 32.
5. Entrevista com Victoria Mather, 22 maio 2006.
6. Gyles Brandreth, *Philip and Elizabeth: Portrait of a Marriage* (Londres: Century, 2004), capítulo 10.
7. Sua Majestade, a rainha, "A Speech by the Queen at the Sydney Opera House", 20 mar. 2010.
8. Tory Shepherd, "Republican Malcolm Turnbull on Meeting Queen Elizabeth II, Says He Is an 'Elizabethan'", News Corp Australia, 12 jul. 2017.
9. Tom Bower, *Rebel Prince: The Power, Passion and Defiance of Prince Charles* (Londres: William Collins, 2018), capítulo 4.
10. Robert Hardman, *Her Majesty: Queen Elizabeth II and Her Court* (Nova York: Pegasus Books, 2012), capítulo 1.
11. Ozzy Osbourne, Twitter, 20 jan. 2019, 16h04.
12. Sally Bedell Smith, *Elizabeth the Queen: The Life of a Modern Monarch* (Nova York: Random House, 2012), capítulo 18.
13. "U.K. Reaction: Queen's Portrait Pleaseth Not", *The Washington Post*, 22 dez. 2001.
14. Conway, "Andrew Parker Bowles".
15. Brandreth, *Philip and Elizabeth*, apêndice.
16. Graham Turner, *Elizabeth: The Woman and the Queen* (Londres: Macmillan, 2002), capítulo 8.
17. Rebecca Adams, "Charles and Camilla Pictured Together for the First Time Was a Sight to Behold", *The Huffington Post*. Atualizado em: 7 dez. 2017.
18. Anthony Holden, *Charles: A Biography* (Londres: Bantam Press, 1998).
19. Turner, "Real Elizabeth II".
20. Ibid.
21. Entrevista com Lady Pamela Hicks, 22 nov. 2019.
22. Selina Hastings, "Fluffy and Steely", *The Telegraph*, 20 nov. 2005.
23. Hugo Vickers, *Elizabeth: The Queen Mother* (Londres: Arrow Books, 2006), capítulo 28.
24. "The Truth Is, He Still Needs Her Terribly", *The Age*, 14 abr. 2002.
25. Turner, "Real Elizabeth II".
26. Ibid.

27. Ryan Parry e Hugo Daniel, "EXCLUSIVE: Jeffrey Epstein and Ghislaine Maxwell's Place of Honor as Prince Andrew's Special Guests at 2000 Royal 'Dance of the Decades' Ball in Windsor Castle Is Revealed in Souvenir Program", *Daily Mail*, 23 dez. 2020.

28. Bower, *Rebel Prince*, capítulo 20.

29. Entrevista com Peter Brown, 17 jul. 2019.

30. Ingrid Seward, "Why a Footman Gave Andrew a Black Eye and It Was the Queen Who Was Livid with Edward for Quitting the Marines: More Intimate Details from the Royals' 70 Years of Marriage", *Daily Mail*. Atualizado em: 10 nov. 2020.

31. Julie Carpenter, "Sophie Wessex: The Queen's Favourite", *Express*, 19 dez. 2007.

32. Ian Katz, "It Was Me What Spun It", *The Guardian*, 27 out. 2003.

33. Piers Morgan, "Thursday, 27 September 2001", *The Insider: The Private Diaries of a Scandalous Decade* (Londres: Ebury Press, 2005).

34. Gaby Hinsliff e Burhan Wazir, "Word by Word, Sophie Digs Herself Deeper into Trouble", *The Guardian*, 8 abr. 2001.

35. Hardman, *Her Majesty*, capítulo 1.

36. Morgan, "Thursday, 12 February 1998", *Insider*.

37. "The Royal Statements", *The Guardian*, 9 abr. 2001.

38. "Queen Pays Edward £1/4m to Quit TV", *The Guardian*, 2 mar. 2002.

5. UMA QUESTÃO DE INDEPENDÊNCIA [pp. 109-22]

1. Tina Brown, "Prince Philip, the Man Who Walked Two Paces Behind the Queen", *The New York Times*, 9 abr. 2001.

2. Entrevista com Brandreth.

3. Brown, "Prince Philip".

4. Philip Eade, *Prince Philip: The Turbulent Early Life of the Man Who Married Queen Elizabeth II* (Nova York: Henry Holt, 2011), capítulo 20.

5. Ibid., capítulo 16.

6. Smith, *Elizabeth the Queen*, capítulo 6.

7. Lacey, *Monarch*, capítulo 14.

8. Stephanie Linning, "The Bond Between a Grandmother and Grandson: Touching Personal Letters from the Queen Mother Reveal How She Championed a Young Charles as He Struggled with His 'Distant' Mother", *Mail Online*, 29 mar. 2017.

9. *Prince Philip: The Royal Family Remembers*, dirigido por Faye Hamilton e Matthew Hill, BBC One, estreia em 22 set. 2021.

10. Helena Horton, "48 of Prince Philip's Greatest Quotes and Funny Moments", *The Telegraph*, 17 abr. 2021.

11. "Prince Philip's Gaffes from Decades on Royal Duty", BBC News, 4 maio 2017.

12. Richard Kay e Geoffrey Levy, "One's Still Got It! As He Flirts Outrageously at 93, Friends Say Philip's Bond with a Blonde Aristocrat Keeps Him Young. But What DOES the Queen Think?", *Mail Online*, 18 maio 2015.

13. Ibid.

14. Entrevista com Selina Hastings, 14 mar. 2006.
15. "Philip: I Could Never Get Away with Affair", *Sunday Mirror*, 14 jan. 1996.
16. Bernard Donoughue, *Westminster Diary*, vol. 2, *Farewell to Office* (Londres: I. B. Tauris, 2017).
17. Entrevista com lorde Donoughue, 31 jul. 2020.
18. Angela Kelly, *The Other Side of the Coin: The Queen, the Dresser, and the Wardrobe* (Londres: HarperCollins, 2019), capítulo 1.
19. Smith, *Elizabeth the Queen*, capítulo 18.
20. Ibid.
21. Ibid.
22. Hardman, *Queen of the World*, capítulo 6.
23. "Text of the Queen's Message to New York", *The Guardian*, 21 set. 2001.

6. OS CANTOS DO CISNE [pp. 123-47]

1. Smith, *Elizabeth the Queen*, capítulo 1.
2. Richard Kay e Geoffrey Levy, "Mystery of Royal Love Burnt by the Queen's Sister: Princess Margaret Had Chauffeur Destroy Thousands of Romantic Royal Correspondence — Including Those from Diana", *Daily Mail*, 14 mar. 2016.
3. Major Colin Burgess, "Don't Mention Diana! Charles Was the Queen Mum's Most Cherished Grandchild — Which Is Why, When His Marriage Ended, She Never Allowed Diana's Name to Be Uttered in Her Presence Again… as Revealed by Her Own Loyal Equerry", *Daily Mail*, 24 abr. 2017.
4. Sarah Bradford, "The Woman Who Wasn't Quite Queen", *The Telegraph*, 10 fev. 2002.
5. Kay e Levy, "Mystery of Royal Love".
6. Anne Glenconner, *Lady in Waiting: My Extraordinary Life in the Shadow of the Crown* (Nova York: Hachette, 2020), capítulo 10.
7. Ibid., capítulo 17.
8. William Shawcross, *The Queen Mother: The Official Biography* (Nova York: Vintage Books, 2010), capítulo 16.
9. Vanessa Thorpe, "Queen Mother Was 'Ruthless' to Royal Nanny", *The Guardian*, 25 jun. 2000.
10. Tina Brown, "What Colin Tennant Does for Princess Margaret", *Tatler*, jun. 1980.
11. Entrevista com Penelope Mortimer, 8 jan. 2021.
12. Príncipe de Gales, "Charles: My Darling Aunt", BBC News, 9 fev. 2002.
13. Shawcross, *Queen Mother*, capítulo 24.
14. Glenconner, *Lady in Waiting*, capítulo 13.
15. Bradford, "Woman Who Wasn't Queen".
16. Glenconner, *Lady in Waiting*, capítulo 4.
17. Andrew Morton, "Princess Margaret Accused the Royals of Ignoring Her Mental Anguish — Years Before Diana and Meghan: ANDREW MORTON Reveals How She Took Pills and Whisky, Sobbed on Chauffeur's Shoulder and Threatened to Throw Herself from Window", *The Mail on Sunday*. Atualizado em: 21 mar. 2021.

18. Brown, *Ninety-Nine Glimpses of Prince Margaret*, capítulo 90.
19. Glenconner, *Lady in Waiting*, capítulo 17.
20. Entrevista com David Griffin, 30 ago. 2006.
21. Ibid.
22. Glenconner, *Lady in Waiting*, capítulo 10.
23. Ingrid Seward, "A Brilliant Mother Despite Everything", *Mail Online*, 11 fev. 2002.
24. Charles Nevin, "Princess Margaret", *The Guardian*, 9 fev. 2002.
25. Smith, *Elizabeth the Queen*, capítulo 18.

7. GAROTA JUBILEU [pp. 148-51]

1. A Spectacular Jubilee", *The Guardian*, 4 jun. 2002.
2. Strong, "4 June 2002", *Scenes and Apparitions*.

8. PROBLEMAS DE CRIADAGEM [pp. 152-68]

1. Entrada de diário, mar. 2006.
2. Entrevista com Griffin, 2006.
3. Entrevista com David Griffin, 7 out. 2020.
4. Bower, *Rebel Prince*, capítulo 24.
5. Smith, *Prince Charles*, capítulo 32.
6. Rebecca English, "'Charles Is the Most Difficult Person in the World to Buy a Present For': Camilla Pays Tribute to 'Workaholic' Husband as He Celebrates His 65th Birthday", *Daily Mail*, 14 nov. 2013.
7. Major Colin Burgess, *Behind Palace Doors: My Service as the Queen Mother's Equerry* (Londres: John Blake, 2007), capítulo 12.
8. "Michael Fawcett: Trusted Aide", BBC News, 7 nov. 2003.
9. Burgess e Carter, *Behind Palace Doors*, capítulo 12.
10. Bower, *Rebel Prince*, capítulo 9.
11. "Butler 'Stole Diana's Belongings'", BBC News, 14 out. 2002.
12. Bower, *Rebel Prince*, capítulo 9.
13. Ibid.
14. Ibid., capítulo 11.
15. Ibid.
16. Ibid., capítulo 9.
17. Ibid.
18. Riddington e Naden, *Frances*, capítulo 17.
19. Entrevista com Griffin, 2020.
20. Entrevista com Colin Tebbutt MVO, 7 out. 2020.
21. Bower, *Rebel Prince*, capítulo 11.
22. Ibid., capítulo 9.

23. Morgan, "Wednesday, 17 jan. 2001", *Insider*.
24. Ibid.
25. Warren Hoge, "London Journal; Diana's Faithful Butler: In the End, Was He False?", *The New York Times*, 18 out. 2002.
26. Paul Vallely, "Sir Michael Peat: Once Holder of the Purse, Now Keeper of the Royal Honour", *The Independent*, 8 nov. 2003.
27. Entrevista com Griffin, 2020.
28. "Profile: Sir Michael Peat", *The Sunday Times*, 9 mar. 2003.
29. Entrevista com Tebbutt.
30. Bower, *Rebel Prince*, capítulo 15.
31. Stephen Bates, "Queen's Flash of Memory Saved Burrell. But What Took Her So Long?", *The Guardian*, 2 nov. 2002.
32. Bower, *Rebel Prince*, capítulo 11.
33. Bates, "Queen's Flash of Memory".
34. Bower, *Rebel Prince*, capítulo 15.
35. Stephen Bates, "What the Butler Said: 'The Queen Came Through for Me'", *The Guardian*, 2 nov. 2002.
36. Bower, *Rebel Prince*, capítulo 15.
37. Royal Butler Attacks Spencer Family", BBC News, 7 nov. 2002.
38. Ian Katz, "Prince Is Very, Very Weak, Says His Former Top Aide", *The Guardian*, 25 out. 2003.
39. Susan Clarke, "Tiggy Attacks Fawcett: The £250,000 Fixer for Charles", *The Mail on Sunday*, 4 set. 2005.
40. Warren Hoge, "Prince Charles's Top Aide Quits After Inquiry", *The New York Times*, 14 mar. 2003.
41. Clarke, "Tiggy Attacks Fawcett".
42. Ann Pukas, "The Fugitive Butler-Burrell Faces 10 Years in Jail", *Express*, 5 mar. 2008.
43. Dipesh Gadher, Roya Nikkhah, e Gabriel Pogrund, "Camilla Wants Prince's 'Damaging' Aide Pushed Out Over Charity Scandal", *The Sunday Times*, 31 out. 2021.

9. O LIMITE TRAÇADO POR CAMILLA [pp. 169-94]

1. Entrevista com Mark Bolland, 27 set. 2005.
2. Ibid.
3. Bower, *Rebel Prince*, capítulo 21.
4. Ibid.
5. "The Queen Gives a Toast at the Prince of Wales' 70th Birthday Party", royal.uk, 14 nov. 2008.
6. Tom Bawden, "Prince Charles Discovers 10 Ways to Antagonise Architects with List of 'Geometric Principles'", *The Independent*, 21 dez. 2014.
7. "Prince Charles-Poundbury", YouTube, 24 nov. 2009.

8. Stephen Bates e Robert Booth, "You'll Miss Me When I'm Gone, Says Charles as He Flies Off to Schmooze US", *The Guardian*, 29 out. 2005.

9. Duque de Edimburgo, "A Speech by HRH The Prince of Wales at the Countryside in 1970 Conference, Steering Committee for Wales, Cardiff", princeofwales.gov.uk, 19 fev. 1970.

10. Blair, *Journey*, capítulo 5.

11. Smith, *Prince Charles*, capítulo 29.

12. Entrevista com Ken Wharfe MVO, 15 mar. 2006.

13. Stephen Bates, "Tribunal Exposes Prince's 'Edwardian' Attitudes", *The Guardian*, 18 nov. 2004.

14. Duque de Edimburgo, "A Speech by HRH The Prince of Wales at the Royal Institute of British Architects (RIBA), Royal Gala Evening at Hampton Court Palace", princeofwales.gov.uk, 30 maio 1984.

15. Rob Evans e Robert Booth, "Prince Charles Faces Fresh Meddling Claim Over Letters to Ministers", *The Guardian*, 19 dez. 2009.

16. Duque de Edimburgo para Elliot Morley, 21 out. 2004.

17. Caroline Davies e Charles Clover, "'Black Spider' Letters Catch Charles in Web of Controversy", *The Telegraph*, 26 set. 2002.

18. Duque de Edimburgo para Elliot Morley, 21 out. 2004.

19. Ben Webster, "How Prince Charles Lobbied Tony Blair Over Ban on 'Romantic' Fox Hunts", *The Times*, 9 out. 2017.

20. Tina Brown, "Wednesday, 9 nov. 1983", *The Vanity Fair Diaries: Power, Wealth, Celebrity, and Dreams; My Years at the Magazine That Defined a Decade* (Nova York: Henry Holt, 2017).

21. Blair, *Journey*, capítulo 10.

22. "Camilla Banned from March", *The Times*, 27 ago. 2002.

23. Bower, *Rebel Prince*, capítulo 10.

24. Ibid., capítulo 20.

25. Mark Bolland, "Windsor Wedding", *The Sunday Times*, 10 abr. 2005.

26. Junor, *Duchess*, capítulo 28.

27. "People with Andrew Pierce", *The Times*, 12 maio 2004.

28. Andrew Pierce e Alan Hamilton, "After 30 Years, Charles Put His Affair in Order", *The Times*, 11 fev. 2005.

29. Strong, "2 June 2003", *Scenes and Apparitions*.

30. Junor, *Duchess*, capítulo 28.

31. Ibid.

32. Andrew Pierce, "Prince 'Lost Chance' to Wed Camilla", *The Times*, 28 maio 2004.

33. Crampton, "Just Marry Camilla Now, Charles".

34. "War of the Wedding", *Mail Online*. Atualizado em: 4 nov. 2004.

35. Junor, *Duchess*, capítulo 28.

36. Brandreth, *Charles and Camilla*, prólogo.

37. Ibid.

38. Robert Jobson, "Prince Sets Up Trust Funds for Camilla's Son and Daugther", *Evening Standard*, 13 abr. 2012.

39. Andrew Alderson, "Charles Ignores Lawyers and Insists There'll Be No Prenup with Camilla", *The Telegraph*, 27 mar. 2005.
40. Caroline Davies, "Charles to Marry Camilla", *The Telegraph*, 11 fev. 2005.
41. Lei de Casamentos de 1994, capítulo 34.
42. Stephen Bates, "Through Gritted Teeth", *The Guardian*, 1 abr. 2005.
43. "I Hate Facing Media, Says Charles", BBC News, 31 mar. 2005.
44. Bates, "Through Gritted Teeth".
45. Stephen Bates, "Royal Couple 'Must Apologise for Adultery Before Receiving Blessing'", *The Guardian*, 28 mar. 2005.
46. *The Spectator*, 26 fev. 2005.
47. Brandreth, *Charles and Camilla*, prólogo.
48. Ibid.
49. Andrew Pierce, "Wedding Overcomes New Hurdle as BBC Puts Back the National", *The Times*, 6 abr. 2005.
50. Junor, *Duchess*, capítulo 29.
51. Ibid.
52. Bower, *Rebel Prince*, capítulo 22.
53. *The Book of Common Prayer*, 1549.
54. Bower, *Rebel Prince*, capítulo 2257
55. Entrevista com Fr.
56. Bower, *Rebel Prince*, capítulo 22.
57. Junor, *Duchess*, capítulo 29.

10. OS PRÍNCIPES NA CASA DOS VIZINHOS [pp. 197-213]

1. Junor, "Partners in Crime", *Prince William*.
2. "Playful Prince William, Latest Royal Public Speaker", *The Times*, 13 jun. 1984.
3. Entrevista com Wharfe.
4. Robert Lacey, *Battle of Brothers: William and Harry; The Inside Story of a Family in Tumult* (Londres: HarperPress, 2020), capítulo 8.
5. Christopher Andersen, *William and Kate: And Baby George; Royal Baby Edition* (Nova York: Gallery Books, 2011), capítulo 2.
6. Junor, "His Royal Naughtiness", *Prince William*.
7. Lacey, *Battle of Brothers*, capítulo 9.
8. Lady Colin Campbell, *Meghan and Harry: The Real Story* (Nova York: Pegasus Books, 2020), capítulo 2.
9. Patrick Jephson, *Shadows of a Princess* (Londres: William Collins, 2017), capítulo 8.
10. Smith, *Prince Charles*, capítulo 19.
11. "Prince William Lends Support for Children's Cancer Centre in Exclusive Interview for CBBC's *Newsround*", BBC, 18 mar. 2009.
12. Lacey, *Battle of Brothers*, capítulo 9.
13. Chris Hutchins, "Diana, 'Uncle James' Hewitt and the Emotional Wounds That Haunt

Harry: Fascinating Psychological Insight into the Forces That Shaped the Playboy Prince", *Mail Online*. Atualizado em: 9 abr. 2013.

14. *Diana, Our Mother: Her Life and Legacy*, dirigido por Ashley Gething, ITV, 2017.
15. Junor, "Partners in Crime", *Prince William*.
16. Angela Levin, *Harry: Conversations with the Prince* (Londres: John Blake, 2019), capítulo 2.
17. Ingrid Seward, *William and Harry* (Nova York: Arcade Publishing, 2011), capítulo 15.
18. Christopher Wilson, "Punched as He Slept, Friends Tortured with Pliers: As It's Revealed the Queen Mother Tried to Stop Charles Going to Gordonstoun, No Wonder He Called It Colditz with Kilts", *Mail Online*, 1 fev. 2013.
19. Caroline Frost, "Prince William: Reticent Royal Icon", BBC News, 19 jun. 2003.
20. Entrevista com Juliet Nicolson, 19 fev. 2021.
21. Wharfe e Jobson, *Diana*, capítulo 3.
22. Ibid., capítulo 17.
23. Frost, "Prince William".
24. Princesa de Gales, "An Interview with HRH The Princess of Wales", *Panorama*.
25. "Prince William: 'Seeing People Overcome Such Adversity Is Incredibly Moving'", *The Big Issue*, 14 dez. 2015.
26. Robert Hardman, *Queen of the World* (Nova York: Pegasus Books, 2019), capítulo 13.
27. Duque de Sussex, *The Me You Can't See*, produção executiva de Oprah Winfrey e Prince Harry, Apple TV+, 21 maio 2021.
28. Simone Simmons, *Diana: The Last Word* (Londres: Orion Books, 2006), capítulo 6.
29. Richard Kay, "Hasnat Khan Wields the Knife: He Was Princess Diana's Lover as She Filmed Her Secret *Panorama* Interview. Now, Inflamed by the Unfolding Scandal, the Heart Surgeon Gives His First Interview in 12 Years — and It Is Devastating", *Daily Mail*, 8 jan. 2021.
30. Morgan, "Thursday, 16 maio 1996", *Insider*.
31. "A Class Act in the Saga of Splitsville", *The Herald*, 7 set. 1995.
32. Morgan, "Thursday, 16 maio 1996", *Insider*.
33. Andrew Morton, "William of Wales: The Path of the Prince". *William and Catherine: Their Lives, Their Wedding* (Londres: Michael O'Mara, 2011).
34. Levin, *Harry: Conversations*, capítulo 2.
35. Princesa de Gales, "An Interview with HRH The Princess of Wales", *Panorama*.
36. *Diana, Our Mother*.
37. Lacey, *Battle of Brothers*, 90.
38. Morgan, "Wednesday, 28 maio 1997", *Insider*.
39. Ibid.
40. Junor, "Outside the Gilded Cage", *Prince William*.
41. Entrevista com Patrick Jephson, 4 fev. 2021.

11. OS MENINOS PERDIDOS [pp. 214-26]

1. *Charles: The Private Man, the Public Role*.
2. Junor, "A Very Public War", *Prince William*.

3. Mark Saunders e Glenn Harvey, "Mark, April, 1994". *Dicing with Di: The Amazing Adventures of Britain's Royal Chasers* (Londres: Blake Publishing, 1996).
4. Saunders e Harvey, "Glenn, November 1993", *Dicing with Di*.
5. Duque de Sussex, *The Me You Can't See*.
6. Morton, "William of Wales: The Path of the Prince", *William and Catherine*.
7. Wharfe e Jobson, *Closely Guarded Secret*, capítulo 3.
8. Simmons, *Diana*, capítulo 6.
9. Saunders e Harvey, "Mark, November 1995", *Dicing with Di*.
10. Princesa de Gales, "An Interview with HRH The Princess of Wales", *Panorama*.
11. Lacey, *Battle of Brothers*, capítulo 12.
12. Simmons, *Diana*, capítulo 6.
13. Entrevista com Mark Saunders, 19 ago. 2021.
14. Junor, "Uneasy Relationship", *Prince William*.
15. *Diana, Our Mother*.
16. "UK Princes Say Let Diana Rest", BBC News, 2 set. 1998.
17. Ian Katz e Stephen Bates, "Princes Vent Fury at Butler", *The Guardian*, 25 out. 2003.
18. "These Photographs Are Redolent with the Tragedy of Diana's Death", *The Guardian*, 5 jun. 2007.
19. Nicholas Coleridge, *The Glossy Years: Magazines, Museums and Selective Memoirs* (Londres: Penguin, 2020), capítulo 15.
20. Entrevista com Lalvani.
21. Simmons, *Diana*, capítulo 4.
22. Entrevista com Mark Stephens CBE, 21 nov. 2019.
23. "For the First Time, *Princess in Love* Author Anna Pasternak Tells the Full Story Behind Her 1994 Book About Diana and James Hewitt", *Daily Mail*, 30 jun. 2019.
24. David Brown et al., "Prince William's Statement on Bashir's Diana Interview: 'BBC Lies Fuelled My Mother's Paranoia'", *The Times*, 20 maio 2021.
25. Entrevista com Lalvani.
26. Entrevista com Saunders.
27. Saunders e Harvey, "Mark, November 1995", *Dicing with Di*.

12. ENTRA KATE [pp. 227-49]

1. Anthony Trollope, *The Duke's Children* (Londres: Penguin, 1995), capítulo 28.
2. Jane Fryer, "Hardly Buck House, Was It Kate? Inside Kate (and Pippa) Middleton's Very Modest Childhood Home", *Daily Mail*, 20 maio 2011.
3. Claudia Joseph, *Kate: The Making of a Princess* (Edimburgo: Mainstream Publishing, 2010), capítulo 5.
4. Camilla Tominey, "Is Gary Goldsmith Really the Black Sheep of the Middleton Family?", *Express*, 24 mar. 2013.
5. Lacey, *Battle of Brothers*, capítulo 6.
6. Fryer, "Hardly Buck House, Was It Kate?".

7. Giles Hattersley e Francesca Angelini, "Beauty and the Bullies", *The Sunday Times*, 10 abr. 2011.

8. "Kate Middleton 'Quit Her First Public School Because She Was Bullied'", *Daily India*, 3 abr. 2011.

9. Hattersley e Angelini, "Beauty and the Bullies".

10. Jo Macfarlane e Simon Trump, "No Hockey, No Boys and a Hotbed of Oestrogen: Why 'Bullied' Kate Quit Her First Public School", *Daily Mail*. Atualizado em: 8 abr. 2011.

11. Matthew Ball, "Just the Ticket", *The Spectator*, 6 ago. 2005.

12. Rebecca English, "The Remaking of Kate", *Daily Mail,* 27 ago. 2005.

13. Ball, "Just the Ticket".

14. Pippa Middleton, "Pippa Middleton: My Schoolgirl Sports Confessions", *The Spectator*, 7 set. 2013.

15. "The Other Middleton Girl", *The Scotsman*, 3 nov. 2008.

16. Troca de e-mails com Andrew Neil FRSA, 24 fev. 2021.

17. Ibid.

18. Katie Nicholl, *Kate: The Future Queen* (Nova York: Weinstein Books, 2013), capítulo 4.

19. "Revealed… How Kate Followed William on His Chile Mission", *Evening Standard*, 21 abr. 2011.

20. Sam Greenhill, "The Student Prince", *The Telegraph*, 23 set. 2001.

21. Ben Summerskill, "'No Disrespec' as Princes Recall a Lifetime of Laughter", *The Guardian*, 7 abr. 2002.

22. Entrevista com Brian Lang, 27 mar. 2021.

23. Entrevista com lorde Black de Brentwood FRSA, 4 nov. 2019.

24. "Student Prince Starts College", BBC News, 22 set. 2001.

25. Robert Jobson, *William and Kate: The Love Story; A Celebration of the Wedding of the Century* (Londres: John Blake, 2010), capítulo 7.

26. Vanessa Thorpe, "William: I Can't Have a Serious Girlfriend", *The Guardian*, 22 jun. 2013.

27. "The Queen's Speech", BBC News, 1º jul. 1999.

28. Entrevista com Andrew Neil FRSA, 10 dez. 2021.

29. Katie Nicholl, "Wills and the Real Girl", *Vanity Fair*, dez. 2010.

30. Brown, *Diana Chronicles*, 140.

31. Esther Addley, "The Middletons — Finding Common Ground with the Royal Family", *The Guardian*, 30 abr. 2011.

32. Vicky Ward, "Will's Cup of Tea", *Vanity Fair*, nov. 2008.

33. "Kate Middleton's Parents to Contribute Six-Figure Sum to Cost of Wedding", *Vanity Fair*, 14 mar. 2011.

34. Lisa Armstrong, "Exclusive: Carole Middleton's First Interview: 'Life Is Really Normal — Most of the Time'", *The Telegraph*, 30 nov. 2018.

35. Morton, "William and Kate: A Street Called Hope", *William and Catherine*.

13. A RAINHA EM COMPASSO DE ESPERA [pp. 250-65]

1. Junor, "Gaining a Sister", *Prince Harry*.

2. "Kate's Not Precious. She Mucked in at Jigsaw", *Evening Standard*, 12 jul. 2008.
3. Entrevista com Patrick Harverson LVO, 19 nov. 2019.
4. "Kate's Not Precious."
5. Oliver Marre, "Girl, Interrupted", *The Guardian*, 18 mar. 2007.
6. Susie Kellie, "Kate Middleton's 'Invidious Position' as Queen Demanded She 'Get a Job'", *Express*, 3 jun. 2021.
7. Marre, "Girl, Interrupted".
8. Nicholl, *Kate: The Future Queen*.
9. Megan C. Hills, "Kate Middleton Asked for a Part-Time Job Due to Her 'Relationship with This Very High Profile Man' According to Royal Expert", *Evening Standard*, 12 jun. 2020.
10. Oliver Burkeman, "William Passes Muster with Grandma (and Kate)", *The Guardian*, 16 dez. 2006.
11. Sam Knight e David Byers, "Paparazzi on Prowl as William's Girlfriend Turns 25", *The Sunday Times*, 9 jan. 2007.
12. Nicholl, *Kate: The Future Queen*, capítulo 6.
13. Charlie Bradley, "Kate Middleton's Anger at Prince William over His Lifestyle: 'Making Me Look Bad'", *Express*, 5 dez. 2021.
14. Rebecca English, "William and His Two Other Women", *Daily Mail*. Atualizado em: 16 abr. 2007.
15. "Prince William and Kate Middleton Split", *The Sunday Times*, 14 abr. 2007.
16. Lacey, *Battle of Brothers*, capítulo 18.
17. Stephanie Marsh, "Did You See?", *The Sunday Times*, 26 jun. 2007.
18. Angela Levin, "Exclusive: Prince Harry on Chaos After Diana's Death and Why the World Needs 'the Magic' of the Royal Family", *Newsweek*, 21 jun. 2017.
19. Nicholl, *Kate: The Future Queen*, capítulo 8.
20. "Self-Regulation of the Press", House of Commons, Culture, Media and Sport Committee, 3 jul. 2007.
21. Morton, "William — and Catherine: 'A Total Shock'", *William and Catherine*.
22. Julie Carpenter, "Is This Proof That Kate Has Won Back Her Prince?", *Express*, 8 ago. 2007.
23. "In Full: William and Kate's 2010 Engagement Interview, ITV News", YouTube, 16 nov. 2010.
24. Kate Nicholson, "Kate Middleton 'Wanted Loads of Kids and No Royal Obligations'", *Express*, 4 jan. 2021.
25. Tamara Davison, "Queen's Cheeky Joke to Royal Cake Maker Before Prince William and Kate's Wedding", *Mirror*, 7 abr. 2021.
26. Carolyn Durand e Gabriel O'Rorke, "An Insider's View on the Royal Family", ABC News, 19 maio 2018.
27. Robert Hardman, *Our Queen* (Londres: Arrow Books, 2012), capítulo 2.
28. Morton, "William and Catherine: The Wedding Day", *William and Catherine*.
29. Marre, "Girl, Interrupted".
30. Entrevista com dr. Rowan Williams, 29 abr. 2021.

31. Gordon Rayner, "Royal Wedding: Prince William Insists on Role for Kate Middleton's Family", *The Telegraph*, 25 nov. 2010.

14. A GRANDE FUGA [pp. 266-79]

1. Carmen Nobel, "Prince Harry in Afghanistan: Miguel Head Shares the Story of a Historic Media Blackout", *The Journalist's Resource*, 18 abr. 2019.
2. Duncan Larcombe, *Prince Harry: The Inside Story* (Londres: HarperCollins, 2017), capítulo 7.
3. "Tony Blair's Address", BBC Radio 4, 20 mar. 2003.
4. "Prince Harry Dismissed 'Bullet Magnet' Fears", *The Telegraph*, 28 fev. 2008.
5. Stephen Bates, "Harry at 21 on Camilla, the Media and AIDS Children in Africa", *The Guardian*, 15 set. 2005.
6. Entrevista com Jamie Lowther-Pinkerton, 11 mar. 2021.
7. Junor, "Thwarted", *Prince Harry*.
8. Levin, *Harry: Conversations*, capítulo 6.
9. Charles Spencer, *The Spencer Family* (Londres: Penguin, 2000), capítulo 8.
10. Caroline Davies, "Meghan, Diana, Drugs and Therapy: What Harry Said in Apple TV Series", *The Guardian*, 21 maio 2021.
11. "Harry in Paparazzi Brawl", *Evening Standard*, 20 out. 2004.
12. "£45,000 Damages for Teacher Who Accused Prince Harry of Cheating", *The Guardian*, 14 fev. 2006.
13. Levin, "Exclusive: Prince Harry".
14. Bates, "Harry at 21".
15. Rebecca English, "About Time, You 'Orrible Little Prince!", *Daily Mail*, 9 maio 2005.
16. Audrey Gillan, "'I Think This Is as Normal as I'm Ever Going to Get'", *The Guardian*, 29 fev. 2008.
17. Entrevista com o general de divisão Francis "Buster" Howes, 4 mar. 2021.
18. Andersen, *William and Kate*, capítulo 5.
19. Larcombe, *Prince Harry*, capítulo 6.
20. "Prince Harry — I'm better Than Prince William 2009.mpg", YouTube, 23 maio 2011.
21. Junor, "By Hook or by Crook", *Prince William*.
22. Hardman, *Our Queen*, capítulo 9.
23. Larcombe, *Prince Harry*, capítulo 6.
24. Nobel, "Prince Harry in Afghanistan".
25. Caroline Davies, "Charles and His Cantankerous Canter", *The Guardian*, 30 dez. 2007.
26. Matt Drudge, "Prince Harry Fights on Frontlines in Afghanistan; 3 Month Tour", *Drudge Report*, 28 fev. 2008.
27. Nobel, "Prince Harry in Afghanistan".
28. Ibid.
29. Michael Smith, "'I'm No Hero,' Says Prince Harry", *The Sunday Times*, 2 mar. 2008.
30. Nobel, "Prince Harry in Afghanistan".

15. OS XERETAS [pp. 280-302]

1. Helen Rumbelow, "Chelsy Davy: 'It Was Full-On — Crazy and Scary and Uncomfortable,'" *The Times*, 27 jun. 2016.
2. Helen Rumbelow, "Chelsy Davy: 'It Was Full-On — Crazy and Scary and Uncomfortable,'" *The Times*, 27 jun. 2016.
3. Junor, "Gap Year", *Prince William*.
4. Chris Tryhorn, "Clarence House Attacks 'Ill-Informed' Express", *The Guardian*, 20 fev. 2004.
5. Rumbelow, "Chelsy Davy".
6. Ibid.
7. Graham Johnson, "*Daily Mail* Dragged into Murdoch's Prince Harry Hacking Scandal", *Byline Investigates*, 17 maio 2020.
8. Entrevista com Patrick Harverson, 4 nov. 2019.
9. Tom Bradby, "The Phone Call to Prince William That Changed All Our Lives", *Express*, 16 jul. 2012.
10. Entrevista com Harverson, 4 nov. 2019.
11. Ibid.
12. "Prince Harry", *Armchair Expert with Dax Shepard*, podcast, 13 maio 2021.
13. Graham Johnson, "Prince Harry Hacking Exclusive: Top *Mirror* Private Investigator Targeted Diana, Princess of Wales", *Byline Investigates*, 29 out. 2019.
14. Alan Rusbridger, *Breaking News: The Remaking of Journalism and Why It Matters Now* (Nova York: Picador, 2019), capítulo 16.
15. Roy Greenslade, "Empress of the Sun", *The Guardian*, 14 jan. 2003.
16. Graham Johnson, "Murdoch CEO Brooks Illegally Spied for a Year on Teenage Prince Harry", *Byline Investigates*, 7 abr. 2020.
17. Ian Katz, "It Was Me What Spun It", *The Guardian*, 27 out. 2003.
18. Gavin Burrows, conversa pessoal com Graham Johnson.
19. Ibid.
20. Lisa O'Carroll, "Prince William's Messages for Kate Middleton Were Hacked, Court Told", *The Guardian*, 19 dez. 2013.
21. Greg Miskiw, conversa pessoal com Graham Johnson.
22. Ibid.
23. Glenn Mulcaire, conversa pessoal com Graham Johnson.
24. Peter Walker, "Ex-*NoW* Journalist Dan Evans Gets Suspended Sentence Over Hacking", *The Guardian*, 24 jul. 2014.
25. "Rupert Murdoch: 'The Most Humble Day of My Life'", BBC News, 19 jul. 2011.
26. Andy Davies, "Revealed: The Rupert Murdoch Tape", *Channel 4 News*, 3 jul. 2013.
27. Josh Halliday, "Scotland Yard Seeks Rupert Murdoch Secret Tape", *The Guardian*, 5 jul. 2013.
28. "News International and Phone-Hacking", House of Commons, Culture, Media and Sport Committee, 11th of Session 2010-2, vol. 1, 30 abr. 2012.
29. Lisa O'Carroll, "Levenson Report: Key Points", *The Guardian*, 29 nov. 2012.
30. "Leveson: Where Does It Leave the Internet?", BBC News, 30 nov. 2012.
31. Gavin Burrows, "The Princes and the Press", entrevista feita por Amol Rajan, BBC Two, 22 nov. 2021.

16. GLORIANA [pp. 303-24]

1. "The Queen's Jubilee: Diamond Is Not Forever", *The Guardian*, 1º jun. 2012.
2. Robert Booth e Julian Borger, "Christopher Geidt: The Suave, Shrewd and Mysterious Royal Insider", *The Guardian*, 31 maio 2013.
3. William Borders, "Lord Mountbatten Is Killed as His Fishing Boat Explodes; I.R.A. Faction Says It Set Bomb", *The New York Times*, 28 ago. 1979.
4. "Bloody Sunday Killings 'Unjustified and Unjustifiable'", BBC News, 15 jun. 2010.
5. Entrevista com Andrew Marr, 12 maio 2021.
6. Troca de e-mail com Bernard Donoughue, 7 maio 2021.
7. Entrevista com Mary McAleese, 25 maio 2021.
8. Entrevista com Enda Kenny, 13 maio 2021.
9. Entrevista com McAleese.
10. "Full Text of Speech by Queen Elizabeth II", *The Irish Times*, 18 maio 2011.
11. David Cameron, *For the Record* (Nova York: William Collins, 2019), capítulo 23.
12. Ibid.
13. Entrevista com Marr.
14. Ibid.
15. Entrevista com Kenny.
16. Cameron, *For the Record*, 459.
17. "Prince Harry 'Such a Gentleman' Says Bash Kazi, Who Was Helped by British Royal After Polo Accident", *The Washington Post*, 18 mar. 2012.
18. "Cheryl Cole: 'I Dreamt I Married Prince Harry'", *Marie Claire*, 3 abr. 2012.
19. Stephen Bates, "Thames Flotilla to Mark Queen's Diamond Jubilee", *The Guardian*, 5 abr. 2011.
20. Troca de e-mails com Simon Schama, 20 maio 2021.
21. Cameron, *For the Record*, capítulo 27.
22. *Anne: The Princess Royal at 70*, dirigido por Ian Denyer, ITV, 2020.
23. Stuart Jeffries, "How the Royals Became Cool", *The Guardian*, 11 abr. 2012.
24. Entrevista com Hugo Vickers, 12 maio 2021.
25. Ross Lydall, "Camilla Hit by Rioter Through Car Window as Protesters Attack Royals", *Evening Standard*, 12 abr. 2012.
26. Seb Coe, *Running My Life: The Autobiography* (Londres: Hodder and Stoughton, 2012), capítulo 24.
27. Ibid.
28. *Anne: The Princess Royal at 70*.
29. Cameron, *For the Record*, capítulo 27.
30. "Factbox: Memorable Quotes from the 2012 London Olympics", Reuters, 30 jul. 2012.
31. Entrevista com Andy Beckett, 17 maio 2021.
32. Entrevista com Marr.
33. Entrevista com Beckett.
34. Matt Dathan, "London Riots: Prince Charles Cares More Than Cameron, Miliband and Clegg Says Senior MP", *The Independent*, 18 mar. 2015.

35. Entrevista com Stephen Daldry, 19 maio 2021.
36. Kelly, *Other Side of the Coin*, capítulo 3.
37. Amy Raphael e Danny Boyle, "The Opening Ceremony of the 2012 London Olympics". *Creating Wonder: In Conversation with Amy Raphael* (Londres: Faber and Faber, 2013).
38. Coe, *Running My Life*, capítulo 27.
39. Ibid.
40. Entrevista com Daldry.

17. O DUQUE DE ALTO RISCO [pp. 325-47]

1. Sasha Swire, "2011". *Diary of an MP's Wife: Inside and Outside Power* (Londres: Little, Brown, 2020).
2. "A Life in Quotes: The Queen Mother on...", *The Guardian*, 31 mar. 2002.
3. Andrew Roberts, "The Bitter Row That Blighted the Queen Mother's Fortune", *The Telegraph*, 12 maio 2002.
4. Peter Brookes, *The Times*, 2012.
5. "The Queen Net Worth — Sunday Times Rich List 2021", *The Sunday Times*, 21 maio 2021.
6. "Eleanor Steafel, 'My Life Up Close with the Queen — the Most Famous Woman in the World'", *The Telegraph*, 12 jun. 2021.
7. Jonathan Calvert, George Arbuthnott, e Tom Calver, "Prince Michael of Kent 'Selling Access' to Putanistas", *The Sunday Times*, 8 maio 2021.
8. Stephen Castle, "From Prince Andrew, Critical Words for U.S. on Iraq", *The New York Times*, 4 fev. 2008.
9. Stephen Day CMG, "It's Now Getting Really Bad...", *Royal Musings*, 10 mar. 2011.
10. Laura Roberts, "Duke of York Pleads for Government Support Over Dinner with Tunisian Dictator's Relation", *The Telegraph*, 5 mar. 2011.
11. Guy Adams, "The Truth About Andrew's £15m House Sale", *Daily Mail*. Atualizado em: 23 maio 2016.
12. Tom Sykes, "Just What Is Prince Andrew's Relationship to a Kazakh Oligarch?", *The Daily Beast*. Atualizado em: 13 abr. 2017.
13. Emily Fairbairn, "His Royal Rudeness: Prince Andrew's Decades of Unpleasantness Revealed — from His Huge Ego to the Diva-Like Meltdowns", *The Sun*, 21 nov. 2019.
14. Darren Johnson, Twitter, 30 ago. 2019, 10h49.
15. "Prince Andrew: Envoy Career Plagued with Controversy", BBC News, 21 jul. 2011.
16. Nicholas Watt, "Prince Andrew Special Trade Role to Be Downgraded", *The Guardian*, 6 mar. 2011.
17. Philip Williams, "*Invincible* and Prince Andrew Home from War", UPI, 17 set. 1982.
18. Nigel Cawthorne, *Prince Andrew: Epstein, Maxwell and the Palace* (Londres: Gibson Square Books, 2020), capítulo 3.
19. Edward Klein, "The Trouble with Andrew", *Vanity Fair*, ago. 2011.
20. Cawthorne, *Prince Andrew*, capítulo 2.
21. Ibid.

22. Ibid.

23. Elton John, *Me* (Nova York: St. Martin's Griffin, 2019), capítulo 14.

24. Sarah Oliver, "Koo Stark Reveals the Truth About Prince Andrew: After 32 Years' Silence, Prince's Ex-Lover Gives Account of Affair to Defend Him from 'Sex-Slave' Claims", *The Mail on Sunday*. Atualizado em: 15 fev. 2015.

25. Phil Dampier, "Publishing Koo", *The Royal Observer*, 3 jun. 2021.

26. Annabel Sampson, "Prince Andrew's Ex Koo Stark Loses Annual Payment", *Tatler*, 17 fev. 2021.

27. Dempster e Evans, *Behind Palace Doors*, capítulo 19.

28. Dominic Kennedy, "Koo Stark Defends Duke Against Sex Allegations", *The Times*, 16 fev. 2015.

29. Hilary Rose, "My Mills and Boon Life — the Duchess of York's Story", *The Sunday Times*, 14 jan. 2021.

30. Karen DeYoung, "Fergie: Bedlam Over the Bride", *The Washington Post*, 22 jul. 1986.

31. Brown, *Diana Chronicles*, capítulo 13.

32. Entrevista com Kate Waddington, 14 set. 2006.

33. Sarah, duquesa de York, com Jeff Coplon, *My Story* (Londres: Simon and Schuster, 1996), capítulo 2.

34. Ibid., capítulo 9.

35. Emily Kirkpatrick, "Prince Andrew's Former Maid Reportedly Had to Be Trained on How to Arrange His Teddy Bear Collection", *Vanity Fair*, 24 jan. 2022.

36. Sarah, duquesa de York, com Jeff Coplon, *My Story*, capítulo 9.

37. Entrevista com Waddington.

38. Paul Sims, "Prince Andrew Kept Fergie's Wedding Dress in His Wardrobe After They Divorced", *The Sun*, 20 jan. 2022.

39. Wyatt, "1993", *Journals of Woodrow Wyatt*, vol. 3.

40. Entrevista com Waddington.

41. Richard Kay, "The Night Diana Told Me 'The Redhead's in Trouble' as I Confronted Fergie's Toe Sucking Lover: As We Begin a Spectacular Series on Palace Scandals, Legendary Royal Writer RICHARD KAY Looks Back", *Daily Mail*, 1º nov. 2014.

42. Sarah, duquesa de York, entrevista feita por Oprah Winfrey, *Finding Sarah Ferguson*, OWN: The Oprah Winfrey Network, 2011.

43. Camilla Tominey, "The Duchess of York: 'I Am Proud of My Failings'", *The Telegraph*, 23 jul. 2021.

44. Christine Lennon, "Duchess of York: Diana, the Queen and I", *Harper's Bazaar*, 28 fev. 2007.

45. Stephen Bates, "Sarah Ferguson Offered Access to Prince Andrew for Cash, Says Tabloid", *The Guardian*, 23 maio 2010.

46. Frances Hardy, "'I'm Not Divorced from Andrew — I'm Divorced TO Him': In Her First Full Interview for 20 Years, Sarah Ferguson Discusses Her Weight Issues, Complex Personal Life, Eugenie's Wedding… and THAT Remarriage Gossip", *Daily Mail*. Atualizado em: 10 nov. 2018.

47. "Duchess of York Apologises for 'Gigantic Error of Judgment' Over Debt", *Evening Standard*, 12 abr. 2012.

18. UM AMIGO INCONVENIENTE [pp. 348-61]

1. Malia Zimmerman, "Billionaire Sex Offender Epstein Once Claimed He Co-founded Clinton Foundation", Fox News, 6 jul. 2016.
2. Hannah Gold e Marie Lodi, "The Décor in Jeffrey Epstein's NYC Townhouse Is the Stuff of Nightmares", *The Cut*. Atualizado em: 15 ago. 2019.
3. Entrevista com Conchita Sarnoff, 8 jun. 2021.
4. Philip Weiss, "The Fantasist", *New York*, 7 dez. 2007.
5. Entrevista com Sarnoff.
6. Entrevista com Steve Hoffenberg, 25 jul. 2021.
7. Eleanor Berry, *My Unique Relationship with Robert Maxwell: The Truth at Last* (Market Harborough, Leicestershire: Book Guild, 2019).
8. "The Strange and Lonely Life of Britain's Would-Be Playboy Prince", *The Times*, 12 mar. 2011.
9. Klein, "Trouble with Andrew".
10. Guy Adams, "Ten Questions Buckingham Palace MUST Answer Over Prince Andrew's 'Under-Age Sex Slave' Scandal", *Daily Mail*, 6 jan. 2015.
11. Bradley J. Edwards, *Relentless Pursuit: Our Battle with Jeffrey Epstein* (Nova York: Gallery Books, 2020), capítulo 28.
12. Ibid.
13. Ibid.
14. Benjamin Weiser, "'Massage' Was Code for 'Sex': New Epstein Abuse Revelations", *The New York Times*, 9 ago. 2019.
15. Vanessa Grigoriadis, "'They're Nothing, These Girls': Unraveling the Mystery of Ghislane Maxwell, Epstein's Enabler", *Vanity Fair*, 12 ago. 2019.
16. Entrevista com John Preston, 22 jun. 2021.
17. Klein, "Trouble with Andrew".
18. John Arlidge, "The Magazine Interview: Prince Andrew on Being the Palace's 'Entrepreneur-in-Residence'", *The Sunday Times*, 3 dez. 2017.

19. NÚMERO SEIS NA ORDEM DO DIA [pp. 362-89]

1. Chris Bradford, "Meghan Markle's Estranged Dad Thomas Reveals She Told Him 'Daddy I Want to Be Famous' When She Was on Red Carpet Aged 12", *The Sun*, 23 jun. 2021.
2. Collette Reitz, "Meghan Markle Stood Up for Women as a Young Girl & Is Our New Feminist Icon", *Elite Daily*, 1º dez. 2017.
3. Entrevista com Wendy Riche, 16 dez. 2019.
4. "Home Video Shows a Day in the Life of Meghan Markle c. 1999", YouTube, 8 dez. 2017.
5. Entrevista com Thomas Markle, 27 ago. 2021.
6. Meghan Markle, "I'm More Than an 'Other'", *Elle*, 22 dez. 2016.
7. Samantha Markle, *The Diary of Princess Pushy's Sister: A Memoir, Part 1* (Nova York: Central Park South Publishing, 2021), capítulo 9.

8. Duquesa de Sussex, "Birthday Suit", *The Tig Archives*, set. 2014.
9. Markle, "I'm More Than an 'Other'".
10. Matt Goulet, "Meghan Markle Grew Up Around TV Decades Before She Starred on *Suits*", *Esquire*, 14 fev. 2018.
11. Emma Duncan e Valentine Low, "Can Meghan Markle Modernise the Monarchy?", *The Economist*, 23 maio 2018.
12. Duquesa de Sussex, "Birthday Suit".
13. Entrevista com Bonnie Zane, 9 jan. 2020.
14. James Walcott, "Suits Me", *Vanity Fair*, maio 2018.
15. Entrevista com Kevin Bray, 29 jan. 2020.
16. Entrevista com Zane.
17. Entrevista com Bray.
18. Entrevista com David Bartis, 29 jan. 2020.
19. Duquesa de Sussex, "A Suitable Beginning", *The Tig Archives*, jan. 2015.
20. Ibid.
21. Entrevista com Aaron Korsh, 16 dez. 2019.
22. Erica Gonzales, "Meghan Markle Opens Up About Her Family's Experience with Racism", *Harper's Bazaar*, 18 jan. 2017.
23. Duquesa de Sussex, "A Love Letter", *The Tig Archives*, maio 2014.
24. Markle, *Diary of Princess Pushy's Sister*, capítulo 8.
25. Entrevista com Riche.
26. Entrevista com Shelley Curtis Litvack, 12 ago. 2021.
27. Markle, *Diary of Princess Pushy's Sister*, capítulo 12.
28. Entrevista com Thomas Markle.
29. Entrevista com Bray.
30. Duquesa de Sussex, "Suitable Beginning".
31. Lady Colin Campbell, *Meghan and Harry: The Real Story* (Nova York: Pegasus Books, 2020), capítulo 3.
32. Julianne Carell, "Actress Meghan Markle's Favorite Toronto Beauty Spots", *Glamour*, 21 ago. 2014.
33. Sarah Madaus, "Meghan Markle's Former Co-Star Gina Torres Says Motherhood Is a 'Dream Come True' for the Duchess", *Town & Country*, 28 jul. 2019.
34. Salamishah Tillet, "Meghan Markle Left 'Suits.' Here's What She Took with Her", *The New York Times*, 25 abr. 2018.
35. Delap, "*Suits* Star Meghan Markle".
36. Entrevista com Bray.
37. Cath Clarke, "Anti-Social", *Time Out*, 27 abr. 2015.
38. Entrevista com Jonathan Shalit, 9 ago. 2021.
39. Katie Hind, "The Night Meghan Markle Begged Me to Get Her IN the Tabloids: The Duchess of Sussex Spoke Movingly About the Pressures of the Media Spotlight, but as KATIE HIND Reveals, She Wasn't Always So Reticent", *The Mail on Sunday*. Atualizado em: 27 out. 2019.
40. Amy Mackelden, "Meghan Markle's First Royal Tour Speech Was an Emotional Call for Female Empowerment", *Harper's Bazaar*, 24 out. 2018.

41. Andrew Morton, *Meghan: A Hollywood Princess* (Londres: Michael O'Mara, 2018), capítulo 8.
42. "How These Visionary Women Are Carving the Path for Gender Equality", YouTube, 17 out. 2014.
43. Duquesa de Sussex, "Meghan Markle for *Elle*: 'With Fame Comes Opportunity, but Also a Responsibility'", *Elle*, 8 nov. 2016.
44. "Meghan Markle UN Women", YouTube, 13 mar. 2015.
45. Duquesa de Sussex, "Meghan Markle for *Elle*".
46. "Meghan Markle Was on the Hunt for 'Famous British Men' Before Meeting Prince Harry", *The News International*, 21 set. 2021.
47. Piers Morgan, "Hearty Congratulations, Harry, You Picked a Real Keeper (Even If Your Romance Did Destroy My Beautiful Friendship with the Amazing Meghan Markle)", *Mail Online*, 27 nov. 2017.
48. Kate Mansey, "It's Meghan and Haz! Royal Bride-to-Be Gave Harry His New Nickname Weeks After Their First Meeting — and It WASN'T a Blind Date, Says Her Friend and Advisor", *The Mail on Sunday*. Atualizado em: 8 abr. 2019.

20. O FRACASSO DE FLASHMAN [pp. 390-402]

1. Duque e duquesa de Cambridge, Twitter, 29 abr. 2016, 15h55.
2. "Prince Harry 'Let Down Family' Over Vegas Photos", BBC News, 21 jan. 2013.
3. Entrevista com Lowther-Pinkerton.
4. Entrevista com Howes.
5. Tom Sykes, "Why on Earth Is Prince Harry Single?", *The Daily Beast*, 13 abr. 2017.
6. "Everything You Ever Needed to Know About Cressida Bonas", *Tatler*, 9 set. 2013.
7. *Diana, Our Mother*.
8. Hannah Furness, "Prince Harry: I Sought Counselling After 20 Years of Not Thinking About the Death of My Mother, Diana, and Two Years of Total Chaos in My Life", *The Telegraph*, 19 abr. 2017.
9. Ibid.
10. Ibid.
11. Duque de Sussex, *The Me You Can't See*.
12. Duque de Sussex, "Prince Harry", Bryony Gordon's *Mad World*, 16 abr. 2017.
13. Duque de Cambridge, *Time to Walk*, Apple Fitness+, 2021.
14. "Battle of the Somme Centenary Commemorations", royal.uk, 1º jul. 2016.
15. "FULL Interview: Prince Harry and Meghan Markle", YouTube, 27 nov. 2017.

21. ENAMORADOS [pp. 403-17]

1. Morton, *Meghan: A Hollywood Princess*, capítulo 9.
2. Omid Scobie e Carolyn Durand, *Finding Freedom: Harry and Meghan* (Nova York: Dey Street Books, 2020), capítulo 3.

3. Ibid.
4. Ibid.
5. Ibid., capítulo 4.
6. Ibid., capítulo 8.
7. "Prince Harry and Girlfriend Buy Christmas Tree in London", ITV, 14 dez. 2016.
8. "Mail Order Bride? How the Middletons Made Their Millions", *The Times*, 26 nov. 2010.
9. Hilary Mantel, "Royal Bodies", *London Review of Books*, 21 fev. 2013.
10. Lauren Collins, "Mail Supremacy", *The New Yorker*, 26 mar. 2012.
11. Camilla Tominey, "50 Years On: How the Duchess of Cornwall Finally Won Over the Nation", *The Telegraph*, 20 ago. 2021.
12. Ruth Styles, "Exclusive: Harry's Girl Is (Almost) Straight Outta Compton: Gang-Scarred Home of Her Mother Revealed — So Will He Be Dropping By for Tea?", *Daily Mail*. Atualizado em: 10 jan. 2020.
13. Scobie e Durand, *Finding Freedom*, capítulo 5.
14. Gordon Rayner, "The Duke of Cambridge Approved Prince Harry's Plea to Trolls to Leave Meghan Markle Alone", *The Telegraph*, 26 nov. 2016.
15. Charlie Brinkhurst-Cuff, "Prince Harry's Woke Statement Doesn't Mean We Should Start Dreaming of Being Princess", *The New Statesman*, 15 nov. 2016.
16. "Meghan Markle, Wild About Harry!", *Vanity Fair*, 6 set. 2017.
17. Carolyn Durand e Katie Kindelan, "Meghan Markle Speaks Out About #MeToo Movement, Calls for Women to Be 'Empowered' to Use Their Voice", *Good Morning America*, 28 fev. 2018.
18. "Meghan Markle Wants to 'Hit Ground Running' with Royal Charity Work", BBC News, 28 fev. 2018.

22. MAGIC KINGDOM [pp. 418-31]

1. Scobie e Durand, *Finding Freedom,* capítulo 14.
2. "'The Power of Love': Address by U.S. Bishop at Harry and Meghan's Wedding", Reuters, 19 maio 2018.
3. Tara Isabella Burton, "Bishop Michael Curry Just Stole the Show with His Sermon at the Royal Wedding", *Vox*, 19 maio 2018.
4. Chloe Morgan, "Kate Middleton Is 'Mortified' by Claims That She Made Meghan Markle Cry During Row over Bridesmaids Dresses Because She's 'Very Careful' with How She Treats Others' so as Not to Spark Feud Rumours, Royal Expert Claims", *Mail Online*. Atualizado em: 16 mar. 2021.
5. Morgan, "Hearty Congratulations, Harry".
6. Rachel Johnson, "Sussex Fatigue: Meghan and Harry Are Making the British Yearn for the Queen Mum", *Air Mail*, 24 out. 2020.
7. "'It Was Fantastic': Prince Harry Tells *Today* on BBC Radio 4 About Christmas with Meghan Markle and Says Royals Are 'the Family I Suppose She's Never Had'", *The Sun*.
8. Conversa pessoal com lady Anne Glenconner.

9. Christopher Bucktin, "'Maybe We Embarrass Her': Meghan Markle's Brother Thomas Says Their Family Is Torn Apart over Royal Wedding Snub", *Mirror*. Atualizado em: 19 abr. 2018.

10. Joseph Curtis, "'It's Time to Man Up, Harry!' Meghan Markle's Sister Blasts the Prince for 'Allowing Meg to Ignore' Her Family in Extraordinary Twitter Tirade Right in Middle of Meghan's First Official State Appearance", *Mail Online*, 18 abr. 2018.

11. "Meghan Markle's Estranged Brother Writes a Letter to Prince Harry (Exclusive)", *In Touch*. Atualizado em: 19 maio 2018.

12. Entrevista com Riche.

13. Entrevista com Thomas Markle.

14. Ibid.

15. Scobie e Durand, *Finding Freedom*, capítulo 12.

16. Entrevista com Thomas Markle.

17. "A Statement by the Communications Secretary to Prince Harry", royal.uk, 8 nov. 2016.

18. Entrevista com Harverson, 4 nov. 2019.

19. James Beal, "Dad's £23 Hideout: Meghan Markle's Shamed Dad Thomas Watched Royal Wedding from a £23-a-Night Airbnb in Mexico", *The Sun*, 22 maio 2018.

23. DESVENCILHANDO-SE [pp. 432-49]

1. Emily Andrews, "Iron Duke: Prince Philip, 97, Yelled 'My Legs, My Legs' After Car Crash 'Caused by Dazzling Sun'", *The Sun*, 18 jan. 2019.

2. Haroon Siddique, "Prince Philip Has Not Said Sorry for Car Crash, Injured Woman Claims", *The Guardian*, 20 jan. 2019.

3. Johnny Dymond, "The Royal Visit — Prince Philip Accepts His Certificate", *British Dental Journal* 230 (maio 2021): 546-66; extratos publicados originalmente no vol. 104 (mar. 1958).

4. "Harry and Meghan Not Returning as Working Members of Royal Family", BBC News, 19 fev. 2021.

5. Polly Dunbar, "Getting Up at 5am, Bombarding Aides with Texts and Her Eyebrow-Raising Fashion: Meghan Is Shaking Up the Royals Six Months After the Wedding", *The Mail on Sunday*. Atualizado em: 19 nov. 2018.

6. Simon Perry, "How the Queen Avoided an Awkward Car Moment with Meghan Markle: 'You Go First'", *People*, 14 jun. 2018.

7. Rebecca Mead, "Meghan Markle's Ever-So-Slightly Radical Cookbook", *The New Yorker*, 25 set. 2018.

8. Emily Nash, "Not a Handout, a Hand Held", postagem no Instagram, 12 set. 2019.

9. Simon Perry, "Meghan Markle Steps Out in Her First Maternity Dress as She Visits One of Her New Patronages", *People*, 10 jan. 2019.

10. Isabella Kwai, "Harry and Meghan Charm Sometimes Skeptical Subjects in Australia", *The New York Times*, 16 out. 2018.

11. Entrevista com Brandreth.

12. *The Princes and the Press,* apresentado por Amol Rajan, dirigido por Grace Hughes Hallett, BBC Two, 2021.

13. Brown, *Diana Chronicles*, capítulo 10.
14. Duque de Sussex, *Oprah with Meghan and Harry*.
15. Princesa de Gales, "An Interview with HRH The Princess of Wales", *Panorama*.
16. Valentine Low, "£2.4m Bill for Renovation of Meghan and Harry's House, Frogmore Cottage", *The Times*, 25 jun. 2019.
17. *Harry and Meghan: An African Journey,* dirigido por Nathaniel Lippiett, ITN Productions, 2019.
18. Morton, "Diana, Princess of Wales in Her Own Words", *Diana: Her True Story*.
19. Michelle Tauber, "Meghan Markle's Best Friends Break Their Silence: 'We Want to Speak the Truth'", *People*, 6 fev. 2019.
20. Caroline Davies, "Meghan Chose to Write Letter to Father to Protect Prince Harry, Texts Reveal", *The Guardian*, 12 nov. 2021.
21. Sean Coughlan, "Duchess of Sussex Weighed Up Calling Father 'Daddy'", BBC News, 10 nov. 2021.
22. Entrevista com Thomas Markle.
23. "Charles' Diary Lays Thoughts Bare", BBC News, 22 fev. 2006.
24. "Meghan Sues *Mail on Sunday* Over Private Letter", BBC News, 2 out. 2019.
25. Gareth Davies, "Meghan's Statement in Full: Duchess Says She Is 'Reshaping' Tabloid Media Industry as She Takes Swing at 'Daily Fail'", *The Telegraph*, 2 dez. 2021.
26. Nicholas Witchell, "Meghan Apologises to Court for Forgetting Biography Briefing Notes", BBC News, 11 nov. 2021.
27. Caroline Davies, "Meghan Calls for Tabloid Industry Overhaul as *Mail on Sunday* Loses Appeal", *The Guardian*, 2 dez. 2014.
28. Entrevista com Mark Stephens, 2 dez. 2021.

24. PRIVACIDADE E PRECONCEITO [pp. 450-69]

1. Duquesa de Sussex, *Oprah with Meghan and Harry*.
2. Entrevista com Nicolson.
3. Entrevista com Euan Rellie, 23 jul. 2021.
4. Vassi Chamberlain, "What the Duchess of Cambridge Is Really Like Behind Closed Doors", *The Telegraph*, 8 jan. 2022.
5. "'Very Buckinghamshire': How 'Society Bible' *Tatler* Fell Out of Royal Favour", *The Guardian*, 1º jun. 2020.
6. Christopher Andersen, *Brothers and Wives* (Nova York: Gallery Books, 2021), capítulo 5.
7. *The Princes and the Press*.
8. Katie Nicholl, "The Real Meaning of Kate Middleton's Very Personal Honor from the Queen", *Vanity Fair*, 30 abr. 2019.
9. "Why Can't Meghan Markle Keep Her Hands Off Her Bump? Experts Tackle the Question That Has Got the Nation Talking: Is It Pride, Vanity, Acting — or a New Age Bonding Technique?", *The Mail on Sunday*. Atualizado em: 28 jan. 2019.

10. Patrick Greenfield, "Princess Michael of Kent Apologises for 'Racist Jewellery' Worn at Lunch with Meghan Markle", *The Guardian*, 23 dez. 2017.

11. Stephen Bates, "The Marquess of Bath Obituary", *The Guardian*, 5 abr. 2020.

12. Entrevista com Emma Thynn, marquesa de Bath, 29 out. 2021.

13. Michelle Obama, *Becoming* (Nova York: Crown, 2018), capítulo 6.

14. "Fox Refers to Michelle Obama as 'Baby Mama'", *Today*, 13 jun. 2008.

15. Raisa Bruner, "Michelle Obama Explains What 'Going High' Really Means", *Time*, 20 nov. 2018.

16. Megan Sutton, "Michelle Obama Reveals the Advice She'd Give to the Duchess of Sussex", *Good Housekeeping*, 12 mar. 2018.

17. Entrevista com Nick Lowles, 21 out. 2021.

18. Duque de Sussex, *Oprah with Meghan and Harry*.

19. "Prince Philip's Gaffes from Decades on Royal Duty", BBC News, 4 maio 2017.

20. Gerard Seenan, "Prince Apologises as Latest Gaffe Offends Indians", *The Guardian*, 11 ago. 1999.

21. Entrevista com Penny Mortimer, 8 jan. 2021.

22. Talia Shadwell, "Prince Andrew Made 'Unbelievable' Racist Comments About Arabs, Ex-Home Secretary Says", *Mirror*, 19 nov. 2019.

23. "African Theme Shows Wild Side of Wills", *Wales Online*. Atualizado em: 1º abr. 2013.

24. Owen Bowcott, "Polo Friend of Charles Addressed as 'Sooty'", *The Guardian*, 14 jan. 2009.

25. Aatish Taseer, "Race and the Royals: An Outsider's View Inside Kensington Palace", *Vanity Fair*, maio 2018.

26. Entrevista com Aatish Taseer, 15 mar. 2021.

27. Johnson, "RACHEL JOHNSON: Sorry, Harry".

28. "PM's Past Comments About Black People 'Deeply Offensive'", BBC News, 12 jun. 2020.

29. Entrevista com Taseer.

30. *The Princes and the Press*.

31. Nadine White, "Meghan's Mother Doria Ragland's Appearance in Royal Baby Photo Celebrated as Watershed for 'Multicultural Britain'", *The Huffington Post*. Atualizado em: 9 maio 2019.

32. Grant Tucker, Twitter, 8 maio 2019, 17h23.

33. David Hughes, "Buckingham Palace Statement in Full: Read the Royal Family's Succinct Response to Harry and Meghan Interview", *I News*, 10 mar. 2021.

25. TERRA ARRASADA [pp. 470-86]

1. Hannah Furness, "Prince Harry: I Warned Twitter Boss About a Coup Before the Capitol Riots", *The Telegraph*, 10 nov. 2021.

2. "A Major Celebrity Is Pitching Senators from Both Parties on Paid Family and Medical Leave: Meghan Markle", *Politico*, 3 nov. 2021.

3. Duquesa de Sussex, *Oprah with Meghan and Harry*.

4. Duque de Sussex, *The Me You Can't See*.
5. Duque de Sussex, *Oprah with Meghan and Harry*.
6. "About", Heads Together, headstogether.org.uk.
7. *Harry and Meghan: An African Journey*.
8. Ibid.
9. "Statement by His Royal Highness Prince Harry, Duke of Sussex", sussexofficial.uk, 1º out. 2019.
10. Brownen Weatherby, "Female MPs Pen Open Letter to Meghan Markle in Support of Her Stand Against 'Distasteful and Misleading' Articles", *Evening Standard*, 29 out. 2019.
11. Tom Bradby, "Prince Harry and Meghan: ITV African Journey Documentary Shows They Can Only Take So Much", *The Times*, 20 out. 2019.
12. Bonnie Christian, "Prince Andrew Faces Barrage of Criticism Over 'Plane Crash' Jeffrey Epstein Scandal Interview", *Evening Standard*, 17 nov. 2019.
13. Dickie Arbiter, Twitter, 16 nov. 2019, 22h26.
14. Camilla Tominey, "Prince Philip Told Prince Andrew to 'Take His Punishment' After Summoning His Son to Sandringham", *The Telegraph*, 5 dez. 2019.
15. Duque de York, Twitter, 20 nov. 2019, 18h02.
16. Sarah Ferguson, Instagram, 15 nov. 2019.
17. Freddy Mayhew, "Prince Andrew Interview Wins Top Prizes for CutsHit BBC *Newsnight* at Royal Television Society Awards", *Press Gazette*, 27 fev. 2020.
18. Andersen, *Brothers and Wives*, capítulo 5.
19. Duque de Sussex, *Oprah with Meghan and Harry*.
20. Ibid.
21. Andersen, *Brothers and Wives*, capítulo 1.
22. Camilla Tominey, "Queen Delivers Hardest Possible 'Megxit' as Cost of Harry and Meghan's Decision Becomes Clear", *The Telegraph*, 18 jan. 2020.
23. Bonnie Christian, "Harry Breaks Silences on Royal Crisis Saying He and Meghan Markle Had 'No Other Option' but to Stand Down", *Evening Standard*, 20 jan. 2020.

EPÍLOGO [pp. 487-502]

1. "The Queen's Coronavirus Address: 'We Will Meet Again'", BBC News, 5 abr. 2020.
2. "Coronavirus: Charles Speaks Following Virus Diagnosis", BBC News, 1º abr. 2020.
3. Sarah Campbell, "Coronavirus: How the Royal Family Is Changing in Lockdown", BBC News, 1º jul. 2020.
4. "Covid-19: Prince William 'Tested Positive in April'", BBC News, 2 nov. 2020.
5. "Coronavirus: 'Britain Is at Its Best, Weirdly, When We're in a Crisis,' Says Prince William", ITV, 12 abr. 2020.
6. Abbie Llewelyn, "Prince Philip Said He 'Couldn't Imagine Anything Worse' Than Living to 100 Before Death", *Express*, 10 jun. 2021.
7. Brown, "Prince Philip".
8. Katie Nicholl, "Inside the Queen's Lockdown 'Bubble'", *Vanity Fair*, 1º jun. 2020.

9. Duque de Sussex, *Oprah with Meghan and Harry*.

10. "Prince Harry to Author Book Reflecting on Lessons Learned Throughout His Life", Archewell, 19 jul. 2021.

11. Richard Kay, "The Sun on His Face and a Rug on His Lap", *Daily Mail*, 9 abr. 2021.

12. Duque de Sussex, *The Me You Can't See*.

13. Kara Kennedy, "Meghan Markle and Prince Harry Dropped for COP26 Video Speech After Queen's Message", *Express*, 8 nov. 2021.

14. Alex Kleiderman, "COP26: Act Now for Our Children, Queen Urges Climate Summit", BBC News, 1º nov. 2021.

15. Jack Royston, "Prince Harry's Carbon Pledge Pressures Royals Day After Queen Omits Him from Speech", *Newsweek*, 3 nov. 2021.

16. Jaclyn Roth, "Meghan Markle & Prince Harry Look So in Love at 'Global Citizen Live' Event—Details!", *The Royal Observer*, 25 set. 2021.

17. Ex-soldados das Forças Armadas britânicas da rainha Elizabeth, "Prince Andrew's position in the armed forces", 20-22 Wenlock Road, London, 13 jan. 2022.

18. Victoria Ward e Josie Ensor, "Queen to Help Pay for £12m Prince Andrew Settlement", *The Telegraph*, 15 fev. 2022.

19. "Elizabeth's Tilbury Speech, July 1588", Timelines: Sources from History, British Library, bl.uk.

20. Caroline Davies, "Praise for Prince Charles After 'Historic' Slavery Condemnation", *The Guardian*, 30 nov. 2021.

21. Sua Majestade, a rainha, "Christmas Broadcast 1957", 25 dez. 1957, royal.uk.

Créditos das imagens

p. 1
Acima: Camera Press Center: Camera Press/ SUS
Abaixo: Norman Parkinson/ Iconic Images

p. 2
Acima: James Gray/ Daily Mail/ Shutterstock
Abaixo à esq.: David Secombe/ Camera Press
Abaixo à dir.: Paul Fievez/ Daily Mail/ Shutterstock

p. 3
Acima: Albanpix/ Shutterstock
Abaixo: Trinity Mirror/ Mirrorpix/ Alamy

p. 4
Acima e abaixo: Shutterstock

p. 5
Acima: PA Images/ Alamy Stock Photo
Abaixo à esq.: Shutterstock

Abaixo à dir.: Private Collection © Arquivo The Lucian Freud. Todos os direitos reservados 2021/ Bridgeman Images

p. 6
Acima à esq.: Tim Rooke/ Shutterstock
Abaixo à dir.: John Swannell/ Camera Press Second
Fileira à esq.: PA Images/ Alamy Stock Photo Second
Fileira à dir.: Terry Fincher/ Arquivo Princess Diana/ Getty Images
Terceira fileira ao centro: Toby Melville/ PA Images/ Alamy
Abaixo à esq.: PA Images/ Alamy Stock Photo
Acima à dir.: Chris Jackson/ Getty Images

p. 7
Acima: Gareth Cattermole/ Getty Images
Segunda fileira à esq.: Tim Rooke/ Shutterstock
Segunda fileira ao centro: Max Nash/ AFP via Getty Images
Segunda fileira à dir.: Sang Tan/ AP/ Shutterstock
Abaixo à esq.: Shutterstock
Abaixo à dir.: Joanne Davidson/ Shutterstock

p. 8
Acima: Reuters/ Alamy Stock Photo
Centro: Ian Jones
Abaixo: Reuters/ Russell Cheyne/ Alamy

p. 9
Acima à esq.: Malcolm Clarke/ ANL/ Shutterstock
Acima à dir.: Malcolm Clarke/ Daily Mail/ Shutterstock
Abaixo à esq.: PA Images/ Alamy Stock Photo

p. 10
Acima: Reuters/ Dominic Lipinski/ Pool/ Alamy
Abaixo: Shutterstock

p. 11

Acima: Samir Hussein/ WireImage/ Getty Images

Abaixo: Richard Gillard/ Camera Press

p. 12

Acima: Shutterstock

Segunda fileira à esq.: James Breedon/ The Sun/ News Licensing

Segunda fileira acima no centro: Canadian Press/ Shutterstock

Segunda fileira abaixo no centro: Shutterstock

Segunda fileira à dir.: Owen Humphreys/ Pool via Reuters/ Alamy

p. 13

Samir Hussein/ Wireimage/ Getty Images

p. 14

Acima à esq. atrás: Mirrorpix

Abaixo à esq. atrás: News Licensing and Shutterstock

Acima à dir.: Max Mumby/ Indigo/ Getty Images Center: Shutterstock

Abaixo à esq.: Shutterstock

Abaixo à dir.: Alamy and Camera Press/ Rota

p. 15

Acima: Jonathan Brady/ WPA Pool/ Shutterstock

Centro: Chris Jackson/ WPA Pool/ Getty Images

Centro à dir.: David Hartley/ Pool/ Shutterstock

Abaixo à esq.: Danny Lawson/ WPA Pool/ Shutterstock

Abaixo à dir.: Ian Vogler/ WPA Pool/ Shutterstock

p. 16

Acima: Max Mumby/ Indigo/ Getty Images

Acima à dir.: Christopher Furlong — WPA Pool/ Getty Images

Centro à dir.: Panorama/ BBC

Abaixo: Max Mumby/ Indigo/ Getty Images

Índice remissivo

ABC News: casamento de William-Kate, 259
Adams, Gerry, 308
Adams, Patrick, 373, 378, 387
Adele, 437
Afeganistão: blackout de notícias, 274-7; Harry no, 266-8, 273-8, 302-3, 390
Afia, Jenny, 459
Aitken, Lee, 352
Aitken, Victoria, 66
Albert, príncipe consorte, 111, 118
Alessi, Juan, 356
Alexandra, rainha, 40-1, 64
Alexandra de Kent, princesa, 74, 189, 343
Alice de Battenberg, princesa, 23
Allen, Lilly, 437
Allen, Woody, 352
Althorp, casa de, 36, 46, 65-6, 212; enterro de Diana na, 157, 160
Andersen, Christopher, 271, 482
Anderson, Mabel, 42, 156
Anderson, Markus, 381, 388-9
Andrew, príncipe, duque de York, 101-2, 106, 118, 144, 274, 309, 325-47; bolo de casamento, 260; caráter e personalidade, 334, 337, 342, 347; casamento de Charles-Diana e, 335; Charles e, 392, 477-8, 480; deixando a realeza, 479-80, 496; desgraças e, 480-1; divórcio, 344; entrevista a Maitlis, 76, 477-80; Epstein e, 20, 76, 101, 339, 347, 349, 352-61, 478-80; escândalo Giuffre, 358-60, 477-81, 495-6; Fergie e, 340-7; funeral do pai e, 492; gastos e estilo de vida, 332; em Gordonstoun, 337; ignorado no Jubileu de Diamante, 326; ilusão Dunning-Kruger, 347, 478; incêndio no Castelo de Windsor e, 336; intolerância de, 465; ladeira abaixo, 335, 342, 346-7, 353-61; Marinha Real e, 20, 335-6, 339; mídia e, 338, 340; milênio e, 88; morte da rainha e, 498; namoradas, 338-40, 355-6; negócios e associados escusos, 332-5, 347; Pitch@Palace e, 360, 478, 480; posto de embaixador do comércio, 347, 360, 434, 471; a rainha e, 20, 335-7, 339, 359, 495-6; relação do pai com, 341; renda, 146, 330, 342-3; renovação da reputação, 360; sa-

grado Cavaleiro da Grã-Cruz da Cavalaria, 360; como segundo filho, 337-8, 342; segurança para, 325-6; senso de ter direito, 334, 347; Sunninghill Park e, 333, 344, 360; títulos, 479, 496; ursinhos de pelúcia, 342

Andrew, príncipe da Grécia e da Dinamarca, 23

Annan, Kofi, 122

Anne, princesa real, 18, 20, 70, 95, 101, 191, 203, 312, 327, 337, 488; deveres reais, 88; documentário sobre o septuagésimo aniversário, 317; como equitadora, 316; funeral do pai e, 492; Gatcombe Park, 62; Jogos Olímpicos de Londres e, 316; Jubileu de Diamante e, 309; o milênio e, 88; morte da rainha e, 498; Parker Bowles e, 53-4; renda, 330; segundo casamento, 189

Anne Marie, princesa da Dinamarca, 100

Annenberg, Lee, 342

Anstruther-Gough-Calthorpe, Isabella, 246, 398

Arbiter, Dickie, 77, 477, 484

Arlidge, John, 360

Arnold, Sarah, 284

Asprey, Helen, 296

Astor, lady, 22

ataques terroristas de 11 de setembro: autora Brown na igreja de St. Thomas, 121; a mensagem da rainha, 122; príncipe Philip e Ofício em Memória, 121; a rainha e, 120-2

Attenborough, sir David, 494

Austrália, 28, 90-1, 190, 283, 357, 360; Megmania, 438-9; viagens pela Commonwealth, 133, 309, 438; visita da rainha e o movimento republicano, 91

"Autorregulação da Imprensa", 257

Awakening of Emily, The [O despertar de Emily] (filme), 339

Bailey, David, 18

Baker, Oli, 244

Balgove House, 244, 247

Balmoral, castelo de, 23, 29-31, 34-6, 60, 96-7, 118-20, 126, 328-9, 343, 472, 478, 497; Ghillies Ball [Baile das Sapatilhas] anual, 142; Harry e Meghan ignoram, 472-3; quadro de funcionários para, 119; rainha como "recolhedora" e caçadora de veados, 119; visita anual do primeiro-ministro, 89, 137

Barak, Ehud, 349

Barnes, Barbara, 198, 212

Barrantes, Hector e Susan, 341

Barrymore, Michael, 33

Bartis, David, 367, 369, 373

Bashir, Martin, 9, 26, 35, 37, 78, 128, 208, 217, 223, 225, 440

BBC, TV: Charles e Witchell, 188; documentário *Charles*, 75-6, 80, 216, 223; entrevista de Bond com William, 240; entrevista de Maitlis com Andrew, 76, 477-80; notícia da morte da rainha, 498; *Prince Philip*, documentário, 113; *Royal Family*, documentário, 23, 118; *The Princes and the Press*, documentário, 302, 459

Beard, Peter, 44

Beaton, Cecil, 97, 134

Beatrice de York, princesa, 325-6, 333, 344; casamento, 480

Beatriz, rainha dos Países Baixos, 314

Beaufort, Área de Caça de, 33, 55, 71, 240

Beckett, Andy, 104

Beckham, David, 286, 425

Beckham, Victoria, 425

"Before Action" [Antes do combate] (Hodgson), 401

Berry, Eleanor, 355

Betjeman, sir John, 48

Birds of Britain [Aves da Grã-Bretanha], livro de mesa, 51

Birkhall, 29, 59, 82, 137, 140, 142, 146, 179, 184, 186, 194, 488

Black, lorde, 35, 239

Blair, Cherie, 86, 88, 98, 177

Blair, Tony, 29, 32, 86-90, 92, 105, 144, 173, 267, 291, 305, 317-8; ataques terroristas de 11 de setembro e, 121; Charles e Camilla e, 186-7;

Lei da Caça (2004) e, 177; memorandos da "aranha negra" de Charles, 175, 187
Block, Grey and Block, vinícola, 44
Blunt, Anthony, 141
Bolland, Mark, 27-9, 73, 80, 82, 85, 100, 104, 161-2, 165, 170, 241, 293, 304, 314; artigo no *Times*, 179, 181; "Blackadder", 27; *News of the World*, coluna, 165; Operação PB, 83-5, 93, 169
Bonas, Cressida, 395-401
Bond, Jennie, 240
Botsuana, África, 34, 282, 285, 403, 405, 412
Bower, Tom, 102, 155, 158
Bowman, Nick, 288
Boyce, William, 164
Boyle, Danny, 321-4
Brabourne, lorde, 33
Bradby, Tom, 286, 444, 475-7
Branagh, Kenneth, 321
Brandreth, Gyles, 24, 93, 110, 135-6, 185, 189
Branson, Richard, 246
Branson, Sam, 246
Bray, Kevin, 368-9, 373, 378
Breakfast with Lucian (Greig), 56
Brenna, Mario, 221
Britannia (iate real), 89, 114, 328
British Art Journal, 93
Brooke, Daisy, condessa de Warwick, 40
Brooks, Rebekah Wade, 291-4, 299-301
Brown, Gordon, 105, 273, 291, 317
Brown, Harold, 154, 157
Brown, Peter, 102
Brown, Sarah, 291
Bruce, Alastair, 489
Bryan, John, 101, 343
Bryant, Chris, 334-5
Bublé, Michael, 377
Buckingham, palácio de, 30-1, 44, 51, 77, 89, 112, 129, 135, 161-2; aberto ao público, 90, 134; almoço de Natal, 461; coro de madrigal, 117; custos, 329; entrevista de Maitlis no, 478; escritório de Sussex, 459; festa de cinquenta anos de Charles, Camilla excluída, 93; Festa no Palácio, 92, 150-1; fotos na varanda, 326-7; Jubileu de Ouro, 149-50; Queen's Gallery, 93; tributo de 11 de setembro, 121; Trooping the Colour (cerimônia dos regimentos militares), 115, 198, 326
Budgie the Little Helicopter (série), 343
Burgess, Colin, 124, 155-6
Burke, Kevin, 52
Burrell, Paul, 157-62, 167-8, 199, 220, 243, 346; a rainha e o julgamento de, 163; vende sua história, 165
Burrows, Gavin, 293-5, 302
Butler, R. A. "Rab", 111
Byline Investigates, site de notícias, 289, 294

Cairns, Fiona, 260
Calder, Julian, 131
Cambridge, Universidade de, 240
Cameron, David, 202, 232, 254, 291, 298, 301-2, 305, 308, 317, 319, 322, 326, 328, 401, 466
Cameron, Samantha, 232, 319
Cameron, Susan, 233
Camilla, Sua Alteza Real Duquesa da Cornualha, 18, 27, 39-64, 72-5, 169-94; 51; aceitação de, 169-70, 184, 313; acidente de carro, 80-1, 433; aflições financeiras, 80; aliança, 191; amigos, 82, 187, 192, 452; "anos de borboleta", 51; aparência de, 27, 49, 54, 71, 74, 187, 189, 191, 314; autora e, 59; em Bolehyde Manor, 55, 58; cães, 78; caráter e personalidade, 42, 46, 49, 51-2, 58, 71, 75, 80, 170, 178-9, 189, 228, 264, 314; casamento de van Cutsem e o limite colocado, 182-4; casamento de William-Kate e, 264; Charles, casamento, da proposta à cerimônia, 178-94; Charles e, 39, 42, 48-9, 57, 61-4, 68-75, 80-3, 93, 169-70, 191, 314; Charles e, regalias e ganhos, 80, 84, 185; círculo social, 55; covid-19 e, 488; deveres reais, 314, 401, 477, 493; Diana e, 60, 64, 68; divórcio e, 28, 78, 169; documentário da BBC (2021), 77; documentário do Canal 5, 82; educação, 45, 50-1; como equitadora,

polo e caça à raposa, 49, 55, 80, 178; encontrando privacidade, 452; família, infância, primeiros anos, 43-6, 51-2, 228; Fawcett e, 168; festa de cinquenta anos e presente, 82; Festa no Palácio e, 151; filantropia e, 83; filhos Tom e Laura, 55, 69, 78; funeral da rainha-mãe e, 145; como futura rainha consorte, 314; guarda-roupas, 314; habilidades sociais, treinamento como membro da realeza, 50, 52, 178; Harry e, 94, 170, 185, 397; em Highgrove House, 179; imagem pública, 311, 313; incidente assustador, 315; joias, 82, 94; joias de rainha-mãe e, 313; Jubileu de Diamante e, 310-1; Kate e, 252, 313-4; Keppel como antepassada, 39-43, 49, 82, 313; linhagem aristocrática, 46; Meghan e, 461; mentira dos "pãezinhos", 425; em Middlewick House, 62, 73, 78-9; mídia e, 28, 68-9, 71-5, 77, 84, 94, 179, 185, 188-9, 314, 407, 424-5; morte de Diana e, 83-5; namorados, 52; Operação PB de Bolland e, 83-5, 93, 169; opinião pública e, 68-9, 180; Parker Bowles e, 28, 42, 52-6, 62-3, 72, 77-8, 169; Peat e, 162, 179-82, 184; prêmio de Dama da Grande Cruz, 313; como presidente da Sociedade de Osteoporose, 77; princesa consorte, título de, 186; qualidades admiradas pela rainha, 193; a rainha e, 28, 93, 99-102, 500; como rainha consorte, 498-500; relação com Harry e William, 28; em Ray Mill House, 79, 169, 190-1; riqueza, 52; rivais, 59-60, 63; ser "real" e, 189; sexo, 49, 70, 72; sistema de apoio, 73, 228; tiara de Greville e, 313; título de Sua Alteza Real Duquesa da Cornualha, 186, 314; traição de Giles, 78; trajes de casamento, 190-1; William e, 94, 170, 185
"Camillagate", fitas, 57, 68, 72-5, 209, 452
Campbell, Alastair, 32, 87-8, 400
Campbell, lady Colin, 70
Campbell, Naomi, 211
Canal 4, TV, 220, 300
Canal 5, TV, 82

Carey, George, arcebispo da Cantuária, 31, 33, 100, 182
Carling, Julia, 208-9
Carling, Will, 208-9, 287-8
Carney, Diana Fox, 232
Carney, Mark, 233
Carrington, Virginia, 80
Carter, Howard, 117
Castelo de Mey, 89, 139, 146, 179
Catherine Elizabeth "Kate", duquesa de Cambridge, 227-49, 285, 362; amigos, 234-5, 244, 251, 255-6, 259, 413; Anmer Hall e, 393, 455, 488; aparência, 228, 234, 410, 493; aparições públicas pós-Megxit, 493; boato de desentendimento com Cholmondeley, 455; Camilla e, 252, 313-4; caráter e personalidade, 229, 244, 251, 413, 451, 455; na comemoração do Jubileu de Platina, 494; covid-19 e conversas por Zoom, 488; deveres reais, 309-10, 312, 401, 439; encontrando privacidade, 453-4; enjoo matinal, 311; entrevista de Meghan para Oprah, 425; escapadela em cabana isolada, 258; estilo de vida de uma pessoa da realeza, 258; expressão pública de emoção e, 457; família de, 229-37, 245; festa de despedida de solteira com karaokê, 259; filhos de, 303, 312, 392, 395-6, 417; foco na família e no dever, 413, 437, 457; foto na varanda, 327; como futura rainha consorte, 458, 460, 502; gravidez e a imprensa, 460; Harry e, 244, 256, 392-3; como ícone de estilo, 251, 311, 414; imagem e marca de Cambridge, 456-7; impacto do Megxit, 485; infância e como jovem adulta, 232-8, 241, 243; instituições e causas beneficentes, 233, 454; Jogos Olímpicos de Londres, 324; Meghan e, 410, 413-5, 424, 452, 460; mídia e, 245, 249, 250-3, 257, 296, 407, 410, 413, 456, 460; morte da rainha e, 498; Natal em Sandringham, 455; "nós cinco" e, 457; papel, 249, 457; postagens no Instagram, 457; premiações da rainha, 314, 456; qualidades,

capacidade de carregar o fardo real, 228, 234, 265, 312, 414, 500; a rainha e, 251, 254; na Raleigh International, 237; regras de protocolo e éditos do palácio, 248, 257-8; resiliência, 227, 258, 265; Royal Foundation, 414; em St. Andrews, 236-7, 242-4, 247; status de celebridade e, 413-4, 473; sua mãe e, 236, 245, 247, 255; trabalho na Jigsaw, 251-2, 255, 258; viagem ao Caribe, imagem colonialista (2022), 502; viagem de esqui para Zermatt, 254; vida escolar e, 234; virgindade, 235; William e, o casamento, aliança, vestido e tiara, 37, 212, 259-65, 360, 421; William e, o rompimento, 255-7; William e, primeiro encontro, 234, 237, 240-1; William e, proposta de casamento e anel de noivado, 258; William e, questão do noivado, 250-8; William e, relacionamento como casal, 242-9, 454; William e, rivais, 246; William e, vida como membro da realeza, 453-5

Caudwell, John, 388

CBS News: cobertura do casamento de Meghan-Harry, 419, 421-2

Charles, Sua Alteza Real Príncipe de Gales: admissão de adultério, 76-7, 216; afazeres ao assumir a coroa, 498; amigos, 75, 82, 192, 389, 452; Andrew e escândalo, 392, 477-8, 480; aparência, 20, 42, 48, 191, 419, 457; assessoria de imprensa de/ primeiro secretário de imprensa negro, 197, 201, 220, 261, 464; Aston Martin de, 48, 57, 101, 500; atitudes raciais, 466; autocompaixão e, 171; caça a noiva, 47, 52, 62; cães, 210; Camilla e, 27, 39, 42, 48-9, 57, 61-4, 68-75, 80-3, 93, 169-70, 191, 314; Camilla e, aceitação pela rainha, 100-2; Camilla e, comentário da rainha sobre alianças de casamento, 192; Camilla e, da proposta de casamento à cerimônia, 178-94; Camilla e, presente de casamento da rainha, 192; Camilla e, primeiras fotografias, 49; Camilla e, vida conjugal, 18, 303; "Camillagate", vazamento e difusão das fitas, 74; caráter e personalidade, 170-1, 178, 186, 197-9, 315, 434, 438; casamento de Harry e Meghan e, 419, 430; causas ambientais, 171-4, 405, 493; como celebridade convidada para edições, 473; Commonwealth e outras viagens reais, 190, 411, 440, 477; covid-19 e, 488; Cúpula de Sandringham e Megxit, 484; Dança das Décadas e, 101-2; demissão de Geidt, 434-5; Diana, divórcio e acordo, 107, 215, 346; Diana, morte e funeral, 31-2, 83; Diana, transtorno de estresse pós-traumático, 170-1; Diana e casamento, 12, 19-20, 63-4, 68-72, 191, 263, 418; discurso "Countryside in 1970", 172; discurso em Barbados, 500; documentário de Dimbleby na BBC, 76, 80, 216; Edward, estremecimento com, 104; encontrando privacidade, 452; estipêndio de Camilla, 84; ética de trabalho, 155; excesso financeiro, 98; exigências pessoais, 98, 155-6; família Shand e, 49; festa de cinquenta anos, 93; festa e presente de cinquenta anos para Camilla, 82; Festa no Palácio e, 151; como figura glamorosa, solteiro cobiçado, 47; figura paterna e seus filhos, 31, 34, 199, 201-2, 205, 209-10, 214, 239, 241, 279, 281-2; filantropias e causas, 74, 154-5, 172-3, 293; fotos na varanda, 327; funeral do pai e, 492; funeral do papa e, 190; em Gordonstoun, 76, 112, 131, 337; gosto em decoração, 178; Guerra dos Gales, 106, 207, 210-1, 214; Harry e, 34, 205, 210, 217, 279, 395, 397; Harry e Meghan e, 405, 411, 485; Harry e Megxit, 482, 484-5; como Homem do Ano, 85; imagem pública, 27-9, 74, 84, 173-4, 188; infância, 42, 76, 95; investidura como príncipe de Gales, 47; Jubileu de Diamante, celebrações do, 310-1; Kate e, 252; Marinha Real e, 46-8, 54, 96, 271; mídia e, 47, 57, 76, 94, 106, 188; o milênio e, 88; como monarca-à-espera, 41-2, 314, 321, 434-5; morte da mãe e, 498; Mountbatten e, 46; namora-

551

das, 338; nascimento de Harry e paternidade, 70, 217; necessidade de um herdeiro, 62; opinião pública de que ele deveria se afastar, 190; como padrinho, 59-60; paradoxos, 173; paralelos com Edward VII, 41-2; posições políticas, 173, 175-6, 187; primeiro discurso ao Parlamento como rei Charles III, 499, 502; *The Private Man, The Public Role* [Charles: Homem privado, papel público] (documetário), 75-6; processo judicial contra a mídia de, 447; proibição da caça à raposa e, 176-8; quadro de pessoal doméstico e, 154-6, 161-2, 166-8, 180, 197; a rainha e, 41, 46, 76, 93-6, 99, 314; a rainha nos Jogos Olímpicos e, 323; a rainha-mãe e, 97, 128, 140, 144, 146; como rei Charles III, 498; renda e riqueza, 47, 80, 171, 330, 337; revelações de Burrell, 158, 161-2, 165; romance com Anna Wallace, 63; romance com Dale Harper "Kanga", 59-60; romances dos anos 1970, 57; rotina de, 179; seu pai e, 98-9, 113; títulos, 41; tumultos de 2011 comentados por, 320; ursinho de pelúcia, 156; viagem para esqui em Klosters, 188; vida escolar e, 204; visão de mundo distorcida de, 174-5; *ver também* Highgrove House

Charlotte de Cambridge, princesa, 303, 392, 396, 424, 453, 457, 501

Charteris, sir Martin, 58, 135-6

Chatto, Daniel, 130

Chatto, lady Sarah, 126, 130, 132

Cheltenham Ladies College, 281

Cholmondeley, lady Rose, 454-5

Choong, Michael, 247

Chopra, Priyanka, 380, 425

Churcher, Sharon, 359

Churchill, Winston, 21, 62, 93, 111, 120, 136-7, 145, 267, 276, 310, 322, 326, 497

Clapton, Eric, 150

Clarence House, 75, 95, 129, 134-5, 140, 142, 146, 169, 254, 257, 260; cartão de Natal, 183; custos, 138-9; plataformas digitais, 180, 488

Clayton, Lucie, 51

Clegg, Nick, 319

Clifford, Max, 164

Clinton, Bill, 122, 305, 349-50, 352, 459

Clinton, Hillary, 386, 459

Clinton Global Initiative, 348, 361

Cliveden House, 419

Clooney, Amal e George, 426, 451

Cocker, Joe, 150

Coe, Sebastian, 316, 323

Coke, lady Elizabeth, 97

Cole, Ashley, 384, 388

Cole, Cheryl, 310

Coleridge, Nicholas, 221-2

Collins, Nick, 369

Collins, Phil, 150-1

Commonwealth Trust da rainha (instituição beneficente), 440

Connery, Gary, 322

Constantino I, rei da Grécia, 23

Constantino II, rei da Grécia, 100, 192

Cooney, Christy, 307

Cooper, Graham, 160

Corner, David, 240

Coulson, Andy, 291, 296, 298, 301

Countryside Alliance's Liberty and Livelihood March [Passeata pela Liberdade e Modo de Vida da Aliança do Campo], 178

Couric, Katie, 352

Coutts-Wood, Alasdair, 244

Cox, James, 143

Craig, Daniel, 322

Craig, Jecca, 244

Cranmer, Thomas, 192

Crawford, Cindy, 211

Crawford, Marion "Crawfie", 22-3, 398, 423

criadagem e quadro de funcionários, 152-68, 197; em Balmoral, 119; brindes e furtos, 154, 156, 166, 443; Burrell e, 157-62, 164; camareira de sua majestade, 422-3; covid-19 e, 489; divisões de factótuns do pa-

lácio, 460; falta de diversidade, 463-4; Fawcett e, 155-6, 158, 166-7; joalheiro da corte, 423; Meghan e, 459; mesquinhez com, 152-4; ordens vitorianas para, 314; Peat e, 161, 166, 443; Philip e, 98; William e Kate e, 459; *ver também indivíduos específicos*
Critchlow, Keith, 200
Crown, The (série), 24, 274
Cubitt, Sonia Keppel, 41, 48, 52, 77
Cubitt, Thomas, 44
Cundy, Lizzie, 388
Curry, Michael, 420-1
Curzon, lady Mary-Graye, 246, 398

d'Erlanger, Emilia, 234
Dacre, Paul, 203, 408
Daily Beast, The, 361; Epstein exposto no, 348, 350-2
Daily Express, 283
Daily Mail, 28, 164, 203; sobre Andrew, 333, 337, 479; Burrell e, 161; sobre caçadores de raposas, 177; casamento de van Cutsem e, 183; entrevista com Camilla, 73; entrevista com lady Tyron, 61; sobre a escola de Downe House, 233; Fergie e, 343, 346; Harry e Meghan e, 408-9; matrimônio de Charles e Camilla, 190; sobre Meghan, 388, 444, 460, 466; sobre Meghan e Kate, 413; Nicholl no, 425; perseguição à realeza, 284; problemas de Kate-William refutados, 456; sobre a rainha-mãe, 138; "Um jornal que entendeu tudo errado", 145; William maculado, 408
Daily Mirror (antigo *The Mirror*), 161, 203, 442; foto de Diana de topless, 221; Hewitt e, 222; história de Burrell, 165; irmão de Meghan entrevistado, 427; perseguição à realeza, 284; Piers Morgan no, 106, 222; revelação sobre a princesa Michael de Kent, 19
Daily Telegraph (*The Telegraph*): artigos de Graham Turner, 95, 135; sobre Carole Middleton, 246; comentários racistas de Boris Johnson, 467; sobre os custos da cerimônia de casamento de William-Kate, 263; entrevista de Gordon com Harry, 399; sobre escândalo Andrew/Epstein, 347, 479; sobre os gastos/negócios escusos de Andrew, 332; Harry e, 475; sobre Kate e má imprensa, 456; sobre Megxit, 485; sobre a rainha ajudar sua família, 330; viagem de Harry-Meghan pela África, 475
Dalai Lama, 173
Dalby, Graham, 101
Daldry, Stephen, 322-3
Dankworth, Johnny, 132
Dannatt, lorde Richard, 268, 275
Davies, Nick, 290, 298-9
Davy, Charles, 280-1, 284
Davy, Chelsy, 256, 280-1, 283-5, 294-5, 297-8, 302, 394, 396
Day, Elaine, 174-5
Day, Stephen, 332
de Brunner, Maxine, 162
Deal or No Deal (programa de TV), 365
Del Zotto, Michael, 377
Dench, *dame* Judy, 132
Deng, Wendi, 291
Dershowitz, Alan, 349
Devonshire, duque e duquesa de, 75, 115, 192
Dhillon, Kolin, 466
Diana, Our Mother (documentário), 201, 211, 397, 399
Diana, princesa de Gales, 461; como agente de mudança, 486; almoço da autora Brown com, 224; como amada, 67, 219; amigas e confidentes, 37; anel de noivado, 185; aparência, 74, 224; autoflagelação de, 67; BMW guiada por, 211; bulimia e, 210; Burrell e, 157-61, 220; Camilla e, 27, 60, 67-8, 210; caráter e personalidade, 26, 66, 70-1, 221-2, 224; casamento com Charles, 12, 19, 68-72; casamento de Harry e, 421; celebridade de, 19, 30, 417; cerimônia de casamento, 191, 263, 418; sobre Charles no papel de rei, 499; ciúme de, 212; comportamento egoísta ou rancoroso, 70; concertos de ani-

versário de casamento, documentário de Kent, memoriais, 31, 201, 211, 219-20, 257, 269, 397, 399, 412; *Crônicas íntimas* (Brown), 17, 170; despreparada para o papel real, 52; divórcio e acordo, 26, 107, 346; enterro, 157, 160; entrevista de Bashir, 9, 26, 37, 78, 128, 217, 223, 225, 440; escolhida para Charles, 12, 19, 53, 63-4; Fergie e, 340-1, 343; fitas secretas, 158; Fonte Memorial no Hyde Park, 33, 37; foto de topless, 221-2; foto do "beijo" de Dodi, 221; foto icônica, 67; foto na varanda, 327; fúria, 66, 225; grampos telefônicos, obtenção ilegal de informação pela mídia e, 287-9; Guerra dos Gales, 106, 207, 210-1, 214; infância e cicatrizes, 65-6, 71, 228; inquérito sobre a morte, 167, 250; insegurança e vulnerabilidade, 228; joias de Camilla e, 185; liderança executiva, 154; linha de vestidos Kanga e, 60; linhagem aristocrática, 45, 64, 467; memórias vingativas, 68; Mercedes alugada por, 70; mídia e, 12, 20, 26, 35-7, 82, 106, 198, 208, 215-24, 250, 290; como monarquista, 205; morte e funeral, 12, 30-3, 38, 83, 118, 120, 143, 218-21, 225; opiniões do quadro de pessoal, 70; organizações beneficentes pela aids e outras causas, 206, 224; palácio de Kensington, Memorial de Sunken Garden, 412; patrimônio de, 162; sobre a princesa Michael de Kent, 19; como Princesa do Povo, 30-1, 202; relacionamento com seus filhos, 35-6, 100, 198-9, 201, 205-14, 217-8; relacionamento com sua mãe, 211; relevância da monarquia e, 19-20; reservas da rainha sobre, 64; restaurante favorito em Knightsbridge, 199; romance com Dodi Fayed, 36, 82, 84, 218, 221; romance com Gulu Lalvani, 26; romance com Hasnat Khan, 12, 165, 222; romance com James Hewitt, 216, 218, 222-3, 225; romance com Oliver Hoare, 223, 225; romance com Will Carling, 208-9, 287-8; separação e divórcio, 215; *Sua verdadeira história* (Morton), 68-9; temeridade, 225; os van Cutsems e, 182; vestido da vingança, 77; vestido de casamento, 36; viagem pela Commonwealth, 439; vida escolar e, 204, 224; visão romântica de Charles, 47, 243

Dicing with Di [Jogando dados com Di] (Saunders e Harvey), 215

Dickens, Charles, 229

Dimbleby, Jonathan, 54, 75, 77, 80, 94-5, 106, 216, 223

discurso do rei, O (filme), 317

Donoughue, lorde Bernard, 117-8, 306

Doppelt, Gabé, 361

Downe House, Berkeshire, 233-4

Downton Abbey (série de TV), 117

Driver, Ronnie, 71

Drudge, Matt, e o *Drudge Report*, 277

Drumbrells, escola, Ditchling, 45

Dubin, Glenn, 349

Duchy Originals/ Waitrose Duchy Organic [Produtos Duchy], 171

Duckworth-Chad, Davina, 240

Dudley Ward, Freda, 136

Duke of Edimburgh Award, 103, 112, 394

Duke's Children, The [Os filhos do Duque] (Trollope), 229

Dumfries House, 499

Durand, Carolyn, 409, 423-4

Dyer, Joanna Yorke, 255

Dyer, Mark, 34, 238, 282-3, 451

Dyson, lorde, 223

Eade, Philip, 110

Edimburgo, Universidade de, 235-6

Edward, duque de Kent, 330

Edward, príncipe, conde de Wessex, 20, 88, 102-5, 144, 242, 337; Bagshot Park, 442; casamento, 88, 103; Jubileu de Diamante e, 309; morte da rainha e, 498; Produções Arden, 103-4, 108; renda, 108, 330, 443; a rainha e sua carreira, 108; rumores de gay sobre, 103, 105; título, 103

Edward I, rei, 48

Edward VII, rei, 43; amante de, 39-43, 49, 57, 63; paralelos com Charles, 41-2
Edward on Edward (Duque de Windsor), 104
Edwards, Hew, 498
Elba, Idris, 173
Eliot, George, 229
Elizabeth, a rainha-mãe, 20, 24, 29, 44, 89, 133-47, 242, 458; anel de noivado de Camilla e, 185; aniversário de oitenta anos, 63; aniversário de oitenta e dois anos, 142; ascensão de Elizabeth e, 128, 135-7; atitudes sociais, 464; Bikhall e, 29, 59, 137, 140, 142; bolsa financeira e renda, 138-9; cães, 140; Camilla e, 54, 93, 97, 144, 184; caráter e personalidade, 137, 140-2, 185; Castelo de Mey e, 139; cavalos de corrida e corridas de cavalo, 138, 140; centésimo aniversário, 101; Charles e, 57, 59, 97, 128, 140, 144; Churchill e, 137-8; em Clarence House, 135, 138, 140, 142; conselho da rainha Mary, 152; conservadorismo, 134; dever, 133; estilo de vida e extravagância, 98, 138-9, 141, 248, 328; filantropia e, 140; função parental, 97; funeral, 144-7, 151; funeral de Diana e, 33; guarda-roupas e coleção de joias, 138, 185, 313; como ícone, 133; influência sobre a rainha, 134; livro de Crawford e, 22; Lowther-Pinkerton e, 248; Margaret e, 128; morte, 133, 143-4, 243; morte de Diana e, 84; morte do rei e, 136-7; namoro e casamento, 136-7; pesca com mosca, 140; Philip e, 23, 134-5; poder de, 136; popularidade, 144, 147-8; posição sobre problemas, 134; prioridade de, 21; romance de Margaret e Townsend e, 97; Royal Lodge e, 133, 346; saúde em declínio, 128; semelhanças com a rainha, 140; testamento de e legados, 146; tiara de, 261; títulos, 146; William e, 239
Elizabeth I, rainha, 312, 499
Elizabeth II, rainha, 13, 20, 60, 86-108; amigos, 119; Andrew e, 102, 335-7; aniversário de quarenta anos, 90; *annus horribilis*, 90, 105; assessores de imprensa, 62, 77, 107, 148, 477; ataques terroristas de 11 de setembro e, 120-2; Balmoral e (*ver também* Balmoral), 118-20; *Britannia* desativado e, 89; caçadas de, 119; cães, 120; camareira, 422-3; Camilla e, 28, 58, 93, 99-102, 151, 313, 500; caráter e personalidade, 92, 95-6, 99, 107, 136, 140; casa e criadagem, 160; casamento de, e amor, 109-16, 489, 500; casamento de Charles-Camilla e, 184, 186-7, 192-3; casamento de William-Kate e, 260-3, 265; cavalos e corridas, 93, 95, 116-7, 120, 140, 193, 307; cerimônia de casamento, 418, 455; Charles e, 41, 46, 64, 74, 76, 93-6, 99-102; coleção de joias, 422; comentário sobre alianças de Charles-Camilla, 192; comentário ao ver o recém-nascido príncipe William, 445; comentário sobre Michael Fawcett, 193; Commonwealth e, 102; Conferência sobre Mudança Climática da ONU, mensagem, 494; coroação, 109, 128, 134, 310; covid-19, 488-9, 497; criação e valores, 21-2; Dança das Décadas, 101-2; decoração da residência e, 156; dever, 95, 120, 124; Diana e, 12, 19, 64; discurso anual, 422; discurso no parlamento escocês, 242; documentário *Charles* e, 76; educação, 125; Edward e o escândalo, 103-5; empatia por vias indiretas, 445; encontrando privacidade, 452; "enfiar a cabeça na areia" de, 95, 102, 160, 483; entrevista de Harry e Meghan para Oprah, resposta para alegações sobre a cor da pele de Archie, 468; entrevistas não concedidas, 22; escândalo do Falso Sheik e impossibilidade de realeza em meio-período, 107-8; escândalo sexual de Andrew e, 359, 480, 495-6; como esposa de comandante naval, em Malta, 95; estipêndios para a realeza complementados por, 330; expectativas para as netas, 326; família Middleton e, 252-3; Festa no Palácio e, 92; foto icônica com Archie recém-nascido, 467-8; funeral de Diana e, 33, 38; funeral de Philip e, 492-3;

Grã-Cruz da Real Ordem Vitoriana (GCOV) concedida por, 313, 360; habilidades diplomáticas, 91; Harry e, 204, 273-4, 390-1, 471; Harry e Meghan e, 12, 405, 420, 436, 440; Harry e Meghan e Frogmore Cottage, 442; Harry e Meghan marginalizados por, 481; Harry e Meghan perdem status real, 483-6; impacto de Megxit sobre, 486; imposto de renda e, 161; Irlanda, visita a, 261, 304-8; Jogos Olímpicos de Londres e, 151, 304, 316, 321-3; Jubileu de Diamante, 303, 309-11, 326; Jubileu de Diamante, foto na varanda, 327; Jubileu de Ouro, 89-92, 133, 143, 148-51; Jubileu de Platina, 495, 497, 500; Jubileu de Prata, 114, 310; julgamento do roubo de Burrell e, 159, 163; Kate e, 251; liderança executiva, 107, 154, 483-5; Margaret e, 24-5, 107, 123-32, 204, 392, 486; Megxit e Cúpula de Sandringham, 484; mensagem de Natal (1957), 482, 502; mídia e, 22, 107-8, 114; milênio e, 86-90; monarquia antiquada, 501; morte de, 496-502; morte de Diana e lições aprendidas, 30, 38, 90, 118, 120; movimento republicano australiano e, 90-1; "nunca mais" e, 33, 38; parcimônia, 98; popularidade e imagem pública, 90-1, 107, 148-51, 303, 324; rainha-mãe e, 133-47; Range Rover verde e, 119; remoção de Geidt e, 434-5; reserva britânica, distanciamento emocional, 22, 33, 95-6, 445; resposta a ultimatos, 484; retrato de Lucian Freud, 92-3; riqueza, 328; saúde e energia, 129, 140; serviço militar e a Segunda Guerra Mundial, 273; como símbolo de estabilidade, 435; sobrenome dos filhos e, 111-2; Subsídio Soberano e, 330; Trooping the Colour (cerimônia dos regimentos militares) e, 115, 198; vazamento das fitas do "Camillagate" e, 74; viagem pela Commonwealth e outras viagens, 114, 133, 137, 438; vida de trabalho de, 96-101; William e, 198, 217, 261

Elle (revista), 386, 388
Ellingworth, lady Amanda, 192

Elton John, 150, 338, 425, 443, 472
Engelson, Trevor, 366, 375, 380
English, David, 28
Enninful, Edward, 473
Entertaining with Style (Burrell), 159
Epstein, Jeffrey, 76, 101, 348-61, 478; Andrew e, 76, 101, 339, 347, 349, 352-61, 478-80; autora Brown se encontra com, 348, 352-3
Eton College, Berkshire, 69, 121, 125, 149, 181, 201, 202-4, 206, 248, 270, 320, 466; acordo da Press Complaints Comission com a imprensa e, 239; os príncipes no, 101, 112, 202-4, 206, 209, 212, 217, 221, 232, 241-2, 270-1, 282-3, 292, 452
Eugenie de York, princesa, 325-6, 333, 344, 396, 405
Evans, Dan, 299
Evans, sir Harold, 114, 300
Eve of St. Agnes, The [A véspera de Santa Inês] (Keats), 486
Evening Standard, 187-8, 250, 347

Falconer, lorde, 87, 187
família real britânica, 11-2, 17, 19-23; abdicação de Edward VIII e, 137; acesso a joias históricas, 423; agregados familiares reais, 263-4; amantes reais, 74; amor conjugal e, 500; Andrew chutado da, 480; assessoria de imprensa/ gabinete de imprensa real, 34, 47, 143, 279, 408, 424, 439, 446; atitudes raciais, 12, 463-9; barreiras em torno de pensamentos e sentimentos pessoais, 21-2, 188; carros estrangeiros e, 70; como Casa de Windsor, 501; conselheiros do palácio, 274; covid-19 e, 488; decreto de segurança para, 325; dever e lealdade, 12, 24, 402, 500; deveres na morte, 328; diretrizes para negócios, 108; divórcio e, 12, 131, 228; embotamento da, 19, 91, 227; envolvimentos românticos reais, 254; finanças reais, 327-9; como a Firma, 13, 179, 185, 303, 314, 401, 415, 430, 445, 452, 458, 485; fundos do Subsídio Soberano, 329-30, 441-2; funeral

de Diana, 31-2; como hierarquia, 415, 417, 441; imposto de renda, 90, 134, 161; indivíduos fundamentais na, 13; jatos particulares e, 441; Lista Civil, 138, 328-9, 342; Margaret como transição, 131; Meghan quebra um tabu, 412; Megxit e, 12, 470-7, 481-6; mesquinhez, 152-4; mídia e (*ver também* mídia), 104-7; o milênio e, 88; mística, magia real, 22; monarquia após Elizabeth II, 151, 499; monarquia "reduzida", 480; mudança e, 12, 151, 468-9; "Não queremos outra Diana", 19, 33; "Nunca se queixe, nunca se explique", 25, 37; papéis parentais e, 96-7; primogenitura e, 125, 312, 392, 417; privacidade na, 451-2; processos judiciais em direitos autorais, 448; proibição de pagamento para, 443; propósito e responsabilidade da, 19, 21, 402, 438; realezas menores, 20, 106, 327, 345; Regra Koo Stark, 339; regras para uso do quadro de funcionários do palácio, 416; renovação de imagem, 313; reserva britânica, 445; revelações de Crawford, 22; Segunda Guerra Mundial e, 137; silêncio real (à mídia), 425; subcultura gay do palácio, 141; temores de sobrevivência, 74; trabalho de membros da família real, 88, 326, 449, 493; última apresentação de debutantes, 51; virgindade e uma noiva real, 53

Fane, Harry, 44
Farish, Sarah e William, 121, 452
Farquhar, Ian e Rose, 240
Fawcett, Michael, 82, 99, 155-6, 158, 166-8, 178, 183, 193, 296, 443
Fayed, Dodi, 36, 82, 84, 218, 221
Fayed, Mohamed Al, 36, 82, 106
Fayed, Omar Al, 36
Featherstone Lodge (em Phoenix House), 293
Fellowes, Julian, 117
Fellowes, lady Jane Spencer, 34, 421
Fellowes, sir Robert, 31, 34, 82, 87, 91-3
Ferguson, Ronald, 80, 340-1
Ferguson, Sarah, duquesa de York, 101, 106, 187, 212, 260, 292, 314, 340-6; caráter e personalidade, 341, 343; caso Wyatt, 342; cerimônia de casamento, 340-1; colapso do casamento, 342-3; continuada relação de Andrew com, 343, 345-6; Diana e, 340-1, 343; divórcio e acordo, 344, 346; escândalo Giuffre-Andrew e, 480; fotos recebendo carícias orais nos pés, 343; gastos e estilo de vida, 342-3; o golpe de Mahmood e, 345; infância e família, 341; mídia e, 340, 343, 346, 407; como piloto de helicóptero, 343; problemas de dinheiro, 343, 345, 347; publicações e acordos comerciais, 343, 345; a rainha e, 340, 343; status de pária, 344

Fermoy, lady Ruth, 64-5
Fermoy, lorde, 71
Festa de Gala de Saudação à Liberdade, 501
Finch, Rupert, 241, 243
Finding Freedom [Encontrando a liberdade] (Scobie e Durand), 409, 423, 448
Fitzgerald, Penelope, 50
Flannery, Bernie, 80
Flat Earth News [Notícias da Terra Plana] (Davies), 290
Flecha de Lima, Lúcia, 37, 162
Forbes, Bryan, 132
Forsyth, Sarah, 270
Four Seasons, hotel (Catar), 189
Fox, James, 43
Frank, Debbie, 33
Franklin, Aretha, 150
Frears, Stephen, 119
Freedland, Jonathan, 143
Freud, Lucian, 56, 119; retrato da rainha, 92-3; retrato de Parker Bowles, 56
Freud, Matthew, 291
Fry, Stpehen, 34, 192-3
Fundo Beneficente do príncipe de Gales, 171
Fundo Memorial de Diana, princesa de Gales, 36, 157
Furnish, David, 443

Gaddafi, Saif, 333, 335
Gailey, Andrew, 201-2, 217

Gascoigne, Paul, 298
Gates, Bill, 349
Geidt, sir Christopher, 304, 327, 347, 434-5, 478
General Hospital (série), 362-5, 371-2, 428
George III, rei, 23, 328, 419
George V, rei, 111, 135, 304, 436, 468
George VI, rei, 21, 44, 116, 123, 125, 131, 136-7, 242, 261, 317, 492, 500; funeral, 132, 145; "nós quatro", 125, 128, 133, 327; revelações de Crawford, 22
George de Cambridge, príncipe, 234, 240, 262, 303, 312, 395, 399, 453, 455, 457, 501
Gibbons, Michael, 213
Gilbey, James, 74
Giles, Margaret, 78
Gilkes, Charlie, 395
Gilmour, Barbara, 65-6
Giuffre, Virginia Roberts, 76, 357-8, 478, 495
Giuliani, Rudy, 122
Glamis, castelo, Escócia, 136
Glenconner, lady Anne, 95, 97, 124, 127-8, 426
Glenconner, lorde, 114, 127
Global Citizen Live, concerto, 495
Gloucester, duque e duquesa de, 330
"God Save the Queen" (Sex Pistols), 20
Goldsmith, Dorothy "Dot", 231
Goldsmith, Gary, 231, 245, 247, 264
Goldsmith, lady Annabel, 162
Goldsmith, sir James, 162, 182
Goodall, Jane, 474
Goodall, Sarah, 262
Goodman, Clive, 290, 296-8
Google, acampamento na Sicília, 472, 474, 476
Gordon, Bryony, 399
Gordonstoun, 23, 76, 112, 131, 202, 337
Grã-Bretanha: Brexit, 319, 435, 458, 463; chuva e pompa nacional, 310; classe *vs.* raça, 466; código de adultério da classe alta, 77; Commonwealth e, 91; crise financeira (2008), 252, 309, 319; discurso anual da rainha, 422; Domo do Milênio, 86-8; escuta pela mídia por meio de grampos telefônicos, 299-300; fim do pariato hereditário, 89; futebol na, 207; interesse público no casamento de Camilla-Charles, 191; jornalismo formal e cultura de tabloides, 188, 289-90; Lei da Escócia (1998), 241; Lei de casamentos (1994), 187; Lei de Traição (1351), 222; Lei dos Direitos Humanos (1998), 187; máxima de Shaw, 444; milênio e, 86-90; movimento republicano australiano, 90-1; New Labour e mudança, 86-7, 89; normas de trabalho e negócio, 415; política *ver primeiros-ministros específicos*; problemas econômicos e choque cultural, 319-20; proibição de caça à raposa, 89, 176-7; questões no Partido Trabalhista, 177; questões raciais, 463-4, 466; relações anglo-irlandesas, 308; *ver também* Londres
Grant, Hugh, 298, 302
Great British Bake Off (programa de TV), 320
Greenslade, Roy, 448
Greig, Georgie, 32, 50, 56, 73
Greville, sra. Ronald, 313
Griffin, David, 126, 130, 132, 154, 159, 161
Guardian, 104, 173, 290; sobre Andrew, 335; sobre aparições públicas de Camilla, 313; "Despedida incerta revela nação dividida", 143; entrevista de Bolland no, 165; grampo telefônico da mídia exposto, 298-9; sobre o Jubileu de Ouro, 150; memorandos Charles-Blair, 175; perdas do Lloyd's de Londres, 79; a rainha e o julgamento de Burrell, 163
Guerra das Falklands [Ilhas Malvinas], 20, 335-6, 339
Guinness, Sabrina, 57
Gurzon, lady Mary-Gaye, 51

Hambro, Rupert, 52
Hamilton, sir Denis, 114
Hammer, Bonnie, 369
Harbottle and Lewis, 448
Hardman, Robert, 273
Harkins, David, 145
Harper, Dale "Kanga", 59-61

Harriman, Misan, 389
Harris, Colleen, 261, 464
Harrods, loja de departamentos, 201
Harry, príncipe, duque de Sussex, 27, 149, 197-213, 266-79, 403-17, 501; no acampamento Google, 472, 474, 476; África e, 34, 206, 280-3, 394, 396, 403-4, 412, 475; amigos, 292, 294, 395, 452, 467; ano sabático, 282-4; anúncio de noivado, 412-3; Archewell Foundation, 490, 493-4; assassinato da galinha-d'água favorita de Charles, 201; atitudes raciais, 464-5; bebidas, drogas, farras, 269, 293-4, 404; briga com paparazzi, 269-70; caçadas de, 394; Camilla e, 28, 94, 170, 185, 191, 397; caráter e personalidade, 199-200, 204, 270-1, 395, 398, 424, 439; carreira militar, 266-79, 303, 390-1, 394; casamento de Charles-Camilla e, 194; casamento de William-Kate, 260, 264; causas e fundações beneficentes (*ver também* Jogos Invictus), 112, 282-3, 494; comemoração do Somme (2016), 401; comunicação fácil com crianças, 283; contratos de entretenimento e de negócios, 224, 443, 471, 490; criado como um Windsor, 34, 36, 269; desejo de fugir da vida na realeza, 281-2; deveres reais, 392-3, 395; discórdia parental e, 210, 214-24; documentário de Bradby e, 475-6; em Eton, 201-2, 204, 217, 268, 270-1; entrevista de Bashir e, 217-8, 223; entrevista para Oprah, 9-11, 37, 269, 464, 482, 490; família Spencer e, 269; Festa de Gala de Saudação à Liberdade (2021), 501; festa no palácio e, 150; filho Archie, 35, 467-8, 472-3, 475; fragilidade mental, 34, 204, 278, 406, 451, 476; Frogmore Cottage, 442, 450-1, 485; fundos reais, 10, 441, 490; funeral da mãe, 32; Haverson como porta-voz para, 180-1, 391; Heads Together (instituição), 10-1, 401, 475; herança, 146, 404, 441; incidente de strip-bilhar em Las Vegas, 391, 393, 396; incidente do uniforme nazista, 186, 269; infância, 35-7, 197-213; jatos particulares e, 472, 474; Jogos Invictus (instituição), 278, 390, 394, 404, 438, 485; Jogos Olímpicos de Londres, 323-4, 390; Jubileu de Diamante e, 309-10; Kate e, 244, 256, 393; lei de segurança para, 471-2, 490; lutas de, 33-4, 269, 391, 399, 403-4, 470; mansão em Montecito, 9, 449, 490, 493; Meghan, a cerimônia de casamento e, 418-31; Meghan, anel de noivado de, 282; Meghan, casamento e, 437, 501; Meghan, depressão de, e, 474-5; Meghan, descontentamento de, e, 444, 445; Meghan, pai de, e, 430; Meghan, romance com, 282, 403-17; Meghan e, partida para o Canadá, 477, 481; Meghan e, primeiro encontro com, 389-90, 402; Meghan e, viagem à Irlanda, 436-7; Meghan e, "vício em drama" mútuo, 425; Megxit e, 470-7, 481-6; mídia e, 35-6, 214-5, 218-9, 225, 269, 274, 302, 395, 407-8, 424, 431, 439, 446; mídia e grampo telefônico, 285-7, 293-4, 297-8; mídia e Meghan, 406-12, 446; mídia e paranoia, 397, 451, 475; morte da rainha e, 498; morte e funeral do avô, 491; na comemoração do Jubileu de Platina, 494; na escola Ludgrove, 200, 202, 215-6; namorada Chelsy Davy, 280-1, 283-5, 302, 394; namorada Cressida Bonas, 51, 395-401; nascimento e paternidade, 70, 216; em Nott Cott, 398, 406, 441; papel como tio, 395; popularidade, 390-1; primogenitura e, 392, 417, 462; privacidade e segredo, 451; processo judicial contra a mídia, 447-8, 476; psicoterapia para, 10, 399, 474-5; questões éticas e status real, 471; a rainha e, 204, 273-4, 390-1, 483-6; rebelião e, 206; relação com Tiggy Legge-Bourke, 33, 35; relação do pai com, 10, 34, 205, 210, 217, 397, 482; relacionamento da mãe com, 205-13; ressentimentos, 393-4, 397, 439-40; em Sandhurst, 35, 270-1, 285; senso de privilégio, 399; site Sussex Royal, 476, 481, 483, 490; status de celebridade e, 394, 472-3, 495; status real

perdido, 449, 484-5; temperamento explosivo, 268-9, 397-8, 451; trauma da morte da mãe, 31, 204, 218-21, 225, 282, 397, 399, 420, 476; viagem pela Commonwealth, 438; vida pós-Megxit, 486, 495; William e, 36, 264, 271-2, 278, 392-5, 458-60, 469, 475, 492

Harry and Meghan: An African Journey, documentário, 475-6

Hart, Christine, 288-9

Hartnell, Norman, 138

Hartwell, lorde, 355

Harverson, Paddy, 193, 251, 270, 274-5, 279, 283, 285-7, 296, 300, 410, 431; como ganhar o público, 313; doutrina, 436; Harry e, 391; representando os príncipes, 180-1

Harvey, Glenn, 215

Head, Miguel, 275-9

Heaney, Seamus, 308

Heath, Edward, 80

Heathfield em Berkeley, escola, 52

Hello! (revista), 180, 257, 413, 443

Helvin, Marie, 49-50

Henney, Sandy, 197, 201, 220

Henrique VIII, rei, 131, 192, 197, 230

Henry, Lenny, 150

Herbert, Harry, 211

Herbert, Henry, sétimo conde de Carnarvon, "Porchey", 116-8, 120, 122, 128; duas histórias sobre a rainha, 117-8

Herrera, Reinaldo, 132

Hewitt, James, 216-8, 222-3, 225

Hicks, lady Pamela, 96, 120, 143

Hicks-Löbbecke, Natalie "Nats", 240

Highclere, castelo de, 117, 120

Highgrove House, 28-9, 34, 36, 42, 69-70, 79, 81, 100, 171, 209, 397; banquete de Camilla em, 82; Charles compra, 62; entrevista de Dimbleby em, 76; Fawcett e, 155; festa de cinquenta anos de Charles, 93; Harry com seus amigos em, 269; Harry e Meghan e, 405; jardins de, 191; linha de produtos orgânicos, 171; modelo de agricultura sustentável, 171; opinião de Camilla sobre, 178; quadro de pessoal de, 80, 99; Stumpery (jardim ornamental), 146

Hind, Katie, 383

Hinton, Les, 299-300

Hoare, Oliver, 223, 225

Hobbs, Lyndall, 60

Hodgson, W. N., 402

Hoffenberg, Steven, 354

Hoffman, Rick, 379

Hogan, Michael, 306

Holden, Anthony, 34, 47, 95, 206, 212

Holkham Hall, 95

Holyroodhouse, palácio de, 497

Howard, lady Katherine, 240

Howes, Buster, 271, 395

Hughes, Bobby, 400

Hughes-Hallett, Juliet, 437

Hurst Park, hipódromo, 95

Hussey, lady Susan, 461

Hutchins, Chris, 268

Hutchinson, Jeremy, 453

Igreja da Inglaterra, 28, 187-8, 421

In Touch, 427

Independent, 81, 116, 180, 320

Inskip, Tom "Skippy", 395

Instagram: @CambridgeRoyal, conta, 460; @SussexRoyal, conta, 460; postagens de Kate, 457

Instituto Britânico de Florença, 237

Iraque, Guerra do, 267-8, 273, 318

Irlanda, 304-5, 308; viagem de Meghan e Harry à, 436-7; visita histórica da rainha, 261, 304-8, 500

James, Clive, 225

Janvrin, sir Robin, 31, 91, 99, 160, 163

Jenkin, Patrick, 175

Jephson, Patrick J., 68, 199, 213

João Paulo II, papa, 190

Jobson, Robert, 187, 241

Jogos Invictus, 278, 390, 394, 404, 438, 462, 485

Johnson, Boris, 202, 291, 310, 317-9, 320, 334, 434, 466
Johnson, Darren, 334
Johnson, Graham, 294
Johnson, Rachel, 426
Johnstone-Burt, Tony, 489
Jones, Grace, 311
Jones, Tom, 311
Journalist's Resource, 275
Julius, Anthony, 344
Junor, Penny, 179, 184, 191, 194, 201

Kaituni, Tarek, 333, 335
Karle, Stuart, 352
Kay, Richard, 37, 213, 258, 337, 343, 456
Keats, John, 486
Kelly, Angela, 119, 322, 422-4, 489
Kelly, Autumm, 248
Kendal, Felicity, 132
Kennard, lady, 71
Kenny, Enda, 307-8
Kensington, palácio de, 30, 131, 156-8, 179; apartamento de Kate e William, 230, 395, 405; apartamentos de Diana, 211, 450; apartamentos de graça-e-favor, 330; cuidado dos Gales, 199; equipe de comunicações, 410; Nottingham Cottage, 398, 406, 452; privacidade e, 450; Sunken Garden, Memorial de Diana, 412-3
Kent, Nick, 31, 201, 211, 219, 397, 399
Keppel, Alice, 39-43, 49, 57, 79, 185; Charles compra joias de, 82, 313
Keppel, George, 40-1, 59, 63
Kerry, John, 499
Khan, Hasnat, 12, 165, 221-2, 288, 290
Khan, Imran, 44
King, Gayle, 419, 421
King, Larry, 387
Klein, Edward, 359
Klein, Gene, 368, 373
Klosters, Suíça, 36, 133, 188, 201, 245
Knatchbull, Alexandra, 240
Knauf, Jason, 410, 429, 446, 448

Knott, Kevin, 189
Korsh, Aaron, 367, 370, 387
Kulibayev, Timur, 333
Kydd, Frances Roche, 65

Lacey, Robert, 89, 125, 218
Ladies' Home Journal, 22
Lady in Waiting [Dama de companhia] (Glenconner), 97
Laine, *dame* Cleo, 132
Lalvani, Gulu, 26, 222, 225, 465
Lammy, David, 320
Lamport, Stephen, 28, 161
Lang, Brian, 239
Larcombe, Duncan, 274-5, 285
Lascelles, Tommy, 274
Latham, Sarah, 459
Laurence, Timothy, 88, 189
Law, Jude, 298
Laye, Evelyn, 137
Lees-Milne, James, 75-6
Legge-Bourke, Alexandra "Tiggy", 33, 35, 166, 212, 282, 293, 451
Lei dos casamentos Reais (1772), 24
Lennox, Annie, 150
Lesoto, África Meridional, 34, 282-3; Lar Infantil Mant'ase, 282-3; Sentebale, 206, 283, 394, 485-6
Leveson, lorde juiz, 301
Levy, Geoffrey, 337
Licfield, Thomas, conde de, 17, 56, 141
Lindsay-Hogg, Lucy, 126
Linley, David Armstrong-Jones, visconde, 126, 130-1, 144, 426
Little Princesses, The (Crawford), 22
Litvack, Shelley Curtis, 372
Livingstone, Ken, 319
Llewellyn, Roddy, 25, 124-5, 132
Lloyd's de Londres: "nomes" e perdas financeiras, 79
Loewenstein, sra. Rupert, 58
Londres: como cidade-restaurante, 318; clube noturno Boujis, 252, 284, 441; Crown Es-

tate, 328; Delaunay, restaurante, 389; desigualdade racial e econômica, 437; Domo do Milênio, 86, 90; imigração para, 317, 437; incêndio na Torre Grenfell, 436; Jak's Bar, 404; London Eye, 92; Meghan e cena de celebridade, 388-9; "Peak London", 319, 324, 463; revitalização, 318; Soho House (clube privado), 388, 452; Tramp, clube, 359; tumultos (2011), 320

Londres, Jogos Olímpicos de (2012), 13, 309, 315-7; camafeu da rainha, 322-3; jovens da realeza fechando os jogos, 324, 390; princesa Anne e, 316-7

Long, Camilla, 45

Longford, lady Elizabeth, 22, 142

Longman, lady Elizabeth, 455

Lopez, Danny, 312

Louis de Cambridge, príncipe, 424, 457, 501

Lowles, Nick, 463

Lowther-Pinkerton, Jamie, 220, 248, 262, 268, 272, 274-5, 285, 296, 300

Ludgrove, escola, 200, 202, 209, 215-6

Machel, Graça, 475

Macmillan, Harold, 111-2

Mahmood, Mazher, 105, 292, 345

Mail on Sunday, 233; artigo sobre Fellowes, 91; carta de Meghan, 447, 476; encândalo Giuffre-Andrew, 359; exposição de Tom Markle, 429, 448; sobre Fawcett, 166; perseguição aos membros da realeza, 284; processo judicial dos Sussex, 430, 448, 476; resposta à entrevista de Maitlis, 478

Maitlis, Emily, 76, 477-80, 481

Major, John, 86, 89, 215, 310

Manchester United, clube de futebol, 181

Mandelson, Peter, 29-30, 171

Mantel, Hilary, 407

Margaret, princesa, 12, 20, 25, 54, 64, 101-2, 114, 123-32, 392; abandono após a ascensão de Elizabeth, 128, 274; acidente de escaldamento, 124-6, 129; alardeando sua proximidade com a rainha, 127; amigos, 127, 132; bebida e depressão, 129; casamento com Tony Snowdon, 25, 125; caso amoroso com Roddy Llewellyn, 125, 132; caso Townsend, 24-5, 97, 107, 125, 129, 486; derrames e saúde frágil, 126, 129, 131; Dia da Vitória na Europa e, 273; Diana e, 128; divórcio e, 125, 131; como figura de transição, 131; filhos, 126, 130; funeral, cremação e enterro, 131-2; intolerância, 465; mídia e, 24-5; morte, 126-7, 143; em Mustique, 124-5, 127; obituários, 126; a rainha e, 123-5, 127, 129, 486; a rainha-mãe e, 128; sua equipe de pessoal e, 130; último retrato formal e insígnias usadas, 131; vida como membro da realeza, 124-5, 127

Margaret de Hesse, princesa, 70

Marie-Astrid, princesa de Luxemburgo, 52

Markle, Samantha, 364, 370-1, 373, 426-7, 429

Markle, Tom, 264, 362-3, 370-3, 375, 387, 419, 427-31, 447; carta de Meghan a, 446-8

Markle, Tom Jr., 370, 373, 375, 426, 427; carta aberta ao principe Harry, 427

Marlborough College, 232-5, 241

Marr, Andrew, 306, 308, 319

Marsh, Stefanie, 256

Marten, sir Henry, 125

Martin, Ricky, 150

Mary, rainha, 135, 152, 436

Mason, Nick, 79

Massy-Birch, Carly, 240, 247

Materi, Mohamed Sakhr El, 332

Matthews, David e Jane, 236

Matthews, James, 235

Maxwell, Ghislaine, 101, 353-61, 478, 495

Maxwell, Robert, 353, 355, 358

May, Brian, 150

May, Theresa, 202, 302, 435

McAleese, Mary, 307-8

McBean, Ben, 277

McBride, Angus, 301

McCabe, Donald, 459

McCartney, Paul, 150, 322

McCullin, Don, 44

McFadden, Cynthia, 260
McGrady, Darren, 199
McIntosh, Lyndsay, 464
McKinnon, Don, 102
Meade, James, 203
Meade, Richard, 203
Meakin, Jacqui, 191
Meghan, duquesa de Sussex, 362-89; alegações de "quão escura poderia ser a pele de Archie", 468; ambição, 385-9; amigos, 378, 380, 425-6, 452; amizade com Piers Morgan, 388; anel de noivado, 282, 412; aparência, 365, 368, 379, 436, 493, 501; Archewell Foundation, 490, 493-4; ascensão social, 380-1, 385, 388, 425-6, 427; blog de, 366, 374-5, 385; capa e entrevista da *Vanity Fair*, 412, 414; caráter e personalidade, 363, 382, 384, 403-4, 413, 438, 451; carreira de atriz e *Suits*, 12, 362-9, 373-6, 377-80, 382-4, 387, 404, 416; carta a seu pai, 446-7; carta de apoio de membros do Parlamento, 476-7; casamento com Trevor Engelson, 375; causas feministas, 363, 384-5, 404, 413-5, 436; cena de celebridades em Londres, 383-4, 388-9; na comemoração do Jubileu de Platina, 494; confusão dos brincos de Bin Salman, 443; conselho de Michelle Obama, 462; conta no Instagram, 377, 460; contratos de entretenimento e de negócios, 224, 490; covid-19, impacto da, 489; como defensora das mulheres na ONU, 386-7, 404; deixando a vida da realeza (Megxit), 12, 449, 470-7, 482-6; depressão e pensamentos suicidas, 474-5; descontentamento e ressentimentos, 439, 441-5, 452, 463, 471; despreparada para o papel real, 11-2, 405-6, 416, 435, 440, 462; deveres reais e, 11, 414, 437-8; diferenças culturais britânicas e, 415-7, 444-5; dispensa de pessoas, 425; diversidade no palácio e, 463; documentário de Bradby e reclamações públicas, 475-6; educação, 362, 371-2; entrevista com Oprah, 9-11, 37, 424, 452, 468, 474, 490; como exigente e difícil, 422-4, 442; expectativas, 97, 416, 424, 439, 441; finanças e subfinanciamento real, 441; foto icônica com recém-nascido Archie, 468; Frogmore Cottage e, 442, 450-1, 472, 485; ganhando renda pessoal, 443; gravidez de, 438, 451, 460; como grife, 427, 439; Harry e, a cerimônia do casamento, 11, 418-31; Harry e, primeiro encontro com, 389-90, 402; Harry e, romance, 403-17; Harry e, sabático da família no Canadá, 477, 481; honrarias para alto perfil, 440; como ícone da moda, 412-3; identidade de raça mista, 364-5, 377, 408, 410, 461; ignorando sua família, 426-31; infância e família, 363-5, 370-3, 426; jatos privativos e, 472, 474; Kate, discussão e lágrimas com, 424-5; Kate e, 410, 413-5, 452; Lilibet Diana, nascimento de, 493; mansão em Montecito, 9, 449, 490, 493; mídia e, 406-13, 424, 460; mídia e contrato de RP, 446; mitos da mídia sobre "Cinderella gastona", 442; morte da rainha e, 498; namoros e romances, 364, 377, 384, 388, 404; nascimento de Archie, 468, 473; Natal em Sandringham e, 467; noivado anunciado, 412-3; passos mal dados e dramas autoinfligidos, 425; privacidade e segredo, 450-1; processo judicial contra mídia por, 447-8, 476; projeto como editora convidada na *Vogue*, 472-4; questões éticas e status real, 471; racismo britânico e, 463-4, 467; a rainha e, 436, 440, 461; revelações constrangedoras, 448; Royal Foundation e, 414; senso de destino e, 362; Smart Works, instituição beneficente, 437; status de celebridade e, 386-9, 404, 412, 472, 490, 493, 495; Sussex Royal, site, 476, 481, 483, 490; The Tig, 375, 379-80, 382, 385-6, 404-5, 437, 481; tiara real emprestada, 423-4; *Together; Our Community Cookbook*, 436; tratamento da equipe de funcionários, 459-60; Twitter e, 463; usando joias de Diana, 9; viagem para a Irlanda,

436; viagem pela Commonwealth (2018), 438-9; vida pós-Megxit, 495; William e, 405-6, 410-1, 458;
Melville-Smith, Carolyn, 81
Meu lado invisível (série), 206, 400
Meyer, Christopher, 122
Michael de Kent, princesa, 19, 314, 330-1, 461, 466
Michael de Kent, príncipe, 19, 79, 330-1
Middleton, Carole, 230-2, 234, 236-7, 246, 253, 263-4; cerimônia de casamento William-Kate, 261, 263-5, 426; conselhos para Kate, 245, 247; Party Pieces (artigos para festas), 231, 246, 255-6, 258, 407; rompimento William-Kate, 255
Middleton, família, 228-30, 245, 257; brasão encomendado, 264; casamento de Kate-William e, 431; a família real e, 257; força de unidade do clã, 245, 264, 431; mídia e, 246; The Manor, Berkshire, 229-30; William e, 245
Middleton, James, 230-2, 245, 415
Middleton, Kate *ver* Catherine Elizabeth "Kate", duquesa de Cambridge
Middleton, Lucy, 237
Middleton, Michael, 230, 234, 252, 262-3
Middleton, Pippa, 230, 232, 235-6, 245, 252, 256, 259-61; casamento com James Matthews, 235
Middlewick House, Wiltshire, 62, 72, 74, 78-9
mídia: ausência de ética, 288-9; blackout de notícias sobre Harry no Afeganistão, 274-7; *blagging* por parte da, 288-9, 293, 295; brechas criminosas e detenções, 295-7, 299, 300; "churnalism" — jornalismo com matérias pré-fabricadas, 290; corpo de imprensa real/ gabinete de imprensa, 34, 47, 143, 408, 424, 439, 446; declaração de Harry em defesa de Meghan, 411; edição por celebridades convidadas, 473; grampo telefônico pela, 285-7, 294-9; Hacked Off — aliança de vítimas da imprensa, 302; jornalismo formal e cultura de tabloides, 289-90,

407; mídias sociais e, 298, 302; perseguindo os membros da realeza, 280-302; processos judiciais da família real contra, 447, 476; Regra Koo Stark, 339; relatório do inquérito de Leveson, 301-2; os secretários de imprensa da rainha, 62, 77, 107, 148, 477; secretários de imprensa/ primeiro secretário negro de imprensa de Charles, 201, 220, 261, 464; vitória do processo judicial de Meghan e, 448; vitória do processo judicial de Parker Bowles contra, 78; *ver também* Harverson, Paddy; paparazzi; Press Complaints Commission; *entrevistadores, publicações e membros da realeza específicos*
Miller, Sienna, 298
Miller-Bakewell, Archie, 489
Mirren, Helen, 119, 324
Mirror Group Newspapers, 301, 354
Miskiw, Greg, 293, 296
Mlambo-Ngcuka, Phumzile, 386
Monckton, Rosa, 37
Moore, Derry, 58
Morgan, Peter, 24
Morgan, Piers, 76, 105-6, 143, 161, 164, 203, 208, 213, 222, 388; *Good Morning Britain*, 389; Meghan e, 388, 425, 446
Morgan, Thomas, 481
Morrow, Anne, 140
Mortimer, Penny, 127, 465
Mortimer, sir John, 127, 465
Morton, Andrews, 68-9, 223, 247, 257, 404
Moser, sir Claus, 127
Mountbatten, condessa Patricia, 137
Mountbatten, lady Edwina, 96-7
Mountbatten, lorde Louis, 46-7, 74, 96, 240, 243; assassinato de, 60-1, 120, 305; Broadlands, 48
Mountbatten-Windsor, Archie Harrison, 35, 467-8, 475; nenhuma foto na escada do hospital, 467; padrinhos, 451
Mountbatten-Windsor, Lilibet Diana, 493
Mowlam, Mo, 89

Mugabe, Robert, 280-1, 332
Mulcaire, Glenn, 286-7, 292-3, 296-8
Mulroney, Ben, 377, 380
Mulroney, Jessica, 377, 380, 452
Murdoch, Elisabeth, 291
Murdoch, James, 299-300
Murdoch, Rupert, 105-6, 173, 284, 291, 298; escândalo de grampo telefônico e, 299-301; New Group Newpapers, 284, 299, 301
Murphy-O'Connor, cardeal Cormac, 150
Musgrave, Arabella, 240
Mykura, Hamish, 22

Nahum, barão Sterling Henry, 134
Nazarbayev, Nursultan, 333
Nelthorpe-Cowne, Gina, 384, 389
Netflix, 12, 443, 449, 471, 490; documentário de Meghan e Harry na, 494; *The Crown*, 24, 274
New Idea (revista), 277
New Statesman, 411
New York Daily News, 354
New York Post, 347, 479
New York Times, 298, 368, 379, 438
New Yorker, 27, 224
Newman, Nanette, 132
News of the World (tabloide), 290-1; Burrell, história conta-tudo e, 165; casos de Diana, 287-9; Charles: "Nunca amei Diana", 76; coluna de Bolland no, 165; "Escândalo das Drogas", 293-4; Falso Sheik e, 105-7, 292; fechamento do, 301-2; Fergie, golpe em, 345; grampo telefônico pelo, 286-8, 296-9; guiado por poder e lucro, 300; Harry, episódio de bebidas de, 269; Harry, paternidade e, 217; Johnson em, 294; Mulcaire em, 286; perseguição a Harry e Chelsea, 284, 294, 298; perseguição a jovens membros da realeza, 296; Piers Morgan em, 105-6
Newton, Helmut, 18
Newton Dunn, Tom, 274-5
Nicholl, Katie, 243, 425

Nicholson, Juliet, 204
Nicolau II, czar, 19
Nonoo, Misha, 380
Northwestern, Universidade, 362, 373
Nyamayaro, Elizabeth, 386

O'Connell, Pat, 306
Obama, Barack, 306
Obama, Michelle, 306, 390, 462
Observer, 251-2
Ogilvy, sir Angus, 189, 343
One Young World Summit, 385
ONU, Conferência de Cúpula sobre as Mulheres (2015), 386, 404
ONU, Conferência sobre Mudança Climática, 493
Operação Unicórnio (funeral da rainha), 497
Osborne, Frances, 232
Osborne, George, 232, 319, 329
Osbourne, Ozzy, 92, 150

Paltrow, Gwyneth, 382
Panorama (programa de TV): entrevista de Diana com Bashir, 9, 26, 37, 78, 128, 217, 223, 225, 440
paparazzi: briga de Harry com, 269; Diana, os príncipes e, 34, 36, 215; Diana e, 19, 35, 222, 250; *Dicing with Di* e, 215; Harry e, 219, 283; Harry perseguido na Austrália, 283; Kate perseguida por, 250, 256; morte de Diana e, 219, 225; topless de Kate em banho de sol, e processo judicial, 410; William e, 219, 410
Paravicini, Nicolas, 56
Parker, Mike, 112
Parker Bowles, Andrew, 18, 54-6, 61, 69; Anne e, 53-4; Camilla e, 28, 42, 52-6; casamento de Camilla-Charles e, 192; caso Camilla-Charles e, 59, 62-4, 69; divórcio, 28, 77, 79; entrevista da autora Brown, 58; namoricos, 55, 61, 77, 189
Parker Bowles, Derek, 53
Parker Bowles, Emma, 240

Parker Bowles, Laura, 55, 69, 78, 191
Parker Bowles, Rosemary Pitman, 78
Parker Bowles, Simon, 53
Parker Bowles, Tom, 55, 59, 69, 78, 183
Parkinson, Norman, 339
Pasternak, Anna, 216, 222-3
Paul, Henri, 219, 225
Pearson, Allison, 27
Peat, sir Michael, 161-3, 166-7, 181, 187, 327, 443; casamento de Charles-Camilla e, 189; caso Charles-Camilla e, 162, 179-82, 184
Pelly, Guy, 246, 292-3, 395, 398
People (revista), 446
Percy, lady Caroline, 51, 55
Perkins, Ed, 332
Perry, Tyler, 489
Philip, príncipe, duque de Edimburgo, 20, 22, 109, 118, 265; acidente com o Land Rover, 432-3; amizade com lady Romsey, 114-6; Andrew e, 337, 341, 479; ataques terroristas de 11 de setembro e, 121; atitudes raciais, 464; Blair e Novo Trabalhismo, 89; boatos de infidelidades, 113-4; o *Britannia* e, 89; caráter e personalidade, 23, 99, 109-10; casa e criadagem, 159; casamento de, e amor, 109-16, 244, 489; casamento de Harry-Meghan e, 420; causas e instituições beneficentes, 433; cerimônia de casamento, 418, 455; Charles casando-se com Camilla e, 185; Charles e, 96, 98-9, 113; comentários diretos, 113; Comissão de Coroação e, 134; condução em corridas de coche, 114; conselho matrimonial de, 116; covid-19 e, 489; credo para os meninos da realeza, 238; deveres reais, 112, 311, 433; documentário póstumo, 113; Edward e, 103; encontrando privacidade, 451; envelhecimento e, 489; estipêndio anual, 330; Fergie e, 341, 343; funeral de Diana e, 31-3; em Gordonstoun, 23, 112; Harry e, 433; Harry e William e, 34; hospitalização, 311; impossibilidade de realeza em meio-período, 107; infância e família, 23-4; Irlanda, visita à, 307-8; Jogos Olímpicos de Londres, 316; Jubileu de Diamante e, 310-1; Jubileu de Ouro e, 92; licença de piloto, 113; membros da realeza não devem ser pagos e, 444; mídia e, 114; o milênio e, 87-8; morte de Diana e, 31; morte e funeral, 118, 491-2; como nacionalista, 102; necessidade de um herdeiro para Charles e, 63-4; parcimônia, 98; popularidade com os funcionários, 98; pressão por modernidade, 134; a rainha-mãe e, 134; reação ao documentário *Charles*, 76; *Royal Family*, documentário e, 23; serviço na guerra, 110-1; sobrenome dos filhos e, 111-2; sucesso como consorte, 228, 433, 486; vazamento das fitas do "Camillagate" e, 74; viagem pela Commonwealth (1954), 438; em Wood Farm, 98, 434, 489; World Wildlife Fund e, 112

Phillips, Harold "Bunny", 97
Phillips, Mark, 54
Phillips, Peter, 248
Phillips, sir Trevor, 467
Pinker, Steven, 349
Pinkham, Natalie, 285
Polhampton Lodge Stud Farm, 452
Poplak, Dudley, 179
Poundbury, vila experimental, 172
Powell, Enoch, 449
Powell, Olga, 212
Power and Responsibility [Poder e responsabilidade] (Campbell), 88
Press Complaints Commission, 27, 35, 239, 283, 301; Código de Conduta dos Editores, 35, 181, 203; jornalistas de tabloides ignorando, 291; Kate e, 254; proibição de imprensa para Harry e William, 35, 104, 181, 203, 239, 283, 291; substituída pela Independent Press Standards Organisation, 302
Priddy, Ninaki, 363, 380
Prince Harry: The Inside Story (Larcombe), 274-5

Prince Harry in Africa [O príncipe Harry na África] (documentário), 443
Prince of Wales, The (Dimbleby), 75, 94-5, 106
Prince Philip (documentário), 113
Prince William's Africa [A África do príncipe William] (documentário), 443
Prince's Foundation, 167
Prince's Trust (entidade beneficente), 47, 173
Princess in Love (Pasternack), 216, 222-3
Proctor, Charlie, 477
Pryor, Victoria, 330

Queen's Gate, escola, Londres, 50, 462
Quinn, Tom, 141

Rafferty, Sarah, 378
Ragland, Doria, 364, 370-2, 375, 387, 409, 466, 468-9; casamento de Meghan, 419, 428, 431
rainha, A (filme), 119, 324
Rajan, Amol, 302, 459
Raleigh International (instituição beneficente), 237
Rankin, Jean, 138
Ransome, Neil, 383
Rattlebone Inn, Sherston (pub), 269, 292-3
Rayner, Jeff, 429
Redmayne, Eddie, 203
Rees-Jones, Trevor, 219
Reid, John, 176
Rellie, Euan, 454
Rhodes, Margaret, 119, 124, 330
Richardson, Bill, 349
Riche, Wendy, 363, 372, 428
Roberts, Andrew, 328
Roberts, Robin, 259-60
Robinson, Antonia, 190-1
Robinson, Belle, 250-2
Robinson, Mary, 308
Rogers, sir Richard, 86
Romsey, lady Penelope, 114-6, 434, 491
Romsey, lorde Norton, 114
Rose, Charlie, 352
Ross, sir Malcolm, 121, 144, 155

Rothermere, Viscount, 284, 448
Rowlandson, Thomas, 500
Rowling, J. K., 298
Royal Duty, A (Burrell), 165
Royal Family (documentário), 23, 118
Royal Foundation, 414; Heads Together, 10-1, 401, 475
Rudolf, príncipe herdeiro do Império Austro-Húngaro, 75
Rusbridger, Alan, 298

Sacks, Jonathan, 187
Sackville-West, Vita, 40
Salisbury, lorde, 137
Samuel, Julia, 36, 399
Sandhurst, 121, 271, 285
Sandringham, Norfolk, 29, 34, 94, 98, 114, 179, 328, 396, 480; Andrew, Epstein e Maxwell em, 356; Anmer Hall, 393, 455, 488; Ano-Novo em, 86; os jovens príncipes em, 36; Natais em, 210, 253-4, 455, 467, 477; a rainha-mãe em, 128; visita anual da rainha ao Instituto das Mulheres, 227; Wood Farm, 98, 434, 489; York Cottage, 442
Santa Cruz, Lucia, 42-3, 190
Sarnoff, Conchita, 348, 350-2
Sarnoff, Richard, 348
Saunders, Mark, 215, 217-9, 225
Sawyer, Diane, 259
Schama, Simon, 121, 310
Schillings, firma de advocacia, 448
Schreiber, Liev, 358
Scobie, Omid, 409, 423
Seeiso, príncipe herdeiro de Lesoto, 282-3
Seil, Ilha de, 211
Settelen, Peter, 66
Shalit, Jonathan, 383
Shand, Annabel, 44-5, 79, 94, 178, 191
Shand, Bruce, 43, 45, 53, 63, 73, 79, 82
Shand, família, 43-5, 49, 228
Shand, Mark, 44-5, 49-50
Shand, Rosalind Cubitt, 43-5, 55, 63, 77

Shand Kydd, Frances, 79-80, 106, 160, 162, 164, 211-2, 465
Shand Kydd, Peter, 65-6, 211
Shaw, George Bernard, 444
Shaw, Kim, 373
Shawcross, William, 71
Shea, Michael, 62, 70
Shelburne, conde de, 93
Sherwood, Ben, 260
Siegel, Peggy, 352-3
Simmons, Simone, 208, 218, 222
Sissons, Peter, 143
Sitwell, Edith, 137
Sleep, Wayne, 340
Sloan, Anna, 246
Smith, George, 158, 166
Smith, Jacqui, 465
Snowdon, lorde, 25, 125, 132
Soames, Charlotte, 61
Soames, sir Nicholas, 110, 189, 192
Somme, comemoração do (2016), 401
Sophie, Condessa de Wessex (nascida Rhys--Jones), 88, 103-5, 118, 309, 326, 443, 461; morte da rainha e, 498; prêmio de Dama da Grande Cruz concedido a, 314; Falso Sheik e exposição, 105, 107-8, 345, 408
Soskin, Tatiana, 132
Spectator (revista), 189, 235
Spencer, Charles, nono conde Spencer, 26, 32, 34, 36, 41, 66, 268; panegírico no funeral de Diana, 32-3, 269; retrato de sua mãe, 212
Spencer, família, 64, 202; Conde Vermelho, 217, 268; considerada difícil, 65; sangue ruim na, 71
Spencer, John, oitavo conde Spencer, 64-6, 211
Spencer, Raine Legge, 66
Spencer, Sarah (lady McCorquodale), 57, 65, 158-60, 162
Spencer, sir William, 268
Spencer-Churchill, Charles, 69
St. Andrew, escola em Pangbourne, 232
St. Andrews, Universidade, 236-44, 271; intromissão da equipe de Edward, 104

St. George, capela de, Windsor, 131-2, 187, 206; casamento de Charles-Camilla, 191-2
St. James, palácio de, 54, 77, 93-4, 99, 101, 135, 155-6, 162, 167, 285
St. John Webster, Alice, 234
St. Paul, Catedral de, 191, 263, 418
St. Thomas, igreja, Nova York, 121
Stark, Koo, 338-40
Stein, Jason, 478
Stephanopoulos, George, 352
Stephens, Mark, 222, 449
Stephenson, sir Paul, 300
Stevens, Jane, 124
Stowe, escola, 281, 396
Strong, Roy, 42, 144-5, 151, 181
Stuart, James, 136
Suits (série), 11, 367-9, 373-80, 381-4, 387, 404, 406, 409, 425
Sun: Brooks no, 291-3; "Dirty Harry", manchete, 284; foto de Harry jogando strip-bilhar, 391; foto icônica de Diana, 67; fotos roubadas e processo legal de Parker Bowles, 78; gravação disfarçada de Burrell, 167; Harry e Meghan e, 409-10; sobre Kate e lady Cholmondeley, 456; sobre Kate e William, 255; perseguição a Harry e Chelsy, 284-5; preço do escândalo e, 301; processos judiciais da família real contra, 447; serviço militar de Harry e, 274-5; site Sussex Royal vazado para, 483
Sunday Express, 78, 406, 408
Sunday Mirror: caso Diana-Khan, 288-90; fitas do "Camillagate", 72; sobre entrevista de Andrew a Maitlis, 479; perseguição a membros da realeza, 284
Sunday People, 284, 383
Sunday Times, 106, 114, 233, 291, 468; sobre entrevista de Andrew a Maitlis, 479; frugalidade da rainha, 329; Pitch@Palace de Andrew e, 360
Sunshine Sachs (empresa de comunicações), 446, 481
Sutherland, Graham, 93
Swire, Hugo e Sasha, 326

Tallon, William "Backstairs Billy", 18, 141, 153-4
Taseer, Aatish, 466-7
Tatler (revista), 18, 127; artigo "Catarina, a Grande", 456; artigo sobre Dale Harper, 59; sobre Cressida Bonas, 396; sobre Harry Wentworth-Stanley, 401; sobre a venda do retrato de Parker Bowles, 56; visita da autora Brown aos Parker Bowles, 58
Taylor, Roger, 151
Teatro Nacional, 440
Tebbutt, Colin, 160, 162, 219
Telegraph ver *Daily Telegraph*
Thatcher, Margaret, 247, 336
Theodoracopulos, Taki, 56
Thirsk, Amanda, 360
Thynn, Ceawlin, marquês de Bath, 461
Thynn, Emma, marquesa de Bath, 461
Times de Londres, 179, 300; entrevista com Chelsy Davy, 280, 284-5; entrevista de Bolland, 181-2; sobre Kate e William, 256; namoros de William e, 240; rabugice de Harry, 439; sobre William e cameras, 198
Tindall, Zara (Zara Anne Elizabeth Phillips), 317, 325
Tominey, Camilla, 406, 408, 485
Toronto, Ontário, 375-6, 406; Harbord Room, 377, 388; Soho House, 377, 381-2
Torres, Gina, 373, 378, 387
Town & Country, 281
Townsend, Peter, 24, 97, 107, 125
Travels on My Elephant [Viagens em meu elefante] (Shand), 44
Treacy, Philip, 191, 252
Trefusis, Violet, 40
Trollope, Anthony, 229, 363
Trump, Donald, 314, 356-7
Truss, Liz, 496-7
Tryon, lady Victoria, 61
Tryon, lorde, 59
Tucker, Grant, 468
Tur, Arlene, 373
Turlington, Christy, 211
Turnbull, Malcolm, 90-1

Turner, Graham, 95, 135
Tutu, Desmond, 475
Twumasi-Ankrah, Nana Kofi, 464
Tyrrell, Gerrard, 254, 257, 286-7

Uncle, Chris, 269
USA Network, TV, 368-9, 383
Uzan, Cem, 155

Valentine, Anna, 190-1, 311
van Cutsem, Edward, 182
van Cutsem, Hugh e Emilie, 182-4, 192, 203
van Cutsem, William, 203
van Straubenzee, Charlie, 395, 451
van Straubenzee, Thomas, 203
Vanderbilt, Consuelo, duquesa de Marlborough, 40
Vanity Fair, 359, 368, 466; Meghan na capa, 412, 414
Vernon, Patrick, 468
Vickers, Hugo, 97, 313
Vitiello, Cory, 377, 384, 388, 404
Vitória, rainha, 23, 41, 111, 118, 137, 312, 326
Vogue: Kate na capa, 414; Meghan como editora convidada, 472-4
von Westenholz, barão Frederick Patrick Piers, 389
von Westenholz, Violet, 389

Wachtel, Jeff, 369
Waddington, Kate, 341, 343
Wade, Rebekah, 106
Waitt, Ted, 361
Walker, Simon, 91
Wallace, Anna "Whiplash", 63
Wallop, Jeannie, lady Carnarvon, 120
Walpole, sir Robert, 202
Walters, Barbara, 259
Ward, Jane, 63
Warne, Roy, 432
Warwick, Dave, 164
Watkins, David, 460
Watson, Emma, 386

Wellesley, lady Jane, 192
Wentworth-Stanley, Harry, 401
Westminster, Abadia de, 497; casamento de Andrew-Fergie, 340-1; casamento de Elizabeth-Philip, 418; casamento de William-Kate, 212, 260, 263-4; funeral da rainha-mãe, 144-7; funeral de Diana, 32;
Wexner, Les, 350
Wharfe, Ken, 159, 174, 200, 204-5, 216, 219
White, Marco Pierre, 318
Whybrew, Paul, 159, 489
Wilcock, Reginald, 141, 153
William, príncipe, duque de Cambridge, 27, 101, 149, 197-213; amigos, 203, 239, 241-4; Anmer Hall e, 393, 455, 488; aparência, 197, 200, 238, 253-4; ataques terroristas de 11 de setembro, 239; atitudes racistas e, 465; Beaufort, Área de Caça de, 33; Birkhall e, 184; Camilla e, 28, 94, 170, 185, 191; caráter e personalidade, 33, 197-8, 200, 202, 209, 238, 241, 395, 451, 454, 458; casamento Camilla-Charles e, 194; casamento de, e amor, 501; na comemoração do Jubileu de Platina, 494; comemoração do Somme (2016), 401; constância de Kate e, 258, 454-5; covid-19 e, 488; criado como um Windsor, 34, 36; crisma, 206, 212; desentendimento com Laura Parker Bowles, 78; discórdia parental e inferno emocional, 209, 214-24; entrevista de Bashir e, 217-8, 223, 226; na escola Landgrove, 200, 202, 209, 215-6; em Eton, 202-4, 206, 212, 217, 241-2; família Middleton e, 245, 263; Festa no Palácio e, 150; filhos de, 303, 392, 395-6; na Força de Busca e Resgate da Força Aérea Real (RAF), 113, 272, 324, 400; foto na varanda, 327; funeral de Philip e, 492; como futuro rei, 248, 252, 460; Harry e, 264, 271-2, 278, 392-5, 458-60, 469; Harry e, após o Megxit, 475, 492; Harry e, casamento de, 419; Harry, Meghan e, 36, 405-6, 410-1, 458, 482; Harverson como porta-voz para, 180-1; Heads Together, 401; herança, 146; imagem de homem de família, 390, 393; imagem pública, 252; impacto do Megxit sobre, 485; incidente do uniforme nazista de Harry e, 187; infância, 35-7, 197-224, 228; instituições e causas beneficentes, 112, 206, 394, 454; Jogos Olímpicos de Londres, 324, 390; Jubileu de Diamante e, 310; Kate, namoro, 242-8; Kate, questão do compromisso, 250-8; Kate e, 227-8; Kate e, cerimônia de casamento, 37, 212, 259-65, 360, 421; Kate e, proposta de casamento e o anel de Diana, 258; Kate e, rompimento, 255-7; Kate e, vida como membro da realeza, 453-5; como maníaco por controle, 457; Megxit, Cúpula de Sandringham e, 484; mídia e, 32, 35-6, 198, 207-8, 214-26, 239, 245, 248, 408, 410; mídia grampeia o telefone de, 286, 295-6; morte da rainha e, 498; morte e funeral da mãe, 31-2, 218-21, 225, 400-1; namoros e, 240, 247-8; Natais em Sandringham, 455; oficiais de proteção, 238, 240; padrinho de, 100; popularidade de, 198; prêmio Earthshot, 494, 501; privacidade, 454; a rainha-mãe e, 239; na Raleigh International, 237-8; reinvenção da monarquia e, 502; relação com Tiggy Legge-Bourke, 33, 35, 212; relacionamento da mãe com, 205-13, 217-8; relacionamento do pai com, 34, 209-10, 239-41; Sandhurst e serviço militar, 248-9, 253, 255, 272, 276; senso de ter direito, 198, 247; em St. Andrews, 104, 236-44, 247, 271; *Time to Walk* (podcast), 400, 501; títulos, 261; tratamento aos funcionários, 459; Tusk Trust, 394; viagem ao Caribe, imagem colonialista (2022), 502; viagem pela Commonwealth (2014), 439
Williams, Rowan, arcebispo de Cantuária, 190, 192, 263
Williams, Serena, 380, 388, 425, 451-2, 472
Williamson, Gemma, 235
Wilson, Brian, 150
Wilson, Christopher, 52

Wilson, Lizzy, 398
Windsor, Castelo de, 63, 98; aniversário de 21 anos de William no, 244; casa de graça em, 330; casamento de Harry-Meghan, 418; Dança das Décadas, 100-2, 356; enterro da rainha-mãe, 144, 146; festa de fim de semana do Ascot, 340; Frogmore Cottage, 442, 450, 472; Long Walk, 421; Royal Lodge, 133, 346, 405; Torre Redonda, 206
Windsor, duque de (Edward VIII), 21, 75, 84, 104, 136; abdicação, 12, 21-2, 99, 123, 125, 137
Windsor, duquesa de (Wallis Simpson), 12, 21, 137
Windsor, lady Gabriella, 466
Winfrey, Oprah, 206, 380, 412, 419; casamento de Harry-Meghan e, 426; a entrevista (2021), 9-11, 37, 424, 452, 464, 468, 474, 482, 490
Wintour, Anna, 224, 387, 403
Witchell, Nicholas, 188
Wolcott, James, 368
Women in the World, conferência, 348
World Wildlife Fund, 112
Wyatt, Steve, 342
Wyatt, Woodrow, 74, 343

Yelland, David, 291
Young, Edward, 304, 307, 435, 482

Zane, Bonnie, 367, 369
Zermatt, Suíça, 254

ESTA OBRA FOI COMPOSTA PELA SPRESS EM MINION E IMPRESSA EM OFSETE
PELA GEOGRÁFICA SOBRE PAPEL PÓLEN NATURAL DA SUZANO S.A.
PARA A EDITORA SCHWARCZ EM NOVEMBRO DE 2022

A marca FSC® é a garantia de que a madeira utilizada na fabricação do papel deste livro provém de florestas que foram gerenciadas de maneira ambientalmente correta, socialmente justa e economicamente viável, além de outras fontes de origem controlada.